BERLINS WILDE ENERGIEN

BERLINS WILDE ENERGIEN

PORTRÄTS AUS DER GESCHICHTE DER LEIBNIZSCHEN WISSENSCHAFTSAKADEMIE

HERAUSGEGEBEN VON
STEPHAN LEIBFRIED, CHRISTOPH MARKSCHIES,
ERNST OSTERKAMP UND GÜNTER STOCK

Eine Publikation
der Berlin-Brandenburgischen
Akademie der Wissenschaften.

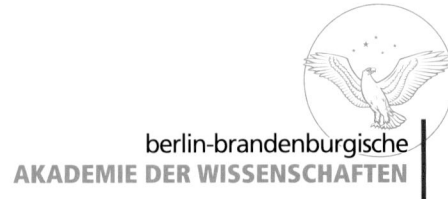

berlin-brandenburgische
AKADEMIE DER WISSENSCHAFTEN

Diese Publikation erscheint mit Unterstützung der Jacobs Foundation und
des Collegium pro Academia – Förderverein der Berlin-Brandenburgischen
Akademie der Wissenschaften e.V.

ISBN 978-3-11-037598-5

Library of Congress Cataloging-in-Publication Data
A CIP catalog record for this book has been applied for at the Library of Congress.

Bibliografische Information der Deutschen Nationalbibliothek
Die Deutsche Nationalbibliothek verzeichnet diese Publikation in der Deutschen
Nationalbibliografie;
detaillierte bibliografische Daten sind im Internet über http://dnb.dnb.de abrufbar.

© 2015 Walter De Gruyter GmbH Berlin/Boston

Redaktion: Gisela Lerch, Michael Scherf, Wiebke Volkmann
Bildrecherche: Martin Steinbrück und Wiebke Volkmann unter Mitarbeit
von Stefanie Köhler und Kirsten Schröder

Grafische Gestaltung und Satz: Petra Florath, Berlin
Druck und Bindung: DZA Druckerei zu Altenburg GmbH, Altenburg
Gedruckt auf säurefreiem Papier
Printed in Germany

www.degruyter.com

INHALTSVERZEICHNIS

9   VORWORT

Horst Bredekamp

16   DIE WELT ALS AHNUNG UND *COUP D'ŒIL*
        GOTTFRIED WILHELM LEIBNIZ

Etienne François

44   THE FRENCH CONNECTION
        MONTESQUIEU, VOLTAIRE UND MAUPERTUIS

Eberhard Heinrich Knobloch

68   BRÜDER IM GEISTE
        LEONHARD EULER UND JEAN-BAPTISTE LE ROND D'ALEMBERT

Günter Meckenstock

90   SÖHNE UND VÄTER
        GEORG FORSTER UND FRIEDRICH SCHLEIERMACHER

Jürgen Trabant

116   ANSICHTEN DES MENSCHEN UND DER NATUR
        WILHELM UND ALEXANDER VON HUMBOLDT

Ernst Osterkamp

142 ZWEI INSELN

ADELBERT VON CHAMISSO UND KARL ERNST VON BAER

Steffen Martus

166 BRÜDERLICHKEIT ALS LEBENSFORM

JACOB UND WILHELM GRIMM

Hans-Jörg Rheinberger und Peter Schöttler

190 EMPIRIE VOR THEORIE

LEOPOLD VON RANKE UND HERMANN VON HELMHOLTZ

Michael Hagner

212 GESPRÄCH IM ELYSIUM

JOHANNES MÜLLER UND EMIL DU BOIS-REYMOND

Friedrich Wilhelm Graf

236 KULTURSTOLZ UND HUMANISIERUNG

KARL RICHARD LEPSIUS UND ADOLF VON HARNACK

Stefan Rebenich

262 EINE ENTZWEIUNG

THEODOR MOMMSEN UND HEINRICH VON TREITSCHKE

Christian Andree

286 EINE „ERZFEINDSCHAFT"?

RUDOLF VIRCHOW UND ROBERT KOCH

Hanoch Gutfreund

310 ZWEI DER GLÄNZENDSTEN GESTIRNE

MAX PLANCK UND ALBERT EINSTEIN

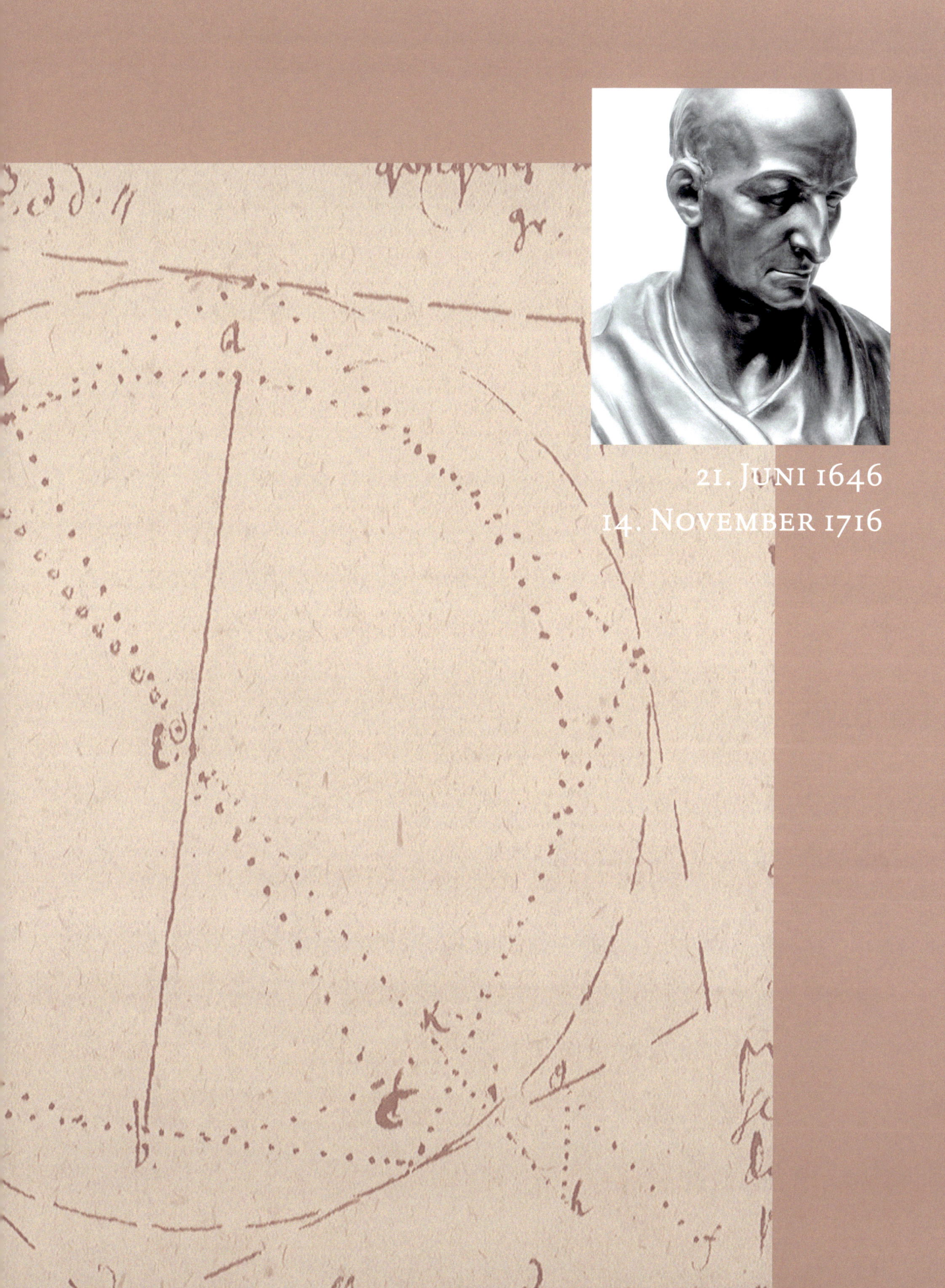

21. Juni 1646
14. November 1716

S. 16/17

1   Johann Gottfried Schmidt, Büste von Leibniz, Gips,
um 1788.

2   G. W. Leibniz, Leib-Seele-Pentagramm, Zeichnung, ca. 1663.

Horst Bredekamp

Die Welt als Ahnung und *coup d'œil*

Gottfried Wilhelm Leibniz

Bilder und Projektionen

Wie kaum ein Zweiter ist Gottfried Wilhelm Leibniz aktuell und entrückt, eine historisch entfernte Figur und zugleich ein Zeitgenosse. Unter der beträchtlichen Zahl seiner Bildnisse ragt das um 1695 von Christoph Bernhard Francke geschaffene Braunschweiger Gemälde heraus (Abb. 1), das ihn zwischen einer kannelierten Säule und einer Exedra auftreten lässt, um dem sich mächtig faltenden Mantel architektonische Haltepunkte zu geben.[1] Aus dem vollen, leicht nach rechts gewendeten Gesicht, das durch eine lange, sich nach unten hin leicht vergrößernde Nase und einen relativ breiten Mund ausgezeichnet ist, richten sich Augen auf den Betrachter, deren eindringliche Präsenz durch die Wiedergabe der sich wölbenden Augäpfel und die Hervorhebung

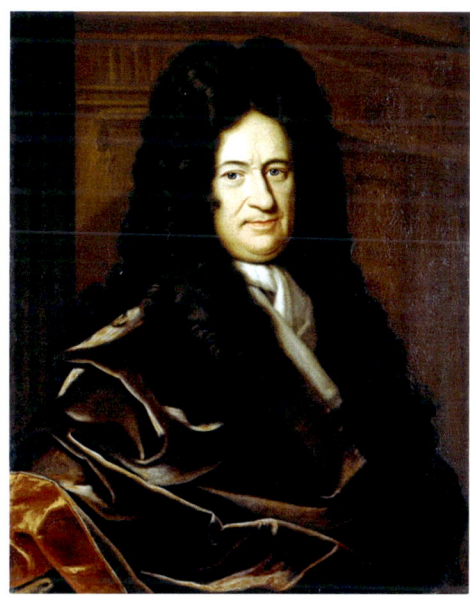
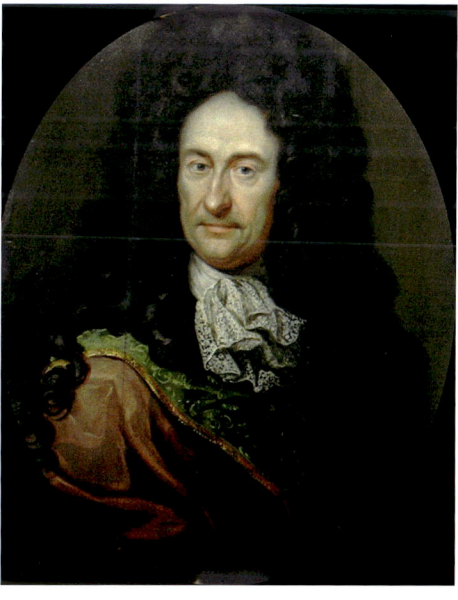

1 Christoph Bernhard Francke, Bildnis von Leibniz, Öl auf Leinwand, um 1695, Braunschweig.

2 Johann Friedrich Wentzel (?), Bildnis von Leibniz, Öl auf ovaler Tafel aus drei Holzbrettern, 1700 oder kurz danach.

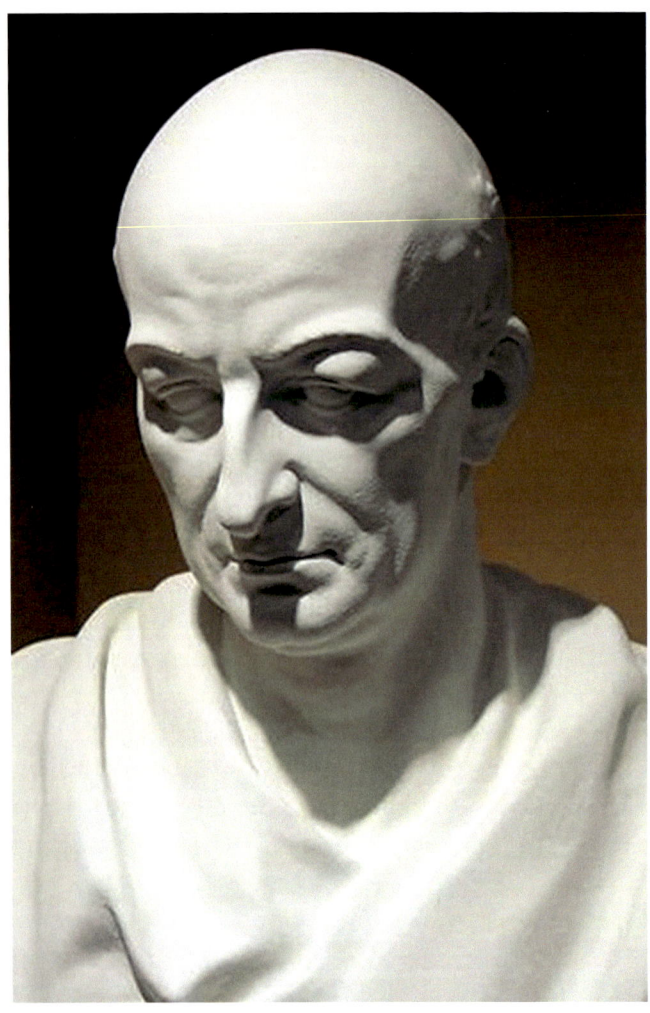

3   Johann Gottfried
Schmidt, Büste von
Leibniz, Gips,
um 1788.

ihrer graublauen Iris erzeugt wird.[2] Eindrucksvoll ist auch das vermutlich von dem
Hofmaler Johann Friedrich Wentzel im Jahr 1700 oder kurz danach geschaffene Bildnis, das sich heute in der Berlin-Brandenburgischen Akademie der Wissenschaften
befindet (Abb. 2). Am Hals trägt der sich nach links wendende Leibniz ein seidenes
Tuch, das aus dem weinroten Hausrock mit grün gemustertem Kragen herausragt.
Durch den Wegfall der architektonischen Requisiten fixiert das Gesicht den Betrachter
unmittelbar.[3]

So treffend es die Maler vermocht haben, Leibniz durch sein Gesicht und seine
lebhaften Augen wirken zu lassen, so sehr wird die hier dargestellte *Persona* aus heutiger Sicht von der Allongeperücke verdeckt. Diese hat dazu beigetragen, Leibniz intuitiv
einer vergangenen Epoche zuzuordnen, und ein solches Gefühl mag dazu geführt
haben, dass Immanuel Kant sich in der 1787 publizierten zweiten Auflage der *Kritik der*

reinen Vernunft eine Person konstruierte, die eher der künstlichen Allongeperücke als ihrem natürlichen Wesen entsprach. Kants Kritik, Leibniz habe als Metaphysiker „alle Dinge bloß durch Begriffe" miteinander verglichen, sodass die den Sinnen zugängliche

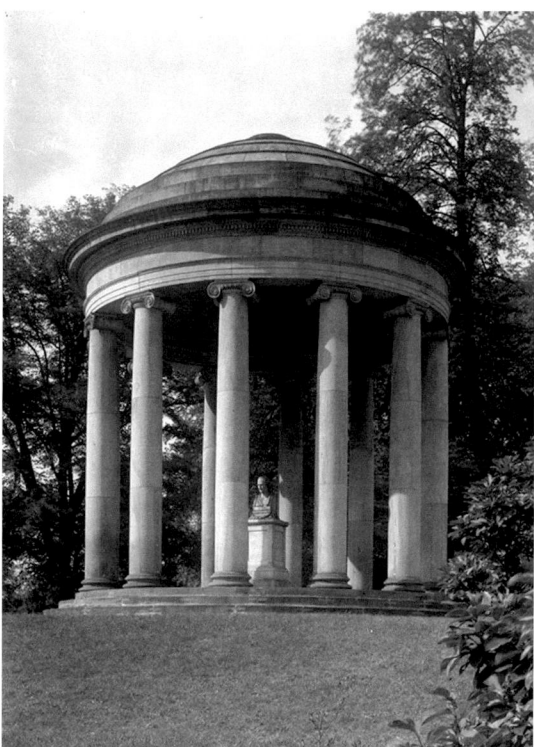

4   Der Leibniztempel
mit der Leibnizbüste
von Christoph
Hewetson, Fotografie
vom 10. 10. 1938.

Welt für ihn nur eine „verworrene Vorstellungsart" gewesen sei, hat Leibniz in die Vorgeschichte der eigenen Philosophie verbannt.[4]

Kurz danach, um 1788, schuf der Bildhauer Johann Gottfried Schmidt jedoch eine Büste, mit der Leibniz von einem Vorfahren zu einem Zeitgenossen Kants mutierte. Er befreite ihn von der Kopfbedeckung, um ihn zum Protagonisten der Aufklärung zu machen (Abb. 3). Im Anklang an antike Philosophenstatuen ist Leibniz mit einer leichten, an eine Toga erinnernden Kleidung angetan, die sich vom Kleiderpathos der Ölgemälde absetzt. Durch den Wegfall der Perücke konnte der Bildhauer das ganze Gewicht auf die Gedankenarbeit legen, die sich in den Stirnfalten und den introvertierten Gesichtszügen äußert.[5] Schmidts Büste entstand im Zuge des Planes, einen in Hannover zu errichtenden Ehrentempel mit einem Bildnis von Leibniz auszustatten. Zum Zuge kam jedoch die Bildnisbüste von Christoph Hewetson, die in der Mitte des im Jahre 1790 in Hannover eingeweihten Ehrentempels aufgestellt wurde (Abb. 4). Auch sie entsprach dem Bündnis von Antike und Gegenwart, mit dem die Ära der Perücken distanziert wurde.[6]

Wann immer sich die Nachwelt das Werk von Leibniz vergegenwärtigte, hatte sie die klassische Modernität der Büste von Johann Gottfried Schmidt vor den Augen. Im 20. Jahrhundert wurde Leibniz aus je unterschiedlicher Perspektive zu einem Urahn der Moderne, seit Bertrand Russel und Louis Couturat ihn als Begründer der Logik würdigten.[7] Für lange Zeit galt er als der Wegbereiter einer logischen Kalkülisierung, die in der Kybernetik und der Welt des Digitalen ihre Krönung fand. Seine Metaphysik wurde daher als Stilbruch bestaunt, achselzuckend historisiert oder als Alternative zur *Mathesis universalis* aufgebaut. Im Zuge der Wiederkehr der Metaphysik wurde er dagegen mit neuen Gesten der Vereinnahmung umarmt.[8] In einem erneuten Umschwung geschah die jüngste Aufschlüsselung von Leibniz seitens der Verkörperungsphilosophie.[9]

All diese Bergungen haben ebenso unterschiedliche wie kontroverse Züge von Leibniz' Denkoperationen erschlossen und aktualisiert. In der Isolierung der jeweiligen Perspektiven haben sie aber auch Verengungen bewirkt, als würden unterschiedliche Denker denselben Namen tragen. Diese Problematik ist in der Komplexität und der Weite von Leibniz' Überlegungen begründet, und jede Würdigung seines Werks ist von ihr betroffen.

VITA

Die Schwierigkeit, Leibniz in einem Zug zu charakterisieren, liegt nicht in den äußeren Umständen. Während etwa das Leben Galileo Galileis durch dessen Verurteilung im Jahr 1633 Stoff für Theaterstücke bietet und Thomas Hobbes Jahre des Exils erleben musste, verlief Leibniz' Vita trotz aller Vielfalt ohne äußere Dramatik.[10] Im Juni 1646 geboren und im November 1716 gestorben, war sein Leben eingebettet in eine Zeit relativen Friedens, nachdem der Dreißigjährige Krieg Mitteleuropa verwüstet hatte.

Nach seiner Schulzeit in Leipzig studierte er, unterbrochen durch ein in Jena absolviertes Semester, an der Leipziger Universität, wo er im Dezember 1664 in Philosophie promovierte, im folgenden Jahr das Bachelorexamen in Jura bestand und 1666, mit zwanzig Jahren, in Philosophie habilitierte. Nach einem Jahr in Nürnberg, wo er sich mit alchemistischen Lehren vertraut machte, wurde er im Jahr 1668 von dem Mainzer Erzbischof Johann Philipp von Schönborn und dem kurmainzischen Oberhofmarschall Johann Christian von Boyneburg angestellt, um eine Reform des römischen Rechts einzuleiten.

Ein bis an sein Lebensende aktives Reservoir an Anstößen und Herausforderungen erzeugten seine Jahre in Paris vom März 1672 bis zum Oktober 1676, in deren Verlauf er sich am diplomatischen und wissenschaftlichen Geschehen der französischen Hauptstadt beteiligte. In dieser Zeit reüssierte er zudem in London an der Royal Society vor allem durch die Demonstration seiner Rechenmaschine (Abb. 6). Im April 1673 wurde er in diese Gesellschaft als Auswärtiges Mitglied aufgenommen. Noch während dieser Zeit, im September 1674, starben seine Mainzer Förderer, sodass er im Januar 1676 einen Ruf des Herzogs Johann Friedrich nach Hannover annahm.

Im Dezember 1676 trat er seinen Dienst als Hofbibliothekar an, zu dem 1691 auch die Pflicht als Bibliothekar der Herzog August Bibliothek in Wolfenbüttel hinzukam; im Jahr 1677 erhielt er zusätzlich die Stelle des juristischen Hofrats. Bis zu seinem Tod im Jahr 1716 blieb Leibniz in Hannoveraner Diensten, die ihn allein schon auf Grund der Aufgabe, die Geschichte des Welfenhauses aus den Archiven heraus zu erschließen, auf zahlreiche Reisen führten. Die Hauptwirkungsorte seiner letzten beiden Jahrzehnte waren Hannover, Wolfenbüttel und Berlin, wo er nach Gründung der Kurfürstlich Brandenburgischen Sozietät der Wissenschaften im Jahr 1700 auch als deren erster Präsident fungierte.

EXTREME VIELFALT

All dies ergibt noch kein Bild. Das Abenteuer von Leibniz' Existenz lag in den Bewegungen seiner Gedanken, und diese sind so kaleidoskopisch funkelnd, dass sie kaum auf einen Punkt hin zu fixieren sind. Leibniz' Kopf gleicht der Bühne eines *Theatrum*, auf der Stücke unterschiedlichster Sparten aufgeführt werden. Er war Theologe, Mathematiker, Jurist, Philosoph, Historiker, Bibliothekar, Sprach- und Schriftforscher, Mediziner, Biologe, Physiker, Geologe und Paläontologe. Weniger bekannt ist seine Fundierung einer ethisch begründeten und mathematisch berechneten allgemeinen Lebensversicherung[11] sowie sein Wirken als Zeremonienmeister und Ikonograf des Hannoveraner Hofes.[12] Zudem wird bisweilen übersehen, dass er als ein Historiker im modernen Sinn gelten kann, da er seine Forschungen aus den Quellen zusammenstellte, während er jahrzehntelang an einer Geschichte der Welfen arbeitete. Auf dieser Grundlage entfaltete er seine diplomatischen Aktivitäten, so etwa bei der Inthronisierung der Hannoveraner Welfen als britische Könige im Jahr 1714.[13]

Leibniz' vielleicht erstaunlichstes Vermögen aber liegt darin, dass er trotz der Fülle seiner weiteren Tätigkeiten einen herausragenden Rang in der Geschichte der Mathematik erwarb.[14] Wie er dieses Problem der Vielbeschäftigung gedanklich löste, bleibt ein Rätsel, aber wie dies zeitlich ablief, wird durch ein vom August 1696 bis April 1697 sporadisch verfasstes Tagebuch deutlich. Leibniz arbeitete meist bis etwa Mitternacht, um sich danach für etwa zwei weitere Stunden, bereits im Bett sitzend, der Korrespondenz mit Personen aus ganz Europa auf Latein, Französisch, Deutsch oder Italienisch zu widmen. Geradezu gequält von den Pflichten unerledigter offizieller Briefe, deren Stapel niemals abnahmen, arbeitete er zumeist unmittelbar nach dem Aufwachen, teils noch im Bett, an Fragen der Mathematik, so etwa am 5. (15.) August 1696: „Diesen Morgen habe ich im Bette speculirt, ob nicht methodus tangentium inversa durch Bewegung zu finden."[15] Was Leibniz hier lakonisch anspricht, nämlich die Umkehrung der Tangentenmethode zur Berechnung der Kurvenfunktion, zielt auf Isaac Newtons

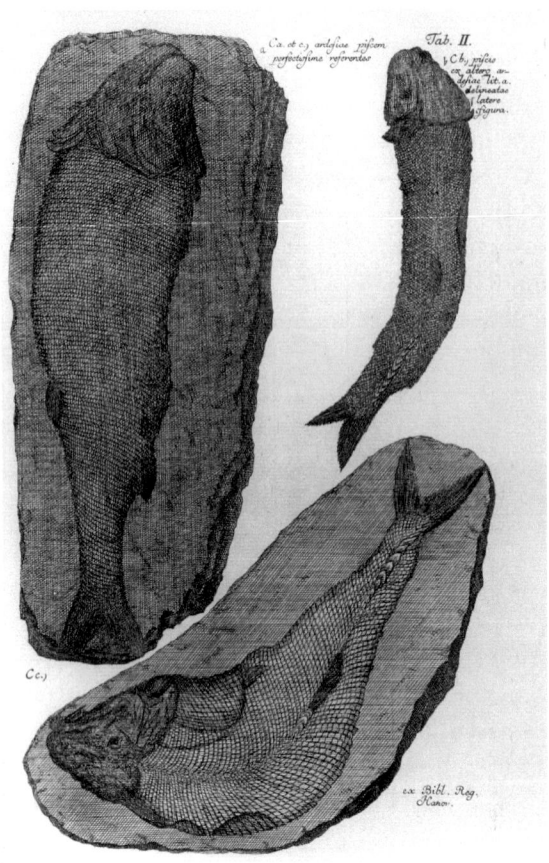

5   Nikolaus See-
länder, Versteinerte
Fische, Stich, zwischen
1716 und 1727,
in: Leibniz, Protogaea,
1749, Taf. II.

Methode, gegenüber der er bis an sein Lebensende in einem ungelösten Prioritäten-
zwist verfangen blieb.[16] Wichtiger noch war, dass er mit diesen Überlegungen, die im
September desselben Jahres zu einem publikationsreifen Ergebnis führten, die Methode des René Descartes übertraf.[17]

Es ist nicht allein diese Breite, die unter dem Topos des ‚Universalgelehrten‘
abzuhandeln wäre; vielmehr war Leibniz auf jedem seiner Gebiete ein höchst inno-
vativer, in die Tiefe gehender Spezialist. Sollten zumindest die Umrisse seiner Tätigkeiten sichtbar werden, so käme als erster Extrempunkt die Geologie in Frage, die ein
besonders eindrucksvolles Beispiel der Insistenz darstellt, mit der Leibniz den von ihm
verfolgten Fragen auf den Grund ging. Seine Geschichte des Welfenhauses, die ihn
über die Historie dieser Adelsfamilie bis auf die terrestrischen Bedingungen ihrer
Herrschaft trieb, führte Leibniz bis in die geologischen Tiefen des Harzes, dessen Höh-
len er im Herbst 1685 untersuchte. Er stieß im Zuge dieser Untersuchungen auch auf
Fossilien, die er teils als natürliche Reproduktionen ausgestorbener Spezies erkannte.
Damit hatte Leibniz die Idee der Evolution benannt, vor deren Ausformulierung er

allerdings zurückschreckte.[18] Er ließ jedoch großartige Kupferstiche dieser Fossilien anfertigen, die für sich sprachen. Sie wurden postum in seiner Schrift *Protogaea* veröffentlicht (Abb. 5).[19]

Die zweite Markierung könnte seine Rechenmaschine darstellen, die er im Jahr 1673 vor der Royal Society in London vorstellte. Es handelte sich um die erste Maschine, mit deren Hilfe in den vier Grundrechenarten operiert werden konnte. Der Nachbau, der im Besitz der Berlin-Brandenburgischen Akademie der Wissenschaften ist, sucht das Erstaunen wiederzugeben, das die erste Maschine im Jahr ihrer Präsentation hervorgerufen haben muss (Abb. 6). Ihre Finesse lag darin, die geistige Arbeit von der Mühsal der rechnenden Handarbeit befreit zu haben, ohne damit jedoch das Fühlen der Hand und des mechanischen Erlebens preiszugeben.[20]

Als dritter, nun die außereuropäischen Kulturen betreffender Extrempunkt bietet sich Leibniz' Schrift über die Naturtheologie der Chinesen dar, an der er in seinem letzten Lebensjahr intensiv arbeitete, ohne diese abschließen zu können. Das Textfragment endet in Reflexionen über das chinesische Rechnen allein mit den Zahlen 0 und 1, das ihm zufolge seiner eigenen Rechenmethode um Jahrtausende vorausgegangen sei.[21] Auf der vorletzten Seite des Textes geht Leibniz alle Rechenarten seit der Antike summarisch durch, um bei seinem System der Dyadik zu enden, das ihm zufolge in der binären Rechenart der Chinesen einen Vorläufer gehabt hatte (Abb. 7).[22] Die Entfaltung einer Rechenart wird damit zum Medium der Wertschätzung einer fremden Kultur.

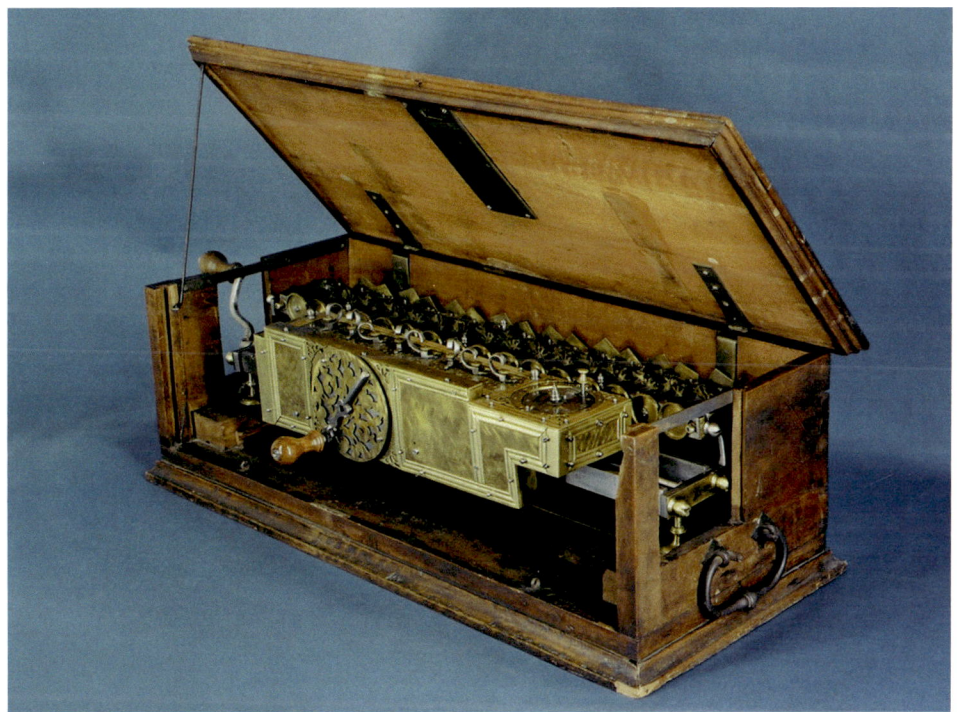

6 Rechenmaschine von Leibniz, Nachbau, Berlin.

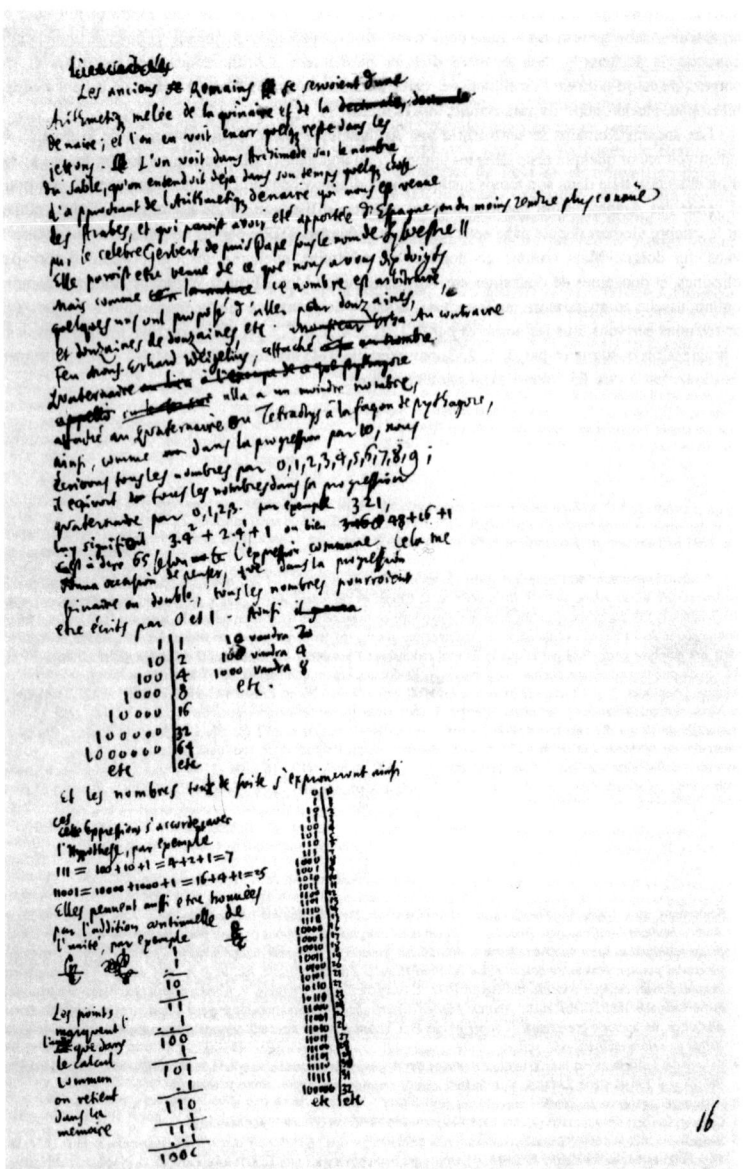

7   Leibniz, Seite 16v
des Manuskripts über
die Naturtheologie der
Chinesen, Feder auf
Papier, 1716.

DER PALAST DER SCHICKSALE

Die in den Darstellungen der Fossilien, der Rechenmaschine und dem Dokument der
Verehrung Chinas verkörperten Instrumente des Denkens waren für Leibniz mühelos
miteinander zu verbinden, aber der Nachwelt hat die Entfernung der Felder, die Leibniz
jeweils als Spezialist betrat, die Schwierigkeiten der Synthese bereitet. Einen Weg,
Leibniz näher zu kommen, bietet ein kurzer Passus aus seinem vielleicht berühmtesten
Werk, der im Jahr 1710 publizierten *Theodizee*. Es ist wesentlich aus Gesprächen mit

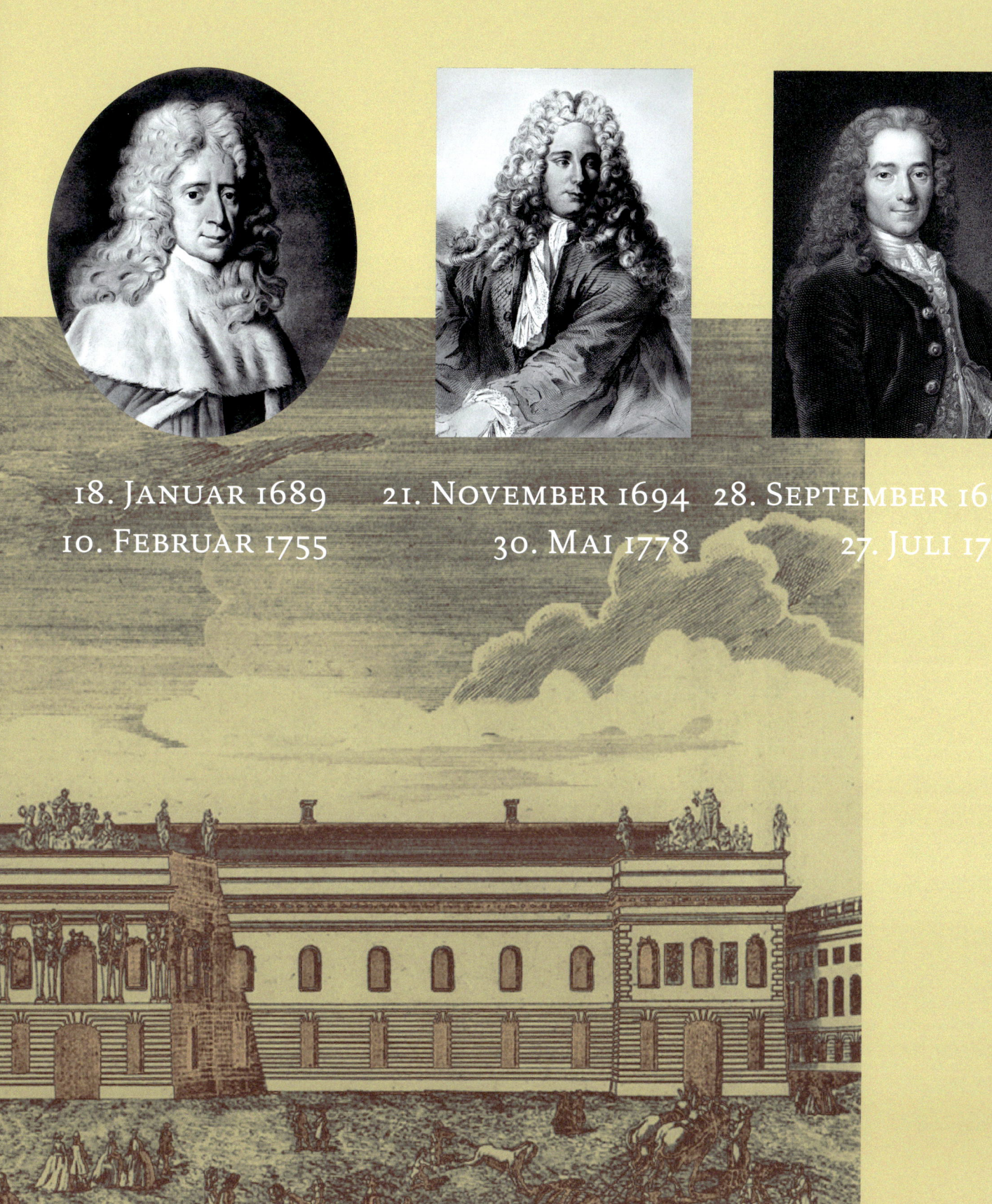

18. Januar 1689   21. November 1694   28. September 1698

10. Februar 1755   30. Mai 1778   27. Juli 1759

Condillac) und schließlich der Aspekt, dass ihre Wahl in Berlin sehr oft ihre Aufnahme in andere ausländische Akademien (von der Royal Society bis hin zur Petersburger Akademie der Wissenschaften) zur Folge hatte.

Französisch war die neue Akademie darüber hinaus insofern, als 1744 beschlossen wurde, alle Sitzungen auf Französisch zu halten (wenngleich es erlaubt blieb, die auf Latein beziehungsweise auf Deutsch verfassten Abhandlungen in ihrer Originalsprache vorzulesen), die Protokolle derselben gleichfalls auf Französisch zu führen, und mehr noch, die bis dahin auf Latein und unregelmäßig publizierten *Miscellanea Berolinensia ad incrementum scientiarum* (insgesamt sieben Bände zwischen 1710 und 1743/44) ab 1745 „in der überall beliebten französischen Sprache" zu veröffentlichen, „damit die ganzen Memoires auf eine dem Gelehrten sowohl auch als dem Publico angenehme und nützliche Art an's Licht treten mögen"[7]. Damit folgte die Berliner Akademie dem Beispiel der Pariser Académie des Sciences, die auf Anregung ihres ständigen Sekretars Fontenelle jedes Jahr ab 1699 einen Band unter dem Titel *Histoire et Mémoires de l'Académie Royale des Sciences* herausgab. In der Tat erschien ab 1746 bis 1769 jedes Jahr ein Band mit den auf Französisch gehaltenen beziehungsweise ins Französische übersetzten Abhandlungen des vorigen Jahres und den gleichfalls auf Französisch verfassten Elogen der während des Jahres verstorbenen Mitglieder, der den Titel *Histoire de l'Académie Royale des Sciences et Belles-Lettres de Berlin. Avec les Mémoires pour cette même année tirez des Registres de cette Académie* trug.[8]

Französisch wurde die Akademie schließlich durch die Ernennung von Jean Henri Samuel Formey, der, am 23. Januar 1744 als Ordentliches Mitglied aufgenommen, zum Historiografen und ständigen Sekretar der Akademie geworden war. Geboren 1711 in Berlin in einer hugenottischen Familie aus der Champagne, hatte er Theologie studiert; nach einer kurzen Zeit in Magdeburg als Pfarrer der französischen Gemeinde war er 1736 nach Berlin zurückgekommen, um dort als Pfarrer und gleichzeitig als Professor für Rhetorik und Philosophie am Collège Français tätig zu sein. Aktives Mitglied der Nouvelle Société Littéraire in den Jahren 1743–1774, widmete er sich danach ausschließlich seinem neuen Amt als Sekretar der Akademie und übte es unermüdlich und mit einer seltenen Gewissenhaftigkeit bis zu seinem Tod im Jahre 1797 aus. Er war verantwortlich für den ordentlichen Verlauf der Sitzungen, für die Erstellung der Protokolle, für die Übersetzung ins Französische der auf Deutsch beziehungsweise auf Latein gehaltenen Abhandlungen wie auch für die Herausgabe der jährlich erscheinenden *Histoire de l'Académie Royale des Sciences et Belles-Lettres*. Daneben war er über viele Jahre Herausgeber der *Bibliothèque Germanique* (eine zwischen 1720 und 1759 erschienene Zeitschrift, die auf Französisch über die neuen Publikationen und das literarische Leben Deutschlands, der Schweiz und der nordischen Länder informierte). Nicht zuletzt führte Formey eine weitreichende Korrespondenz mit dem gelehrten Europa, die ihn zu einer wichtigen Mittlerfigur der europäischen „république des lettres" werden ließ.[9]

Keine andere Akademie in Europa zählte um die Mitte des 18. Jahrhunderts so viele namhafte Franzosen wie die Berliner Akademie, in keiner anderen waren die prominentesten Repräsentanten der französischen Philosophie und Naturwissenschaften so zahlreich vertreten, keine verdiente den Namen einer Académie Royale des Sciences et des Belles-Lettres mehr als sie.

„FRIEDRICH DER PHILOSOPH" UND DER „ERSTGEBORENE UNTER DEN DENKENDEN"

Am Anfang dieser französischen Revolution in Berlin standen zwei Männer, deren Beziehung „einen der seltsamsten Flirts der politisch-literarischen Geschichte" darstellte, wie der französische Literaturwissenschaftler und Mitglied der Académie française Marc Fumaroli schrieb: es waren der Kronprinz und spätere König von Preußen Friedrich II. einerseits und François-Marie Arouet andererseits, der sich 1718 den Namen Voltaire gegeben hatte.[10]

Schon in seiner Jugend hatte der auf Französisch erzogene und von seinen französischen Erziehern geprägte Kronprinz ein besonderes Interesse für die Philosophie und die metaphysischen Fragen manifestiert. Einen Brief an seine Schwester Wilhelmine, den er als Sechzehnjähriger geschrieben hatte, unterzeichnete er mit „Frédéric le philosophe" und sein späterer Mentor Ernst Christoph Graf von Manteuffel (1676–1749) schrieb über ihn, wenn „er nicht als Kronprinz geboren [wäre], so wäre er in Literatur und Wissenschaft einer der größten unserer Zeit geworden"[11]. Der Kronprinz interessierte sich zuerst für die Philosophie des aufgeklärten Systematikers Christian Wolff (1679–1754), der 1723 die Universität Halle auf Befehl des Soldatenkönigs hatte verlassen müssen und seit dieser Zeit in Marburg lehrte. Die immer religionskritischere Haltung des Kronprinzen und insbesondere seine zunehmenden Zweifel an der Unsterblichkeit der Seele entfernten ihn aber ab Mitte der 1730er Jahre von Wolffs Philosophie und orientierten ihn in Richtung der „skeptischen philosophischen Position von Voltaire, die in der Tat nichts anderes als der direkte Gegensatz zum metaphysischen Großentwurf Wolffs war"[12]. In diesem Kontext wandte sich der erst 24 Jahre alte Kronprinz an den schon europaweit berühmten, 42 Jahre alten Voltaire, der zu dieser Zeit in einem halben Exil in Lothringen, in Cirey, bei der Marquise du Châtelet lebte. In seinem ersten Brief vom 8. August 1736 bezeichnete sich Friedrich als den „zutiefst ergebenen Freund" des Philosophen, pries seine Werke als „geistige Schätze" und drückte den Wunsch aus, Voltaire an seinen Hof zu holen: „Es gibt im ganzen Universum wohl niemanden, dessen Lehrer und Meister Sie nicht sein könnten."[13]

Dies war der Auftakt zu einem außergewöhnlich intensiven, vielseitigen und reichhaltigen Briefverkehr zwischen Friedrich und Voltaire, der vier Jahre vor der ersten persönlichen Begegnung zwischen den beiden Männern begann, alle möglichen Themen in Form einer ironisch-philosophierenden Konversation unter gleichberechtigten freien Geistern behandelte und sich bis 1778, also bis zum Tode von Voltaire, fortsetzte. Der Kronprinz bezeichnete den Philosophen als „den größten Mann Frankreichs" oder als den „Erstgeborenen unter den Denkern" (8. Februar 1737), während

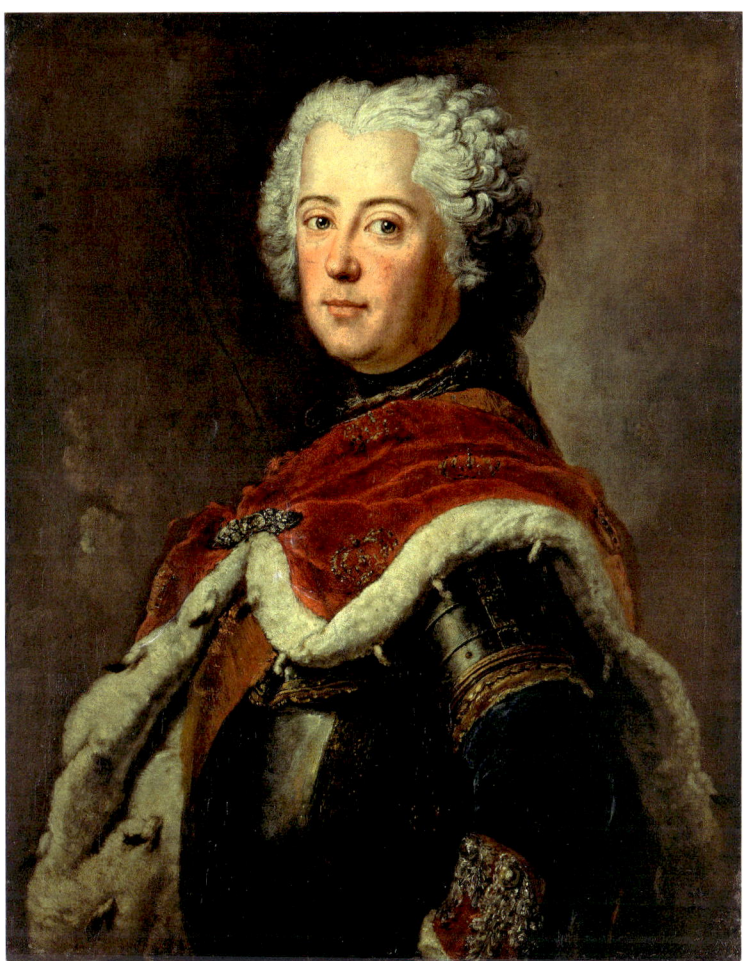

3   Friedrich der
Große als Kronprinz,
Gemälde von Antoine
Pesne, Öl auf Lein-
wand, 1739/40.

Voltaire ihn in einem Brief vom Mai desselben Jahres als „Salomon des Nordens" qua-
lifizierte. Gleich zu Beginn gehörte die Zukunft der Wissenschaften in Preußen wie
auch die Neubelebung der Akademie zu den Themen, über die sie miteinander diskutierten. In seinem Brief vom 6. Juli 1737 beklagte der Kronprinz die desolate Lage
seines Landes: „Unsere Universitäten und unsere Akademie der Wissenschaften sind
in einem traurigen Zustand; es hat den Anschein, als wollten die Musen aus diesen
Breiten fliehen."[14] Bei aller Achtung für die Leistungen der deutschen Wissenschaftler
machte er keinen Hehl aus seiner Vorliebe für die Franzosen, seien doch die französischen Gelehrten Künstler, während die meisten deutschen Gelehrten nur Handwerker
seien. „Wir sind", schrieb er im selben Brief, „den Franzosen zu Dank verpflichtet, bei
sich die Wissenschaften zu neuem Leben erweckt zu haben." Für ihn sollten nämlich
das Glück der Untertanen und des Königreichs auf die Wissenschaften und die
Erkenntnis der Wahrheit gegründet werden.

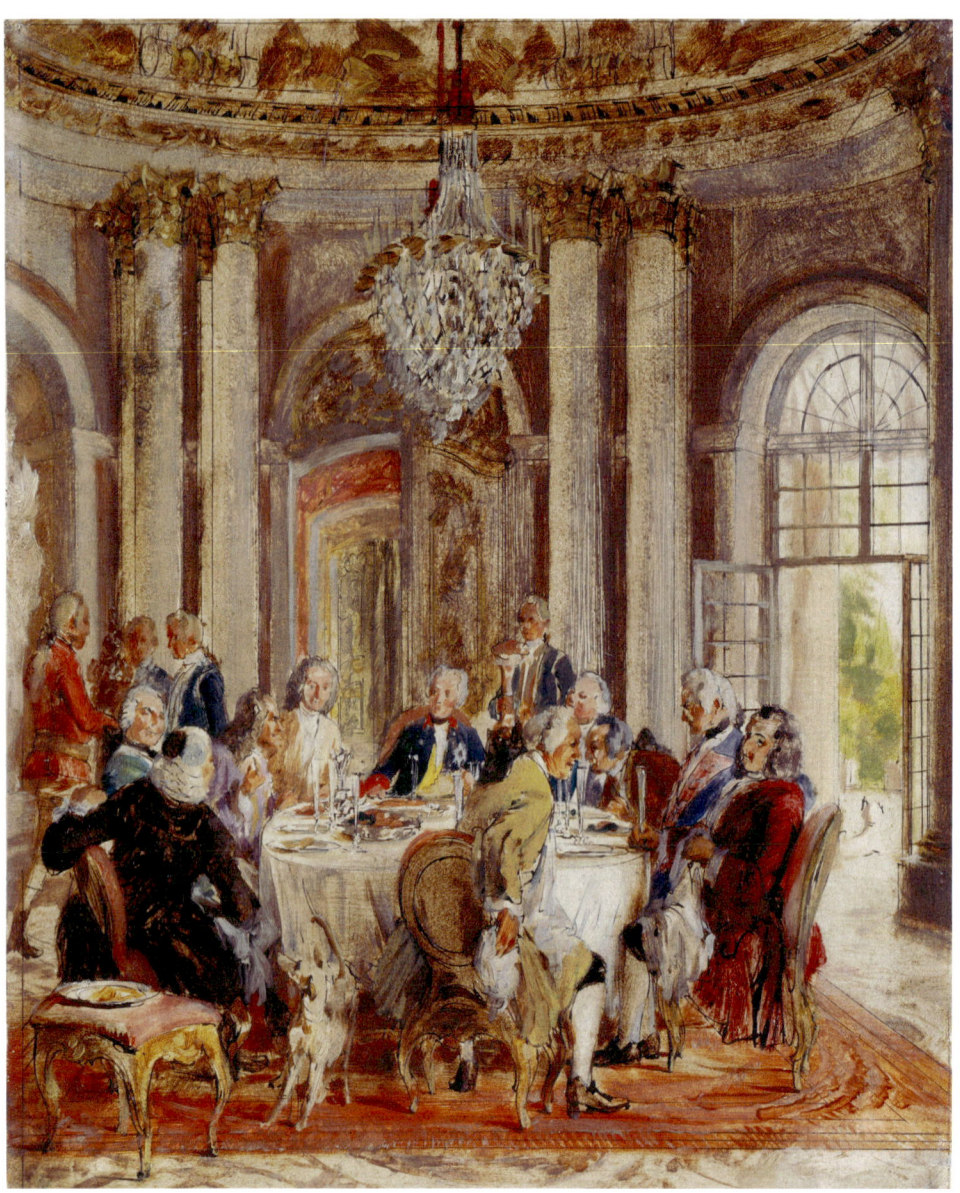

4   Tafelrunde
Friedrichs II. in Sans-
souci, Gemäldeskizze
von Adolf von Menzel,
Öl über Federzeich-
nung auf Papier, 1848.

Die Verschlechterung des Gesundheitszustands des Soldatenkönigs und sein
Tod am 31. Mai 1740 gaben dem jungen König endlich die Möglichkeit, seine Pläne zu
verwirklichen. „Seit dem Tod meines Vaters", schrieb er an Voltaire am 27. Juni 1740,

bin ich der Ansicht, dass ich vollständig meinem Vaterland gehöre. In diesem
Geiste habe ich soviel als möglich gearbeitet, um rascheste Maßnahmen für das
öffentliche Wohl einzuleiten. Ich habe zunächst damit begonnen, die Streitkräfte
des Staates um sechzehn Bataillons, fünf Escadrons Husaren und ein Escadron

Gardes du Corps zu verstärken. Ich habe den Grundstein zu unserer neuen Akademie gelegt. Ich habe Wolff gewonnen, Vaucanson, Algarotti. Ich warte auf Antworten von s'Gravesande und Euler. Ich habe ein neues Departement für Commercien und Manufakturen-Sachen geschaffen, ich engagiere Maler und Bildhauer; und ich breche nach Preußen auf, um ohne heilige Salbgefäß und ohne die unnützen, lachhaften Zeremonien, welche die Unwissenheit erfunden und die Gewohnheit befestigt hat, die Huldigung entgegenzunehmen.[15]

Der Tod des Kaisers Karl VI. am 20. Oktober verschob allerdings für einige Zeit die Umsetzung dieser Pläne. Voltaire war am 19. November in Berlin eingetroffen, wo er „wie ein kleiner Messias" empfangen wurde, doch der Krieg gegen Österreich und die Eroberung Schlesiens gewannen absolute Priorität, gaben diese doch dem jungen König die einmalige Chance, seinen Tatendurst und seine Ruhmsucht zu stillen.

Während dieser Zeit versuchte der König, Christian Wolff als Präsidenten der Akademie, die er als Prestigeobjekt und als zentrale wissenschaftliche Institution seines Königreichs neu gründen wollte, zu gewinnen. Er bot ihm dafür ein hohes Gehalt (2.000 Reichsthaler pro Jahr) wie auch den Titel eines Geheimrates. Wolff lehnte dieses Angebot aber ab. Nicht nur, weil er sich mit der französischen Sprache schwertat und lieber in einer Universität lehren wollte, sondern auch, weil ihm die neue Richtung grundsätzlich missfiel, die der König der Akademie mit der Berufung von Wissenschaftlern und Philosophen, die alle Anhänger der Theorien von Newton waren, geben wollte. Er sah darin nichts anderes als „Verderb der Wißenschaften und Beförderung der Freydenckerey", und zwischen den „frantzösischen Fladder-Geistern" und ihm, dem gelehrten deutschen Professor, lagen Welten, nicht nur in wissenschaftlicher Hinsicht, wie Johannes Bronisch zu Recht bemerkt.[16]

Mit der Ablehnung von Wolff gewann endgültig die ‚französische Partei' die Oberhand. Der König berief Maupertuis, den Voltaire ihm empfohlen und der ihn während des ersten Schlesischen Krieges begleitet hatte, zum Präsidenten der neugegründeten Akademie. Parallel dazu beschloss er, dass die Akademie von nun an das Französische als Arbeits- und Publikationssprache praktizieren sollte, und zwar nicht nur, weil er eine eindeutige Vorliebe für diese Sprache hatte, sondern auch, weil er sich dadurch eine größere Verbreitung der Publikationen der Akademie in ganz Europa versprach:

Obwohl mir die Schwierigkeiten, die ein Deutscher beim Schreiben in einer Fremdsprache haben würde, bewusst waren, so habe ich mich doch zugunsten der französischen Sprache entschieden, weil sie die gepflegteste und die meist verbreitete Sprache in Europa ist, und auch weil sie irgendwie durch die guten Autoren des Jahrhunderts von Ludwig XIV. fixiert wurde. Alles in allem, die Tatsache, dass ein Deutscher in unseren Tagen auf Französisch schreibt, ist auf keinen Fall seltsamer als die Tatsache, dass ein römischer Autor zur Zeit von Cicero auf Griechisch schrieb.[17]

Der Glanz und die Zerwürfnisse

Die Neugründung der Akademie erwies sich zunächst als ein Erfolg auf ganzer Linie. Maupertuis, den der König unbedingt als Präsidenten seiner Akademie haben wollte, hatte nicht nur sehr erfolgreich verhandelt (sein Jahresgehalt betrug 3.000 Reichsthaler), sondern sich durch seine Heirat 1745 mit Eleonore von Borcke, Verwandte des Staatssekretärs Adrian Bernhard von Borcke (1668–1741) und Tochter des Generals Friedrich Wilhelm von Borcke (1680–1743) und seiner Frau Margarete Freiin von Mardefeld, auch einen herausragenden Platz in der Berliner Gesellschaft gesichert. Nach seiner Einführung in das neue Amt trat der König bewusst zurück, indem er sich zum

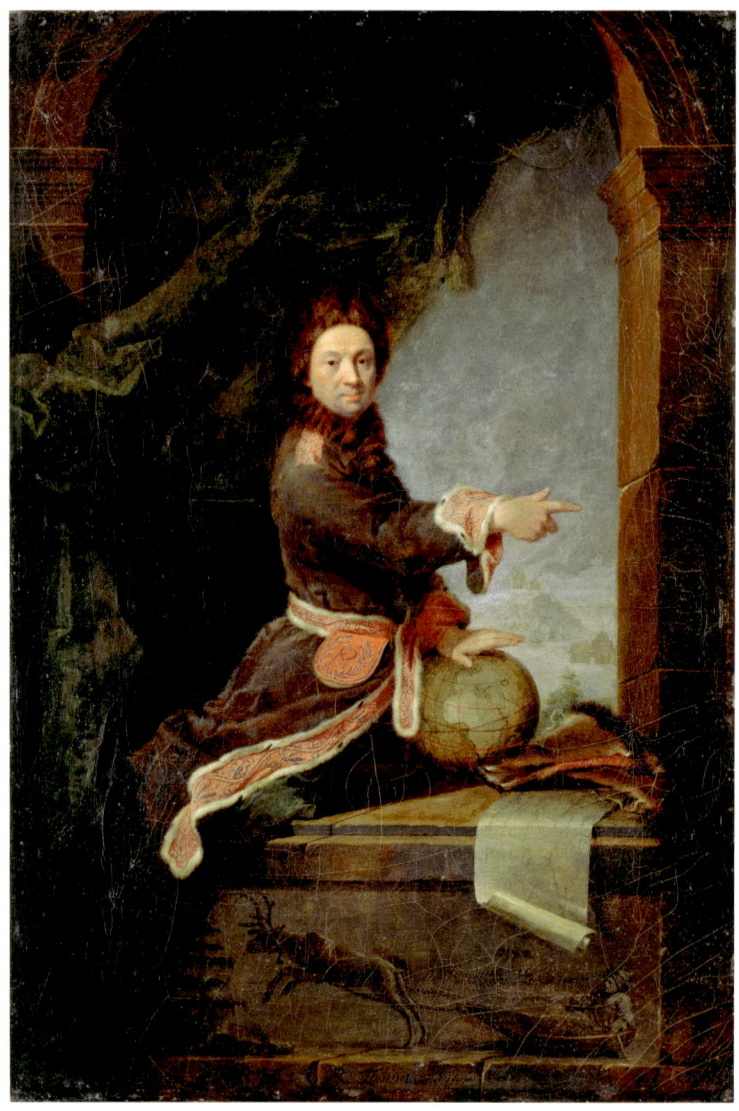

5   Pierre-Louis Moreau de Maupertuis, Gemälde von Robert Tournières, Öl auf Leinwand.

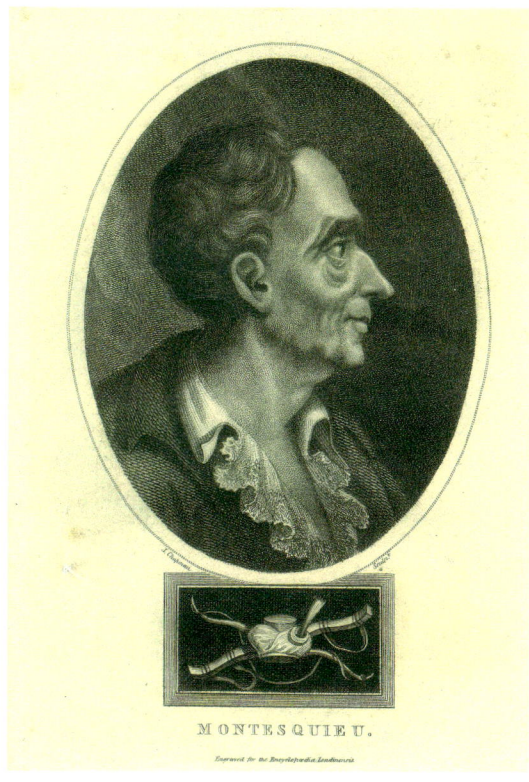

6 Charles de Secondat, Baron de La Brède et de Montesquieu, Kupferstich auf Papier von J. Chapman.

Protektor der Akademie erklärte und Maupertuis mit dem Orden Pour le Mérite auszeichnete, einem Orden, den der König selber geschaffen hatte, um verdiente Offiziere zu ehren, und den er höchst selten an andere Zivilisten, wie zum Beispiel Voltaire und Algarotti, verlieh.

Maupertuis widmete sich seiner neuen Aufgabe mit ganzer Energie. Als „Papst der Akademie", wie Friedrich II. ihn einmal ironisch nannte, beteiligte er sich aktiv, zusammen mit Voltaire wie auch den Privatsekretären und Vertrauten des Königs Charles Etienne Jordan (1700–1745) und Claude Etienne Darget (1712–1778), an der Auswahl neuer Akademiemitglieder.[18] Er sorgte zum Beispiel nicht nur unmittelbar für die Berufung des französischen Arztes und Philosophen Julien Offray de La Mettrie als Ordentliches Mitglied, sondern auch für die des Schweizer Philosophen Johann-Bernard Merian (1723–1807) und des deutschen Anatomen Johann Friedrich Meckel (1724–1774). Ihm auch ist die Berufung von Montesquieu, mit dem er sehr eng verbunden war, als Auswärtiges Mitglied zu verdanken, eine Berufung, deren Bedeutung umso höher zu bewerten ist, als Montesquieu anlässlich seiner Reise durch Deutschland im Jahre 1729 mit einem extrem negativen Bild des Königreichs Preußen zurückgekehrt war.[19] Er nahm auch regelmäßig an den Sitzungen der Akademie teil (den Protokollen nach war er zwischen Juni 1746 und Dezember 1751 bei fast der Hälfte der

Sitzungen, genau gesagt an 96 von 241, persönlich anwesend). Zweimal, 1750 und 1753, hielt er einen öffentlichen Vortrag über *Die Pflichten eines Akademiemitgliedes*; in einem Brief von Ende Oktober 1753, der in der Sitzung vom 30. Oktober durch Formey verlesen wurde, verfügte er, dass das Gehalt der Akademiemitglieder, die in einem Jahr kein einziges Memoire eingereicht hätten, gekürzt werden sollte. Er selber hielt zwischen 1746 und 1756 mindestens eine öffentliche Rede pro Jahr (mit der einzigen Ausnahme des Jahres 1751) und legte insbesondere großen Wert darauf, die Eloge auf Montesquieu in der feierlichen Sitzung vom 5. Juni 1755 persönlich zu halten. Darin pries er Montesquieu „als einen Mann, der soviel Ehre der Wissenschaft als der Menschheit erwiesen hat", und stellte sein großes Buch *L'esprit des lois* als „das wichtigste Werk unter all denen" dar, „die ein Philosoph in Griff nehmen konnte".[20]

Die Protokolle dieser Jahre zeigen, dass die wöchentlichen Sitzungen der Akademie gut besucht waren, und zwar nicht nur von der Mehrheit der Ordentlichen Mitglieder, sondern auch von auswärtigen Besuchern. Zweimal im Jahr fanden darüber hinaus öffentliche Sitzungen mit besonderem Glanz statt, zuerst Ende Januar an dem Donnerstag, der dem Königsgeburtstag am nächsten war, und dann am ersten Donnerstag im Juni anlässlich der Verleihung des Akademiepreises an die prämierte Antwort auf die Preisschrift des Jahres. Viele Mitglieder der königlichen Familie, des Hofes, des Adels, des gelehrten Bürgertums und der in Berlin anwesenden gebildeten Ausländer und Botschafter nahmen an diesen Sitzungen teil und machten aus ihnen regelrechte kulturelle und soziale Ereignisse. Nicht selten wurden philosophische und politische Abhandlungen, historische Schriften und Elogen auf verstorbene Akademiemitglieder verlesen, die der König, der sich selbst als Akademiemitglied betrachtete, eingereicht hatte. Persönlich war zwar der König nie anwesend, er ließ aber seine Schriften durch einen seiner Vertrauen (wie Claude-Etienne Darget oder den Abbé Jean Martin de Prades) vorlesen und sorgte dafür, dass sie danach in den Memoiren der Akademie veröffentlicht wurden. Die Auswärtigen wie die Ehrenmitglieder der Akademie beteiligten sich in der Regel selten an deren Aktivitäten: Voltaire erschien nur einmal zu einer Ordentlichen Sitzung der Akademie (am 10. September 1750) und die Teilnahme Montesquieus beschränkte sich auf einen schönen Dankesbrief für seine Berufung, der in der Sitzung vom 15. Juni 1747 vorgetragen wurde.[21] Gleichwohl schickten einige auswärtige Mitglieder Schriften, die während der regulären Sitzungen gelesen und anschließend veröffentlicht wurden, so vor allem d'Alembert, dessen Name in 33 Protokollen der Akademie erscheint.[22] Nicht zuletzt die neuen, auf Französisch geschriebenen *Memoiren* übertrafen in ihrer Bedeutung und europäischen Verbreitung die lateinischen *Miscellanea* der alten Akademie. Diese durch Formey sorgfältig herausgegebenen Bände enthielten jedes Jahr vielfältige Beiträge (etwa 30 jedes Jahr) aus dem ganzen Spektrum der in der Akademie vertretenen Wissenschaften; neben den oft praxisorientierten Arbeiten aus dem Bereich der Naturwissenschaften ragten ganz besonders die Beiträge der Philosophischen Klasse hervor, deren „Grundeinstellung die Züge eines moderaten Epikureismus sowie eines mehr oder minder moderaten Pyrrhonismus trug"[23]. Das alles legte eindeutig davon Zeugnis ab, dass die Berliner

Akademie wieder zu einer echten „Arbeits-Akademie" geworden war und vermochte, wie Johannes Kunisch zu Recht bemerkt, „ihrem Ansehen zu neuem Glanz zu verhelfen"[24].

Der König, der keine Kosten gescheut hatte, war hocherfreut über diese Entwicklung. „Maupertuis", so schrieb er in einem Brief vom 4. Juni 1746, „ist unser Palladium und die schönste Eroberung, die ich in meinem Leben gemacht habe."[25] Um seine Freude darüber zum Ausdruck zu bringen, verfasste er eine *Ode sur le renouvellement de l'Académie des Sciences* (Ode auf die Erneuerung der Akademie der Wissenschaften), die den Band für das Jahr 1747 (1749 erschienen) der *Histoire de l'Académie Royale des Sciences et des Belles-Lettres de Berlin* eröffnete und mit folgender Strophe begann:

> Que vois-je! Quel spectacle! Oh! Ma chère Patrie!
> Enfin voici l'époque où naîtront tes beaux jours,
> L'ignorant préjugé, l'erreur, la barbarie, chassés de tes palais
> S'éclipsent pour toujours.
> Les beaux-arts sont vainqueurs de leur sombre rivale;
> Je vois de leurs héros la pompe triomphale,
> Dans leurs mains les lauriers, les lyres, les compas:
> La vérité, la gloire
> Au temple de Mercure
> Accompagnent leurs pas.[26]

Diese Glanzzeit dauerte allerdings nicht sehr lange. Die ersten Spannungen zeigten sich Ende 1751, als der streitbare Schweizer Mathematiker und Philosoph Johann Samuel König (1712–1757), den die Akademie zwei Jahre zuvor auf Empfehlung von Maupertuis berufen hatte, diesen direkt angriff und ihm in einem Artikel der in Leipzig erscheinenden *Acta Eruditorum* vorwarf, das von ihm beanspruchte Prinzip der kleinsten Wirkung nicht selbst erfunden zu haben, sei doch dieses Prinzip schon am Anfang des 18. Jahrhunderts durch Leibniz formuliert worden. Als Beweis zitierte König einen Brief von 1707, den Leibniz an den Mathematiker Jakob Hermann geschrieben hatte. Dieser Vorwurf löste eine erbitterte Diskussion aus. König konnte das Original des Briefes von Leibniz nicht vorlegen, Leonhard Euler ergriff öffentlich Partei für Maupertuis und beschuldigte König der Fälschung. Daraufhin stellte sich die Akademie in ihrer Sitzung vom 13. April 1752 auf die Seite von Maupertuis und erklärte die Diskussion für beendet, während König sein Diplom als Akademiemitglied am 6. Juli 1752 zurückschickte.

Weit entfernt davon, sich zu beruhigen, spitzte sich die Diskussion jedoch mit dem Eintritt von Voltaire, eines neuen Maupertuis-Gegners, zu. Voltaire, der ursprünglich Maupertuis an den König empfohlen hatte, war seit Beginn seines Aufenthalts in Potsdam und Berlin im Jahre 1750 zunehmend eifersüchtig auf die Freundschaft des Königs zum Akademiepräsidenten geworden. Darüber hinaus hatte er Maupertuis die Liebesbeziehung nicht richtig verziehen, die sich zwischen seiner Mätresse Madame du

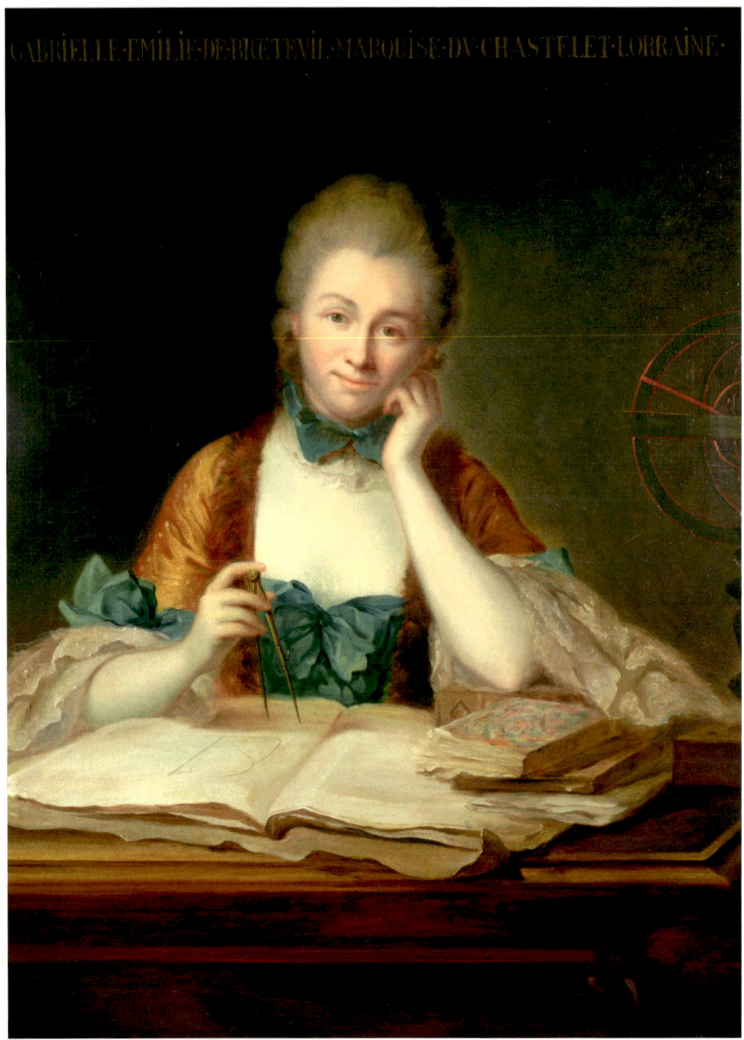

7   Emilie du Châtelet,
Gemälde von Maurice
Quentin de la Tour,
Öl auf Leinwand,
18. Jahrhundert.

Châtelet und ihm in den Jahren entwickelt hatte, in denen Maupertuis in Cirey der
Marquise Mathematikunterricht erteilt hatte. Voltaire beschloss, entgegen seiner Zusi-
cherungen an den König, ein Pamphlet gegen Maupertuis zu schreiben, das 1752 anonym unter dem Titel *Diatribe du Docteur Akakia* erschien.[27] Dieses besonders witzig
und böswillig geschriebene Pamphlet wurde sofort zum Erfolg, und zwar umso mehr,
als die europäische Öffentlichkeit ohne Mühe erkannte, dass es von Voltaire geschrieben worden war und Maupertuis der Lächerlichkeit preisgab. Dies zwang den erzürn-
ten König, öffentlich Partei zu ergreifen. Er hielt zu Maupertuis und ließ zu Weihnachten 1752 Voltaires Pamphlet auf dem Gendarmenmarkt verbrennen. Voltaire, der sich
zudem durch politische Affären und Spekulationsgeschäfte kompromittiert hatte,

ergriff im Frühjahr 1753 die Flucht, worauf der König befahl, ihn in Frankfurt am Main unter demütigenden Umständen verhaften zu lassen.

Dieser „unselige Disput, der sich zwischen ihm und Monsieur de Maupertuis entspann", so Friedrich II. in seinem Nachruf für Voltaire, „entzweite die beiden Gelehrten, die dafür geschaffen waren, sich zu lieben, und nicht sich zu hassen"[28]. Maupertuis erholte sich allerdings nie von dieser dramatischen Krise. Im Jahre 1752 nahm er nur noch an acht Sitzungen der Akademie teil, war in den nachfolgenden Jahren fast immer abwesend und ließ sich durch Euler vertreten. Nach einem längeren Aufenthalt in Saint-Malo, um seine angeschlagene Gesundheit zu regenerieren, nahm er 1756 seinen Abschied, lebte abwechselnd in Paris und Berlin, gab sein Amt 1758 endgültig auf und starb schließlich am 27. Juli 1759 in Basel im Hause der mit ihm befreundeten Familie Bernoulli. Die Akademie erhielt in der Sitzung vom 30. August offiziell von seinem Tod Kenntnis, und Formey, der ständige Sekretar der Akademie, trug seine Eloge in der feierlichen Sitzung vom 24. Januar 1760 vor.

VERZÖGERTER RÜCKGANG, NACHRUF UND SCHWANENGESANG

In der Geschichte der Akademie markierte die Zeit des Siebenjährigen Krieges eine Zäsur, wie man am Rückgang der Zahl der neu aufgenommenen Mitglieder feststellen kann. Zwischen 1756 und 1786 wurden nur noch 25 neue Ordentliche Mitglieder aufgenommen, gegenüber 38 zwischen 1744 und 1756, das heißt im Durchschnitt weniger als ein neues Mitglied pro Jahr im Vergleich zu mehr als drei pro Jahr in der vorangegangenen Zeit. Bei den auswärtigen und Ehrenmitgliedern war der Rückgang noch dramatischer: Zwischen 1756 und 1786 zählte man nur noch 58 Neuaufnahmen im Unterschied zu 179 zwischen 1744 und 1756. Diese Art des ‚Überlebens' hatte eine zunehmende Atrophie der Akademie zur Folge: Der Altersdurchschnitt ihrer Mitglieder stieg kontinuierlich, während die Zahl der Anwesenden an den Donnerstag-Sitzungen immer mehr zurückging. „Die philosophische Klasse verlor mittlerweile jegliche Bedeutung und selbst die Naturwissenschaften sahen sich durch die Forschungsansätze herausgefordert, die sich weit entfernt von landesherrlicher Protektion und obrigkeitlichen Impulsen im Rahmen bürgerlicher Sozietäten zu entfalten begannen."[29]

Bei allem Rückgang blieb die Akademie gleichwohl weiterhin eine stark französisch geprägte Institution. Mehr als die Hälfte der neu aufgenommenen Ordentlichen Mitglieder waren ‚Franzosen' (14 von 25). Bei den auswärtigen und Ehrenmitgliedern stellten sie fast ein Drittel (19 von 58) der neuen Mitglieder dar. Unter ihnen gab es allerdings viel weniger bekannte Namen und herausragende Wissenschaftler als in der ersten Zeit. Nur drei Persönlichkeiten unter den auswärtigen Mitgliedern entsprachen dem Profil der auswärtigen Mitglieder der Zeit zwischen 1744 und 1756: der 1764 aufgenommene Chevalier Louis de Jaucourt (1704–1779), ein Philosoph und Schriftsteller, der maßgeblich an der Herausgabe der *Encyclopédie* beteiligt war, Verfasser von zahlreichen Artikeln und Nachfolger von d'Alembert nach dessen Tod; der Publizist und

Schriftsteller Antoine de Rivarol (1753–1801), der 1785 aufgenommen wurde; und schließlich der aufgeklärte Philosoph und Mathematiker Marie-Jean-Antoine de Caritat, Marquis de Condorcet (1743–1794), der 1786 nur wenige Monate nach dem Tod des Königs aufgenommen wurde.

Wie vor 1756 erschienen die jährlichen Publikationen der Akademie weiterhin auf Französisch, zuerst bis 1769 unter ihrem alten Namen (*Histoire de l'Académie Royale des Sciences et Belles-Lettres de Berlin avec les mémoires pour la même année*), dann zwischen 1770 und 1786 unter dem Titel *Nouveaux Mémoires de l'Académie Royale des Sciences et Belles-Lettres*, und schließlich zwischen 1786 und 1804 unter dem Titel *Mémoires de l'Académie Royale des Sciences et Belles-Lettres*. Bis 1781 behielt die französische Sprache ihre Dominanz. Eine deutsche Konkurrenz fing zwar an, sich ab 1781 zu manifestieren, zuerst mit den vier Bänden der *Physikalischen und medicinischen Abhandlungen der Königlichen Akademie der Wissenschaften zu Berlin* (1781 bis 1786) und dann mit den sechs Bänden der *Sammlung der deutschen Abhandlungen, welche in der Akademie der Wissenschaften zu Berlin vorgelesen wurden* (1788 bis 1803). Diese Konkurrenz blieb aber marginal und der Übergang vom Französischen zum Deutschen fand erst 1815 statt, nach dem Ende der napoleonischen Zeit, mit dem ersten Band der *Abhandlungen der Königlichen Akademie der Wissenschaften* (aus den Jahren 1804–1811).

Wie erklärt sich diese kontinuierliche, wenn auch immer weniger zeitgemäße französische Prägung der Académie Royale? Ein erster und entscheidender Grund ist in der Person und im Willen des Königs zu suchen, der trotz seiner zunehmenden Beschäftigung mit politischen Aktivitäten immer noch dem Plan seiner Jugend treu blieb, ein philosophierender König zu sein. Nur wenige Monate nach dem Bruch mit Voltaire hatte er den brieflichen Kontakt mit ihm wieder aufgenommen; beide versöhnten sich und setzten ihre philosophisch-freundschaftliche Korrespondenz bis zum Tode Voltaires im Frühjahr 1778 fort. Der König hatte in der Tat immer noch die Absicht, sich unmittelbar an den Debatten und den Forschungen seiner Akademie zu beteiligen, damit sie eine Hochburg der Wissenschaften und der westlichen Aufklärung blieb und zum Ruhm seiner Herrschaft beitrug. Nach dem Abgang von Maupertuis, der dem Marquis d'Argens als Übergangslösung anvertrauten Präsidentschaft der Akademie und vor allem der Zuwahl von Lessing 1760 als Auswärtigem Mitglied (einer Entscheidung, die ihn verärgert hatte), übernahm 1764 der König selbst die Leitung der Akademie und berief dann persönlich die neuen Mitglieder – allerdings nach Konsultationen mit d'Alembert und nach dessen Tod im Jahre 1783 mit Condorcet, deren Rat er sich bei allen Entscheidungen über Zuwahlen holte. Dies gab ihm die Möglichkeit, Männer in die Akademie zu berufen, die ihm besonders nah waren, nicht zuletzt, weil einige von ihnen ihm bei seiner schriftstellerischen Tätigkeit unentbehrlich waren, so zum Beispiel der 1760 aufgenommene Schweizer Schriftsteller und Gelehrte Henri-Alexandre de Catt (1725–1795), der seit 1758 Privatsekretär, Vorleser und enger Vertrauter des Königs war, oder der 1765 berufene Militärtheoretiker und Offizier Charles Théophile (Karl Gottlieb) Guichard (1724–1775), auch er Vorleser und Gesprächspartner des Königs, der ihn „Quintus Icilius" nannte, oder der 1765 berufene französische Schriftsteller Dieudonné Thiébault (1733–1807), dessen spezielle Aufgabe darin bestand, die Schriften des Königs für die Akademie zu korrigieren und sie dann vorzulesen, oder auch der 1772 berufene und gleichfalls aus Frankreich stammende Schriftsteller und Pädagoge Alexis Borelly (1738–1810), der ebenfalls zum engen Kreis der persönlichen Mitarbeiter und Gesprächspartner des Königs gehörte.

Diese Kontinuität war auch dadurch bedingt, dass nicht selten ‚Franzosen' bis weit in dieses Jahrhundert hinein an entscheidenden Stellen des akademischen Lebens wirkten. Dies war der Fall beim Marquis d'Argens, der bis 1771 Direktor der Philosophischen Klasse der Akademie war (wenn es ihm auch nicht gelang, den König zu überzeugen, Moses Mendelssohn zu berufen), beim Mathematiker Joseph-Louis Lagrange, der nach dem Abgang von Leonhard Euler zwischen 1766 und 1786 Direktor der Mathematischen Klasse wurde, oder beim Chemiker François Charles Achard (1753–1821), der nach dem Tod des Chemikers Andreas Sigismund Marggraf (1709–1782) die Leitung der Physikalischen Klasse übernahm; dies galt vor allem für Jean Henri Samuel Formey, der von 1748 bis zu seinem Tod 1797 ständiger Sekretar der Akademie war und darüber hinaus zwischen 1788 und 1797 Direktor der Philosophischen Klasse (auch wenn er bis 1769 warten musste, bis der König ihm eine erste Audienz gewährte).

Die Kontinuität hing vor allem damit zusammen, dass Berlin eine multikulturelle und multiethnische Stadt war, die insbesondere seit dem Ende des 17. Jahrhunderts durch die Präsenz einer wichtigen französischen Gemeinschaft gekennzeichnet war. Seit der Aufhebung des Edikts von Nantes und der Ausrufung des Edikts von Potsdam (1685) hatten sich in der Tat mehrere tausend französische Glaubensflüchtlinge in der Stadt niedergelassen. Sie lebten seither unter dem Schutz der Dynastie und verfügten über weitreichende Privilegien und spezifische Institutionen (eigene Gerichtsbarkeit, eigene Schulen und Kirchen), was ihnen die Möglichkeit gegeben hatte, ihre kulturell-religiöse Identität wie auch ihre Vermittlerrolle zwischen Preußen und den anderen Stätten des hugenottischen Refuge in Europa und Frankreich zu bewahren und zu entwickeln. Unter den circa 90.000 Personen der zivilen Bevölkerung der Stadt um 1750 zählte die französische Gemeinde fast 7.000 Mitglieder, das waren mehr als 7 Prozent der Gesamtbevölkerung.[30] Sie bildete eine gut organisierte, stark vernetzte, voll integrierte und mit der Zeit immer mehr zweisprachige Gemeinschaft, deren Einfluss weit über ihre Mitglieder hinausging.[31]

Berlin zählte in dieser Zeit mehrere französische Zeitschriften wie das *Nouveau Journal des Sçavans*, die *Nouvelle Bibliothèque Germanique* oder auch die *Gazette littéraire de Berlin*. Das auf dem Gendarmenmarkt 1776 auf Befehl des Königs eröffnete Französische Komödienhaus spielte an drei Wochentagen ausschließlich in französischer Sprache, und in vielen deutschen adligen und bürgerlichen Familien legte man bis spät ins 18. Jahrhundert großen Wert darauf, Französisch zu beherrschen.

„In Berlin war damals", so schrieb der in Berlin 1777 geborene Friedrich August Ludwig von der Marwitz in seinen Memoiren, mehr noch als in anderen deutschen Städten bei Hof und unter dem Adel die französische Sprache allgemein. Dies rührte weit weniger von Friedrichs des Großen Vorliebe für diese Sprache her, als von der zahlreichen Ansiedlung der französischen Refugiés in Berlin. Da seit dieser Ansiedlung schon hundert Jahre verstrichen waren, so waren die französischen adligen Familien schon mit allen einheimischen verschwägert. In dem Beamten-, Gelehrten- und Kaufmannsstande war dies zwar weniger der Fall, weil die Sprache hier noch ein Hindernis des Bekanntwerdens war. Da aber die französischen Kaufleute und Fabrikanten die geschicktesten und in vielen Fächern die einzigen waren, so war mit diesen der meiste Verkehr, und in allen Kaufläden wurde französisch gesprochen; auch verursachte die äußere feinere Bildung, dass die Erzieherinnen beinahe ausschließlich aus den Refugiés genommen wurden. Ich lernte also von Kindesbeinen an Französisch mit dem Deutschen zugleich, und das eine war mir vollkommen so geläufig als das andere. In dem Hause meiner Eltern ward beständig Französisch gesprochen, wie in allen andern zu damaliger Zeit, mit denen wir Umgang hatten.[32]

Es wundert daher nicht, dass die *Réfugiés* und ihre Nachkommen eine so eminente Rolle im Leben der Akademie wie auch unter ihren Mitgliedern spielten. Schon bei der Gründung der Akademie stammte jeder Vierte der 1700/01 berufenen neuen Mitglieder aus der ‚Berliner Colonie‘, und bis zum Ende des 18. Jahrhunderts ähnelte die Berufungspraxis der Akademie einer Familiengeschichte: So zählte man unter ihren Mitgliedern zwei Männer aus der Familie Achard, zwei aus der Familie Ancillon, zwei aus der Familie Beausobre und zwei aus der Familie Naudé, um nur einige Beispiele zu nennen.[33] Darüber hinaus gab es zahlreiche verwandtschaftliche Beziehungen, die sich nicht so leicht identifizieren lassen, weil sie sich über die Frauen vermittelten: So war der Jurist Philippe Joseph de Jariges (1706–1770), der 1731 als ordentliches Mitglied berufen wurde, mit einer Tochter des Theologen und Mathematikers Alphonse des Vignoles (1649–1744) verheiratet, der 1700 in die Akademie aufgenommen wurde und am Ende seines Lebens Direktor der Mathematischen Klasse war, während der Schweizer Physiker Nicolas de Béguelin (1714–1789), der 1747 auf Empfehlung von Maupertuis als Ordentliches Mitglied rekrutiert wurde, mit einer Tochter des 1724 aufgenommenen Theologen und Bibliothekars der Akademie, Simon Pelloutier (1694–1757), verheiratet war.[34] Waren viele der zu Beginn des Jahrhunderts beigetretenen *Réfugiés* Männer, die noch in Frankreich geboren waren und nur Französisch konnten, so waren die Vertreter der zweiten, dritten und vierten Generation immer häufiger Personen, die in Berlin beziehungsweise in Deutschland geboren wurden und daher vollkommen zweisprachig waren, wie man es am Beispiel des von Anne Baillot untersuchten Lebens von Louis de Beausobre sehen kann, den der König „le petit Beausobre" nannte.[35] Diese Familien, die miteinander vernetzt und verwandt waren, nutzten im Übrigen ihre Netzwerke sehr geschickt: Wollten sie jemanden aus ihrer Verwandtschaft in die Akademie aufnehmen lassen, so nahmen sie zuerst Kontakt mit d'Alembert auf; dieser

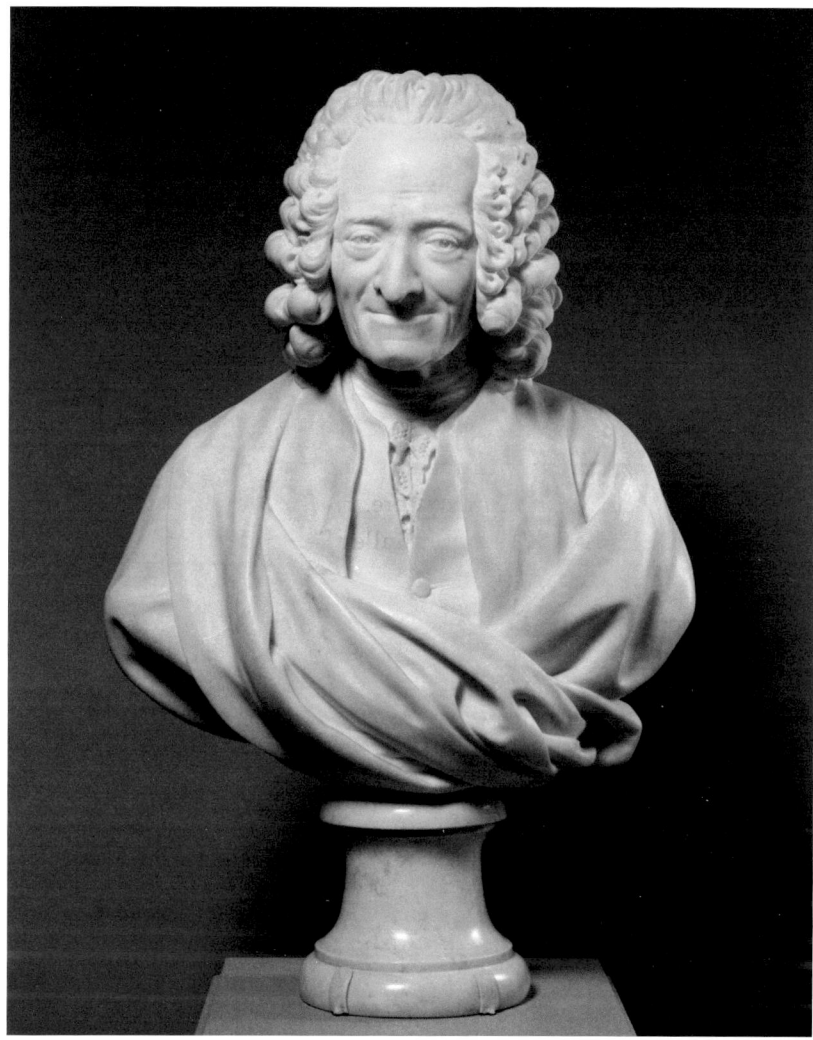

8   François Marie
Arouet de Voltaire,
Büste von Jean-
Antoine Houdon,
Marmor, 1778.

schlug dann die vorgeschlagene Person dem König vor, der sie am Ende in die Akademie berief.

Zwei Ereignisse erinnerten in den letzten Jahren dieses unaufhaltsamen, wenn
auch verzögerten Niedergangs an den früheren Glanz der Académie des Sciences et des
Belles-Lettres. Das erste fand nach dem Tod von Voltaire am 30. Mai 1778 statt. Noch
am 1. April 1778 hatte Voltaire dem König einen Brief geschickt, der mit dem Wunsch
schloss: „Möge Friedrich der Große der unsterbliche Friedrich sein!"[36] Als Friedrich II.,
der zu dieser Zeit im Feldlager in Schlesien war, die Nachricht vom Tod seines Freundes
erhielt, war er tief betroffen und schrieb unmittelbar danach an d'Alembert: „Die Akademie von Berlin und ich haben die Absicht, dem großen Mann, der soeben verstarb,
den Tribut zu zollen, der seiner Asche gebührt."[37] Der 52-seitige Nachruf, den der König

persönlich und selbstverständlich auf Französisch geschrieben hatte, wurde dann am 26. November von Dieudonné Thiébault in einer feierlichen Sitzung der Akademie vorgelesen, an welcher nicht nur zwanzig Akademiemitglieder, sondern auch Prinz Heinrich von Preußen (1726–1802), Bruder des Königs, und Prinz Karl von Hessen-Kassel (1744–1836) wie auch mehrere Honoratioren teilnahmen. Nachdem er an seinen Wunsch erinnert hatte, „dieses ebenso seltene wie herausragende Genie zu besitzen", führte der König in ebenso pathetischen wie einfühlsamen Worten, und ohne je die zeitweiligen Spannungen zwischen ihm und Voltaire zu erwähnen, seine Bewunderung für den Verstorbenen aus: „Nichts lag außerhalb seiner Kenntnisse; seine Konversation war so lehrreich wie unterhaltend, seine Einbildungskraft so funkelnd wie reich, sein Geist so schnell wie präsent: durch anmutige Phantasie machte er die Trockenheit bestimmter Themen wett; mit einem Wort, er war die Wonne jeglicher Gesellschaft."[38] Drei Jahre später schenkte der König der Akademie eine Büste von Voltaire, die er bei dem französischen Bildhauer Jean-Antoine Houdon (1741–1828) bestellt hatte.

Diese Statue wurde in der Sitzung vom 8. Februar 1781 in Empfang genommen und in der Sitzung vom 17. Mai beschloss die Akademie mit zwölf Stimmen gegen acht, die Büste von Voltaire im Vestibül des Akademiegebäudes aufzustellen.

Das zweite Ereignis fand 1784 statt, anlässlich der Preisverleihung an die Schrift, die die ein Jahr zuvor ausgeschriebene Preisfrage am besten beantwortet hatte. Diese Preisfrage hatte zum Thema *Die Universalität der französischen Sprache*. Unter den eingesandten Abhandlungen erhielt in der feierlichen Sitzung vom 3. Juni 1784 die von dem französischen Publizisten und Schriftsteller Antoine de Rivarol (1753–1801) unter dem Titel *De l'universalité de la langue française* verfasste Schrift den Preis der Akademie.[39] Sie übernahm in besonders brillanter Form alle damals üblichen Topoi über die französische Sprache: Sie stellte sie als eine Sprache dar, die durch ihre Klarheit, ihren Reiz, ihre Kommunikationsfähigkeit und ihre Ehrlichkeit dazu prädestiniert sei, die Sprache der Menschheit zu sein.[40] Diese sofort in Berlin und Paris veröffentlichte Rede stellte den Schwanengesang der Académie Royale des Sciences et des Belles-Lettres dar, erschien sie doch als eine nachträgliche Rechtfertigung der 1744 getroffenen Entscheidung, aus der französischen Sprache die Arbeits- und Publikationssprache der Akademie zu machen, wie auch als Bestätigung der Ansichten, die Friedrich II. 1780 in seinem Buch *De la littérature allemande: des défauts qu'on peut lui reprocher; quelles en sont les causes; et par quels moyens on peut les corriger* vertreten hatte.[41]

Die ‚französische Zeit' der Akademie ging de facto zwei Jahre später mit dem Tod des Königs zu Ende. An der Sitzung vom 20. Juli 1786 nahmen dreizehn Ordentliche Mitglieder und ein ausländischer Besucher teil. Während dieser Sitzung las der Mathematiker Joseph-Louis Lagrange eine Abhandlung über die Theorie der periodischen Schwankungen vor, ehe die Akademie in die Zeit der Sommerferien eintrat. „In dieser Zwischenzeit", fügt das Protokoll hinzu, „hatten wir die Trauer, unseren großen König und erhabenen Beschützer zu verlieren; er verstarb in Sans Souci am 17. August um drei Uhr morgens." Und unter dieser letzten Notiz steht in Großbuchstaben nur noch ein einziges Wort, das alles sagt: „Fin."[42]

Die Zeit des uneingeschränkten Glanzes und der europäischen Ausstrahlung der Académie Royale des Sciences et des Belles Lettres blieb kurz: Sie dauerte nicht länger als zwölf Jahre. In dieser Zeit „wirkte die Akademie breit in die Öffentlichkeit hinein, nicht nur über die regelmäßig gestellten Preisfragen, sondern auch über die zahlreichen, international bekannten, vor allem französischen Wissenschaftler, die zeitweise in Berlin oder Potsdam lebten"[43]. Schon ab Mitte des 18. Jahrhunderts ließ dieser Glanz langsam nach: „Unverkennbar war bereits nach dem Ende des Siebenjährigen Krieges", so Johannes Kunisch, „dass der einmal so ambitioniert aufgegriffene Akademiegedanke mit seinem Vorhaben einer an die französische Geisteskultur angelehnten Wissenschaftskonzeption nicht mehr weiterzuführen und wiederzubeleben war."[44] Er verblasste immer mehr, bis er schließlich 1786 mit dem Tod des Königs erlosch.

Diese kurze Zeit beeindruckte aber die europäische „république des lettres", die in ihr sofort eine Zeit des Umbruchs und des Durchbruchs sah. Die neu gegründete Akademie wurde zu einem Vorbild für viele andere europäische Akademien – angefangen von der Petersburger Akademie der Wissenschaften unter der Herrschaft von Kaiserin Katharina II. –, die ihr nachzuahmen versuchten. Die gut zehn Jahre, während derer die Berliner Akademie de facto eine ‚preußische Académie française' war, stellten den Gipfel ihres Ansehens und ihrer internationalen Ausstrahlung im gesamten 18. Jahrhundert und noch weit ins 19. Jahrhundert hinein dar. Den Höhepunkt ihres Ruhms verdankte die Königlich Preußische Akademie der Wissenschaften in erster Linie der *French Connection*. Durch sie verwandelte sie sich in eine echte Académie Royale des Sciences et des Belles-Lettres. Nicht zuletzt dadurch trug sie dazu bei, dass sich später Berlin, wie Germaine de Staël es 1810 in ihrem Buch *De l'Allemagne* bemerkte, als „Brennpunkt der Aufklärung und des Lichts wie auch als wahre Hauptstadt des neuen, aufgeklärten Deutschlands"[45] behaupten konnte.

Ich danke Anne Baillot ganz herzlich für ihre Hilfe wie auch für ihre vielen weiterführenden Anregungen beim Verfassen dieses Beitrags.

Leonhard Euler

Jean- Baptiste le Rond d'Alembert

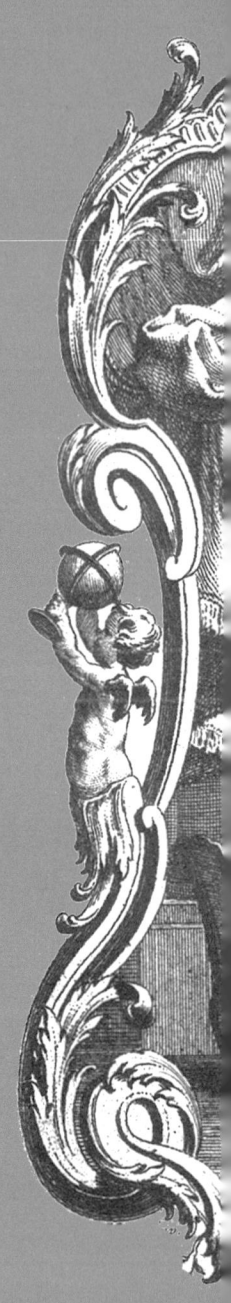

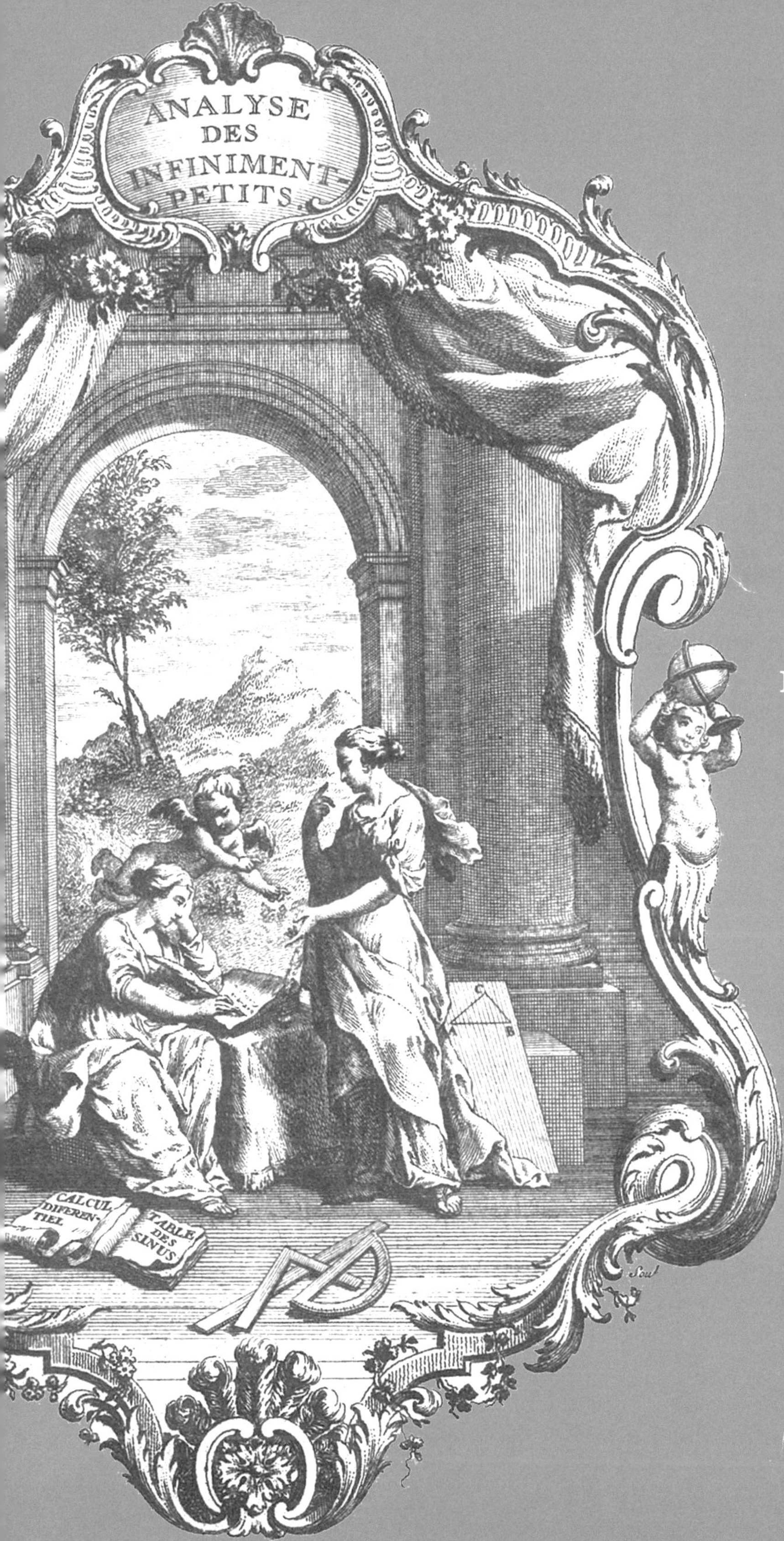

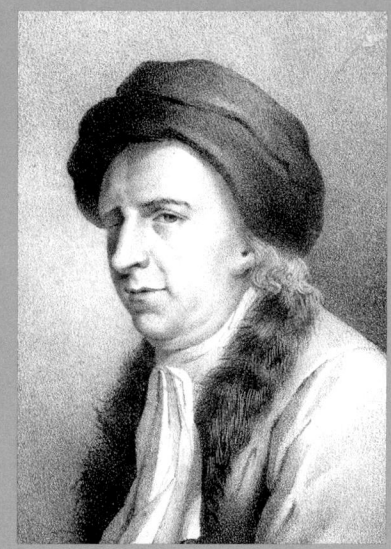

15. APRIL 1707
18. SEPTEMBER 1783

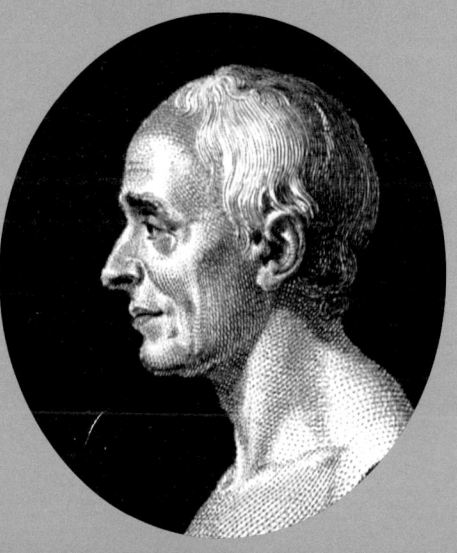

16. NOVEMBER 1717
29. OKTOBER 1783

S. 68/69

1   Leonhard Euler, Lithografie von Morice.

2   Jean-Baptiste le Rond d'Alembert,
Kupferstich von Augustin de Saint-Aubin, vor 1807.

3   Analyse des Infininent-Petits, Titelblatt.

Eberhard Heinrich Knobloch

Brüder im Geiste

Leonhard Euler und Jean-Baptiste le Rond d'Alembert

Erste vergleichende Betrachtungen

Nähert man sich heute im dritten Stock des Gebäudes der Berlin-Brandenburgischen Akademie der Wissenschaften den Räumen des Präsidenten, so fällt der Blick auf die beiden Büsten von Jean-Baptiste le Rond d'Alembert und Leonhard Euler. Diese haben nicht nur das Geistesleben des 18. Jahrhunderts nachhaltig geprägt, sondern insbesondere auf die Geschicke der damaligen friderizianischen Académie Royale des Sciences et Belles Lettres einen entscheidenden Einfluss gehabt.

Vergleicht man jedoch deren Herkunft und Kindheit miteinander, dieser beiden herausragenden Vertreter des Zeitalters der europäischen Aufklärung, so lässt sich kaum ein größerer Gegensatz denken.

Eulers Vater Paulus Euler war zum Zeitpunkt seiner Geburt am 15. April 1707 evangelisch-reformierter Pfarrer in St. Jakob an der Birs, unmittelbar bei Basel, wo Euler geboren wurde, seine Mutter Margaretha Tochter des Basler Spitalpfarrers Brucker. Euler wuchs mit drei jüngeren Geschwistern in dem kleinen, nahe bei Basel gelegenen Ort Riehen auf, wo sein Vater ab 1708 die Pfarrstelle wahrnahm. Die ländliche Abgeschiedenheit, das religiös bestimmte Familienleben, das Zucht und Ordnung lehrte, prägten Eulers eigene Frömmigkeit. Seine spätere tiefe Abneigung gegen Freigeister, gegen die französischen Enzyklopädisten und Atheisten, die zunehmend seine Berliner Jahre bestimmten, hat hier ihre Wurzeln. Er selbst war zweimal verheiratet und hatte aus erster Ehe dreizehn Kinder, von denen freilich acht bereits im Kindesalter starben. Er selbst verschied am 18. September (neuer Stil) 1783 in Petersburg.

D'Alembert dagegen war ein am 17. November 1717 unehelich geborenes Findelkind. Seinen Namen verdankte er seinem Fundort, einer Pariser Kirche. Seine Mutter war die später gefeierte Pariser Salondame Claudine Guérin de Tencin, die ihn zeit seines Lebens ablehnte, sein Vater der Artilleriegeneral Louis Camus Destouches, der ihm eine umfassende Erziehung und Ausbildung ermöglichte. Der Säugling wurde von seiner Mutter vor der Kirche St. Jean-le-Rond in Paris ausgesetzt und von dem Ehepaar Etiennette Gabrielle Ponthieux und Alexandre Nicolas Rousseau, einem Glasermeister, aufgenommen. Ironie der Wissenschaftsgeschichte: Ausgerechnet der Enzyklopä-

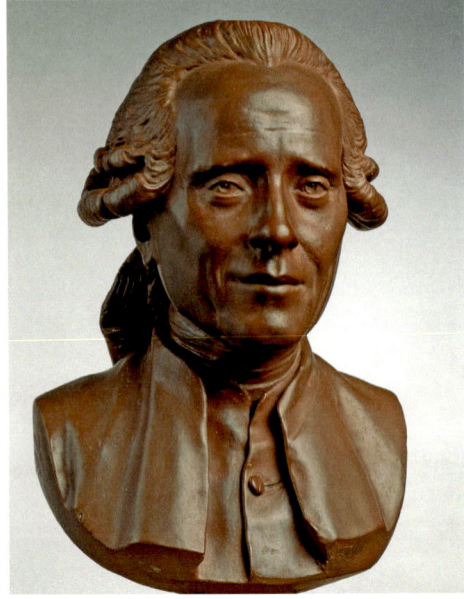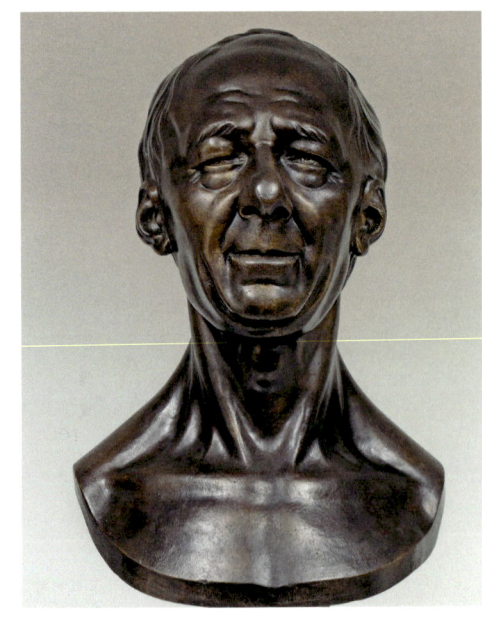

1 Jean-Baptiste le Rond d'Alembert, Büste von Jean Antoine Houdon, Gips, terrakottafarben getönt, 1778.

2 Leonhard Euler, Büste von Dominique Rachette, Bronzeabguss, 1784.

dist, Starphilosoph der Aufklärung und Jesuitengegner d'Alembert hieß nach einer Kirche.

Er lebte bei seinen Pflegeeltern bis zum 48. Lebensjahr, heiratete nie, hatte keine Kinder. Seit 1765 lebte er mit seiner Freundin Julie de Lespinasse zusammen, die ihn bei einer schweren Erkrankung gesund gepflegt hatte. Ihr Tod 1776 traf ihn schwer. Friedrich II. kondolierte ihm am 9. Juli des Jahres. Sieben Jahre später, am 29. Oktober 1783, erlag er selbst einem schmerzhaften Harnblasenleiden.

EULER UND DER PREUSSISCHE KÖNIG

Spätestens seit seinem Regierungsantritt am 31. Mai 1740 war Friedrich II. entschlossen, die Berliner Akademie der Wissenschaften zu neuem Leben zu erwecken. Darauf bedacht, möglichst die besten Gelehrten nach Berlin zu holen, war er insbesondere daran interessiert, Leonhard Euler aus Petersburg zu gewinnen, den *grand algébriste*, wie er sich gegenüber dem außerordentlichen Gesandten des sächsischen Kreises in Petersburg, Ulrich Friedrich von Suhm, ausdrückte.[1]

Friedrichs Gesandter Axel von Mardefeld hielt die Bestätigung des Suhmschen Angebotes am 15. Februar 1741 in seinen Händen. Bereits am nächsten Tag beantragte Euler seine Entlassung aus russischen Diensten. Friedrichs Angebot, für 1.600 Taler nach Berlin zu kommen, erschien ihm angesichts der ungewissen politischen Situation in Petersburg nach dem Tode der Kaiserin Anna Ivanovna allzu verlockend. Elisabeth Petrovnas Staatsstreich im Dezember 1741 fand bereits nach Eulers Abreise statt.

Aber so leicht ließ die russische Akademie ihren bedeutendsten Mathematiker nicht gehen. Insbesondere widersetzte sich der Rat der akademischen Kanzlei und Geschäftsführer der Akademie, Johann Daniel Schumacher, Eulers Anliegen. Es bedurf-te erheblicher Anstrengungen Eulers und der Unterstützung durch Friedrichs Vertrau-ten, bevor Euler und der König ihr Ziel erreichten. Am 19. Juni 1741 verließ Euler mit seiner Familie den Ort seiner bisherigen Wirkung, um am 25. Juli in Berlin einzutref-fen. Ungeduldig hatte inzwischen der König Suhm ermahnt, Euler herbeizubringen. Kein Zweifel: Friedrich hat ursprünglich Euler sehr geschätzt und als Zierde seiner Akademie bezeichnet.[2]

Doch der Zeitpunkt von Eulers Kommen war für ein Treffen mit dem König nicht günstig. Friedrich führte den 1. Schlesischen Krieg. Er schrieb Euler nur kurz aus dem Feldlager bei Reichenbach, er freue sich zu erfahren, dass sich Euler wohlfühle. Sollte er außer seiner Pension andere Dinge benötigen, müsse er seine, Friedrichs,

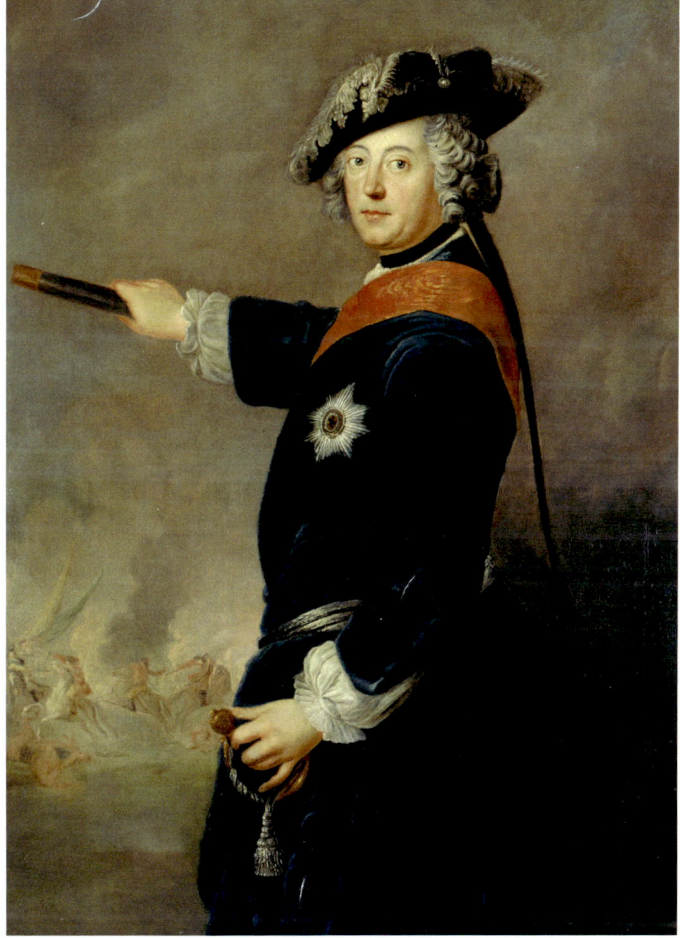

3   Friedrich II. von Preußen, Gemälde von Antoine Pesne, Öl auf Leinwand, um 1745.

Rückkehr nach Berlin abwarten.[3] Der tatendurstige Euler sah sich in der Tat veranlasst, den König an dessen Versprechen zu erinnern, ihm seine Reisekosten zu erstatten. Der Briefwechsel zwischen dem König und Euler war derjenige eines Herrschers mit einem diensteifrigen Untergebenen, dem der Herrscher vorschrieb, was zu tun und zu lassen sei, und den er gelegentlich recht unverblümt zurechtwies.

Nach dem für Friedrich erfolgreichen 1. Schlesischen Krieg – der Frieden von Breslau beließ Schlesien bei Preußen – schrieb Euler zum Beispiel am 19. Januar 1743 unaufgefordert an den König, um ihm nahezulegen, die Kalendereinnahmen der neuen Provinz für die Errichtung einer Akademie der Wissenschaften zu verwenden. Diese würden fast hinreichen, eine Akademie auf dem Niveau der Petersburger oder Pariser Akademie zu unterhalten. Der König antwortete bereits zwei Tage später aus Charlottenburg recht ungehalten,[4] er habe Eulers Ideen über die angebliche finanzielle Grundlage einer Akademie der Wissenschaften kennen gelernt. Aber er glaube, Euler habe gegen die gewöhnlichen Rechenregeln gesündigt, gewöhnt an die Abstraktionen der Größen der Algebra. Andernfalls hätte er sich nicht eine so große Einnahme aus dem Kalendervertrieb in Schlesien einbilden können.

Dies war eine ziemlich deutliche Zurechtweisung. Derartige Eigeninitiativen liebte der König nicht. Sie entsprachen freilich einer Eigenart Eulers, die der ihm wohlgesinnte Akademiepräsident Maupertuis mit folgenden Worten an seinen Freund Johann II. Bernoulli umschrieb:

> Euler [...] ist ganz allgemein eine höchst eigenartige Persönlichkeit, ein unablässiger Plagegeist, der sich gern in alles einmischt, obwohl die Form unserer Akademie und die Anweisungen des Königs niemandem irgendwelche Einmischung erlauben [...] Dies ist noch eines dieser Familiengeheimnisse, die man nicht weitererzählen sollte.[5]

Wohl aber lobte Friedrich seinen Mathematiker, wenn dieser seine Aufträge zu seiner Zufriedenheit ausgeführt hatte, etwa wenn es um die Arbeiten am Finow-Kanal, um die Begutachtung einer Klassenlotterie, um die Prüfung von technischen Verbesserungsvorschlägen oder um Gutachten zu Personalentscheidungen ging. Von dem vertraulichen, freundschaftlichen Ton, der den Briefwechsel zwischen Friedrich und d'Alembert durchzieht, findet sich jedoch in dessen Briefwechsel mit Euler keine Spur. Für Eulers private Anliegen hatte er in der Regel kein Ohr. Ob es um die Versorgung eines Bruders, den Einspruch gegen die Anwerbung eines Neffen zum Militärdienst, um die Heirat einer Tochter mit dem Kornett van Dehlen oder die Anstellung seines Sohnes Johann Albrecht an der Ritterakademie ging: Stets beschied der König Eulers Wünsche abschlägig.

Während der König das erstmalige Zusammentreffen mit d'Alembert sehnlichst herbeiwünschte, ließ er sich viel Zeit, Euler das erste Mal zu sehen. Erst vier Jahre nach Beendigung des Zweiten Schlesischen Krieges oder acht Jahre nach Eulers Eintreffen in Berlin, am 6. September 1749, kam es am Potsdamer Hof zur ersten Begegnung zwischen den beiden Männern. Dies hinderte Friedrich nicht, sich schon lange vorher ein Urteil über Euler zu bilden, wie aus dem Briefwechsel mit seinem ältesten Bruder, dem Kronprinzen August Wilhelm, hervorgeht.

Der Kronprinz schrieb ihm am 28. Oktober 1746 aus Berlin nach Potsdam einen Brief, der bezeichnenderweise ebenso wenig in die Auswahlausgabe der Friedrichschen Briefwechsel durch Preuss aufgenommen wurde wie die Antwort des Königs. Darin hieß es:[6]

> Herr von Maupertuis hat mich mit dem Mathematiker Euler bekannt gemacht. Ich fand an ihm die Wahrheit von der Unvollkommenheit aller Dinge bestätigt. Durch Fleiß hat er sich logisches Denken und damit einen Namen erworben; aber seine Erscheinung und sein unbeholfener Ausdruck verdunkeln alle diese schönen Eigenschaften und verhindern, dass man sie sich zu Nutze macht.

Darauf antwortete ihm Friedrich drei Tage später:

> Ich dachte mir schon, dass Deine Unterhaltung mit Herrn Euler Dich nicht erbauen würde. Seine Epigramme bestehen in Berechnungen neuer Kurven, irgendwelcher Kegelschnitte oder astronomischer Messungen. Unter den Gelehrten gibt es solche gewaltige Rechner, Kommentatoren, Übersetzer und Kompilatoren, die in der Republik der Wissenschaften nützlich, aber sonst alles andere als glänzend sind. Man verwendet sie wie die dorischen Säulen in der

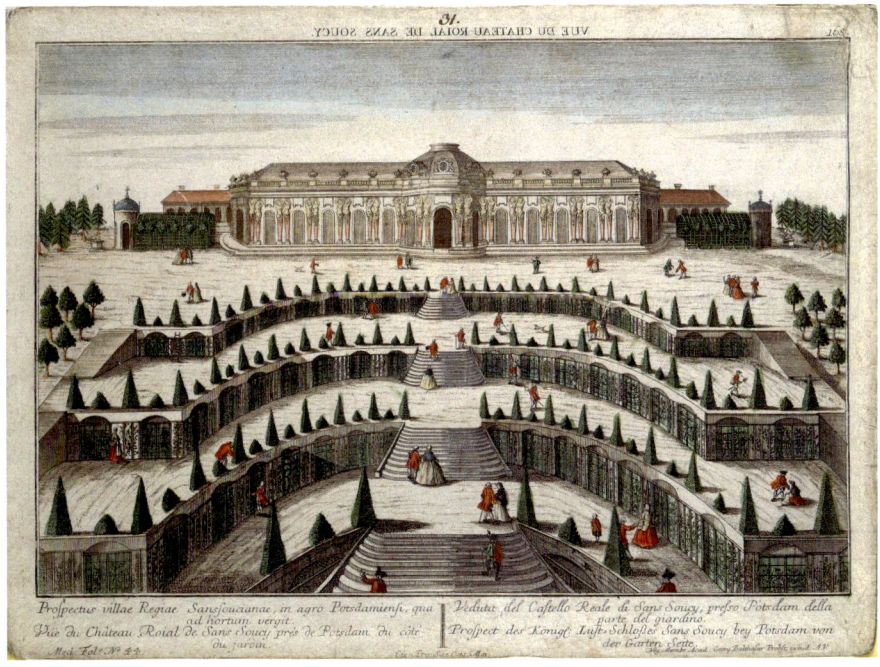

4   Ansicht des königlichen Lustschlosses Sanssouci bei Potsdam von der Gartenseite aus, Guckkastenbild, Kupferstich von Georg Balthasar Probst, um 1750.

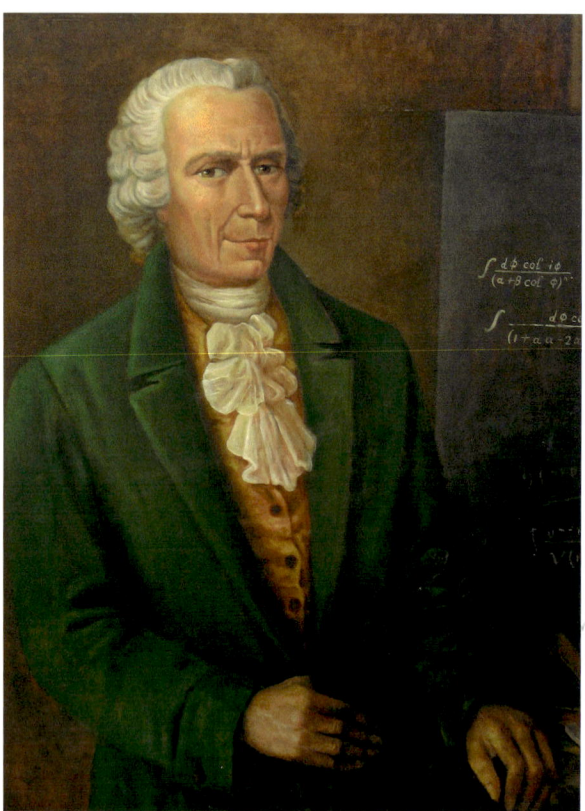

5   Leonhard Euler,
Gemälde von Carlo
Mense, Öl auf Lein-
wand, 1952.

Baukunst. Sie gehören in den Unterstock, als Träger des ganzen Bauwerks und
der korinthischen Säulen, die seine Zierde bilden.

Er setzte eine grobe Bemerkung über den Prinzen Moritz von Anhalt-Dessau hinzu:
„Prinz Moritz ist hier. Er ist in der Kriegskunst das gleiche, was Euler in der Wissenschaft ist, sogar noch etwas weniger. Ich versichere Dir, er langweilt mich tödlich, und
ich werde ihn mir baldmöglichst vom Halse schaffen."

Der Bruder antwortete ihm postwendend am 1. November: „Nichts ist richtiger
als Deine Betrachtung über die Pedanterie, der die meisten Gelehrten anheimfallen [...]
Ich lasse die Pedanterie immerhin bei Leuten gelten, die in ihrem Fach Hervorragendes
leisten, aber bei Durchschnittsmenschen wird sie ganz unerträglich."

Die Bemerkungen machen in aller Klarheit deutlich, warum der „Philosoph von
Sanssouci", wie sich der König gern nannte, keinen Wert auf einen persönlichen
Umgang mit Euler legte. Tatsächlich verlief ihr Kontakt zueinander hauptsächlich über
die Verwaltung, den Akademiepräsidenten Maupertuis, d'Alembert, d'Argens oder de
Catt. Um es mit Otto Spiess zu sagen: „Euler war der größte der Mathematiker, – aber
eben nur dies."[7] Für den König, der geistreiche Gespräche und Briefwechsel über Fra-

König litt erheblich an Gichtanfällen. Während jedoch d'Alembert über dieses Thema eher verzagt, ja fast wehleidig schrieb, gab sich Friedrich trotz seiner Beschwerden zuversichtlich oder selbstironisch und versuchte, seinen Freund aufzurichten und abzulenken.

Vor allem aber tauschten sich die Partner über philosophische, literarische, religiöse, politische, insbesondere akademiepolitische Fragen aus, oft im Anschluss an d'Alemberts entsprechende Veröffentlichungen. D'Alembert schlug erfolgreich neue Akademiemitglieder vor, etwa 1765 Eulers italienischen Nachfolger Guiseppe Luigi Lagrange, mit dem der König sehr zufrieden war. Er habe einen einäugigen Geometer durch einen Geometer ersetzt, der seine beiden Augen habe, schrieb er nach Paris.[29]

Die berühmteste Preisfrage der Akademien des 18. Jahrhunderts, „Kann es nützlich sein, das Volk zu betrügen?", hatte d'Alembert 1777 Friedrich vorgeschlagen.[30] Diese wurde 1780 der Berliner Akademie vom König aufgezwungen. Da diese nicht wusste, welche Antwort erwünscht war, wurde je eine bejahende und eine verneinende Lösung gekrönt.[31] Im Briefwechsel hatten die beiden Partner darüber kontrovers diskutiert. Während d'Alembert dafür eintrat, stets die Wahrheit zu sagen, ließ der König diese Maxime nur für den ersten Tag der Welt gelten, da damals Irrtum und Aberglaube unbekannt gewesen seien.[32]

In seiner Beraterfunktion wurde d'Alembert zum inoffiziellen Präsidenten der Akademie. Dessen war er sich bewusst. Und doch forderte Friedrich ihn vergeblich auf, selbst zu kommen, um die Akademie mit Leben zu erfüllen, deren abwesende Seele er sei, und die aufrichtige Zustimmung und die Zeichen der Freundschaft eines Volkes zu empfangen, das ihm mehr Gerechtigkeit widerfahren lasse als seine Landsleute.[33]

Seine Vorbehalte und Sticheleien gegen die Geometrie beziehungsweise Mathematik verschwieg Friedrich auch gegenüber d'Alembert nicht: Auch wenn Newton nur durch x+b die Existenz des Nichts bewiesen habe, gestehe er, dass diese kreativen Genies in der Algebra bewundernswert sein könnten, aber nicht würdig seien, mit einem Denker wie Bayle verglichen zu werden, schrieb er Ende 1764 an d'Alembert.[34] D'Alembert reagierte geschickt und souverän, indem er dem König ein Stück weit Recht gab. Friedrich behandle die transzendente Geometrie ein bisschen zu schlecht. Sie sei oft nur Luxus von müßigen Gelehrten, aber oft auch nützlich, zum Beispiel zur Erklärung des Weltsystems.[35] Er sehe, dass Seine Majestät stets einen geheimen Groll gegen die Geometrie hege. Seine Majestät sei jedoch mehr Geometer, als sie denke, und mehr als sehr viele Leute, die behaupten, es zu sein. Denn alle gerechten, genauen und klaren Geister gehörten zur Geometrie.[36] Gegen eine solch geschickte Schmeichelei war es schwer, etwas zu sagen. Der bedauernswerte Euler verfügte über dieses Talent nicht.

D'ALEMBERT UND KATHARINA II.

Unter den vier Persönlichkeiten war Katharina II. (1729–1796), die Große, mit Abstand die jüngste: zweiundzwanzig Jahre jünger als Euler und siebzehn Jahre jünger als Friedrich II., der Große. Voltaire bezeichnete sie schmeichelnd als „Semiramis des

Nordens". Sie kam als rund fünfzehnjährige deutsche Prinzessin Sophie Auguste und Tochter des preußischen Generals Fürst Christian August von Anhalt-Zerbst 1744 nach Moskau, wo sie zur orthodoxen Kirche übertrat. Im folgenden Jahr heiratete sie Peter, Herzog von Holstein-Gottorp, der am 5. Januar 1762 als Zar Peter III. den Thron bestieg, freilich schon am 17. Juli ermordet wurde.

Katharina übernahm die Macht und suchte nun für ihren achtjährigen einzigen Sohn Paul, den Thronfolger, einen geeigneten Erzieher. Hoch gebildet – sie sprach fließend Deutsch, Französisch, Russisch – war sie eine Anhängerin der französischen Aufklärung, nannte sich eine Schülerin Voltaires, ohne diesen je gesehen zu haben. Ihre Wahl fiel auf den zwölf Jahre älteren gefeierten Philosophen und Mathematiker d'Alembert.

Über ihren außerordentlichen Botschafter und Vertrauten d'Odar ließ sie ihm bereits am 2. September 1762 eine entsprechende Anfrage zukommen. D'Alembert antwortete umgehend auf höflichste Weise, aber ablehnend. Er fühle sich der Aufgabe, die Prinzenerziehung zu übernehmen, nicht gewachsen. Dies sei die Wahrheit, keine falsche Bescheidenheit. Seine schwache Gesundheit halte raues Klima nicht aus. Seine wenigen Freunde seien sein Trost und Glück, ein Gut, das keine Reichtümer aufwiegen könnten. Zudem könne er nicht dem preußischen König Friedrich II. abschlagen, was er anderen Fürsten gewähre. Der aber habe ihm schon vor mehr als zehn Jahren die vorteilhaftesten Angebote gemacht und immer wiederholt. Er wäre der guten Meinung unwürdig, die die Ausländer von ihm hätten, wenn er irgendetwas für einen Fürsten täte, das er nicht den Mut hätte, für Friedrich zu tun.[37] Es sind die Gründe, die d'Alembert von da an stets erneut vorbrachte.

Andere Vertraute Katharinas wie Nicolay, Pictet, Schouvalov setzten den Dialog fort, bevor die Kaiserin über ihren Prinzenerzieher Panin ihre persönliche Antwort schickte. Sie appellierte an die Humanität seiner Philosophie. Dieser nicht zu dienen, obwohl man es könne, bedeute, sein Ziel zu verfehlen. Seine Gründe glaubte sie leicht entkräften zu können: Er könne ja seine Freunde mitbringen. Mit Blick auf das letzte Argument fügte sie nicht ohne feine Ironie hinzu, bei allem Verständnis für d'Alemberts Dankbarkeit gegenüber dem preußischen König habe der schließlich keinen Sohn.[38]

D'Alembert blieb standhaft, trotz der in Aussicht gestellten fürstlichen Jahrespension von 100.000 Livres,[39] die ihm Katharinas Gesandter Sergej Vasil'evič Saltykov in Paris anbot. Seine ablehnende Haltung kleidete er gleichwohl in galante Schmeichelei: Ein Fürst, der eine solche Mutter habe, brauche weder Lehrer noch Bücher.

Katharinas Schmeicheleien standen dem nicht nach. D'Alemberts Werke seien die eines Genies, geschmückt mit Herzensgüte. Sie habe an eines der größten Genies ihrer Zeit geschrieben. Sie bot ihm an, die in Frankreich verbotene *Encyclopédie* in Petersburg weiterzuführen. D'Alembert beharrte demgegenüber darauf, die Wahrheit über seine geringen Talente gesagt zu haben. Selbst die Kaiserin könne nicht Petersburg und Paris einander näherbringen oder ihm die notwendige Gesundheit für eine so lange Reise verleihen. Er hätte von Katharina statt Komplimente über seine *Elemente der Philosophie* lieber gehört, was er daran verbessern könnte, so wie es der König von

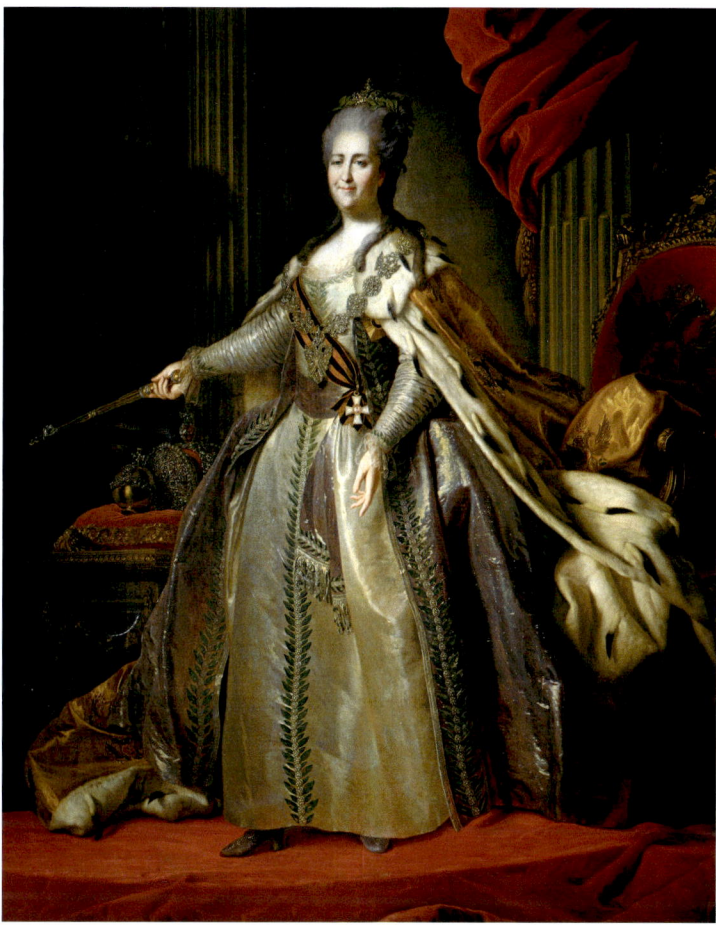

7   Katharina II. im
Zarenornat, Gemälde
von Fjodor Stepano-
witsch Rokotow,
1770.

Preußen getan habe, ein fast schon gewagter Vorwurf gegenüber der Kaiserin. Zudem darf man bezweifeln, dass Katharina der ständige Vergleich mit Friedrich gefallen
hat.

   Jedenfalls wurde d'Alembert am 10. Mai 1764 zum Mitglied der Russischen Aka-
demie gewählt. Die späte Aufnahme war nicht zuletzt eine Folge der herabsetzenden
Äußerungen, die Euler über d'Alembert 1754 und später gegenüber dem ständigen
Sekretär der Russischen Akademie und offiziellen Ansprechpartner für Auswärtige
Mitglieder gemacht hatte, dem Historiker und Geografen Gerhard Friedrich Müller.
Als Müller bei Euler anfragte, ob man nicht d'Alembert zum Professor der höheren
Mathematik nach Petersburg berufen sollte, riet Euler schroff ab: „So verdiente doch in
Betrachtung gezogen zu werden, daß er der zankfertigste Mensch von der Welt ist,
welches eben die Ursach ist, daß er in Paris von jederman gehasset wird."[40] Euler konn-
te eben auch sehr verletzend sein.

Neun Jahre später, im Juni 1763, schrieb er Müller zornig, er wolle Berlin je eher je lieber verlassen,[41] bezichtigte d'Alembert eines unerträglichen Hochmuts und der Frechheit, alle seine Fehler auf das Unverschämteste verteidigen zu wollen. Es ehrte die Kaiserin, dass sie sich – erst kurz im Amt – von diesen üblen Nachreden nicht beeindrucken ließ.

Im Gegenteil, sie bat d'Alembert um Rat bei der Neuorganisation ihrer Akademie. Dieser antwortete verbindlich, fügte freilich lakonisch hinzu, seiner Ansicht nach sollte man Schriftsteller und Künstler wie Kaufleute behandeln: sie ermutigen, sie beschützen und sie machen lassen. Die Kaiserin kam nicht mehr auf ihr Anliegen zurück. Sie freute sich über seine Gesundung nach einer schweren Krankheit. Voller Genugtuung schrieb sie ihm am 31. August 1766, dass soeben Euler und seine Söhne angekommen seien. Sie hoffe, dass sie nicht zu Eis erstarren würden. Ihr Genie und ihr Eifer würden ihre Akademie anfachen.[42] Darin täuschte sich Katharina II. nicht.

Ebenso wenig wie Friedrich hat sie d'Alembert an ihren Hof ziehen können, ja – anders als der preußische König – hat sie d'Alembert nie kennen gelernt. Ebenso wie Friedrich hat sie jedoch Euler gewinnen können, ausgerechnet von Friedrich, der Euler aus Russland nach Berlin abgeworben hatte: Euler war noch siebzehn Jahre an der russischen Akademie tätig, nachdem er fünfundzwanzig Jahre für Friedrich gearbeitet hatte.

Als sich d'Alembert bei ihr 1772 hartnäckig für die Freilassung französischer Kriegsgefangener einsetzte – es war das Jahr der ersten Teilung Polens und mitten im Russisch-Türkischen Krieg – reagierte sie erstaunt und ablehnend. Sie werde die Betroffenen nach Friedensschluss zu gegebener Zeit („dans son temps") freilassen.[43] Damit brach der Briefwechsel zwischen d'Alembert und Katharina II. nach zehn Jahren ab. D'Alembert fühlte sich brüskiert. Aus dem einstigen Bewunderer Katharinas wurde ein Kritiker ihres Lebens und ihrer Taten. Aber diese Tatsache hatte keine Auswirkungen, da Katharinas Umgebung von Schmeichlern, allen voran Denis Diderot, der sie mit einer Göttin verglich, und Günstlingen dominiert wurde.[44]

Ihr Sohn Paul, den d'Alembert nicht hatte erziehen wollen, traf diesen 1782 unter dem Namen eines Grafen von Norden in Paris. Mit Blick auf dessen Verweigerung wegen des Klimas und der Gesundheit sagte der Großfürst zu d'Alembert galant, dies sei die einzige schlechte Rechnung, die jener in seinem Leben angestellt habe.[45]

EULER UND KATHARINA II.

Ein Jahr nach Katharinas Amtsantritt war die Entfremdung zwischen dem preußischen König und Euler so weit fortgeschritten, dass Euler am 17. Mai 1763 mit Müller in Petersburg über seinen möglichen Weggang aus Berlin zu sprechen begann:

> Ich bin nun im Begriff, sowohl mein Guth in Charlottenburg als auch mein Haus allhier zu verkaufen, um durch nichts gebunden zu seyn, wenn mich mein

Schicksal von hier wegführen will. Es ist mir jetzt gleichviel, wem die hiesige Praesidentenstelle wird aufgetragen werden, wozu, wie man sagt, der Mr. d'Alembert, da er selbst nicht kommen will, den Chevalier de Jaucourt vorgeschlagen haben soll.[46]

Er erwähnte die Teuerung in Berlin und den ihm 1750 übermittelten Wunsch der Kaiserin Elisabeth, nach Petersburg zu seinen Bedingungen zurückzukommen. Damals habe er das Angebot angesichts der Umstände nicht annehmen können. Dies war ein deutlicher Wink, der in Russland sofort verstanden wurde. Tatsächlich sollte Katharina – allerdings nicht sofort – mehr Glück als ihre Vorgängerin Elisabeth bei dem Versuch haben, Euler nach Petersburg zurückzuholen, ohne mit ihm wie mit d'Alembert einen unmittelbaren Briefwechsel zu führen. Nur ein einziger Brief Eulers aus späterer Zeit (1776) an die Kaiserin ist bekannt, in dem Euler diese bittet, die Rechte der Deutschen Reformierten Kirche in einem Gerichtsprozess gegen die Französische Kirche zu verteidigen.[47]

Katharina ließ ihr Angebot Euler über den ihm aus früheren Jahren wohlbekannten Grigorij Nikolaevič Teplov, Assessor der akademischen Kanzlei, machen. Schon am 7. Juli 1763 teilte ihm Teplov mit, Katharina habe befohlen, ihn, dessen Verdienste bekannt seien, als Mathematiker zu berufen. Er solle Direktor der Mathemati-

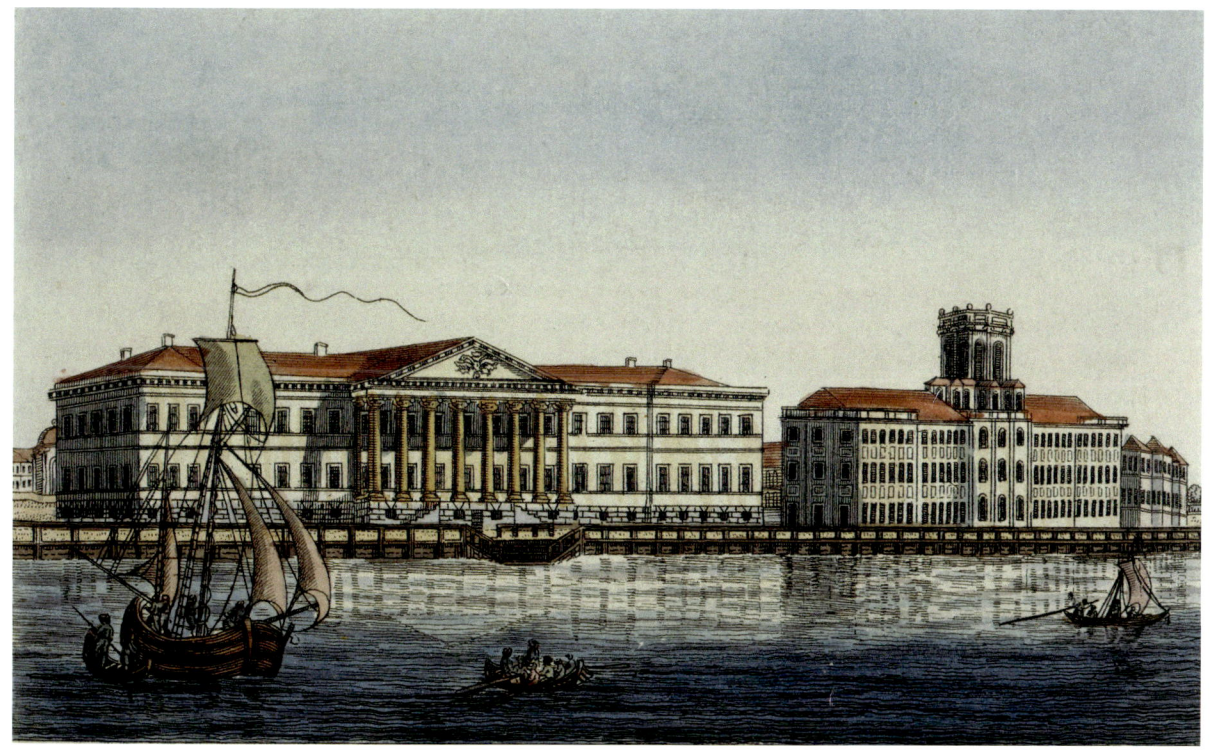

8   Die Kaiserliche Akademie der Wissenschaften zu St. Petersburg, Kupferstich von Giacomo Quarenghi, altkoloriert, 1813.

schen Klasse, Konferenzsekretär werden und jährlich 1.800 Rubel erhalten. Der Sohn solle ordentlicher Professor werden und 600 Rubel jährlich bekommen. Sollte Euler nicht zufrieden sein, solle er einen Vertrag nach eigenen Vorschlägen unterbreiten.[48]

Die Kaiserin hatte sich also selbst für Eulers Rückkehr eingesetzt und war damit wesentlich über das Angebot hinausgegangen, das ihr der Etatrat Johann Kaspar Taubert nahegelegt hatte. Aber auch bei diesem Angebot sollte es nicht bleiben.

Müller drängte auf schnelle Entscheidung und auf Eulers Abreise noch im Sommer 1763. An demselben 19. Juli, an dem ihm Müller dazu gratulierte, dass Teplov „das Engagement bereits völlig zur Richtigkeit und an Dieselben überschrieben" habe, teilte Euler ihm mit, er könne im Augenblick das russische Angebot aus finanziellen und privaten Gründen nicht annehmen. Das Werk der Dimission müsse mit der größten Behutsamkeit betrieben werden. Er müsse unbedingt in Gnaden dimittiert werden und mit dem besten Willen wegziehen. Dies aber sei zurzeit nicht möglich, zumal die Frage des Berliner Akademiepräsidenten weiterhin nicht entschieden sei.

Hätte d'Alembert das Amt übernommen, könnte er mit ihm freier sprechen, könnte die Sache leicht zustande kommen. Aus den gleichen Gründen dankte er Teplov untertänig eine Woche später für dessen „propositions brillantes"[49]. Hätte d'Alembert die Berliner Präsidentschaft übernommen, hätte ihn nichts gehindert, seinen Abschied zu beantragen. Denn alle Welt würde ihn tadeln, wenn er sich einem solchen Präsidenten unterordnen würde. So aber könne er diesen Schritt noch nicht tun. Zudem liege ihm nichts am Posten des Akademiesekretars, da dessen viele Korrespondenz ihn von seinen Arbeiten abhalten würde. In wenigen Monaten müsse sich alles entscheiden. Darin irrte Euler. Es sollten noch rund zwei Jahre vergehen.

Eulers herabsetzende Worte über d'Alembert stehen in einem merkwürdigen Gegensatz zu der noblen Haltung, mit der d'Alembert im Juli und August 1763 in schneller Folge drei Briefe an Euler schrieb. Er bedauerte den möglichen Verlust Eulers in Berlin. Er wünsche ihm das Beste und habe den Eindruck, den König über Eulers Bedeutung und die Größe des drohenden Verlustes erfolgreich unterrichtet zu haben. 1764 beglückwünschte er Euler dazu, dass seinem Sohn Johann Albrecht 400 Taler Jahresgehalt bewilligt wurden. D'Alembert hatte sich dafür beim König eingesetzt. Er riet ihm erneut, um seines Glücks willen in Berlin zu bleiben.

Aber neuer Ärger wegen der fehlgeschlagenen Bewerbung seines Sohnes an der Ritterakademie, wegen der gegen seinen Vorschlag vom König verlangten Verpachtung des Kalendervertriebs, wegen ungeklärter Intrigen im Zusammenhang mit dem unbesetzten Präsidentenamt ließ Euler den festen Entschluss fassen, Berlin zu verlassen. Am 21. Dezember 1765 unterrichtete er den Petersburger Konferenzsekretär Jakob Stählin darüber und zugleich über seinen Wunsch, an der Petersburger Akademie den neu zu schaffenden Posten des Vizepräsidenten zu übernehmen.

Heiligabend schrieb Euler an den Reichskanzler Voronzov und nannte seine Bedingungen für eine Übersiedlung nach Petersburg: die Stelle eines Vizepräsidenten, ein Jahresgehalt von 3.000 Rubel nebst freier Wohnung, für seinen Sohn Johann Albrecht ein Jahresgehalt von 1.000 Rubeln und so fort. Seine Wünsche übertrafen bei

Weitem das Angebot der Kaiserin Katharina II. aus dem Jahre 1763. Und doch war sie über Eulers Kommen hocherfreut und bewilligte alle seine Forderungen. Nur den Posten des Vizepräsidenten konnte sie ihm nicht geben, da sie schon einen anderen Kandidaten dafür hatte, Graf Vladimir Grigor'evic Orlov.

Die Kaiserin empfing Euler mit seinen Söhnen und lud ihn zum Essen ein. Sie schenkte ihm 8.800 Rubel zum Kauf eines Hauses, 2.000 Rubel für Mobiliar, überhäufte ihn mit allen Zeichen ihrer Gunst. Als 1771 sein Haus abbrannte, gab sie ihm 3.000 Rubel als Ersatz. Noch in seinem Todesjahr wurde dem blinden Gelehrten die größte Hochachtung bezeugt. Die Kaiserin hatte ihre Freundin, die Fürstin Katharina Romanovna Voroncova-Daškova, zur Direktorin der Akademie ernannt, die sich beim Amtsantritt in der Akademie von Euler begleiten ließ.[50] Den vornehmsten Platz neben dem Präsidentensitz hatte sich bereits Jakob Stählin genommen. Die Fürstin aber sagte zu Euler: „Sie haben nicht den Platz, der Ihnen gebührt. Aber welchen Sie auch wählen, er wird zugleich der Erste sein."

ZWEI MATHEMATIKER – ABSCHLIESSENDE VERGLEICHENDE BETRACHTUNGEN

Euler und d'Alembert starben kurz hintereinander im Herbst 1783. Ihr Tod markierte das Ende einer Epoche im 18. Jahrhundert. Euler war einer der fruchtbarsten Mathematiker aller Zeiten, der fast zu allen Gebieten der reinen und angewandten Mathematik wichtige, oft bahnbrechende Arbeiten beisteuerte, vor allem zur Differential- und Integralrechnung und deren Anwendungen in der Mechanik und im Ingenieurwesen. D'Alembert war der einzige *philosophe* außer Condorcet, der seinen Ruf in der Wissenschaft erwarb. Selbst ein so kritischer Autor gegenüber d'Alembert wie Clifford Truesdell hielt kategorisch fest: So dunkel seine Feststellungen und Vorgehensweisen sein mögen, ein Ding stehe fest: D'Alembert erzielte neue Ergebnisse von größtem Wert.[51]

Und in der Tat: Auf dem Gebiet der analytischen Mechanik, insbesondere der Himmelsmechanik, war d'Alembert Euler gewachsen. Ihr Briefwechsel bezeugt, dass sie sich insoweit durchaus als Brüder im Geiste wahrnahmen. 1747 lobte Euler seinen französischen Kollegen:[52] D'Alemberts Arbeit über die Mondbewegung sei zweifellos von letzter Tiefe und seine Überlegenheit in den schwierigsten Rechnungen glänze dort überall. Ja, Euler gestand ihm zu, er habe die Planetenbewegungen im widerstehenden Mittel mit mehr Erfolg als er selbst behandelt.[53] D'Alembert gab dieses Lob dankbar zurück. Niemand sei in der Hydromechanik und Planetentheorie tiefer und geschickter als Euler.[54]

Dies schloss nicht aus, dass sie lange Dispute über Logarithmen negativer Zahlen oder die Theorie der schwingenden Saite führten, in denen nach heutigem Kenntnisstand d'Alembert an unrichtigen Ansichten festhielt, auch wenn er als Erster die nach ihm benannte Wellengleichung der schwingenden Saite löste. D'Alembert beschränkte die Lösung der partiellen Differentialgleichung auf reelle, analytische

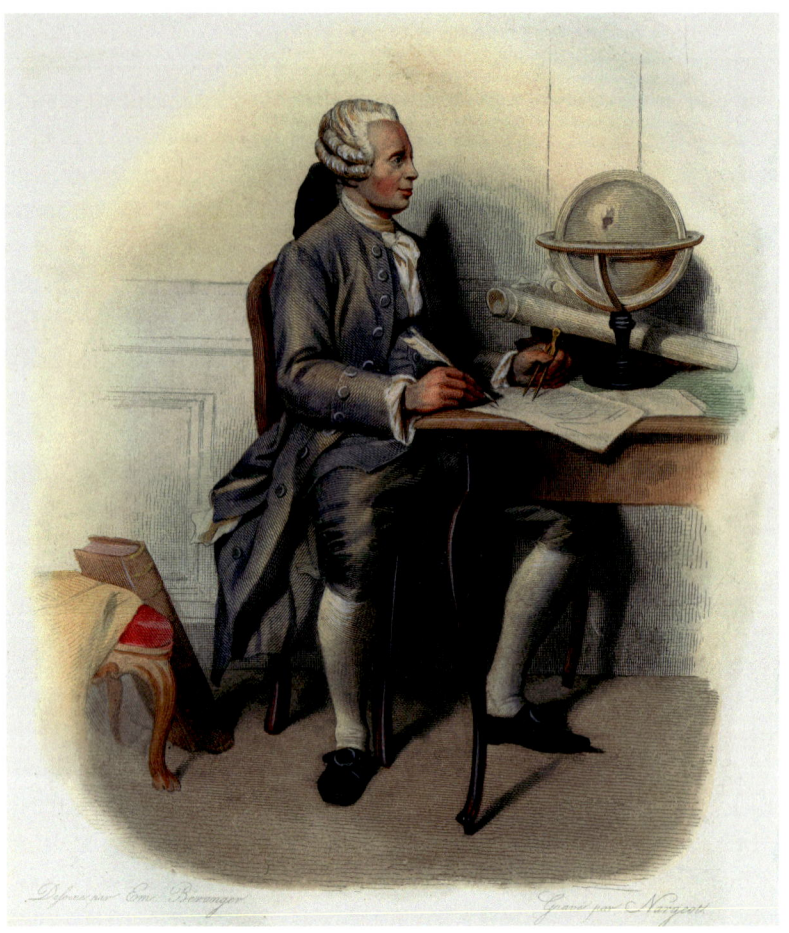

9   Jean-Baptiste le
Rond d'Alembert,
Kupferstich von Jean-
Denis Nargeot, 1717.

Funktionen, Euler ließ auch allgemeinere Funktionen mit Blick auf eine gezupfte Saite zu.[55] Wettbewerb und Rivalität führten schließlich 1757 zu einem langjährigen Bruch, der erst 1763 schrittweise wieder überwunden werden konnte.

Im 19. Jahrhundert verglich der Astronom François Arago die beiden Gelehrten und Lagrange.[56] Euler, d'Alembert und Lagrange hätten bei gleichem mathematischen Genie in der Tat völlig verschiedene Weisen zu arbeiten: „Euler rechnete ohne jede sichtbare Anstrengung, wie die Menschen atmen, wie die Adler sich in den Lüften halten." D'Alembert habe von sich selbst in einem Brief an Lagrange aus dem Jahre 1769 gesagt:

Es liegt nicht allzu sehr in meiner Natur, mich sehr lange hintereinander mit demselben Gegenstand zu beschäftigen. Ich lasse ihn fallen und nehme ihn wieder auf, so oft es mir einfällt, ohne mich abschrecken zu lassen, und meistens führt bei mir diese zersplitterte Hartnäckigkeit zum Erfolg.

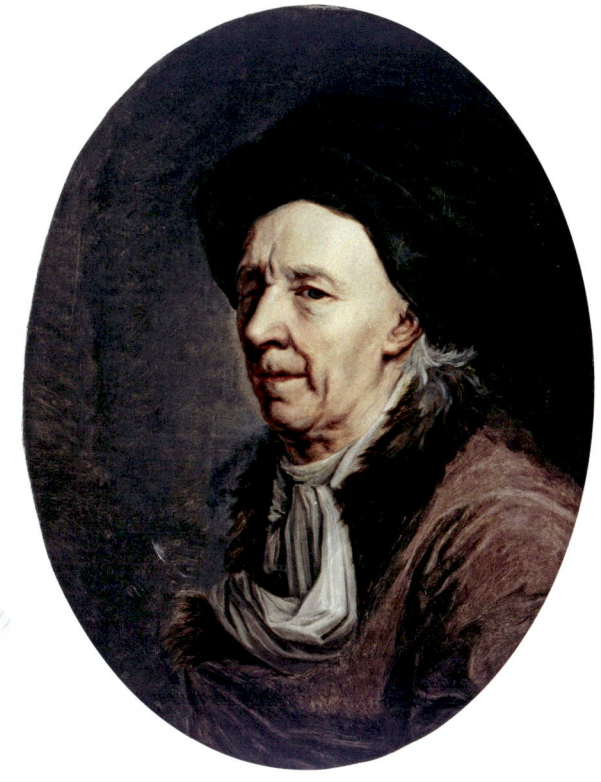

10 Leonhard Euler,
Gemälde von Joseph
Frédéric Auguste
Darbès, Öl auf Lein-
wand, 1778.

Während Arago die elegante Klarheit der Abhandlungen von Euler und Lagrange hervorhob, sah er d'Alembert nicht frei von Vorwurf in dieser Hinsicht, ein Vorwurf, den
Carl Gustav Jacob Jacobi, ein Zeitgenosse Aragos, nachdrücklich erhoben hat: „Es ist
ganz unmöglich, heute noch eine Zeile von d'Alembert hinunterzuwürgen, während
man die meisten Eulerschen Sachen noch mit Entzücken liest." So kam es, dass erst
Euler manchen Ergebnissen d'Alemberts, die er von diesem – teilweise ohne ihn zu
erwähnen, wie im Falle der Präzession der Äquinoktien – übernommen hatte, eine
befriedigende Gestalt gab.[57] Umgekehrt sah Truesdell angesichts der Vorarbeiten von
Jakob und Daniel Bernoulli das Verdienst d'Alemberts an dem nach ihm benannten
Prinzip – es erlaubt, die Bewegungsgleichungen eines mechanischen Systems mit
Zwangsbedingungen aufzustellen – nur in der Erkenntnis, dass jene Ideen allgemein
sind und verwendet werden können, um die Differentialgleichungen der Bewegung
für eine große Klasse dynamischer Systeme zu erhalten.[58] Die abstrakte, auf Experimente verzichtende Methode d'Alemberts, der die Mechanik ohne Kraftbegriff allein
auf Materie und Bewegung aufbauen wollte, trug das Ihre zur schweren Verständlichkeit d'Alemberts bei.

      Umso berechtigter erscheint der berühmte Ausspruch von Laplace, den Guglielmo Libri bezeugt: „Lest Euler, lest Euler, er ist unser aller Meister."[59]

Georg Forster

Friedrich Schleiermacher

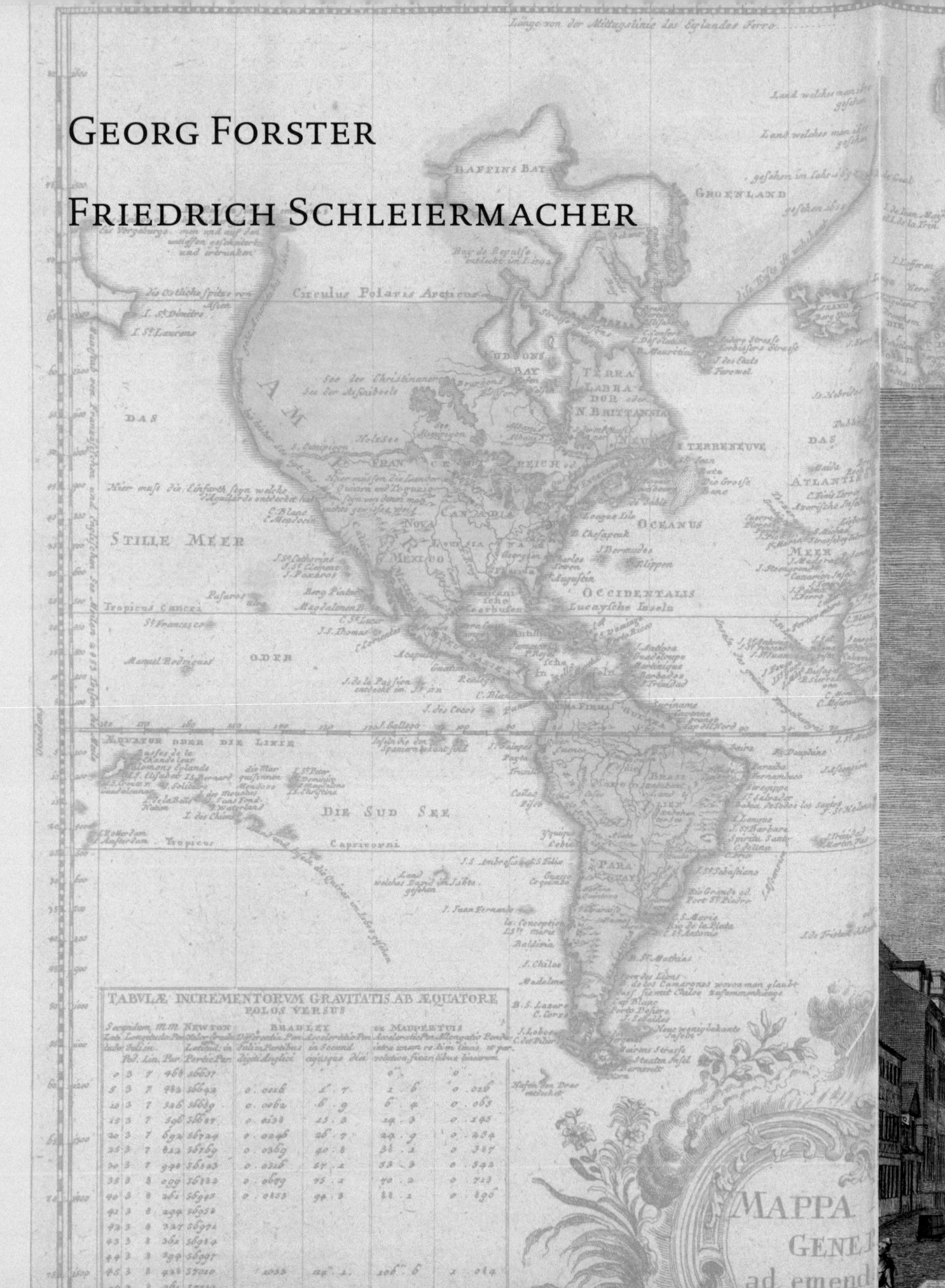

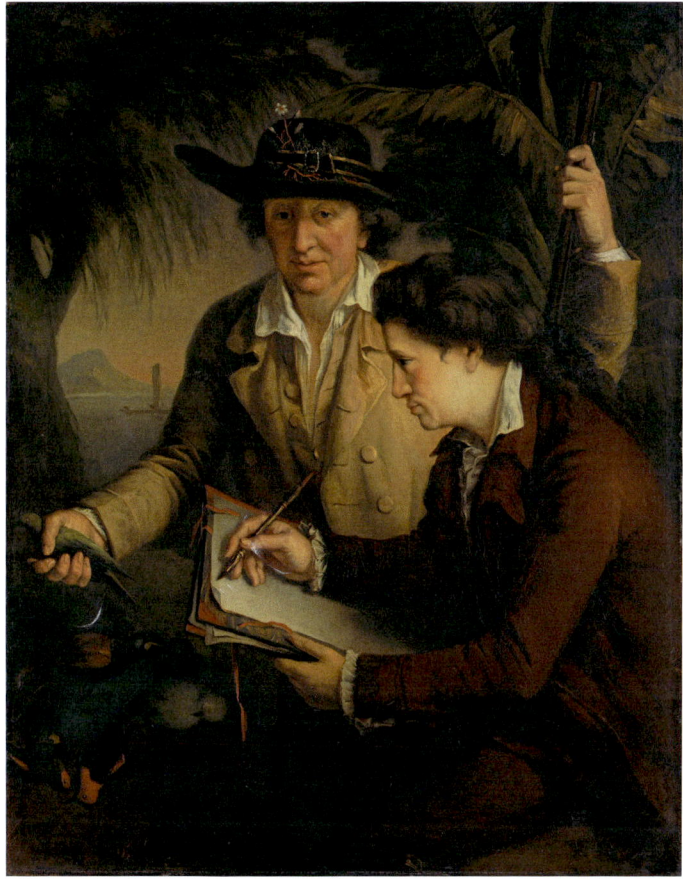

1 Johann Reinhold
Forster mit seinem
Sohn Georg Forster,
Gemälde von Jean
François Rigaud, Öl
auf Leinwand, 1780.

Damit präsentierte der Vater den Zwölfjährigen als Wunderkind in der wissenschaftlichen Society of Antiquaries. Im Sommer 1767 erhielt Vater Reinhold eine Tuto-
renstelle (für Naturgeschichte und Französisch) an der Warrington Academy nahe
Manchester. Sohn Georg blieb zunächst als Handlungsgehilfe in London und reiste
dann im September mit Mutter und Geschwistern, die aus Westpreußen eintrafen,
zum neuen Wohnort des Vaters. Während der zweijährigen Tätigkeit des Vaters an der
Academy besuchte Georg dort Kurse in Latein, Französisch, Religion, Mathematik,
Physik und Zeichnen. Nach seinem Ausscheiden erhielt Reinhold Forster Unterstützung durch wohlhabende Privatgelehrte, denen er bei naturkundlichen Studien und
deren Publikation behilflich war. Zudem begannen Vater und Sohn Forster zahlreiche
Reisebeschreibungen (vornehmlich aus dem Französischen) ins Englische zu übersetzen, wobei zumeist der Sohn die Textübertragung erstellte und der Vater Einführun-
gen und Kommentare verfasste. Der damals vierzehnjährige Georg hatte gute Sprach-
fähigkeiten in Englisch, Französisch, Russisch, Deutsch neben seinen schulischen
Lateinkenntnissen, Mathematik, Naturgeschichte und Zeichnen. Er war der ideale Assis-

tent seines Vaters. Der Sohn wuchs in den Lebenskreis des Vaters hinein, ohne dass erkennbar wäre, wie weit jeweils die Beteiligung beider an bestimmten Unternehmungen reichte. Genaue Kenntnisse über Georgs Leben während dieser Zeit gibt es nicht.

Entdeckungen

Seit November 1770 waren die Forsters wieder in London. Der Vater, seit März 1772 Mitglied der Royal Society, war bestrebt, an einer Forschungsreise teilzunehmen. Durch Übersetzungen und Rezensionen war er mit der aktuellen Lage der Südseeforschung vertraut. Er suchte die Teilnahme an der beschlossenen zweiten Forschungsreise von James Cook (1728–1779) zu erreichen. Deshalb empfahl er sich dem reichen Privatforscher Sir Joseph Banks (1743–1820), der Cooks erste Erdumsegelung, durch die auf Tahiti am 3. Juni 1769 der genaue Zeitpunkt des Sonnendurchgangs der Venus gemessen, der Charakter Neuseelands als Doppelinsel entdeckt und die Ostküste von Neu-Holland (Australien) erkundet wurde, verantwortlich mitgemacht hatte und der auch an der zweiten Forschungsreise teilnehmen sollte. Reinhold Forsters Bemühen, Reisebegleiter von Banks zu werden, schlug fehl.

Durch sehr glückliche Umstände nahmen die beiden Forsters dann doch an dieser zweiten Reise teil. Da Banks das Forschungsschiff *Resolution* für seine Bequemlichkeit mit großen Aufbauten versehen ließ, durch die aber die nautische Tüchtigkeit des Schiffs stark beeinträchtigt wurde, kam es zum Konflikt, als der Vorsitzende der

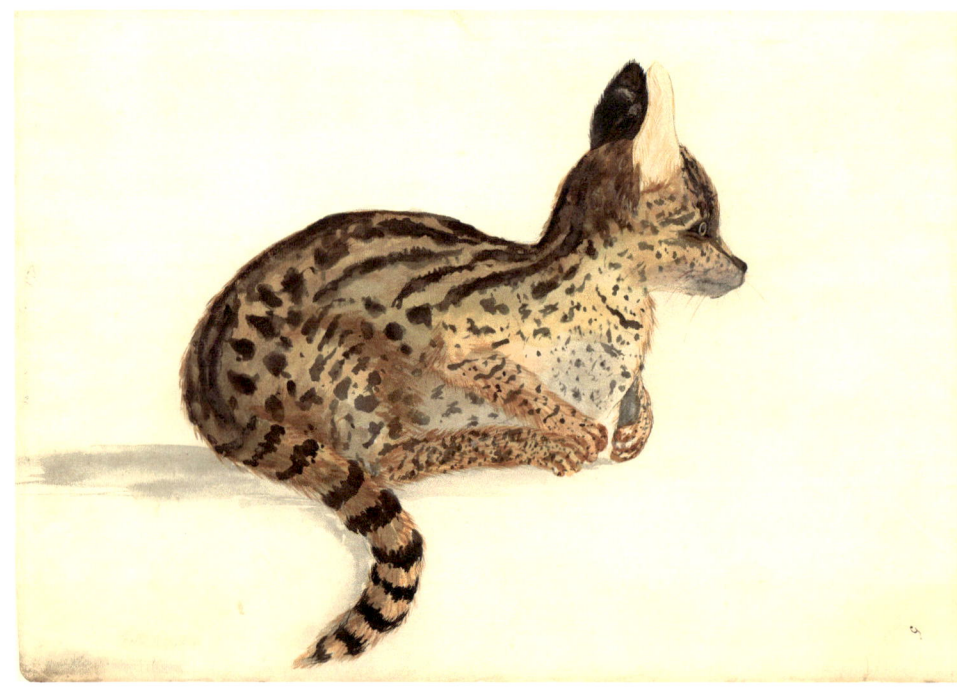

2   Zeichnung eines Servals (Leptailurus serval) von Georg Forster, geschaffen während Captain Cooks zweiter Entdeckungsreise 1772–1775.

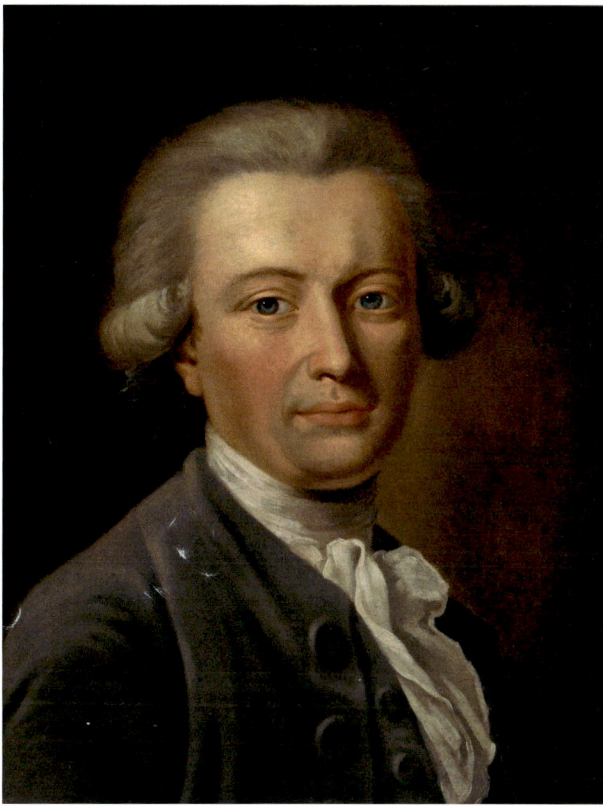

5   Georg Forster,
Johann Heinrich
Tischbein zugeschrie-
ben, vermutlich Anton
Graff, um 1785.

Forster wurde Mitglied, später Vizepräsident der neuen provisorischen Verwaltung und damit einer der Protagonisten der Revolution, auf die er dann rechtlich-politisch festgelegt war und für die er die Trennung von seiner sich entziehenden Frau hinneh-men musste.

Nach Urwahlen im Februar 1793 trat am 17. März der Rheinisch-Deutsche Natio-nalkonvent zusammen, beschloss am 21. März den Eingliederungswunsch in die fran-zösische Republik und wählte drei Delegierte, darunter Forster, für den französischen Nationalkonvent. Am 25. März reiste die Delegation ab und erreichte Paris am 29. März. Ihr am 30. März vorgetragener Eingliederungswunsch wurde im Nationalkonvent per Akklamation angenommen. Namens des Rheinisch-Deutschen Konvents stimmte Forster am 17. Juli der neuen Verfassung der französischen Republik zu und bat um Entsatz für Mainz. Die militärische Entwicklung verlief nämlich der politischen Wil-lensbekundung völlig konträr. Am 28. März begannen sich die französischen Truppen aus dem Mainzer Umland zurückzuziehen; ab Mitte April belagerten deutsche Trup-pen Mainz. Nach einer längeren Beschießung kapitulierte die französische Besatzung am 22. Juli 1793. Forsters politischer Aufgabe war die Basis entzogen; er war nun ganz an Frankreich gebunden.

Im August und September war Forster als Beauftragter des Exekutivrats in Nordfrankreich, um Verhandlungen mit den Engländern über einen Kriegsgefangenenaustausch anzuknüpfen – erfolglos. Von dieser Aufgabe, die ihn vor dem ausgebrochenen Großen Terror der Überwachungskomitees schützte, ließ er sich im Herbst beurlauben; er wollte in Pontarlier gerichtlich die von seiner Frau gewünschte Scheidung vornehmen lassen. Dies scheiterte, da Therese als Emigrierte keinesfalls nach Frankreich einreisen durfte. Er traf deshalb seine Familie für vier Tage im grenznahen Travers auf der Schweizer Seite. Seit Ende November war er wieder in Paris, wurde von mehreren Krankheitsschüben entkräftet und starb am 10. Januar 1794 an einem Schlaganfall.

Akademien
Zahlreiche wissenschaftliche Gesellschaften, Sozietäten und Akademien verliehen Georg Forster nach seiner Teilnahme an Cooks Erdumseglung die Mitgliedschaft,[9] so beispielsweise die Königliche Gesellschaft der Wissenschaften zu Göttingen im September 1777 und die Kaiserliche Leopoldinisch-Carolinisch Deutsche Akademie der Naturforscher zu Halle im Juli 1780. Die Académie Royale des Sciences et Belles-Lettres, heutige Berlin-Brandenburgische Akademie der Wissenschaften, nahm ihn im Dezember 1786 als *Associé externe* auf. Seine Aufnahme als Ordentliches Mitglied schlug fehl, weil König Friedrich Wilhelm II. im Winter 1792/93 von Forsters Mainzer Aktivitäten erfuhr und den Vorschlag des Akademiekurators Ewald Graf Hertzberg zurückwies. Die Hannoversche Regierung schloss Forster aus der Göttinger Akademie im Sommer 1793 aus, nachdem die Akademie selbst sich geweigert hatte, dies zu tun.

Nach dem Zweiten Weltkrieg wurde Forsters literarisches Werk durch ein großes Editionsprojekt erschlossen. Dieses Vorhaben, zunächst in der Deutschen Akademie der Wissenschaften zu Berlin, Institut für Deutsche Sprache und Literatur, zuletzt in der Berlin-Brandenburgischen Akademie der Wissenschaften beheimatet, bestand von 1953 bis 2000.

Friedrich Schleiermacher

Friedrich Daniel Ernst Schleiermacher wurde am 21. November 1768 in Breslau in der Taschenstraße geboren; er starb am 12. Februar 1834 in Berlin, Wilhelmstraße 73, an einer Lungenentzündung.[10]

Schleiermacher war reformierter Prediger, theologischer Universitätsprofessor, akademischer Philosoph und Philologe, kirchlicher Schriftsteller sowie populärer Platon-Übersetzer. Schleiermacher wollte in Preußen wirken und hat es getan. Er war in Berlin maßgeblich an Gründung und Einrichtung der Universität, an der Reform der Akademie der Wissenschaften sowie an der Vereinigung der lutherischen und reformierten Kirche beteiligt. Er suchte lebenslang Reformkräfte zu unterstützen. Schleiermacher ist ein Klassiker nicht nur in der christlichen Theologie, sondern auch in der Religionswissenschaft, Hermeneutik, Psychologie, Pädagogik, Altphilologie und zunehmend auch in der Philosophie. Herkommend aus dem Ringen zwischen Orthodoxie, Pietismus und Aufklärung, formulierte er eine eigenständige Position zwischen Romantik, Idealismus und Klassik.[11] Sein Lebensweg ist markant preußisch und mit den vielfältigen Wandlungen Brandenburg-Preußens im Übergang vom 18. ins 19. Jahrhundert verwoben.

Der Vater

Schleiermacher stammte väterlicher- und mütterlicherseits in der dritten Generation aus reformierten Predigerfamilien. Sein Vater Johann Gottlieb Adolph Schleyermacher (1727–1794), reformierter Stabsfeldprediger in Schlesien, der in halbjährlichem Turnus die Garnisonen bereisen musste, um Gottesdienste, Kasualien und Unterricht zu halten, war eine spannungsreich-tiefgründige Person, die persönliche Überzeugung und amtliches Auftreten nur mühsam zusammenbringen konnte. Er war durch eine religiös-familiäre Katastrophe zutiefst verunsichert. Er war als Sohn eines reformierten Predigers unter dem prägenden Einfluss einer enthusiastischen Frömmigkeit aufgewachsen, zeigte eine hohe Begabung, studierte ab 1741 Theologie an den Universitäten in Duisburg und Halle, erhielt bei seiner Rückkehr 1745 nach Ronsdorf (heute ein Stadtteil von Wuppertal) in die geheimbündlerisch von Elias Eller gegründete und beherrschte Zionsgemeinde[12] nicht die vorgesehene Predigerstelle, weil sein Vater in der Gemeindeleitung sich mit Eller entzweit hatte, und musste als Prozesszeuge 1750 vor dem reformierten Presbyterium in Elberfeld aussagen, nachdem sein Vater, polizeilich gesucht, in die Niederlande geflohen war. Die nächsten Jahre liegen im Dunkeln.

Gottlieb Schleyermacher, der Aufklärungstheologie sich zuwendend, wurde 1760 reformierter Stabsfeldprediger in Schlesien. Er ließ sich nach dem Siebenjährigen Krieg in Breslau nieder und heiratete dort 1764 die Predigertochter Elisabeth Maria Katharina Stubenrauch (1736–1783). Vier Kinder, Friedrich als zweites, wurden geboren, von denen das jüngste (die zweite Tochter) früh starb. Der Vater musste zweimal im Jahr zeitaufwändig die schlesischen Garnisonen bereisen. Er erwarb sich seit 1770 große Verdienste, indem er den Aufbau der Gemeinde Anhalt nach Pleß (Oberschlesien) organisierte, die von polnisch-deutschen Emigranten aus Seibersdorf neu gebildet worden war. In dieser Gemeinde wurde er der erste Prediger und wohnte dort seit 1779 mit seiner Familie.

Gottlieb Schleyermacher, eher furchtsam und konfliktscheu, erfuhr eine seelische Kräftigung, als er während des Bayerischen Erbfolgekriegs 1778 nahe einer Herrnhuter Siedlung länger stationiert war und im pietistischen Sinn erweckt wurde. Er konnte seine Frau und Kinder in diese Erweckung hineinziehen. Die das innerste Gefühl bestimmende Heilandsfrömmigkeit wurde zum Grundimpuls des persönlichen Lebens. In dieser Frömmigkeit wollten die Kinder ihren Lebensweg gehen. Nach einigen Hemmnissen wurden die drei Kinder in die Herrnhuter Brüderunität aufgenommen. Der Abschied von Vater und Mutter im Juni 1783 war für Schleiermacher ein endgültiger. Er sah beide nie wieder. Die Mutter starb im November 1783 in Cosel, der Vater, der 1785 eine zweite Ehe einging, im September 1794 in Anhalt (Oberschlesien).

Entscheidungen

Für Schleiermacher lebensbestimmend war die gelingende Auseinandersetzung mit seinem Vater und dem von diesem hochgeschätzten Herrnhutertum; die durch diesen Konflikt gewonnene Selbstständigkeit vertrat er kraftvoll-verbindlich in allen Überzeugungsangelegenheiten.

Schleiermacher (diese vom Vaternamen abweichende Schreibung wurde wohl ab Sommer 1793 geläufig), der in Breslau und Pleß die Schule besucht, häufiger aber auch von den Eltern Privatunterricht bekommen hatte, war zunächst in Niesky bei Görlitz Internatsschüler im gymnasialen Pädagogium der Herrnhuter und wechselte im September 1785 nach Barby bei Magdeburg ins Seminarium (Hochschule), wo die herrnhutischen Prediger ausgebildet wurden. Schleiermacher, der auf der Bewerbungsreise um eine Internatsstelle nach eigenem Zeugnis in Gnadenfrei eine Erweckung zum höheren Leben erfahren hatte, ging in dem in eigenen Kolonien von der Außenwelt abgesonderten Leben der Herrnhuter rückhaltlos auf. Er gehörte einer durch das Lebensalter bestimmten und in einem Haus zusammenwohnenden Gemeinschaft (Chor) an. Für jedes Chormitglied waren der Tages-, Monats- und Jahreslauf durch gemeinsame Veranstaltungen gegliedert. Die Gesamtgemeinde und jeder der neun Chöre feierten täglich mehrere kurze Gottesdienste, in denen der Gesang wichtiger war als die Rede. Die Frommen versenkten sich besonders in die Passion Jesu, um das eigene Sündigsein durch die innig gefühlte Liebesbeziehung zum Heiland zu überwinden. Vom Seelenbräutigam wurde alle sittliche Kraft erwartet. Losentscheide zu allen Lebensfragen übermittelten die göttlichen Ratschlüsse.

Wohl im Sommer 1786 geriet Schleiermacher in eine Glaubenskrise. Weniger die strikte Reglementierung des täglichen Lebens als die Enge der Glaubenslehre und die Absonderung von allen neuen Gedankenbewegungen wirkten auf ihn verstörend. Mit einigen Gesinnungsgefährten suchte er die Bücherzensur zu umgehen und in einem philosophischen Klub an der zeitgenössischen Entwicklung von Philosophie

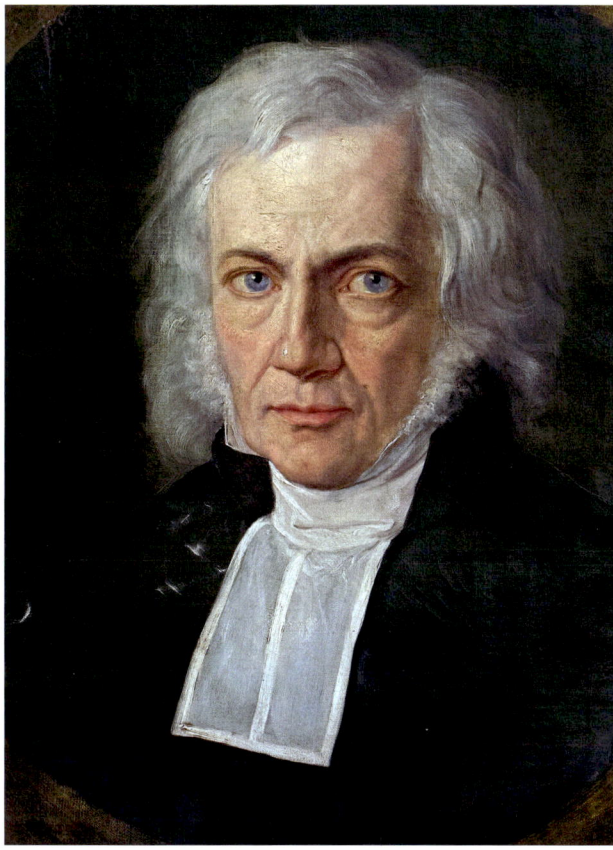

6   Friedrich Daniel
Ernst Schleiermacher,
Öl auf Leinwand,
um 1830.

und Literatur diskutierend teilzunehmen. Das wurde aber von der Leitung bald unter-
bunden. Vor einer Lebensentscheidung schreckte Schleiermacher zunächst zurück,
weil er wusste, dass sein Vater aufs Tiefste getroffen sein würde. In einem großen Brief
vom 21. Januar 1787 offenbarte sich Schleiermacher schließlich seinem Vater und teilte
ihm seinen Wunsch mit, das Seminarium zu verlassen und Theologie an der Universität zu studieren. Der ganz in die Heilandsfrömmigkeit eingelebte Vater, dem die
Gottheit Christi und dessen Versöhnungsopfer die Grundlage der Seligkeit und die
Quelle aller Tugend waren, sah durch diese Glaubenszweifel den Sohn dem Atheismus
zugeneigt und damit dessen ewiges Seelenheil zutiefst gefährdet. Doch trotz aller seiner Vorwürfe und Trauer willigte der Vater in den Wunsch des Sohnes ein und erlaub-
te ein akademisches Theologiestudium in Halle an der Saale.

  Die geistig-seelische Befreiung aus der theologischen Enge und kleinlichen
Indoktrination des Herrnhutertums bedeutete für Schleiermacher eine klare Abgrenzung, aber keine Feindschaft; rückblickend konnte er sich 1802 als Herrnhuter „von
einer höheren Ordnung“[13] charakterisieren; einige Elemente dieser Frömmigkeitspra-
xis erschienen ihm lebenslang vorbildlich. Mit der Ablösung vom Herrnhutertum wurde

ihm sein Onkel Samuel Ernst Timotheus Stubenrauch (1738–1807) besonders wichtig, bei dem er anfangs in Halle, auch später in Drossen und Landsberg länger wohnte. Stubenrauch vermittelte klug zwischen Sohn und Vater; er begleitete den Sohn äußerlich und innerlich unterstützend auf dem Lebensweg.

Schleiermacher studierte ab 19. April 1787 (Matrikel Nr. 172) vier Semester Theologie und Philosophie an der Friedrichs-Universität. Ganz im Vordergrund stand die Philosophie. Johann August Eberhard (1739–1809) war der ihn prägende akademische Lehrer. Durch Eberhard wurde ihm der wissenschaftliche Streit nahegebracht, der um die kritische Transzendentalphilosophie Immanuel Kants in Gang gekommen war. Insbesondere zu ethischen Themen suchte er einen eigenständigen Standpunkt zu gewinnen. Die philologisch-historische Beschäftigung mit der antiken Philosophie war ihm lebenslang wichtig.

Das erste theologisch-kirchliche Examen *Pro licentia concionandi* legte Schleiermacher im Sommer 1790 in Berlin vor dem Reformierten Kirchendirektorium überwiegend glänzend ab. Die folgende Kandidatenzeit vor Erhalt eines Amtes überbrückte er zeittypisch zunächst als Hofmeister (Hauslehrer). Durch Empfehlung des Oberhofpredigers Friedrich Samuel Gottfried Sack (1738–1817) erhielt er eine Stelle in Schlobitten (Ostpreußen) bei der Grafenfamilie Dohna. Hier lernte er den hochadeligen Lebensstil aus der Sicht der Familie (und nicht der Dienstboten) kennen. Wegen deutlicher Unstimmigkeiten bezüglich des Erziehungsstils verließ er diese Stelle in beiderseitigem Einvernehmen. Zur Dohna-Familie behielt er lebenslang eine respektvoll-freundschaftliche Beziehung.

Danach wurde er, nachdem das Pfarrhaus des Onkels in Drossen wieder sein Ruhepunkt gewesen war, durch Sacks erneute Vermittlung Lehramtskandidat an dem von Friedrich Gedike (1754–1803) angeregten und geleiteten Seminarium für gelehrte Schulen in Berlin. Schleiermacher hielt sich dadurch zunächst die Entscheidung zwischen Pfarrberuf und Lehrerberuf offen. Der Onkel drängte ihn zum Zweiten theologischen Examen *Pro ministerio*, das er Ende März 1794 ablegte. Und dann ging es ganz schnell. Familiäre Beziehungen förderten den Zugang zu einem kirchlichen Amt. Auch hier war Onkel Stubenrauch der Unterstützer. Schleiermacher erhielt eine Hilfspredigerstelle bei Stubenrauchs Schwager Johann Lorenz Schumann (geb. 1719), der mit einer Schwester von Schleiermachers Mutter verheiratet gewesen war und nun wegen Altersschwäche die faktische Amtsführung an einen Adjunkten abgeben musste.

Damit war die Entscheidung gefallen. Nach seiner Ordination in Berlin zum reformierten Prediger übernahm Schleiermacher seit Mitte April 1794 in Landsberg an der Warthe vertretungsweise alle pfarramtlichen Gemeindepflichten in der Konkordienkirche, die simultan auch von einer lutherischen Gemeinde genutzt wurde. Obwohl die Gemeinde nach Schumanns Tod (6. Juni 1795) Schleiermacher zum Nachfolger im Pfarramt wünschte, vergab das Reformierte Kirchendirektorium dieses Amt wegen der guten Dotierung nicht an ihn, sondern an seinen Onkel Stubenrauch. Schleiermacher wechselte auf eigenen Wunsch nach Berlin und übernahm im September 1796 die reformierte Predigerstelle an der Charité.

Aufbrüche

Schon in Landsberg hatte Schleiermacher auf Sacks Initiative hin literarisch mit der Übersetzung englischer Predigten begonnen; dies setzte er in der Charité-Zeit fort. Für sein Literatentum wichtiger war das Jahr 1797, als er Friedrich (Karl Wilhelm Friedrich) Schlegel (1772–1829) kennen lernte und sich schnell mit ihm befreundete. Von Dezember 1797 bis Ende August 1799 wohnten beide in der Wohnung, die Schleiermacher außerhalb der Charité wegen deren Sanierung hatte beziehen müssen. Ihr anregendes ‚Symphilosophieren' kam auch dem Frühromantikerkreis zugute, der sich in Jena und Berlin um die Zeitschrift *Athenäum* der Brüder August Wilhelm und Friedrich Schlegel bildete.

Schleiermacher publizierte nun sehr unterschiedliche literarische Texte, zunächst überwiegend anonym, dann aber auch namentlich. Seine anonyme Schrift *Über die Religion. Reden an die Gebildeten unter ihren Verächtern* (1799; weitere Auflagen 1806, 1821, 1831) predigte säkular eine neue Wertschätzung der Religion; Orthodoxie und Aufklärung seien an Zerrbildern der Religion orientiert; die Religion habe ihr eigenes Gebiet weder im metaphysischen Wissen noch im moralischen Tun, sondern in Anschauung und Gefühl des Unendlichen. In poetischer Gestalt formulierte seine anonyme Schrift *Monologen* (1800; weitere Auflagen 1810, 1822, 1829) eine Ethik individueller Lebenswahrnehmung und Lebensgestaltung. Die anonyme Apologie *Vertraute Briefe über Friedrich Schlegels Lucinde* (1800), veranlasst durch den im Titel genannten Roman, warb für ein neues Verständnis der Geschlechterbeziehung; dieses Thema klang bereits 1798 im Athenäumsfragment *Katechismus der Vernunft für edle Frauen* an. Nach diesen anonymen Schriften dokumentierte Schleiermacher 1801 namentlich in seiner ersten Sammlung *Predigten*, der bis 1833 sechs weitere Sammlungen folgten, seine christliche Predigttätigkeit. In seinem Werk *Grundlinien einer Kritik der bisherigen Sittenlehre* (1803) prüfte er die ethischen Systeme von der Antike bis zu Kant und Fichte auf ihre wissenschaftliche Tragfähigkeit. Friedrich Schlegel kündigte öffentlich im Jahr 1800 das große philologisch aufwendige Gemeinschaftsprojekt an, die Schriften Platons neu zu übersetzen. Schlegel erlahmte aber bald und zog sich zurück; Schleiermacher schulterte das Projekt allein (6 Teilbände, 1804–1828).

In Berlin pflegte Schleiermacher viele Kontakte wissenschaftlicher und gesellschaftlicher Art. Dem Thema der Geselligkeit, welche er lebenslang virtuos praktizierte, widmete er einen unvollständig gebliebenen Essay. Neben Friedrich Schlegel wurde insbesondere Julie Henriette Herz (1764–1847) wichtig. Dabei stand nicht deren berühmt gewordener Salon im Zentrum, sondern beide verband spätestens ab 1798 eine enge Seelenfreundschaft, die bis zum Tode Schleiermachers andauerte. Zudem entwickelte sich im Jahr 1799 sehr schnell ein inniges Liebesverhältnis zu Eleonore Grunow geb. Krüger (1769/70–1837), die sich in ihrer kinderlosen Ehe mit Schleiermachers lutherischem Amtskollegen August Christian Wilhelm Grunow (1764–1831), Prediger am Berliner Invalidenhaus, unglücklich fühlte. Vermutlich im November 1799 machte Schleiermacher Eleonore Grunow einen Heiratsantrag. Doch ihr Entschluss zur Trennung zog sich hin. Eleonore Grunow konnte weder mit ihrem Ehemann glücklich sein,

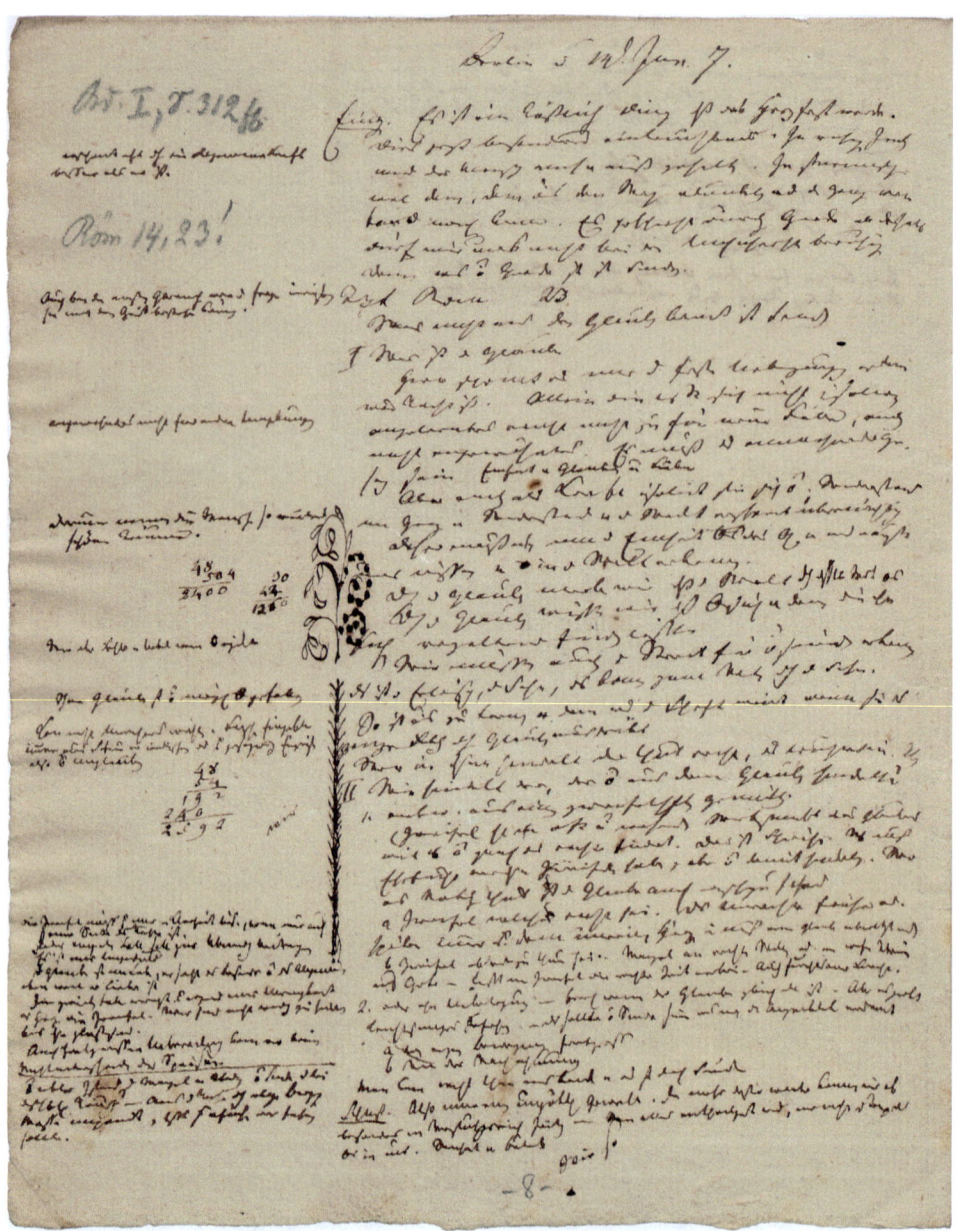

7 Manuskript „Predigt Entwürfe beim Akademischen Gottesdienst", 1806–1807.

noch ihn verlassen. Zweimal, Anfang 1803 und Spätsommer 1805, machte sie erste Trennungsschritte, doch jedes Mal kehrte sie zu Grunow zurück.

Der nahe Umgang mit den streitfreudigen Frühromantikern, mit der jüdischen Henriette Herz und mit Eleonore Grunow war für Schleiermachers kirchliche Laufbahn eine Belastung. Sein Mentor Sack versuchte ihn zu einer Änderung seiner geselligen Kontakte zu bewegen. Schleiermacher wechselte im Sommer 1802 auf die reformierte Hofpredigerstelle in Stolp (Hinterpommern). Er wollte Eleonore Grunow die Möglichkeit eröffnen, mit ihm eine neue Ehe zu leben. Doch dieser Plan scheiterte. Die beiden Jahre in der Einsamkeit Hinterpommerns drückten Schleiermacher sehr, auch wenn er viele literarische Unternehmungen voranbringen konnte.

Das Jahr 1804 brachte eine glückliche Wendung. Ein Ruf auf eine Universitätsprofessur nach Würzburg und eine schon länger behördlich erörterte Reforminitiative für eine Universitätspredigerstelle in Halle fügten sich für Schleiermacher glückhaft zu einem Doppelamt; er wurde reformierter Universitätsprediger und außerordentlicher (ab 1806 ordentlicher) Theologieprofessor in Halle an der Saale, mit Aussicht auf eine gute Pfarrstelle in Berlin. Diese Option wurde anders und schneller als gedacht für Schleiermacher lebensbestimmend. Nach dem von Napoleon diktierten, das preußische Staatsgebiet halbierenden Tilsiter Friedensvertrag, der Halle dem Königreich Westfalen eingliederte, zog Schleiermacher im Dezember 1807 dauerhaft nach Berlin.

Wirksamkeit

Hier in Berlin war Schleiermacher zunächst Privatgelehrter. Er beteiligte sich beratend an verschiedenen Reformdiskussionen; so publizierte er 1808 die Programmschrift *Gelegentliche Gedanken über Universitäten in deutschem Sinn*. Doch ergaben sich schon bald Amtsstellungen in Kirche, Universität und Akademie.

Kirche

Im Mai 1808 erhielt Schleiermacher nach dem Tod des Amtsinhabers auf königlichen Spezialbefehl unmittelbar die Vokation zum reformierten Prediger an der 1739 eingeweihten Dreifaltigkeitskirche. Nach Ablauf des üblichen Gnadenjahrs, in welchem die Dienstbezüge weiterhin den Angehörigen zugute kamen, wurde Schleiermacher am 11. Juni 1809 in sein Amt eingeführt. Bereits am 18. Mai 1809 hatte er in Sagard auf Rügen Henriette Charlotte Sophie von Willich, geb. von Mühlenfels (1788–1840), geheiratet, die Witwe seines Freundes Ehrenfried von Willich, der im März 1807 knapp dreißigjährig an einem Nervenfieber gestorben war. Mit ihr und ihren beiden Kindern aus erster Ehe bezog er das Pfarrhaus Kanonierstraße 4 (heute Glinkastraße), das gegenwärtig 70 Jahre nach der Zerstörung immer noch des Wiederaufbaus im historischen Gebäudeensemble harrt. Es wurden drei Töchter und ein Sohn geboren.

In der 1600 Personen fassenden Dreifaltigkeitskirche hatte Schleiermacher im Laufe der Jahre einen großen Erfolg als Kanzelredner. Er predigte bei seinen Gemeindegottesdiensten, Abendmahlsvorbereitungen und Kasualgottesdiensten in freiem Vortrag auf der Grundlage einer Disposition. Nur bei besonderem Anlass schrieb er die Predigt nach dem Vortrag wörtlich auf. Er predigte nach Aussagen von Zeitzeugen mit großer Wärme und Lebendigkeit.

Schleiermacher warb lebenslang nicht nur publizistisch für die auch staatlich gewünschte Vereinigung der beiden evangelischen Konfessionskirchen, sondern er erreichte an der Dreifaltigkeitskirche 1822 mit großer Geschicklichkeit und Umsicht

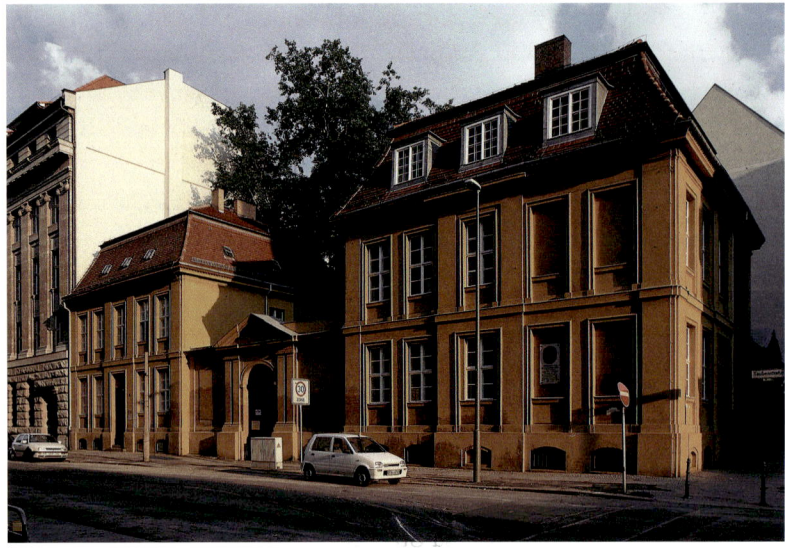

8   Das Pfarrhaus-
ensemble Tauben-
straße, Ecke Glinka-
straße (früher
Kanonierstraße); im
zerstörten reformier-
ten Pfarrhaus wohnte
Schleiermacher von
1809–1816.

auch die in Preußen erste Vereinigung lutherischer und reformierter zu einer evangelischen Kirchengemeinde. Den Bemühungen von König Friedrich Wilhelm III., auf
die Gestaltung des Gottesdienstes durch die Einführung einer an ältere Formen
anknüpfenden landesweiten Agende Einfluss zu nehmen, trat Schleiermacher durch
scharfe Protestschriften und amtliche Eingaben entgegen. Ihm gelang es dadurch, dass
eine Vielfalt im Agendengebrauch zugestanden wurde. Er war an der Formulierung des
Berliner Gesangbuchs von 1829 stark beteiligt.

Universität

Schleiermacher, der bereits im September 1807 seine Berufung auf die geplante Berliner Universität angenommen hatte, hielt im Prinz-Heinrich-Palais nach Ausfertigung
der königlichen Stiftungsurkunde (16. August 1809) Vorlesungen bereits ab Herbst
1809, auch wenn die Universität erst im Oktober 1810 eröffnet wurde mit 256 einge-
schriebenen Studenten, davon 29 Theologiestudenten. Schleiermacher arbeitete in verschiedenen Universitätskommissionen mit und war 1815/16 Rektor.

Schleiermacher war der erste ernannte Dekan der Theologischen Fakultät und
der Senior der drei ordentlichen Professoren. Im Herbst 1812 wurde das Theologische
Seminar gegründet; darin leitete Schleiermacher die Abteilung für neutestamentliche
Exegese, Wilhelm Martin Leberecht de Wette (1780–1849) die für alttestamentliche
Exegese, Philipp Konrad Marheineke (1780–1846) die für Kirchen- und Dogmen-
geschichte. Auf eine vierte Professur wurde 1813 August Johann Wilhelm Neander
(1789–1850) für Kirchengeschichte berufen.

Nach dem siegreichen Ende der sogenannten Befreiungskriege gegen Frankreich 1814/15 wandelte sich die politische Großwetterlage von Reform zu Restauration.

Schleiermacher wurde als Kritiker der Regierung verdächtigt. Die im Mai 1819 eingesetzte Ministerialkommission zur Bekämpfung demagogischer Umtriebe vornehmlich an den Universitäten ermittelte zunächst nach de Wettes Amtsenthebung und dem Solidaritätsschreiben der Fakultätskollegen disziplinarisch gegen Schleiermacher mit dem Ziel der Versetzung an eine andere Universität (nach Königsberg), doch ohne Ergebnis. Später im Zuge der allgemeinen Untersuchungen gegen Demagogen wurde verschärft die Entfernung aus dem Amt angestrebt. In einer förmlichen Untersuchung wurde Schleiermacher am 18. Januar 1823 zu den Vorwürfen verhört. Die Untersuchung verlief schließlich im Sande.

Jeweils fünfstündig hielt Schleiermacher in der Regel eine exegetische Vorlesung (über alle neutestamentlichen Schriften außer der Johannes-Apokalypse, nie über eine alttestamentliche Schrift), eine weitere theologische Vorlesung und eine Vorlesung in der Philosophischen Fakultät. Zum theologischen Lehrprogramm gehörten: Theologische Enzyklopädie, Dogmatik, Christliche Sittenlehre, Praktische Theologie, Kirchengeschichte, Kirchliche Geographie und Statistik, Einleitung ins Neue Testament und das Leben Jesu. Ein Gelenkstück zu seinen philosophischen Vorlesungen ist die Hermeneutik.

Schleiermacher verstand die Theologie funktional als positive Wissenschaft (wie Medizin und Jurisprudenz), nämlich bestimmt durch die Aufgabenstellung der Kirchenleitung. Die Leitsätze seiner Enzyklopädie-Vorlesung mit der durch den Lehrzweck begründeten Fächersystematik publizierte er in seiner knappen Schrift *Kurze Darstellung des theologischen Studiums* (1811; 2. Auflage 1830). In seiner epochalen Dogmatik *Der christliche Glaube nach den Grundsätzen der evangelischen Kirche im Zusammenhange dargestellt* (2 Bände, 1821/22; 2. Auflage 1830/31) interpretierte er die traditionellen Lehrbestände umfassend und durchgängig im Sinne einer auf Christus zentrierten geschichtlich geprägten kirchlichen Frömmigkeit.

Auch in der Philosophischen Fakultät hielt Schleiermacher als Akademiemitglied Vorlesungen. Sein philosophisches Lehrprogramm umfasste die folgenden Themengebiete: Dialektik, Ethik, Ästhetik, Erziehungslehre, Politik, Psychologie, Geschichte der griechischen Philosophie, Geschichte der Philosophie unter den christlichen Völkern.

Akademie

Schleiermacher wurde am 7. April 1810 durch königliches Bestätigungsschreiben als Ordentliches Mitglied in die Königliche Akademie der Wissenschaften zu Berlin aufgenommen, nachdem er am 29. März mit 13 gegen 7 Stimmen gewählt worden war. Zur Philosophischen Klasse, deren Mitglied er zunächst wurde, gehörten vier Personen: Friedrich von Castillon (1747–1814), Louis Frédéric Ancillon (1740–1814), Friedrich Ancillon jun. (1767–1837) und Friedrich Karl von Savigny (1779–1861).

In seiner Antrittsrede vom 10. Mai 1810 forderte Schleiermacher für die Mitgliedschaft Wahrheitssinn und wissenschaftlichen Charakter. Für seine Selbstvorstellung konnte er zurückblicken auf die Platon-Übersetzung, die *Grundlinien einer Kritik*

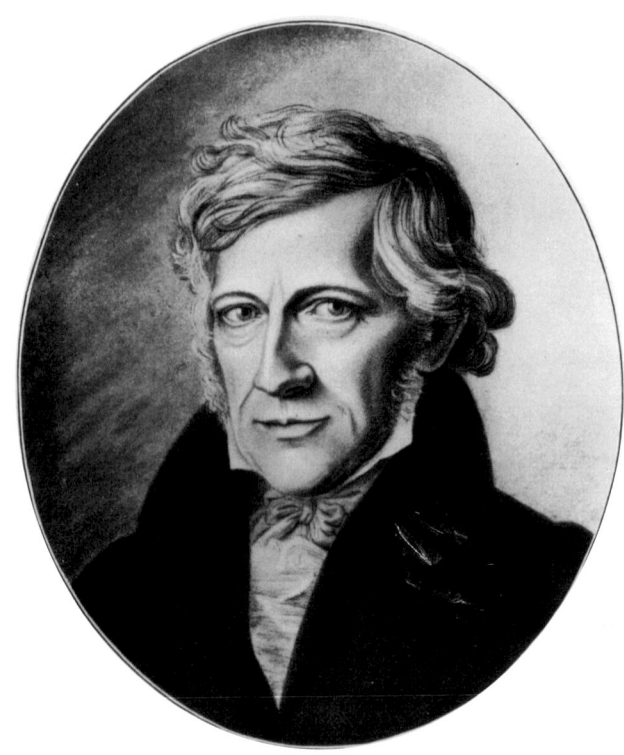

9   Friedrich Daniel
Ernst Schleiermacher,
Zeichnung von
Caroline Schede geb.
Wucherer, 1826.

der bisherigen Sittenlehre und auf die Abhandlung *Herakleitos der dunkle, von Ephesos*.
Er könne kein philosophisches Meisterwerk zur Erkenntniskonstitution oder Wis-
senschaftssystematik vorweisen, er wolle „die Philosophie historisch und kritisch"[14]
behandeln. Und das hat er getan. Seinen philosophiegeschichtlichen und philologischen
Untersuchungen stellte er seine Abhandlungen zu den Grundbegriffen der Ethik zur
Seite: zum Tugendbegriff (1819), zum Pflichtbegriff (1824), zum Unterschied zwischen
Naturgesetz und Sittengesetz (1825), zum Erlaubten (1826) und zum höchsten Gut
(1827 und 1830).

Am 23. November 1812 wurde Schleiermacher zusätzlich in die Historisch-phi-
lologische Klasse gewählt. Solche Doppelmitgliedschaft war seit dem neuen Statut
vom 24. Januar 1812 möglich. Im Oktober 1814 wurde Schleiermacher zum besoldeten
Sekretar (Vorsitzenden) der Philosophischen Klasse gewählt. Der Innenminister Kaspar
Friedrich von Schuckmann (1755–1834)verweigerte zunächst dieser Wahl die Bestätigung, weil Schleiermacher in seinem Nebenamt als Mitglied der Abteilung Unterricht
der Sektion Kultus und Unterricht im Innenministerium (seit dem 6. Juli 1810) zu sehr
beschäftigt sei, und erteilte sie erst Anfang 1815 nach Schleiermachers Amtsverzicht.

Schleiermacher war maßgeblich an den Bemühungen um eine Reform der Akademie beteiligt. Für reformbedürftig hielt er das Verhältnis der Akademie zu ihren
Klassen, insbesondere die Bedeutung der Plenarsitzungen, sowie Zuschnitt und Anzahl

der Klassen. Ein erster Reformanlauf 1818–1820 scheiterte. Schleiermachers Vorschlag, den Schwerpunkt der akademischen Tätigkeit in die Klassen zu verlagern sowie die Philosophische Klasse aufzuheben und mit der Philologischen zu einer Historischen zusammenzufassen, wurde vom Kultusminister Altenstein nicht genehmigt.

Schleiermacher trat im Juli 1826 als Sekretar der Philosophischen Klasse zurück und wurde im November 1826 zum Sekretar der Historisch-philologischen Klasse gewählt. Im Dezember 1827 wurde die Vereinigung beider Klassen in eine Historisch-philosophische Klasse beschlossen. Ein neu erarbeitetes Statut von 1829 wurde zwar nicht förmlich genehmigt, war aber faktisch bis 1838 in Kraft. Schleiermacher wollte die Akademie ausrichten auf wissenschaftliche Kommunikation und Gemeinschafts-forschung wie z.B. Klassikerausgaben. An zwei Langzeitprojekten war er beteiligt, am Corpus Inscriptionum Graecarum (ab 1815) und an der Aristoteles-Ausgabe (1821–1831).

Akademie-Ausgabe
Nach Schleiermachers Tod veranstalteten seine Schüler eine Ausgabe *Sämmtliche Werke* (1834–1864), die unvollendet blieb und den handschriftlichen Nachlass nur unzu-reichend erschloss. Nach zwei vergeblichen Vorstößen 1927 bei der Preußischen Aka-demie der Wissenschaften und 1961 bei der Heidelberger Akademie der Wissenschaften war die dritte Initiative zu einer Kritischen Gesamtausgabe erfolgreich, die durch zwei Forschungsstellen seit 1975 in Kiel und 1979 in Berlin erarbeitet wird. Deren Editions-vorhaben werden durch die Akademie der Wissenschaften zu Göttingen und die Ber-lin-Brandenburgische Akademie der Wissenschaften betreut. Beide Forschungsstellen nehmen am Akademienprogramm teil.

Wilhelm von Humboldt

Alexander von Humboldt

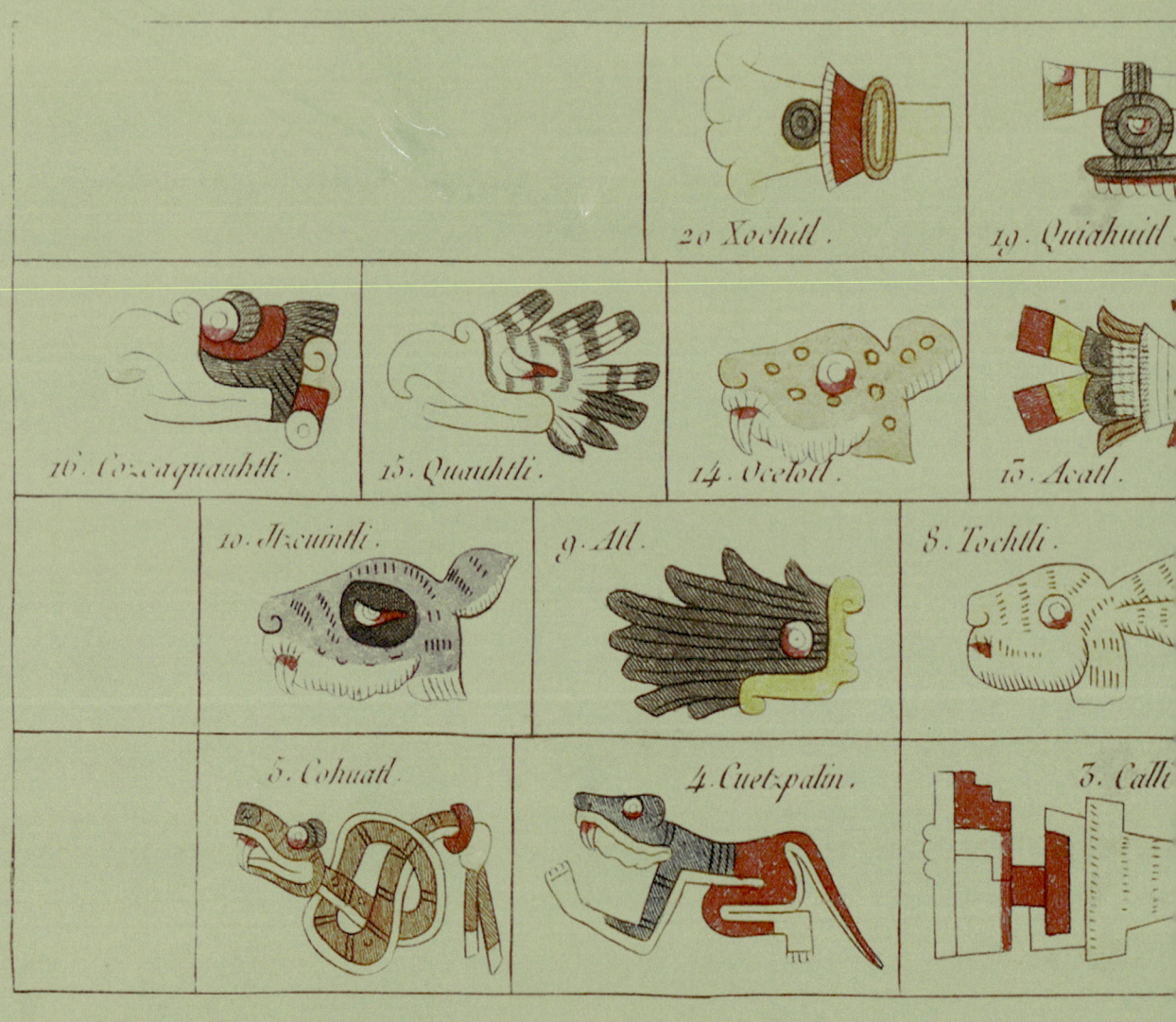

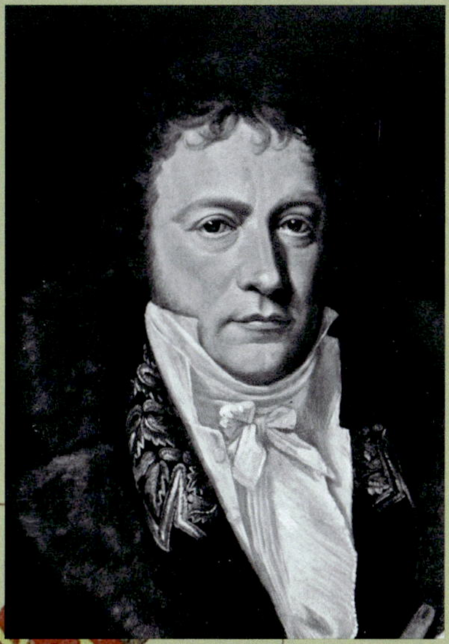

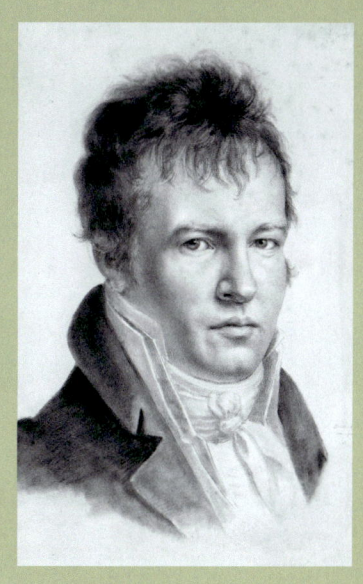

22. Juni 1767   14. September 1769
8. April 1835   6. Mai 1859

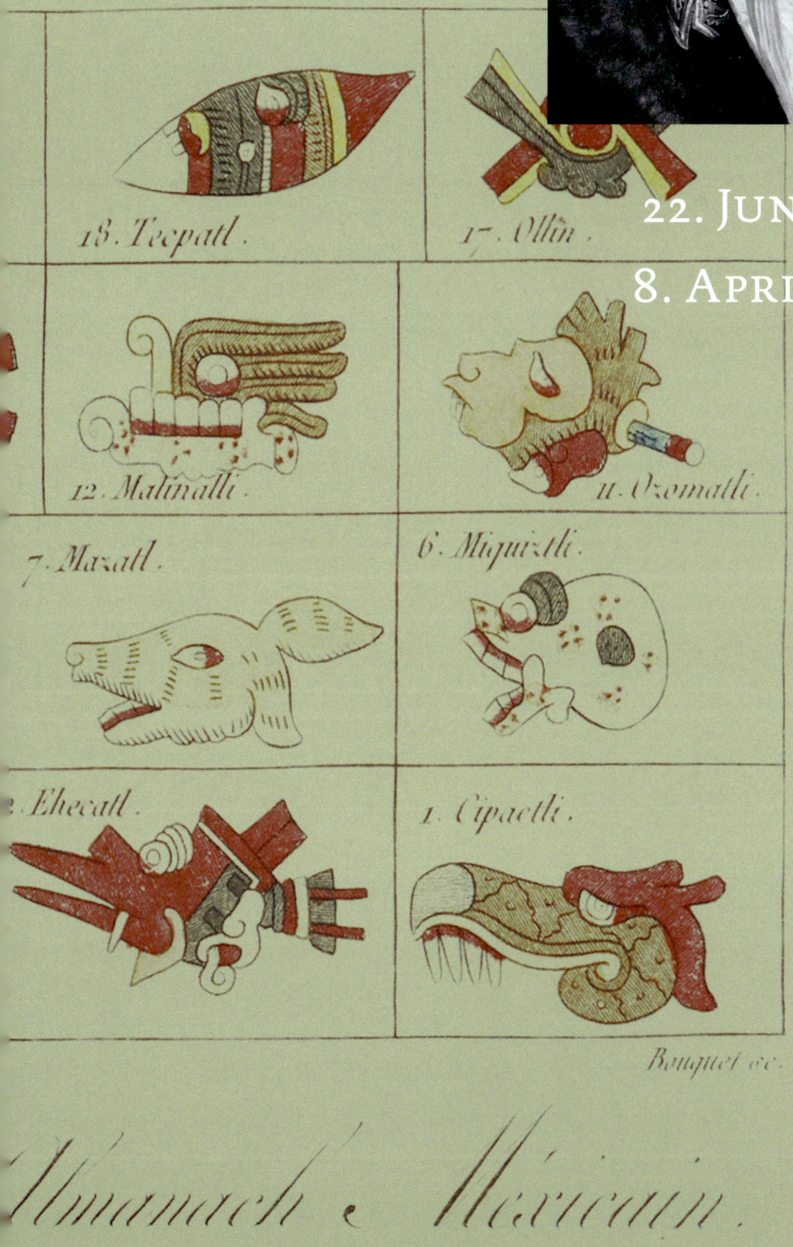

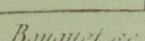

S. 116/117
1   Wilhelm von Humboldt, Gemälde von Gottlieb Schick, Öl auf Leinwand, 1808/09.
2   Alexander von Humboldt, Selbstbildnis, Zeichnung.
3   Die aztekischen Monatszeichen aus den *Vues des Cordillères* von Alexander von Humboldt und Aimé Bonpland.

Jürgen Trabant

Ansichten des Menschen und der Natur

Wilhelm und Alexander von Humboldt

Brüderlichkeit und Rationalität

Die Brüder Humboldt werden in Daniel Kehlmanns Roman *Die Vermessung der Welt*[1] anhand einer grotesken Karikatur ihrer gemeinsamen Kindheit und Jugend eingeführt, deren dreisteste Erfindung die Schilderung der Versuche Wilhelm von Humboldts ist, seinen zwei Jahre jüngeren Bruder Alexander umzubringen. Natürlich sind Romane Fiktion, dennoch verbreitet hier ein erfolgreiches fiktionales Buch – und eine ganze Lawine daran anschließender Theater- und Kino-Bearbeitungen – in der wirklichen Welt handfeste Unwahrheiten über wirkliche Personen. Kehlmann tritt das alte Vorurteil breit, die Humboldts seien kalte Verstandesmenschen gewesen, Alexander ein lächerlicher, typisch deutscher Vermessungsfreak und Wilhelm ein preußischer Sturkopf, der den anderen Menschen zeremoniös und steif entgegengekommen sei und dem daher auch Mordabsichten gegenüber seinem Bruder unterstellt werden dürfen.[2] Weder das eine noch das andere ist aber der Fall. Was das Verhältnis der beiden Brüder zueinander angeht, so haben sie ihr ganzes Leben lang ausgesprochen enge brüderliche Beziehungen unterhalten, sie haben sich gegenseitig bewundert und ihre wichtigsten Gedanken intensiv ausgetauscht. Daher beziehen sie sich auch in ihren Werken oft aufeinander. An einer zentralen Stelle seines Hauptwerks, *Ueber die Verschiedenheit des menschlichen Sprachbaues* (1836), preist Wilhelm die Schreibweise seines Bruders als einen Höhepunkt wissenschaftlicher Sprache (das waren noch Zeiten, als glänzende Prosa als Bedingung für naturwissenschaftliche Entdeckungen angesehen wurde):

> Die Resultate factisch wissenschaftlicher Untersuchungen sind vorzugsweise nicht allein einer ausgearbeiteten und sich aus tiefer und allgemeiner Ansicht des Ganzen der Natur von selbst hervorbildenden grossartigen Prosa fähig, sondern eine solche befördert die wissenschaftliche Untersuchung selbst, indem sie den Geist entzündet, der allein in ihr zu grossen Entdeckungen führen kann. Wenn ich hier der in dies Gebiet einschlagenden Werke meines Bruders erwähne, so glaube ich nur ein allgemeines, oft ausgesprochenes Urtheil zu wiederholen.[3]

Und der erste Band von Alexanders *Kosmos* endet mit einem langen Zitat aus dem Werk seines Bruders über die „Einheit des Menschengeschlechts". Alexander schreibt: „Indem wir die Einheit des Menschengeschlechtes behaupten, widerstreben wir auch jeder unerfreulichen Annahme von höheren und niederen Menschenracen."[4] Und er belegt diese Aussage mit Wilhelms wunderbarem Satz, die „Idee der Menschlichkeit" sei

> das Bestreben, die Grenzen, welche Vorurtheile und einseitige Ansichten aller Art feindselig zwischen die Menschen gestellt, aufzuheben, und die gesammte Menschheit, ohne Rücksicht auf Religion, Nation und Farbe, als Einen großen, nahe verbrüderten Stamm, als ein zur Erreichung Eines Zweckes, der *freien Entwicklung innerlicher Kraft*, bestehendes Ganzes zu behandeln.[5]

Die Passage, eine programmatische Äußerung gegen den Rassismus, führt ins Zentrum des anthropologischen und politischen Denkens beider Brüder. Wilhelm beschreibt das Wunder der Begabung seines Bruders folgendermaßen:

> Ich halte ihn unbedingt und ohne alle Ausnahme für den größesten Kopf, der mir je aufgestoßen ist. Er ist gemacht Ideen zu verbinden, Ketten von Dingen zu erblikken, die Menschenalter hindurch, ohne ihn, unentdekt geblieben wären. Ungeheure Tiefe des Denkens, unerreichbarer Scharfblik, und die seltenste Schnelligkeit der Kombination, welches alles sich in ihm mit eisernem Fleiß, ausgebreiteter Gelehrsamkeit, und unbegränztem Forschungsgeist verbindet, müssen Dinge hervorbringen, die jeder andre Sterbliche sonst unversucht lassen müßte.[6]

Und Alexander schreibt nach dem Tod Wilhelms 1835 in einem Brief an Antoine-Jean Letronne: „J'ai perdu la moitié de mon existence"[7], „ich habe die Hälfte meiner Existenz verloren". Ein ernsteres Zeugnis brüderlicher Verbundenheit ist kaum je formuliert worden. Diese beiden Leben und diese beiden Werke gehören also in gegenseitiger Bewunderung aufs Innigste zusammen.

Was die kalte Rationalität der beiden Humboldts angeht, so waren die genial begabten Brüder natürlich Verstandesmenschen, und was für welche! Sie waren ja nicht von ungefähr beide Wissenschaftler von höchsten Graden. Aber sie waren natürlich auch ganze Menschen mit lebendigen Körpern und Temperamenten. Sie haben sich im Naturell deutlich voneinander unterschieden. Gegenüber dem offensichtlich quirligen und frechen Alexander war Wilhelm der ruhigere und bedächtigere. Obwohl ihre kühle Mutter sie emotional kurz gehalten hatte, waren beide Humboldts durchaus liebesfähig, allerdings mit divergenten Triebschicksalen. Der junge Alexander hat sich schwärmerisch jungen Männern angeschlossen (Homosexualität auszuleben war in damaliger Zeit nicht möglich), während Wilhelm eine lebenslange tiefe erotische Beziehung zu seiner Frau Caroline von Dacheröden unterhielt bei gleichzeitig überschießender Sexualität mit sadomasochistischem Einschlag.[8]

Ähnlichkeit und Komplementarität

Das eigentlich Interessante der Beziehung zwischen den Brüdern berührt der Roman aber überhaupt nicht: nämlich die profunde Ähnlichkeit ihrer „Weltansicht" (um einen berühmten Ausdruck Wilhelms zu verwenden), eine Gleichheit in der Annäherung an die Welt, deren beide großen Bereiche die Brüder gleichsam untereinander aufteilen: Manfred Geier[9] hat die verschiedene Orientierung der beiden Brüder als eine Ausrichtung auf die Außenwelt des Menschen bei Alexander und eine Ausrichtung auf das menschliche Innere bei Wilhelm charakterisiert. „Komplementär" nennt Geier dieses Verhältnis. Grob gesagt widmet sich Alexander der Natur, dem Kosmos, und Wilhelm dem Menschen, dem Anthropos, dem Ich und der Kultur, insbesondere den Sprachen des Menschen.

Das schon erwähnte Ende des ersten Bandes des *Kosmos* zeigt vielleicht am schönsten, wie sich diese beiden Bereiche der Welt auf das Werk der beiden Brüder verteilen und wie sie miteinander verbunden sind: Alexander schreibt, nachdem er die gesamte Natur einmal durchschritten hat, dass er nun an eine Grenze gekommen sei, an der eine andere Welt beginne, eben die des Geistes, die er nicht mehr betreten werde: „Ein *physisches* Naturgemälde bezeichnet die Grenze, wo die Sphäre der *Intelligenz* beginnt und der ferne Blick sich senkt in eine andere Welt. Es bezeichnet die Grenze und überschreitet sie nicht."[10] Und genau an dieser Grenze verweist Alexander dann auf die Arbeiten seines Bruders Wilhelm. Auf der Grenze sitzt nämlich die Sprache als naturgegebene Anlage des Menschen, die sich in der vom menschlichen Geist generierten Vielfalt der Sprachen manifestiert: „Sprache ist aber ein Theil der *Naturkunde des Geistes*; und wenn auch die Freiheit, mit welcher der Geist in glücklicher Ungebundenheit die selbstgewählten Richtungen, unter ganz verschiedenartigen physischen Einflüssen, stetig verfolgt, ihn der Erdgewalt mächtig zu entziehen strebt, so wird die Entfesselung doch nie ganz vollbracht."[11] Der „glücklichen Ungebundenheit" des Geistes in der Sprache ist die wissenschaftliche Arbeit seines Bruders gewidmet: *Ueber die Verschiedenheit des menschlichen Sprachbaues* heißt Wilhelms berühmtestes Buch.

Doch ist diese Dichotomie von Kosmos und Anthropos auch wieder nicht allzu streng zu nehmen, die Überschneidungsbereiche sind groß: Alexander hat sich auf seinen Forschungsreisen nicht nur für die Pflanzen, Tiere und geologischen Gegebenheiten interessiert, sondern ebenso für die gesellschaftlichen Zustände und für die Kulturen der Länder, die er erforscht hat. Seine *Vues des Cordillères* sind ein herrliches Buch über die Monumente altamerikanischer Kulturen.[12] Er hat neben Pflanzen, Tieren und Steinen in Amerika auch Sprachmaterialien gesammelt, Grammatiken und Wörterbücher amerikanischer Sprachen (die Wilhelm dann bearbeiten sollte), eigene Wortlisten aufgestellt und Statistiken über Sprecherzahlen angefertigt. (Abb. 1)

Besonders ausführlich und leidenschaftlich hat sich Alexander mit den politischen Umständen der von ihm bereisten Länder beschäftigt. Die Bücher über Kuba und Mexiko – *Essai politique sur l'île de Cuba* und *Essai politique sur le Royaume de la Nouvelle Espagne* – sind scharfsinnige ökonomische, gesellschaftliche und politische Analysen

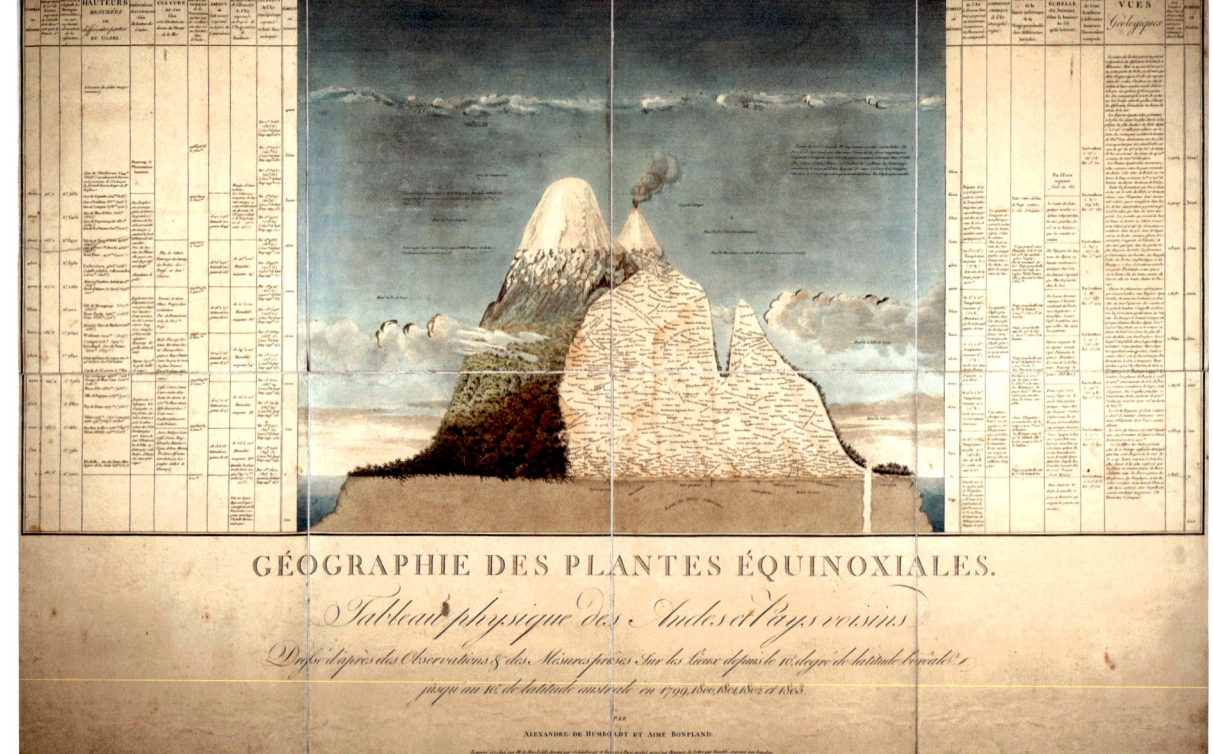

1   Durchschnitt durch den Chimborazo mit den verschiedenen Vegetationszonen, Stich von Louis Bouquet nach einer Zeichnung von Anne-Charlotte de Schönberg und Pierre-Jean-François Turpin, aus *Essai Sur La Géographie des Plantes* von Alexander von Humboldt, Paris: Schoell, 1807.

dieser Länder des spanischen Imperiums. Alexander war durch das Studium der Kameralistik im Übrigen bestens für diese politisch-ökonomischen Untersuchungen vorbereitet. Das Politische ist sicher der größte Überschneidungsbereich im Werk der beiden Humboldts. Sprachphilosophie und Sprachwissenschaft machen zwar den größten Teil von Wilhelms Werk aus, aber das erste große Buch des jungen Wilhelm (geschrieben 1792, erst 1851 posthum publiziert) gilt der politischen Theorie: *Ideen zu einem Versuch, die Gränzen der Wirksamkeit des Staates zu bestimmen.* Und aktive Politik im preußischen Staatsdienst war zehn Jahre lang sein vorrangiges Betätigungsfeld. Seine Schriften zur Bildungspolitik, zur Verfassung Deutschlands und zur Emanzipation der Juden sind Meilensteine politischer Literatur.

So wie Alexander Philologisches studiert hat, hat umgekehrt der Sprach-Wissenschaftler Wilhelm in jungem Alter auch intensive naturwissenschaftliche Studien getrieben und war durch die große Verbundenheit mit seinem Bruder zeitlebens naturwissenschaftlich auf der Höhe seiner Zeit. Wie Alexander seine Beschreibungen der Natur mit Beobachtungen zu Gesellschaft und Kultur der erforschten Länder ergänzt, so gehören zu Wilhelms anthropologischen Untersuchungen ausführliche Beschreibungen der Natur wie zum Beispiel die folgende aus dem Buch über die Basken:

Die Kette der Pyrenaeen hat ihre höchsten Gipfel in ihrer Mitte, in der Gegend von Barrèges und Gavarnie, in einer Gruppe um den *Mont perdu* herum, der, 1763. *toisen* hoch, die ganze östliche und westliche Reihe beherrscht. Von da an senkt sie sich gegen die beiden Meere zu hinab, aber in ungleichen Verhältnissen. Die Westseite steigt allmählig hernieder, und verliert sich an dem Ufer des Oceans in unbedeutende Hügel; die Ostseite dagegen ist steil und setzt dem Mittelmeer schroffe Vorgebirge entgegen.[13]

Das könnte auch von Alexander sein.

Reisen

Reisen war die von beiden Forschern bevorzugte Forschungs-Methode. Bei Alexander ist die zentrale Bedeutung der Forschungsreise evident. Wie Cook, Bougainville oder Darwin ist er einer der weltberühmten Reiseforscher. Die große Amerika-Reise 1799–1804 ist das entscheidende Ereignis seines Forscherlebens, das er dann jahrzehntelang schriftstellerisch verarbeitet. Aber beide Brüder beginnen als junge Männer zu Forschungszwecken zu reisen, zunächst in Deutschland und Westeuropa. Die Notwendigkeit von Autopsie und Autakusie – Selbst-Sehen und Selbst-Hören – trieb beide Brüder in die Welt. Man hat noch nicht hinreichend bemerkt, dass auch Wilhelm mehr als die Hälfte seines Lebens unterwegs gewesen ist, nach den Reisen als Student und junger Mann („nach dem Reich", nach Paris, in die Schweiz) dann mit seiner Familie, kreuz und quer durch Europa: von Jena nach Paris, Spanien, ins Baskenland, nach Paris, Berlin, Rom, Berlin, Königsberg, Berlin, Wien, Paris, Wien, Frankfurt, Berlin, London, Tegel, um nur die wichtigsten Etappen zu nennen, sicher mit längeren Aufenthalten in verschiedenen Städten, aber eben doch auch in ständigem Aufbruch. Diese Bewegungen, sogar die diplomatischen Dienstreisen, dienten wie bei Alexander Forschungszwecken. Die Reise ist nämlich die grundlegende Forschungstechnik der Anthropologie, die sich mit den empirischen Erscheinungsweisen des Menschen im Raum beschäftigt, im Unterschied zur Geschichte, deren Dimension die Zeit ist. Wilhelms Augenmerk – und Ohrenmerk – ist ein anthropologisches, nicht ein naturhistorisches: Während Alexander sozusagen von Vulkan zu Vulkan unterwegs ist, reist Wilhelm von einem Gesprächspartner zum anderen. (Abb. 2)

Er zieht zum Beispiel 1797 nach Paris, um eine anthropologische, heute würden wir sagen: kulturwissenschaftliche Charakterisierung des 18. Jahrhunderts zu schreiben, für die er in unendlichen Gesprächen Material sammelt. Von Paris aus reist er wegen der baskischen Sprache – also um diese Sprache in ihrem kulturellen Umfeld zu hören – ins Baskenland, über dessen Kultur er ein großes Buch verfasst (das er ebenfalls nicht veröffentlicht und das erst 1920 gedruckt wird). Wilhelms Reisetagebücher und Briefe geben uns einen guten Eindruck von seinen anthropologischen Forschungen. Er hat aber kein Buch, keine *Relation historique,* über seine europäischen Reisen geschrie-

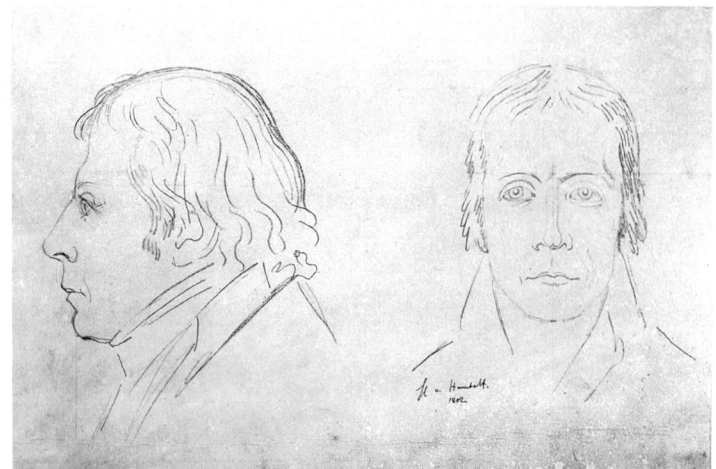

2   Wilhelm von Humboldt, Bleistiftskizze von Johann Gottfried Schadow, 1802.

ben wie Alexander über die amerikanische Reise.[14] Wilhelm veröffentlicht so gut wie nichts aus seinen Tagebüchern, Alexander dagegen schreibt schon als Zwanzigjähriger sogleich sein erstes Buch *Mineralogische Beobachtungen über einige Basalte am Rhein* (1789) im Anschluss an eine entsprechende Reise. Von Anfang an ist dieses Werk „Wissenschaft aus der Bewegung", wie Ottmar Ette das formuliert hat.[15] Auch Wilhelm betreibt Wissenschaft aus der Bewegung, aus dem Reisen, aus der Autopsie und ganz zentral aus der Autakusie, dem Gespräch mit und dem Hören auf andere Menschen.

Totaleindruck und Charakter

Was nun das gemeinsame Verfahren der beiden Humboldts angeht, so richten sich die „Ansichten", die sich die Brüder Humboldt von der jeweils beobachteten Seite der Welt verschaffen, durch genaueste Bestandsaufnahme der objektiven Gegebenheiten auf die charakteristische Form eines betrachteten Gegenstandes unter gleichzeitiger Betrachtung des ganzen Umfelds.

So hat Wilhelm von Humboldt etwa für die Sprachbeschreibung zunächst eine genaue Erfassung der Grammatik und des Wortschatzes einer Sprache, ihrer Struktur oder ihres Baus, verlangt, um dann einen „Totaleindruck" der Sprache aus den Reden und Texten in dieser Sprache zu gewinnen, den er auch „Charakter" nennt. Das höchste Ziel des Sprachforschers ist es, die spezifische „Weltansicht" der jeweiligen Sprache zu erfassen, also die besondere Art jeder Sprache, die Welt semantisch und grammatisch zu strukturieren. Annäherungsweise gelingt ihm eine solche Charakterzeichnung des Mexikanischen, also des *Nahuatl*, dessen Grammatik er geschrieben hat.[16] Der besondere Charakter ergibt sich notwendigerweise aus dem Vergleich mit anderen

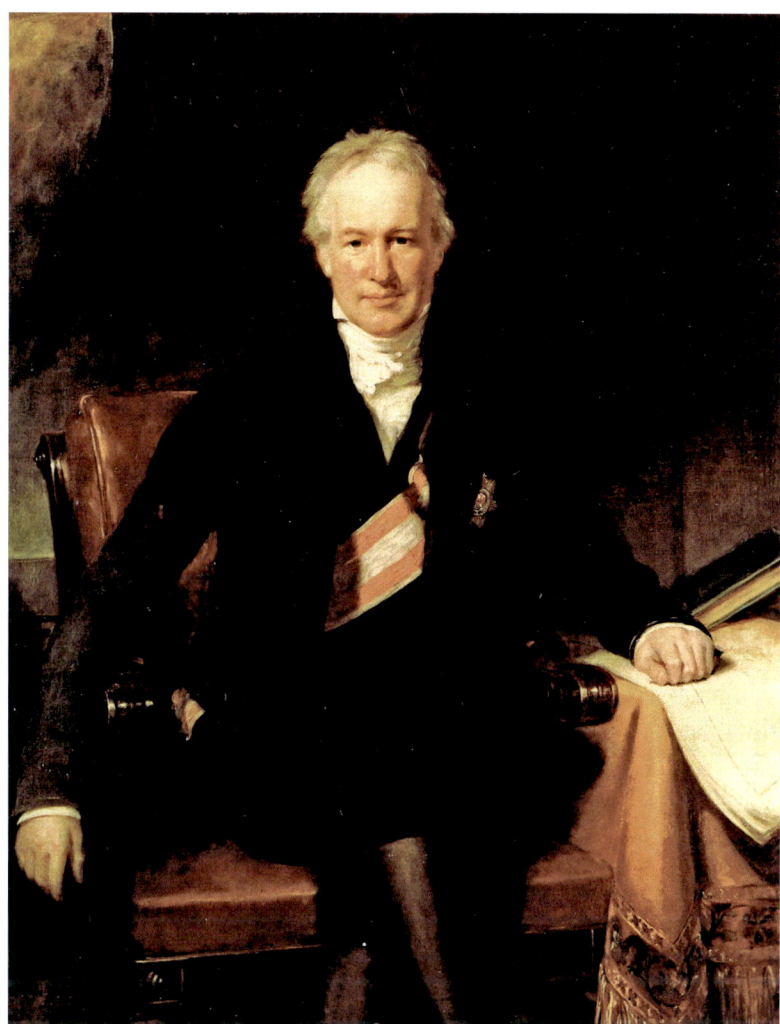

3   Alexander von
Humboldt, Gemälde
von Henry William
Pickersgill, Öl auf
Leinwand, 1831.

Sprachen der Welt. Wilhelm reflektiert sein ganzes Leben lang über die Schwierigkeit
der wissenschaftlichen Erfassung dieser individuellen Gestalt einer Sprache. Er beschreibt diese Schwierigkeit in seinem Wolken-Paradox: Während man von weitem
die Form einer Wolke gut erkennen und nachzeichnen könne, verliere sich diese Form,
sobald man sich ihr nähere oder gar in sie eindringe, was aber eben die Wissenschaftlichkeit doch verlange. (Abb. 3)

Auch Alexander macht sich methodische Sorgen um den „Totaleindruck"[17].
Dasselbe Wort erscheint bei beiden Brüdern. Alexander fragt sich vor allem, wie man
die gleichzeitig auf den Forscher eintreffenden multimedialen Informationen in die
Sukzession der Sprache bringen kann. Alexander greift aber herzhafter zu bei der
Beschreibung spezifischer Naturgestalten, wenn er etwa durch die genaue Schilderung

einer Wüste den speziellen Charakter dieser Landschaft, im Vergleich mit anderen Steppen und Wüsten der Erde erfasst. Alexander ist sich der Tatsache sehr bewusst, dass, was er mit seiner Darstellung schafft, ein „Naturgemälde" ist, dass er als Wissenschaftler ein Sprach-Künstler sein muss: Die *Ansichten der Natur* nennt er eine „ästhetische Behandlung naturhistorischer Gegenstände"[18].

Bei allem Parallelismus im Verfahren und im Ziel der wissenschaftlichen Erfassung des Gegenstandes scheint der Unterschied zwischen den beiden Brüdern darin zu liegen, dass dem einen die Schilderung des „Totaleindrucks" gelingt, wo der andere – jedenfalls bei der Beschreibung von Sprachen – eher nur zögerlich den Charakter erfasst. Gelungen ist dem älteren Humboldt eher die Zeichnung des „Totaleindrucks" von Personen. Sein Pariser Tagebuch etwa ist voll von treffenden Charakterisierungen der äußeren und inneren Erscheinung von Menschen, denen er begegnet war.

Alexander von Humboldt hat die Charakter-Schilderung klassisch in den *Ansichten der Natur* vorgeführt. Im ersten Kapitel *Über die Steppen und Wüsten* malt er ein „Naturgemälde" der Llanos, der Steppe zwischen den Bergen des südamerikanischen Nordens und dem großen Wald des Amazonas. Eindrucksvoll beschreibt er die „Physiognomie" (auch dies ein Alexander und Wilhelm gemeinsamer Ausdruck) der Steppe in ihren beiden Erscheinungsformen, der trockenen und der feuchten, die Tiere – Krokodile, Schlangen, elektrische Aale –, die diese Landschaft charakterisieren, und die Menschen, die um diese Einöde herum in ewigem Krieg „das einförmige trostlose Bild des entzweyten Geschlechts" abgeben.[19] Die Besonderheit des Porträts einer Landschaft entsteht aus dem Vergleich mit anderen gleichartigen Landschaften, mit den Steppen Europas, Afrikas und Asiens. Die leitende methodische Überlegung ist dabei die folgende: „In allen Zonen bietet die Natur das Phänomen dieser großen Ebenen dar; in jeder haben sie einen eigenthümlichen Charakter, eine Physiognomie, welche durch die Verschiedenheit ihres Bodens, durch ihr Klima und durch ihre Höhe über der Oberfläche des Meeres bestimmt wird."[20]

Von Anfang an geht es auch bei Wilhelm darum, den „eigenthümlichen Charakter" seiner Gegenstände, also historisch kultureller Größen zu erfassen. Schon in seinem ersten wissenschaftlichen Programm, *Über das Studium des Alterthums* von 1793, skizziert er eine umfassende Anthropologie, deren Aufgabe es sein soll, alle Völker der Welt zu studieren und deren „Charakter" zu zeichnen.[21] Nur einer „ästhetischen Behandlung" könne dies gelingen.

LEBEN

Das Leben der beiden Humboldts ist oft dargestellt worden, zumeist in getrennten Biografien,[22] als Bruderpaar in Manfred Geiers[23] großartigem Buch. Es können hier daher ein paar biografische Hinweise genügen.

Wilhelm wird 1767 in Potsdam, Alexander 1769 (wahrscheinlich) in Berlin, Jägerstraße 22, im Colombschen Haus, das heißt im Haus der Mutter, am Standort

6 Handschrift von Wilhelm von Humboldt, „Groupes hiéroglyphiques" des „papyrus Minutoli" der Königlichen Bibliothek zu Berlin, Anhang zu einem Brief vom 26. Juni 1824 an Jean-François Champollion.

nicht über die Einleitung zu diesem Werk hinausgekommen. Sein schöner französischer *Essai sur les langues du Nouveau Continent* ist der Beginn dieses geplanten Bandes. Wegen seiner politischen Verpflichtungen kann Wilhelm die Arbeit aber nicht zu Ende führen. In der *Relation historique* schreibt Alexander daher selbst ein Kapitel über die amerikanischen Sprachen, das mit allen linguistischen Wassern der damaligen Zeit gewaschen ist. Es ist ein eindrucksvolles Beispiel für die enge wissenschaftliche Kooperation der beiden Brüder. Wilhelm hat noch sehr lang an dem großen Buch über die amerikanischen Sprachen weitergearbeitet, bis er sich anderen Sprachen, vor allem denen der Südsee zugewandt hat, denen sein Hauptwerk gewidmet ist.

112.

Oligocrece auclivides.

90. 3253. ~~Aletsana avoloides~~ w. sp. 3. sic. (voyer une plante du même genre trouvé i au Paramo

Non genus.
differt a Totala stigmate simplice de las bijutas.) cal. o. corolla infundibuli formis, tubo cylindrico, recto.
ab Isnardia stam. tribus.
ab Ortegia calice lævi 5 phyllo.

× cx laciniis una Sæpe limbo profundi partito, laciniis quatuor, rarofrat quando quidruis quinque
emarginata.

nunquam tres, patentibus. Stam. filamenta tres. Summo tubi corolla
impofita, crecta. antheris. ovat. biloculavib. minut. polline albo.

Jai deffini la plante
entre 7 1. f 2 corolla germen. lineare, ui florum. Styl. unic. longitudine corollæ, stigma
4 - 5 fila. f 3. cor. agata
cum staminibus f 4. Itellum capitat. pwic.

planta annua, minuta, radice fusiformi, caulib pluribubus crecté

appressis, foliosis, foliis, lanceolat. Subcoriaceis ciue brevat. Schatibus.

folia subalterna marginata floribus flavis capitulatis sessilib. Habit ravissimé la Maya.
baji sæpe margine ciliata
stipulæ o.
cette plante comme, les plantago et les lobelia lee d'aut James des

autres montagnes de la province de Jicté forme de très jolies mattes,

rondes oblongues. Hab in Assuay.

Solanum l. labiatum. wi.
n. 3254. Pent. Monog. Cal. 1 phyll. tubulosus glaber subbifidus, lobis trun-
catis et inæqualiter dentatus, dentibus in altero lobo duobus in altero sæpe tribus aut nullis, dent. minutis,
Solanea Jussieu.
Cor. calice 3 longior tubulosa purpurea glabra apice 5
dentata, dentibus acutis minutis erectis. Stam. filam. 5
imo tubo adnata baji tumida glabra. Antheræ lineares
planæ ex viridi flavescentes. Filamenta sæpe inæqua
los cum stylo ex corolla vix exserta. Germen ovatum
+ corolla et superum. Styl. longius (bies albus) Stigma capitatum bi-
staminibus lon-
gior. filum. Frutex caule sulcato folia alternis sæpe æc
codem puncto duobus integerrimis, obovato — lanceolatis
obtuse acuto glabris utrique viridibus, tenuissimis petio
contra breve petiolatis. Flores pedunculato plures ex
+ n 2077 et traxelluribs dependentes tune profunde fisso cincta uni
3357.
calcæ resistente et Ex familia Solanacearum
ovo quoque staminibus loculari polygama ovata. constituens violet . Une
baji hispidi. sed ob calycam novum genus et magnum parait (de
plantæ decorte a lucidio et corolla staminum a
même genre. A Lycio et Cestro petitbus differt Hab.
Brorus felicea corollæ et stam.
inter Delay et Cuença. Ham profund. falcato sep.
dichotome divisi.

n. 3255 Embothrium. Ex Cal. o. nisi marginem receptaculi tur binato, adscenden
tem truncatum interne unidentatum (dente ovato acuto) pro calicis
emb. emarginatum fl. pivus. rudimento habere vis. Corolla tubulosa 1½ pollicaris ungue ad
interne quod cau baji fissa gata coriacei, stylem amplectens tubo ligulæfor
lem respicit. in roseo - violaceo striis 4 filamentorum adnatorum vestigiis
Orevocallis. flora longitudinaliter picto apice 5 dentato, dentibus incrassa
grandi floris parallela membrana duplicata) acuti ovatis inflexis Stigmal arcte
adhaerentibus fructificatione exacta ab eo discadentibus. An
therae 4 sessiles lobis corollæ adnatae biloculares, polline
hab ayaua. flavo. Germen subi sessili nitidum et styus pro peduncu
lo flori habendus, non receptacum tum breviatum et cali.

7 Handschrift von Alexander von Humboldt für das *Journal de botanique*, 1799–1803.

Über die amerikanistische Kooperation der beiden Brüder hinaus war Alexander von Humboldts Amerikareise im Übrigen insofern von revolutionärer Bedeutung für die europäische Sprachwissenschaft, als die von ihm 1804 nach Europa gebrachten amerikanischen Sprachmaterialien grundlegende Einsichten sowohl für die entstehende historisch-vergleichende Sprachwissenschaft (Friedrich Schlegel, Franz Bopp, Jacob Grimm) als auch für die anthropologisch-vergleichende Linguistik (Johann Severin Vater, Wilhelm von Humboldt) generiert haben. Der 3. August 1804, der Tag, an dem Alexander von Humboldt und Aimé Bonpland in Bordeaux wieder europäischen Boden betreten, ist daher ein Gründungsdatum der wissenschaftlichen Linguistik. (Abb. 6, 7)

WILHELM: ANTHROPOS

Wie kann man die Lebensprojekte Wilhelm und Alexander von Humboldts in aller Kürze charakterisieren? Es ging Wilhelm, wie gesagt, schon früh darum, den Menschen zu verstehen, genauer: um die verschiedenen Erscheinungsformen des Menschen, und damit um das, was die Zeit „Anthropologie" nannte. Dies schloss bei Humboldt ausdrücklich die Erkundung des eigenen Ich ein. Erkenntnis des eigenen Ich und „Menschenkunde" fließen im Ideal der Bildung des Menschen zusammen, in der Aufgabe der „höchsten und proportionirlichsten Bildung seiner Kräfte zu einem Ganzen"[34]. In der klassischen griechischen Kultur und in den Werken seiner beiden großen Dichterfreunde Schiller und Goethe begegnet ihm das Wunder menschlicher Kreativität, dem er auf den Grund gehen will. Es ist das von Kant ungelöst gelassene Geheimnis der Einbildungskraft. Humboldt denkt seinen vielleicht kühnsten Gedanken, wenn er – eingedenk der Lehre vom Bildungstrieb seines Lehrers Johann Friedrich Blumenbach – die Einbildungskraft in der Sexualität des Menschen, im erotischen Zusammenspiel des Männlichen und des Weiblichen, verankert. Er überschreitet dabei die Grenze zur Natur oder zur Körperlichkeit, die für ihn die Basis auch der höchsten geistigen Kreativität ist. Der „Geist", dem Humboldts Interesse gilt, ist in den Körper eingelassen. Humboldts erstes Buch ist der poetischen Einbildungskraft gewidmet, deren Wege er anhand von Goethes *Hermann und Dorothea* analysiert.[35] Der politischen Kreativität ist er im postrevolutionären Paris auf der Spur, in dem die menschlichen Dinge gerade neu geordnet werden. Die hochentwickelte große Stadt mit ihren vielfältigen kulturellen Formen, die Wilhelm zum Gegenstand seiner Anthropologie macht, könnte man als kulturellen Kosmos mit Alexanders natürlichem Kosmos parallelisieren. In Paris ist es auch, wo er dann ins Zentrum der menschlichen Einbildungskraft, zur Sprache, vordringt. Dass Sprache die spezifische Form menschlicher Kognition ist, war eine seit Aristoteles' Charakterisierung des Menschen als *zoon logon echon*, als „Sprache habendes Wesen", kaum bestrittene philosophische Einsicht. Aber dass dieser Logos sich in radikaler Verschiedenheit, nämlich als verschiedenes Denken oder, wie Humboldt sagen wird, als verschiedene „Weltansichten" in den verschiedenen Sprachen der Menschheit ausprägt, ist erst eine Einsicht der Aufklärung, die Humboldt philosophisch weiter-denkt. Leibniz, der Begründer unserer Akademie, wird dem philosophischen Lamento über diese kognitive sprachliche Verschiedenheit entgegenhalten, dass diese keine Katastrophe, sondern eine „wunderbare Vielfalt" des menschlichen Geistes sei. Die Erfahrung sprachlicher Alterität macht Humboldt zunächst am Baskischen, das sich zutiefst von den anderen europäischen Sprachen unterscheidet und dem – nach seiner Reise ins Baskenland – seine ersten sprachwissenschaftlichen Analysen gelten. Den verschiedenen „Weltansichten" oder der „Verschiedenheit des menschlichen Sprach-baues" ist Humboldt dann sein ganzes Leben lang auf der Spur. Es geht mit Leibniz darum, den menschlichen Geist in der wunderbaren Vielfalt seiner sprachlichen Ope-rationen zu erkunden. Nach dem Baskischen widmet Humboldt sich – um nur die wichtigsten zu nennen – den amerikanischen Sprachen, dem Chinesischen, den ägyp-tischen Hieroglyphen, dem Sanskrit, und schließlich den austronesischen Sprachen, den „Sprachen der Südsee", die sein unvollendetes Hauptwerk, *Über die Kawi-Sprache auf der Insel Java*, behandelt. Die Vorträge, die Wilhelm von Humboldt in unserer Aka-demie hielt,[36] dokumentieren den Weg seines, wie er es nannte, „vergleichenden Sprach-studiums". Es sind Entwürfe und Kapitel einer anthropologisch-vergleichenden Lin-guistik, die auf die strukturelle und synchrone Deskription und Vergleichung der Sprachen der Welt abzielt und nicht wie die historisch-vergleichende Linguistik eines Bopp oder eines Grimm auf die diachrone Entwicklung der Sprachen einer Sprach-familie. Zwar war die historische Sprachwissenschaft das herrschende Paradigma fast bis in die Mitte des 20. Jahrhunderts, das Humboldtsche – anthropologische – Paradig-ma der Sprachwissenschaft war aber das modernere, das erst im 20. Jahrhundert in der deskriptiven Sprachwissenschaft erblühte. Die bleibende Erkenntnis dieser philoso-phisch grundierten Sprachwissenschaft ist die Einsicht in die fundamentale Sprach-lichkeit des menschlichen Denkens, die unleugbare Präsenz verschiedener Semantiken in diesem Denken und die damit verbundene poetische Kostbarkeit der Sprachen der Menschheit als bedeutender Schöpfungen des menschlichen Geistes.

ALEXANDER: KOSMOS

Alexander von Humboldts Erkundungen der natürlichen Welt sind noch schwerer als Wilhelms Untersuchung des Sprach-Geistes des Menschen in einer kurzen Charakte-ristik zu fassen, so ausgreifend und umfassend ist dieses Ehrfurcht gebietende Werk. Im Gegensatz zu seinem Bruder, der zu seinen Lebzeiten gerade einmal drei Bücher (*Herrmann und Dorothea* 1799, *Agamemnon* 1816, *Urbewohner* 1821) publiziert hat, zählt das Werkverzeichnis Alexanders[37] neben den erwähnten neunundzwanzig Bän-den des Reisewerks – *Voyage aux régions équinoxiales du Nouveau Continent* – elf wei-tere zum Teil mehrbändige Bücher: *Mineralogische Beobachtungen über einige Basalte am Rhein, Florae Fribergensis specimen, Versuche über die gereizte Muskel- und Nerven-faser, Ueber die unterirdischen Gasarten, Versuche über die chemische Zerlegung des*

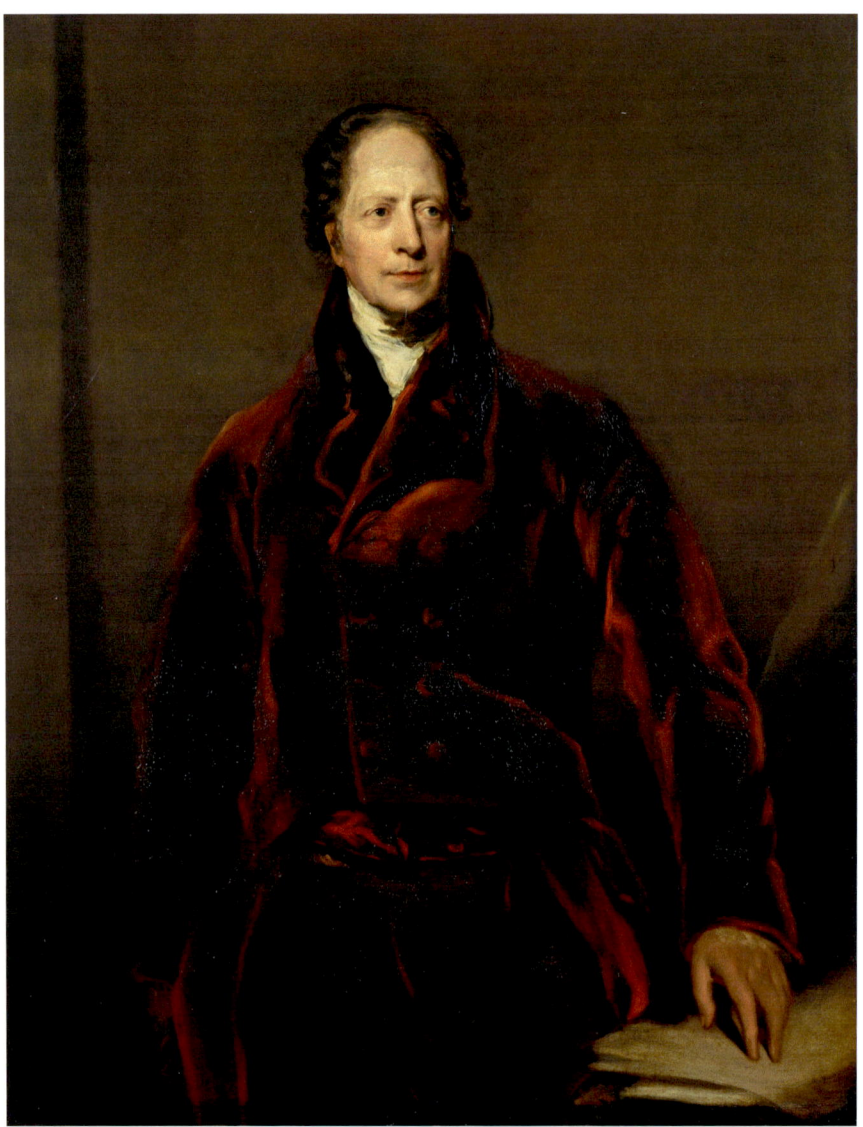

8   Wilhelm von
Humboldt, Gemälde
von Thomas Lawrence,
Öl auf Leinwand.

Luftkreises, Ansichten der Natur, Essai géognostique sur le gisement des roches dans les deux hémisphères, Fragmens de géologie et de climatologie asiatiques, Asie centrale, Kleinere Schriften und *Kosmos*. Die Vielfalt der Themen würde es sicher auch einem Naturwissenschaftler nicht ganz einfach machen, dieses riesige Werk in der hier gebotenen Kürze zu charakterisieren. Da ich aber kein Naturwissenschaftler bin, sind die nun folgenden Zeilen nichts anderes als Aperçus eines unberufenen faszinierten Lesers.

Die schon erwähnten „Naturgemälde" Alexanders sind es vor allem, die dem nicht-spezialistischen Leser – wie schon 1827 den Zuhörern der *Kosmos*-Vorlesungen in der Berliner Singakademie – unvergessliche literarisch-wissenschaftliche Erlebnisse

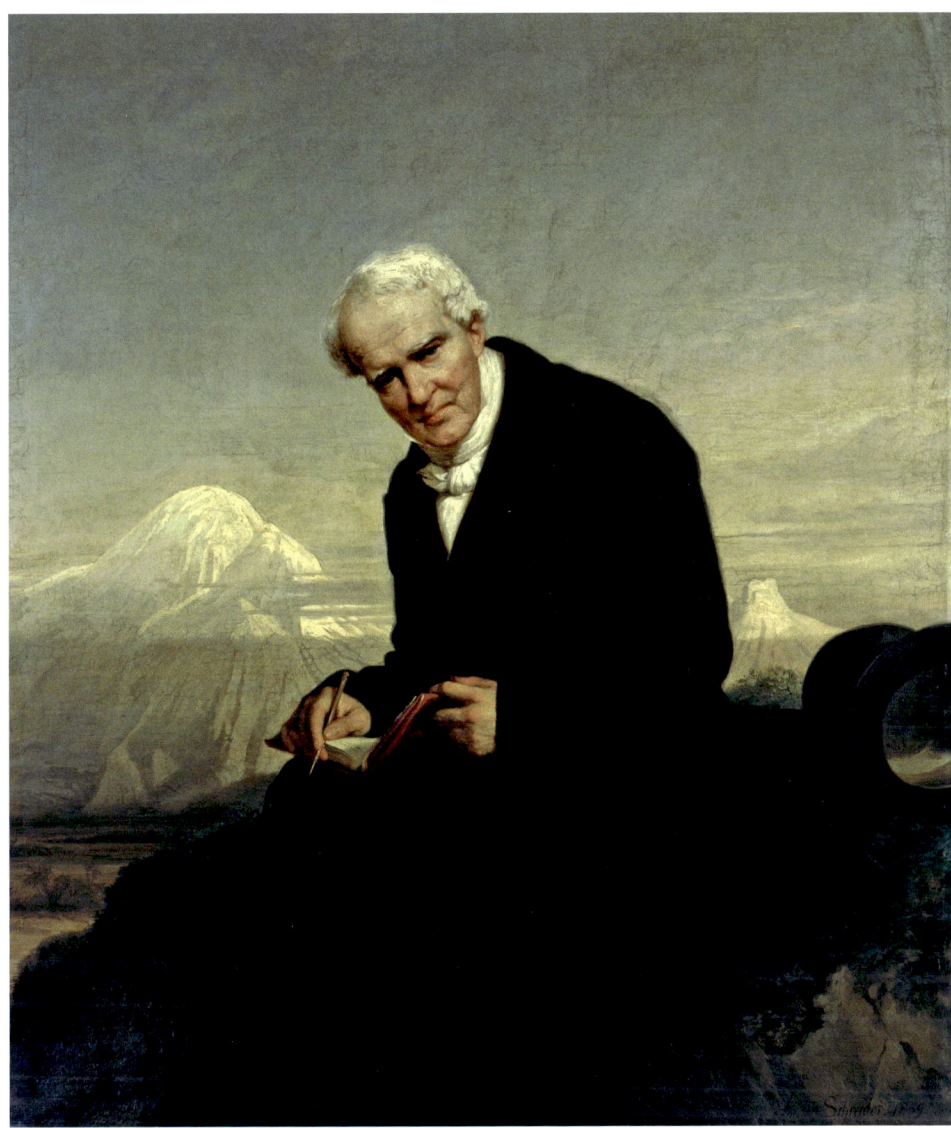

9   Alexander von
Humboldt, Gemälde
von Julius Friedrich
Anton Schrader, Öl auf
Leinwand, 1859.

bereiten. Alexander hat zwar, wie gesagt, über die Schwierigkeit reflektiert, die Gleichzeitigkeit des multisensorischen Naturerlebnisses in die farb-, duft- und klanglose
Sukzession der Sprache zu überführen.[38] Die sprachliche „ästhetische Behandlung" der
Natur gelingt ihm aber natürlich meisterhaft.

   Insgesamt geht es in diesem Werk, man mag es kaum glauben und wagt es kaum
zu sagen, um eine Gesamtdarstellung der Natur, es geht um den ganzen Kosmos. Schon
in der Vorrede zu den *Ansichten der Natur* nennt Alexander sein Ziel: „Überblick der
Natur im großen, Beweis von dem Zusammenwirken der Kräfte, Erneuerung des Genusses, welchen die unmittelbare Ansicht der Tropenländer dem fühlenden Menschen

gewährt"[39]. Das erste Buch des *Kosmos* enthält dann ein „Naturgemälde", das tatsächlich die Natur als ganze „malt", vom Weltall, zu unserem Sonnensystem, zur Erde und bis in die kleinsten Mikroorganismen. Humboldt stellt sein Gemälde selbst in einem berühmten Satz folgendermaßen vor: „Es beginnt dasselbe mit den Sternen, die in den entferntesten Theilen des Weltraumes zwischen Nebelflecken aufglimmen, und steigt durch unser Planetensystem bis zur irdischen Pflanzendecke und zu den kleinsten, oft von der Luft getragenen, dem unbewaffneten Auge verborgenen Organismen herab."[40]

Weiter und umfassender kann der Blick eines Naturforschers nicht sein. Eine interdisziplinäre und wahrhaft globale Annäherung an die Welt charakterisiert Humboldts Forschung. „Humboldtian Science", wie die amerikanische Wissenschaftsgeschichte dies genannt hat, ist einfach keiner einzelnen Naturwissenschaft zuzuschlagen, etwa der Geologie, der Botanik, der Zoologie, der Astronomie oder einer anderen Disziplin. Sie ist darüber hinaus, das übersehen die ganz auf den Naturwissenschaftler Humboldt fixierten Wissenschaftshistoriker gern, auch gar nicht nur auf die Naturwissenschaften zu beschränken, sondern das Grandiose dieses Werks besteht gerade in der Einbeziehung des Politisch-Gesellschaftlichen und des Kulturellen in eine Gesamtschau der Welt. Humboldt transzendiert – von heute aus gesehen – sämtliche Disziplinengrenzen (die es freilich damals noch nicht gab). Obwohl er durchaus eine Grenze zwischen dem Reich des Geistes und der Welt der Natur zieht (und im *Kosmos* nicht zu übertreten gedenkt), überschreitet er auch diese Grenze mit souveräner Professionalität. Die Welt ist eben *eine* Welt. Und diese eine Welt der Natur und des Geistes ist natürlich auch insofern eine Welt, als sie auf der Erde, im „Tellurischen", alle Kontinente umfasst. Humboldts Welt ist nicht das kleine Europa. Er reist von Europa nach Mittelamerika, ins heutige Venezuela, Ecuador, Kolumbien, Peru, Mexico, Kuba und in die Vereinigten Staaten. Die zweite große – russische – Reise führt von Sankt Petersburg nach Mittelasien bis zum Ob und an die Grenze Chinas. Afrika hat er nicht betreten, er hat aber natürlich alles gelesen, das heißt, er schreibt auch über Afrika, als ob er da gewesen wäre, zum Beispiel die Seiten über die afrikanische Wüste.[41] Wie er die Steppen und Wüsten der gesamten Erde vergleicht, so vergleicht er auch die Kulturen der Welt. Er weiß, wovon er spricht, wenn er von den „Hieroglyphen" und Pyramiden der Mexikaner einen Blick auf diejenigen der Ägypter wirft oder wenn er mittelalterliche europäische Leibeigenschaft mit amerikanischer Sklaverei in Verbindung bringt.

Als Sprachwissenschaftler habe ich mich für Alexander von Humboldts linguistische Arbeit interessiert.[42] Alexander bringt nicht nur die für die Entwicklung der modernen Sprachwissenschaft entscheidenden amerikanischen Materialien mit nach Europa, er schreibt in der *Relation historique* selbst ein Kapitel über die amerikanischen Sprachen, das ihn völlig auf der Höhe der damaligen sprachwissenschaftlichen Diskussion zeigt: Er analysiert strukturelle Züge der Sprache des Volkes der Chaymas, dem er begegnet ist, er diskutiert den Einfluss dieser Sprache auf das Denken (und lehnt den Determinismus ab), er fragt nach dem Verhältnis von Abstammung und Sprache, und er kritisiert die einsetzende Sprachtypologie hellsichtig, weil er den darin aufscheinenden Rassismus genauestens erkennt. Eingebettet ist das Sprachkapitel in eine Reflexion über die Menschen Amerikas, also in eine ausdrücklich anthropologi-sche Fragestellung. Auch anhand dieser für Alexander von Humboldts Gesamtwerk sicher nicht zentralen Thematik sieht man, was dieses Werk so einmalig macht: die wahrhaft globale Fragestellung (die amerikanischen Menschen im Verhältnis zu den anderen Menschen des Globus), die transdisziplinäre Annäherung (alles Wissen wird aufgefahren, das nötig ist: physische Anthropologie, Sprachwissenschaft, Geschichte), die professionelle Expertise in den verschiedenen Bereichen (hier zum Beispiel die eines professionellen Sprachwissenschaftlers) und schließlich die bewundernswerte Urteilskraft, die Humboldt ziemlich vorurteilsfrei zu einer vernünftigen Einschätzung der Probleme gelangen lässt, zum Beispiel über das Verhältnis von Sprache und Den-ken.

Die Tatsache, dass in letzter Zeit gerade Kulturwissenschaftler in Alexander von Humboldt einen Autor thematisiert haben, der als Entdecker einer „anderen Moder-ne"[43] neu zu lesen ist, hat jetzt auch die historischen Bücher Humboldts stärker in den Vordergrund gerückt. Man begegnet in diesen Arbeiten einem Autor, dessen atembe-raubende Gelehrsamkeit entzückt und begeistert. Die schon erwähnten, jetzt auf Deutsch vorliegenden *Ansichten der Kordilleren*[44] geben Einblick in die amerikanischen Kulturen. Unter dem Titel *Die Entdeckung der Neuen Welt* kann man nunmehr das sogenannte *Examen critique*, die Geschichte des Wissens über Amerika, auf Deutsch studieren.[45] Und das zweite Buch des *Kosmos*, dieses Staunen erregenden Versuchs einer „physischen Weltbeschreibung", ist eines der bedeutendsten Werke zur Geschich-te des europäischen Geistes. Es beschreibt die Entstehung eines Naturgefühls in der Literatur und der Malerei sowie die Geschichte der Vorstellung des Kosmos, also der Natur als einer Gesamtheit. Dieses Buch ist ein Modell für eine wahrhaft globale Wis-senschaft: Geschrieben ist der Text in einer der großen Sprachen der Wissenschaft, auf Deutsch, aufgearbeitet wird die gesamte europäische Literatur seit der Antike, zitiert wird selbstverständlich auf Lateinisch, Französisch, Englisch, Spanisch, Italienisch, Portugiesisch. Das, und nicht die provinzielle Enge einer einzigen und sei sie auch noch so globalen Sprache, ist Welt-Wissenschaft. (Abb. 8, 9)

HUMBOLDT-FORUM

Im Sommer 2013 hat eine Gruppe politisch wohlmeinender Menschen unter dem Slo-gan „No Humboldt 21" eine Initiative gestartet mit dem Ziel, den Wiederaufbau des Berliner Schlosses nicht „Humboldt-Forum" zu nennen, weil Alexander von Hum-boldt ein Agent der Kolonialmacht Spanien gewesen sei, in deren Auftrag er die euro-päische koloniale Ausbeutung der Welt vorangetrieben habe. Dies ist eine kolonialis-muskritisch daherkommende politische Verunglimpfung, der offensichtlich entgeht, dass keine andere deutsche Geistesgröße sich so sehr wie Alexander von Humboldt geradezu zur Ikone der Kolonialismuskritik eignet. Richtig ist, dass Alexander von Humboldt durch seine gesellschaftliche Stellung, seinen persönlichen Charme und durch Glück einen Pass des spanischen Königs bekommen hat, der ihm im ganzen spanischen Kolonialreich die Türen öffnete und ihm ausgezeichnete Bedingungen für seine Forschungen schuf. Und in diesem Pass steht auch, dass er die gesammelten Naturgegenstände dem Königlichen Garten übergeben solle. Aber weder ist Letzteres geschehen, noch hat Alexander von Humboldt Amerika als Eroberer betreten, sondern als Wissenschaftler. Und er hat es mit dem Blick des Wissenschaftlers betrachtet. Natürlich kann man auch diesen Blick als einen westlichen, also kolonialen Blick kritisieren. In der Tat ist die Begegnung des forschenden Europäers mit dem Fremden auf geistige Erfassung und Durchdringung und intellektuelle Aneignung gerichtet. Wissenschaft ist aber – im Gegenteil zum kolonialen Gestus – vor allem ein Blick und kein Zugriff: Das wissenschaftliche Organ ist das Auge, nicht die zupackende Hand: „Das Auge ist das Organ der Weltanschauung."[46] Ziel der wissenschaftlichen Handlung ist die Ansicht, nicht der Raub. *Ansichten der Natur* heißt Humboldts berühmtestes Buch über Amerika, nicht „Griff auf Amerika".

Allerdings ermöglicht es gerade dieser in der Tat radikal wissenschaftliche Blick, die Dinge in größter Klarheit zu sehen, alle Dinge, nicht nur die der Natur: Niemand hat wie Alexander von Humboldt die kolonialen Zustände in ihrer ganzen ausbeuterischen Wirklichkeit erkannt, wenn er vom „principe odieux du système colonial"[47], vom „hassenswerten Prinzip des Kolonialsystems" spricht. Unerträglich findet es Humboldt, „lorsque l'homme se sert de l'homme comme bête de somme"[48], „wenn der Mensch sich des Menschen als Lasttier bedient". Die Sklaverei hat ihn angewidert, die gesellschaftlichen Missstände des spanischen Kolonialreichs sind von niemandem so klar analysiert und zurückgewiesen worden wie von Alexander von Humboldt. Er hat die große Schuld der Europäer an Völkermord und Sklaverei „l'éternelle honte de l'Europe chrétienne"[49], „die ewige Schande des christlichen Europa", genannt. Es gibt in der gesamten deutschen Literatur keinen anderen Autor, der so leidenschaftlich anti-kolonialistisch gewesen ist wie Alexander von Humboldt. Das Ende seines Buches über Kuba ist eine scharfe Verurteilung der Sklaverei. Humboldt hat sie als das schlimmste aller menschlichen Übel bezeichnet: „L'esclavage est sans doute le plus grand de tous les maux qui ont affligé l'humanité."[50] Es gibt daher für ein Museum außereuropäischer Kulturen keinen besseren Namenspatron als Alexander von Humboldt. Mit seinem Bruder Wilhelm teilt er die – hier noch einmal zu zitierende – leidenschaftliche Überzeugung, dass es nötig sei, „die Grenzen, welche Vorurtheile und einseitige Ansichten aller Art feindselig zwischen die Menschen gestellt, aufzuheben, und die gesammte Menschheit, ohne Rücksicht auf Religion, Nation und Farbe, als Einen großen, nahe verbrüderten Stamm, als ein zur Erreichung Eines Zweckes, der *freien Entwicklung innerlicher Kraft*, bestehendes Ganzes zu behandeln"[51].

Das heißt nicht, dass nicht auch das Denken eines solchen Namenspatrons problematische und diskutable Seiten hätte. Verwirrend bleibt die in jenem politisch korrekten Tribunal gegen Humboldt erwähnte bekannte Geschichte, dass Alexander Skelette und Schädel toter Amerikaner aus einer Begräbnisstelle entnommen und nach Europa verschifft hat (das Skelett ist dort nicht angekommen, weil das Schiff untergegangen ist, einen Schädel allerdings hat Blumenbach vermessen und beschrieben). Wenn man die entsprechenden Stellen im Tagebuch[52] oder in den *Ansichten der Natur* liest, ist man in der Tat überrascht über die kühle Neugier des forschenden Geistes. Alexander setzt sich gnadenlos über den Protest der ihn begleitenden Indios hinweg, den er ganz offensichtlich als Aberglauben abtut.[53] Es ist die heute nicht mehr verständliche Geste eines aufgeklärten Europäers ohne Gespür für die religiöse Dimension. Humboldt versteht ganz offensichtlich das Leiden der lebendigen Menschen in Amerika besser als deren Glauben an die Heiligkeit der Toten. Den Unterdrückten und Versklavten gilt seine ganze Anteilnahme und den Unterdrückern und Sklavenhaltern seine ganze Verachtung. Das Religiöse hielt er – gerade auch deswegen! – für eine überwundene Form des menschlichen Geistes, die offensichtlich keine Rücksicht verdient. Wolf Lepenies stellt zu dem Fall fest: „Im Konfliktfall musste die Empathie der instrumentellen Vernunft weichen, und zur Befriedigung wissenschaftlicher Neugier war fast kein Preis zu hoch."[54] Diese Rücksichtslosigkeit des forschenden europäischen Geistes kann überhaupt nicht schöngeredet werden. Sie stellt eine menschliche Beschränkung nicht nur des Humboldtschen Forscherdrangs dar. Vielleicht deutet die Ausführlichkeit, mit der Humboldt über seinen Grabraub berichtet, auf ein schlechtes Gewissen des neugierigen Wissenschaftlers in seinem geradezu rasenden Kampf gegen das Nichtwissen und das Vorurteil.

Akademien der Wissenschaften sind Gesellschaften, deren Aufgabe die Reflexion von Wissenschaft ist, also des Kampfes gegen Nichtwissen und Vorurteil. Sie müssen daher den wissenschaftlichen Geist auch vor sich selbst warnen und seine Exzesse klar benennen – auch beim Gedenken ihrer Großen.

Ich danke Ingo Schwarz und Yasmin Meinicke für ihre großzügige und kenntnisreiche Hilfe bei der Arbeit an diesem Artikel.

Adelbert von Chamisso

Karl Ernst von Baer

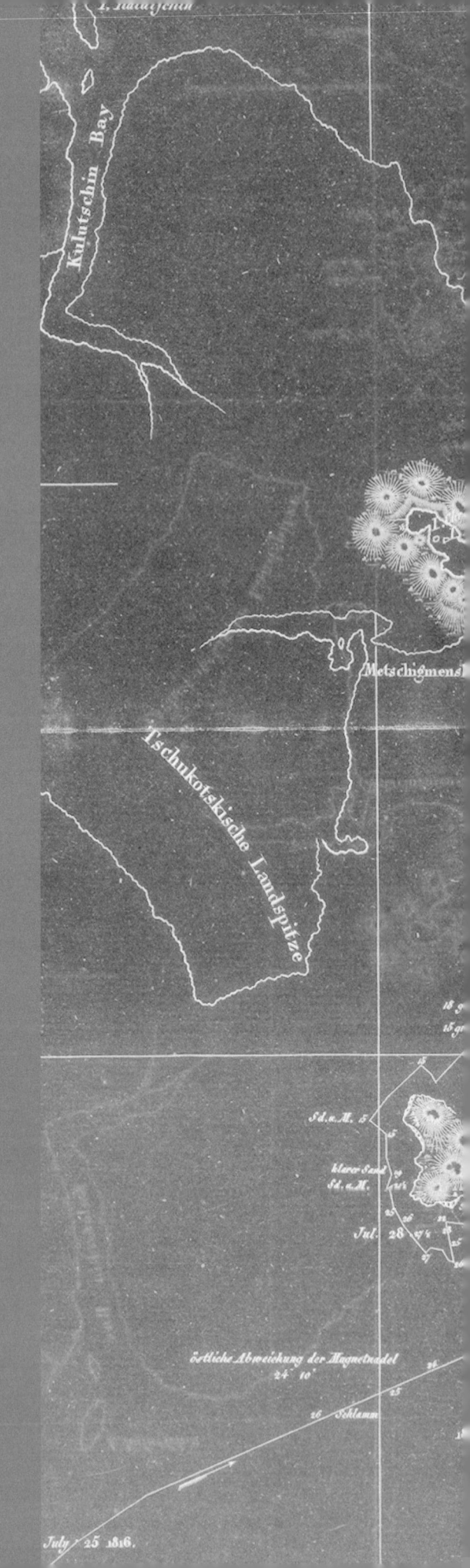

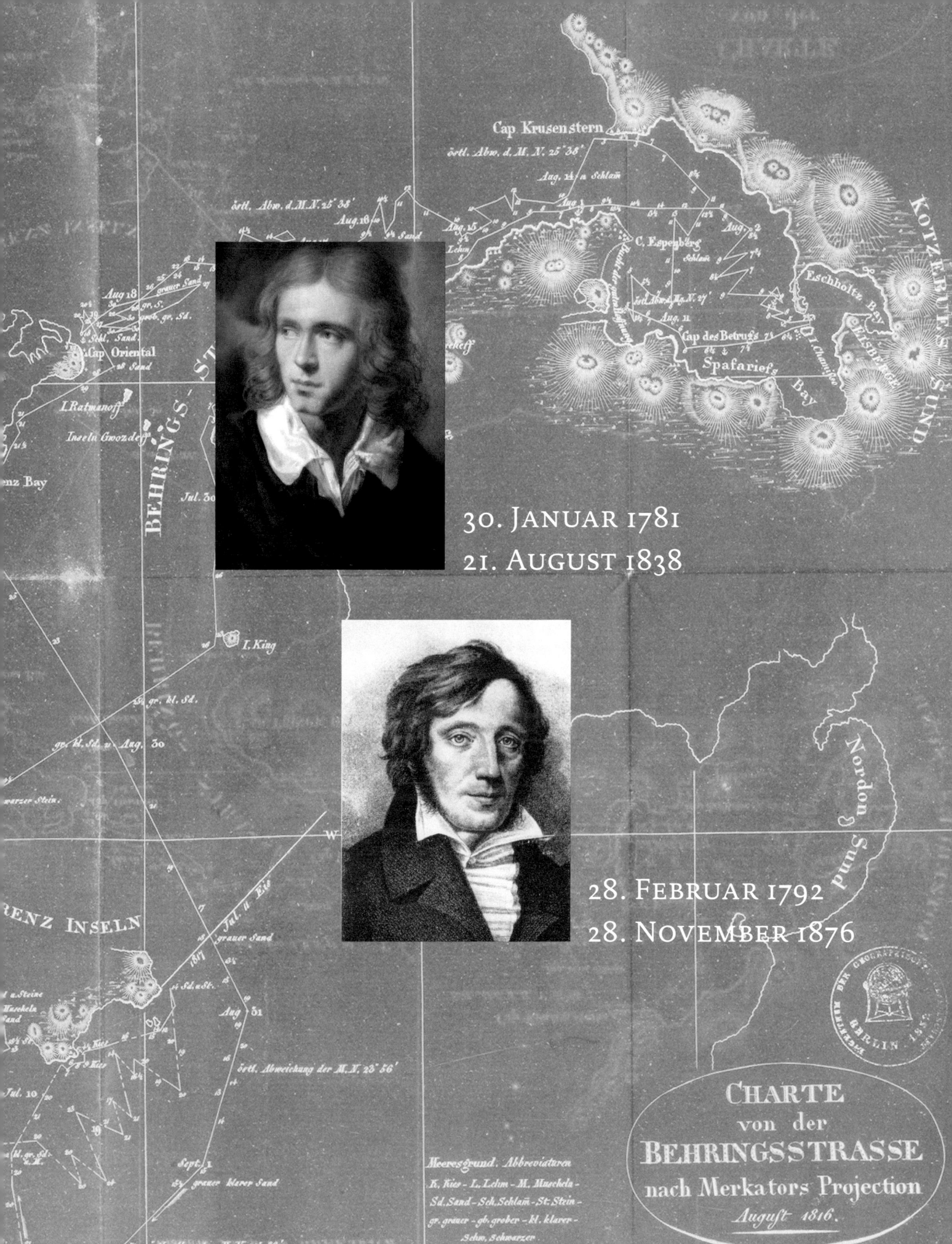

30. Januar 1781
21. August 1838

28. Februar 1792
28. November 1876

S. 142/143

1 Adelbert von Chamisso, Pastellzeichnung.

2 Karl Ernst von Baer um 1830, Stich von F.L. Lehmann nach einer
Zeichnung von C. Hübner.

3 Karte der *Chamisso-Insel* aus *Entdeckungsreise in die Südsee und nach der
Berings-Straße zur Erforschung einer nordöstlichen Durchfahrt* von Otto von
Kotzebue.

Ernst Osterkamp

Zwei Inseln

Adelbert von Chamisso und Karl Ernst von Baer

Im August 1818 war Adelbert von Chamisso nach einer dreijährigen Reise, die ihn als Naturforscher an Bord des russischen Expeditionsschiffs *Rurik* um die Welt geführt hatte, nach Europa zurückgekehrt. Er war nun 37 Jahre alt, und die Bilanz seines Lebens, die er in der Situation seiner Rückkehr zog, fiel vernichtend aus. Am 13. September 1818 schrieb er aus St. Petersburg an seinen Freund Julius Eduard Hitzig nach Berlin, was alles er nun nicht war: „Magister, Baccalaureus, nullius facultatis Doctor; nullius Universitatis ordinarius extraordinariusve Professor, nullius Academiae, nullius scientificae Societatis sodalis etc. etc. etc.“[1] Also weder Magister, Baccalaureus und Doktor welcher Fakultät auch immer noch ordentlicher oder außerordentlicher Professor an irgendeiner Universität, Mitglied weder einer Akademie noch einer gelehrten Gesellschaft etc. etc. etc., wobei die besondere Pointe dieser Häufung des etc. darin bestand, dass sie als Summe aus Nichts und Nichts und wieder Nichts verstanden werden wollte: kein Werk, kein finanzieller Ertrag aus dreijähriger Forschungstätigkeit, keine Familie, keine beruflichen Aussichten. „Ich bringe mit was Recht ist – mein Heu und Kram, sonst nichts.“[2] Als er Anfang Oktober 1818 nach Berlin zurückkam, bestand sein einziger Besitz in dem in vielen Schiffskisten gespeicherten Ertrag seiner Forschungen, seinen ethnografischen Sammlungen, Naturalien und vor allem in einem rund 2.500 Pflanzen umfassenden Herbarium. Daraus musste er nun etwas machen, wenn er seinem Leben doch noch eine positive Wende geben wollte. Immerhin durfte er sich rühmen, dass seit 1816 ein Felseninselchen in der Nähe der Westspitze Alaskas seinen Namen trug; Chamisso-Insel hatte Otto von Kotzebue, Sohn eines berühmten Vaters und Kapitän seines Schiffes, diesen unwirtlichen Ort genannt, eine Entscheidung, die Chamisso zeitlebens mit Sarkasmus kommentierte:

> Wer gab am Nordpol, hart und fest,
> Mir das verfluchte Felsennest?
> Der Kotzebue hat es getan,
> Der Land und Meer verteilen kann.
> Der gab am Nordpol, hart und fest,
> Mir das verfluchte Felsennest![3]

Die kalte, kahle und unfruchtbare Chamisso-Insel: Emblem einer bis dahin weitgehend fruchtlosen Existenz.

Schwerlich wird man unter den Mitgliedern der Königlich Preußischen Akademie der Wissenschaften zu Berlin eine Biografie finden, die bis nahezu zum 40. Lebensjahr so ziellos und zerfasert verlaufen wäre wie diejenige Adelbert von Chamissos, der am 31. Januar 1781 als Sohn eines adeligen Grundherrn in der Champagne auf den Namen Louis-Charles-Adélaïde de Chamissot de Boncourt getauft worden war.[4] Acht Jahre später kam die Revolution, 1792 folgte die Emigration der Familie Chamisso. Nach dem Übertritt von Chamissos Vater zum Emigrantenheer in den Niederlanden wurde Schloss Boncourt konfisziert und 1793 zum Abriss freigegeben; alle Spuren von Chamissos Kindheit waren damit ausgelöscht. Im Jahre 1827 rief sich der nun 46-Jährige das Schloss seiner Kindheit in einem seiner berühmtesten Gedichte in die Erinnerung zurück:

> So stehst du, o Schloß meiner Väter,
> Mir treu und fest in dem Sinn,
> Und bist von der Erde verschwunden,
> Der Pflug geht über dich hin.[5]

Die vielköpfige Familie Chamisso emigrierte nach Deutschland und musste sich unter elenden Bedingungen über Wasser halten. Glücklichen Fügungen war es zu verdanken, dass Adélaïde 1796, nachdem er zunächst aufgrund seines zeichnerischen Geschicks eine Anstellung als Maler in der Königlichen Porzellanmanufaktur gefunden hatte, zum Pagen der Gemahlin Friedrich Wilhelms II. wurde. Das ermöglichte ihm 1798, nach dem Regierungsantritt Friedrich Wilhelms III., den Beginn einer militärischen Laufbahn in Berlin. Im Jahre 1801, genau zu seinem 20. Geburtstag, erfolgte die Ernennung zum Leutnant; während seine Familie im selben Jahr nach Frankreich zurückkehrte, fühlte er, dessen Deutsch immer noch ungelenk und von mühsamer Umständlichkeit war, sich fortan als Preuße. „Ich aber", so schrieb er in Erinnerung an seine Jugendjahre, „blieb zurück. So stand ich in den Jahren, wo der Knabe zum Manne heranreift, allein, durchaus ohne Erziehung; ich hatte nie eine Schule ernstlich besucht. Ich machte Verse, erst französische, später deutsche. Ich schrieb im Jahre 1803 den ‚Faust'."[6] Das denn immerhin doch! Seine poetischen Versuche brachten den jungen Leutnant in literarische Kreise; er schloss enge Freundschaft mit Karl August Varnhagen und Julius Eduard Hitzig, dem späteren Freund und Verleger E. T. A. Hoffmanns, und er gab mit Varnhagen Musenalmanache heraus. Seine militärische Laufbahn hingegen kollabierte in der Katastrophe des Jahres 1806 mit der Niederlage des preußischen Heers für immer; als 1813 seine Freunde in den Befreiungskrieg zogen, blieb er, als zum Preußen gewordener Franzose für die eine wie für die andere Nation ein Außenseiter, von allen militärischen Aktionen ausgeschlossen. In dem Jahrzehnt nach der militärischen Niederlage Preußens führte Adelbert von Chamisso eine unstete und zerrissene Existenz zwischen Deutschland und Frankreich, ohne Aufgabe und Beruf,

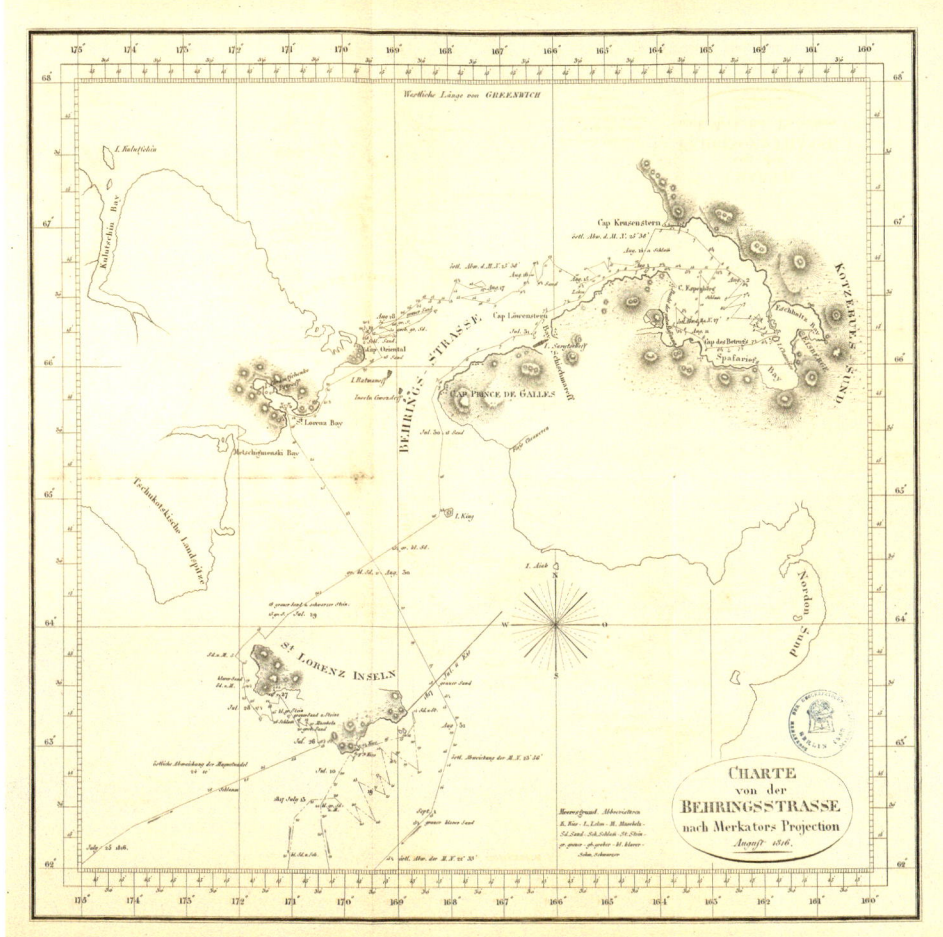

1   Karte der *Chamis-so-Insel* aus *Ent-deckungsreise in die Südsee und nach der Berings-Straße zur Erforschung einer nordöstlichen Durch-fahrt* von Otto von Kotzebue.

erotisch instabil, von Depressionen gequält. „Irr an mir selber, ohne Stand und Geschäft, gebeugt, zerknickt verbrachte ich, ein Schwankender, die düstere Zeit."[7] So urteilte er noch Jahrzehnte später über diese vielfach verschatteten Jahre.

Eine Wende brachte erst das Jahr 1812, in dem Chamisso, der mit intensiven botanischen Studien begonnen hatte, sich dazu entschloss, sich ganz aus den Turbulenzen der Zeit in die Ordnung der Natur zurückzuziehen. Im Oktober 1812, nun über dreißig Jahre alt, schrieb er sich als Student der Medizin an der eben gegründeten Berliner Universität ein, dies, wie er seinem Freund Louis de la Foye mitteilte, mit dem festen Ziel, innerhalb kürzester Zeit „alle Naturwissenschaften mehr oder weniger umfassen und in einigen Jahren als ein gemachter Mann und ein rechter Kerl vor mir stehen"[8] zu wollen, der über die Qualifikation zur Teilnahme an einer größeren Forschungsexpedition verfügte. Dabei legte er sich schon zu Beginn seines Studiums auf die Methodik der empirischen Naturwissenschaften fest: „Der Wissenschaft will ich durch Beobachtung und Erfahrung, Sammeln und Vergleichen mich nähern."[9] Während um ihn das Imperium Napoleons militärisch zusammenbrach und die Welt sich politisch neu ordnete, wollte er sich, wie er 1814 wiederum an de la Foye schrieb, jenseits der aufkommenden Nationalismen sein Vaterland in der Wissenschaft suchen: „Kein anderes Vaterland habe ich doch, kann ich doch haben, als die gelehrte Republik, wo ich bescheiden und still mich einzubürgern gedenke, und da meine kleine Freiheit harmlos zu genießen. Zu hohen Ehren will ich auch da nicht hinanstreben, nur Bürger will ich sein, nur von wenigen gekannt, aber von den wenigen geliebt, und sterb' ich einmal, mag man meine Grabstelle wieder so eben treten wie eine Landstraße."[10]

Chamisso studierte Anatomie, Botanik und Zoologie, Mineralogie, Elektrizität und Magnetismus, veranstaltete botanische Exkursionen in der Umgebung Berlins, begann mit dem Aufbau eines eigenen Herbariums und veröffentlichte 1815 seine erste botanische Schrift, natürlich auf Latein, denn das hatte er nebenher auch noch gelernt: *Adnotationes quaedam ad Floram Berolinensem C. S. Kunthii*. Und während er all dies tat, schrieb er überdies noch ein kleines Stück Weltliteratur: die Geschichte eines Mannes, der seinen Schatten verkauft und damit für alle Zeit und unrettbar seine Identität verliert, wie dies bereits seinem Autor widerfahren war, und der sich deshalb dazu entschließt, sein ganzes weiteres Leben der rastlosen Erforschung der Natur zu widmen, wie dies sein Autor für sich selbst noch plante. Im Herbst 1814 erschien *Peter Schlemihl's wundersame Geschichte mitgetheilt von Adelbert von Chamisso und herausgegeben von Friedrich de la Motte Fouqué*; im vorletzten Kapitel der Erzählung schildert Schlemihl sein Leben nach dem Vorbild Alexander von Humboldts als dasjenige eines empirischen Naturwissenschaftlers, der die Ordnung der Natur durch Messung, Beobachtung, Untersuchung, Erfahrung und Vergleich systematisch erkundet: „Ich streife auf der Erde umher, bald ihre Höhen, bald die Temperatur ihrer Quellen und die der Luft messend, bald Tiere beobachtend, bald Gewächse untersuchend; ich eilte von dem Äquator nach dem Pole, von der einen Welt nach der andern; Erfahrungen mit Erfahrungen vergleichend."[11] Peter Schlemihls Geschichte ist wundersam, viel wundersamer aber noch ist, dass Adelbert von Chamisso genau dies Programm empirisch-naturwissenschaftlicher Welterforschung, das er seinem Helden auf den Leib geschrieben hatte, ein Jahr später selbst in die Tat umsetzen konnte. Am 17. August 1815 schiffte Chamisso sich in Kopenhagen auf einem russischen Expeditionsschiff, der Brigg *Rurik*, ein, um erst drei Jahre später von seiner Weltumseglung zurückzukehren.

Die Expedition, beauftragt und finanziert von dem ehemaligen russischen Außenminister und Reichskanzler Graf Nikolaj Petrowitsch Rumjancev, hatte offiziell das Ziel, von der Beringstraße aus die Möglichkeit einer nordöstlichen Passage von Alaska zur Hudsonbay und damit vom Pazifik zum Atlantik zu erkunden. Tatsächlich ging es aber wohl viel stärker darum, für die Russisch-Amerikanische Handelskompanie, die das Monopol im nordpolaren Pelzhandel besaß und zu deren Hauptaktionären Rumjancev gehörte, Versorgungs- und Nachschubmöglichkeiten auf den pazifischen Inseln zu sichern; erst dies erklärt die ausgedehnten Sondierungen der *Rurik* auf den pazifischen Inseln.[12]

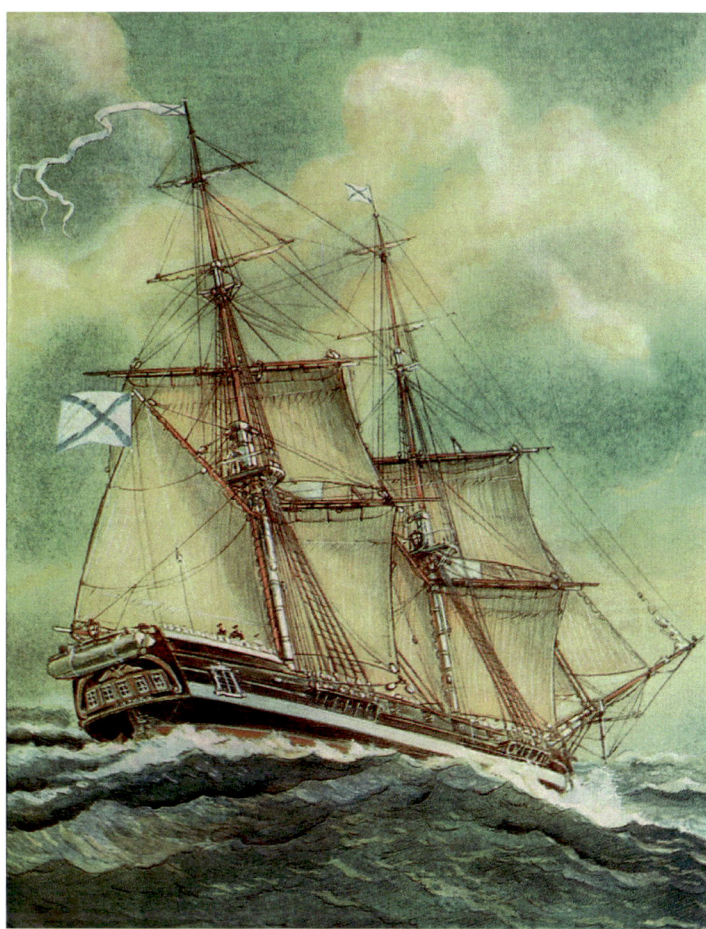

2   Die Brigg *Rurik*,
kolorierte Zeichnung
von J. Wojschwillo.

Chamisso selbst scheinen die politischen Aufgaben der Expedition nie recht klar
geworden zu sein – und damit entzogen sich ihm auch die Gründe für die oft von ihm
beklagte Geringschätzung, die ihm als Naturforscher der Entdeckungsreise an Bord
zuteil wurde. Im Winter 1834/35 erst hat er seinen Bericht über die Reise nieder-
geschrieben: *Reise um die Welt mit der Romanzoffischen Entdeckungs-Expedition in
den Jahren 1815–18 auf der Brigg Rurik*. Es ist dies ein bedeutendes Werk der deutschsprachigen Reiseliteratur: das Buch eines großen Erzählers, das aber in jeder Zeile dem
Geist naturwissenschaftlicher Objektivität und intersubjektiver Überprüfbarkeit verpflichtet bleibt; jede von Chamissos Beobachtungen wird hier genau datiert und unter
Angabe von Längen- und Breitengrad auf dem Globus lokalisiert, jeder wissenschaftliche
Ertrag durch Aufzeichnungen vor Ort und die Sammlungen des Autors beglaubigt.
Chamisso wusste genau, wie angreifbar im Wissenschaftssystem ihn die Tatsache
gemacht hatte, dass er der Autor einer wundersamen Erzählung war; deshalb suchte er
jede Grenzverrückung zwischen Kunst und Wissenschaft im Bericht über seine Welt-

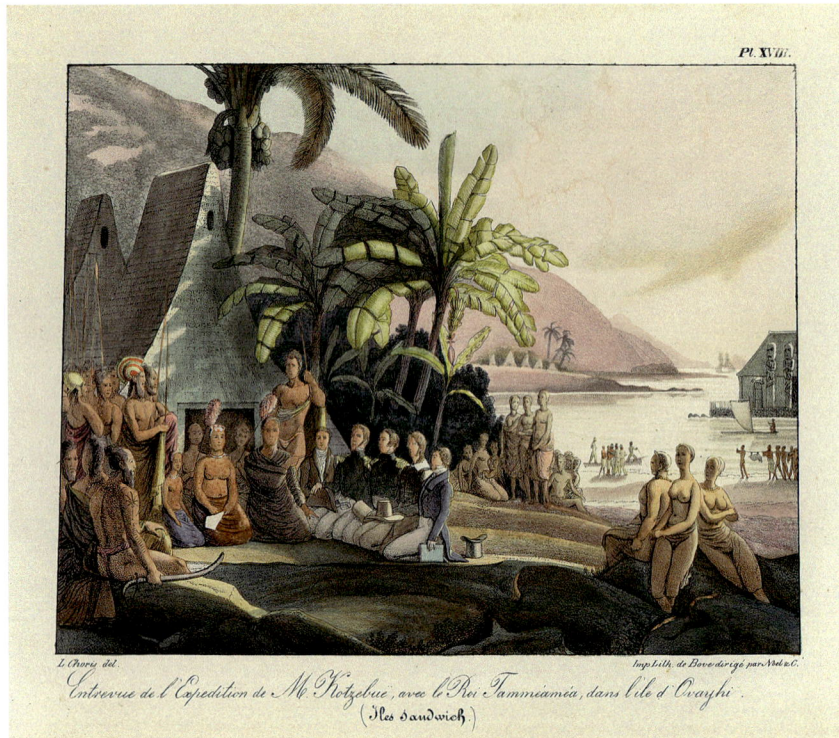

3 Zusammenkunft
von Männern der Kot-
zebue-Expedition
mit dem König
Tameiameia auf
O-Waihi, Lithografie
von Luis Choris.

reise strikt zu vermeiden. Drei Jahre auf dem Meer, in beengtesten Verhältnissen lebend, ohne eigene Kajüte, unermüdlich sammelnd und beobachtend, mühsam um Zeit für seine Forschungen und Speicherraum für seine Sammlungen kämpfend, den Elementen und der Willkür eines grämlichen Kapitäns preisgegeben, mit unendlicher Neugier und Unvoreingenommenheit fremden Kulturen von Brasilien bis Kamtschatka, von den Osterinseln bis Alaska, von Hawaii bis Manila begegnend und von ihnen lernend, kritisch gegenüber allen Kolonisierungs- und Missionierungsstrategien und immer auf der Seite derjenigen, die ‚Wilde‘ zu nennen er sich weigerte, vor allem aber „begierig in den Kampf mit der geliebten Natur zu treten, ihr ihre Geheimnisse abzuringen“[13]: So setzte Adelbert von Chamisso in seiner Weltreise zwischen Pol und Äquator, zwischen dem Meeresboden und dem Krater eines Vulkans das Programm empirischer Welterkundung um, das er für Peter Schlemihl konzipiert hatte: „Erfahrungen mit Erfahrungen vergleichend“.

Mit äußerster Energie und Zielstrebigkeit hat Adelbert von Chamisso nach seiner Rückkehr nach Berlin, den ephemeren Ruhm des Weltreisenden durch die Publikation seiner Forschungsergebnisse auf Dauer stellend, seinem Leben eine Wendung zu geben vermocht. Im Jahre 1819 erhielt er den Doktorgrad der Berliner Universität für seine in der Wissenschaftssprache Latein verfasste und mit eigenhändigen kolorierten Zeichnungen versehene Abhandlung *De animalibus quibusdam e classe vermium Lin-*

geglaubt in meiner Reise und in meinen früheren Versuchen meinen Beruf zu erkennen, meine letzte Kraft daran zu setzen, dieses Feld der Sprachforschung urbar zu machen. Ich habe unternommen, aus den mir vorliegenden Büchern die hawaiihische Sprache zu erlernen. Ich habe mir vorgesetzt, eine Grammatik und ein Wörterbuch derselben zu verfassen.[24]

So heißt es zu Beginn seiner Abhandlung *Über die Hawaiische Sprache*, die Chamisso schon im Januar 1837 der Akademie vorlegte und deren im selben Jahr erschienene Druckfassung die Grammatik enthält. Im März 1838 folgte der Rechenschaftsbericht zu seinen Arbeiten am Wörterbuch der hawaiischen Sprache. Wenige Monate später starb der seit langem kränkelnde Adelbert von Chamisso im Alter von 57 Jahren. Dutzende von Pflanzen und Tieren aus aller Welt und ein verfluchtes Felsennest tragen den Namen dieses großen Naturforschers.[25]

„Ungeachtet meiner Dichterei, die nicht da gilt", war Chamissos Wahl in die Akademie erfolgt. Als Dichter war Chamisso bis weit in die 1820er Jahre hinein ein *homo unius libri*: der Verfasser des 1814 erschienenen *Peter Schlemihl*. Er hatte aber gleich nach seiner Rückkehr von der Weltreise die Gewohnheit seiner Jugendjahre, Gedichte zu schreiben, wieder aufgenommen; seit 1819 trug er sie in der Reihenfolge ihrer Entstehung in seine eigens dafür angelegten *Poetischen Hausbücher* ein. Die Öffentlichkeit bekam davon erst etwas mit, als Chamisso sich 1827 dazu entschloss, im Anhang zur zweiten Auflage des *Peter Schlemihl* einige seiner Lieder und Balladen zu veröffentlichen. Sie fanden eine so positive Aufnahme, dass Chamisso, durch den Erfolg Zutrauen zu seinen dichterischen Fähigkeiten gewinnend, rasch eine erstaunliche poetische Produktivität entfaltete. Die 1831 erschienene erste Ausgabe seiner *Gedichte* ließ Adelbert von Chamisso zu einem der populärsten Lyriker des 19. Jahrhunderts werden; die schon 1837 – als letzte zu Chamissos Lebzeiten – erschienene vierte Auflage umfasst bereits nahezu 600 Seiten. Nach Chamissos Tod wurden seine Gedichte in zahllosen Auflagen und Ausgaben verbreitet; noch in den frühen Jahren der Bundesrepublik Deutschland gab es kaum ein Lesebuch, in dem nicht Balladen wie *Die Sonne bringt es an den Tag* und *Das Riesenspielzeug* standen. Warum dieser ungeheure Erfolg des Lyrikers Chamisso, der historisch zunächst ein wenig ortlos zwischen Spätromantik und Biedermeierzeit zu schweben scheint? In Chamissos Gedichten kommen Qualitäten zusammen, die in dieser Zeit, aber auch später in der deutschen Lyrik nicht eben häufig sind: der präzise Wirklichkeitssinn des Naturwissenschaftlers, die Weltkenntnis und Realitätstüchtigkeit des Weltreisenden, die politisch liberale Haltung des Kosmopoliten, der die sozialen Probleme seiner Zeit nüchtern und illusionslos beurteilt, und der eminente Sprachwitz eines Mannes, der in vielen Sprachen zu Haus war, dies alles verbunden mit dem Formbewusstsein eines Schülers der Kunstperiode und der unerschöpflichen Einbildungskraft eines Romantikers. Der thematische und formale Variationsreichtum seiner Gedichte ist staunenswert, die Virtuosität und Leichtigkeit, womit er die Töne wechselt, sind bezaubernd. Vor allem aber ist Adelbert von Chamisso als Lyriker einer der ganz großen Erzähler der deutschen Literatur; er entwickelt in seinen Liedern, Balladen und Terzinengedichten eine immer wieder beeindruckende Kunst der erzählerischen Verdichtung, des Spannungsaufbaus und der Pointierung – gleichgültig, ob er von Lord Byrons letzter Liebe oder vom Korsen Mateo Falcone, von einer nach der Maxime „Ich weiß mir Beßres nichts auf dieser Welt, | Als Gift und Geld"[26] lebenden und handelnden Giftmischerin oder in dem durch Robert Schumanns Vertonung berühmt gewordenen Zyklus *Frauen-Liebe und Leben* von einem biedermeierlichen Musterfrauenleben erzählt. In seinen Gedichten konnte Chamisso seiner unerschöpflichen Phantasie freien Lauf lassen, die er konsequent aus seinem auf Erfahrung und Beobachtung gegründeten wissenschaftlichen Werk ausgeschlossen hatte.

Zu den vielen Verehrern des Lyrikers Adelbert von Chamisso gehörte offenbar auch Karl Ernst von Baer. Ans Ende seiner 1864 entstandenen Autobiografie hat er Verse Chamissos gesetzt:

> Ich bin schon alt, es mahnt der Zeiten Lauf
> Mich oft an längst geschehene Geschichten,
> Und die erzähl' ich, horcht auch niemand drauf.[27]

Und in seinen Kindheitserinnerungen zitiert Baer drei Verse aus Chamissos Gedicht *Es ist nur so der Lauf der Welt*, in denen der Dichter ironisch über die Mühen des Lesenlernens schreibt, womit der Musterschüler Baer natürlich keine Probleme hatte.[28] Keinem anderen Dichter ist in Baers Autobiografie eine ähnliche Würdigung zuteil geworden wie Chamisso; kein Vers Goethes, Schillers oder gar Heines hat Eingang gefunden in diesen spröden Lebensbericht eines Naturforschers, der sich auf seine Bildungsgeschichte und auf seine wissenschaftliche Laufbahn konzentrieren wollte und ausdrücklich die Auffassung vertrat, dass „Innerlichkeiten" in einer Biografie nichts zu suchen haben und „am besten mit uns ins Grab steigen"[29]. Allerdings legte der große Gelehrte einigen Wert darauf, auf den letzten Seiten seiner Autobiografie auch seine poetische Empfänglichkeit zu betonen und seine gute Kenntnis der großen Autoren der deutschen und der englischen Literatur hervorzuheben; zudem machte er Anspruch darauf, dass es ihm, dem Mann des Mikroskops, an Einbildungskraft keineswegs gemangelt habe: „Auch habe ich im Leben mehr Ursache zu haben geglaubt, über zu grosse Regsamkeit als über Trägheit der Phantasie zu klagen."[30] Der Leser seiner Selbstbiografie spürt wenig davon, und so ist es denn umso bemerkenswerter, dass Baer seinen Lebensbericht von Zitaten eines Dichters umrahmen ließ, der wie er ein großer Naturwissenschaftler war und dennoch in seinen poetischen Texten Wunder der Einbildungskraft zu entfalten vermochte.

Karl Ernst von Baer wurde am 13. Februar 1834 – ein Jahr vor der Wahl Adelbert von Chamissos – zum Korrespondierenden Mitglied der Preußischen Akademie der Wissenschaften gewählt. In seiner Selbstbiografie erwähnt er, der Vielgeehrte, den zahlreiche „in- und ausländische Gesellschaften"[31] zu ihrem Mitglied ernannt hatten, diese Tatsache schon deshalb nicht, weil er, den bereits im Jahre 1828 die Kaiserliche Akademie der Wissenschaften in St. Petersburg zu ihrem Ordentlichen Mitglied gewählt hatte, im selben Jahr 1834 nach der Ablehnung eines Rufs nach Halle endgültig in den Dienst der St. Petersburger Akademie trat und damit nach siebzehnjähriger Lehrtätigkeit in Königsberg den preußischen Staatsdienst verließ; die Wahl zum Mitglied der Berliner Akademie erfolgte also letztlich zu spät. Wir besitzen kein Zeugnis dafür, dass Chamisso und Baer einander jemals persönlich begegnet sind; ausgeschlossen ist dies jedenfalls nicht. Zwar befand sich Chamisso während des Studienaufenthalts, den Baer im Winter 1816/17 an der Berliner Universität vor Antritt seines Amtes als Prosektor in Königsberg verbrachte, auf seiner Weltreise, aber Baer kam im September 1828 wieder nach Berlin, um bei der von Alexander von Humboldt und dem Berliner Zoologen Lichtenstein organisierten Versammlung der Gesellschaft Deutscher Naturforscher und Ärzte seine Entdeckung des Eies der Säugetiere und des Menschen vorzustellen, und im April 1829 und im Juli 1830 war er erneut in Berlin.[32] Es ist also nicht ausgeschlossen, dass Karl Ernst von Baer, der sich aus seinen Studienzeiten ein entschiedenes Interesse an der Botanik bewahrt hatte, und Adelbert von Chamisso sich persönlich kennen gelernt haben. Baers hohe Wertschätzung für den Naturforscher Chamisso gibt exemplarisch seine erst im Jahre 2001 aus dem Nachlass veröffentlichte große Schrift *Materialien zur Kenntniss des unvergänglichen Boden-Eises in Sibirien* zu erkennen, die er in den Jahren 1841/42 niederschrieb und die als Instruktion für die von 1842 bis 1845 von Alexander Theodor von Middendorff durchgeführte Expedition zur Erkundung des Dauerfrostbodens in Ostsibirien gedacht war. In dieser für die Entwicklung der Permafrostforschung richtungsweisenden Schrift beruft sich Baer nicht weniger als zehnmal auf die von Chamisso publizierten Ergebnisse seiner Weltreise; selbst bei der wichtigen terminologischen Unterscheidung zwischen dem geologischen Begriff ‚Boden-Eis' und dem geografischen Begriff ‚Eis-Boden' zieht er Chamisso heran: „Das Wort *Eis-Boden* ist übrigens von *Chamisso* schon gebraucht."[33]

Karl Ernst von Baer (1792–1876) ist eine der beherrschenden Gestalten in der Geschichte der Naturwissenschaften im 19. Jahrhundert und als solche von nicht geringerer Statur als Alexander von Humboldt, der bei aller wissenschaftlichen Wertschätzung immer „eine gewisse Distanz zu seinem Königsberger Kollegen" wahrte,[34] und Charles Darwin, dessen Ruhm heute den seinigen überschattet. Im kritischen Rückblick auf seinen Lebensweg hat Baer einmal bekannt: „Ohne Zweifel habe ich mehr wissenschaftliche Interessen verfolgt, als gut war."[35] Es war gerade diese staunenswerte Breite der wissenschaftlichen Interessen, die ihn, den Mediziner, Botaniker, Zoologen, Physiologen, Embryologen, Anthropologen, Geologen, Geografen, Ethnografen, Arktisforscher, Ichthyologen und Experten fürs Fischereiwesen, mit dem fast eine Generation älteren Humboldt und dem zehn Jahre älteren Chamisso verband; das melancholische Bewusstsein hingegen, dass eine solche Breite der wissenschaftlichen Interessen in einem Zeitalter der raschen disziplinären Ausdifferenzierung und des immer schnelleren Anwachsens der Wissensbestände nicht mehr aufrechterhalten werden konnte, trennte ihn von seiner Vorgängergeneration. Karl Ernst von Baer wurde am 17./28. Februar 1792 auf dem väterlichen Gut Piep in Estland geboren, das rund hundert Kilometer südöstlich von Tallinn, damals Reval, gelegen war.[36] Wenn Baer von seinem Vaterland

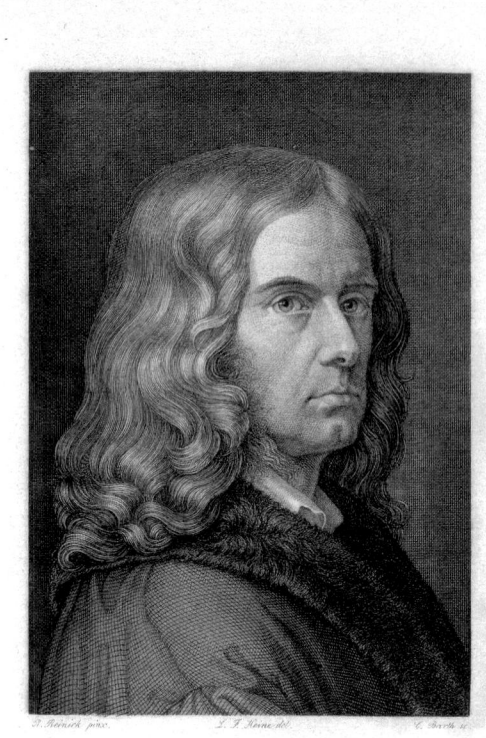

7   Adelbert von
Chamisso, Stahlstich
und Radierung von
R. Reinick, L.F. Heine,
C. Bath.

spricht, so ist damit also immer das Russische Reich gemeint, was wiederum zu erklären hilft, weshalb er, für den Deutsch nicht nur die Muttersprache, sondern auch die
primäre Wissenschaftssprache war, sich in einer Krisenphase seiner Biografie dazu
entschloss, Preußen zu verlassen und an die St. Petersburger Akademie zu wechseln,
die ohnehin von deutschsprachigen Wissenschaftlern dominiert wurde. Nach einer
weitgehend unbeschwert verbrachten Kindheit und der Erziehung durch Hauslehrer,
bei der Baer ein frühes Interesse für Botanik und Medizin ausbildete, bezog er 1807 die
Ritter- und Domschule zu Reval und dann im Jahre 1810 die Universität Dorpat, um
dort Medizin zu studieren. Baer lässt in seiner Lebensdarstellung keinen Zweifel daran,
dass die Entscheidung für den Beruf des Arztes von Anbeginn verfehlt war: „Vor allen
Dingen hatte ich einen Beruf gewählt, die praktische Medicin, dem meine innere
Organisation nicht entsprach, und für welchen ich die rechte Bahn in Dorpat nicht
finden konnte.“[37] Den praktischen Beweis hierfür lieferte im Herbst und Winter
1812/13 sein Einsatz als Hilfsarzt in den Kriegslazaretten vor Riga, wo in der Stadt und
in der russischen Armee der Typhus wütete und Baer einen ernüchternden Einblick in
das katastrophale Missverhältnis zwischen den medizinischen Notwendigkeiten und

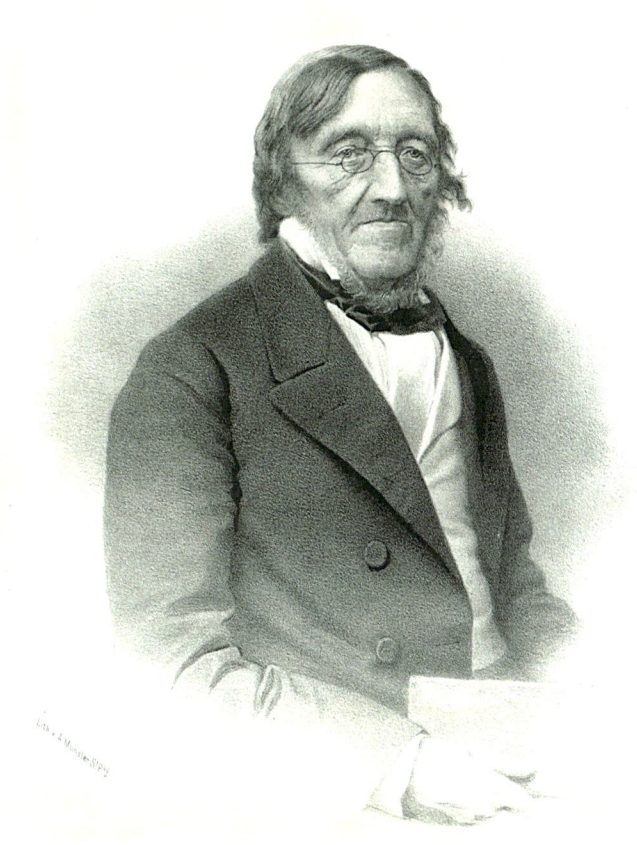

8   Karl Ernst von
Baer, Lithografie von
A. Münster, um 1864.

den medizinischen Möglichkeiten gewann. Als besonders anregend für Baer erwiesen
sich dagegen in Dorpat die Vorlesungen des Professors für Anatomie und Physiologie
Karl Friedrich Burdach, die ihn mit entwicklungsgeschichtlichen Fragestellungen und
Theorien bekannt machten: „Am meisten zog seine ‚Geschichte des Lebens‘, eine Art
Entwickelungsgeschichte an.“[38]

  Die Saat dieser Anregungen ging aber erst nach der mit einer Dissertation über
die Krankheiten der Esten erfolgten Promotion auf, als Baer seine Studien in Wien und
in Deutschland fortzusetzen sich entschlossen hatte. Prägend wurde hierbei das
1815/16 unter der Anleitung von Ignaz Döllinger, den Baer immer als seinen eigentlichen Lehrer empfunden hat, in Würzburg verbrachte Studienjahr, in dem er sich in die
vergleichende Anatomie und damit zugleich in entwicklungsgeschichtliche For-
schungsprobleme einarbeitete. Noch in der seinem Freund Christian Pander, dessen
Würzburger Dissertation *Beiträge zur Entwickelungsgeschichte des Hühnchens im Eye*
(1817) richtungsweisend für die empirische Erforschung der Embryonalentwicklung
wurde, zugeeigneten Vorrede zu Baers Hauptwerk *Über Entwickelungsgeschichte der
Thiere* (1828) erinnert er sich dankbar an die gemeinsame „glückliche Zeit“ bei „mei-

nem Herrn und Meister *Döllinger*"[39]. Das sich anschließende Studienjahr 1816/17 in Berlin hingegen hat Baer eher als Rückfall ins Medizinstudium und als Ablenkung von seinen in Würzburg ausgebildeten Forschungsinteressen auf den Gebieten der vergleichenden Anatomie und der Entwicklungsgeschichte verstanden. Als ihm deshalb sein ehemaliger Dorpater Lehrer Burdach, der mittlerweile auf eine Professur für Physiologie an der Universität Königsberg berufen worden war, 1817 die Stelle eines Prosektors anbot, erkannte Baer dies als eine Möglichkeit, an einer Universität seine entwicklungsgeschichtlichen Untersuchungen fortzusetzen. Schon 1819 wurde er in Königsberg zum außerordentlichen Professor der Zoologie ernannt. Aus der noch im selben Jahr mit der für Baer charakteristischen Zielstrebigkeit geschlossenen Ehe mit Auguste von Medem gingen sechs Kinder hervor. Unverzüglich und mit ganzer Energie machte Baer sich an den Aufbau eines Zoologischen Museums, zu dessen Direktor er 1821 ernannt wurde. 1822 dann erfolgte die Ernennung zum ordentlichen Professor für Naturgeschichte und Zoologie; damals war er dreißig Jahre alt – ein Alter, in dem Chamisso noch nicht einmal sein Studium aufgenommen hatte. Baers Professur war zwar der Medizinischen Fakultät zugeordnet, aber ihre Denomination zeigt, dass der Naturforscher nun die ungeliebte Medizin ganz hinter sich gebracht hatte und sich auch *ex officio* seinen Forschungen zur vergleichenden Anatomie, zur Zoologie und zur Embryologie widmen konnte. Eines von Baers großen Zielen bestand dabei von Anbeginn in der „Auffindung des Eies bei Säugethieren und des Menschen"[40], um so die seit Jahrhunderten diskutierten Probleme der Zeugungslehre und der Embryologie ihrer entscheidenden wissenschaftlichen Klärung zuführen zu können.[41]

In seiner Selbstbiografie hat Baer eindringlich beschrieben, aufgrund welcher Vorüberlegungen und Untersuchungsreihen er im Jahre 1827 zur Auffindung des Eies bei einer Hündin gelangte. Er hatte sich dazu entschlossen, systematisch immer frühere Entwicklungsstufen des Embryos bei Hunden zu untersuchen: „So wurde ich fast mit Gewalt zur Auffindung des Eies, wie es vor der Befruchtung im Eierstocke liegt, geführt, obgleich ich von diesem letzten Ziele anzufangen gar nicht den Muth gehabt hatte."[42] Die eigentliche Entdeckung dann inszenierte Baer als den dramatischen Höhepunkt seiner Lebensgeschichte mit der Plötzlichkeitsmetaphorik pietistischer Erweckungserlebnisse:

> Sonderbar! dachte ich, was muss das seyn? Ich öffnete ein Bläschen und hob vorsichtig das Fleckchen mit dem Messer in ein mit Wasser gefülltes Uhrglas, das ich unter das Mikroskop brachte. Als ich in dieses einen Blick geworfen hatte, fuhr ich, wie vom Blitze getroffen, zurück, denn ich sah deutlich eine sehr kleine, scharf ausgebildete gelbe Dotterkugel. Ich musste mich erholen, ehe ich den Muth hatte, wieder hinzusehen, da ich besorgte, ein Phantom habe mich betrogen. Es scheint sonderbar, dass ein Anblick, den man erwartet und ersehnt hat, erschrecken kann, wenn er da ist. Allerdings war aber doch etwas unerwartetes dabei. Ich hatte mir nicht gedacht, dass der Inhalt des Eies der Säugethiere dem Dotter der Vögel so ähnlich sehen würde.[43]

Die nächsten Schritte beschrieb Baer dann freilich mit der Gemütsruhe des langjährigen Anatomen: „Natürlich suchte ich das Ei nun auch in andern Säugethieren und im
menschlichen Weibe auf."[44] Dabei ließ er in seiner Selbstbiografie unerwähnt, dass er
sein Untersuchungsmaterial „jungen Suizidentinnen" entnahm, „bei denen ihm über
vorausgegangenen Geschlechtsverkehr berichtet wurde",[45] weil er nach wie vor irrtüm-
lich der traditionellen Auffassung anhing, dass beim Menschen die Ovulation nur nach
vorhergehendem Koitus möglich sei.[46]

Baer entschloss sich dazu, seine bahnbrechende Entdeckung unverzüglich in
Form eines an die Akademie der Wissenschaften zu St. Petersburg, die ihn Ende 1826
zu ihrem Korrespondierenden Mitglied gewählt hatte, gerichteten lateinischen Send-
schreibens mit dem Titel *De ovi mammalium et hominis genesi* zu publizieren. Im September 1828 führte er seine Entdeckung bei der Berliner Versammlung der Gesellschaft
der Deutschen Naturforscher und Ärzte wiederum anhand der Sektion einer Hündin

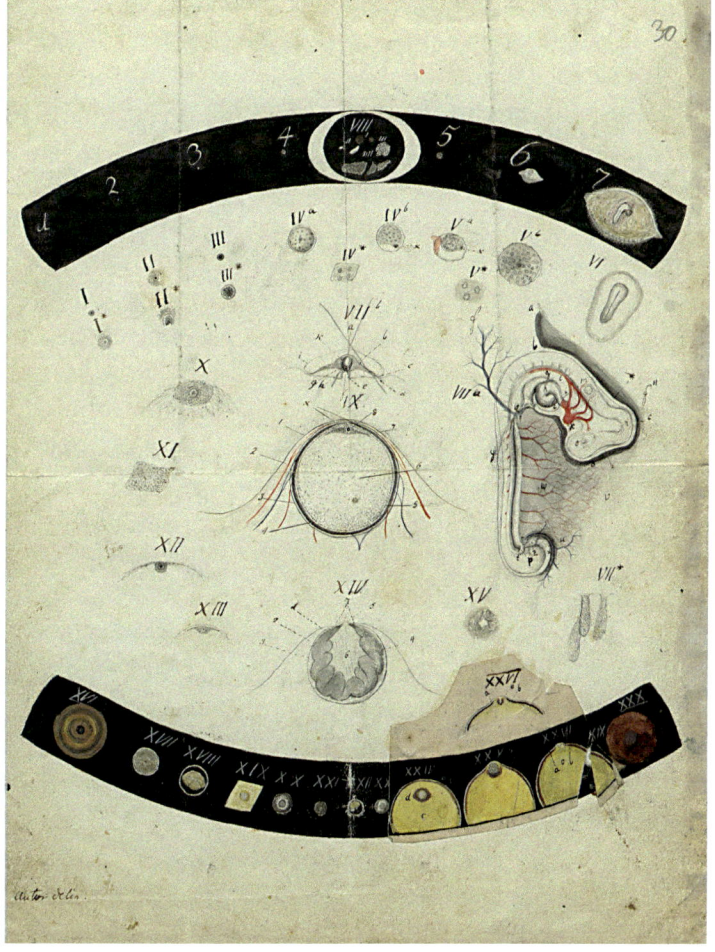

9   Zeichnung Karl
Ernst von Baers für die
Tafel von *De ovi mam-
malium et hominis
genesi*, Leipzig, 1827.

vor. Baer, der sich immer darüber im Klaren war, dass seine Position in der Geschichte der Naturwissenschaften auf dieser Entdeckung und seinen embryologischen Forschungen beruhte,[47] hat sich später enttäuscht über die geringe Resonanz seiner Schrift und der Berliner Demonstration unter den Fachgenossen beklagt. Die jüngere wissenschaftsgeschichtliche Forschung hat diese negative Einschätzung des empfindlichen Gelehrten allerdings deutlich relativiert, andererseits aber auch darauf hingewiesen, dass Baer selbst mit seiner „vertrackten und fehlerhaften Terminologie" eine angemessene Würdigung seiner Entdeckung behindert habe.[48] Zu den terminologischen Problemen bei der heutigen Rezeption seiner Schriften gehört es auch, dass es zum Zeitpunkt von Baers Entdeckung eine Theorie der zellulären Organisation der Organismen noch nicht gab, weshalb er dort, wo heute von der Eizelle gesprochen wird, vom menschlichen Ei redet.[49] Es stellt im Übrigen Baers Rang auch als Wissenschaftsorganisator und -planer (der sich freilich ganz erst in St. Petersburg zu entfalten vermochte) unter Beweis, dass er in Königsberg ein embryologisches Institut zu gründen versuchte, um seine Forschungen auf eine breitere Grundlage stellen zu können; diese Pläne zerschlugen sich, obgleich Baer nicht müde wurde, auf den Nutzen seiner physiologischen Forschungen für die Humanmedizin hinzuweisen.[50]

Spätestens seit dem Erscheinen des ersten Bandes seines monumental angelegten Hauptwerks *Über Entwickelungsgeschichte der Thiere. Beobachtung und Reflexion* im Jahre 1828, dem Ergebnis über acht Jahre sich erstreckender Forschungen, war der europäische Ruhm des nun 36-Jährigen, der führende Embryologe seiner Zeit zu sein, unangefochten; mit dem Erscheinen des zweiten Bandes, in dem er seine Untersuchungen auf die Fische und die Säugetiere ausweitete, im Jahre 1837 wurde dieser Ruhm nachdrücklich befestigt. Wie der Untertitel des Werks zeigt, erschöpfte sich Baers wissenschaftlicher Ehrgeiz keineswegs in der empirischen Forschung; es ging ihm zugleich immer darum, in der Fülle der Einzelheiten die leitenden Prinzipien und die umfassenden Gesetzmäßigkeiten zu erkennen und damit die Gesetze der organischen Bildung insgesamt zu erfassen. So beschreibt Baers embryologisches Gesetz die Embryonalentwicklung „als Vorgang zunehmender Differenzierung vom Homogenen zum Heterogenen: Immer mehr Merkmale treten in der Ontogenese auf, nach ihrer (taxonomischen) Wichtigkeit geordnet. Je jünger und weniger entwickelt Embryonen sind, desto weniger Unterschiede zwischen den Spezies zeigen sie. Der Embryo ist aber von Anfang an durch diese Merkmale auf seinen Typus festgelegt."[51] Dies Gesetz gibt bereits Baers teleologisches Denken zu erkennen; es durchzieht als Konstante sein gesamtes Werk, das von der Auffassung getragen ist, dass die organische Entwicklung ihr letztes Ziel im Menschen findet: „Die gesamte Thierwelt hat aber ihr letztes Ziel im Menschen, so sehr auch jedes Thier des eigenen Daseins sich erfreut und dasselbe zu erhalten strebt"[52] – also als Organismus ein Ziel für sich selbst ist und zugleich sein Ziel im Menschen hat.

Über die Gründe, weshalb Baer seine erfolgreichen embryologischen Forschungen in Königsberg nicht fortsetzte, einen 1834 erfolgten Ruf nach Halle ausschlug und im Dezember 1834 endgültig als Zoologe an die St. Petersburger Akademie (wo er bereits 1829/30 ein ihn wenig befriedigendes Intermezzo absolviert hatte) wechselte, lässt sich letzte Klarheit nicht mehr herstellen.[53] Für die weitere Entwicklung der physiologischen Forschung in Preußen war Baers Weggang jedenfalls ein herber Verlust. Auf der anderen Seite waren allerdings auch die institutionellen Um- und Eingewöhnungsschwierigkeiten an der St. Petersburger Akademie für den an selbstbestimmtes Arbeiten gewöhnten Gelehrten nicht unbeträchtlich, und seiner vielköpfigen Familie, insbesondere seiner Frau, fiel der Umzug von Preußen nach Russland ganz und gar nicht leicht. Die Voraussetzungen für eine bruchlose Fortsetzung von Baers embryologischen und zoologischen Forschungen waren bis in die bibliothekarische Ausstattung hinein in St. Petersburg nicht gegeben. Zwar hat Baer auch als Mitglied der St. Petersburger Akademie seine entwicklungsgeschichtlichen Forschungen mit nie nachlassendem Interesse fortgesetzt – so unternahm er 1845 und 1846/47 eigens ausgedehnte Reisen an die Adria, insbesondere nach Triest, um dort seine embryologischen Studien vor allem an Seeigeln durchzuführen –, doch standen sie nach 1834 nicht mehr im Zentrum seiner vielseitigen wissenschaftlichen Aktivitäten. Der große Zoologe und Physiologe entwickelte sich in St. Petersburg vielmehr zu einem der führenden Geografen seiner Epoche; schon im April 1839 ernannte ihn die Gesellschaft für Erdkunde zu Berlin zu ihrem Ehrenmitglied, im März 1845 folgte dann die Royal Geographical Society of London, und noch im selben Jahr 1845 gründete Baer die Russische Geografische Gesellschaft. Dabei verbanden sich Baers geografische Forschungsfragen immer aufs Engste mit seinen botanischen und zoologischen Interessen. So ließ er sich, als er im Jahr 1837 seine erste von der Akademie finanzierte Forschungsreise zur Doppelinsel Nowaja Semlja im Nördlichen Eismeer unternahm, von der Frage leiten, was unter derart extremen Temperaturbedingungen und „mit so geringen Mitteln die Natur an Lebensprocessen produciren könne"[54] – ein Forschungsinteresse, das sich auf vielfache Weise mit demjenigen des Embryologen an den Ursprüngen des Lebens berührte. Und auch Baers zahlreiche im offiziellen Auftrag unternommene Reisen zum Kaspischen Meer, zum Peipussee oder auf der Wolga zur Erkundung von Fischfang und Fischzucht verbanden sich dicht mit seinem Interesse an Zeugungslehre und Embryologie.[55] Dabei dürfte ihn gerade sein teleologisches Denken, das ihn die Natur als Einheit wahrnehmen ließ, davor bewahrt haben, die Verlagerung seiner Forschungsaktivitäten von der Physiologie auf die Geografie als lebensgeschichtlichen Bruch wahrzunehmen.

Viel stärker als die Veränderung seiner disziplinären Ausrichtung hat er deshalb den mit ihr verbundenen Bruch in seiner Lebensweise empfunden. Im Rückblick auf sein Leben hat er zugestanden, „dass ich intensiver am Ausbau der Wissenschaften gewirkt hätte, wenn ich in Königsberg geblieben wäre, da ich mich mitten unter den Ringenden fühlte, allein ich kann nicht zweifeln, dass ich früher ins Invaliden-Corps mich versetzt hätte, wenn nicht weiter." Gemeint ist damit, dass „die völlig sedentäre Lebensart"[56] Baers in Königsberg seine Gesundheit gründlich untergraben hatte. In St. Petersburg aber kurierte der unermüdliche Wissenschaftler sich selbst dadurch, dass er zu einem rastlos Reisenden wurde. So stellt sich Baers Lebenslauf geradezu als die Umkehrung desjenigen von Chamisso dar: Während der Weltreisende nach seiner

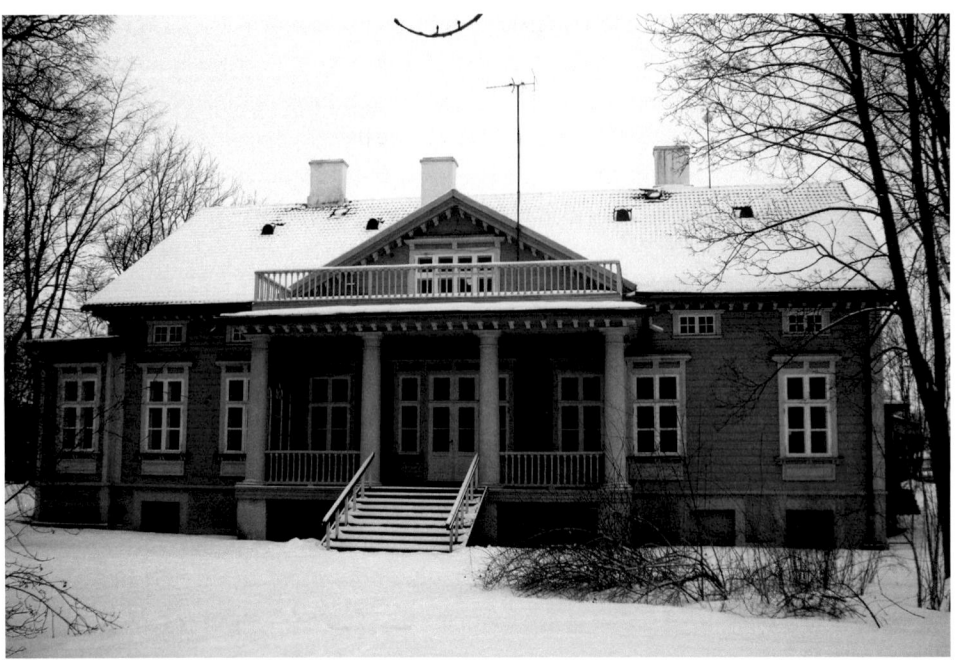

10   Karl Ernst von
Baers Wohn- und
Sterbehaus in Tartu,
Estland.

Heirat im Alter von 38 Jahren seinen lebensgeschichtlichen Ehrgeiz dareinsetzte, Berlin so wenig wie möglich zu verlassen, machte Baer im Alter von 42 Jahren seinem
stationären Dasein ein Ende und reiste, wann immer sich eine Möglichkeit dazu bot: so
oft wie möglich, so weit wie möglich, so lange wie möglich. Als der schwedische Anatom und Anthropologe Anders Retzius im August 1852 Johannes Müller, der Baer 1834
vergeblich nach Halle zu holen versucht hatte, dessen Grüße nach Berlin übermittelte,
verband er dies mit einem charakteristischen Hinweis auf dessen dynamische Lebensführung: „Der alte Mann ist sehr liebenswürdig geworden. Er reist, um die Fischerei zu
studiren, und Forschläge neuer Fischerei Gesetze für Rußland aufzumachen. Er sagt
daß dieser nur durch unaufhörliche Bewegung und Herumreisen underhalten werden
kann. Sobald er still bleibt, so wird er kränklich.“[57] Nach dieser Maxime hat Baer bis zu
seinem 75. Lebensjahr, als er sich in Dorpat zur Ruhe setzte, gelebt.

Charakteristisch für Baer ist sein Interesse an der anwendungsorientierten Forschung; als er im Jahre 1851/52 auf sechs Reisen im Regierungsauftrag die Fischerei im
Peipussee und an den Küsten der Ostsee erkundete, tat er dies ausdrücklich, „da es
mich interessirte, eine Anwendung der Naturwissenschaft auf das praktische Leben zu
verfolgen“[58]. Charakteristisch für seine wissenschaftliche Produktivität ist des Weiteren, dass er auf all seinen großen Forschungsreisen in Russland – erwähnt seien nur
die vier großen Kaspischen Expeditionen, die ihn von 1853 bis 1857 entlang der Wolga
zum Kaspischen Meer und in den Kaukasus führten, und die Reise des Siebzigjährigen
im Jahre 1862 zum Asowschen Meer, dessen Versandung zu drohen schien – sein Interesse über den jeweils primären Forschungszweck hinaus auf alle naturwissenschaft-

lich, ethnologisch und anthropologisch relevanten Phänomene richtete und seine Ergebnisse und Erkenntnisse in einer nahezu uferlosen Publikationstätigkeit sofort der Öffentlichkeit zugänglich machte. Hatte der „sedentäre" Baer in Königsberg ein embryologisches Gesetz entdeckt, so entdeckte der mobile Baer auf seinen Reisen ein geografisches Gesetz, „wonach die ablenkende Kraft der Erdrotation, die Corioliskraft, dazu führt, dass auf der Nordhalbkugel fließende Flüsse nach rechts, auf der Südhalbkugel nach links abgelenkt werden"[59].

Der im Alter in seiner Sehkraft stark beeinträchtigte Baer zog aus familiären Gründen im Jahr 1867 nach Dorpat, dem heutigen Tartu. Sein repräsentativ mit einem Säulenportikus geschmücktes Haus in der Nähe des Dombergs blieb bis in seine letzten Lebenstage hinein ein Ort wissenschaftlicher Vorträge und der lebendigen Diskussion. In diesem schönen Haus starb Karl Ernst von Baer am 16./28. November 1876 im Alter von 84 Jahren. Wer heute in Tartu auf dem Domberg von der Domruine, die zu Baers Studienzeit die Universitätsbibliothek beherbergte, hinüberwandert zur Sternwarte, kommt dort auf halbem Wege im Park an dem 1886 errichteten Denkmal Karl Ernst von Baers, einer auf hohem Sockel postierten Sitzstatue, vorbei.

Wenn danach gefragt wird, was Adelbert von Chamisso und Karl Ernst von Baer, die beide doch wohl eher Randfiguren in der Geschichte der Berlin-Brandenburgischen Akademie der Wissenschaften sind, miteinander verbindet, sollte eines nicht unerwähnt bleiben: Wie an Adelbert von Chamisso eine im Westen Alaskas gelegene Felseninsel erinnert, so trägt seit 1845 eine Insel im Golf von Tajmyr, der nördlichsten Halbinsel des asiatischen Festlandes, den Namen Karl Ernst von Baers: Baer-Insel (russ. Ostrov Béra). Unwirtlichere Erinnerungsorte sind allerdings schwer vorstellbar.

Jacob Grimm

Wilhelm Grimm

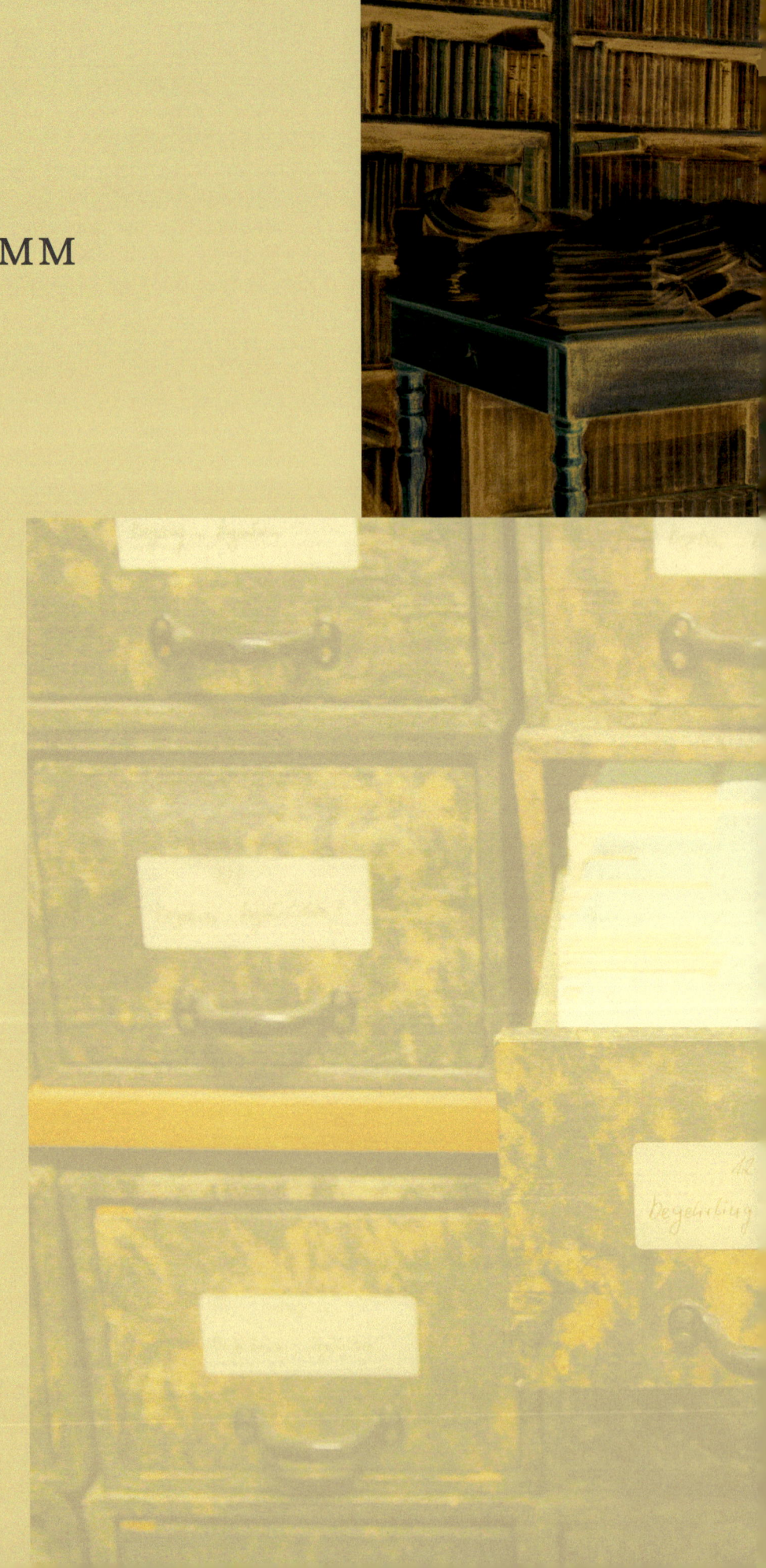

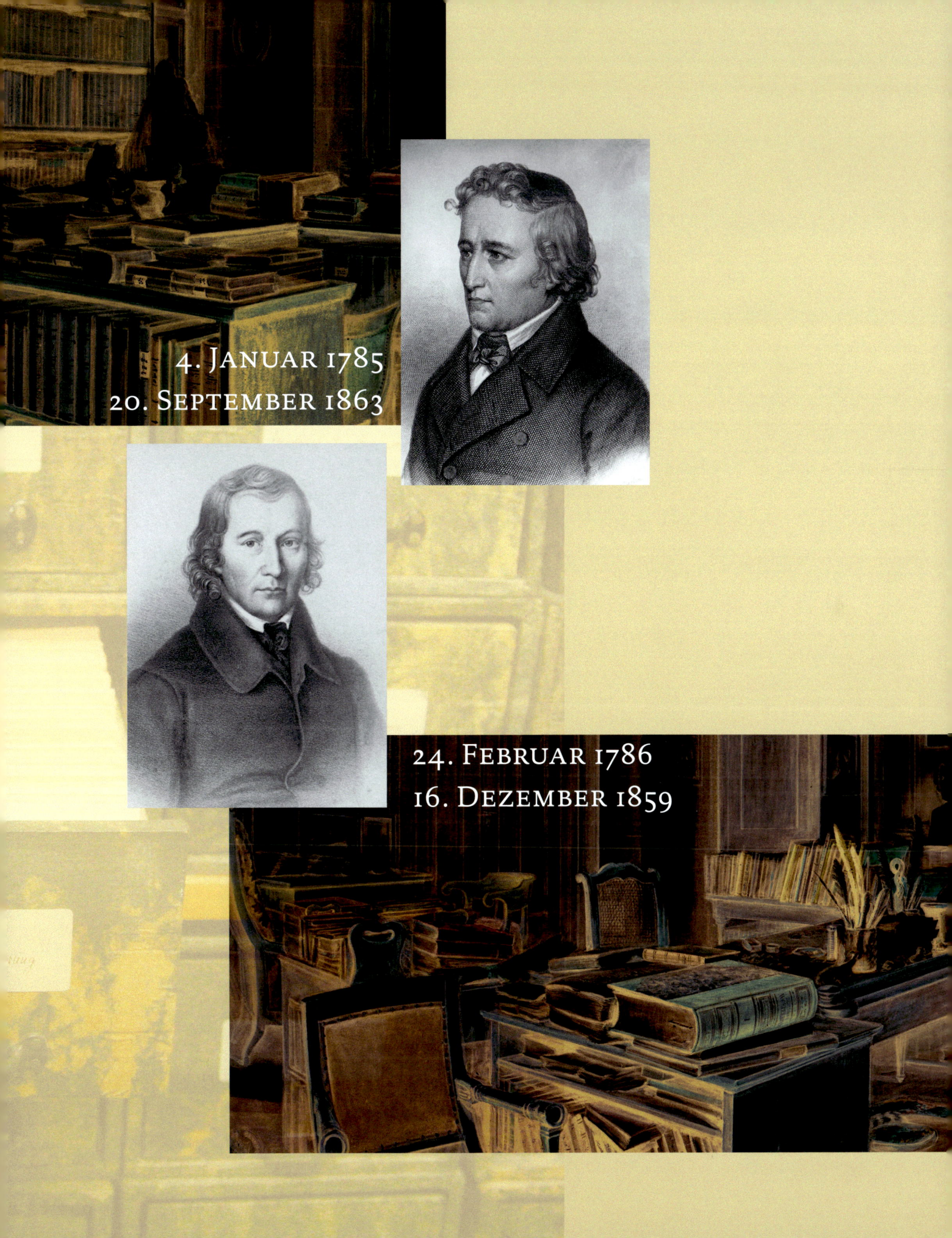

4. Januar 1785
20. September 1863

24. Februar 1786
16. Dezember 1859

S. 166/167

1 Jacob Grimm, 1830.
2 Wilhelm Grimm, Lithografie.
3 Zettelkasten der Brüder Grimm.
4 Arbeitszimmer von Jacob Grimm, aquarellierte Zeichnung
von Moritz Hoffmann, um 1860.
5 Arbeitszimmer von Wilhelm Grimm, aquarellierte Zeichnung
von Moritz Hoffmann, um 1860.

Steffen Martus

Brüderlichkeit als Lebensform

Jacob und Wilhelm Grimm

Für Jacob Grimm war die Akademie der „gipfel aller wissenschaftlichen einrichtungen"[1]. Auf dem Frankfurter Germanistentag des Jahres 1846 verteidigte er in diesem Sinn den „werth der ungenauen wissenschaften" und griff dabei zu drastischen Bildern: „im krieg hat den exacten grundsatz die artillerie zu vertreten, wogegen von der cavallerie nicht verlangt wird, es mit dem einhauen, wenn sie dazu kommt, genau zu nehmen"[2] – die „ungenauen Wissenschaften" also als Kavallerie des Wissenschaftsbetriebs, die einfach munter drauflosschlägt? Wie so oft hat Jacob Grimm seine Metaphern nicht unter Kontrolle. Am Beispiel der Geisteswissenschaften entwickelte er jedenfalls das Profil von moderner Forschung überhaupt, weil er „fehler und schwächen" als Faktoren von kreativen Prozessen begriff.[3] Den Ort für diesen Typus von moderner, offener, riskanter Forschung fand er in der Akademie.

Auch Wilhelm Grimm verteidigte auf dem Germanistentag die ‚Ungenauigkeit'. In seinem *Bericht über das Deutsche Wörterbuch* situierte er dieses überlebensgroße Projekt an der Akademie, weil diese Institutionen einen Sinn für alle jene Grauzonen, für das Ungefähre und Vorläufige ausbilde, die kulturelle Prozesse bestimmten.[4] So war es weit mehr als eine Floskel, wenn er in seiner Antrittsrede in der Akademie (1841) um „Theilnahme" am *Deutschen Wörterbuch* bat. An diesem Ort dürfe er ein Verständnis dafür voraussetzen, dass wirkliche Forschungsfragen nicht individuell gelöst werden könnten, dass Zeit in der Wissenschaft eine entscheidende Rolle spiele und daher die Akademie die Geschichtszeugnisse verwalte, und zwar mit einem großen Gespür für die Unwägbarkeiten der Gegenwart und im Blick auf eine ungewisse Zukunft.[5]

Jacob und Wilhelm Grimm waren aus dieser Perspektive geradezu wesentlich ‚Akademiker'. So erscheint es konsequent, dass sie die letzte Station ihres Lebens 1841 nach Berlin und an die Akademie der Wissenschaften führte. Der Weg in die preußische Metropole verlief für die Grimms indes alles andere als geradlinig, sondern zufällig, ungewollt und aufs Engste verbunden mit den politischen Umbrüchen und Enttäuschungen ihrer Zeit. Zudem setzten die beiden Brüder zwar immer wieder auf kooperative Forschungsprojekte, verteidigten jedoch stets die Eigensinnigkeit der Forscherpersönlichkeit: An der Akademie schätzten sie das intellektuelle Wagnis sowie die Rücksichtslosigkeit, mit der Wissenschaft dort betrieben werden durfte. Daher ist ein Doppelporträt der Brüder Grimm die angemessene Form, um sie als ‚Akademiker‘ zu betrachten: Für Jacob und Wilhelm Grimm war die Akademie der Wissenschaften gleichsam die institutionelle Gestalt von Brüderlichkeit als Lebensform.

„IHRER WECHSELSEITIGEN LIEBE ZUM TROTZ, FREI UND UNABHÄNGIG": DIE BRÜDER GRIMM

Am 5. Juli 1860 hielt Jacob Grimm vor der Akademie der Wissenschaften seine *Rede auf Wilhelm Grimm*. Der Sitzungstag war schon fortgeschritten, als Jacob Grimm ans Pult der Akademie trat. Wie so oft fühlte er sich vor Publikum zunächst nicht wirklich wohl. Der Sechsundsiebzigjährige hielt die Blätter ins Licht des Fensters, um seine Handschrift zu entziffern. Das weiße Haar, so berichtete ein Zeuge, habe sanft im Dämmerlicht geschimmert. Jacob Grimms Stimme klang anfangs ein wenig heiser, leicht gebrochen. Schließlich kam seine Rede in Fluss.[6] Was dann folgte, war eine der wohl seltsamsten Liebeserklärungen der Akademiegeschichte, eine Liebeserklärung ganz eigener Art: mit vielen kritischen Tönen, durchaus egozentrisch, vielfach von der Person des Betrauerten abschweifend zu allgemeineren Fragen der Wissenschaftstheorie. Jacob Grimm verlas eine Grundsatzerklärung: über sein Leben, über sein Verhältnis zu seinem Bruder Wilhelm, über seine politischen Vorstellungen und über seine Vision von Forschung. War die Akademie dafür der richtige Ort?

Wilhelm Grimm war im Winter des Vorjahres von einem Kuraufenthalt krank nach Berlin zurückgekehrt. Am Morgen des 15. Dezember hatte er noch seine künftigen Projekte bedacht und sich auf seinen Vortrag in der Akademie über *Bruchstücke aus einem unbekannten Gedicht vom Rosengarten* vorbereitet. Überraschend war sein Zustand dann immer schlechter geworden.[7] In der Nacht auf den 16. Dezember fieberte er. Jacob Grimm saß am Bettrand, unbeweglich, sein Ohr zum Mund des Bruders geneigt, um dessen „Irrreden" zu lauschen, die von wissenschaftlichen Fragen zu politischen schweiften und sich dann wieder in Erinnerungen oder im launigen Konversationston verloren. Es schien, als spielte der Sterbende noch einmal das Repertoire der Themen durch, die ihn sein Leben lang beschäftigt hatten. Noch zwei Stunden vor seinem Tod, so berichtete Rudolf Grimm, habe sein Vater im österreichischen Dialekt eine seiner Lieblingsgeschichten erzählt und selbst darüber gelacht – „wir aber nicht …".[8] Am 16. Dezember um 15 Uhr starb Wilhelm Grimm.

Die *Kasseler Zeitung* berichtete, wie Jacob verzweifelt, sprachlos und stumm im leeren Zimmer seines toten Bruders herumgeirrt sei. Nichts davon entspreche den Tatsachen, stellte dagegen Herman Grimm richtig. Gefasst sei sein Onkel gewesen, habe den toten Bruder immer wieder genau betrachtet.[9] An den eifrigen Wörterbuch-Mitarbeiter Karl Weigand schrieb Jacob Grimm am 17. Dezember 1859: „gestern den 16 um 3 uhr nachmittag ist Wilhelm, die hälfte von mir gestorben" – und in seiner unnachahmlichen Art fügt er hinzu: „wunderbar, dasz er grade den buchstaben *D* vollendet

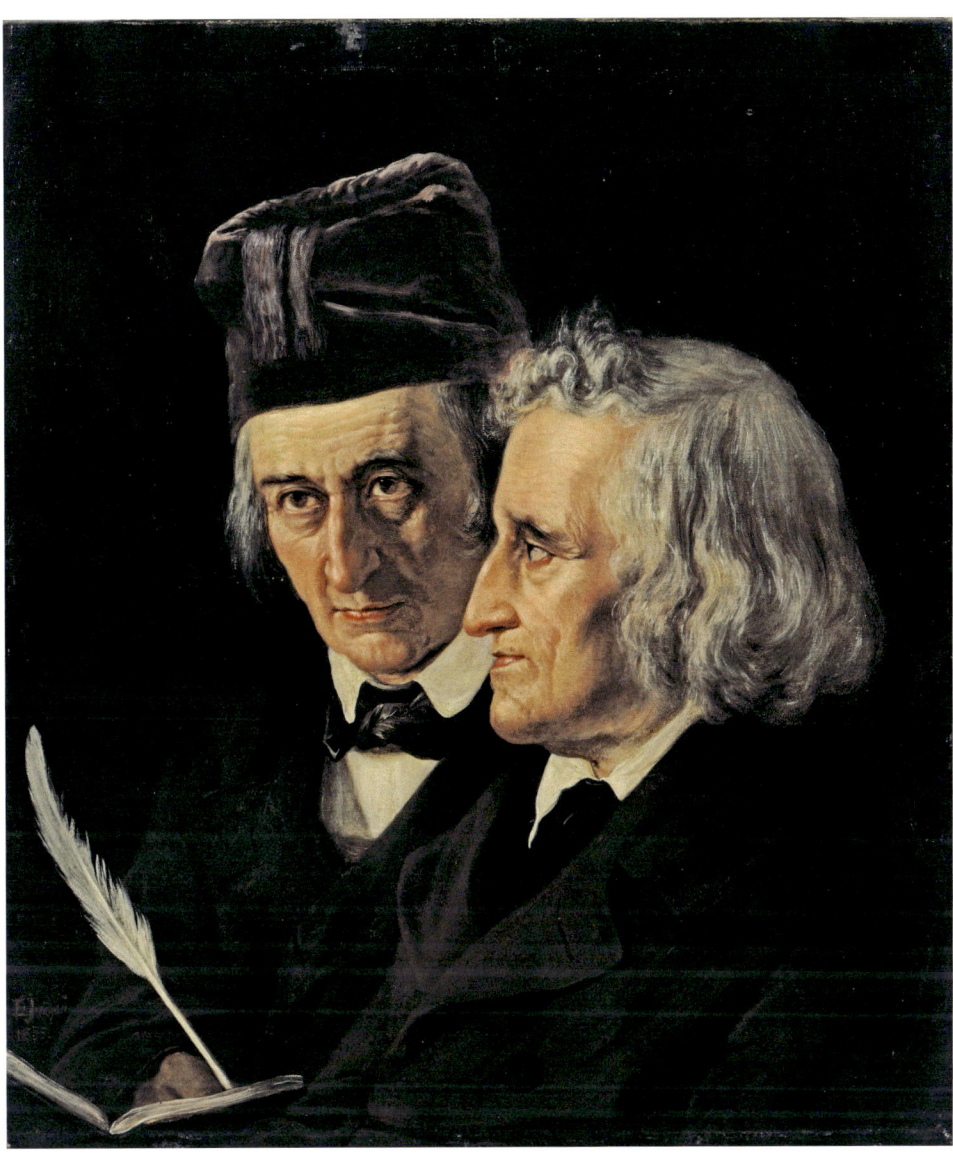

1   Doppelporträt der
Brüder Jacob und
Wilhelm Grimm,
Gemälde von Elisabeth
Jerichau-Baumann, Öl
auf Leinwand, 1855.

hatte und nur correcturen zurück sind"[10]. Tatsächlich hatte Jacobs „hälfte" kurz vor
dem Tod ihren Part beim *Deutschen Wörterbuch* perfekt zu Ende gespielt. Das Drehbuch dieses Lebens war offenkundig von einem Gott der Philologen verfasst worden.

Jacob Grimm musste sich in seinem Leben neu orientieren. Sein Bruder, der
Lebensgefährte, der Gesprächspartner und Mitarbeiter fehlte ihm. Die Rede an der
Akademie der Wissenschaften sollte ihm dabei helfen, diese Situation zu bewältigen.
In seinem Vortrag *Über das Verbrennen der Leichen*, den Jacob Grimm am 29. Novem-
ber 1849 in der Akademie gehalten hatte, bemerkte er, dass die Lebenden vor den Toten
„ein grauen" empfänden, „mit dem ausgestoszen letzten athem sind sie uns abge-

schieden und einem fremden unbekannten land anheim gefallen, das alle festhält; der erkaltete leib beginnt sich aus seiner fuge zu lösen und unaufhaltsam zu zerstören". Das Begräbnis sei die letzte Ehre, der letzte Dienst, dessen die Toten „bei der überfart und zur aufnahme in eine andere welt bedürfen"[11]. Aber ganz von selbst lösen sich die Bande zwischen Lebenden und Toten nicht auf.

Als Jacob Grimm im Juli 1860 an das Rednerpult trat, erwartete gewiss keiner im Saal, der den alten Grimm auch nur ein wenig kannte, betulich-besinnliche Worte über dessen toten Bruder. Aber die *Rede auf Wilhelm Grimm* überraschte die Zuhörer dann doch. Denn Jacob Grimm stellte überhaupt nicht das traute Verhältnis zwischen gleichgesinnten Brüdern ins Zentrum seiner Überlegungen, sondern handelte von der brüderlichen Beziehung extrem unterschiedlicher Forscherpersönlichkeiten: Der eine – Wilhelm – sei stets kränklich gewesen, der andere – Jacob – tritt als zäher Arbeiter auf; der eine habe zu Goethe geneigt, der andere sympathisiere mit Schiller; der eine habe für die Vielfalt von Meinungen plädiert, der andere wolle allein Recht behalten; der eine war ein ruhiger, gemächlicher Forscher, den anderen beseele ein fast schon faustischer Entdeckerdrang; der eine war ein Freund geselliger Unterhaltung, der andere schätze die Einsamkeit.

Jacob Grimms Rede bot die finale Sicht auf ein gemeinsames Leben. In den schroffen Gegensätzen passt sie zu einer der testamentarischen Verfügungen aus seinem Nachlass:

Ich will und verordne unverbrüchlich, daß auf Wilhelms und meinem Grabstein nichts anderes gesetzt werde als:

hier liegt	hier liegt
Wilhelm Grimm	Jacob Grimm
geb. 24. Febr. 1786	geb. 4. Jan. 1785
gest. 16. Dez. 1859	gest.

Berlin, 11. Dezember 1862 Jacob Grimm.[12]

Diese Verfügung richtet sich strikt gegen den Erfolgstitel *Brüder Grimm*, den Jacob und Wilhelm nur sehr wenigen ihrer Bücher verliehen. Gegen den Wunsch des Verlegers hatten sie etwa dem Alterswerk und späteren Akademieprojekt *Deutsches Wörterbuch* dieses werbewirksame Autorenlabel verweigert. Auch dieses Werk entstammte laut vertraglich festgelegtem Titelblatt nicht der Feder der *Brüder Grimm*, sondern Jacob Grimms und Wilhelm Grimms. Und dennoch: Man weiß, dass die von Jacob präsentierten Oppositionen so nicht einfach stimmten – wie langweilig wäre dieses eigentümliche Brüderpaar sonst auch gewesen. Wilhelm vertrat viel härter und unnachgiebiger seine Position, etwa gegen Hoffmann von Fallersleben oder Bettine von Arnim, als sein Bruder; Jacob war bei Gelegenheit ein glänzender Unterhalter an geselligen Abenden; beide haben sich der Forschung verschrieben, Wilhelm bis zuletzt, als er seine Arbeit am *Deutschen Wörterbuch* vollbracht und noch für seinen vorletzten Lebenstag einen Auftritt vor der Akademie geplant hatte.

Aber um solche biografischen Momente ging es Jacob Grimm auch gar nicht wirklich. Die Akademie-Rede verfolgte ein grundsätzliches Ziel. Jacob wollte zwei Forschungshaltungen profilieren und zugleich zeigen, wie Wissenschaft, Gesellschaft und Politik im Zeichen der Brüderlichkeit einander zuspielen: Der eine Forschungstypus, den Wilhelm repräsentierte, sichert den Bestand und kümmert sich um den Bedarf an Wissen, der andere, für den Jacob eintrat, arbeitet riskant und auf eine ungewisse Zukunft gerichtet. Und diese unterschiedlichen „richtungen" haben „jede für sich reiz und glanz"[13]. Darin nämlich liege das Geheimnis brüderlicher Beziehungen. Sie gründen auf einer besonderen Verwandtschaft, die bei allen Einklängen Unterschiede toleriere und die Kohärenz einer pluralistischen Gesellschaft stifte:

> geschlechter haben sich zu stämmen, stämme zu völkern erhoben nicht sowol dadurch, dasz auf den vater söhne und enkel in unabsehbarer reihe folgten, als dadurch dasz brüder und bruderskinder auf der seite fest zu dem stamm hielten. nicht die descendenten, erst die collateralen sind es, die einen stamm gründen, nicht auf sohnschaft sowol als auf brüderschaft beruht ein volk in seiner breite.

Brüder, so meint Jacob, leben zusammen, gewöhnen sich aneinander und bilden einen Zusammenhalt aus, der Unterschiede erträgt und akzeptiert. Mit der Zeit arrangieren sie sich, spielen ihr Verhältnis ein. Keine übergeordnete Person sorgt für den Einklang. Zwischen ihnen besteht nicht das Machtgefälle, das noch im liebevollsten Verhältnis zwischen Vater und Sohn herrscht. Brüder bleiben, „ihrer wechselseitigen liebe zum trotz, frei und unabhängig, so dasz ihr urtheil kein blatt vor den mund nimmt"[14]. Genau diese Freiheit und Freimütigkeit nahm sich Jacob in seiner Akademie-Rede gegenüber seinem toten Bruder heraus und verzichtet auf alle gesellschaftlichen Konventionen der betulichen Rücksichtnahme. Eben damit erwies er Wilhelm die größte Ehre: dass er sich genau so gab, wie er war, und nicht einmal gegenüber dem Toten meinte, sich verstellen und anpassen zu müssen.

Warum hielt Jacob Grimm diese Programmrede in der Akademie der Wissenschaften? Tatsächlich hätte sich schwerlich ein besserer Ort dafür finden lassen. In der Akademie nämlich sah Jacob Grimm eine Institution, die von der Idee eines gleichsam brüderlichen Formats von gemeinsamer Forschung lebt. Er schätzte das Miteinander im Nebeneinander, die Mannigfaltigkeit in der Einheit, die lose Kooperation, die gemeinsame Werte und Normen teilt und sich doch aus ganz unterschiedlichen Persönlichkeiten zusammensetzt und deren Interessen Raum gibt. Zudem war die Akademie nicht allein die wissenschaftliche Heimat der Grimms in ihrer Berliner Zeit, sondern zudem jener Ort, an dem aus Jacob Grimms Perspektive gerade die autonome Wissenschaft ihre politischen und sozialen Dimensionen realisierte – die Totenrede auf seinen Bruder behandelte Brüderlichkeit gleichermaßen als Prinzip eines gemeinsam verbrachten Lebens wie als wissenschaftliche und gesellschaftliche Leitvision. Um

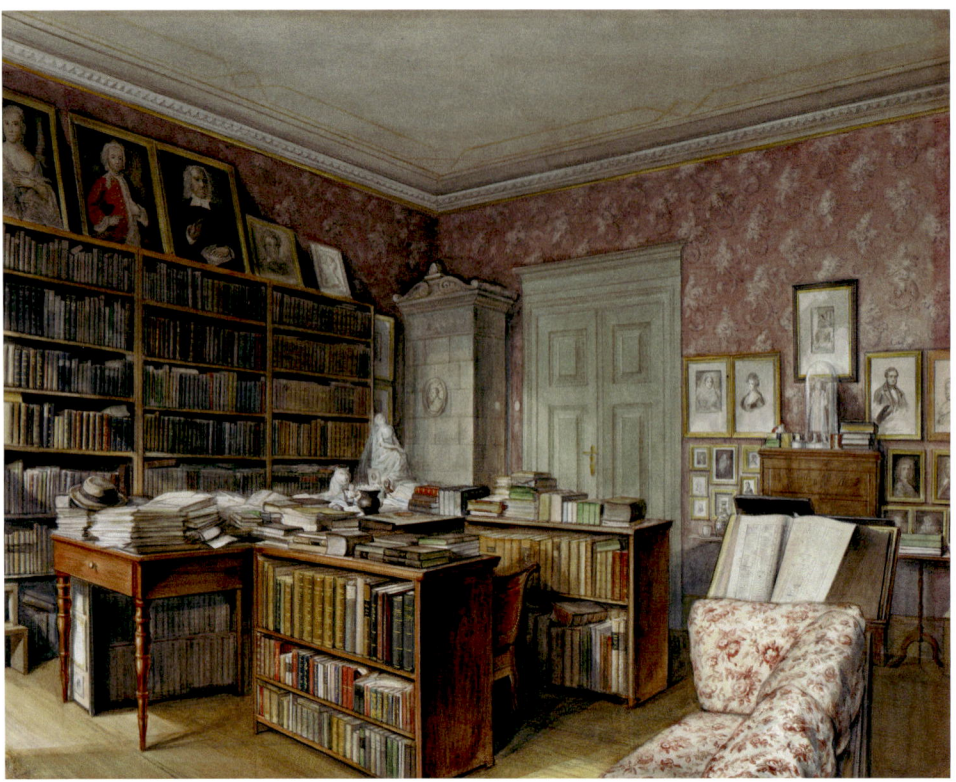

2   Arbeitszimmer von
Jacob Grimm, aquarel-
lierte Zeichnung von
Moritz Hoffmann,
um 1860.

zu verstehen, wie bedeutungsvoll die Arbeit an der Preußischen Akademie der Wissenschaften für die Grimms war, muss ich ihren Weg in die Hauptstadt Preußens skizzieren.

Wissenschaft als Lebensform

Der Weg nach Berlin und an die Akademie der Wissenschaften führte die Grimms
über die Universität Göttingen. Nur vor dem Hintergrund dieser Vorgeschichte versteht man, welche symbolische Bedeutung die Berufung an die Akademie der Wissenschaften im Zusammenspiel mit ihrer universitären Tätigkeit für Jacob und Wilhelm
Grimm hatte. Beide Orte – Göttingen und Berlin – teilten ein Schicksal: Die Grimms
mochten sie anfangs nicht. In beide Städte zogen sie nicht wirklich freiwillig und jeweils
mussten sie ihre Arbeitsroutinen an eine neue institutionelle Umgebung anpassen.
Weil die Grimms Wissenschaft als Lebensform praktizierten, fiel ihnen dies enorm
schwer.

Die Grimms wären vermutlich nicht nach Göttingen umgezogen, wenn der
Kasseler Kurfürst sie nicht tief gekränkt hätte, indem er einen Gelehrten an ihnen vorbei beförderte, von dem sie nichts hielten. Sie hatten lange auf diesen Posten spekuliert,

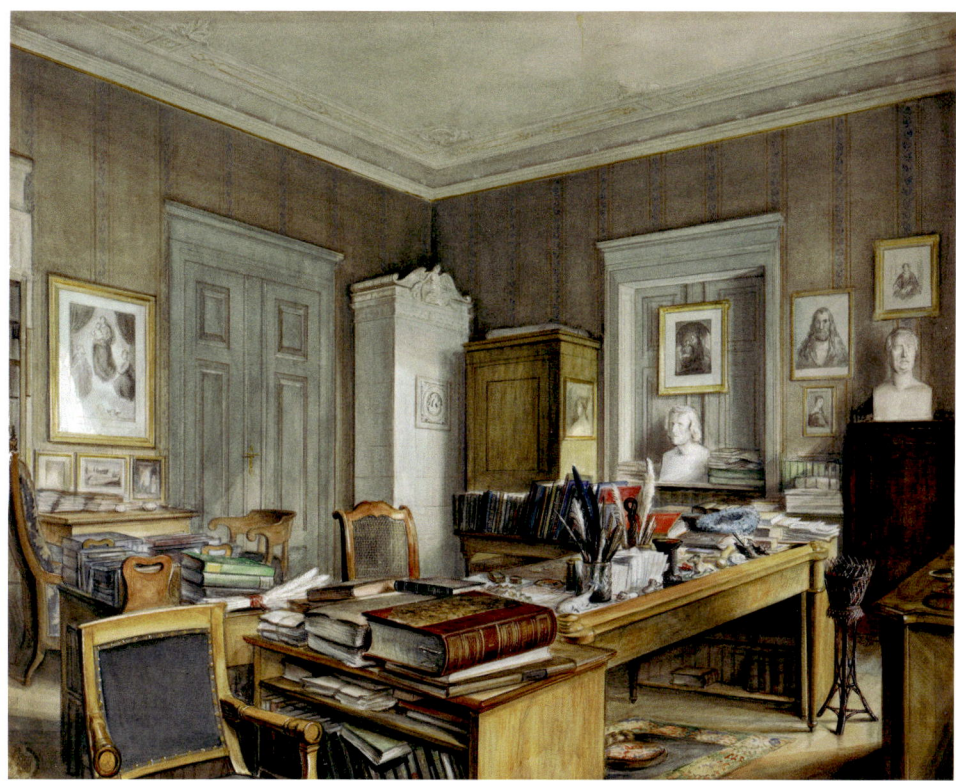

3 Arbeitszimmer von
Wilhelm Grimm,
aquarellierte Zeich-
nung von Moritz
Hoffmann, um 1860.

daher war die Enttäuschung so groß, dass sie 1829 das Angebot zum Wechsel an die
Göttinger Universitätsbibliothek annahmen.[15] Jacob Grimm wurde zugleich als Professor an die Georg-August-Universität ernannt, sein Bruder erst 1831. Von Anfang an
klagten die Grimms über die Göttinger Verhältnisse: über die zeitaufwendige Biblio-
theksarbeit, über den geistigen Leerlauf der Professorengeselligkeit und über die Mühsal der universitären Lehre. „So geht nun meine zeit hin“, lamentierte Jacob Grimm,
„pfeilschnell und einförmig, ich arbeite in einem fort von morgen bis abend und musz
alle arbeiten liegen lassen, die mir lieb wären.“[16]

Solche Klagen finden sich häufig bei den Grimms, und man sollte sie nicht einfach beim Wort nehmen. Interessant sind sie vor allem als Symptome: Vor dem Umzug
nach Göttingen hatten sich die beiden Brüder in rund zwanzig Jahren durch eine Fülle
von Rezensionen, Aufsätzen, Editionen und Monografien die Position bedeutender
Gelehrter gegen enorme Widerstände erschrieben und dabei ein schier unglaubliches
Arbeitspensum absolviert – zuletzt war 1828 Jacob Grimms große Studie zu den *Deutschen Rechtsalterthümern* erschienen; Wilhelm Grimm hatte 1829 sein *Opus Magnum*
über die *Deutschen Heldensagen* veröffentlicht. Diese staunenswerte Leistung hatte
ihren Ort: Kassel, die kurfürstliche Bibliothek, die unterschiedlichen Bekannten- und
Freundeskreise.

Die Klagen über das Leben in einer Universitätsstadt – so meine These – handeln daher auch von den gleichsam zur zweiten Natur gewordenen Arbeitsformen, von der damit verbundenen Arbeitsethik, vom eigenen Selbstverständnis, von der (Un-)Möglichkeit, der Bereitschaft und von den Widerständen, sich mit einer Umgebung zu arrangieren und die eigenen Handlungsroutinen zu verändern. Dass eine Institution wie die Universität sich als Verwaltung von Lebensformen verstehen sollte, war den Grimms nicht fremd. Sie selbst behaupteten in ihren kulturhistorischen Forschungen immer wieder: Alles habe seine Zeit und seinen Ort, und nur aus bestimmten Traditionen und spezifischen Umständen heraus ließen sich soziale Bindungen, Plausibilitäten, Werte, Normen und Selbstverständlichkeiten verstehen. Und so hatte Jacob Grimm bereits 1823 für sich und seinen Bruder festgestellt: „Zu Professoren taugen wir wohl beide nicht." Im Februar 1831 wiederholt er: „Zum professorenleben, sagt man, musz man sich vom doctor auf anschicken und bilden, später hin schmeckts nicht recht mehr."[17]

Vor diesem ebenso lebens- wie wissenschaftsgeschichtlichen Hintergrund kam es 1837 zur Affäre um die Göttinger Sieben, also zum Einspruch von sieben Professoren, die unter Federführung nicht zuletzt Jacob Grimms gegen die Absetzung des Hannoveranischen Staatsgrundgesetzes durch den König protestierten und die daraufhin entlassen und zum Teil des Landes verwiesen wurden. Ohne diese Entlassung hätten die Grimms sich nicht nach Berlin orientiert. Entscheidend ist nun: Die Grimms hielten von Verfassungen, auch von der, für die sie „protestierten", generell nicht allzu viel. Er hege „keine zärtlichkeit" für das Staatsgrundgesetz, meinte Wilhelm Grimm, „es wird wol, wenn man es näher betrachtet, so sein wie alle moderne gesetzgebung"[18] – und dies hieß für ihn: schlecht. Der „materielle Inhalt des Grundgesetzes" habe bei dem Protest keine Rolle gespielt.[19] Wilhelm erklärte an anderer Stelle sogar, er achte jeden, der aus voller Überzeugung für das königliche Patent vom 1. November eintrete. Eben diese Überzeugung vermisse er jedoch selbst bei denen, die nicht protestierten.[20]

Die Grimms traten also nicht als Vorreiter einer demokratischen Verfassungspolitik auf. Woran sie sich vielmehr störten, war die Symbolkraft des königlichen Handstreichs. Jacob Grimm betonte: „es ist vor allem königlich, wort zu halten [...]"[21]. Darauf kam es ihnen an. Und Wilhelm Grimm schrieb an den preußischen Gesandten von Canitz: „Es liegt in der Natur der Sache daß ein König ein Grundgesetz nicht einseitig und aus bloßer Machtvollkommenheit aufheben und den darauf geleisteten Eid lösen kann."[22]

Vor dem Hintergrund ihrer Göttinger Universitätskarriere bedeutet dies: Die Grimms hatten sich auf ein neues Leben eingelassen; sie hatten sich an die Professorenmentalität gewöhnt, sich den institutionellen Routinen hingegeben, Prüfungen abgenommen, akademische Selbstverwaltung betrieben, in Kommissionen ihre Zeit verbracht und Vorlesungen gehalten. Mit dem Treuebruch des Königs stand somit aus Sicht der Grimms sehr viel mehr auf dem Spiel als ‚nur' ein Gesetzestext und dessen Geltung. Für sie ging es um ihre Lebensleistung. Und deswegen stand jene universitäre Praxis im Zentrum der Protestationsschrift, die für sie in Göttingen eine ganz neue Erfahrung bedeutete: die Lehre. Über die Dozenten heißt es dort:

[…] das ganze Gelingen ihrer Wirksamkeit beruht nicht sicherer auf dem wissenschaftlichen Werthe ihrer Lehren, als auf ihrer persönlichen Unbescholtenheit. Sobald sie vor der studirenden Jugend als Männer erscheinen, die mit ihren Eiden ein leichtfertiges Spiel treiben, eben sobald ist der Segen ihrer Wirksamkeit dahin.[23]

Bei der „Wirksamkeit" der Lehre handelten die Grimms und ihre Mitstreiter von sehr viel mehr als nur vom Weiterreichen von Wissensportionen oder vom Verschicken von Wissenscontainern, die von Dozenten gepackt und von Studierenden dann wieder entpackt werden. Ihre Argumentation greift tiefer. So beruhe etwa die „Wirkung der Rechtsanstalten", wie ihr Göttinger Mitstreiter Friedrich Christoph Dahlmann in seiner *Politik* erklärt, auf den „Bildungsanstalten" eines Staats – falls das „Sollen" nicht ins „Wollen" überführt werde, gingen Gesetze nicht in die Rechtspraxis über und blieben entweder völlig wirkungslos oder sorgten nur von Fall zu Fall für Ordnung.[24] Auf diese Weise aber lässt sich im wahrsten Sinn des Wortes kein Staat mit ihnen machen.

Die Berufung nach Berlin als „Akademiker" war eine Folge der Affäre um die Göttinger Sieben. Deswegen war sie für Jacob und Wilhelm Grimm von allergrößter symbolischer Bedeutung. Nach ihrer Entlassung hatten die Grimms damit gerechnet, dass sie sehr schnell wieder eine Anstellung finden würden. Sie täuschten sich. Viele Orte waren im Gespräch, aber der Bann, den der König von Hannover um die Grimms gezogen hatte, wurde nicht aufgehoben. Die Grimms hatten sich zu sehr auf Gerüchte, Hoffnungen und vage Versprechen verlassen, hatten auch sich selbst zu viel Beweglichkeit zugetraut. Aus der Fülle der Optionen war am Ende nur eine übrig geblieben: Kassel – dorthin war Jacob Grimm nach seiner Verbannung gezogen; Wilhelm folgte ihm wenig später. Genügsamer und anspruchsloser konnte die Entscheidung über den Wohn- und Arbeitsort kaum ausfallen.

Besonders enttäuschend fielen die Reaktionen aus Berlin aus. Die preußische Regierung hielt sich zurück. Der Grund für alle Vorbehalte lag in der dynastischen Beziehung zwischen Preußen und Hannover: Der hannoverische König August war der Schwager des preußischen Königs Friedrich Wilhelm III. Wie immer, wenn die Welt nichts von ihnen wissen wollte, kehrten die Grimms ihrerseits der Welt den Rücken zu und vertieften sich in die Arbeit. Am 6. Oktober 1838 schlossen die Grimms mit der Weidmannschen Buchhandlung einen Vertrag über die Erstellung eines *Deutschen Wörterbuchs* ab. Dies bildete ungewollt die Grundlage für die spätere Akademiearbeit.

In dieser schwankenden, nicht immer zuversichtlichen Stimmung, als die Grimms den vertrauten Arbeitsrhythmus wiederfanden, aber noch nicht so recht wussten, wie ihre Zukunft aussehen sollte, gab es eine, die ihnen mit geradezu missionarischem Eifer aus dem beruflichen Bannkreis heraushelfen wollte: Bettine von Arnim.[25] Sie spiegelte sich im Protest der Göttinger Professoren. Wie diese wollte sie nur Aufrichtigkeit und Treue gegenüber dem Gewissen gelten lassen. Sie rüstete verbal auf und zog in eine Brief- und Intrigenschlacht, die mit der Berufung der Brüder Grimm nach Berlin enden sollte. Über Jahre hinweg hielt Bettine von Arnim die „Sache Grimm" im Bewusstsein der Entscheidungsträger und setzte die Akteure unter Druck, ohne dass sie irgendein Mittel robuster politischer Gewalt in der Hand gehabt hätte. Sie schwärmte vom Ethos der Brüder Grimm, von ihrer Menschlichkeit, ihrer Aufrichtigkeit, ihrer Sittlichkeit. Und sie deutet zumindest an, wie sie sich die monarchische Regierung auf dieser moralischen Grundlage vorstellte: nicht als Herrschaftsverhältnis, in dem Anweisungen von oben nach unten gegeben werden, sondern als Verhältnis voller Sympathie und Wechselwirkung. Im Frühjahr 1839 schrieb sie nach Kassel an Wilhelm Grimm:

> Lieber Grimm […] In mir hat Euer Tun Gedanken ausgebrütet, die scharfsinnig sind, und seitdem weiß ich wie ich einen Staat zu regieren habe; und wie ich alle Kraft aus den Herzen der Menschen als Fürst an mich ziehen kann; und wie ich mit dieser als einer höher organisierten Natur auf sie rückwirken kann.[26]

Bettine von Arnim sorgte dafür, dass die Grimms bis zum entscheidenden Wechsel auf dem preußischen Thron nicht vergessen wurden. Als Friedrich Wilhelm IV. die Herrschaft übernahm, setzten sich die Räder nach längerem Stillstand in „Sachen Grimm" wieder in Bewegung.

Bereits als Kronprinz hatte Friedrich Wilhelm 1838 den „Gewinn der Grimms für unsere Universität ins Auge gefasst" und zugleich festgestellt, dass er die Protestation der Göttinger Sieben ebenso missbillige wie die harte Reaktion des hannoverischen Königs.[27] Bei einem Besuch an der Berliner Universität am 21. Juni 1840 erklärte der neue König, er habe die Absicht, für die Hauptstadt „ausgezeichnete Kräfte aus dem gesamten deutschen Vaterlande zu gewinnen"[28], und dazu zählten natürlich die Grimms, die er als „Akademiker", also an die „Akademie der Wissenschaften", rufen wollte. Jacob Grimm war bereits seit 1826 Korrespondierendes und seit 1832 Auswärtiges Mitglied der Akademie; mit dem Umzug nach Berlin rückte er automatisch zum Vollmitglied auf. Wilhelm Grimm wurde 1832 zum Korrespondierenden Mitglied und am 11. Februar 1841 zum Ordentlichen Mitglied gewählt.[29]

Tatsächlich sind die beiden Brüder nie an die Berliner Universität berufen worden. Aber sie hatten als „Akademiker" das Recht dazu, Vorlesungen zu halten.[30] Sie konnten sich in jenem Metier bewähren, das für die Argumentation der Protestationsschrift zentral war. Auch wenn sie die Art und Weise der Berufung nach Berlin schwer kränkte, gab ihnen dies die Möglichkeit, sich als Lehrer zu rehabilitieren. Nun also setzte ihnen Friedrich Wilhelm IV. eine Pension aus, damit sie – wie es im Berufungsschreiben hieß – „die grosse und überaus schwierige Aufgabe" bewältigten, die sie sich mit der „Ausarbeitung eines vollständigen critischen Wörterbuchs der deutschen Sprache gestellt haben […]". Die Mittel für die Bewältigung dieses Projekts stammten aus dem Privatvermögen des Königs und waren nur für dieses Werk bestimmt.[31] Die Grimms wurden nicht aus der Staatskasse bezahlt. Somit waren sie offiziell keine Staatsdiener. Auf diese Weise hielt der preußische König das Versprechen, das er seinem Onkel, König Ernst August, in Hannover gegeben hatte: Er werde die Grimms nicht in seine Dienste nehmen und ihnen keine Anstellung geben.

Am 16. November unterrichtete Jacob Grimm seine Berliner Agentin Bettine von Arnim, er und Wilhelm hätten das Angebot angenommen. In diesem Brief zitiert er ausführlich das Schreiben, mit dem er dem zuständigen Minister auch im Namen seines Bruders zugesagt hatte. Auch in diesem Dokument dreht sich alles um die Rehabilitierung nach der Affäre um die Göttinger Sieben:

> Dem Rufe des Königs, auf den sich weit über Preußens Grenze hinaus die sehnsüchtige Hoffnung aller Deutschen richtet, folgen wir mit dankbarer freudiger Zuversicht. [...]
>
> Nach nichts anderm trachten wir, als unsere übrigen Tage der Vollführung der Arbeiten, welche sich auf Sprache und Geschichte des geliebten Vaterlandes beziehen, zu widmen. Die Großmut des Königs will uns eine dazu nötige sorgenfreie Muße schaffen.
>
> Als nach unsrer Entlassung in Göttingen jede nahe Aussicht auf Wiederanstellung uns benommen schien, faßten wir den Entschluß Hand zu legen an ein schwieriges weitaussehendes Werk [...]. So kann selbst aus dem Unglück für den Menschen eine Frucht keimen [...].[32]

„ÜBER SCHULE UNIVERSITÄT ACADEMIE"

Zwar sahen die Brüder Grimm von Anfang an in Preußen keineswegs das „Himmelreich", wie Jacob am 16. November 1840 an Bettine von Arnim hellsichtig schrieb.[33] Aber selbst ihre gedämpfte Zuversicht sollte sich als zu optimistisch erweisen. Friedrich Wilhelm IV., der beim Amtsantritt seine Untertanen in einen Taumel versetzt hatte, kam im Verlauf der 1840er Jahre in der Realpolitik an. Insbesondere nach der Revolution von 1848 war die Ernüchterung groß: Die Sprache des Königs klang liberal, seine politischen Taten drückten das Gegenteil davon aus. Wer darauf vertraute, dass Friedrich Wilhelm IV. aus freien Stücken jenes Verfassungsversprechen einlösen würde, das noch sein Vater gegeben hatte, sah sich in die Irre geführt.

Die Brüder Grimm gehörten zu jenen Symbolfiguren, in denen sich die politischen Ereignisse weithin sichtbar spiegelten. Denn von Anfang an war der Umzug der Göttinger „Protestanten" nach Berlin ein Politikum, weil es dabei nicht allein um die Existenzsicherung ging, sondern um ihre moralische, rechtliche und politische Rehabilitierung. So genau, wie sie die politische Stimmung erspürten, so genau wurden die Grimms beobachtet. Sie führten ein politisches Leben. Dies reflektierten sie auch in ihrer Beziehung zur Akademie der Wissenschaften. Für sie war dies ein Ort der Wissenschaftspolitik im eminenten Sinn, wohingegen Hannover und Preußen sich im diplomatischen Verkehr darauf geeinigt hatten, dass „die Aufnahme der Grimms in

Berlin keine politische Tendenz und Bedeutung habe, sondern daß es sich dabei lediglich um eine wissenschaftliche Angelegenheit handle"[34].

Während die Grimms in Kassel ihre Zukunft planten, waren sie beide ungefähr zeitgleich, Ende Januar 1838, auf die Idee gekommen, dass Jacob Grimm als Mitglied der Berliner Akademie der Wissenschaften das Recht dazu habe, in der preußischen Hauptstadt Vorlesungen anzukündigen. Aber die Berliner Freunde wie Karl Lachmann rieten davon ab: Selbst ein so „einfaches natürliches ding", berichtete Jacob Grimm seinem Bruder, halte man für zu riskant – „wenn aber Preussen so furchtsam sich gebärdet, was wollen die geringern?"[35] Wilhelm Grimm jedenfalls mochte seinerseits nicht akzeptieren, dass „die Erlaubnis dort zu lesen", die er für ein „unbezweifeltes Recht" seines Bruders als Akademiemitglied hielt, als eine „Erklärung des Königs" zu verstehen sein sollte.[36]

In den folgenden Wochen kamen die Brüder Grimm regelmäßig auf das Thema zurück. In Göttingen machte man ihnen unter der Hand den Vorschlag, als Mitglieder der dortigen Akademie wieder mit Vorlesungen zu beginnen.[37] Die Einladung nach Leipzig lehnten sie auch deswegen ab, weil ihre Vorlesungen nicht „glücken" würden – in Leipzig herrsche unter den Studenten „eine unbelebte Richtung nach den Brotstudien vor[...]"[38]. Heidelberg hingegen bot sich als neuer Arbeitsort an, weil die Grimms den Eindruck hatten, „dort noch eher Vorlesungen halten" zu können.[39] Schließlich fiel nach vielem Hin und Her doch die Entscheidung für Berlin. Nachdem das offizielle Angebot am 2. November 1840 bei ihnen eingegangen war und Jacob Grimm sich schon in der preußischen Metropole befand, um nach einer Wohnung zu suchen, denkt er in einem Brief am 20. Dezember 1840 erneut über die Bedeutung von Vorlesungen nach:

> Was mir sehr durch den sinn geht ist die frage, ob wir uns zu vorlesungen verstehen sollen? Humboldt, Savigny, Joh. Schulz rathen dazu, setzen es fast voraus, und Bettine treibt grossen spectakel damit. Es würde unsern arbeiten grossen einbruch thun und in das universitätstreiben verwickeln. Bei der academie bist du als ord. mitgl. bereits vorgeschlagen und es wird sicher durchgehn. Beim nächsten tode eines mitglieds der phil. hist. classe rücke ich in einen gehalt von 200 rthlr. ein.[40]

Da Jacob und Wilhelm Grimm nie an die Berliner Universität berufen wurden, waren Vorlesungen, die sie als „Akademiker" halten durften, der einzige Bezug, den sie zu dieser Institution hatten. Andere Optionen des Universitätsbetriebs der preußischen Metropole haben die Grimms nie wirklich genutzt:[41] Sie leiteten dort keine Seminare, sie kümmerten sich nicht um die Besetzung von Stellen, mischten sich nicht wirklich in die Hochschulpolitik oder in die universitäre Selbstverwaltung ein, und sie bemühten sich auch nicht darum, von der Universität aus weiteren wissenschaftlichen Einfluss zu gewinnen. Einzig über Vorlesungen also stellten die Grimms den Kontakt zur Universität her: Jacob Grimm hielt am 30. April 1841 seine Antrittsvorlesung und trat bis zum Sommersemester 1848 regelmäßig vor den Studenten auf, insbesondere mit

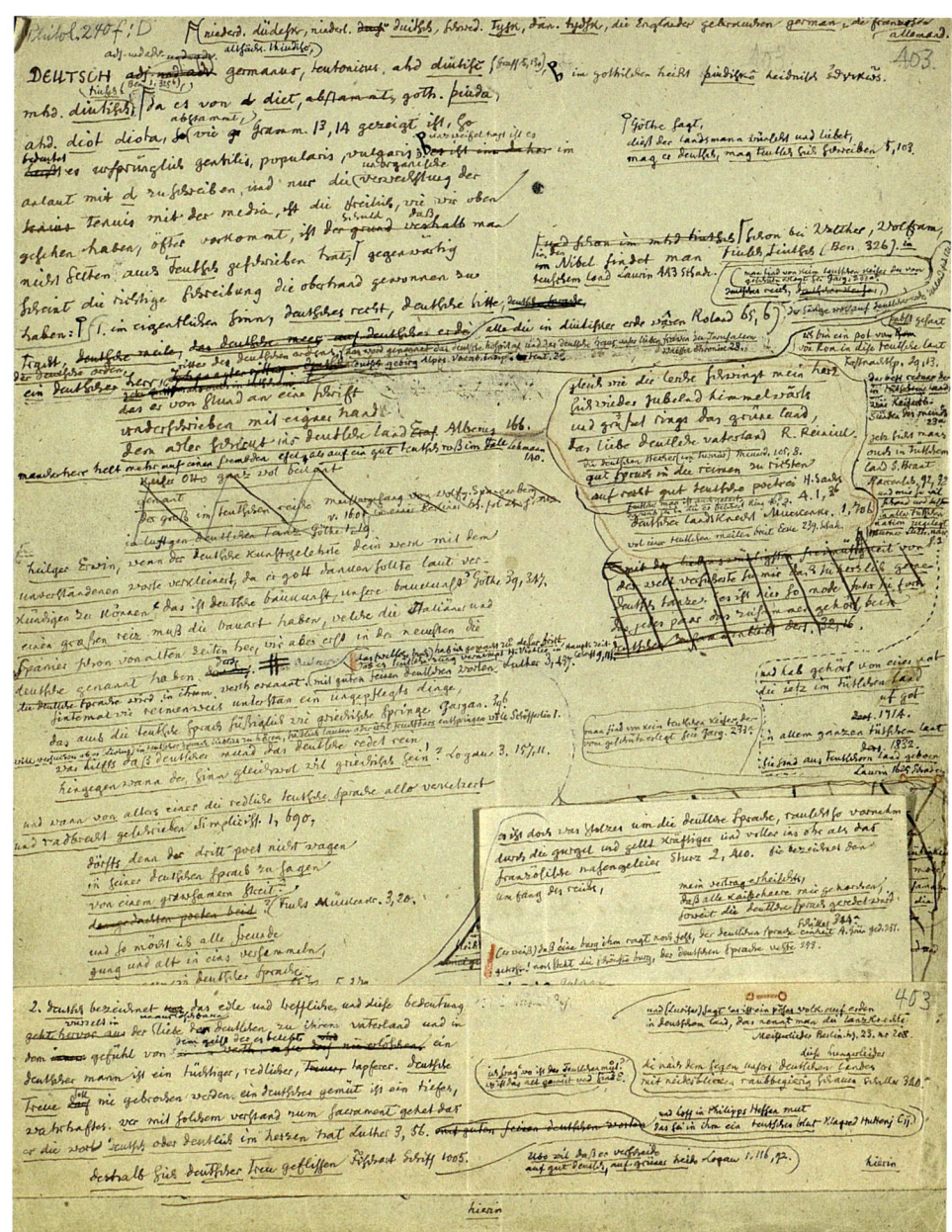

4   Artikel „deutsch"
aus den Wörterbuch-
manuskripten der
Brüder Grimm.

Vorlesungen zur deutschen Grammatik – dann widmete er sich wieder ausschließlich
der Forschung, vor allem der Arbeit am *Deutschen Wörterbuch*. Wilhelm Grimms
Antrittsvorlesung fand am 11. Mai 1841 statt. Er lehrte bis zum Sommersemester 1852
an der Berliner Universität.

Es ist bezeichnend, dass Jacob Grimm die Keimzelle seines Hauptwerks über die
Geschichte der deutschen Sprache, die 1848 während seiner Zeit im Parlament der

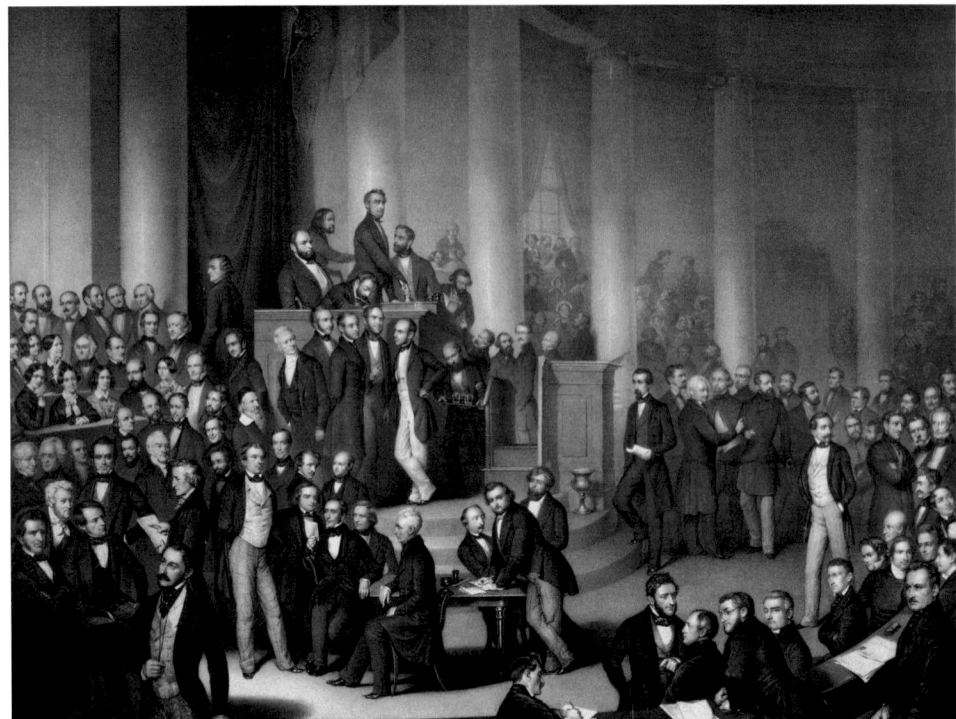

5   Die deutsche
Nationalversammlung
in der Paulskirche zu
Frankfurt, Kreide-
lithografie nach Paul
Bürde, nach 1848.

Frankfurter Paulskirche in zwei Bänden erschien, nicht in einer Vorlesung an der Universität, sondern in einem Vortrag *Über Iornandes und die Geten* am 5. März 1846 an der Berliner Akademie der Wissenschaften legte.[42] Und es ist ebenso bezeichnend, dass sich Jacob Grimm mit der *Geschichte der deutschen Sprache* von der Universität verabschiedete und im Jahr des Erscheinens seine Vorlesungstätigkeit abbrach. Er hatte in diesem Hauptwerk in knappen Worten sein Forschungsethos in die Lizenz zum „mut des fehlens" gepackt: „Wer nichts wagt gewinnt nichts und man darf mitten unter dem greifen nach der neuen frucht auch den mut des fehlens haben."[43] Diese Wertschätzung von riskanter Forschung hatte für ihn institutionell seinen Ort an der Akademie, wo es um das Lernen gehe, nicht an der Universität, die für Jacob Grimm eben ein Ort der Lehre war und nach einigen Jahren der Vorlesungstätigkeit ihre Rehabilitationsfunktion erfüllt hatte.[44] Und deswegen, so führte er in der bereits eingangs zitierten Rede *Über Schule Universität Academie* am 8. November 1849 in der Akademie der Wissenschaften aus, bilde nicht die Universität, sondern die Akademie den „gipfel aller wissenschaftlichen einrichtungen".

Dass Jacob Grimm wie bei vielen seiner Werke eine überarbeitete Fassung auch dieser Rede *Über Schule Universität Academie* plante und in ein Handexemplar ständig Nachträge einfügte,[45] passt zu diesem Forschungsethos, das nicht auf Perfektion, sondern auf Perfektibilität, nicht auf Sicherheit, sondern auf Risiko, nicht auf die Stabilität, sondern auf die Zeitlichkeit von Wissen setzt. Und daher betonte er auch gleich einleitend in seiner Abhandlung, dass er sich bei der Entwicklung der Akademie-Idee nicht an deren Statuten halte, da diese immer wieder geändert würden und damit positiv bewiesen, „wie wenig dieser verein von gelehrten männern für in sich abgeschlossen und fertig zu erachten oder gegen der zeit und des allgemeinen menschlichen fortgangs allmächtigen einfluß unempfindlich sei"[46].

Das „wesen der academie" sei „erst viel unvollständiger entfaltet" als das von Schule und Universität.[47] Daher richtete Jacob Grimm seinen Blick fest in die Zukunft. Dies war nicht zuletzt der politischen Situation des Jahres 1849 geschuldet. Im Vorjahr war er enttäuscht von der Frankfurter Nationalversammlung zurückgekehrt; seine kriegstreiberischen Aufrufe im Konflikt um Schleswig-Holstein waren folgenlos verhallt; Friedrich Wilhelm IV. hatte mittlerweile schon zweimal die Kaiserkrone abgelehnt. Das Recht auf seine „ungehemmte […] einheit" als das „ersehnteste recht eines freien volkes", so erklärte Jacob Grimm in der Akademie-Rede, werde Deutschland vorenthalten. Wissenschaft und Wissenschaftsförderung bildeten dafür „zwar geringfügigen, an sich dennoch großen ersatz oder trost". In Zeiten „härtester trübsal und tiefster ohnmacht des deutschen reichs" stärke das „untilgbare gefühl für sprache und poesie" das „volk".[48] Wenn daher die aufsteigende Linie von der Schule über die Universität bis hin zur Akademie auf einen Zugewinn an Freiheit hinausläuft, dann hat dies selbstredend immer auch einen politischen Sinn:

> Für den academiker ist, im gegensatz zum schulmeister und professor, die volle lust und muße des lernens hergestellt, er darf immer oben bleiben oder seine höchste formel aussprechen, und nur das beispiel legt ihm eine wohltätige fessel an oder einen zugleich seine innerste kraft stärkenden zaum.[49]

Und noch ein zweites Moment machte die Akademie für Jacob Grimm zum wissenschaftlichen Hoffnungszeichen für die politische Zukunft Deutschlands: die spezifische Form der Vergemeinschaftung. Immer schon hatten sich die Grimms die deutsche Einheit nicht so gedacht, dass dadurch die lokalen Traditionen und Unterschiede getilgt werden, sondern gleichsam als eine Art Einstimmung auf einen gemeinsamen Geist, der Diversität zulässt, ja geradezu davon lebt. Daher steht am Ende des Vortrags die Zielvision einer „deutsche[n] academie", weil „die wissenschaft selbst allen Deutschen gemeinschaftlich ist".[50]

Innerhalb einer Akademie werde „wissenschaftliches frei gegeben, frei genommen", und zwar vor allem in Projektform: Die besten akademischen Vorträge sind für Jacob Grimm diejenigen, „welche nicht in ein bereits ausgedachtes werk sich fügen, oder ein schon bekannt gemachtes bloß ergänzen, vielmehr keime neuer, künftiger werke in sich tragen oder reiches material zu wissenschaftlichem gebrauch fruchtbar darlegen". Hier bleibe „raum für mannigfaltigkeit", ohne Zensur und mit „unbegrenzte[m] vertrauen" in die „befähigung" jedes einzelnen Akademiemitglieds, so dass die „lebendige theilnahme" sich durch eine „frei und unabhängig waltende, vollkommen

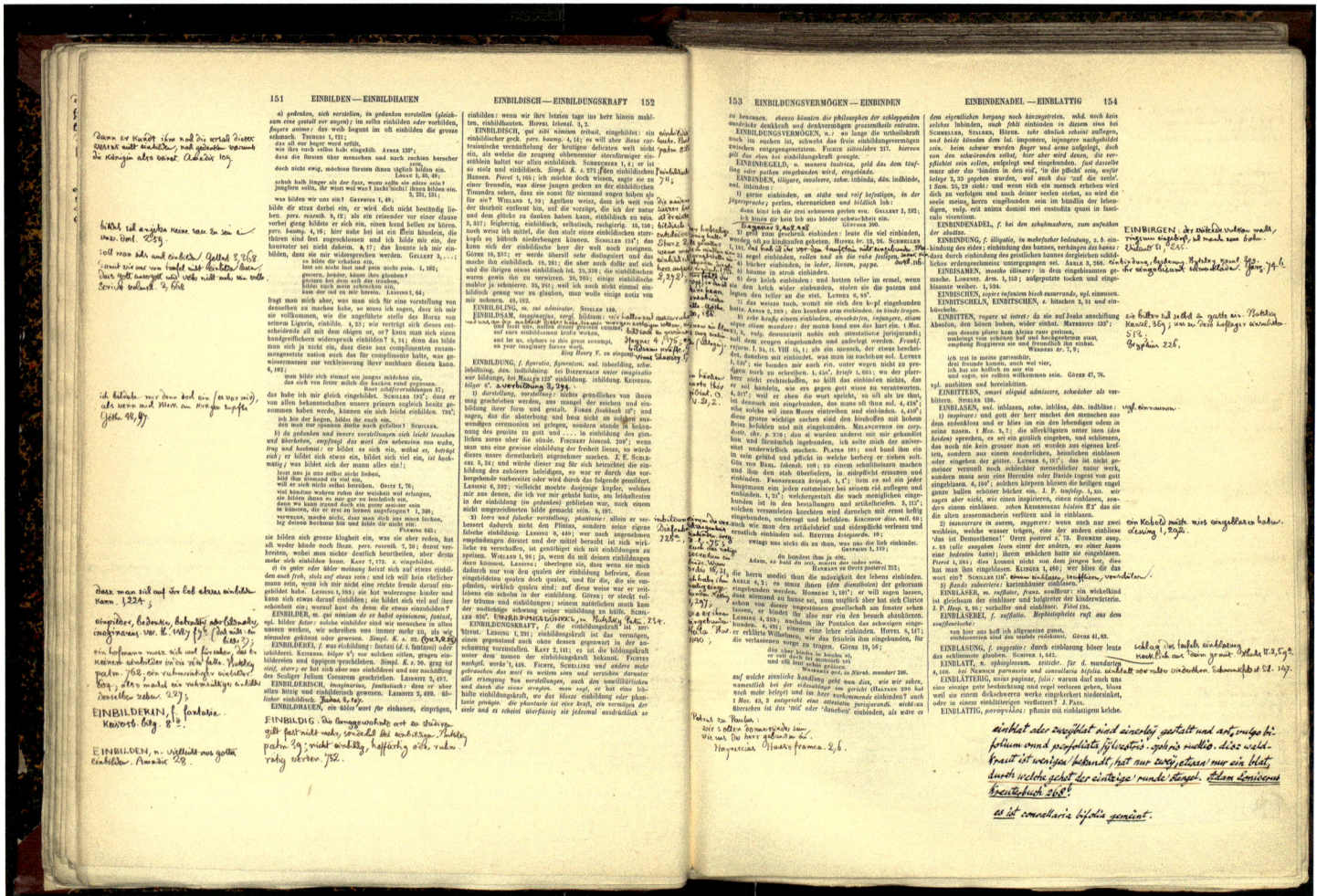

6   Artikel „einbilden"
aus dem Deutschen
Wörterbuch der
Brüder Grimm.

tolerante, gesellige doctrin und selbstleitung" organisiere.[51] An Akademien jedenfalls,
so Jacob und Wilhelm Grimms Überzeugung, können leidenschaftliche Forscher mit
allem Eigensinn ihre Interessen verfolgen: „Vorträge, die unter den gefrierpunct der
aufmerksamkeit fielen, sind […] fast nicht denkbar […]."[52]

„AKADEMISCHE" ARBEITEN

Von der Möglichkeit, Beiträge in der Nähe des „gefrierpuncts der aufmerksamkeit" zu
liefern, machten Jacob und Wilhelm Grimm in Berlin regen Gebrauch.[53] Teils handelte
es sich – vor allem bei Jacob – um Nebenarbeiten im Umfeld des *Deutschen Wörterbuchs*: Es waren kleine gelehrte Preziosen mit lakonischen Titeln wie *In, Wer, Seife*

oder *Käse*.[54] Teils verfassten die Brüder im Blick auf akademische Vorlesungen noch einmal umfangreichere Untersuchungen und Materialsammlungen. Wilhelm Grimm etwa beschäftigte sich mit der *Sage vom Ursprung der Christusbilder* (1842) und ließ die entsprechende Studie über Alexander von Humboldt dem preußischen König „zu füßen" legen, mithin einem Monarchen, für den Politik und Religion untrennbar miteinander verbunden waren und der den Staat als eine christliche Einrichtung verstand.[55] Nicht weniger bedeutsam scheint es zu sein, dass Wilhelm im Februar 1846, als die gesellschaftlichen Konflikte unübersehbar wurden, eine Akademievorlesung über *Deutsche Wörter für Krieg* hielt, deren Materialbestand er fortwährend erweiterte.[56] Vielleicht bezog sich sogar seine umfangreichste Studie, die er 1850/52 mit beinahe 200 Seiten der Geschichte des Reims widmete, untergründig auf die Zeitläufe, denn immerhin ging es darin um jenes sprachliche Phänomen, das Unterschiedenes in Einklang bringt.[57] Wilhelms letzter Beitrag vor der Akademie wäre eine Abhandlung über *Bruchstücke aus einem unbekannten Gedicht vom Rosengarten* gewesen, die er – wie bereits erwähnt – am 15. Dezember 1859, also einen Tag vor seinem Tod, vortragen wollte.[58]

Jacob Grimm verfasste für das „akademische" Publikum einige seiner bekannteren Arbeiten, etwa *Über das Pedantische in der Sprache* (1847), *Über Schenken und Geben* (1848), *Über Frauennamen aus Blumen* (1852) sowie vor allem seine Untersuchung *Über den Ursprung der Sprache* (1851).[59] Diese Studien sind in vielerlei Hinsicht symptomatisch: Mit dem Schenken interessierte sich Jacob Grimm etwa dezidiert für ‚warme' Sozialbeziehungen, die nicht über ein ‚kaltes' Medium wie Geld organisiert werden; das Pedantische, also die unbedingte Regeltreue, lehnte der künftige Parlamentarier ab, der ein halbes Jahr später die Geschäftsordnung in der Paulskirche als zu bürokratisch kritisierte; die Sprachursprungsschrift betonte die sprachliche Freiheit und Eigenständigkeit des Menschen.[60]

Hinzu kamen die großen Gedenkreden: auf Lachmann (1851), auf Schiller (1859) und eben auch auf seinen Bruder Wilhelm (1860), in denen er seine Überzeugungen vom Ethos des Philologen, von der Macht der Dichtung und von einer Forschungsgemeinschaft eigentümlicher Persönlichkeiten mit gültigen Worten formulierte. Mit einigen Akademiestudien gelang es Jacob sogar, ein größeres Publikum zu erreichen – *Über den Ursprung der Sprache* lag kurz vor seinem Tod immerhin in fünfter Auflage vor.[61]

Alle diese Bücher, Vorlesungen und Studien aber überschattete das *Deutsche Wörterbuch*. Die Grimms erwiesen sich bei der Planung des gigantischen Projekts bekanntlich blauäugig. Ende der 1830er begannen sie mit der Konzeption des Werks und rechneten mit einer zügigen Fertigstellung. Aber das *Deutsche Wörterbuch* wuchs ihnen über den Kopf und beschäftigte noch Generationen von Wissenschaftlern nach ihnen. Erst 1971, also mehr als 120 Jahre, nachdem die Grimms damit begonnen hatten, lag das *Deutsche Wörterbuch* mit Erscheinen des Quellenbandes komplett vor.[62]

Auch wenn die Akademie der Wissenschaften das Lexikon erst Anfang des 20. Jahrhunderts in ihre Verantwortung übernahm, handelte es sich eigentlich um ein

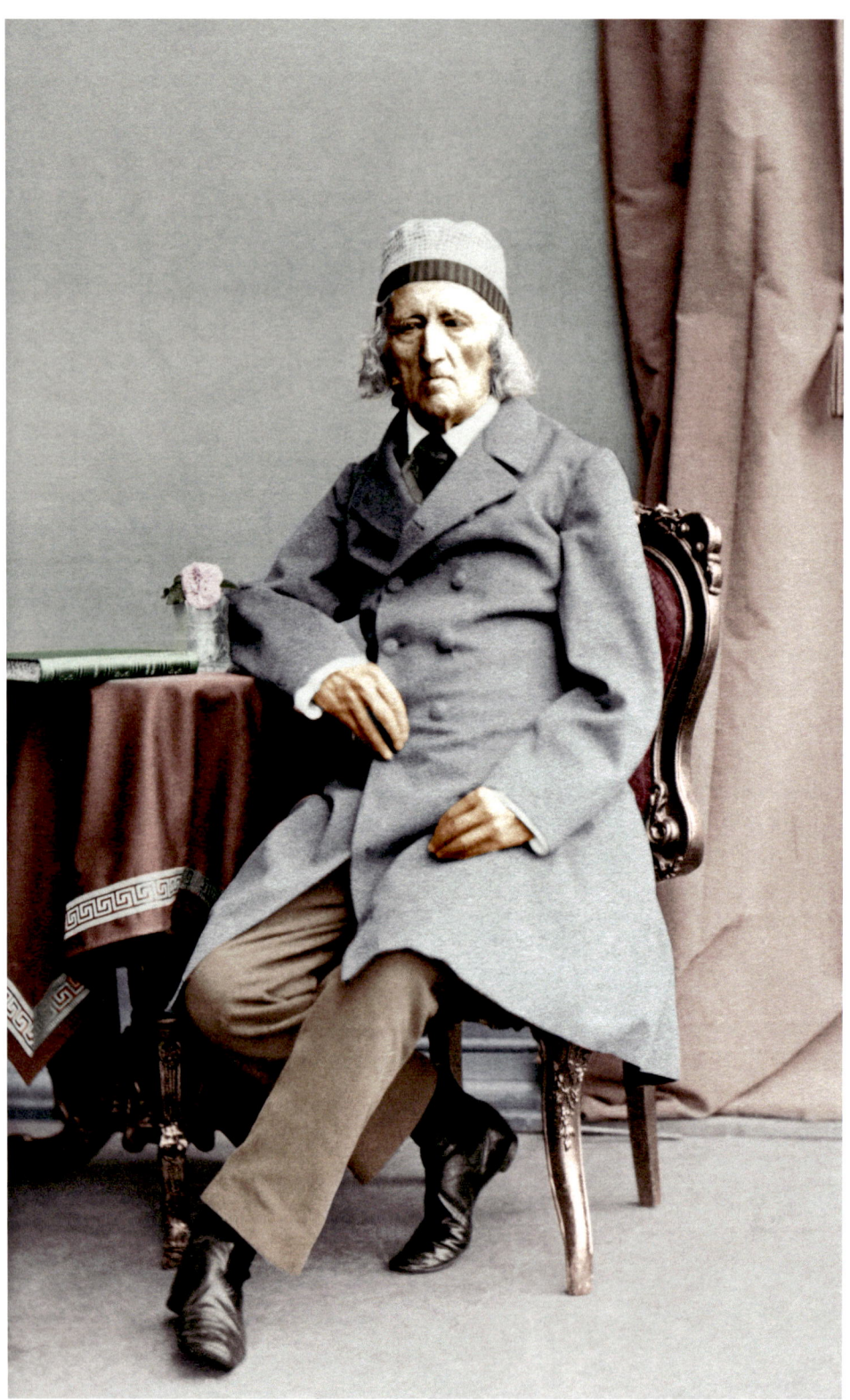

7   Jacob Grimm,
Atelierfotografie,
digital koloriert,
Berlin, um 1860.

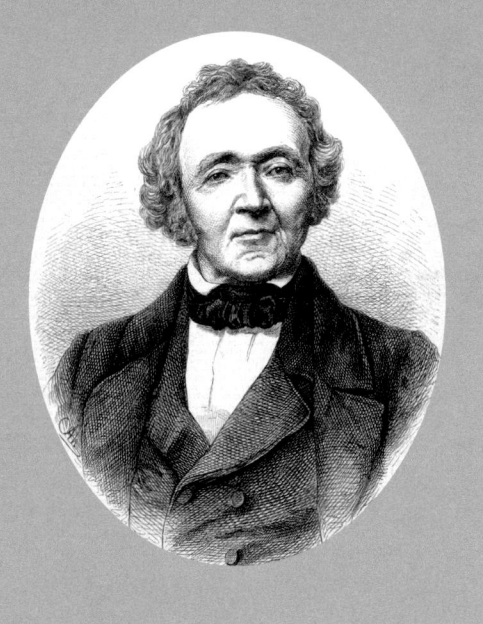

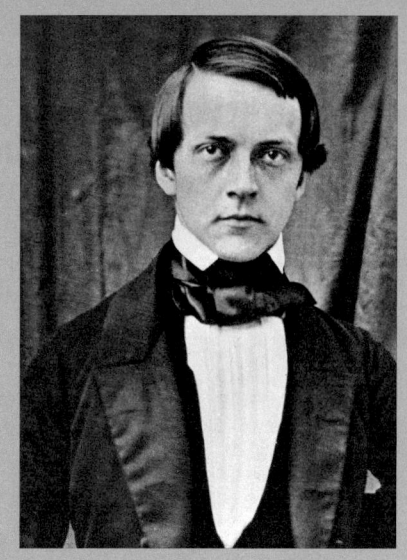

21. Dezember 1795
23. Mai 1886

31. August 1821
8. September 1894

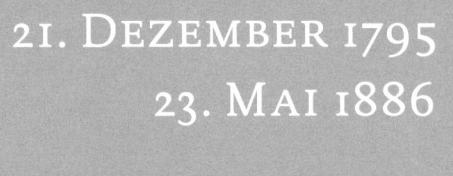

Hans-Jörg Rheinberger und Peter Schöttler

Empirie vor Theorie

Leopold von Ranke und Hermann von Helmholtz

Auf den ersten Blick scheinen der Historiker Leopold von Ranke und der Physiologe und Physiker Hermann von Helmholtz, die beide auf ihre Weise und auf ihren jeweiligen Gebieten die Entwicklung der Wissenschaften im 19. Jahrhundert geprägt haben und schon zu Lebzeiten als ihre *Doyens* galten, nicht viel miteinander gemein zu haben. Auf den zweiten Blick ergibt sich jedoch ein etwas anderes Bild, das sich nicht darin erschöpft, dass beide glänzende Autoren und Stilisten waren, die ihre Sache wirksam zu vertreten wussten. Um einige Facetten eines differenzierteren Bildes zeichnen zu können, sollen zunächst die beiden Persönlichkeiten mit ihrer besonderen Herkunft, ihrem Werdegang und ihrem Werk vorgestellt werden. Daran wollen wir einige vergleichende Überlegungen anschließen.

„Der originale Ranke war komplizierter als das Symbol, zu dem er wurde.“[1]

Leopold Ranke wurde am 21. Dezember 1795 als Sohn eines Anwalts und Notars im kursächsischen Wiehe an der Unstrut geboren.[2] Streng lutherisch erzogen, absolvierte er die Fürstenschule in Pforta bei Naumburg – wie vor ihm Klopstock oder Fichte. Ab 1814 studierte er in Leipzig Theologie und Altphilologie und promovierte 1817 mit einer Arbeit über Thukydides.[3] Erst als Lehrer für Latein und Griechisch am Gymnasium in Frankfurt an der Oder wurde er zum Historiker, nun allerdings in einem emphatischen Sinn. Wenn heute die Anfänge einer echten Wissenschaft der Geschichte mit seinem (und Barthold Georg Niebuhrs) Namen verbunden werden, ist dies kein Zufall. Bis dahin war die Arbeitsweise von Historikern kaum umrissen, jedenfalls nicht professionalisiert. Was als ‚wissenschaftlich‘ galt, variierte von Fall zu Fall, von Temperament zu Temperament. Manche begnügten sich, ältere Bücher zu lesen und daraus zu kompilieren, andere schöpften aus ihren Reiseerlebnissen und wieder andere reflektierten über mögliche Großgesetze der historischen Entwicklung. Ranke trat dem entgegen, indem er die Aufgabe des Historikers darauf festlegte, möglichst genau und möglichst unparteiisch zu berichten. Schon in der Vorrede zu seinem ersten Buch,

Geschichten der romanischen und germanischen Völker, das 1824 erschien, heißt es programmatisch: „Man hat der Historie das Amt, die Vergangenheit zu richten, die Mitwelt zum Nutzen zukünftiger Jahre zu belehren, beygemessen: so hoher Aemter unterwindet sich gegenwärtiger Versuch nicht: er will bloß sagen, wie es eigentlich gewesen."[4] Wie das zu verstehen sei, erläutert der Autor mit ein paar Stichworten: „Strenge Darstellung der Thatsache, wie bedingt und unschön sie auch sey, ist ohne Zweifel das oberste Gesetz."[5] Und in einer Beilage mit dem Titel *Zur Kritik neuerer Geschichtsschreiber*, die mit dem Darstellungsband verbunden war, heißt es pointiert: „Nackte Wahrheit ohne allen Schmuck: gründliche Erforschung des Einzelnen; das Uebrige Gott befohlen; nur kein Erdichten, auch nicht im Kleinsten, nur kein Hirngespinst."[6] Grundlage der Darstellung sollten also nur originale Dokumente sein: Memoranden, Gesandtschaftsberichte, Tagebücher, Briefe usw. Später sollte Ranke diese Einstellung sogar noch radikalisieren, indem er stets ungedruckten Archivalien gegenüber gedruckten Quellen den Vorzug gab.

Mit seiner Betonung des Faktischen und der Quellenforschung grenzte sich Ranke sowohl von den Theologen als auch von den Philosophen ab, die in seinen Augen dazu neigten, Geschichte nach allgemeinen Prinzipien zu schreiben oder vielmehr zu konstruieren. Aktuell bezog sich das vor allem auf Hegel und seine Anhänger, in deren Augen die Weltgeschichte auf einen dialektischen Fortschritt zielte, dessen Logik gleichsam vorgegeben und von der Menschheit lediglich zu erkennen und zu verwirklichen war. Über Rankes Auseinandersetzung mit der damals vorherrschenden Geschichtsphilosophie sind wir relativ gut unterrichtet, da er aufgrund seines Erstlingswerks eine außerordentliche Professur an der Berliner Universität erhielt und dort die Gewohnheit entwickelte, jeden Vorlesungszyklus mit einer Art Programmskizze zu beginnen.[7] So hielt er beispielsweise im Wintersemester 1831/32, nach seiner Rückkehr von einem mehrjährigen Forschungsaufenthalt in Österreich und Italien, eine Vorlesung über die *Idee der Universalgeschichte*, deren Thema sich mit Hegels Vorlesungen zur *Philosophie der Weltgeschichte* berührte. Ob und wie gut sich der Historiker und der Philosoph gekannt haben, ist nicht überliefert, zumal Hegel schon im November 1831 starb.[8] Aber gleich in der ersten Vorlesungsstunde wandte sich Ranke mit Nachdruck gegen eine Unterordnung der Geschichte unter die Philosophie:[9] Alle Kenntnis, so erklärte er, würde für den Geschichtsphilosophen nur dazu dienen, „zu wissen, inwiefern das principium philosophicum sich in der Historie aufweisen lasse; inwiefern jener a priori gesetzte Fortgang des Menschengeschlechts statt hat". Aber sich „in die geschehenen Dinge zu vertiefen" und wissen zu wollen, „wie man überhaupt zu irgend einer Zeit gelebt" hat, wäre für den Philosophen letztlich ohne Belang, denn „nur in der Totalität des in der Erscheinung der Menschengeschichte lebendig gewordenen Begriffs würde ein Interesse liegen; zu einer universalen, auf sich beruhenden Überzeugung würde man durch das Studium der Historie nie gelangen können; die einzig mögliche Mannigfaltigkeit würde in einer Spaltung der Begriffe liegen, in einer Deduktion der untern aus den obern". Im Gegensatz dazu forderte Ranke, dass sich die Historie weder wie früher von der Theologie noch wie neuerdings von der Phi-

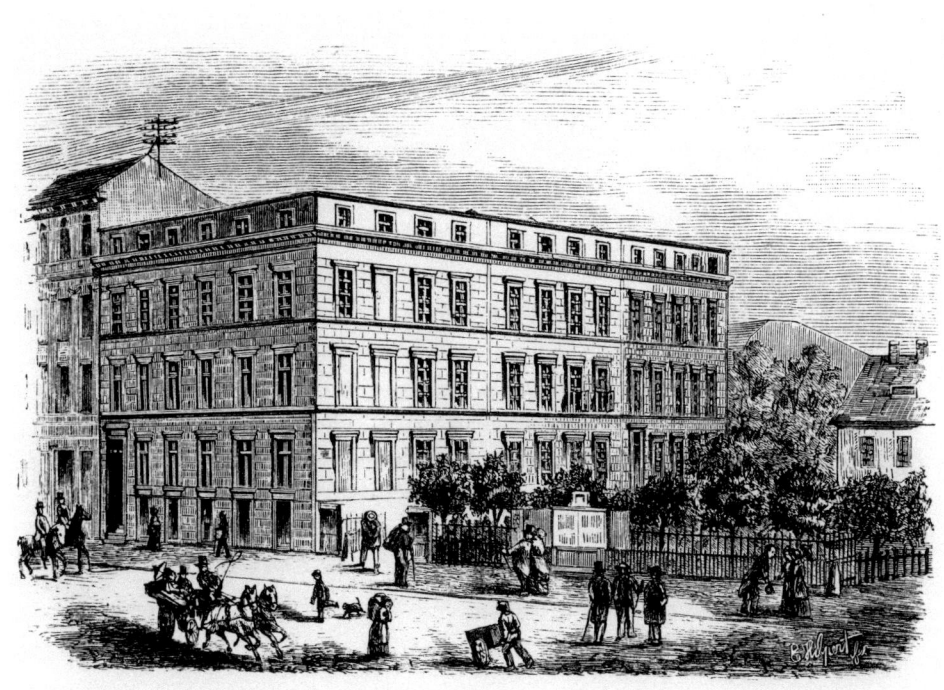

1   Wohnhaus
Leopold von Rankes in
Berlin, Luisenstraße,
Holzstich von Eugen
Hilpert, um 1870.

losophie „gefangennehmen" lassen dürfe; sie müsse vielmehr „in steter Opposition"
bleiben, um sich ganz „dem Konkreten" zu widmen – und nicht etwa „dem Abstrakten, das in demselben enthalten wäre".

　　　Schon in dieser frühen Vorlesung verknüpft Ranke mit seiner Abgrenzung von
der Philosophie die Darstellung einiger Prinzipien, die auch sein späteres Œuvre prägen sollten. Das erste ist die „Wahrheitsliebe": „Indem wir in der Begebenheit, dem
Zustand, der Person, die wir erkennen wollen, ein Höheres anerkennen, so fassen wir
eine gewisse Hochachtung vor dem, was geschehen, ergangen, erschienen ist. Der erste
Zweck ist, dies zu erkennen."[10] Da es aber nicht ausreiche, das Geschehene nur in seiner
Erscheinung zu betrachten, ohne sein Wesen zu begreifen, kommt ein zweites Prinzip
hinzu, nämlich das eingehende Studium der Dokumente. Das wiederum setzt beim
Historiker viele Fähigkeiten voraus, vor allem die „Gabe" der unbefangenen „geistigen
Apperzeption": Nur wenn er ein „universales Interesse" besitzt (drittes Prinzip), statt
sich von vornherein auf einzelne Aspekte der Geschichte zu konzentrieren, besteht die
Möglichkeit „der reinen Erkenntnis, nicht getrübt durch vorgefasste Meinung". Und
auf dieser Basis lassen sich dann auch Zusammenhänge zwischen den verschiedenen
Ereignissen und eine „innerliche Verbindung von Ursache und Wirkung" erkennen,
also eine Art „Kausalnexus" (viertes Prinzip).

　　　Hier scheint sich Ranke allerdings bewusst zu werden, dass er eine Grenze über-
schreiten könnte, denn, wie er freimütig gesteht, „diese Wirkung aus Ursache herlei-

tende Betrachtung der Historie nennt man die pragmatische", womit die Zeitgenossen in der Regel die Aufklärungshistorie bezeichneten.[11] Eigentlich müsste er sie also ablehnen. Stattdessen fügt er hinzu, dass er das Wort „pragmatisch" nicht „auf die gewöhnliche Weise verstehen" will – das heißt als Synonym für Aufklärung –, sondern „unseren Begriffen gemäß". Was aber heißt das? Erneut zieht sich Ranke auf das Grundprinzip empirischer Quellenforschung zurück: „Wie […] die Erkenntnis überhaupt, so ist selbst unser Pragmatismus urkundlich. Er kann sogar sehr schweigsam und doch sehr wesentlich sein. Wo die Ereignisse selbst reden, wo die reine Zusammenstellung den Zusammenhang kundgibt, ist es nicht notwendig, viele Worte von demselben zu machen". Das erinnert nicht nur an Goethe, sondern auch an die zeitgenössische Entwicklungsbiologie etwa eines Johannes Müller.

Allein diese Haltung bietet für Ranke die Gewähr für „Unparteilichkeit" (fünftes Prinzip).[12] Denn nichts fürchtet er mehr als ein vorschnelles Urteil im Namen „der Geschichte oder der Nachwelt". Schillers bekanntes Diktum „die Weltgeschichte ist das Weltgericht" wird damit also verworfen: „Nur allzu oft", erklärt Ranke seinen Hörern, „beurteilen wir die Vergangenheit nach dem heutigen Tage", doch genau das sollten Historiker vermeiden: „Wo irgendein ähnlicher Kampf, müssen beide Parteien auf ihrem eigenen Boden, in ihrer Umgebung, sozusagen in ihrem innerlichen Bestand angeschaut werden; – begreifen muss man sie, ehe man sie richtet." In seinen Vorträgen vor König Maximilian II. von Bayern wird er 1854 dieselbe Historisierungsforderung auf die berühmte Formel bringen: „Ich aber behaupte: jede Epoche ist unmittelbar zu Gott, und ihr Wert beruht gar nicht auf dem, was aus ihr hervorgeht, sondern in ihrer Existenz selbst […]."[13] Tatsächlich geht es Ranke aber nicht bloß um historische Relativierung, sondern um eine andere Art der Beschwichtigung:[14] Der Historiker soll sich nicht am Kampf der Parteien beteiligen, weder auf Seiten der „Bewegung" noch des „Widerstandes": „Nur dort, wo beide einander die Waage halten, ohne in diese heftigen, alles verschlingenden Kämpfe zu geraten, kann die Menschheit gedeihen." Und „eben darum", weil der Historiker „beide anerkennt, kann er gegen beide gerecht sein".

Am Ende wird all dies verklammert durch ein sechstes Prinzip: die „Auffassung der Totalität".[15] Da sich für Ranke in aller Geschichte, unabhängig von ihrer Bewertung, göttliche Impulse verbergen („das Innewohnen des Ewigen in dem Einzelnen"[16]), sieht er sich mit einem ständigen „Werden, Wirksamsein, Sich-geltend-machen, Vergehen" konfrontiert. Auch hier bleibt dem Historiker keine andere Wahl als „genaues Forschen", als „Induktion aus dem Wohlerkannten" statt „Divination aus dem Wenigbekannten". Vor allem keine „Philosopheme"! Man sieht also, „wie unendlich schwer es mit der Universalhistorie wird. Welche unendliche Masse! Wie differierende Bestrebungen! Welche Schwierigkeit, nur das Einzelne zu fassen! Da wir überdies vieles nicht wissen, wie wollen wir nur den Kausalnexus allenthalben ergreifen; geschweige das Wesen der Totalität ergründen." Und Ranke zieht daraus die Konsequenz: „Diese Aufgabe durchaus zu lösen halte ich für unmöglich. Die Weltgeschichte weiß allein Gott. Wir erkennen die Widersprüche, – die Harmonien […] können wir nur ahnen, uns nur von fern ihnen nahn."

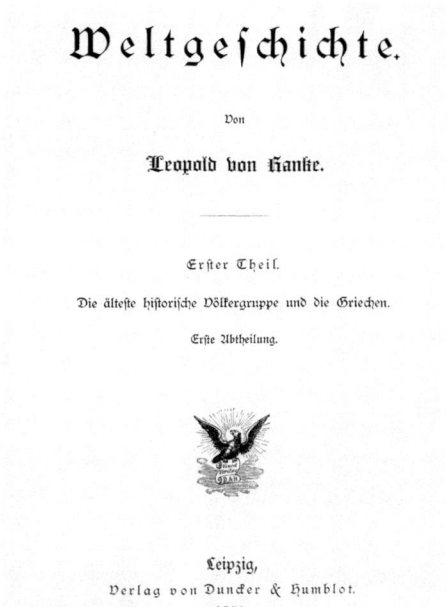

2   Titelblatt zur
Weltgeschichte von
Leopold von Ranke,
Leipzig: Duncker &
Humblot, 1881.

Wie allein schon die exemplarische Lektüre dieser einen Vorlesung zeigt, lassen sich aus Rankes Werk (54 Bände nebst 9 Bänden *Weltgeschichte*, ferner Manuskripte, Briefe und Tagebücher) die Grundrisse einer „Historik" rekonstruieren, obwohl er selbst, im Unterschied zu Georg Gottfried Gervinus oder Johann Gustav Droysen, eine solche nie verfasste.[17] Trotz mancher Unterschiede und Verschiebungen, die sich nicht zuletzt aus seiner langen Lebenszeit erklären, ist das Gesamtbild erstaunlich eindeutig und stabil, denn wie ein *ceterum censeo* wiederholt Ranke immer wieder einige Eckpfeiler seines Programms: 1. Tatsachenforschung, 2. Unparteilichkeit (Objektivität), 3. Zusammenhang des Ganzen (Totalität). Darin enthalten ist die Abgrenzung gegenüber Philosophie und Politik, auch wenn der Historiker auf beides verwiesen bleibt: „Wäre die Philosophie, was sie sein soll", meint Ranke, und wäre die Historie „vollkommen klar und vollendet", könnten beide am Ende „völlig übereinstimmen."[18] Und Gleiches gilt für die Politik, die sich von der Historie nur unterscheidet „wie theoretische und praktische Philosophie". Um also die ferne Vergangenheit zu verstehen, braucht der Historiker die „Bekanntschaft mit der Gegenwart", und „ein Verständnis der Gegenwart gibt es nicht ohne Kenntnis der früheren Zeiten. Die eine reicht der andern die Hände: eine kann ohne die andere entweder gar nicht existieren oder doch nicht vollkommen sein."[19]

Gerade in Sachen Politik fällt auf, dass Ranke zwar ein Verehrer des Staates und auch der Monarchie ist, die er gegenüber der Demokratie für die natürlichere und bessere Staatsform hält, aber – entgegen späteren Vereinnahmungen – kein nationalistischer Eiferer. Als Sachse geboren, wurde er erst 1815 zum Preußen, und eine Zeitlang

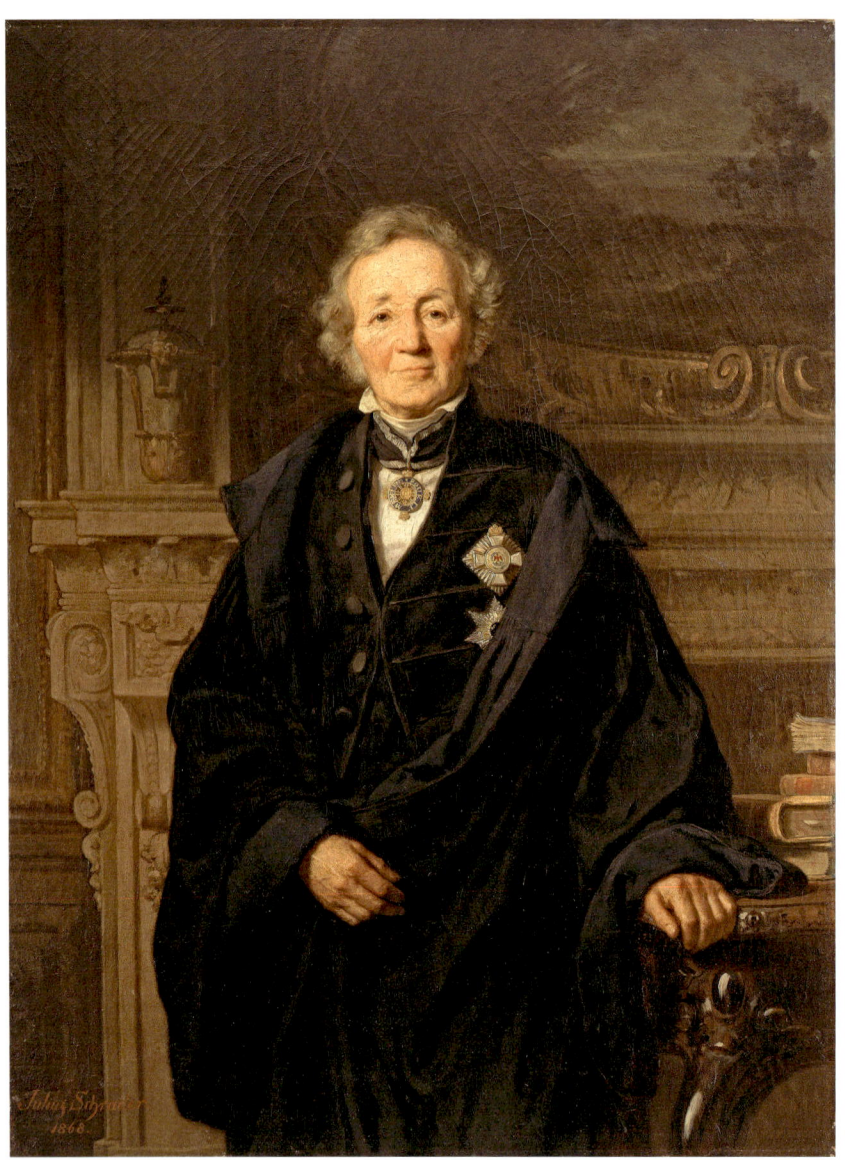

3   Leopold von Ranke, Gemälde von Julius Friedrich Anton Schrader, Öl auf Leinwand, 1868.

erwog er durchaus, nach Bayern zu emigrieren. Er schrieb mehrere Nationalgeschichten (besonders von Preußen, Frankreich und England), aber nicht aus nationalistischer oder gar aus ‚volkischer‘, sondern, erstaunlich genug, aus europäischer Perspektive.[20] Seine frühe These, dass es „auf der Erde kein Volk [gäbe], das ohne Berührung mit anderen geblieben wäre“[21], legte den Grund für vergleichende, universalhistorische Fragestellungen, die in seinem großen Alterswerk der *Weltgeschichte* ihren Höhepunkt fanden. Ausgerechnet Ranke, der Höfling und „rankende Knecht“ (Heine)[22], der im Alter von siebzig Jahren geadelt wurde und uns auf manchen Bildern, umhängt mit

dem Pour le Mérite, wie ein König der Geschichtswissenschaft entgegentritt, begann
noch als über Achtzigjähriger das Projekt einer „welthistorischen Wissenschaft", das
jeden geografischen und disziplinären Rahmen sprengte. Doch noch in diesem letzten
Werk wiederholte er sein altes *Credo*: „Nur kritisch erforschte Geschichte kann als
Geschichte gelten."[23] Er starb am 23. Mai 1886 im Alter von 90 Jahren in Berlin.

Unsere Wahrnehmung von Ranke ist stark von dem Bild geprägt, das seine Schüler und spätere Historikergenerationen von ihm entworfen haben, die ihn mit unterschiedlicher Akzentuierung zur Ikone einer deskriptiven, objektivistischen und nicht
zuletzt deutsch-nationalistischen Geschichtswissenschaft erhoben.[24] Damit war manche Verzerrung verbunden. Ranke, der Aufsteiger aus der Provinz und akademische
Einzelgänger (Burckhardt beschrieb ihn als „wunderlichen Kauz"[25]), der sich selbst ein
„Geschöpf des vorigen Jahrhunderts" nannte, aber die „Wendungen" des 19. akzeptierte, ohne deshalb ein Fortschrittler zu sein;[26] der eine Zeitlang in den liberalen Salons
mit Varnhagens und Humboldts verkehrte, bevor er – nach Rahel Varnhagens Tod und
ein paar Häuser weiter – sein privates „Seminar" eröffnete, um seinen Studenten das
kritische Lesen historischer Quellen zu lehren, dieser „Kolumbus" oder „Cook" der
Geschichtswissenschaft, wie er sich selbst sah,[27] wurde im Nachhinein als naiver Konservativer und Faktensammler karikiert, der mit „Archivschnitzeln" renommierte[28]
und nach „eunuchischer Objektivität" strebte.[29] Doch in Wahrheit bewegte sich Ranke
auf unsicherem Terrain: Im Privaten eher ängstlich, agierte er in der Wissenschaft wie
ein kühner Entdeckungsreisender: „Ich gehe hier auf ganz ungebahnten Wegen", meinte
er in einem Brief aus Wien. „Ich sehe eine Erkenntnis von ferne, deren Hoffnung und
Ahnung mich in Freude und Wonne versetzt."[30] Tatsächlich öffnete er mit seinen
unermüdlichen Archivreisen, vor allem nach Venedig und Rom, aber auch in viele
andere europäische Städte, und seiner obsessiven Suche nach neuen Dokumenten den
Weg für professionelle Forschungspraktiken, wie sie erst Jahrzehnte später allgemein
üblich wurden.[31]

„Ich bewundere den originellen, freien Kopf Helmh[oltz]immer mehr."[32]

Hermann Helmholtz wurde am 31. August 1821 in Potsdam als Sohn eines Gymnasiallehrers für alte Sprachen geboren.[33] Das Elternhaus vermittelte ihm die klassischen
Bildungsideale, aber seine finanziellen Mittel waren begrenzt. Nur dank eines Stipendiums bekam er nach dem Besuch des Gymnasiums in seiner Heimatstadt ab 1838 am
Medicinisch-chirurgischen Friedrich-Wilhelm-Institut in Berlin eine Ausbildung zum
preußischen Militärarzt, die er 1842 mit einer histologischen Dissertation über den
Ursprung der peripheren Nervenfasern von wirbellosen Tieren bei dem an der Berliner
Universität lehrenden Physiologen Johannes Müller abschloss. Neben seinem anschlie
ßenden Dienst als Militärarzt von 1843 bis 1848 in Potsdam fand er ausreichend Zeit,
sowohl zu Hause als auch in den Laboratorien des Physikers Gustav Magnus, des Che

mikers Eilhard Mitscherlich sowie seines Doktorvaters Müller über Fäulnis und Gärung sowie Stoffverbrauch und Wärmeentwicklung bei der Muskeltätigkeit zu arbeiten. Im Umgang mit diesen Lehrern, vor allem aber mit Müllers Schülern Robert Remak, Rudolf Virchow, Ernst von Brücke und Emil Du Bois-Reymond eignete er sich nicht nur Grundkenntnisse quantitativen Experimentierens, sondern auch deren anti-vitalistische Einstellung als 'organische Physiker' an. Norton Wise und Robert Brain haben überzeugend dargelegt, dass die von dieser Haltung inspirierte experimentelle Praxis in Resonanz stand und letztlich getragen wurde durch die Aufbruchsstimmung der – spät einsetzenden – preußischen Industrialisierung.[34] Daneben rezipierte Helmholtz die ganze bisherige Literatur über physiologische Wärmeerscheinungen und ver-fasste noch 1847 sein erstes jugendliches Meisterwerk, die physikalische Abhandlung *Über die Erhaltung der Kraft*, die allerdings von Magnus als verdächtig nahe an Natur-philosophie grenzend eingestuft und deshalb nicht zur Publikation angenommen wurde. Die dort formulierte Aufgabe der exakten Wissenschaften, „dass alle Wirkun-gen in der Natur zurückzuführen seien auf anziehende oder abstossende Kräfte, deren Intensität nur von der Entfernung der auf einander wirkenden Puncte abhängt"[35], präg-te das wissenschaftliche Selbstverständnis der 1845 von Ernst Wilhelm von Brücke, Emil Du Bois-Reymond und anderen gegründeten Physikalischen Gesellschaft zu Ber-lin und wurde zum Generalbass einer ganzen Generation von Physikern, Chemikern und Physiologen im Deutschland des zweiten Drittels des 19. Jahrhunderts. Nach einem einjährigen Zwischenspiel als Anatomielehrer an der Berliner Akademie der Künste und als Assistent von Müller an der Berliner Universität wurde Helmholtz 1849 zum außerordentlichen Professor für Physiologie in Königsberg berufen. Dort gelang ihm in Fortsetzung seiner Untersuchungen über die Kontraktion des Froschmuskels die Mes-sung der Geschwindigkeit der Leitung von Nervenimpulsen. Wie Henning Schmidgen gezeigt hat, hatte das damit etablierte Experimentalparadigma ein halbes Jahrhundert psychophysischer Zeitmessungen im Gefolge.[36] Gleichzeitig erregte Helmholtz mit der Konstruktion des Augenspiegels Aufsehen, weil damit erstmals die Netzhaut direkt beobachtet werden konnte: „Für meine äussere Stellung vor der Welt war die Con-struction des Augenspiegels sehr entscheidend."[37] Das eine begründete seine Reputation als exakter experimenteller Physiologe, das andere seine Ausstrahlung in die Welt der Medizin. Zudem legte er in Königsberg den Grundstein zu seinen Arbeiten über die Physiologie des Sehens und des Hörens auf der Basis des Prinzips, das sein Lehrer Johannes Müller als das „Gesetz der spezifischen Sinnesenergien" bezeichnet hatte, und ausgehend von der Beobachtung, dass Täuschungen der Sinne einen untrüglichen Zugang zu deren Funktion schaffen konnten.

Alle diese Untersuchungen konnte Helmholtz ab 1855 als Professor für Anato-mie und Physiologie in Bonn und seit 1858 als Professor für Physiologie in Heidelberg fortsetzen. Das zwischen 1856 und 1867 erschienene dreibändige *Handbuch der phy-siologischen Optik* und die 1863 publizierte *Lehre von den Tonempfindungen als physio-logische Grundlage für die Theorie der Musik* systematisierten einerseits das Wissen der Zeit auf diesen beiden Gebieten der Sinnesphysiologie, andererseits setzten sie auch

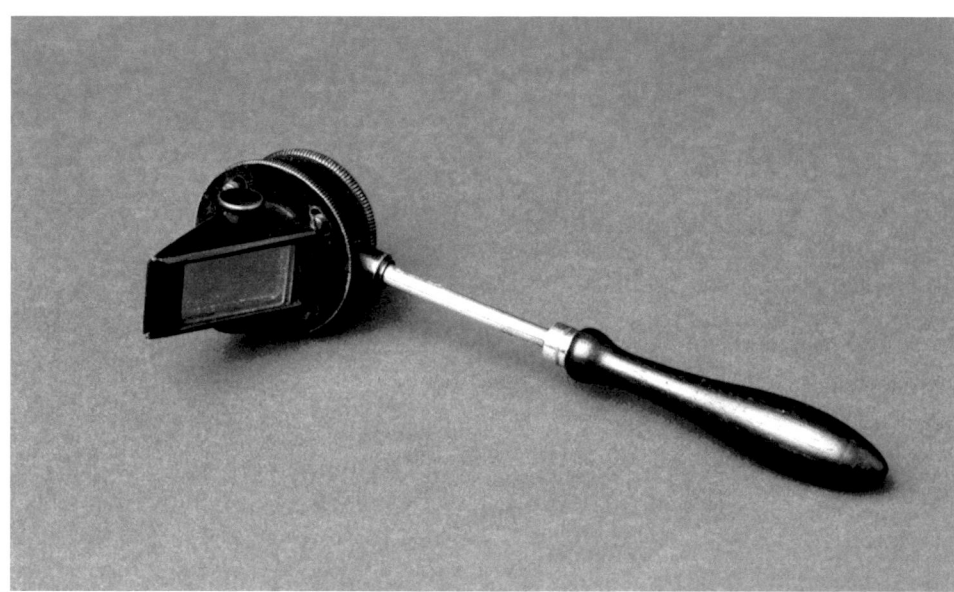

4 Augenspiegel nach
Hermann von
Helmholtz, 1851.

den innovativen Charakter seiner eigenen Experimentierkunst ins Licht. Drei Aspekte
verdienen dabei besondere Erwähnung. Erstens wusste Helmholtz präzise die offenen
Fragen zu identifizieren, die sich aus dem aktuellen experimentellen und theoretischen
Wissensstand ergaben; er hatte seine experimentellen Hände am Puls der Zeit. Zweitens kam ihm hier seine disziplinäre Zwitterstellung zugute. Er selbst bemerkte dazu
in seinen Erinnerungen: „Übrigens erklärte ich mir selbst meine guten Erfolge wesentlich aus dem Umstande, dass ich durch ein günstiges Geschick als ein mit einigem geo-
metrischen Verstande und mit physikalischen Kenntnissen ausgestatteter Mann unter
die Mediciner geworfen war, wo ich in der Physiologie auf jungfräulichen Boden von
grosser Fruchtbarkeit stiess, und dass ich andererseits durch die Kenntniss der Lebens-
erscheinungen auf Fragen und Gesichtspunkte geführt worden war, die gewöhnlich
den reinen Mathematikern und Physikern fern liegen.“[38] Zum Dritten entwickelte er in
diesen Jahren, wie Timothy Lenoir und Julia Kursell im Detail gezeigt haben, eine aus-
gesprochene Fertigkeit in der Darstellung mechanischer Modelle von Teilfunktionen
von Auge[39] und Ohr[40], an denen er gewissermaßen stellvertretend für die Sinnesorga-
ne und in deren Verlängerung im Labor experimentieren konnte. Sie führten ihn mit
seinen Experimentalserien immer wieder zu überraschend differenzierenden Befunden. Gelegentlich hat man Helmholtz' Experimentierstil eher auf die Beherrschung
von Zufällen und die Bereinigung von Diskrepanzen ausgerichtet betrachtet, im
Gegensatz zu dem seines großen französischen Gegenspielers Claude Bernard, der als
Meister darin galt, Zufallsbefunde produktiv zu wenden. Es verwundert denn auch
nicht, dass Helmholtz Bernards Arbeit nicht goutieren konnte – als „Lump" bezeichnete er ihn, seine Arbeit als „liederlich"[41] –, wie umgekehrt Bernard leicht süffisant und

etwas galanter vermerkte: „Man hat behauptet, ich würde finden, was ich gar nicht suchte, während Helmholtz nur findet, was er sucht."[42] Beide waren jedoch vorsichtig genug, dergleichen nur Briefen an Freunde und Notizbüchern anzuvertrauen.

Seine sinnesphysiologischen Untersuchungen ließen Helmholtz gleichzeitig aber auch die Grenzen erkennen, die seiner Physik gesetzt waren und die sie von dem Bereich abgrenzten, den er der Domäne der Psychologie zuordnete. Das waren die Gehirnleistungen, und Helmholtz hütete sich zeit seines Lebens strikt, über die ihnen zu Grunde liegenden Vorgänge zu spekulieren. Soweit sie die Sinne betrafen, bestanden sie seinem Urteil zufolge weitgehend aus unbewussten Schlüssen, deren Ergebnis eine Synthese elementarer Sinnesempfindungen zu Wahrnehmungskomplexen darstellte. Dementsprechend unterschied er scharf zwischen Empfindungen auf der physiologischen und Wahrnehmungen auf der psychologischen Seite. Letztere fanden nach Helmholtz ihre Grenzen wiederum dort, wo die Regeln der Ästhetik einsetzten, die sich allein einer empirisch fundierten Erforschung der Geschichte erschlossen.

Helmholtz' Arbeiten auf dem Gebiet der Sinnesphysiologie zwischen 1850 und 1870 bedeuteten für ihn also weit mehr als eine Schule der organischen Physik. Sie verhalfen ihm zu einem charakteristischen und für seine wissenschaftspolitischen Aktivitäten grundlegenden Verständnis sowohl des Zusammenhangs als auch der Arbeitsteilung zwischen den Disziplinen. Sie schufen aber auch die Grundlage für seine empiristische Epistemologie. Michael Heidelberger hat sie mit dem passenden Begriff „experimenteller Interaktionismus" belegt.[43] Dieser hat eine erkenntnistheoretische und eine wissenschaftstheoretische Seite, die Helmholtz als miteinander verknüpft betrachtete. In seiner 1878 zur Stiftungsfeier der Berliner Universität gehaltenen Rede über *Die Thatsachen in der Wahrnehmung* brachte er diesen Zusammenhang wie folgt zum Ausdruck: „Jede unserer willkürlichen Bewegungen, durch die wir die Erscheinungsweise der Objecte abändern, ist als ein Experiment zu betrachten, durch welches wir prüfen, ob wir das gesetzliche Verhalten der vorliegenden Erscheinung, d. h. ihr vorausgesetztes Bestehen in bestimmter Raumordnung richtig aufgefasst haben." Diese Prüfbewegungen laufen beim Wahrnehmungsvorgang in der Regel unbewusst ab, im Unterschied zum wissenschaftlichen Experiment, in dem sie bewusst arrangiert werden und die Form einer aus der Wahrnehmung herausgesetzten Prüfbewegung in Gestalt einer Experimentalanordnung annehmen: „Die überzeugende Kraft jedes Experimentes ist aber hauptsächlich deshalb so sehr viel grösser, als die der Beobachtung eines ohne unser Zuthun ablaufenden Vorganges, weil beim Experiment die Kette der Ursachen durch unser Selbstbewusstsein hindurchläuft."[44] So wie wir im Laufe unseres Lebens lernen, die Sinneseindrücke als Zeichen der uns umgebenden Welt zu lesen, so lernt der empirisch vorgehende Wissenschafter die Zeichen, die ihm sein Experimentalaufbau liefert, als Ausdruck der Naturvorgänge zu lesen, die ihn beschäftigen.

Helmholtz ging dabei nicht so weit, die Zeichen der Sinne oder die Zeichen des Experiments rein konventionalistisch zu deuten; er arbeitete, um es mit einem Begriff aus der Semiotik von Charles Sanders Peirce zu bezeichnen, mit einem „indexikalischen" Zeichenbegriff. In den theoretischen Debatten seiner Zeit warb er immer wie-

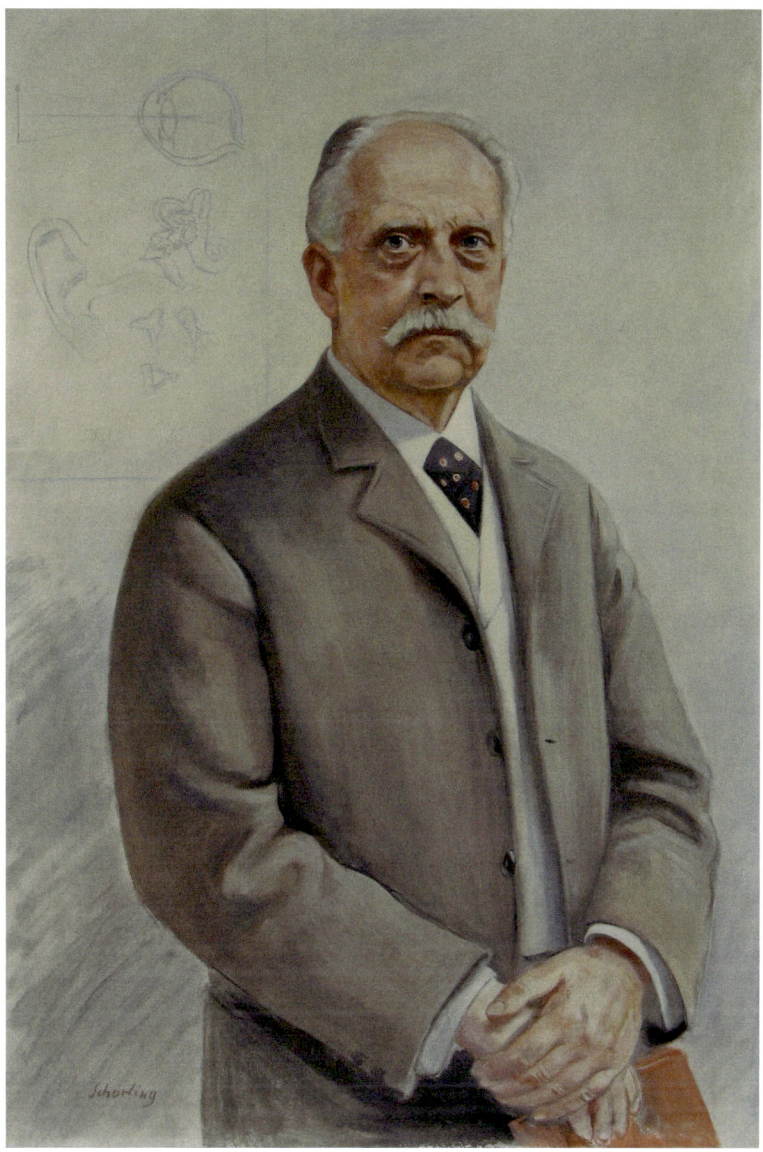

5   Hermann von
Helmholtz, Gemälde
von Adolf Schorling,
Öl auf Leinwand,
1952.

der für zwei Dinge: Erstens liefern unsere Sinne uns kein Abbild der Wirklichkeit
unserer Lebenswelt, sondern durch die jeweiligen Sinne konditionierte Zeichen, die
wir interpretieren müssen. „Insofern die Qualität unserer Empfindung uns von der
Eigenthümlichkeit der äusseren Einwirkung, durch welche sie erregt ist, eine Nachricht gibt, kann sie als ein *Zeichen* derselben gelten, aber nicht als ein *Abbild*. [...] Ein
Zeichen [...] braucht gar keine Art der Ähnlichkeit mit dem zu haben, dessen Zeichen
es ist.“[45] Zweitens sind selbst die grundlegenden Anschauungsformen von Raum und
Zeit nicht immer schon in unserem Erkenntnisvermögen angelegt – eine Position, die

Helmholtz' Zeitgenosse Ewald Hering im Anschluss an Kant vertrat –, sondern müssen durch Erfahrung, also empirisch erworben werden.

1871 verließ Helmholtz Heidelberg, um als Nachfolger seines ehemaligen Mentors Magnus die ordentliche Professur für Physik an der Berliner Universität zu übernehmen. Es war ein Wechsel, für den sich besonders sein alter Freund Du Bois-Reymond eingesetzt hatte. Gleichzeitig wurde Helmholtz Ordentliches Mitglied der Königlich Preußischen Akademie der Wissenschaften zu Berlin. Die zweite Berliner Zeit wurde dann zum Höhepunkt seiner Laufbahn. 1873 in den Orden Pour le Mérite aufgenommen (in beiden Gesellschaften hatte er Gelegenheit, sich mit Ranke auszutauschen), konnte er 1877 in Berlin sein neues, bestausgestattetes physikalisches Institut beziehen. 1883 kam der persönliche Adel hinzu, und 1888 wurde er zum ersten Präsidenten der neu gegründeten Physikalisch-Technischen Reichsanstalt ernannt.

In diesen zwei Berliner Jahrzehnten widmete sich Helmholtz vor allem physikalischen Fragestellungen, die ihn an die damaligen Frontverläufe auf den Gebieten der Elektrodynamik, der Elektrochemie und der Thermodynamik führten. Zudem lieferte er grundlegende Beiträge zur Geometrie-Debatte des ausgehenden 19. Jahrhunderts. Eine der wichtigsten Entwicklungen in der Physik seit 1847 war die Etablierung des Energiebegriffes durch William Thomson in Schottland und Rudolf Clausius in Deutschland im Gefolge der Pionierarbeiten von Helmholtz und Robert Mayer. Wir folgen hier dem Wissenschaftshistoriker Jed Buchwald, der Helmholtz' Reorientierung als Physiker um 1870 dahingehend zusammenfasst, dass er sich in seiner erneuten Auseinandersetzung mit den Grundbegriffen der Physik eine Variante des Energiebegriffs zu eigen machte, die ihm und seinen Schülern – allen voran Heinrich Hertz – zugleich einen charakteristischen Stil physikalischen Experimentierens ermöglichte, der sich von dem seiner Zeitgenossen Wilhelm Weber in Deutschland und James Clerk Maxwell in Schottland unterschied.[46] Im Helmholtzschen Labor, fasst Buchwald zusammen, gab es „Objekte, Zustände und Wechselwirkungsenergien; alles andere war sekundär. Für Helmholtz war es nun das Ziel der Physik (und nicht nur der Thermodynamik), herauszufinden, was für Zustände Objekte und welche Formen ihre Wechselwirkungsenergien annehmen konnten."[47] Relationen zwischen Laborphänomenen rückten in den Vordergrund, Modelle für sie – mechanischer oder anderer Art – traten in den Hintergrund. Für Ludwig Boltzmann, einen anderen Helmholtz-Schüler, war das die Quintessenz des Wandels in der Physik vor der Jahrhundertwende.[48] Vor einer Reifizierung der Begriffe Kraft und Materie(punkt) hatte allerdings bereits Helmholtz' Studienfreund Du Bois-Reymond gewarnt, als er 1848 im Vorwort zum ersten Band seiner *Untersuchungen über thierische Elektricität* plastisch formulierte: „Die Materie ist nicht wie ein Fuhrwerk, davor die Kräfte als Pferde nach Belieben nun angespannt, dann wieder abgeschirrt werden können."[49]

Gegen Ende seiner wissenschaftlichen Laufbahn, als seine elektrodynamische Synthese bereits Risse bekommen hatte, versuchte Helmholtz noch einmal, die Physik seiner Zeit unter ein einheitliches Prinzip zu bringen, so wie er es am Anfang getan hatte. Aber seiner Wiederbelebung des Prinzips der kleinsten Wirkung war kein durchschlagender und anhaltender Erfolg mehr beschieden. Bald nach seinem Tod 1894 begann die Physik mit den um die Jahrhundertwende entdeckten Phänomenen der Röntgenstrahlung, des Elektrons und des radioaktiven Zerfalls in eine neue Ära einzutreten.

Man hat Helmholtz oft als den Vollender der klassischen Physik apostrophiert. Er war jedenfalls im Laufe seines Lebens zu so etwas wie einer Symbolfigur der Naturwissenschaften seiner Zeit geworden. Hatte ihm die Konstruktion des Ophthalmoskops in der Welt der Medizin das Epitheton eines „Wohltäters der Menschheit" eingetragen, so beschrieb man seine gesellschaftliche Rolle im Berlin Bismarcks als „Reichskanzler der Wissenschaften"[50]. Mit der Physikalisch-Technischen Reichsanstalt war Helmholtz, mehr als 20 Jahre vor der Gründung der Kaiser-Wilhelm-Gesellschaft, zum Promotor der ersten großen außeruniversitären Wissenschaftsinstitution in Deutschland geworden, die das Ziel hatte, Grundlagenforschung in einer neuen Allianz mit Industrie und Politik zu betreiben, ohne dabei in kurzfristigen Anwendungszusammenhängen aufzugehen. In dieser Hinsicht warf der Wissenschaftsorganisator und Wissenschaftspolitiker Helmholtz, mit Werner von Siemens seit seinen Studientagen verbunden, seine Schatten auf das 20. Jahrhundert voraus.

Mit seiner ausgedehnten Vortrags- und Redetätigkeit hatte Helmholtz schon früh versucht, die Naturwissenschaften einem breiteren, eher den schönen Künsten zugewandten Publikum nahezubringen. David Cahan hat dazu treffend bemerkt, dass es Helmholtz weniger darum ging, wissenschaftliche Inhalte zu popularisieren, als vielmehr über Reichweite und Grenzen naturwissenschaftlichen Wissens in verständlicher Form zu reflektieren und ein Bewusstsein von dem Potenzial seiner „zivilisierenden Kraft" zu verbreiten. So wurde Helmholtz gleichsam „Deutschlands Botschafter der Wissenschaften"[51]. Cahan stellt ihn daher in eine Reihe mit Alexander von Humboldt und Max Planck, die vor und nach Helmholtz eine vergleichbare Rolle spielten.

Für Helmholtz' Auseinandersetzung mit den Künsten, allen voran mit Malerei und Musik, waren vor allem zwei Dinge charakteristisch: Auf der einen Seite war Helmholtz zunehmend bemüht, den künstlerischen Schaffensprozess in der ihm eigenen Natur nicht nur als solchen anzuerkennen, sondern ihn in eine Parallele zum wissenschaftlichen Schaffensprozess zu setzen. Hatte er in einer ersten Königsberger Goethe-Rede von 1853 noch die Übergriffe des Poeten auf die Wissenschaften gegeißelt, so stellte er 1892 in seinem Weimarer Vortrag über Goethe die intuitive Induktion des Künstlers der strengen Induktion des Wissenschaftlers zur Seite: Beide seien auf die Repräsentation des Wahren ausgerichtet. Idealtyp und Gesetz waren Helmholtz' neoklassische Maximen[52] bezüglich dessen, was er als die „Verwandtschaft zwischen Wissenschaft und Kunst" bezeichnete.[53] Vor allem aber hatten neue Hervorbringungen auf dem einen wie dem anderen Gebiet eine intime Vertrautheit mit dem jeweiligen Stoff zur Voraussetzung. Sie trafen und glichen sich somit im Prozess der Forschung, wenn sich die Wissenschaften und die Künste auch in den Mitteln ihrer Darstellung unterschieden.

Auf der anderen Seite hielt Helmholtz an der Grenzziehung fest: „Logische Induction" und „künstlerische Induction" fielen eben nicht zusammen,[54] um die begriffliche Unterscheidung aus seiner Heidelberger Festrede *Über das Verhältnis der Natur-wissenschaften zur Gesammtheit der Wissenschaft* von 1862 aufzugreifen. So verstand Helmholtz seine eigenen wissenschaftlichen Bemerkungen über Malerei und Ton-kunst auch nicht als wissenschaftlichen Nachhilfeunterricht für Künstler, sondern eher als, wie wir heute sagen würden, Bemerkungen aus sinnesphysiologischer Sicht über die Medien, in denen und durch die sich diese Künste realisieren. Und als solche wurden sie auch von Malern und Musikern rezipiert.[55] Zudem betrachtete er, wie vor allem in den *Tonempfindungen* ausgeführt, die Prinzipien der Ästhetik weder als naturgegeben noch als aus apriorischen Überlegungen ableitbar, sondern als Kultur-leistungen, die als solche einem beständigen geschichtlichen Wandel unterworfen waren. Ihre Erforschung war demnach als eine genuin historische Aufgabe anzusehen und damit der empirischen Arbeit des Historikers und nicht dem Reflexionsgeschäft des Philosophen anheimgegeben. Das galt vor allem für „das *historische* Quellenstu-dium", dessen Beschreibung sich wie aus den Schriften Rankes entnommen liest: „die Durchmusterung der in den Archiven der Staaten und der Städte aufgehäuften Per-gamente und Papiere, das Zusammenlesen der in Memoiren, Briefsammlungen und Biographien zerstreuten Notizen […]"[56].

Über die Philosophie von Helmholtz ist viel gestritten worden. Je nach Partial-rezeption hat man ihm realistische, idealistische, metaphysische oder empiristische Positionen zugeschrieben. Helmholtz würde es wohl von sich gewiesen haben, als Phi-losoph bezeichnet zu werden. Wir wollen deshalb auch nicht von seiner Philosophie sprechen. Für die Universitätsphilosophie konnte er harte Worte finden: „Impotente Bücherwürmer, die nie ein neues Wissen erzeugt haben", nannte er sie in einem Brief an den Mathematiker Rudolf Lipschitz.[57] Was Helmholtz im Sinn hatte, war anderes und zugleich mehr. Er verstand die Naturwissenschaften, so wie er sie betrieb, als empirische Fortsetzung und experimentelle Einlösung der kantischen Erkenntniskri-tik. Das heißt, er sah durch die Naturwissenschaften den Erkenntnisanspruch der klas-sischen Philosophie auf eine gründlich nicht-metaphysische Weise verwirklicht.

BEGEGNUNGEN

Ranke und Helmholtz gehörten nicht derselben Generation an, wenngleich ihre wis-senschaftliche Tätigkeit sich um vier Jahrzehnte überlappte. Ranke war noch ein Mann des späten 18. Jahrhunderts und wurde bereits 1832 Mitglied der Königlich-Preußi-schen Akademie der Wissenschaften. Er lebte in der Erinnerung an die Napoleonischen Kriege, die er als Folge der Revolution von 1789 betrachtete; auch die Revolutionen von 1830 und 1848/49 empfand er als Bedrohung. Helmholtz dagegen war ganz ein Kind des 19. Jahrhunderts, dessen Fortschrittsoptimismus ihn zutiefst prägte. Weder die Revolution von 1848 noch ihre Niederschlagung fanden bei dem damals 27-Jährigen sonderlichen Widerhall. Nach einer brillanten Laufbahn wurde er 1871 zum Ordentli-chen Mitglied der Akademie ernannt, der er vorher schon als Auswärtiges Mitglied

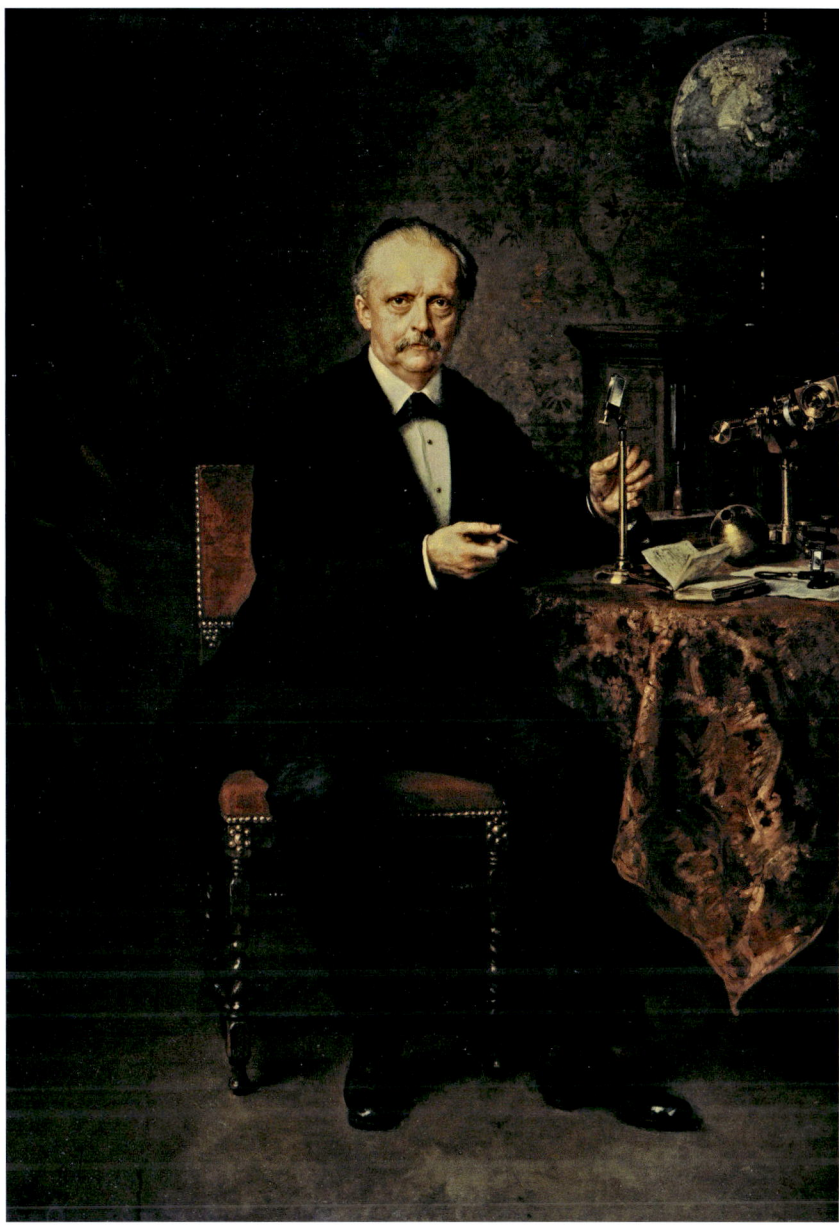

6   Hermann von
Helmholtz, Gemälde
von Ludwig Knaus,
Öl auf Holz, 1881.

angehört hatte. Geformt in der Zeit des industriellen Aufschwungs, liberal in dieser
Hinsicht, jedoch im Lauf der Jahre eher konservativ und darin Ranke nicht unähnlich,
stand der nationalliberale Helmholtz doch allen nationalistischen Allüren fern; auch
das verband ihn mit Ranke. Die Wissenschaften waren für ihn das, was die Völker in
Zeiten heftiger nationalstaatlicher Konkurrenz noch verbinden konnte und sollte.

Gemeinsam war Ranke und Helmholtz vor allem ihr unerschütterliches Wissenschaftsethos. Wenn auch der eine die Naturwissenschaften und der andere die historischen Geisteswissenschaften repräsentierte, standen sie doch beide in ihrer Arbeitsweise – im Sinne eines streng empirisch geleiteten Verfahrens – einander nahe. Das bedeutete keineswegs, wie wir gesehen haben, den Verzicht auf jede Theorie, wohl aber ihre ständige Rückbeziehung auf und Indienstnahme durch die Empirie. Vom dominanten Aufklärungsmodus der Wissenschaften des 18. Jahrhunderts unterscheidet sie also, dass das Verhältnis von Theorie und Empirie vom Kopf auf die Füße gestellt war. War Helmholtz „kein Philosoph und wollte keiner sein“, wie Heidelberger, Pulte und Schiemann es formulieren,[58] so war auch Ranke kein Geschichtsphilosoph und wollte keiner sein. Vielmehr gingen bei ihm, wie Rudolf Vierhaus schrieb, „sein persönlicher Glaube an die Allgegenwart Gottes, neoplatonisch-idealistische Vorstellungen und der Realismus des empirisch arbeitenden Forschers eine Synthese ein, die ihn in mancher Hinsicht zum Prototyp des deutschen Gelehrten zwischen Idealismus und Positivismus, zwischen Hegel und Helmholtz machte“[59]. Beide, Ranke und Helmholtz, traten mit allem Nachdruck für die erkenntniskritische Eigenständigkeit jener Wissenschaften ein, denen sie ihr ganzes Leben widmeten. Beide glaubten zutiefst an das, was Cahan mit Bezug auf Helmholtz als die „zivilisierende Macht der Wissenschaft“ bezeichnet hat.[60] Beide waren also, um es anders und zugespitzt zu formulieren, durch und durch Wissenschaftsoptimisten. Aus eher bescheidenen Verhältnissen stammend, wurden sie zu entschiedenen Verfechtern einer kompromisslosen Wissenschaftsmeritokratie.

Interessanterweise betrifft diese Ausnahmestellung nicht nur Helmholtz' und Rankes Leitfunktion in ihren jeweiligen Disziplinen, sondern auch ihr vergleichsweise offenes Verhältnis zu den anderen Wissenschaften, auch jenseits der ‚Grenze‘ zwischen Natur- und Geisteswissenschaften. So war Ranke, im Unterschied zur später üblichen Abgrenzung von ‚idiographischen‘ gegenüber ‚nomothetischen‘ Disziplinen oder Fragestellungen, stets Realist genug – ein „durch Kant hindurch gegangener, kritischer, keinesfalls naiver Realist“[61] –, um Ähnlichkeiten und Übergänge zwischen Natur- und Kulturwissenschaften zu erfassen. Bacons *Organon* war ihm stets eine Orientierung.[62] Immer wieder insistierte er deshalb darauf, dass sich jeder um Objektivität bemühte Historiker „die Kälte des Naturforschers“ und dessen „ruhige Art“ der Forschung aneignen müsse.[63] Auch Helmholtz war durch die Schule einer aufmerksamen Kantlektüre gegangen und alles andere als ein naiver Realist. Durch seine sinnesphysiologischen Arbeiten wurde er vielmehr zum Verfechter einer Erkenntnistheorie, die sich entschieden historisch öffnete. Daher war er zeit seines Lebens, wenn auch nicht immer eindeutig, darum bemüht, den Unterschied zwischen Natur- und Geisteswissenschaften eher als einen graduellen anzusehen, der in der Komplexität der dargestellten Phänomene begründet war, während beide Bereiche vom übergreifenden Ideal ihrer empirischen Ausrichtung zusammengehalten wurden.[64] Während für diese Überzeugung bei Ranke eher ein Panentheismus im Hintergrund stand, der Gott sowohl in der Natur als auch in der Menschengeschichte als wirksam erlebt, weshalb der Historiker genauso wie der Naturforscher sich vor die Aufgabe gestellt sieht, „die Regeln des Werdens zu

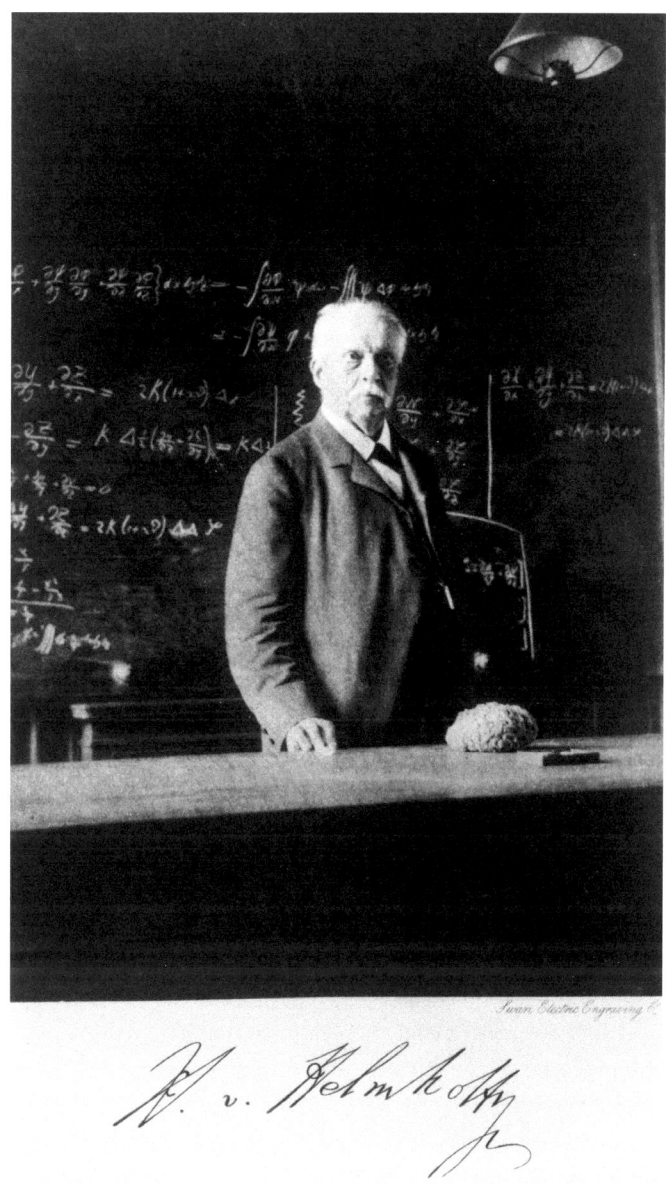

7   Hermann von
Helmholtz, 1885.

finden"[65], war bei Helmholtz wohl eher sein mechanistisches Weltbild ausschlaggebend für die auch von ihm letztlich angenommene „Einheit von Menschen- und
Naturgeschichte"[66].

Wie Ranke und Helmholtz im 19. Jahrhundert zu situieren sind, lässt sich abschließend
vielleicht am besten in der relativen Asymmetrie ihrer Beziehungen zu zwei Symbolfiguren des deutschen Geisteslebens im 19. Jahrhundert greifbar machen: Goethe und
Alexander von Humboldt. Auch hier ist die Generationendifferenz zu bedenken. Ranke

ist Goethe nie begegnet, konnte aber noch mit ihm korrespondieren und ihm seine ersten Bücher schicken. Schon als Schüler hatte er ihn sehr verehrt.[67] Wie Theodor Schieder gezeigt hat, gehörten der alte Dichter und der junge Historiker noch derselben Zeit an: „Ranke und Goethe gehören zusammen, weil beider Werk vom Geist genetischer Entwicklung, des Denkens in Gestalt und der gegenständlichen Anschauung des Konkreten, Individuellen in der Abwehr spekulativer Systematik getragen wird."[68] Umso erstaunlicher ist es, dass sich der Historiker, der so großen Wert auf die künstlerischen Aspekte der Geschichtsschreibung legte,[69] später nirgends in seinem Werk ausführlicher mit Goethe auseinandersetzte (wohl aber mit Shakespeare). Auf Helmholtz machte Goethes Naturphilosophie dagegen keinen Eindruck mehr, dennoch hat er sich in Vorträgen ausführlich mit dessen Epistemologie auseinandergesetzt. Was ihn an Goethe faszinierte, war das künstlerisch-intuitive Erfassen von konkreten Komplexitäten, das er bei ihm beispielhaft ausgeprägt sah und das er besonders in seinen späteren Jahren dem naturwissenschaftlichen Zugriff auf die Welt für ebenbürtig hielt.

Was Alexander von Humboldt angeht, so war er ebenfalls noch ein Mann des 18. Jahrhunderts. Ranke lernte ihn im Salon von Rahel und Karl August Varnhagen kennen, wo übrigens alle Anwesenden einen regelrechten Goethe-Kult trieben, entfernte sich dann aber immer mehr von den dort herrschenden liberalen Anschauungen, die ihm, vor allem nach 1830, geradezu umstürzlerisch erschienen. Sowohl in der Preußischen Akademie als auch bei Hofe hatte er allerdings weiter mit Humboldt zu tun, und das Verhältnis beider Männer war offenbar recht frostig, trotz der Bewunderung, die Ranke weiterhin für den Universalgelehrten bekundete.[70] Als Humboldt starb und seine Korrespondenz mit Varnhagen erschien, war Ranke entsetzt: Dies sei „posthumer Selbstmord", notierte er in sein Tagebuch, denn „daß er so ganz in den Ideen von 89 lebte, hätte doch niemand geahndet".[71] Für den um vieles jüngeren Helmholtz dürfte Humboldt jedoch eine ähnliche Respektsperson wie einst Goethe für Ranke gewesen sein. Wenn sie auch gesellschaftlich keinen Verkehr hatten, so ist doch Helmholtz als einer jener Intellektuellen zu betrachten, die Humboldts Geist der Aufklärung in die Zeit nach 1848 mitnahmen.[72] Bis zuletzt förderte der Ältere den hochbegabten jüngeren Wissenschaftler, auf den er durch dessen Abhandlung *Über die Erhaltung der Kraft* aufmerksam geworden war. 1848 verhalf er ihm zum Beispiel zur vorzeitigen Entlassung aus dem medizinischen Militärdienst,[73] und 1850 teilte er Helmholtz' Experimente zur Messung der Nervengeschwindigkeit wegen ihrer Bedeutung der Pariser Akademie der Wissenschaften mit.[74]

Ranke und Helmholtz waren zwei ungewöhnliche Gelehrte: jeder auf seine Weise universal, jeder auf seine Weise der Wissenschaft ergeben. Ranke, der Ältere, ist noch im Vormärz zu Hause, Helmholtz bereits im industriellen 19. Jahrhundert angekommen. Beide werden Mitglieder einer Akademie, die viele Kontinuitäten und Zwänge spiegelt, während sie gleichzeitig die neuen Entwicklungen in den Natur- und Geisteswissenschaften aufnimmt. Spätestens nach der Reichsgründung, als Helmholtz nach Berlin zurückkehrte und zum Ordentlichen Akademiemitglied avancierte, dürften sich beide auch persönlich begegnet sein; wenig später wurde Helmholtz ja auch in

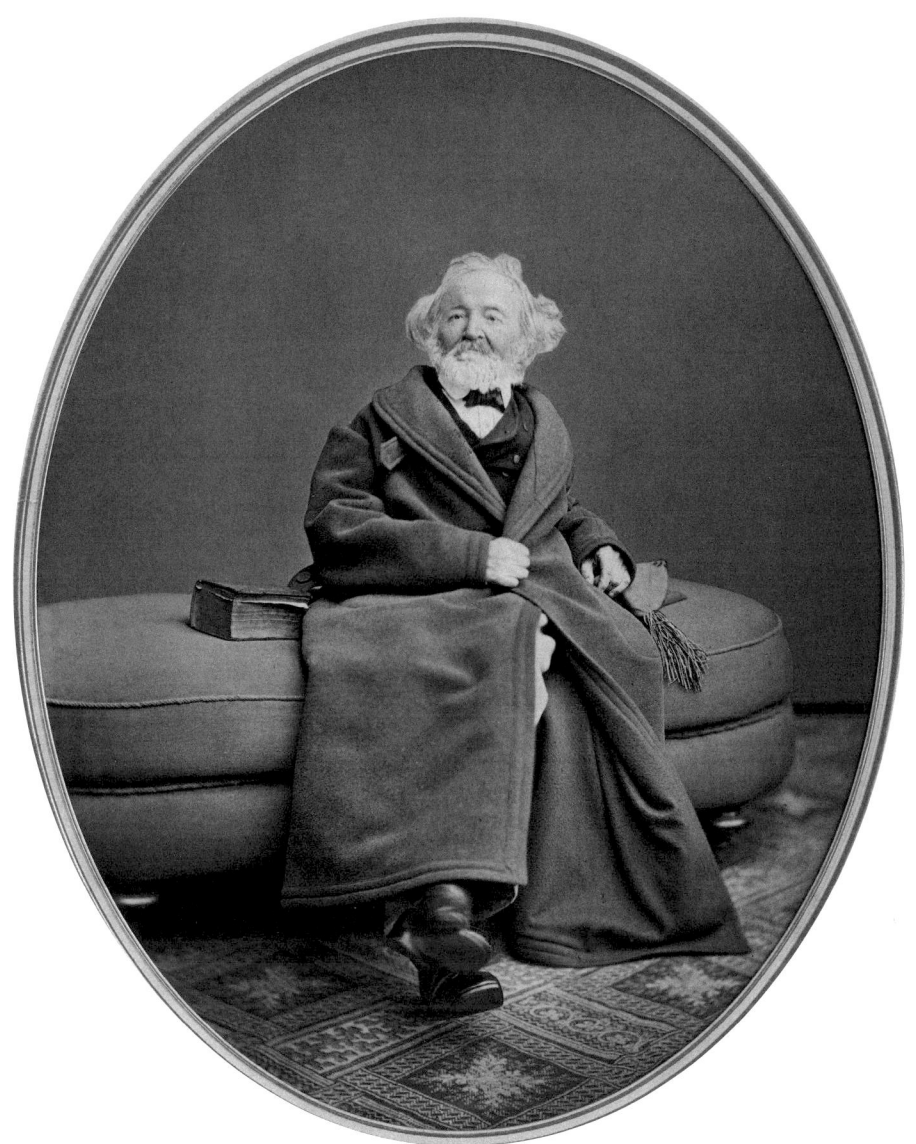

8   Leopold von
Ranke, 1884.

den von Ranke geleiteten Pour le Mérite aufgenommen. Außerdem führte Anna von
Helmholtz in den 1880er Jahren einen prominenten Salon, der zum Treffpunkt der
zeitgenössischen Wissenschaften wurde und in dem auch Ranke zu Gast war.[75] Doch
worüber haben der greise Historiker und der Naturwissenschaftler bei diesen Gelegen-
heiten wohl gesprochen? Über Goethe? Über Humboldt? Oder über die Natur und die
Geschichte?

JOHANNES MÜLLER

EMIL DU BOIS-REYMOND

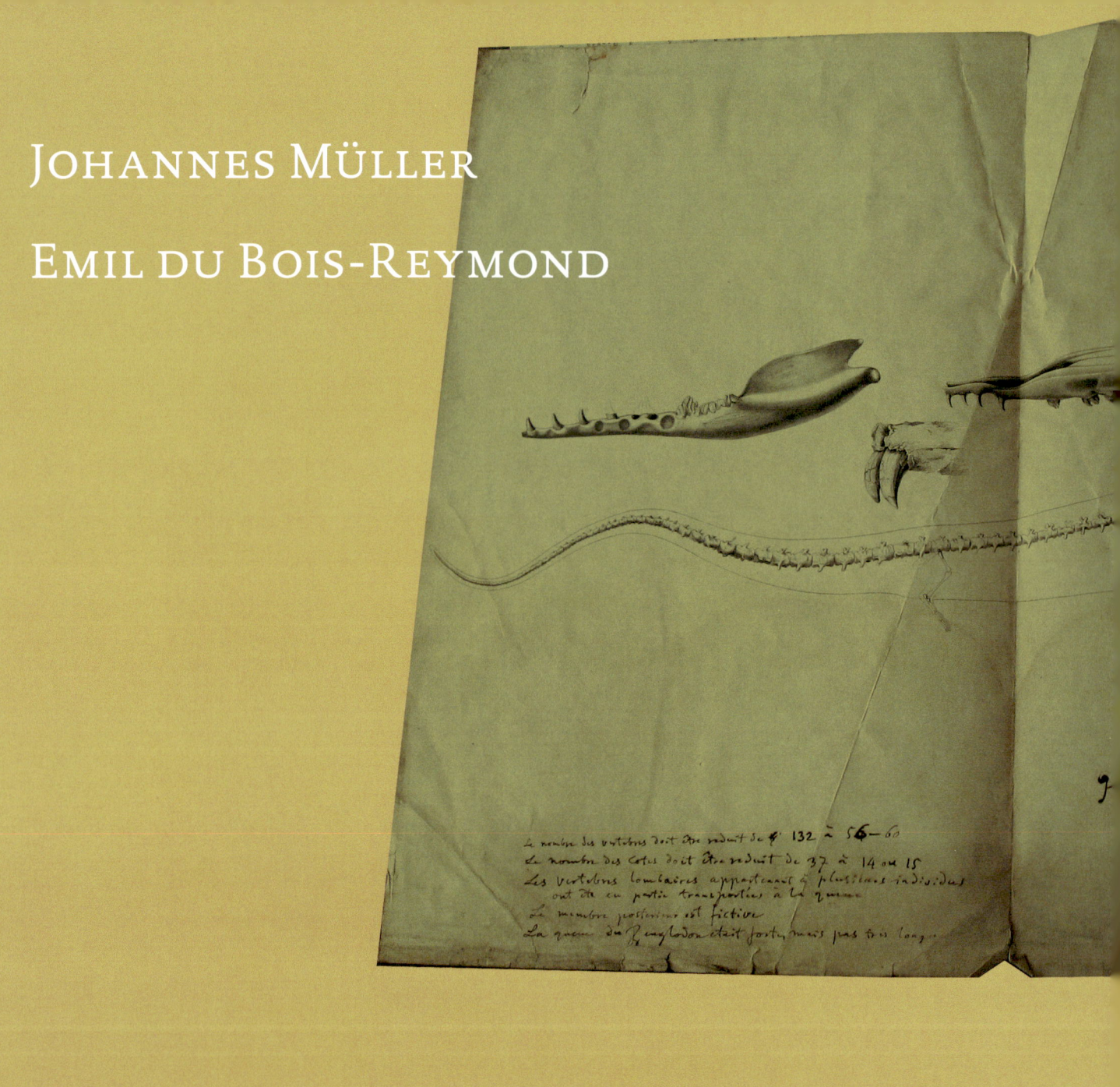

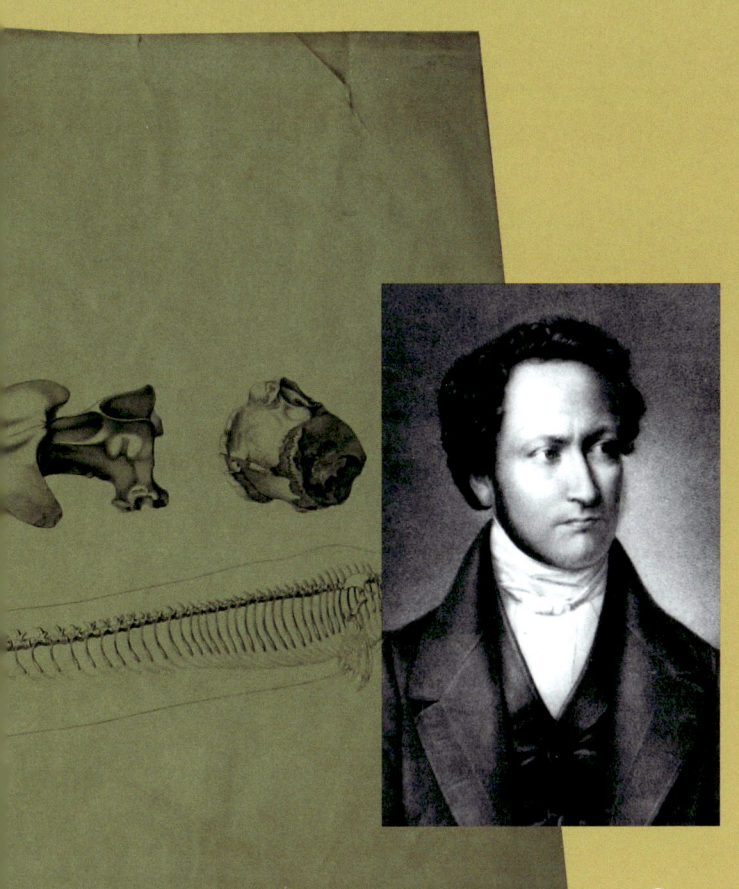

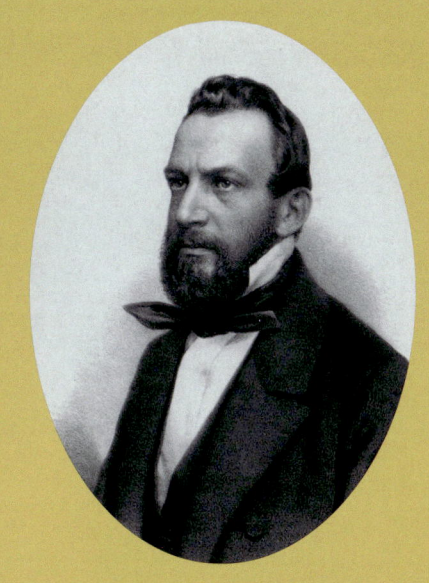

7. November 1818
26. Dezember 1896

14. Juli 1801
28. April 1858

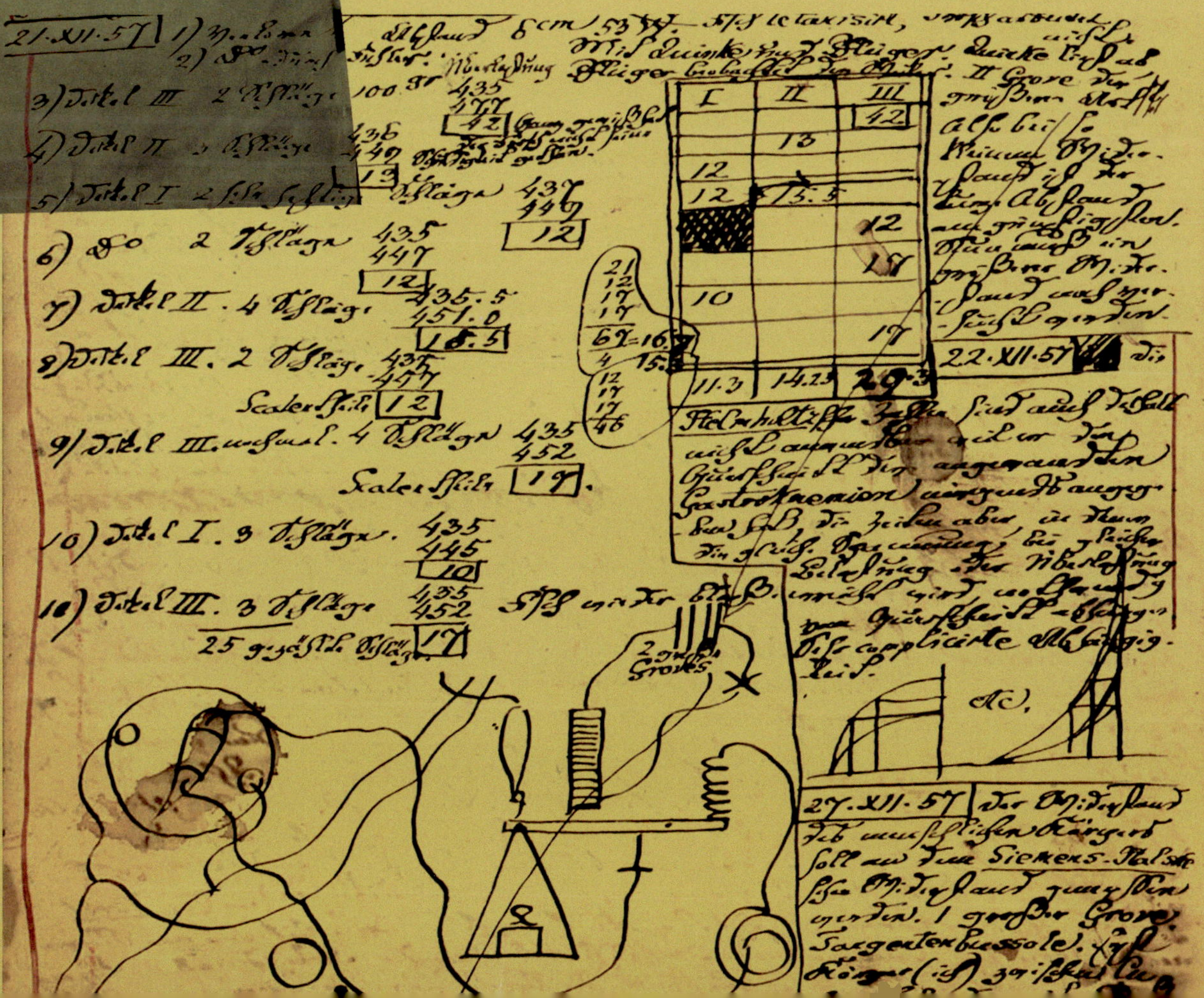

S. 212/213

1   Johannes Müller, Lithografie von Werner.

2   Emil du Bois-Reymond, Lithografie von Rud. Hoffmann nach einer
Fotografie von W. Halffter, 1861.

3   Urwal, Skizzen von Albert Koch.

4   Handschrift von Emil du Bois-Reymond. Beobachtungen und Versuche
an lebend nach Berlin gelangten Zitterwelsen (Malopterurus electricus),
1877.

Michael Hagner

Gespräch im Elysium

Johannes Müller und Emil du Bois-Reymond

Du Bois-Reymond: Mein lieber und verehrter Müller, seit langer Zeit habe ich dich nicht mehr gesehen. Fast möchte ich annehmen, dass du auch im Elysium eher mit dir selbst und deinen Angelegenheiten beschäftigt bist.

Müller: Das kann ich nicht leugnen, und doch ist es auch mir angenehm, dich zu sehen. Wo kommst du her?

Du Bois-Reymond: Ich war mit einigen Kollegen ins Gespräch vertieft, Männer, die ich regelmäßig bei den Sitzungen unserer gelehrten Akademie in Berlin getroffen habe. Wir haben uns zu Lebzeiten trefflich gestritten, und auch hier lassen wir in unseren Disputationen den Gedanken freien Lauf.

Müller: Hört das mit den Sitzungen denn auch hier niemals auf?

Du Bois-Reymond: Warum sollte es aufhören? Das Elysium bietet nicht so viel Abwechslung, dass ich auf diese Treffen im Geiste einer modernen Freimaurerei, die keiner Geheimzeichen, sondern nur einer wahren wissenschaftlichen Gesinnung bedarf, verzichten möchte.

Müller: Du wirst dich erinnern, dass ich kein ganz treuer Liebhaber der gelehrten Geselligkeit bin. Sie war nicht selten brillant, aber doch eigentlich unerquicklich. Also versuche ich mich auch hier von der Gesellschaft der ehemaligen Kollegen fernzuhalten. Wie gut, dass sie mir das hier nicht mehr vergelten können. Aber ich will auch nicht übertreiben. Bei allen Vorbehalten gegen die gelehrte Cliquenbildung hatte ich stets Freude an ernsthaften Unterhaltungen, sofern sie von Kenntnis und Leidenschaft getragen waren. Wie unvollkommen war mein Wissen, als ich die Welt verließ ... Bisweilen verspüre ich das Bedürfnis, die später geborenen und verstorbenen Naturforscher zu befragen, welche Fortschritte unsere Wissenschaften in der weiteren Entwicklung gemacht haben.

Du Bois-Reymond: Sie haben ganz vortreffliche und bisweilen auch unheimliche Fortschritte gemacht. Ich könnte davon berichten. Es treffen immer neue Nachrichten in unserem Kreise ein, die uns in nicht geringes Staunen versetzen.

Müller: Lass nur gut sein. Später vielleicht. Lieber genieße ich hier die Nähe des Strandes und denke an die mikroskopischen Fischzüge, die ich rund ums Mittelmeer tun durfte, um die pelagischen Tierformen zu erkunden. Zu früh musste ich aufhören, meine Netze auszuwerfen, um die so wunderbar vielfältigen Phänomene der Natur einzufangen. Mit Hingabe untersuchte ich die größten und die kleinsten Lebewesen und die Verrichtungen ihrer Körperteile, die Entwicklungsgeschichte unserer Geschlechtsorgane und die Funktionsweise der Nerven, die Drüsen, die Geschwülste und die phantastischen Sinneserscheinungen, die uns in die Grenzbereiche des psychischen und des physischen Lebens führen. Darin bin ich aufgegangen, auch wenn es mir eine große Genugtuung war, meine Begeisterung all denen zu vermitteln, die zu mir kamen.

Du Bois-Reymond: Wer zu dir kommen wollte, hatte nicht geringe Hürden zu überwinden. Auf uns Studenten, die wir in deinen Vorlesungen saßen, hast du den Eindruck eines unnahbaren Professors gemacht, der mit grimmigem Gesicht herumlief. Bei den meisten von uns herrschte die Meinung vor, dass man besonders derb und schroff auftreten müsse, um deinen Respekt zu erwerben.

Müller: Es ist schon richtig, was du in deiner schmeichelhaften Gedächtnisrede über mich gesagt hast: Den Banausen bin ich schroff bis zur Unfreundlichkeit begegnet. Dabei kam es mir nur darauf an, mich vor den vielfältigen Anfechtungen des universitären Alltags zu schützen, die mir tagtäglich zugesetzt haben. Achtung hatte ich nur vor denjenigen, die ihre Arbeit eigenständig und mit Selbstbewusstsein erledigten. Davon hattest du, mein lieber du Bois-Reymond, allerdings zur Genüge.

Du Bois-Reymond: Was blieb mir anderes übrig? Ich war gerade 20 Jahre alt und ehrgeizig bis in die letzte Muskelfaser hinein. Ich hatte mich durch dein monumentales *Handbuch der Physiologie* gearbeitet und wollte um jeden Preis bei dem berühmten Müller arbeiten und habe mir regelrecht Schlachtpläne ausgedacht, um dir zu imponieren. Zum Glück habe ich dich später auch von einer ganz anderen Seite kennen gelernt.

Müller: Ich war dir gegenüber von Anfang an zuvorkommend, und als ich merkte, dass du es mit der Wissenschaft ernst meinst, habe ich dich unterstützt, wo ich nur konnte. Ich habe dir Zugang zu meinen bescheidenen Arbeitsräumen verschafft und dadurch konntest du in näheren Umgang mit meinen Assistenten treten. Bei Jakob Henle, Theodor Schwann und Karl Reichert warst du gut aufgehoben, um die notwendigen Kenntnisse und Fähigkeiten zu erwerben.

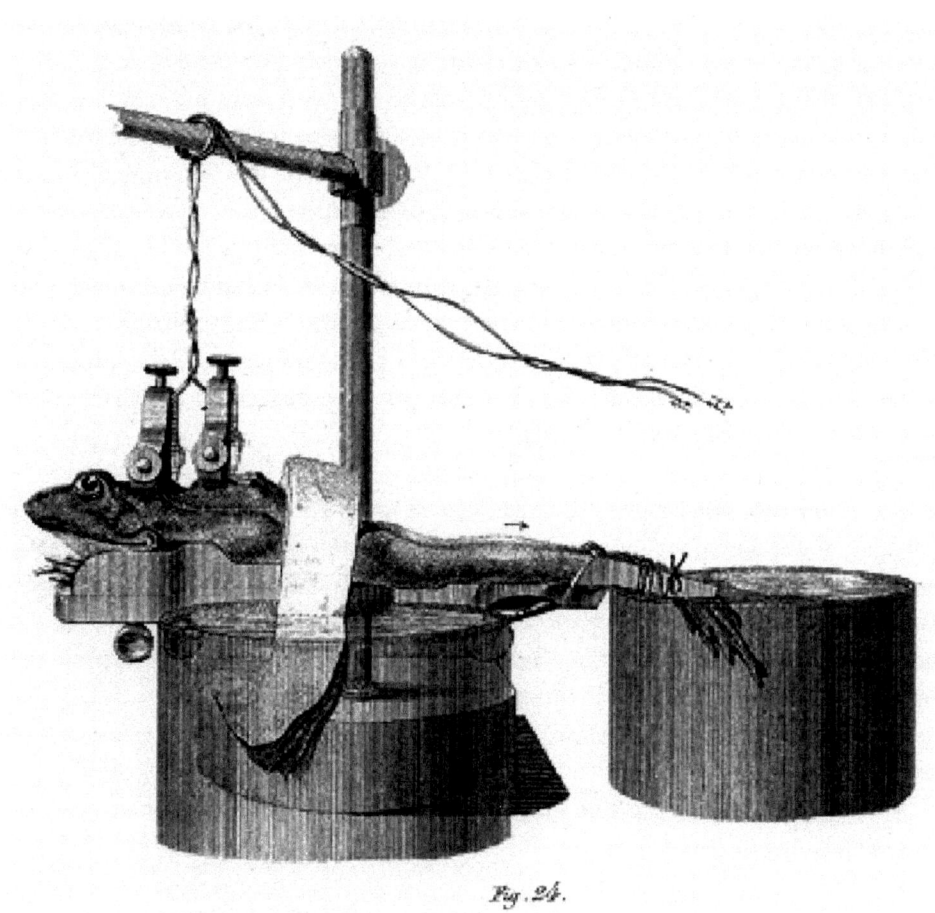

Fig. 24.

1   Abbildung 24 aus
*Untersuchungen über
thierische Elektricität*
von Emil du Bois-
Reymond, Berlin:
Georg Reimer, 1848.

Du Bois-Reymond: Wie könnte ich das je vergessen! Als dein Schüler konnte ich aus der Fülle der Kenntnisse nach Belieben schöpfen. Und Schwanns Zellenlehre hat mir eine ganze neue Welt eröffnet. ... Wie bedauerlich, dass er unseren Kreisen ebenso beharrlich fernbleibt wie du. Über seinen Nachweis, dass die Zellbildung bei Pflanzen und Tieren grundsätzlich gleich abläuft, haben wir kürzlich noch mit Ehrfurcht gesprochen. Dabei führte ich an, dass du Schwanns Großtat einmal als Grundlage aller weiteren Physiologie bezeichnet hast.

Müller: Davon sind auch keinerlei Abstriche zu machen. Umso mehr hat es mich damals überrascht, dass du bei aller Bewunderung für Schwann doch Abstand davon genommen hast, das Mikroskop zum wichtigsten Instrument deiner wissenschaftlichen Untersuchungen zu machen.

Du Bois-Reymond: Die Bedeutung des Mikroskops für die pathologisch-anatomische Richtung war mir völlig einsichtig. Aber ich gelangte nun einmal zu der Überzeugung, dass das Studium der Lebensphänomene mit noch ganz anderen Mitteln zu betreiben sei. Jeder muss dasjenige Untersuchungsinstrument finden, mit dem zusammen er seinen Forschungsweg beschreitet, und das war bei mir das Galvanometer. Dazu hatte mich die Physik gebracht, der ich leidenschaftlich ergeben war. Aber bedenke, dass auch du an meiner Entscheidung für die physikalischen Instrumente beteiligt warst. Wer weiß, wie meine Laufbahn als Forscher verlaufen wäre, wenn du mir nicht schon frühzeitig das Forschungsthema vorgeschlagen hättest, das mein Lebensinhalt werden sollte. Konnte ich die Nützlichkeit der Physik für die Physiologie trefflicher untermauern als mit elektrophysiologischen Untersuchungen, in denen ich die elektrische Aktivität in Nerven und Muskeln nachwies?

Müller: Eine sehr beachtliche Leistung. Generationen von Forschern, darunter Luigi Galvani und unser großer Förderer Humboldt, haben sich vergeblich an diesem schwierigen Problem versucht. Als ich von den interessanten, aber letztlich unbefriedigend bleibenden Versuchen Carlo Matteuccis über den ‚Froschstrom‘ hörte, hatte ich selbst keine Lust mehr, mich der Sache anzunehmen, weil ich mich von der Physiologie bereits abgewendet hatte; aber ich war neugierig, was du daraus machen würdest. Deine Experimentierkunst habe ich immer bewundert, und wenn du nicht endlos viel Zeit damit verbracht hättest, das Galvanometer und andere Messinstrumente geduldig weiter zu entwickeln, hättest du deine Resultate über den Muskel- und Nervenstrom kaum je erzielen können.

Du Bois-Reymond: Wissenschaftlicher Fortschritt hat viel mehr mit Instrumenten und der richtigen experimentellen Anordnung als mit genialen geistigen Einfällen zu tun.

Müller: Höre ich hier einen leisen Vorwurf heraus, dass mir in meinem wissenschaftlichen Leben eine vergleichbar bahnbrechende experimentelle Entdeckung verwehrt geblieben ist?

Du Bois-Reymond: Das liegt mir völlig fern. Du bist immer der gewesen, der sich für vieles interessierte und vieles wusste, so viel, dass uns geradezu schwindlig wurde. Kaum hattest du die eine Sache abgeschlossen, hast du dich auf die nächste gestürzt. Ich dagegen habe einen anderen Typus von Forscher gelebt. Zwar trieb es mich hierhin und dorthin, aber im Grunde habe ich mich an der Frage des Nervenstroms mein ganzes Leben lang abgearbeitet. Für diese Entsagung wurde ich reichlich belohnt, denn ich bemerkte schnell, dass sich immer noch neue Fragen auftaten, je weiter ich in die Sache eindrang. So kam es, dass zwischen Auftakt und Abschluss meiner *Untersuchungen über die thierische Elektricität* nicht weniger als 36 Jahre lagen.

Müller: In 36 Jahren habe ich mein gesamtes wissenschaftliches Werk hervorge-
bracht. Mehr Zeit war mir nicht vergönnt ... Die Gesundheit ... Ich schäme mich nicht
dafür, dass ich die Felder der Anatomie und Physiologie, der Pathologie und Entwicklungsgeschichte und schließlich die wunderbare Welt der Meerestiere durchstreift
habe. Ich träume immer weiter von diesem breiten Blick in die Natur, der uns nach und
nach offenbart, welche Ordnung all den verschiedenen Phänomenen zugrunde liegt.
Diese Expeditionen hatten für mich stets eine heilsame Wirkung auf meine labile
Gesundheit. Ich hätte es nicht ausgehalten, mich über Jahre und Jahre hinweg mit einer
einzigen Sache zu befassen. Einmal habe ich es versucht. Zu Beginn meiner wissen-

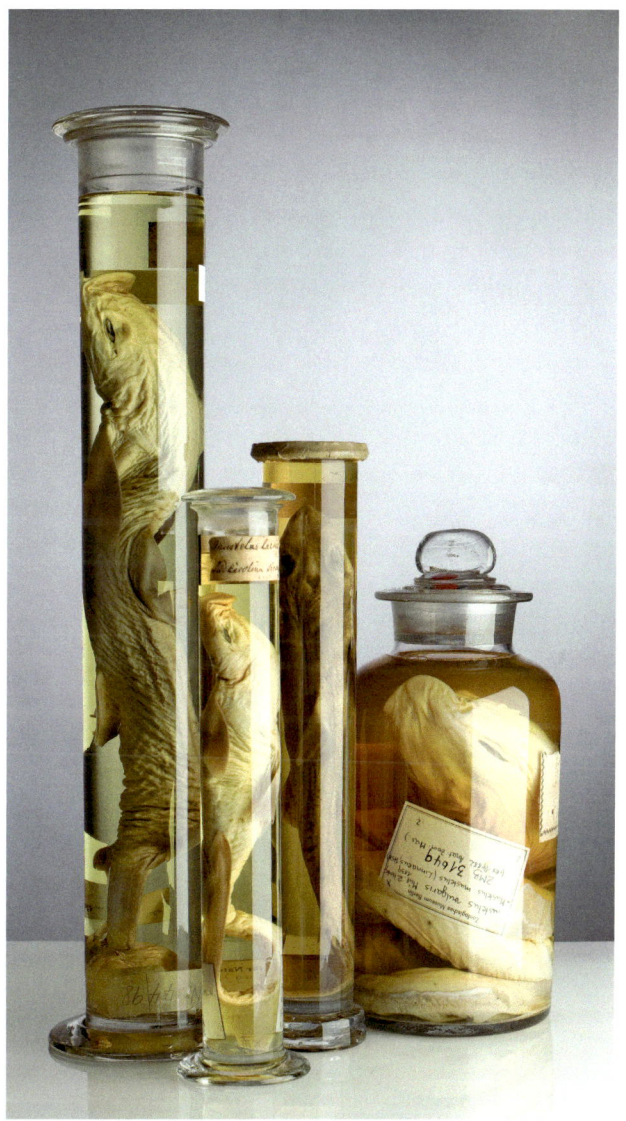

2 Konservierte
„Haie des Aristoteles",
um 1838.

schaftlichen Laufbahn war ich so ausgiebig mit physiologischen Selbstexperimenten zu den phantastischen Gesichtserscheinungen beschäftigt, dass der Zusammenbruch unausweichlich war. Ich musste für einige Monate Urlaub nehmen und auf Erholungsreisen gehen.

Du Bois-Reymond: Waren es nicht auch die weit umherschweifenden Gedankenflüge und Spekulationen der Naturphilosophie, wie sie Schelling gepredigt und Goethe gedichtet hatte, die dich zeitweise ins Verderben stürzten? *Wär nicht das Auge sonnenhaft, die Sonne könnt es nie erblicken* … Mit solchen verführerischen Worten hat Goethe nicht nur dir den Kopf verdreht.

Müller: Solche Anspielungen hast du in deiner Akademierede auf mich und auch an anderen Stellen gemacht. Wie konntest du das nur tun? Hier, wo der Körper uns nicht mehr bedrängt und quält, können wir frei reden, aber welches Recht hattest du, meine ureigenen privaten Angelegenheiten in die begierige Öffentlichkeit zu tragen?

Du Bois-Reymond: Ich wollte dir nicht zu nahe treten, aber hattest du nicht selbst in deinem enthusiastischen Jugendwerk *Über die phantastischen Gesichtserscheinungen* viel von deiner hingebungsvollen Persönlichkeit preisgegeben? Darin wollte ich dir gar nicht nacheifern, aber war nicht der Zusammenhang zwischen den naturphilosophischen Irrlehren, denen du zunächst anhingst, und deinem Zusammenbruch offensichtlich? Immerhin hast du nach deiner glücklichen Gesundung das Feld der subjektiven Beobachtungen und philosophischen Spekulationen verlassen und dich ganz auf die objektive Naturforschung verlegt. Dein großes Verdienst besteht doch darin, unsere Wissenschaften aus dieser Verirrung herausgeleitet zu haben.

Müller: Deine Worte sind schmeichelhaft, aber es war nicht so, wie du denkst. Auch in den intensivsten Phasen der Selbstbeobachtung habe ich stets die objektiven Verfahren angewendet. Meine subjektiven Sinneserscheinungen, der menschliche Blick, das Schielen, der Sehvorgang bei den Insekten, die Entwicklungsgeschichte des Auges und, jawohl, auch Goethes Farbenlehre – all das gehört zu einer *Vergleichenden Physiologie des Gesichtssinnes des Menschen und der Thiere*, die ich mir über den Weg der Erfahrung zu erschließen versuchte. Eine rein aus Begriffen deduzierte Naturphilosophie habe ich schon damals abgelehnt, aber so wie du sie darstellst, als ein gefährliches Gift, das diejenigen, die zu viel davon nehmen, in den Irrsinn treibt, ist sie nie gewesen.

Du Bois-Reymond: Wenn die Wissenschaft durch ästhetische Grillen kompromittiert wird, lässt sich der Sinn vom Unsinn nicht mehr unterscheiden. Der menschliche Geist, der sich nur noch mit sich selbst und nicht mehr mit der ihn umgebenden Welt beschäftigt, bringt gefährliche Irrlehren hervor und wird letztlich daran zugrunde gehen.

Müller: Welcher Horror vor der Selbstbeobachtung dich noch immer umtreibt. Der Geist und seine Erscheinungen sind genauso Tatsachen wie alle anderen Phänomene des Lebens auch. Dir bleibt ein ganzer Kontinent an Einsichten versperrt, wenn du die Introspektion zum Symptom eines Krankheitsprozesses machst.

Du Bois-Reymond: Kein Geringerer als Kant hat darauf hingewiesen, dass die Selbstbeobachtung leicht zu Schwärmerei und Wahnsinn führt.

Müller: Kant wusste aber auch, dass eine disziplinierte Anordnung der Phänomene, die man an sich selbst beobachtet, für die Erfahrung nützlich ist. Wenn er sich über die *Träume eines Geistersehers* lustig machte, dann doch nur, weil phantasiebegabte Seher dem Irrtum verfallen sind, ihren subjektiven Erscheinungen eine objektive Realität beizumessen. Erinnerst du dich? Als Sterbliche sahen wir in der Dunkelheit Licht, wenn wir uns mit dem Finger auf das Auge drückten. Lange Zeit dachte man, dass dem Auge tatsächlich ein Licht innewohne. Das war ein Irrtum, aber die subjektive Richtigkeit der Lichterscheinung ist nicht zu bezweifeln. Meine Erklärung, dass dies mit dem Gesetz der spezifischen Sinnesenergien zu erklären ist, hast auch du nicht in Frage gestellt. Jedes Sinnessystem hat seine ihm eigene Energie, so dass das Auge unabhängig vom Reiz stets Licht wahrnimmt.

Du Bois-Reymond: Ich folge dir bis zu einem gewissen Punkt: In den Händen einzelner hochbegabter Forscher trägt die Selbstbeobachtung zur Erweiterung der Erkenntnisse bei. Aber was ist mit der großen Zahl der Seher und Verdreher, die der Menschheit immer neue Zaubereien auftischen? Nichts haben sie zum Fortschritt beigetragen. Wie klar und unbestechlich nimmt sich dagegen die objektive Zergliederung der Erscheinungswelt aus. Darin liegt die wahre Naturphilosophie. Du hast es uns mit deinen physiologischen und anatomischen Untersuchungen vorgemacht, und daneben, das will ich nicht vergessen, ist auch die physikalisch-mathematische Methode mit leuchtendem Beispiel vorangegangen. Es ist notwendig, aber nicht hinreichend, zu experimentieren und Messungen vorzunehmen. Um den ursächlichen Zusammenhang der Erscheinungen zu verstehen, benötigen wir mathematisch ausdrückbare Voraussetzungen. Wer anders als unser Hermann von Helmholtz hätte das auf unerreichbare Weise vorgeführt?

Müller: Auch davor verneige ich mich gern. Aber so sehr ich der methodischen Strenge bei allen unseren Untersuchungen anhänge, so geht es mir heute noch ab, dass du das Leben auf pure Physik reduzieren wolltest. Deine hochfahrenden Ankündigungen, die du in dem Brief an deinen Jugendfreund Eduard Hallmann gemacht hast, kann ich nach wie vor hersagen: *Brücke und ich wir haben uns verschworen, die Wahrheit geltend zu machen, daß im Organismus keine anderen Kräfte wirksam sind, als die gemeinen physikalisch-chemischen; daß, wo diese bislang nicht zur Erklärung ausreichen, mittels der physikalisch-mathematischen Methode entweder nach ihrer Art und Weise der Wirk-*

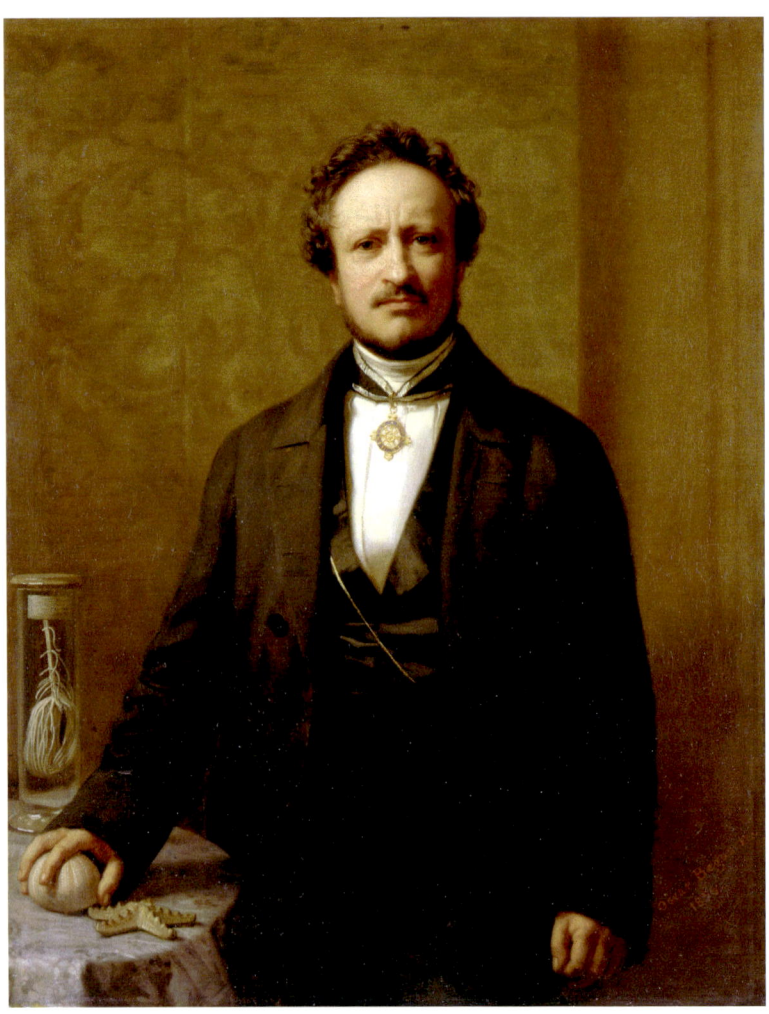

3   Johannes Müller
mit Orden Pour le
Mérite, Gemälde von
Oskar Begas, Öl auf
Leinwand, 1856.

samkeit im konkreten Fall gesucht werden muß, oder daß neue Kräfte angenommen wer-
den müssen, welche, von gleicher Dignität mit den physikalisch-chemischen, der Materie
inhärent, stets auf nur abstoßende oder anziehende Componenten zurückzuführen sind.

Du Bois-Reymond: Ich habe nie bestritten, dass es noch weitere Fortschritte in den
Naturwissenschaften geben wird, die auch unsere Erkenntnisse in ein anderes Licht
rücken könnten. Uns jungen organischen Physikern, die sich in der Berliner Physikalischen Gesellschaft versammelt hatten, ging es erst einmal darum, den Vitalismus zu
vertreiben; übrigens auch aus den Räumen unserer ehrwürdigen Akademie, in der
einige Altvordere sich nicht von den liebgewordenen Dogmen ihrer Jugend verabschieden konnten. Aber eine Lebenskraft, die empirisch nicht nachweisbar ist, hat in der
Wissenschaft nichts zu suchen.

technische Bequemlichkeiten in den Vordergrund und die mühsame Arbeit der Erkenntnis wird in den Hintergrund geschoben. Aber Abhilfe kann nur die Naturwissenschaft selbst schaffen, weil sie wie keine andere kulturelle Einrichtung über die nötige kritische Einsicht verfügt, ihre Wege und Irrwege zu korrigieren. Wir beobachten und experimentieren, und wenn wir nicht das finden, was wir vorher vermutet hatten, zum Beispiel die Lebenskraft, dann müssen wir uns davon verabschieden.

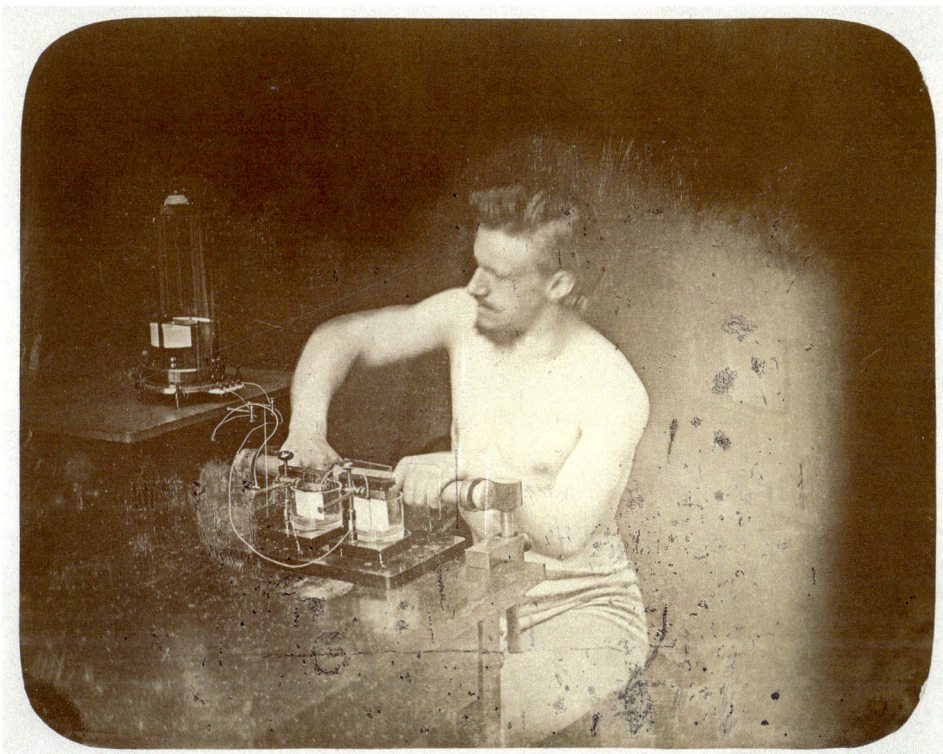

6   Der Bruder von Emil du Bois-Reymond beim elektrophysiologischen Experiment, Paul Gustave du Bois-Reymond, um 1850.

Müller: In einzelnen Gebieten des Wissens stimmt das zweifellos. Aber wenn im Fortschritt der Naturwissenschaften bereits Fehlentwicklungen nicht zu vermeiden sind, wäre es doch aberwitzig, ihnen das Mandat zur Bewältigung aller Probleme anzutragen. Es ist der große Selbstbetrug der Naturwissenschaften, zu glauben, nur weil sie in ihrem jeweiligen Bereich glücklich gewesen sind, sie wären für die ganze Welt zuständig. Der Erklärungsanspruch, der ihnen damit aufgebürdet wird, ist auf Dauer gar nicht einzulösen. Je mehr die Naturwissenschaften das aber für sich in Anspruch nehmen, desto mehr werden sie daran gemessen werden. Irgendwann werden sie versagen, und das wird schlimmer sein, als wenn jemand versagt, dem man ohnehin nicht so viel zutraut. Ikarus konnte nur so tief stürzen, weil er vorher so hoch geflogen war.

Du Bois-Reymond: Aber ich war es doch, der die unüberschreitbaren Grenzen der Naturerkenntnis benannt und genau zu bestimmen versucht hat: Ignoramus – ignorabimus. Es ist unmöglich, dass irgendein Sterblicher die Beziehung von Materie und Bewusstsein je verstehen wird. Schon gar die geistigen Schaffensprozesse sind aus ihren materiellen Bedingungen heraus unerklärbar. Am Gehirn großer Männer wirst du deren Leistungen nie ablesen können. Und in einem beliebigen Zellklümpchen ist auch keine geheimnisvolle seelische Kraft wirksam, wie das dieser Haeckel, der ja auch dein Schüler war, mit seiner monistischen Irrlehre behauptet hat. Der Naturwissenschaftler muss sich mit dem bescheiden, was ihm zugänglich ist. Alles andere ist Supernaturalismus.

Müller: Lassen wir Ernst Haeckel aus dem Spiel. Du anerkennst die Grenzen der Erkenntnis, stellst es aber einzig dem Naturwissenschaftler anheim, diese Grenzen zu bestimmen. Hier die Welt des Lichts, dort die Welt des Schattens. Und du stehst als Grenzwächter in voller Rüstung und passt auf, dass die Grenzen nicht überschritten werden.

Du Bois-Reymond: Du redest fast wie Haeckel, der mich als Jesuiten verschrien hat.

Müller: Das sind nicht meine Vokabeln, aber ich wundere mich, wie wenig du bei der Bestimmung der Erkenntnisgrenzen von Zweifeln geplagt warst. Hättest du den Geltungsraum der Naturwissenschaften bestimmt und gesagt, darüber hinaus sind die Künste, die Religion oder auch die Geisteswissenschaften zuständig, wie es der kluge Helmholtz getan hat, so würde niemand dir widersprochen haben. Doch wenn du kriegslüstern die Naturwissenschaft als *Weltbesiegerin* bezeichnest, kann dir niemand abnehmen, dass du jenseits der gezogenen Grenze ein vernünftiges oder nützliches Wissensgebiet zu akzeptieren bereit wärest.

Du Bois-Reymond: Es ist immer besser, über das, was jenseits der Verstehensgrenzen liegt, zu schweigen, als sich in heillosen Doktrinen zu verlieren.

Müller: Damit bin ich einverstanden, aber zum einen ist es Künstlern und Philosophen, anders als Naturforschern, selbstverständlich gestattet, über den Bereich des Wirklichen und Natürlichen hinauszugehen, und zum anderen kannst du nichts mit dem Wissen anfangen, wenn du nicht auch genuin Zweifel hast. Sie gehören zu unserer Tätigkeit so unabdingbar dazu wie die Phantasie.

Du Bois-Reymond: Es ist mir neu, dass du auf den Zweifel so großen Wert legst. Wer zweifelt, dringt nicht bis zur Tat vor. Als junger Student hat mir die Lektüre des *Hamlet* die Augen geöffnet … Hamlet – der Urtyp des Skeptikers, der sich hoffnungslos in seinen Reflexionen verliert und nie zur Tat vorstößt. Und wenn er schließlich gar nicht mehr anders kann, als zur Tat zu schreiten, ist es zu spät. Er geht an seiner Zögerlichkeit zugrunde.

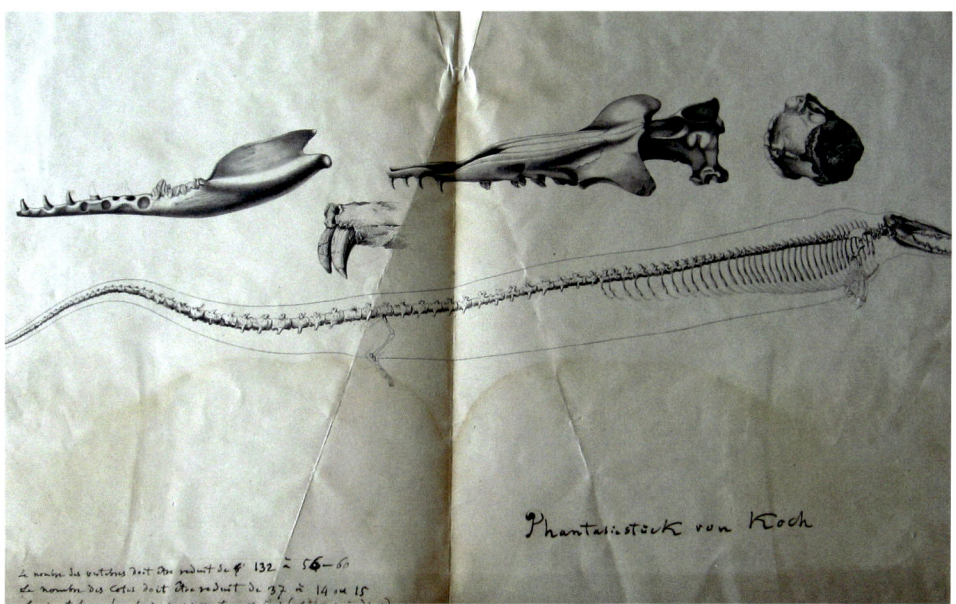

7   Urwal, Skizzen von
Albert Koch.

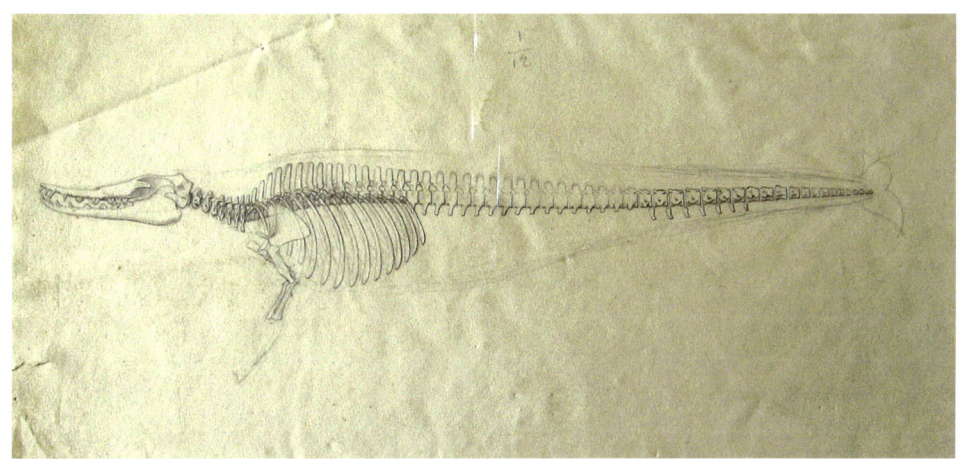

8   Urwal, Bleistift-
zeichnung von
Johannes Müller.

Müller: Du verwechselst den Forscher mit dem Politiker. Solange Hamlet ein junger
Gelehrter in Wittenberg war, hatte er guten Grund, skrupulös und skeptisch zu sein.
Als Politiker hätte er entschiedener handeln müssen, das ist wahr. Aber wir stehen auf
der Seite der Naturforscher. Erinnere dich nur, als ich über Monate hinweg mit der
Rekonstruktion der Knochen des Zeuglodonten beschäftigt war, die der etwas zwie-
lichtige Reisende Albert Koch in Alabama gesammelt hatte. Ich identifizierte Knochen
verschiedener Exemplare und zeigte, dass es sich um ein fossiles Meeressäugetier, den
Urwal, handelte. Mit den Resultaten meiner Arbeit war ich durchaus zufrieden, aber
als ich die Abhandlung für unsere Akademie schrieb, habe ich darauf verzichtet, ihr
eine Abbildung des rekonstruierten Skeletts beizugeben, weil ich nicht beurteilen

konnte, wie weit sich die Skizzen, die ich angefertigt hatte, von der Wahrheit entfernten. Ich hatte zu große Skrupel, ein phantastisches Gemälde in die Welt zu setzen.

Du Bois-Reymond: Das habe ich seinerzeit sehr bedauert, denn deine Skizze dürfte kaum unwahrer gewesen sein als diejenigen eines Georges Cuvier oder eines Richard Owen, und die haben großes Aufsehen erregt.

Müller: Es kam mir nie darauf an, Aufsehen zu erregen. Naturforscher müssen Zurückhaltung üben, weil sie sich nur so ihre Unabhängigkeit bewahren können. Und das unterscheidet sie von den Tatmenschen, wie sie sich am ehesten unter den Politikern finden. Du, mein lieber du Bois-Reymond, hast den Tatmenschen in die Wissenschaft eingeführt.

Du Bois-Reymond: Ich habe mich nicht, wie unser verehrter Rudolf Virchow, als Abgeordneter in den Reichstag wählen lassen.

Müller: Das nicht, aber du hast unsere geschätzte Akademie als Forum benutzt, um mit der Autorität der Wissenschaft Politik und Weltanschauung zu betreiben.

Du Bois-Reymond: Die Akademie? Du selbst hast mit dem alten Humboldt dafür gesorgt, dass ich in sie aufgenommen wurde. Ich war 32 Jahre alt und weit davon entfernt, Professor zu sein. Nie wieder habe ich mich so erhoben gefühlt.

Müller: Das war alles gut so. Es war wichtig, Mitstreiter für eine Erneuerung und Verjüngung der etwas in die Jahre gekommenen Institution zu gewinnen. Da kamst du als Physiologe der neuen Schule gerade recht, auch wenn einige alte Herren partout dagegen opponierten. Man hörte sie mit den Zähnen knirschen, als du in deiner Antrittsrede noch einmal als Ziel ausgabst, die Wissenschaft vom Leben ganz auf Physik und Chemie zurückzuführen. Es wäre mir nie in den Sinn gekommen, dich von diesem Weg abzubringen, auch wenn ich einen anderen verfolgte. Doch habe ich die Akademie nie als politisches Forum verstanden.

Du Bois-Reymond: Nachdem du uns unter so tragischen Umständen verlassen hattest, zogen schnell andere Zeiten ein, die eine ernste Gefährdung für Vernunft, Ernsthaftigkeit und Fortschritt darstellten. Der Kult der materiellen Interessen blockierte das Streben nach Wahrheit, Nützlichkeitserwägungen machten das schöne Gebäude des Wissens zu einem Warenhaus. Kunst und Literatur gaben sich dem rohen Geschmack der Menge hin, und viele, die für sich in Anspruch nahmen, der Kultur zu dienen, hatten es einzig und allein darauf abgesehen, schnell und bequem zu Ruhm zu gelangen. Wie sollte ich da nicht das Wort ergreifen und unsere Werte wie Geist, Phantasie und Empfindung verteidigen?

Müller: Von diesen Entwicklungen hat man mir hier erzählt. Ich hätte mich ebenso dagegengestemmt wie du. Aber du hast dich auch mit stolzgeschwellter Brust in die Akademie gestellt und verkündet, dass das zur Einheit strebende Deutschland der Welt nun endlich Furcht einflöße und nicht mehr als unpraktischer Grübler und versunkener Träumer dastehe. Wahrscheinlich hast du bis dahin Deutschland für einen Hamlet gehalten. Manchmal frage ich mich, ob das nicht die klügere Haltung ist. Doch wie dem auch sein mag, die Akademie ist nicht der richtige Ort für solche Reden, und auch das Nationalgefühl sollte außen vor bleiben.

Du Bois-Reymond: Was hätte ich tun sollen? Die Anlässe waren jeweils Geburtstagsfeierlichkeiten – mal die Erinnerung an den einhundertsten Geburtstag König Friedrich Wilhelms III., mal der Geburtstag unseres Königs und späteren Kaisers Wilhelm. Im gleichen Atemzug habe ich aber auch von der über alle nationalen Gefühle erhabenen Weltwissenschaft und von einer weltbürgerlichen Gesinnung in der Akademie gesprochen.

Müller: Das waren wohl gewählte Worte, denn keine andere Gesinnung darf die Akademie bestimmen. Dennoch hast du bei deinen wortmächtigen, mit Bildung gesättigten Reden übersehen, dass die Wissenschaften dadurch Gefahr laufen, selbst politisch zu werden, und dann sind unsere Ideale auf allen Ebenen gefährdet.

Du Bois-Reymond: Willst du damit andeuten, dass auch meine physiologische Forschung im Labor durch meine Hingabe an die Akademie und die Aufgaben, die ich dort zu bewältigen hatte, korrumpiert wurde?

Müller: Das möchte ich keinesfalls behaupten. Doch auch ohne einen Blick in die weitere geschichtliche Entwicklung zu werfen, bin ich der festen Überzeugung, dass es zu einer solchen Kompromittierung kommt, wenn die politischen oder materiellen Interessen überhandnehmen. Deswegen habe ich es immer für notwendig gehalten, dass alle Wissenschaften und ihre Einrichtungen, die Universität und die Akademie, ihre Unabhängigkeit von den politischen Ereignissen bewahren. Als 1848 in Berlin die Revolution tobte, habe ich mir als amtierender Rektor unserer Universität den Säbel umgeschnallt und mich als Wache vor ihrem Eingangstor postiert. Um ihre Souveränität zu retten, hätte ich in der Situation auch mein Leben gegeben.

Du Bois-Reymond: Aber die Universität und auch die Akademie sind keine ganz und gar eigenständigen Gebilde. Sie hängen von der Gnade und dem Geld ab, die der Staat ihnen gewährt. Um deine Forderungen zu erfüllen, müssten wir ganz andere Formen finden, um uns zu organisieren. Staat und Industrie haben vielleicht ihre Schuldigkeit getan und tun der Wissenschaft inzwischen mehr Schaden an, als dass sie ihr nützen. Wir müssten die Wissenschaft ganz neu erfinden. Vielleicht … Es ist spät geworden

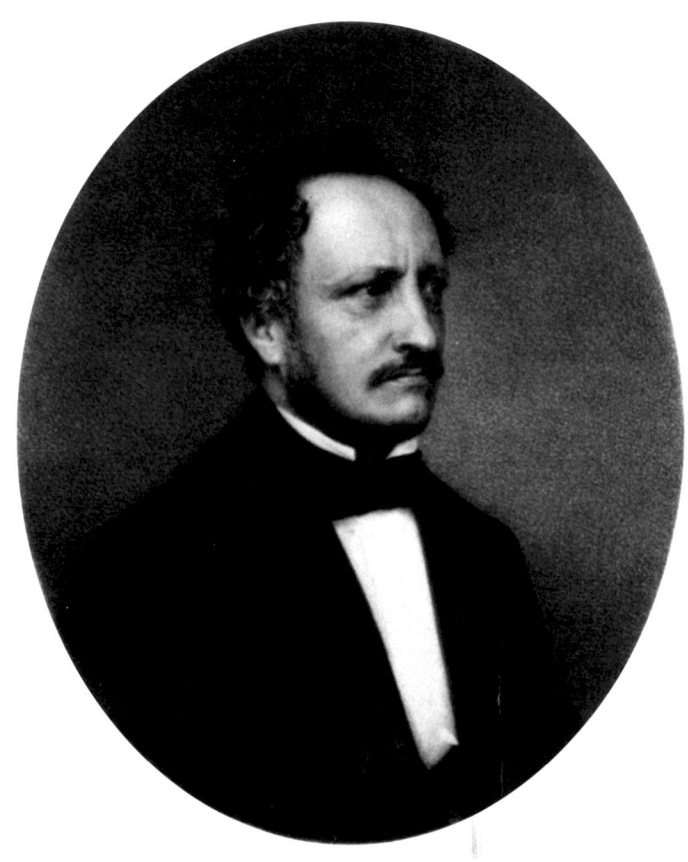

9 Johannes Müller,
Lithografie von
P. Rohrbach, 1959,
nach einer Fotografie
von S. Friedländer,
1857.

und allmählich Zeit zu gehen. Werden wir uns bald wiedersehen und unser Gespräch fortsetzen?

Müller: Das sollte mich freuen. Vielleicht können wir uns dann wieder mehr dem zuwenden, was uns früher so begeistert hat: Die herrliche Vielfalt der Natur, die unsere Erinnerungen an das akademische Leben frisch hält!

Du Bois-Reymond: Gern. Doch will ich auch das, was wir heute besprochen haben, in guter Erinnerung behalten. Was wäre eigentlich, wenn jemand, ohne dass wir es bemerkten, unsere Worte hier belauscht hätte, sie aufschriebe und in den Annalen der Akademie veröffentlichte?

Müller: Lass ihn nur aufschreiben. Wer weiß, was ihm noch alles einfällt? Wir beide erinnern uns ohnehin, welche Worte wir gesprochen haben und welche nicht. Und der Chronist wird nicht in die Gefahr kommen, des Ideenklaus angeklagt zu werden, da ihm doch niemand glauben wird, dass er Zeuge dieses Gesprächs geworden ist.

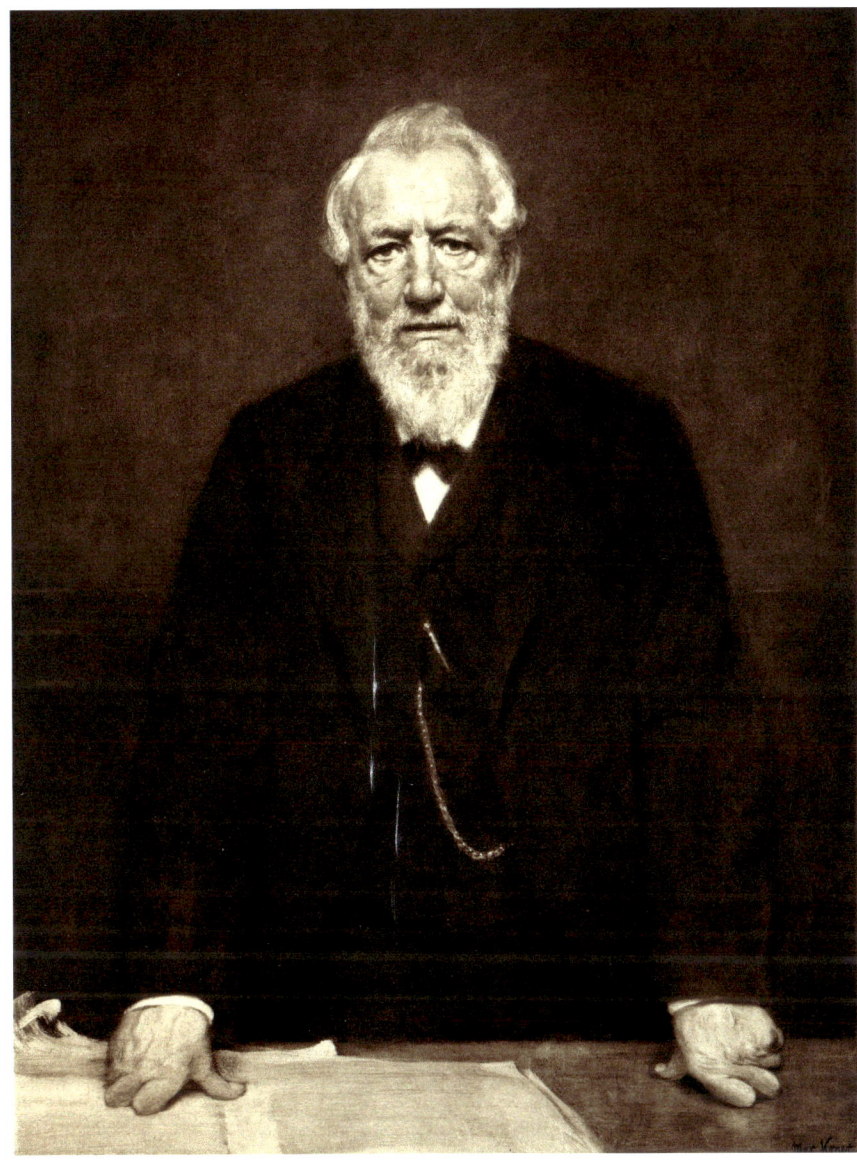

10 Emil du Bois-Reymond, Foto-gravure nach einem Gemälde oder einer Fotografie, 1885.

Du Bois-Reymond: Da hast du sicher Recht. Eher dürfte ihm der Vorwurf gemacht werden, sich all diese Worte aus den Fingern gesogen zu haben. Aber sag mir, was gedenkst du als Nächstes zu tun?

Müller: Ach, die etwas simple Form unseres körperlosen Daseins legt uns gewisse Beschränkungen auf. Umso wichtiger ist es, die Erfahrung als Zeugungsferment des Geistes beizubehalten. So gut ich es vermag, beschäftige ich mich hier mit den Phänomenen des Elysiums.

Du Bois-Reymond: Wird man von deinen Erkenntnissen Kunde erhalten?

Müller: Nein, denn soweit ich weiß, gibt es hier keinerlei Verpflichtungen, seine Überlegungen öffentlich mitzuteilen.

Du Bois-Reymond: Vielleicht sieht man dich doch wieder einmal im Kreis der alten Kollegen aus der Akademie. Sie alle können nicht verstehen, dass du dich so von ihnen entfernt hast.

Müller: Grüße sie von mir, denn ich nehme an, dass du dich bald wieder zu ihnen gesellen wirst, um die nächste Disputation zu führen.

Du Bois-Reymond: Das habe ich allerdings vor.

Müller: Das Beste an der Akademie, der wir beide angehören durften, waren die Vorträge, in denen neue Funde mitgeteilt wurden. Das Schönste an ihr war jedoch die Oper, die nur einige Schritte entfernt lag. Wie oft habe ich dort gesessen und die Musik genossen. Danach habe ich auch hier bisweilen große Sehnsucht.[1]

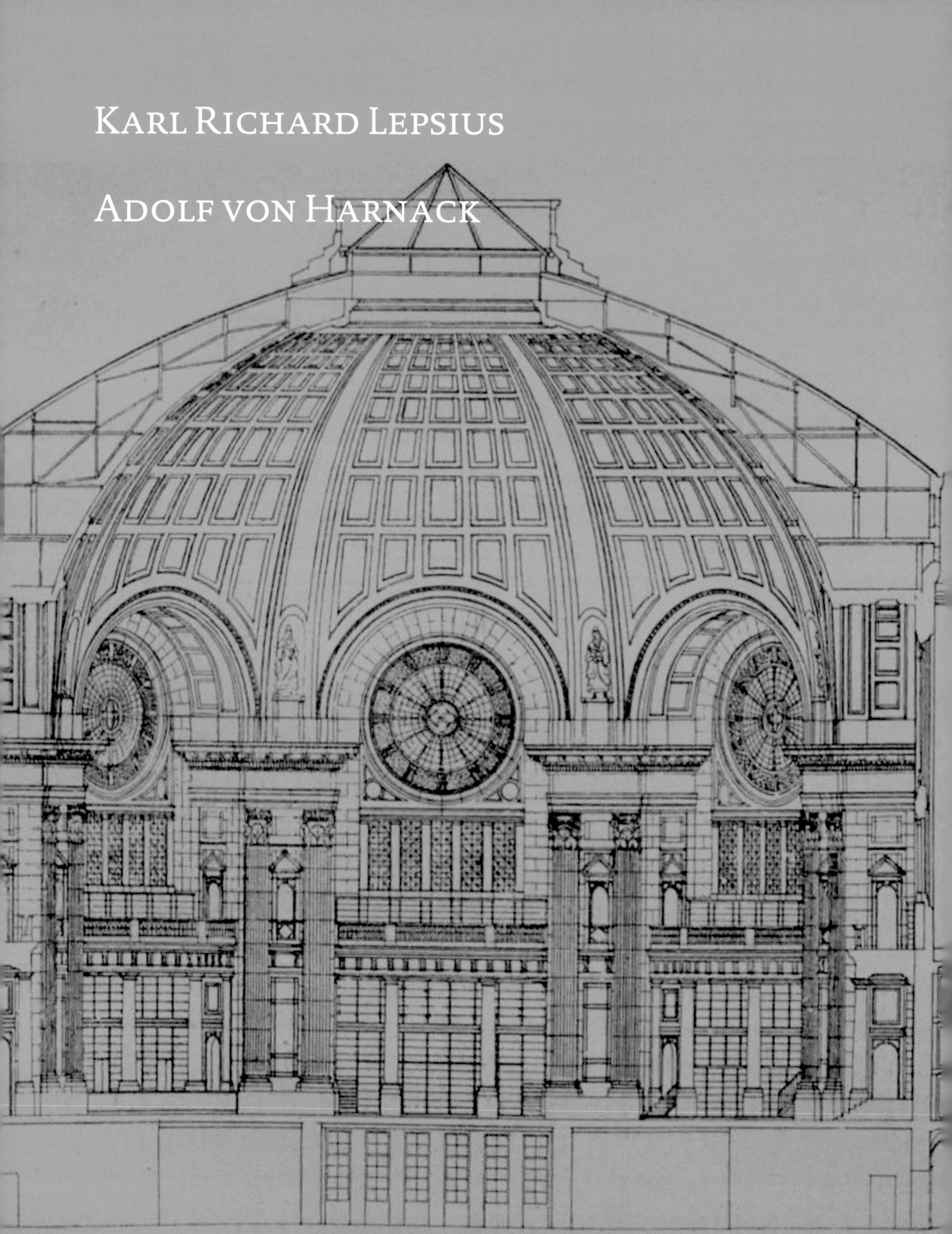

Karl Richard Lepsius

Adolf von Harnack

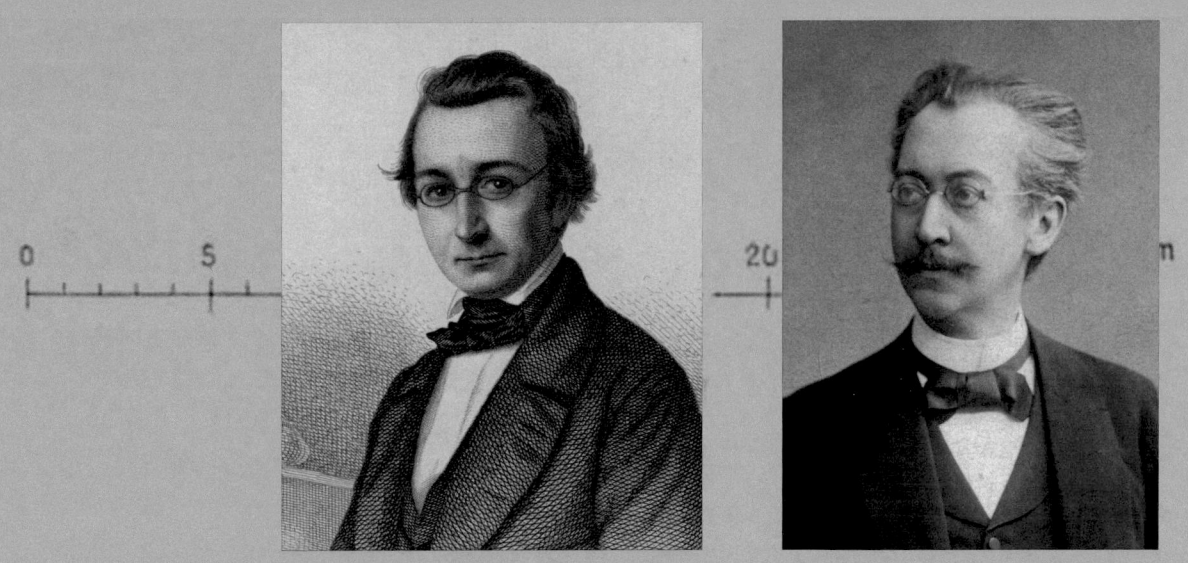

23. Dezember 1810
10. Juli 1884

7. Mai 1851
10. Juni 1930

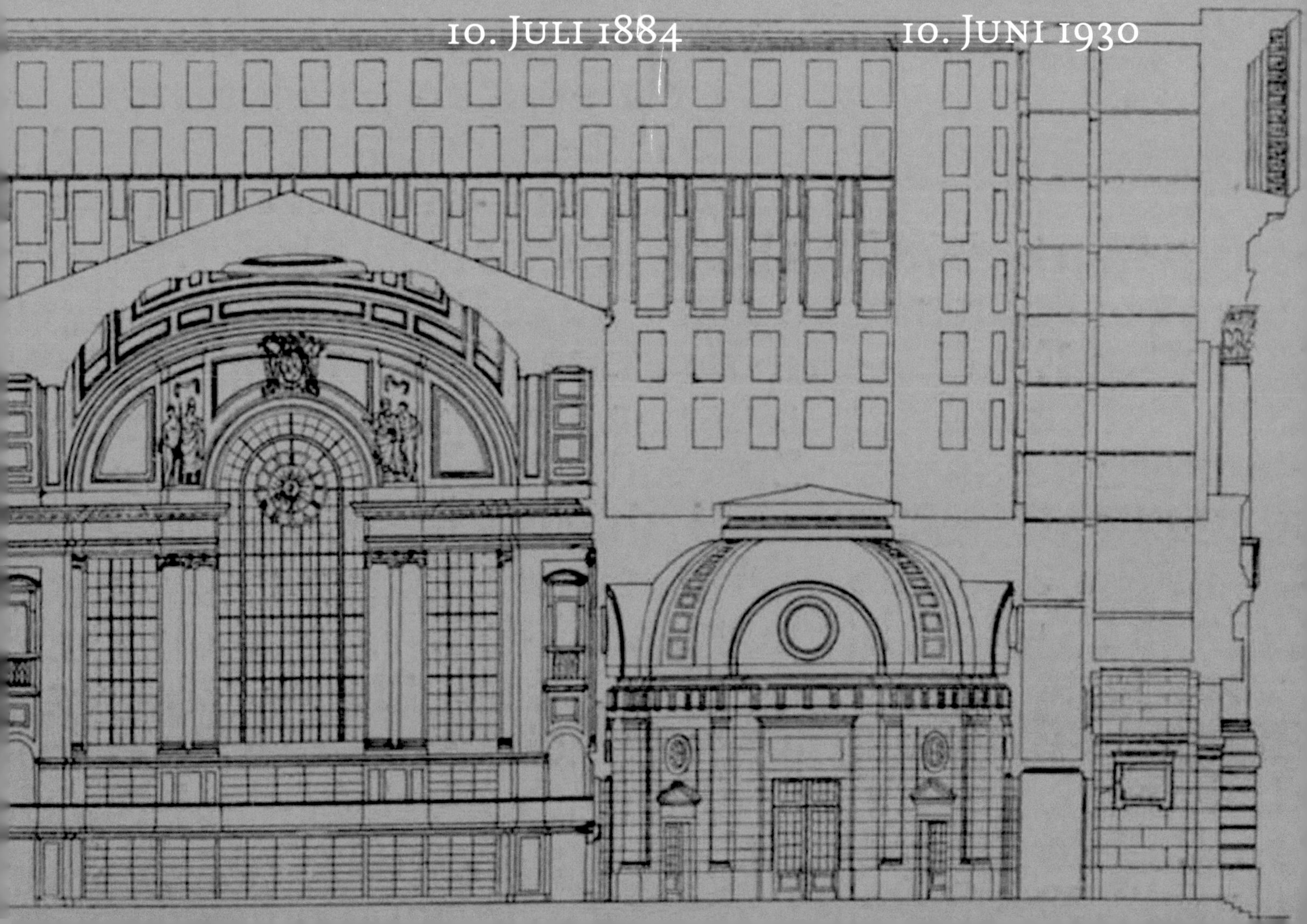

S. 236/237
1   Karl Richard Lepsius, Kupferstich von Alexander Alboth nach einer
Zeichnung von Friedrich August Calau (um 1825), 1840.
2   Adolf von Harnack.
3   Querschnitt durch die repräsentativen Räume der Königlichen Bibliothek
Unter den Linden, Deutsche Bauzeitung, Bd. 35 (1914).

Friedrich Wilhelm Graf

Kulturstolz und Humanisierung

Karl Richard Lepsius und Adolf von Harnack

Begegnet sind sie sich wohl nie. Adolf Harnack ist 33 Jahre alt, als Karl Richard Lepsius im Alter von 74 Jahren am 10. Juli 1884 in Berlin stirbt. Ob der junge Kirchenhistoriker, der seit 1876 in Leipzig als außerordentlicher Professor lehrte, darüber in den Zeitungen liest, weiß man nicht. Nachdem er Lehrstühle in Gießen und Marburg innegehabt hatte, wurde Harnack gegen den Widerstand des Evangelischen Oberkirchenrats und religiös-konservativer Kreise 1888 in die Theologische Fakultät der Friedrich-Wilhelms-Universität nach Berlin berufen. So kam er erst vier Jahre nach Lepsius' Tod in die Reichshauptstadt. Doch trotz des Altersunterschieds von vierzig Jahren – Lepsius wurde am 23. Dezember 1810 in Naumburg an der Saale geboren, Harnack am 7. Mai 1851 in Tartu beziehungsweise Dorpat – und der Differenzen ihrer Herkunft teilen die beiden prominenten Berliner Ordinarien und Akademiemitglieder einige gelehrte Charakterzüge, die es intellektuell reizvoll machen, sie zueinander in Beziehung zu setzen und zu vergleichen. Beide sind Protestanten, Bildungsbürger, angesehene und bald weltweit berühmte Gelehrte, einflussreiche Ordinarien der Berliner Universität, prominente Mitglieder der Königlich Preußischen Akademie der Wissenschaften und – neben dem akademischen Lehramt – Direktoren der Königlichen Bibliothek. Auch wenn der eine ein Ägyptologe von Weltrang ist, der aufgrund seiner großen Forschungsexpedition von September 1842 bis Ende 1845 nach Ägypten und als erster Inhaber eines eigens für ihn eingerichteten Lehrstuhls des Ägyptischen Altertums an einer deutschen Universität gern als Gründervater der Ägyptologie in Deutschland bezeichnet wird, und der andere ein Kirchen- und speziell Dogmenhistoriker, der kritische Dogmenhistoriografie zwar nicht begründet, aber grundlegend neue methodische Standards zur Erforschung des alten Christentums formuliert und mit großem organisatorischen Geschick institutionalisiert hat, stimmen sie im gelehrten Interesse an den Lebenswelten der Antike doch in einer forschungspraktisch folgenreichen Überzeugung überein: Die Erkundung der vermeintlich fernen Lebenswelten Ägyptens und der antiken Christentümer diene dem besseren Verständnis der Gegenwart. Zwar betonen sie den weiten zeitlichen Abstand und die elementare kulturelle Differenz zwischen einst und jetzt. Aber sie sind als Historiker zugleich sehr selbstbewusst davon überzeugt, mit der Erforschung der ägyptischen wie europäisch-antiken Vergangenheit nicht nur bleibend bestimmende Prägekräfte der Gegenwart, sondern zugleich Potenzen zu humanerer Zukunftsgestaltung zu erkunden. Sie sind von der hohen Relevanz ihres gelehrten Tuns nicht nur mit Blick auf den intendierten (und von beiden faszinierend souverän erreichten) Fortschritt wissenschaftlichen Erkennens, sondern weit darüber hinaus für die Bildung autonomer Persönlichkeit und progressive Humanisierung der Kultur überzeugt. Und bei aller von ihnen genutzten wie vielfältig geförderten engen Verflechtung in transnationale Netzwerke gelehrten Austauschs mit Fachkollegen in anderen europäischen Ländern und vor allem im Falle Harnacks auch den USA wollen sie, so Lepsius, zum Ruhm Preußens und seines Herrscherhauses sowie zur „Weltgeltung" (Adolf Harnack) deutscher Wissenschaft beitragen. Beide suchen die Nähe des preußischen Königs und der Hofgesellschaft und treten in persönlichen Kontakt zum Monarchen, der sie fördert; bei Harnack ist dies Wilhelm II., im Falle von Lepsius ist es zunächst Friedrich Wilhelm IV. und dann Wilhelm I., den er schon 1846 als Prinz von Preußen kennen gelernt hatte. Auch begleitete Lepsius den damaligen Kronprinzen und späteren Kaiser Friedrich III. 1869 auf einer Nilreise und bei den Feiern zur Eröffnung des Suezkanals. Auch in der Loyalität zum Herrscherhaus ist Lepsius' wie Harnacks Selbstverständnis durch eine emphatische Hochschätzung von Bildung zu selbstbewusster freier Persönlichkeit bestimmt. „Bildung war nicht nur ein Instrument zur Sicherung der sozialen Position, Bildung wurde verinnerlicht zu einem Wert an sich. Ergänzend zur tradierten Glaubensgewissheit trat die erworbene Bildungsgewissheit, die langsam die erstere als Basis der Selbstgewissheit ersetzte."[1]

Man kann das von Lepsius und Harnack vertretene kulturstolze Verständnis historischer Geistes- und Kulturwissenschaft ohne allzu großen gedanklichen Aufwand leicht als historistischen Idealismus kritisieren oder als den Bildungsglauben elitärer Kulturprotestanten, die von der als überhaupt vernünftig behaupteten, de facto aber nur historisch partikularen Idee besessen sind, dass der Mensch erst durch Bildung wirklich der „Bestimmung des Menschen", dem hohen Ziel seiner Selbstzivilisierung oder Selbstkultivierung hin zur reifen, selbstbestimmten und kommunikativen Persönlichkeit entsprechen könne. Aber mit dieser Kritik macht es sich der Ideen- oder Wissenschaftshistoriker von heute viel zu einfach. Die außerordentliche, einschüchternde literarische Produktivität, die Lepsius und Harnack in ihrem Fach jeweils entfalteten, die Geschicklichkeit, mit der sie politische Konstellationen für die Durchsetzung ihrer gelehrten Interessen nutzten, ihr rigides, asketisches Arbeitsethos, ihr akribischer Sammelfleiß bei der Erschließung unbeachteter oder unbekannter Quellen, auch der Leistungsdruck, den sie auf jüngere Forscher in ihrem Umkreis ausübten – dies alles hängt eng damit zusammen, dass sie von der „Kulturbedeutung" – um 1900 der forschungsleitende Grundbegriff im Heidelberger Gelehrtenmilieu um Georg Jellinek, Max Weber, Ernst Troeltsch – ihrer Erkenntnissuche überzeugt waren. Soll man Gelehrten vorwerfen, dass sie ihren entsagungsvollen und rastlosen Lebenskampf um besseres Wissen und tiefere Einsicht ernst nehmen?

Wer Karl Richard Lepsius und Adolf von Harnack miteinander vergleicht, muss einer elementaren Asymmetrie Rechnung tragen: Von Lepsius gibt es keinerlei Zeugnisse über den Kirchenhistoriker Harnack, aber von Harnack einige Äußerungen über Person und Werk seines Vorvorgängers im Amte des Leiters der Königlichen Bibliothek. Auch hat Harnack über den Evangelisch-sozialen Kongress einen der Söhne von Karl Richard Lepsius, den Theologen Johannes Lepsius, gut gekannt; in seiner Rolle als Präsident des Evangelisch-sozialen Kongresses hat er ihn zu Vorträgen vor dem Kongress eingeladen und später mit großem Wohlwollen auch seine entschiedene Unterstützung der von der türkischen Regierung verfolgten Armenier zur Kenntnis genommen. Johannes Lepsius war spätestens im Ersten Weltkrieg immer wieder Gast im Haus der Harnacks, wo „renommierte Gelehrte jeden Mittwochabend Kernfragen der nationalen und internationalen Politik diskutierten"[2]. Das Auswärtige Amt befürchtete schon Ende Oktober 1915, dass Johannes Lepsius in seinem Kampf gegen den jungtürkischen Genozid an den Armeniern allzu großen Einfluss auf Hans Delbrück, Harnacks Schwager, und damit auch auf Harnack gewonnen habe. Auch Harnacks engster Freund Martin Rade, der Herausgeber der kulturprotestantischen Wochenzeitschrift *Die Christliche Welt*, unterstützte Johannes Lepsius.

KARL RICHARD LEPSIUS IN ADOLF HARNACKS AKADEMIEGESCHICHTE

In seiner 1900 publizierten dreibändigen *Geschichte der Königlich Preussischen Akademie der Wissenschaften zu Berlin* kommt Harnack unumgänglich auch auf das prominente, mehreren Kommissionen der Akademie angehörende Mitglied Karl Richard Lepsius zu sprechen. Lepsius war, wie sein Urenkel Mario Rainer Lepsius zu Recht betont hat, „mit der Preußischen Akademie der Wissenschaften zweifach verbunden: Er war zunächst ihr Stipendiat und später eines ihrer wissenschaftspolitisch aktiven Mitglieder."[3] Auch Harnack sieht in Lepsius ein Akademiemitglied, das sich um die Reformen der Institution bemühte und Verantwortung für gebotene Änderungen übernahm. Im Band I.2, der die Geschichte der Akademie „Vom Tode Friedrich's des Großen bis zur Gegenwart" behandelt, erwähnt er Lepsius erstmals, als er die „Geldbewilligungen zu wissenschaftlichen Zwecken" darstellte.

1835 habe man „Hrn. LEPSIUS zur Erforschung aegyptischer Denkmäler in italienischen Sammlungen 500 Thlr." zuerkannt. In einer Fußnote teilt Harnack dann mit: „LEPSIUS erhielt im Jahre 1836 wiederum 500 Thlr."[4] Später sind auch Töne der Kritik wahrnehmbar. So spricht Harnack davon, dass der von ihm bewunderte Alexander von Humboldt „den jungen BRUGSCH gegen den Absolutismus von LEPSIUS geschützt" habe.[5] Dennoch habe Lepsius dem „Comité" angehört, das nach dem Tode des großen Naturforschers die vom König am 19. Dezember 1860 bestätigte *Alexander von Humboldt-Stiftung für Naturforschung und Reisen* begründet habe.[6] Auch im „Gründungscomité" der *Bopp-Stiftung* sei Lepsius Mitglied gewesen. Harnack erwähnt zudem die entschiedene Förderung, die Friedrich Wilhelm IV. Lepsius' großer Expedition nach Ägypten zuteil werden ließ: „Er hat die ägyptische Forschung in Ägypten

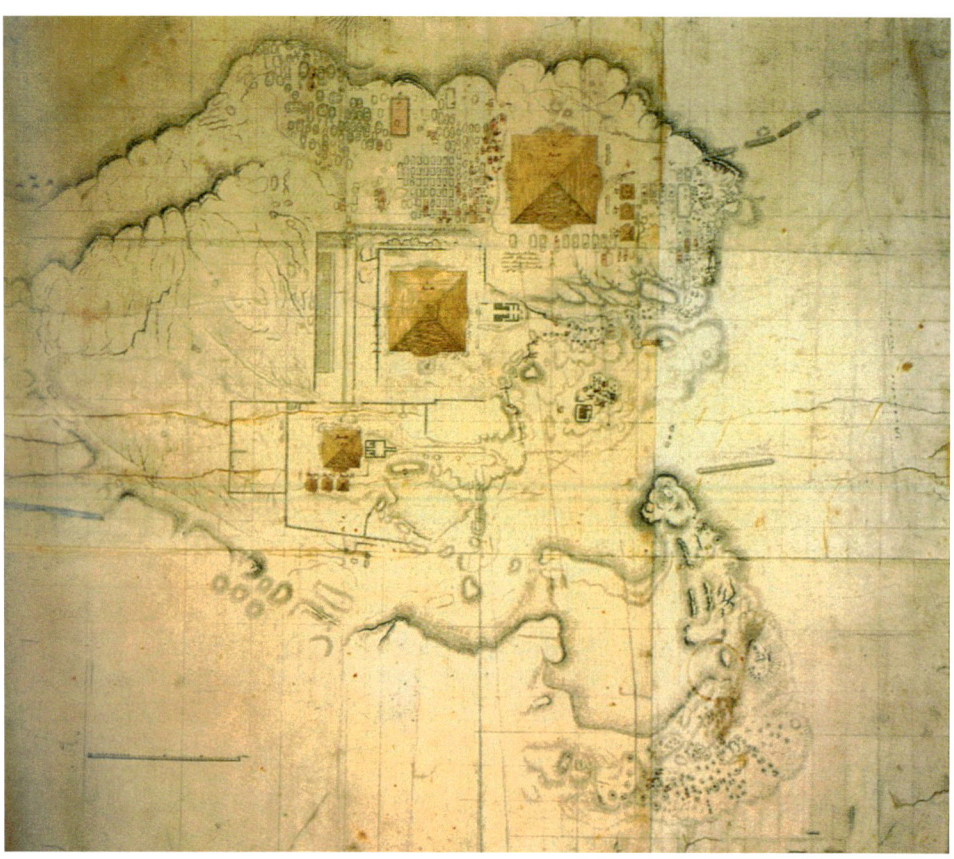

1 Situationsplan des Pyramidenfeldes von Giseh, aufgenommen und gezeichnet 15. November 1842 bis 3. Januar 1843 von Gustav Erbkam.

begründet und die Reisen von LEPSIUS in's Land der Pharaonen … ermöglicht." „LEPSIUS hat sein ‚Königsbuch des alten Ägyptens' FRIEDRICH WILHELM IV. zugeeignet mit der Widmung: ‚Dem erhabenen Begründer der ägyptischen Forschung in Deutschland'."[7] Lepsius, der schon am 9. Mai 1844, also während der Ägypten-Expedition, als „Correspondierendes Mitglied" aufgenommen worden war,[8] sei am 18. Mai 1850 in die Akademie zugewählt „und bald darauf" in „die epigraphische Commission" gewählt worden.[9] Auch schildert Harnack kurz die wichtige Rolle, die Lepsius in der Akademie bei der Institutionalisierung der dann von Theodor Mommsen geleiteten Edition des Corpus Inscriptionum Latinarum gespielt habe.

Jetzt nahm LEPSIUS die Sache in die Hand. In einer umfangreichen Denkschrift (3. Juni 1853) schlug er der Akademie vor, ernstlich an die Ausführung des Corpus zu gehen; die Hauptredaction solle MOMMSEN übertragen und ohne seinen Willen solle ihm kein Mitarbeiter gegeben werden; mit und unter ihm solle nach seinem Willen HENZEN arbeiten, DE ROSSI'S freiwillige Hülfe dankbar angenommen werden. Nach Verhandlungen mit MOMMSEN und RITSCHL und langen Beratungen im Schoose der Akademie wurden LEPSIUS' Anträge angenommen, und der König bewilligte zur Herstellung des Corpus je 2000 Thlr. auf 6 Jahre.[10]

Dass es gelang, Mommsen „für freie akademische Zwecke" von Leipzig nach Berlin zu holen, führt Harnack aber weniger auf das Engagement von Lepsius, sondern auf den

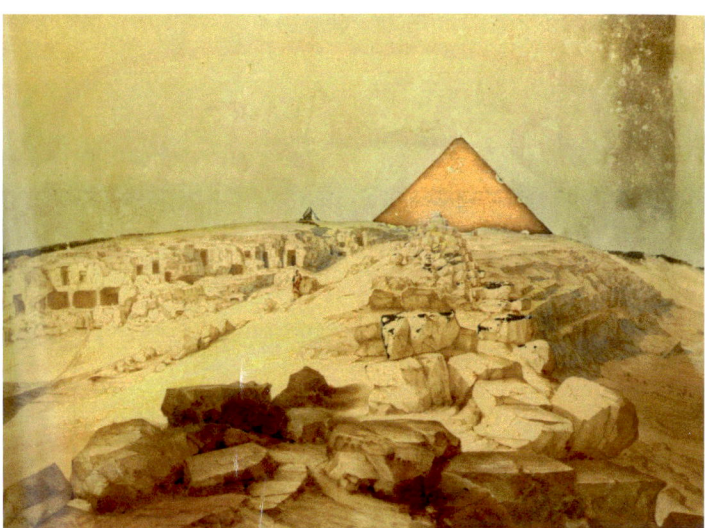

2   Steindamm und Felsengräber vor der großen [Cheops-] Pyramide, Zeichnung von Ernst Weidenbach, Tusche, Deckfarben, um 1842 .

Archäologen Eduard Gerhard zurück. Dass das Corpus „als ein *akademisches* Unternehmen in's Leben getreten ist, dafür gebührt in erster Linie GERHARD der Dank. Auch Andere neben ihm, vor allem SAVIGNY, LACHMANN und LEPSIUS, haben sich um dasselbe verdient gemacht; aber GERHARD ist der Unermüdlichste gewesen und hat einen siebenjährigen Krieg gegen alte Vorurtheile geführt (1846–1853), bis er das Ziel erreichte."[11]

Harnack hat seine große Akademiegeschichte so konstruiert, dass er ihre „innere Geschichte" schreibt: Nachdem er die Geschichte der Akademie in der Regierungszeit Friedrich Wilhelms III. dargestellt hat, schildert er im Kapitel über *Die Akademie Friedrich Wilhelm's IV. (1840–1859)* den „grosse[n] Wechsel" in der Mitgliedschaft im „Jahrzehnt 1850–1859": „wer sich um das Jahr 1849 in der Akademie umsah, konnte den Wechsel gegenüber dem Ende der dreissiger Jahre nicht erheblich finden; wer um 1859 Umschau hielt, erblickte fast eine neue Akademie vor sich."[12] Die „innere Geschichte der Akademie in den beiden Jahrzehnten" will er dann erzählen, indem er „die neuen Mitglieder, die sie damals gewonnen hat, mit einigen Strichen zu charakterisiren" versucht – „soweit es die Rücksicht erlaubt, die der Historiker zu nehmen hat, wenn er sich der Gegenwart nähert".[13] Der Akademiehistoriker Harnack will gerade mit Blick auf die „innere Geschichte" der jüngsten Vergangenheit Takt und Höflichkeit wahren. „Seit mehr als drei Jahren waren neue Mitglieder nicht aufgenommen worden; am 18. Mai 1850 erhielt die Akademie endlich wieder eine Verstärkung: LEPSIUS, HOMEYER und PETERMANN wurden gewählt."[14]

Nachdem er dann den Orientalisten Heinrich Petermann in sieben Zeilen vorgestellt hat und den Rechtswissenschaftler Karl Gustav Homeyer deutlich freundlicher in zwanzig Zeilen, kommt Harnack auf Karl Richard Lepsius zu sprechen – für ihn braucht er zweieinhalb Seiten, auf denen zwei lange Anmerkungen von einundzwanzig und zehn Zeilen *petit* gesetzt sind. Schon diese Gewichtung lässt erkennen, dass Harnack Lepsius als Gelehrten von höchstem Rang schätzt.

Den glänzendsten Zuwachs erhielt die Akademie aber damals durch den Eintritt von LEPSIUS (geb. 23. December 1810 zu Naumburg, gest. 10. Juli 1884). Als er

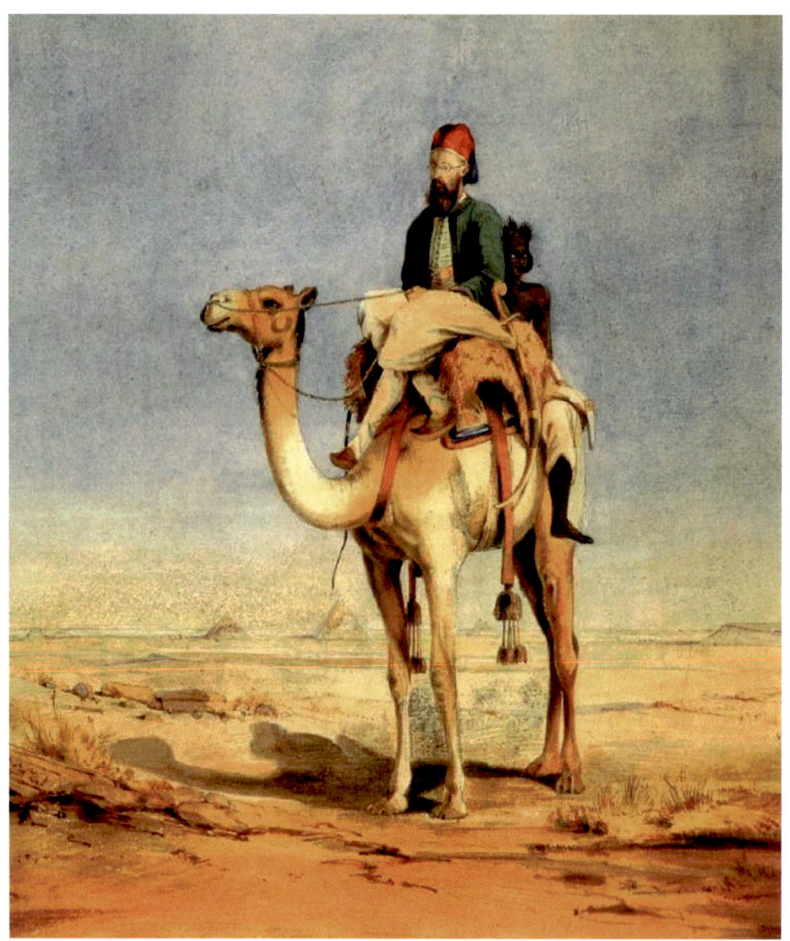

3 Richard Lepsius in türkischer Tracht, Wasserfarben, etwa Juli 1945.

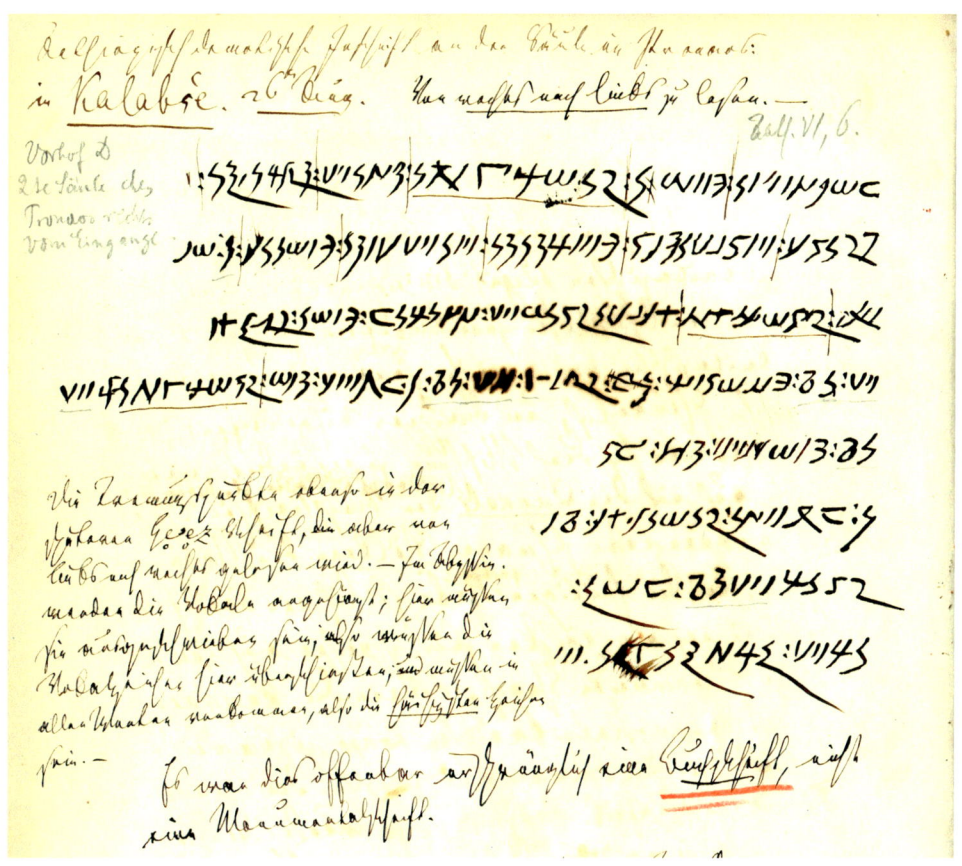

4   Aethiopisch demotische Inschrift an der Säule des Pronaos in Kalabse. Tagebucheintrag von Richard Lepsius vom 26. August [1844], von rechts nach links zu lesen, Ergänzung mit Bleistift: Vorhof D 2te Säule des Pronaos rechts vom Eingang, Wissenschaftliches Tagebuch II. S. 168.

aufgenommen wurde, hatte er bereits die ägyptische Alterthumskunde in Deutschland und seinen eigenen Ruhm begründet durch die grosse wissenschaftliche Reise nach Aegypten (September 1842 bis October 1845). An Bedeutung kann diese Expedition nur mit der von HUMBOLDT nach Südamerika verglichen werden; in dem einzigartigen Werth, der ihren Ergebnissen für den Aufbau einer ganzen Wissenschaft zukommt, hat sie sie noch übertroffen. Der Fleiss, die Umsicht, der sichere Scharfblick, mit welchem LEPSIUS von Alexandria bis Chartum die Reste des höheren und höchsten Alterthums aufgenommen, geschichtlich und antiquarisch untersucht, abgeklatscht oder copirt hat, sind unvergleichlich gewesen.[15]

Das sind große Worte, die elementaren akademischen Respekt erkennen lassen. Harnack stützt sich für seine Darstellung auf die Gedenkrede, die der Theologe August Dillmann 1885 auf Karl Richard Lepsius gehalten hatte, und auf die erste biografische Studie von Georg Ebers. Harnack kennt die Verhältnisse gut, und dies mag auch mit der Nähe zum väterlichen Freund Theodor Mommsen zu tun haben, der in Berlin ja ein enger Freund von Lepsius geworden war. In einer längeren Fußnote zu Lepsius' Werdegang schildert der Akademiehistoriker kurz dessen Freundschaft mit dem preußischen Diplomaten Karl Josias von Bunsen.

> BUNSEN ist es gewesen, der ihn auf das Aegyptische gewiesen hat und ihm zeitlebens ein väterlicher Freund und einflussreicher Förderer geblieben ist, obgleich ihre wissenschaftlichen Ansichten und Wege immer mehr auseinander gingen. Ihm und ALEXANDER VON HUMBOLDT gelang es, den König, welcher schon als Kronprinz die ägyptische Forschung mit wohlwollender Theilnahme verfolgt hatte, für den grossen ägyptischen Reiseplan zu gewinnen. Nachmals ist LEPSIUS' Verhältnis zu HUMBOLDT nicht so warm geblieben wie das zu BUNSEN.[16]

Diese Formulierung lässt einige Vertrautheit mit der „inneren Geschichte" der Akademie erkennen. Harnack weiß um die große Bedeutung, die Lepsius auch jenseits der Universität und der Akademie bei der Einrichtung des Ägyptischen Museums und durch seine bahnbrechenden Publikationen gewonnen hat.

> Als er im Januar 1846 nach Berlin zurückkehrte, brachte er ein Material nach Hause, an dem nicht nur er selbst 35 Jahre arbeiten konnte und gearbeitet hat, sondern das noch gegenwärtig die Fundgrube für die von ihm in's Leben gerufene Forschung ist. Das Berliner Aegyptische Museum und die im Jahre 1859 in 12 Bänden grössten Folioformats (mit 894 Tafeln) vollendeten ‚Denkmäler aus Aegypten und Aethiopien' sind die bedeutendsten Früchte seines Schaffens.

Harnack formuliert nun ein Lob, das sich in seiner Akademiegeschichte sonst nirgends findet: „In ihnen hat er das Versprechen eingelöst, das er bei seinem Eintritt in die Akademie gegeben hat." Nicht bloße Ankündigung, nein, geleistete Einlösung! Dann zitiert Harnack Lepsius' Antrittsrede:

> LEIBNIZ stellte in jener merkwürdigen Denkschrift, durch die er Ludwig XIV. zu der kühnen Unternehmung gegen Aegypten zu bewegen suchte, den Satz an die Spitze seiner Betrachtungen: ‚Maximi semper in rebus humanis momenti Aegyptus fuit'. Die wissenschaftliche Eroberung des altpharaonischen Aegyptens ist nicht vollendet. Die Aufgabe ist würdig der erleuchteten Protection und der lebendigen Theilnahme, welche unser hoher Königlicher Beschützer derselben schon lange gewidmet; sie ist auch würdig Ihrer akademischen Pflege. Was meine geringen Kräfte, die Sie dazu in Anspruch genommen haben, vermögen, wird stets mit dem Eifer geleistet werden, der für jeden mit Ernst und im Bewusstsein der Grösse seiner Aufgabe Arbeitenden zugleich die höchste Freude ist.[17]

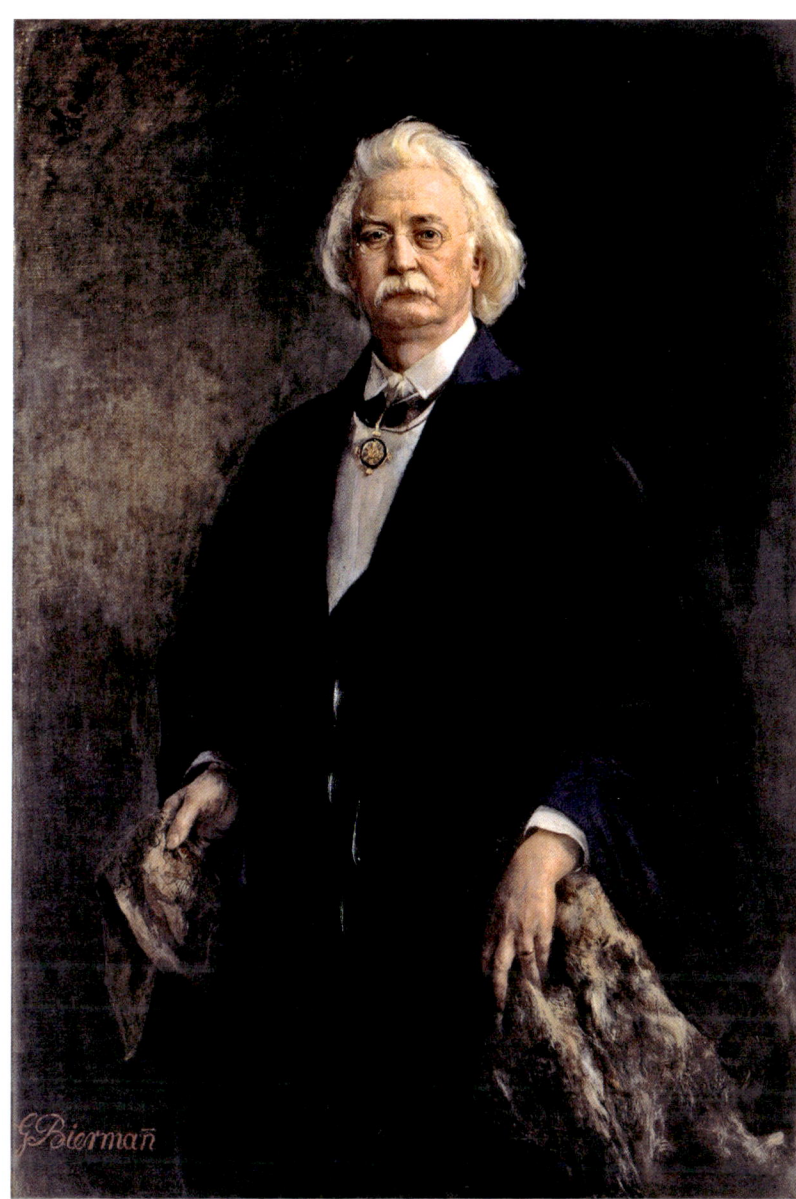

5   Richard Lepsius als Mitglied des Orden Pour le Mérite, Gemälde von Gottlieb Biermann, Öl auf Leinwand, 1892/93.

Aber mehr noch: Harnack betont mit Blick auf die zahlreichen großen Publikationen von Lepsius: „Überall interessirten ihn die historischen und antiquarischen Fragen in ihrem gesammten Umfange und mit dem Ausblick auf den internationalen Culturaustausch im Alterthum; die philologischen und grammatischen stellte er zurück ... .“[18] Selbst in den umstrittenen Studien zur Vielfalt afrikanischer Sprachen und einem „linguistischen Alphabet“, die der alte Lepsius 1880 in einer *Nubischen Grammatik* zusammenführte, sah Harnack „einen grossen Fortschritt“.[19]

Ausführlich zitiert er aus der Gedächtnisrede August Dillmanns:

Eine Glücksfügung hat ihn hohe Gönner und Förderer finden lassen, aber das
meiste hat er doch selbst gethan, um die von ihm erstiegene Stufe zu erreichen.
Innerlich erwärmt und getrieben von den höchsten Idealen menschlicher
Erkenntniss, hat er verständig die Mittel erwogen, welche ihrer Erreichung
zuführen, und dann in harter, unverdrossener Arbeit sich in ihren Besitz zu setzen gewusst. Jeden Gegenstand, den er anfasste, hat er selbständig von seinen
Wurzeln an durchgearbeitet, durchdacht, von allen Seiten überlegt und immer
wieder nachgeprüft, bis er zu voller Klarheit darüber und zu festen Ergebnissen
gekommen war. Weil mit dem ganzen Einsatz seines Könnens und Wissens
erworben, waren ihm seine Erkenntnisse so zu sagen ein Stück seiner eigenen
Persönlichkeit, und die grosse Zähigkeit, mit der er sie festhielt, eine nur zu natürliche Folge davon. Dabei war er in seiner Forschung und Kritik frei von aller
Gebundenheit und von Vorurtheil, sei es einer Schule und Partei, sei es religiöser Art, aber auch durchdrungen von der freudigfesten Zuversicht, dass man die
Wahrheit mit den rechten Mitteln finden könne, noch nicht angesteckt von der
krankhaften Zweifelsucht, welche zu keinerlei Überlieferung mehr Zutrauen zu
fassen vermag.[20]

Dass Harnack so ausführlich August Dillmanns Gedächtnisrede zitiert, muss als Ausdruck seiner Zustimmung zu dessen Würdigung verstanden werden. Hingabe an die
Sache, harte disziplinierte Arbeit, selbstständige Reflexionskraft, öffentliches Engagement beim Aufbau des Ägyptischen Museums, Internalisierung der gewonnenen Einsicht in die eigene „Persönlichkeit", vorurteilsfreie Forschung – das ist es, was Harnack
an Lepsius schätzt und bewundert. Man darf vermuten, dass der Autor der Akademiegeschichte im Medium des Dillmann-Zitats auch eigene Ideale gelehrter Existenz zu
erkennen gibt.

DIE KÖNIGLICHE BIBLIOTHEK

In seinen autobiografischen Erinnerungen beschrieb der Berliner Publizist Isidor Kastan
1919 die unglaublichen Zustände, die in den frühen 1870er Jahren in der Königlichen
Bibliothek, der wichtigsten Bibliothek Preußens, herrschten.

Der Weg, um zu dem erwünschten Buch zu gelangen, war umständlich und
zeitraubend. Einen Einblick in das Bücherverzeichnis selbst zu tun, war dem
Laienauge unerbittlich versagt. Nur den Bevorzugtesten unter den Sterblichen
war der Eintritt in den geheiligten Raum des Katalogzimmers gestattet. Man
mußte zu allerhand Listen seine Zuflucht nehmen, um zum Ziele zu gelangen.
Bestellte man auf dem gewöhnlichen Weg ein Buch, dann konnte man mit

ziemlicher Bestimmtheit darauf rechnen, am anderen Tage [...] die Antwort zu erhalten: verliehen oder nicht vorhanden. Es ist auch zuweilen vorgekommen, daß auf dem Bestellzettel der Vermerk zu lesen stand: ‚Wegen Dunkelheit nicht aufzufinden‘. Da ging dann freilich manchem die Geduld aus, und man wandte sich mit einer Beschwerde an den unnahbaren obersten Leiter der Staatsbücherei, den berühmten Geheimrat Pertz [...]. Aber damit war denn auch alles Erdenkliche geschehen und der Beschwerdeführer mochte anderweitig zusehen, wie er zu seinem Rechte kam.[21]

Andere Besucher berichteten von katastrophaler Enge und Mangel an Arbeitsplätzen. Bücher waren oft in zwei Reihen aufgestellt oder wurden in dunklen Kellern gestapelt und in Stapeln auf den Treppen gelagert. Der 1872 von Bismarck zum Kultusminister ernannte liberale Jurist und Politiker Adalbert Falk suchte im Bemühen um eine entschiedene Stärkung der preußischen Wissenschaftsinstitutionen Lepsius deshalb davon zu überzeugen, den mit ihm gut bekannten, wohl auch befreundeten Oberbibliothekar Georg Heinrich Pertz zum Rücktritt zu bewegen. „Tatsächlich konnte Lepsius den als äußerst schwierig bekannten Pertz von der Notwendigkeit eines solchen Schrittes überzeugen. Nach einunddreißig Dienstjahren ging der von schwerer Krankheit Gezeichnete in Pension [...]!"[22]

Auf Falks mehrfach vorgetragene Bitte hin übernahm Lepsius daraufhin kommissarisch die Leitung der Bibliothek, stellte aber vor der Amtsübernahme zwei Bedingungen: Er forderte erstens eine substantielle Erhöhung des jährlichen Etats und verlangte zweitens, endlich mit den Planungen für den Neubau eines funktionsfähigen größeren Bibliotheksgebäudes zu beginnen; das bisher genutzte Gebäude, die spätbarocke sogenannte ‚Kommode‘ – hier ist heute die Juristische Fakultät der Humboldt-Universität untergebracht –, sei völlig ungeeignet. Ein Brief an den damals in Rom arbeitenden Theodor Mommsen vom 22. April 1873 lässt erkennen, dass Lepsius sich als Reformer verstand und zwischen der Erneuerung der Akademie und dem geforderten Neubau der Bibliothek einen engen Zusammenhang sah.

> Ich würde mich gehütet haben, den in allen Stücken verfahrenen Schlamassel zu übernehmen und als solchen weiter zu vererben. Ein Interesse und eine Verpflichtung finde ich in der Übernahme vor, wenn ich dem definitiven Nachfolger einen goldenen Boden bereiten und vielleicht die Grundlage eines neuen würdigen Bibliotheksgebäudes übergeben kann. In letzter Beziehung wird es mein Bestreben sein, für die Akademie, nur den W., und für die Bibliothek das Carré zwischen Linden, Univ.[ersität], Doroth.[eenstraße] u. Charlottenstr. zu gewinnen.[23]

Nach den Erinnerungen von Elisabeth Lepsius glaubte ihr Mann „in seiner Person die Möglichkeit zu erblicken, durch seine Verbindungen bei Hofe und bei der Regierung, den als eines der *dringendsten Bedürfnisse der Wissenschaft* längst erkannten Neubau der Bibliothek durchzusetzen."[24] Damit hatte Lepsius seine Einwirkungsmöglichkeiten jedoch überschätzt. Zwar wurde er von den damals führenden Berliner Gelehrten im Ruf nach einem neuen großen Bibliotheksbau vielfältig unterstützt. Auch konnte er in einer Audienz Kaiser Wilhelm I. im Mai 1873 einen ersten Entwurf für ein repräsentatives Gebäude für die Wissenschaften erläutern, in dem neben der Königlichen Bibliothek auch die Akademie untergebracht werden sollte. Auf Bitte des Kultusministers hin unternahm er gemeinsam mit den Architekten Martin Gropius im Frühjahr 1874 eine längere Reise nach Hamburg, München, Wien und Paris, um sich über die dortigen großen Bibliotheken kundig zu machen. Zudem schrieb er Entwürfe für ein mehrfach überarbeitetes Memorandum, in dem er eine große Preußische Landesbibliothek empfahl, die die Funktion einer wegen der Kulturhoheit der Länder nicht realisierbaren Deutschen Nationalbibliothek übernehmen sollte.

> Die Landesbibliothek eines großen Kulturstaates soll die gesamte wichtigere gedruckte Literatur bis auf die Gegenwart und von der handschriftlichen soviel als sie erlangen kann besitzen, sie sicher und geordnet aufbewahren, und dem studierenden Publikum möglichst zugänglich und nutzbar machen. Der Staat, der eine solche Bibliothek besitzt, hat ein unauslöschliches Gedächtnis zur Disposition für Alles, was nicht nur unsere eigene Vorzeit, sondern die ganze Menschheit an Thaten und Gedanken verzeichnet hat. Dieses Gedächtnis zu pflegen und auszunutzen ist für einen solchen Staat eine Nothwendigkeit der Selbsterhaltung und des geistigen Wachsthums, und zugleich eine weithin leuchtende Ehre desselben. Bisher haben dies nur England und Frankreich, welche an der Spitze der Zivilisation wandelten, verstanden und danach gehandelt. Es kommt jetzt die Reihe an Deutschland, welches diesen Beispielen folgen muß; und so weit äußere Umstände nach verhindern, in dem genannten Sinne eine Deutsche Reichsbibliothek herstellen (zu können), muß, wie schon so oft, Preußen an die Stelle von Deutschland treten, und diese große Aufgabe, so weit es vermag, über sich nehmen.[25]

Die Bibliothek des British Museum und die Pariser Bibliothèque Nationale dienten ihm ebenso als Vorbild wie die Bayerische Staatsbibliothek. Doch selbst flammende Appelle an den Kultusminister und hohe Ministerialbeamte, dass der derzeitige Zustand bald zum Ruin der Bibliothek führen werde, zahlreiche Bücher von der Zerstörung bedroht seien und die Handschriften massive Beschädigung erlitten, konnten die schon von Schinkel 1845 begonnenen Planungen nicht beschleunigen. So musste sich Lepsius auf die mühevolle und konfliktreiche Verbesserung des *Status quo* beschränken. Durch Verstärkung der Fundamente und den Einbau von Eisensäulen wurde das einsturzgefährdete Gebäude stabilisiert, und um Platz zu gewinnen, wurden die Musikabteilung und die große Sammlung von Landkarten in die Alte Börse ausgelagert. Auch konnten zwei Häuser in der Behrenstraße erworben werden, als Magazine für neu angeschaffte 200.000 Bücher. Lepsius konnte vergleichsweise schnell durchsetzen, dass der Etat

erhöht wurde; dies ermöglichte es, neue Mitarbeiter einzustellen und insgesamt höhere Gehälter zu zahlen. Auch stellte er „Hülfsarbeiter" für die Erstellung von Katalogen
ein, um die wissenschaftlichen Bibliothekare zu entlasten. Mit Sondermitteln konnten
mehrfach im Antiquariatshandel seltene Erstausgaben erworben werden. Um ein besseres Arbeitsklima für die Bibliothekare zu erzeugen, setzte Lepsius auf Partizipation:
Er überließ den Bibliothekaren weitgehend die Entscheidung bei der Auswahl der zu
erwerbenden älteren Bücher und Neuerscheinungen. In der Literatur umstritten ist,
wie intensiv er sein Nebenamt als Oberbibliothekar tatsächlich wahrnahm. Manche
Kritiker behaupteten, er sei täglich nur ein bis zwei Stunden in der Bibliothek gewesen.
Das scheint wenig wahrscheinlich, blickt man auf die diversen von ihm verfassten
Memoranden und seine Erfolge bei der mehrfachen Erhöhung des Etats. Auch ist in den
Akten von „treibendem Eifer" des Direktors die Rede.[26]

Erhebliche Erfolge wird man ihm nicht absprechen können. Während seiner
Amtszeit stieg die Zahl der Beamten und Angestellten von 34 im Jahre 1875 auf 56 im
Jahre 1884. Auch konnte Lepsius für die Bibliothekare und Kustoden Gehaltsaufbes-
serungen durchsetzen. Eine von ihm 1881 entworfene neue Bibliotheksordnung behielt
bis 1945 ihre Gültigkeit. Die Bibliotheksbenutzer profitierten nachhaltig von seinen
Reformmaßnahmen. Sogenannte „negative Bestellzettel", das heißt Bestellungen von
Büchern, die in der Bibliothek gar nicht vorhanden oder aber verloren gegangen waren,

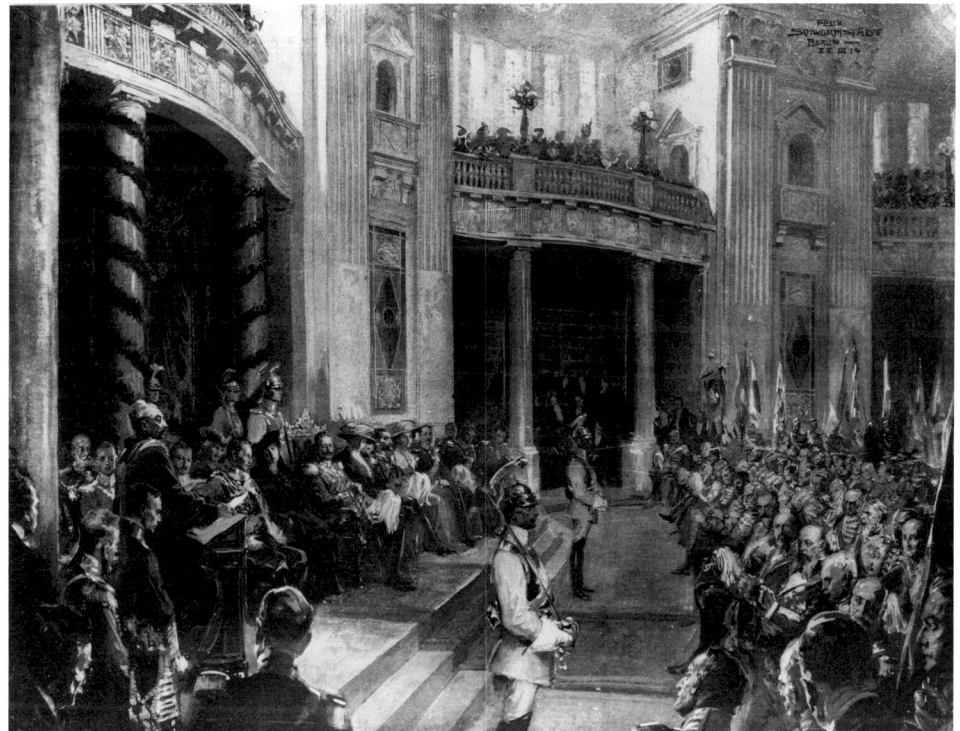

6   Adolf von Harnack
spricht anlässlich der
Einweihung des Neu-
baus der Königlichen
Bibliothek und der
Königlichen Akademie
der Wissenschaften im
künftigen Lesesaal,
Zeichnung von Felix
Schwormstädt,
22. März 1914.

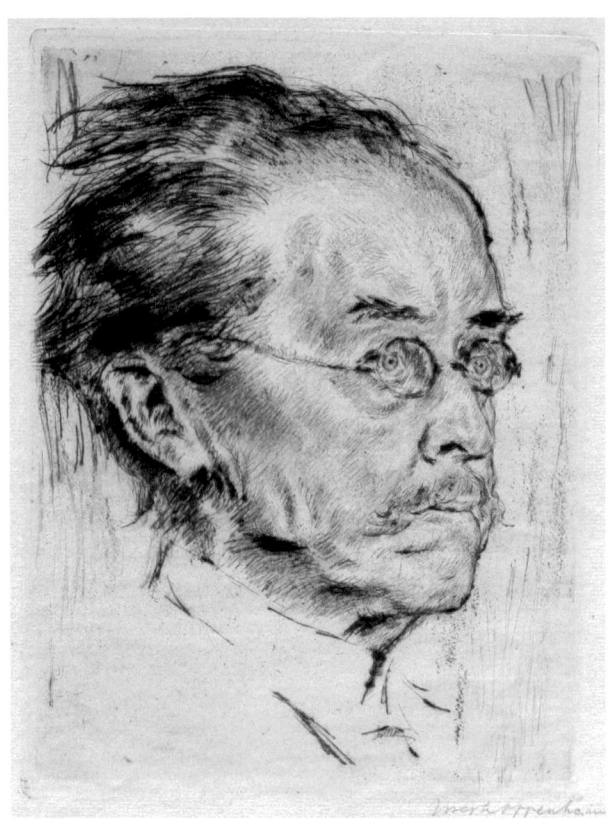

7   Adolf von Harnack,
Kaltnadelradierung
von J. Oppenheimer.

ließ er sammeln, um sie anschaffen zu können. Die Beschwerden über mangelnde Aus-
kunftswilligkeit der Bibliothekare und fehlende oder verlorene Bücher gingen schnell
zurück. „Während früher jedes dritte Buch nicht hatte ausgeliefert werden können,
war es bald nur noch jedes zwölfte, denn Lepsius sorgte unter anderem dafür, daß häufig
verlangte Bücher in mehreren Exemplaren bereitgehalten und besonders teure Fachbü-
cher vorrangig für bedürftige Studenten angeschafft wurden."[27] Die Benutzer durften
nun Wünsche äußern, welche Zeitschriften abonniert werden sollten, und Vorschläge
zur Anschaffung nicht vorhandener Titel unterbreiten. Seinen größten Erfolg im Amte
des Oberbibliothekars konnte Richard Lepsius allerdings nicht mehr erleben. Nachdem
Bücher in die neu erworbenen Häuser in der Behrenstraße ausgelagert worden waren,
wurden in die ‚Kommode' neue Treppen und Aufzüge eingebaut sowie „ein Katalog-
saal und ein großer heller Lesesaal mit genügend Arbeitsplätzen für die Benutzer ein-
gerichtet"[28].

Lepsius hatte die entsprechenden Pläne mitkonzipiert und bis in den Mai 1884
hinein die Ausführung der Umbauarbeiten überwacht. Aber seine schwere Krankheit
führte dazu, dass er die Bibliothek am 29. Mai zum letzten Mal betrat. Der neue Kata-
logsaal und der Lesesaal konnten erst drei Monate nach seinem Tod, im Oktober 1884,

eröffnet werden. Und der von ihm immer wieder geforderte große Neubau der König-lichen Bibliothek Unter den Linden wurde nach langer Verzögerung erst am 22. März 1914 eingeweiht – „mit einer der letzten großen Festlichkeiten des Wilhelminischen Zeitalters"[29] –, als Adolf Harnack neben seinem Lehrstuhl das Amt des Generaldirek-tors der Königlichen Bibliothek innehatte. Zurecht stellt Lepsius' Urenkel jedoch fest: „Immerhin ist es seiner Überzeugungsarbeit zu verdanken, daß der von ihm vor-geschlagene Platz neben der Universität schließlich zum neuen Standort der Bibliothek wurde."[30]

Adolf Harnack genoss seit 1900 das Vertrauen des Kaisers und ließ mit der Über-nahme des Rektorats der Universität und seiner beratenden Tätigkeit bei der Gründung einer Katholisch-theologischen Fakultät an der Reichsuniversität Straßburg die Gren-zen des eigenen Faches, der protestantischen Kirchengeschichtsschreibung, hinter sich. Auch die enge Zusammenarbeit mit Theodor Mommsen in der Akademie, die Begründung der Kirchenväterkommission und der ehrenvolle Auftrag, zum Jubiläum die Geschichte der Akademie zu schreiben und beim Festakt die wissenschaftliche Festrede zu halten, führten ihn seit der Jahrhundertwende in Konstellationen der Wis-senschaftspolitik, die weit mehr als nur seine individuellen Interessen an der Stärkung

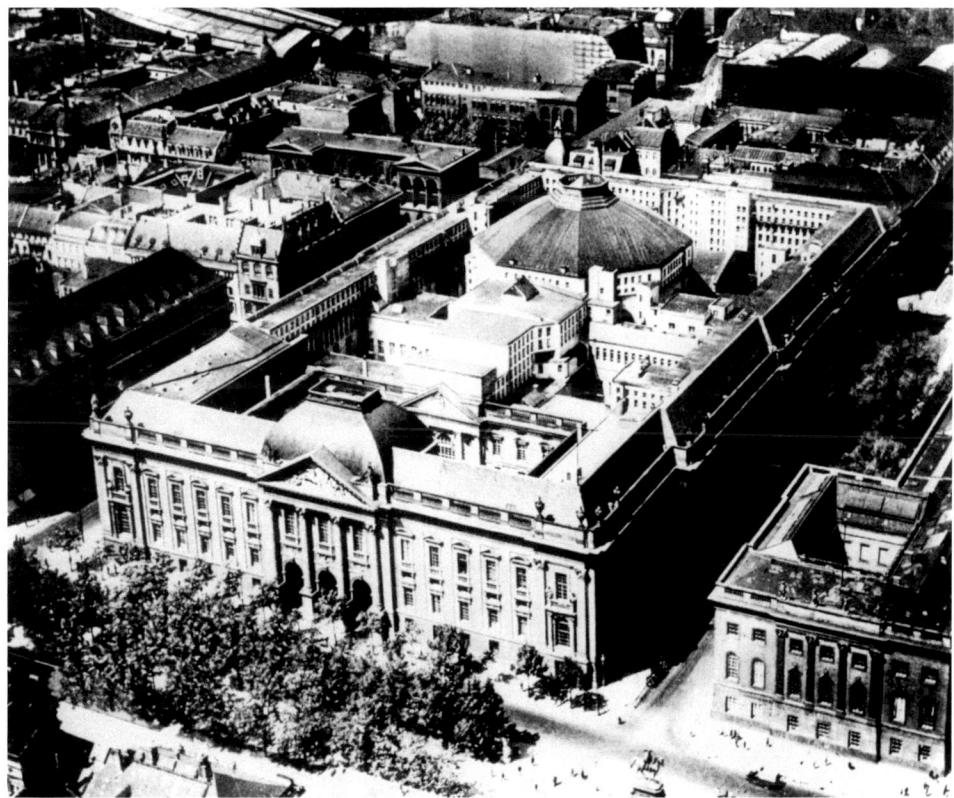

8   Luftaufnahme der Preußischen Staats-bibliothek Unter den Linden, 1929.

des eigenen Faches und der Geisteswissenschaften überhaupt betrafen. Wichtig wurde hier insbesondere die enge, vertrauensvolle Zusammenarbeit mit Friedrich Althoff, der, ebenso wie Mommsen, früh schon das außergewöhnliche organisatorische Talent Harnacks erkannt hatte. „Eine tiefgreifende Reform des preußischen Bibliothekswesens gehörte seit den 1880er Jahren zu den wichtigsten Anliegen Althoffs, darunter eine Verwissenschaftlichung der Bibliothekarsausbildung sowie die Einrichtung des Gesamtkatalogs der Preußischen Bibliotheken."[31]

Althoff nahm dazu im Frühsommer 1898 Kontakt zum Direktor der Leipziger Universitätsbibliothek Oskar von Gebhardt auf, einem protestantischen Kirchenhistoriker, der schon seit gemeinsamen Studententagen sehr eng mit Harnack befreundet war, und bat mit Blick auf den geplanten Neubau der Berliner Königlichen Bibliothek um Rat. Ein solcher Neubau, so Gebhardt in einem Gutachten vom 3. Juni 1898, müsse die Königliche Bibliothek Preußens zu einer Nationalbibliothek aller Deutschen erweitern.[32] Harnack dürfte das Gutachten des Freundes gekannt haben und sprach erstmals im April mit Wilhelm II. über den geplanten Neubau der Königlichen Bibliothek. Auch Althoff und Harnack tauschten sich über das Ganze aus.

> Als der bisherige Direktor der Bibliothek Wilmanns signalisierte, sein Amt aus Altersgründen niederlegen zu wollen, votierte Althoff für Harnack als dessen Nachfolger, um sowohl dessen organisatorische Fähigkeiten als auch seine wissenschaftliche Reputation für die Reorganisation der Bibliothek zu gewinnen, besonders aber um seine ‚administrative Geschicklichkeit, auch in Vertretung der Mehrbedürfnisse der Königl. Bibliothek bei den beteiligten Ministerien, die sich auf eine autoritative Position stützt', zu nutzen.[33]

Seine Bereitschaft, Wilmanns' Nachfolge anzutreten, machte Harnack gegenüber Althoff Anfang November 1904 von zwei Bedingungen abhängig: Er wolle erstens im Hauptamt weiter Ordinarius für Kirchengeschichte an der Universität bleiben. Zu seiner Entlastung müsse hier aber zweitens ein zweiter Lehrstuhl für Kirchengeschichte geschaffen werden. Nachdem beides zugesichert wurde, beschied Harnack die offizielle Anfrage des Ministers Konrad Studt am 8. März 1905 positiv. Schon bald darauf ließ er gegenüber dem Ministerium erkennen, dass er das neue Amt sehr tatkräftig zum zentralen und höchsten Amt im gesamten preußischen Bibliothekswesen aufgewertet wissen wollte. Das Amt müsse gestärkt werden, in Richtung auf „eine gewisse Centralisirung des staatlich-wissenschaftlichen Bibliothekswesens in der Hand des Generaldirektors"[34] – „denn weder möchte ich mich mit allen Details belasten, noch weniger möchte ich ein bloßer Scheindirektor sein"[35]. Mit der Gründung eines Beirats für Bibliothekswesen, dessen Vorsitz Harnack als Generaldirektor der Königlichen Bibliothek zufiel, wurde dieser Forderung entsprochen; Harnack hatte nun eine Art „Oberaufsicht"[36] über das gesamte preußische Bibliothekswesen – was nicht wenige Bibliothekare außerhalb Berlins empörte. Gegenüber dem alten engen Freund Martin Rade begründete er sein neues „Nebenamt" damit, dass er hier als „Organisator" wirken

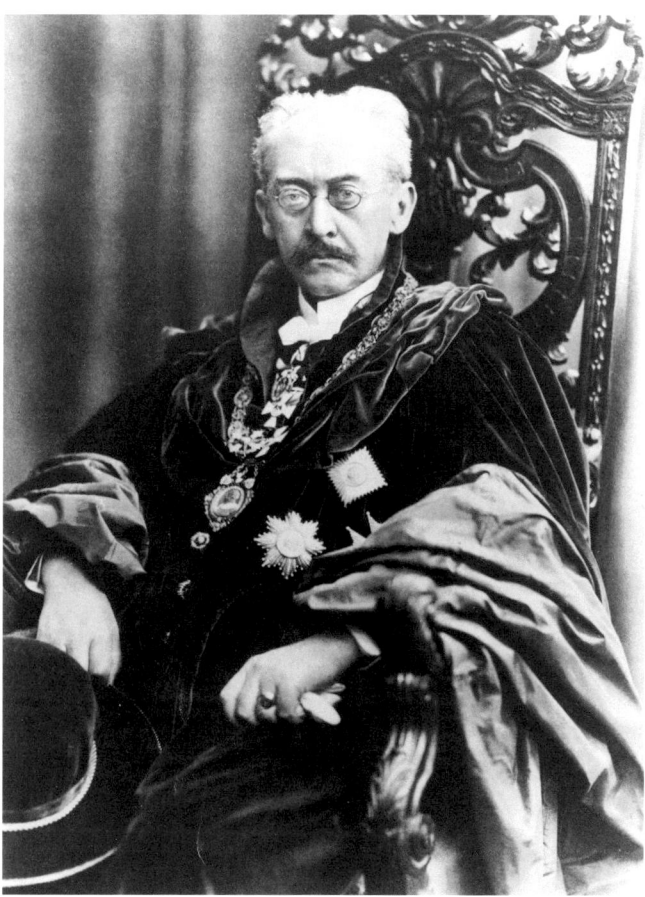

9   Adolf Harnack in
der Robe des Präsiden-
ten der Kaiser-
Wilhelm-Gesellschaft
zur Förderung der
Wissenschaften,
um 1915.

könne: „Ich freue mich durch meinen neuen Beruf – ‚Nebenberuf‘ – ein neues Eisen im
Feuer zu haben. Man lernt die Welt nur so weit kennen, als man auf sie wirkt."[37] Und
Gustav Schmoller berichtete er:

> Ausschlag gebend war für mich einfach die Erwägung, daß an die Spitze der
> Bibliothek u. des gesamten Bibliothekswesens ein Professor und Akademiker
> *gehört*, damit diese wichtigste Institution unter den wissenschaftlichen Institu-
> ten des Staats nicht zurückbleibe und damit sie die Mittel erhalte und das Anse-
> hen bewahre (oder wiedergewinne), die ihr gebühren. Ich fasse die Thätigkeit an
> der Spitze der Bibliotheken als eine doppelte auf, (1) als eine rein wissenschaftli-
> che u. wissenschaftlich-organisatorische und (2) als Geldmittel beschaffende.
> Mit dem Kleinkram werde ich mich, nachdem ich ihn kennen gelernt, nicht
> befassen.[38]

Ins neue „Nebenamt" wurde der damals 54-jährige Harnack am 2. Oktober 1905 eingeführt. Unter preußischen Bibliothekaren gab es daran nicht wenig Kritik – wie schon

im Falle von Lepsius, der ebenfalls als Nicht-Bibliothekar und nur im Nebenamte die Königliche Bibliothek geleitet hatte. Vor allem der Direktor der Bonner Universitäts- bibliothek Wilhelm Erman, der schon Lepsius stark kritisiert hatte und sich dann bei Friedrich Althoff ausdrücklich über die Berufung Harnacks, eines Nicht-Bibliothekars beschwert hatte, warf Harnack in seinen postum veröffentlichten Erinnerungen vor, auf die Leitungsaufgabe in der Bibliothek ungenügend vorbereitet gewesen zu sein und für seine Arbeit hier viel zu wenig Zeit aufgebracht zu haben. Hieß es mit Blick auf Lepsius noch, er sei täglich nur zwei Stunden in der Bibliothek präsent gewesen, so warf Erman Harnack vor, nur eine halbe Stunde täglich in der Bibliothek gearbeitet zu haben.[39] Agnes von Zahn-Harnack entwirft in ihrer Biografie des Vaters ein anderes Bild:

> Harnack widmete der Bibliothek täglich 1 1/2–2 Stunden (meist zwischen 12 und 2 Uhr mittags); oft wurde es ihm sehr schwer, sich um 1/2 12 Uhr von der Arbeit am Schreibtisch loszureißen und den weiten Weg mit der Stadtbahn anzutre- ten; aber nur die *all*tägliche in Jahren kaum einmal unterbrochene Anwesenheit ermöglichte es ihm, den ganzen Betrieb kennen zu lernen, und ließ in der Beam- tenschaft nicht den Gedanken aufkommen, daß der Nebenberuf dem General- direktor auch nur eine Nebensache sei.[40]

Die Berliner Bibliothekarin Friedhilde Krause spricht zudem von „der unglaublichen Arbeitsdisziplin und Zeitökonomie des Gelehrten", der obendrein für die Bibliothek sehr viel mehr gearbeitet habe, als die tägliche Präsenz von zwei Stunden erkennen lasse: „Harnack weilte ganze Sonnabende in der Bibliothek, er führte Konferenzen mit den wissenschaftlichen Beamten durch, erledigte persönlich eine umfangreiche Kor- respondenz mit vielen Benutzern der Bibliothek und verlangte die Vorstellung jedes neuen Mitarbeiters bei ihm, um diesen kennen zu lernen."[41]

Als Harnack sein Amt am 2. Oktober 1905 im Rahmen eines Festaktes antrat, hielt er eine programmatische Rede über „Auswählen, dienen, verwalten", in der er, wohl auch angesichts der seiner Berufung geltenden Kritik aus der Zunft der Biblio- thekare, gezielt um das Vertrauen der Mitarbeiter warb. „Ich bitte um Ihr Vertrauen, wie ich Ihnen mit vollem Vertrauen entgegenkomme. Ergreifen Sie meine Hand: sie wird stärker werden, je fester Sie sie fassen." Emil Jacobs, ein leitender Beamter der Bibliothek, beschrieb in einem Nachruf auf Harnack die große Wirkung dieser Worte: „So war hier noch nie zu uns gesprochen worden. In dieser ernsten Stunde ward ein unlösliches Band zwischen Adolf Harnack und seinen Mitarbeitern geknüpft. Und sei- ne Hand hat sein Programm erfüllt!"[42]

Und bei Veranstaltungen zur Verabschiedung verdienter Mitarbeiter hat Harnack immer wieder zu erkennen gegeben, wie sehr er gerade als Wissenschaftler Tätigkeit und Beruf des Bibliothekars schätze und respektiere: „So lange ich Professor bin – und das sind nun dreißig Jahre – habe ich von dem Beruf des Bibliothekars die höchsten Vorstellungen gehegt", erklärte er bei einer Gedenkfeier für seinen technischen Direktor Paul Schwenke.[43] Auch trat er schon in der „Ansprache bei der Übernahme der Generalverwaltung" programmatisch mit dem Anspruch auf, die Königliche Bibliothek in der Reichshauptstadt zur großen deutschen Nationalbibliothek auszubauen. Sie dürfe kein „isoliertes Institut" bleiben, sondern müsse den „Mittelpunkt eines großen Systems" bilden, „welches unser ganzes Vaterland umspannt".[44] Auch in diversen anderen Reden als Generaldirektor klagte er immer wieder den Ausbau der Königlichen Bibliothek zur Nationalbibliothek ein: „es gehört [...] einfach wie zur nationalen Existenz so auch zur vollen Ausgestaltung der nationalen Würde, daß das geistige Leben der Nation, wie es sich in der Bücherproduktion ausspricht, in einer nationalen Bibliothek gesammelt wird"[45].

Um das Vertrauen der Mitarbeiter zu gewinnen, setzte Harnack stärker als Lepsius und erst recht sein unmittelbarer Vorgänger August Wilmanns auf einen partizipatorischen Führungsstil.

> Die Auswahl der anzukaufenden Bücher, die sein Vorgänger Wilmanns im wesentlichen allein, oder höchstens unter Heranziehung seiner Direktoren, autokratisch getroffen hatte, wurde durch Harnack auf eine breitere Grundlage gestellt. Er verteilte die einzelnen Wissenschaftsgebiete referatmäßig an die wissenschaftlichen Beamten, und nach Prüfung der Eingänge wurde in gemeinsamer Besprechung unter Harnacks Vorsitz zweimal wöchentlich über die Ankäufe entschieden.[46]

Schon wenige Tage nach Antritt des neuen Amtes richtete Harnack sogenannte Direktorial- beziehungsweise Direktorenkonferenzen unter seinem Vorsitz ein; das Gremium tagte erstmals am 28. Oktober 1905. Die letzte von ihm geleitete Sitzung fand am 24. März, wenige Tage vor seinem Eintritt in den Ruhestand zum 1. April 1921, statt. Die Protokolle dieser Sitzungen, handschriftlich eingetragen „in zwei bescheidenen Diarien im Ocatv-Format mit braunen Pappdeckeln"[47], sind 2001, also aus Anlass von Harnacks 150. Geburtstag, von Friedhilde Krause vorzüglich ediert worden. In der Amtszeit Harnacks fanden insgesamt 228 solcher Direktoriumssitzungen statt. „Harnack hat nachweislich nur an einer einzigen Konferenz, und zwar am 9. September 1914, nicht teilgenommen"[48] – weil seine Familie kurz vor dem Sitzungsbeginn über den Tod des Schwiegersohnes Ernst Emil Frucht, des Ehemannes der ältesten Tochter Anni, an der Front in Belgien benachrichtigt worden war; Harnack hatte ihn sehr gemocht.

Von den Zeitgenossen wurden Harnacks Erfolge für die Bibliothek deutlich positiver beurteilt als die Arbeit seines Vorvorgängers Lepsius. Immer wieder klagte Harnack darüber, dass der Etat der Bibliothek seit 1889 nur unwesentlich erhöht worden sei, und kämpfte bei den Behörden für zusätzliche Mittel. Geschickt verknüpfte er dabei das Thema der „Weltgeltung" deutscher Wissenschaft und Deutschlands überhaupt mit Forderungen nach mehr Mitteln. 1906 schrieb er ein Gutachten zur Erweiterung der Bestände an technischer, medizinischer und naturwissenschaftlicher Literatur:

Was wir im Kreise der Kulturvölker bedeuten, das liegt alles beschlossen in unserer Wehrkraft und unserer Wissenschaft, mit welch letzterer unsere Technik und Industrie aufs engste verbunden sind, weil sie – im Unterschied von anderen Völkern – mehr und mehr angewandte Wissenschaft bei uns geworden sind. Unterstützen wir nicht unsere Wissenschaft mit allen Kräften und in rastlosem Fortschritt, so fällt unsere Größe dahin. Die Wehrkraft allein kann sie nicht tragen.[49]

Folgt man zeitgenössischen Urteilen und auch der Darstellung Agnes von Zahn-Harnacks, so war Harnack dank seiner hervorragenden Kontakte zu hohen Ministerialbeamten, seiner Nähe zum Kaiser, seiner vielfältigen Verbindungen zu führenden Industriellen und seines großen Ansehens in der gelehrten Welt beim Ausbau der Bibliotheksbestände und im Bemühen um Effizienzsteigerung deutlich erfolgreicher als seine Vorgänger Lepsius und Wilmanns. Der Umzug ins große neue Haus Unter den Linden und dessen festliche Eröffnung warfen auch ein helles, glänzendes Licht auf den im Inland wie im Ausland vielfältig geehrten Generaldirektor, der seit 1911 zudem ein zweites, äußerst einflussreiches „Nebenamt", das Amt des Präsidenten der Kaiser-Wilhelm-Gesellschaft zur Förderung der Wissenschaften, bekleidete und damit zum wohl wichtigsten Wissenschaftsorganisator unter den deutschen Professoren geworden war. Harnack gelang es, für die Bibliothek bedeutende Mäzenaten zu gewinnen, und überzeugte Ludwig Darmstaedter davon, der Bibliothek seine große Autografensammlung mit Briefen vor allem bedeutender Naturwissenschaftler zu schenken. Beim Einzug ins neue Haus erhielt die Bibliothek von Förderern das sogenannte ‚Prümer Evangelienbuch', ein Geschenk des Kaisers Lothar an die Abtei Prüm aus dem Jahr 852. Um angesichts der schnell expandierenden Buchproduktion mehr Mittel zum Kauf von Neuerscheinungen zu gewinnen, führte Harnack trotz massiver Proteste der sozialdemokratischen Presse 1910 Leihgebühren ein. Er förderte die Verbesserung der Kataloge, ließ einen alle preußischen Bibliotheken einbeziehenden Fernleihverkehr aufbauen und konnte es als Vorsitzender des Beirats für Bibliotheksangelegenheiten mit Unterstützung des Ministeriums durchsetzen, dass die Universitätsbibliotheken jeweils besondere Sammelgebiete „in der Pflege bestimmter Kulturkreise" zugewiesen bekamen. Seine Pläne, die Berliner Bibliothek nach dem Vorbild der genannten Bibliotheken in London und Paris in eine Präsenzbibliothek umzuwandeln, erfüllten sich aber nicht. Doch vermochte er eine Arbeitsatmosphäre zu erzeugen, die von vielen Mitarbeitern und Mitarbeiterinnen als wohltuend erlebt wurde. „Durch Ausbau des mittleren Dienstes entlastete er die wissenschaftlichen Beamten. Er schuf die mittlere Bibliothekslaufbahn für Frauen und gab dieser durch die Einführung der Diplomprüfung ein festes Gefüge. Einen Winter lang unterrichtete er selbst das Personal des mittleren Dienstes in allgemeiner Wissenschaftslehre."[50]

Es fällt leicht, gerade im Verhältnis zur Kritik, die auch von einigen Mitarbeitern an Richard Lepsius geübt worden war, Harnacks Tätigkeit für die Königliche Bibliothek als eine Erfolgsgeschichte zu präsentieren. Harnack selbst war eher skeptisch.

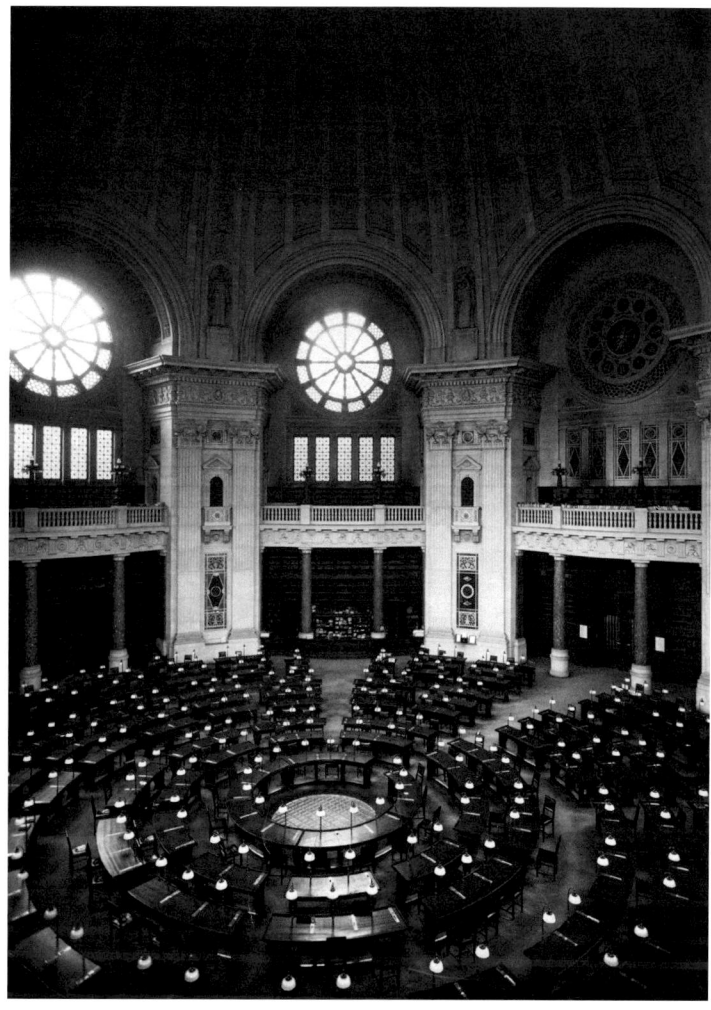

10   Der große Lesesaal
der Preußischen Staats-
bibliothek Unter den
Linden, um 1925.

Zwar gelang es in seiner 15 Jahre dauernden Amtszeit, den Bücherbestand um gut eine
halbe Millionen Bände zu steigern, neue Abteilungen wie insbesondere die Hand-
schriftenabteilung und die Katalogabteilung aufzubauen, bei der Anschaffung von Neuerscheinungen die Internationalisierung der Bibliothek voranzutreiben und die Anzahl
der Mitarbeiter von 144 auf 327 zu erhöhen – unter ihnen nun auch zahlreiche Frauen.
Aber mit Blick auf den Krieg und die Revolution musste die Arbeit der Bibliothek vielfältig eingeschränkt werden, und die sehr schnell steigende Zahl an Benutzern führte
dazu, dass es im Leihverkehr immer wieder zu Engpässen und Enttäuschungen kam.
Unter Harnack wurde die Königliche Bibliothek deutlich professioneller, effizienter,
leistungsstärker, als sie zu Lepsius' Zeiten gewesen war. Sie wurde zunehmend nicht
nur von Wissenschaftlern und sonstigen Gebildeten aufgesucht, sondern verstärkt auch
von Tüftlern, Bastlern und überhaupt Wissbegierigen aus traditionell bildungsfernen

Sozialmilieus. Galt Lepsius in seinem Umgang mit den Mitarbeitern, aber auch im Verkehr mit kritischen Bibliotheksbenutzern oft als arrogant, hochnäsig und „kühl", so wird in den gedruckten Quellen über die Leitungstätigkeit Harnacks immer wieder seine souveräne Freundlichkeit, das Interesse an wirklich jedem einzelnen Mitarbeiter, die ausgesuchte Höflichkeit und vor allem die Fähigkeit gepriesen, das rechte Wort auch in schwierigen Situationen gefunden zu haben. Harnack selbst, dem am 22. März 1914, dem Tag der Einweihung des neuen Hauses, der erbliche Adel verliehen wurde, ist das hohe Amt in der Bibliothek sehr wichtig gewesen.

PERSÖNLICHKEITSGLAUBE

Karl Richard Lepsius ist ein protestantischer Bildungsbürger des 19. Jahrhunderts. Harnack ist ein protestantischer Bildungsbürger des 19. und auch des 20. Jahrhunderts. Er hat, ungleich stärker als Lepsius, jenen schnellen und krisenhaften sozialstrukturellen Wandel der deutschen Gesellschaft miterlebt, der sich als kapitalistische Modernisierung, Industrialisierung, Entstehung einer Klassengesellschaft mit ganz unterschiedlichen sozialmoralischen Milieus, Bürokratisierung und Rationalisierung vieler Sphären der Lebensführung beschreiben lässt. Auch hat er das Ende des Kaiserreichs hinnehmen müssen, die Revolution aus großer Nähe erlebt und gelehrtenpolitische Verantwortung in der Weimarer Republik übernommen. Desto mehr überrascht es, dass sich Harnack im Unterschied zu vielen anderen deutschen Mandarinen um 1900 von einer „Krise der Moderne" nicht beunruhigen ließ. Dies hängt eng mit seinem Persönlichkeitsglauben und einem elementaren Gottvertrauen zusammen, das sich auch als Weltfrömmigkeit bezeichnen lässt.

Karl Richard Lepsius hatte gleich mehrere Freunde, die protestantische Theologen waren. Seine Frau und er verkehrten in den Häusern protestantischer Pfarrer, und Richard hielt dem ihn fördernden Laientheologen Christian Carl Josias von Bunsen die freundschaftliche Treue trotz mancher wissenschaftlicher Dissense. Man nahm an Missionsfesten teil, hielt Hausandacht, betete bei Tisch, knüpfte freundschaftliche Beziehungen zu Johann Hinrich Wichern und engagierte sich für die Innere Mission. Ob es, wie Mario Rainer Lepsius vermutet, zwischen der Ehefrau Elisabeth Lepsius und ihrem Mann mit Blick auf Frömmigkeit und Religion Differenzen in Emotion, Selbstverständnis und Lebensführung gab, lässt sich angesichts des Mangels an Quellen nur schwer beurteilen. Es liegt nahe, Elisabeth Lepsius eine Frömmigkeit zuzuschreiben, die stark von den Traditionen der Erweckungsbewegungen geprägt war, und ihrem Mann eine eher rationale, gefühlsdistanzierte, primär sittlich akzentuierte Glaubenshaltung. Aber Christoph Markschies hat im Geleitwort zu einem Sammelband über Lepsius als den „Begründer der deutschen Ägyptologie" zu Recht darauf hingewiesen, dass solche Deutungsmuster möglicherweise nur Gender-Stereotypen spiegeln, die mehr über aktuelle Konstruktionen männlicher Sittlichkeitsreligion und weiblicher Herzensfrömmigkeit aussagen als über die damaligen Verhältnisse. Denn deutlich ist:

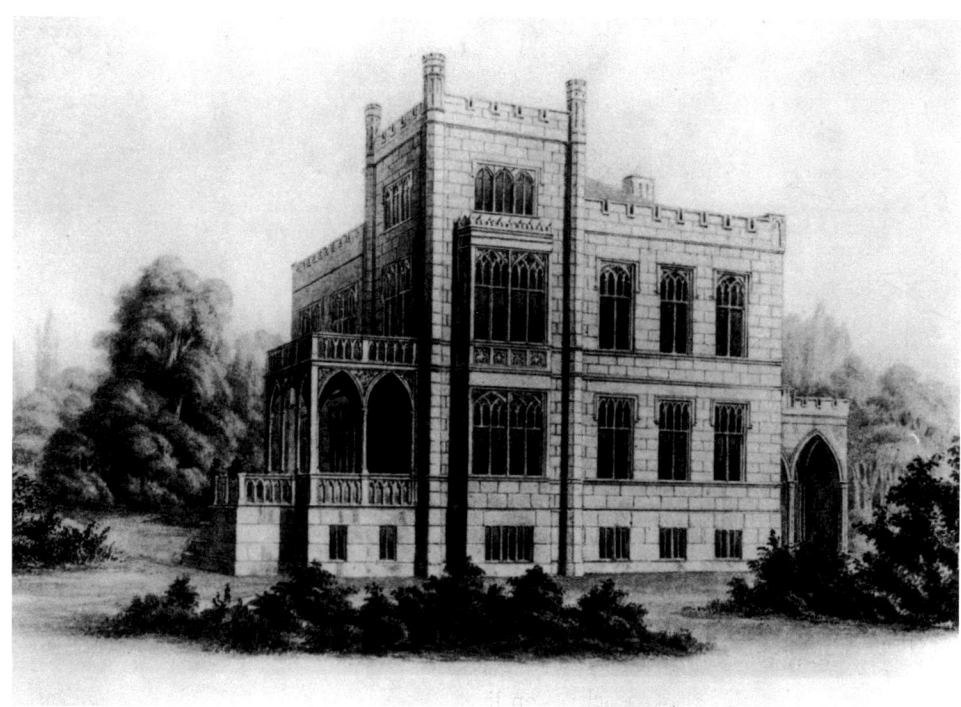

11 Haus Lepsius in der Bendlerstraße im Bezirk Tiergarten, Aquarell von Ernst Weidenbach, 1856.

Karl Richard Lepsius verstand sich als ein protestantischer Christ, der die symbolischen Ressourcen der christlichen Überlieferung in kantianisierender Transformation so aktualisierte, dass sie der Stärkung freier und selbstbewusster Persönlichkeit diente, aber auch der Förderung der Bereitschaft, die Schwachen, Leidenden, Kranken der Gesellschaft karitativ zu unterstützen. Dies ist bei Harnack nicht anders. Auch sein Glaubenskosmos lässt sich als eine kantisch inspirierte, darin kirchendistanzierte und „traditionskritische Persönlichkeitsreligion"[51] beschreiben, in der gegen alle Krisenerfahrungen der Epoche niemals der Glaube an einen guten, treuen Gott preisgegeben wird. Der Unterschied zwischen Lepsius und Harnack liegt nur darin, dass sich die Glaubenswelten des großen Kirchenhistorikers sehr gut rekonstruieren lassen – weil er zahlreiche religiöse Selbstzeugnisse hinterlassen hat, anders als Lepsius. Aber dies hat sehr viel mit der Professionsrolle des weltberühmten Kirchenhistorikers zu tun: Er wird vom Publikum immer wieder auch zur religiösen Stellungnahme gezwungen und kann kirchenpolitischem Streit nicht ausweichen. Der Glaube von Karl Richard Lepsius darf Privatglaube bleiben, weil er zwar nicht zwischen Wissenschaft und Leben unterscheidet, aber in seiner Forschung weithin nur mit fremden, historisch abgestorbenen Glaubensvorstellungen und Riten zu tun hat. Dies ist bei Harnack von Berufs wegen anders. Desto mehr verdient Beachtung, dass sie im Entscheidenden übereinstimmen: Die wissenschaftliche Erkundung der antiken Welten soll dem gegenwärtigen Leben dienen und die Stärkung humaner Kultur anleiten.[52]

Theodor Mommsen

Heinrich von Treitschke

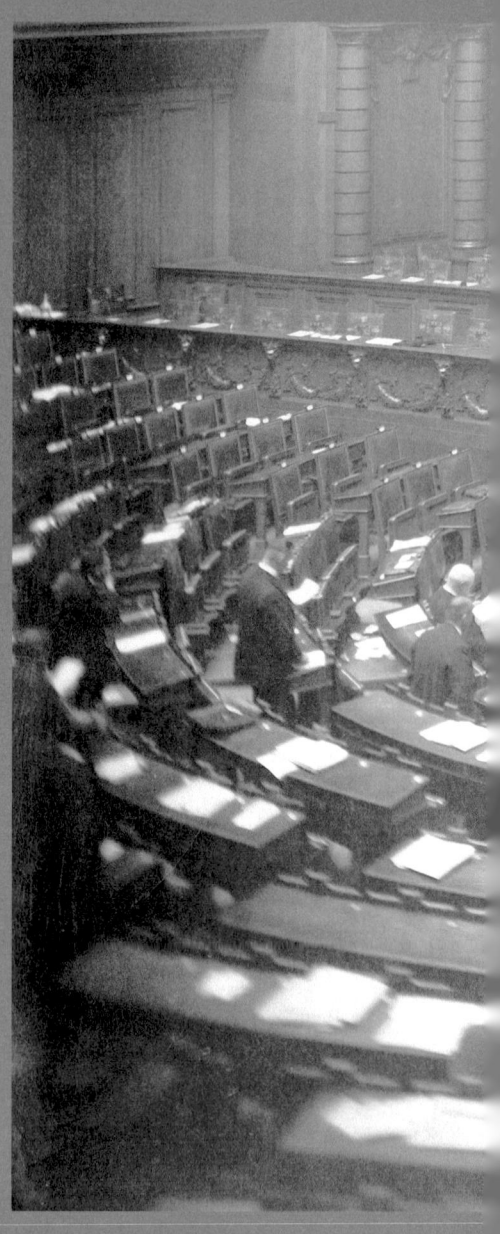

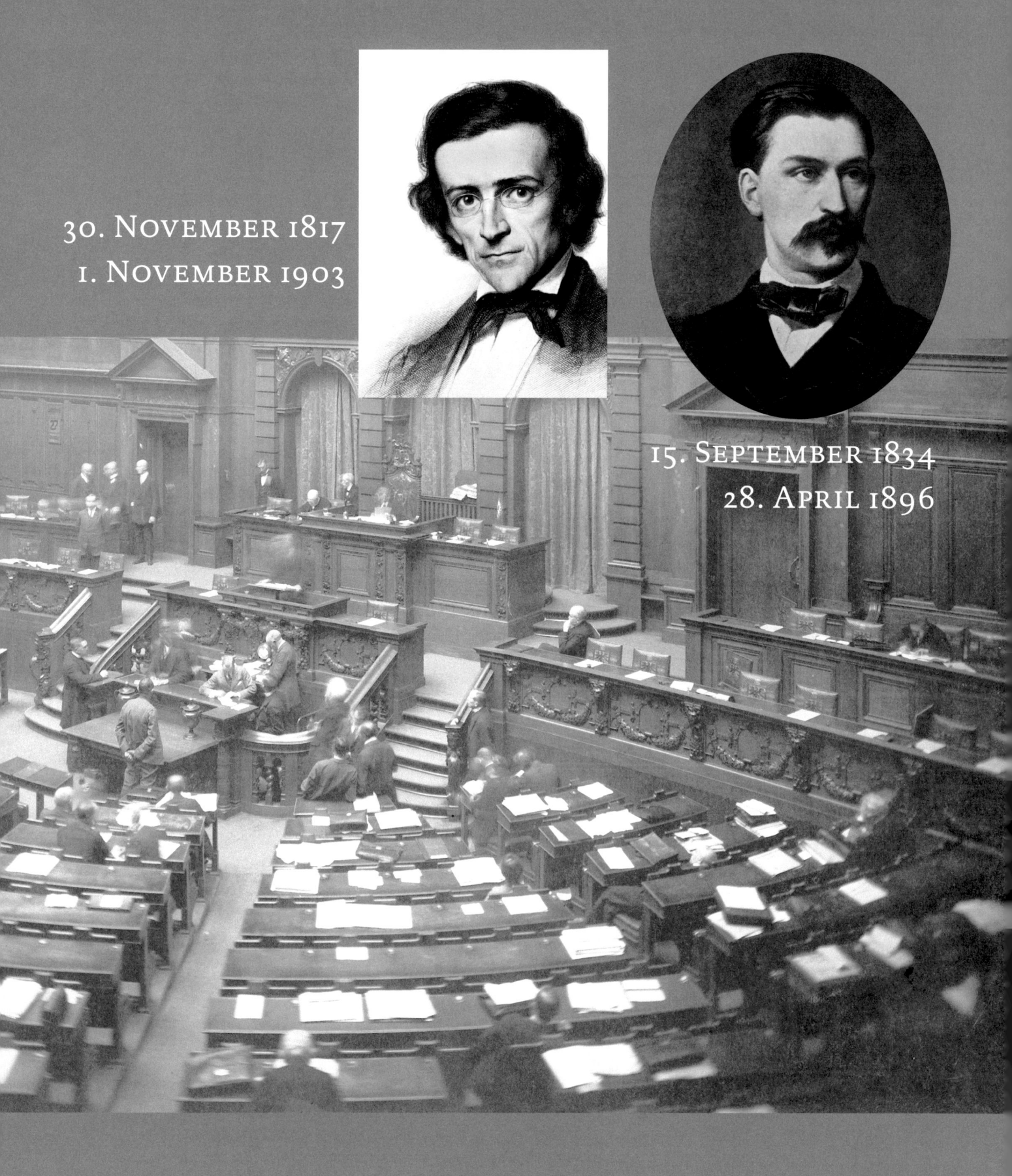

30. NOVEMBER 1817
1. NOVEMBER 1903

15. SEPTEMBER 1834
28. APRIL 1896

Stefan Rebenich

Eine Entzweiung

Theodor Mommsen und Heinrich von Treitschke

„Sie hätten Mommsen hören sollen, an dem Sie sich einen warmen Freund erobert haben." So schrieb Salomon Hirzel, der Leipziger Verleger, Anfang November 1863 an Heinrich von Treitschke. Der Althistoriker, der wenige Jahre zuvor seine berühmte dreibändige *Römische Geschichte* veröffentlicht hatte, war begeistert von der Nachricht, dass Treitschke, seit kurzem außerordentlicher Professor für Staatswissenschaften in Freiburg im Breisgau, eine Geschichte des Deutschen Bundes schreiben werde.[1] Als 1879 der erste Band der *Deutschen Geschichte im 19. Jahrhundert* erschien, war die Freundschaft zwischen Theodor Mommsen und Heinrich von Treitschke abgekühlt. Wenig später überwarfen sich die einstigen politischen Weggefährten in einer Auseinandersetzung, die die moderne Geschichtswissenschaft als ,Berliner Antisemitismusstreit'[2] bezeichnet. In der Folge setzte Mommsen alles daran zu verhindern, dass Treitschke als Ordentliches Mitglied in die Königlich Preußische Akademie der Wissenschaften aufgenommen wurde. 1895 musste Mommsen sich geschlagen geben. Er trat von seinem Amt als Sekretar der Philosophisch-historischen Klasse zurück. „Neben dem kann ich nicht bleiben", schrieb er damals an seine Frau Marie.[3]

Vitae parallelae

Theodor Mommsen (1817–1903) und Heinrich von Treitschke (1834–1896): Vieles verband sie. Im Leben und Werk der beiden Historiker spiegelt sich die Geschichte des 19. Jahrhunderts. Sie illustrieren die Dominanz der Geschichtswissenschaft als der universitären und gesellschaftlichen Leitdisziplin, und sie repräsentieren den Anspruch der akademisch gebildeten Elite auf kulturelle Hegemonie, soziale Exzellenz und politische Partizipation. Der moderne liberale Protestantismus, der Bildung als säkulare Religion hochschätzte, prägte ihre Biografien. An der Überlegenheit der protestantischen Kultur zweifelten sie keinen Augenblick.

Als Gelehrte und Politiker wurden sie verehrt, aber auch gehasst. Sie waren in ihrem Feld einflussreich, aber nie unumstritten. Sie waren keineswegs nur Historiker. Mommsen war auch Jurist und vertrat zunächst als Universitätsprofessor in Leipzig,

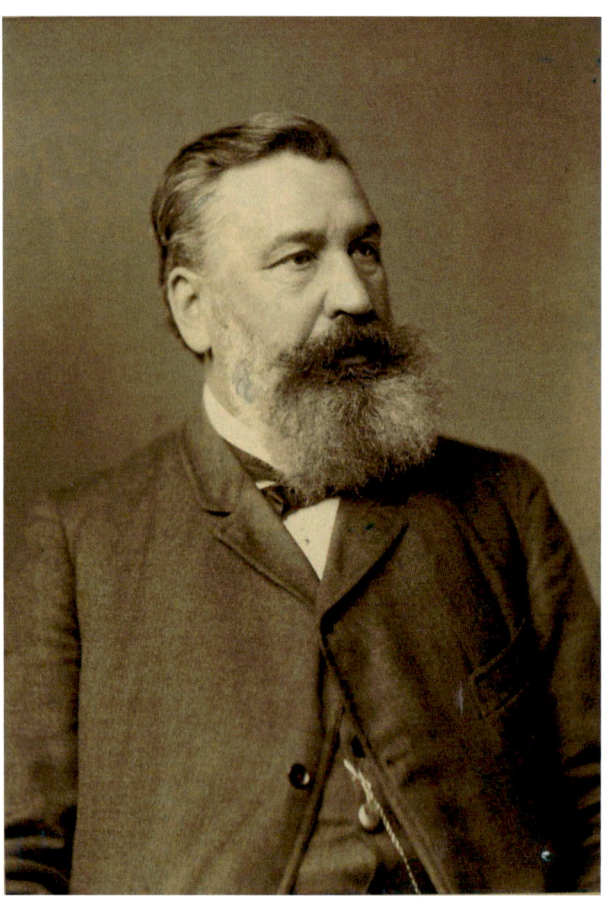

1   Heinrich von
Treitschke, Fotografie
von Loescher &
Petsch.

Zürich und Breslau das Römische Recht, Treitschke hatte Kameralwissenschaften und
Nationalökonomie studiert und begann seine universitäre Laufbahn als Staatswissen-
schaftler in Freiburg. Rufe auf historische Lehrstühle in Kiel und Heidelberg folgten.
Auf dem Höhepunkt ihrer Karriere wirkten beide in Berlin. Mommsen war 1858 durch
königlichen Erlass auf eine Forschungsprofessur an der Berliner Akademie berufen
worden und erhielt drei Jahre später ein neu eingerichtetes Ordinariat an der Friedrich-
Wilhelms-Universität, um dort die römische Geschichte zu vertreten. Treitschke wurde 1873 an die Berliner Universität berufen, nachdem Jacob Burckhardt die Nachfolge
Leopold von Rankes nicht antreten mochte. „Hätte ich acceptirt," so schrieb der Basler
Historiker damals an einen Freund, „so wäre ich jetzt in einer Laune zum Aufhenken."
Für Treitschke war „es dagegen ein großer Lebenstriumph"[4]. Nach Rankes Tod 1886
wurde ihm der Titel des Historiografen des preußischen Staates verliehen, ein Jahr
später der Orden Pour le Mérite.

Mommsen und Treitschke genügte die reine Wissenschaft nicht. Beide hatten
poetische Ambitionen und machten Verse. Gelehrte Langeweile wollten sie nie verbreiten. Ihre historiographischen *Opera magna*, hier die dreibändige *Römische Geschich-*

te, die zwischen 1854 und 1856 erschien, dort die fünfbändige *Deutsche Geschichte im 19. Jahrhundert*, zwischen 1879 und 1894 publiziert, waren glänzend geschrieben und prägten das Geschichtsbild vieler Leser bis weit in das 20. Jahrhundert. Die Werke waren Bestseller *avant la lettre*, blieben aber unvollendet. Mommsen schrieb die politische Geschichte Roms von den Anfängen bis zum Sieg Caesars über die Pompeianer in der Schlacht von Thapsus im Jahr 46 v. Chr., er behandelte aber auch Verfassung, Religion, Ackerbau, Kunst und Erziehung und zeichnete herrliche Porträts lateinischer Autoren. Treitschke war von dem Werk begeistert: „Ein Buch, das ich unbedingt für das beste Geschichtswerk in deutscher Sprache halte."[5] Im Mittelpunkt des Geschehens steht die aristokratische Führungsschicht, die Nobilität. Der eigentliche Fokus liegt auf der Krise der späten Republik, die mit den Gracchen einsetzt. Eindringlich charakterisierte Mommsen die Abfolge der gescheiterten Reformversuche und die Stationen der sozialen und politischen Desintegration. Der unaufhaltsame Niedergang der durch den Senat herrschenden Oligarchie wurde erst durch Caesar überwunden, der als Volksgeneral und Demokratenkönig der maroden *res publica* nochmals unsterblichen Ruhm verlieh. 1885 verfasste Mommsen einen fünften Band, der die Geschichte der römischen Provinzen bis zum ausgehenden dritten nachchristlichen Jahrhundert behandelte. Der geplante vierte Band, der die Geschichte der römischen Kaiserzeit umfassen sollte, erschien hingegen nie.

Treitschke schrieb quellengesättigte Zeitgeschichte. Er trug „auf dem Katheder über Zeiträume" vor, wie Jacob Burckhardt einmal formulierte, „welche der Gegenwart mit Neigung und Haß, Hoffen und Fürchten so nahe auf dem Genicke liegen".[6] Die auf intensiven Archivstudien aufbauende *Deutsche Geschichte* setzt mit dem Westfälischen Frieden von 1648 ein, erreicht rasch den Beginn des 19. Jahrhunderts, stellt ausführlich die Befreiungskriege des deutschen Volkes gegen Napoleon dar, schildert den Wiener Kongress und „Preußens Erstarken" und führt den Leser schließlich bis zur Märzrevolution 1848.

Treitschke fokussierte den Antagonismus zwischen Österreich und Preußen, zwischen kleindeutscher Vision und großdeutscher Gesinnung, zwischen Restauration und Fortschritt. Er wurde zum wortgewaltigen Künder eines radikalen Einheitsgedankens, der die Habsburgermonarchie ausschloss. Überzeugt von Preußens Mission, feierte er den borussischen Machtstaat, der von Band zu Band weiter ausgriff und die inneren wie die äußeren Feinde niederzuringen wusste. Auch Treitschke verharrte nicht bei der politischen Geschichte, sondern integrierte kultur-, sozial-, wirtschafts- und literaturgeschichtliche Partien. Bereits seine Habilitationsschrift von 1858 hatte über *Die Gesellschaftswissenschaft* gehandelt und Staat und Gesellschaft zwar als eindeutig getrennte, aber dennoch aufeinander bezogene Größen verstanden. Mit dieser Vorbildung konnte auch Treitschke sich nicht zu einem lupenreinen Politikhistoriker entwickeln.

Die *Römische Geschichte* und die *Deutsche Geschichte* waren *historiographie engagée*. Sie kompensierten das Scheitern der Revolution von 1848 und redeten einer die Nation einigenden Machtpolitik das Wort. Mommsen verlegte die Auseinandersetzungen seiner Zeit, die Treitschke direkt beschrieb, zwar in den römischen Senat, aber auch seine Darstellung vermischte die geschichtliche und die politische Perspektive ständig. Die Lebendigkeit und Bildhaftigkeit der aktualisierenden Sprache waren kein Selbstzweck, sondern Mittel der Agitation, der letztlich auch die Wissenschaftlichkeit geopfert wurde. Mommsen und Treitschke schrieben ihre Werke *cum ira et studio*, und sie vergegenwärtigten kompromisslos den historischen Stoff. Die Kritiker sprachen von schlechtem Zeitungsstil und hießen die Autoren Feuilletonisten. Dem Publikum gefiel es. 1902 erhielt Theodor Mommsen als erster deutscher Laureat den zum zweiten Mal verliehenen Literaturnobelpreis.

Mommsen und Treitschke waren zugleich politische Professoren, die den Rock des Bürgers selbstbewusst trugen und auch parlamentarische Verantwortung übernahmen. Eine *reservatio mentalis*, einen grundsätzlichen Vorbehalt gegenüber politischer Aktivität kannten sie nicht. Gesinnungsfestigkeit und Mut zum Widerspruch kennzeichnen diese Biografien. Treitschke und Mommsen wollten nicht nur auf dem Katheder wirken, sondern in der Öffentlichkeit. Das Studierzimmer tauschten sie mit der Redaktionsstube. Legion sind ihre politischen Artikel, die sie für Zeitungen verfassten. Theodor Mommsen erlebte den Beginn der Bürgerrevolution von 1848 als Redakteur der Schleswig-Holsteinischen Zeitung in Rendsburg. Mit der Feder focht der Dreißigjährige für ein national geeintes, freiheitliches Deutschland. Dann wechselte er auf ein rechtshistorisches Extraordinariat an der Universität Leipzig. Als es im folgenden Jahr, nach der Auflösung des sächsischen Landtages, zu Unruhen kam, zog Mommsen zusammen mit anderen Professoren durch die Straßen Leipzigs und rief die Bürger zum Protest auf. Dieses Engagement für die Ziele der Revolution brachte ihm in erster Instanz eine neunmonatige Gefängnisstrafe, die allerdings von der Berufungsinstanz aufgehoben wurde. Gleichwohl wurde Mommsen im April 1851 aus seiner Professur entfernt: Die politische Reaktion hatte Mommsen mit Hilfe des Disziplinarrechtes abgestraft. Heinrich von Treitschke verfolgte damals als Heranwachsender die politischen Ereignisse in Dresden. Als preußische Einheiten in viertägigen blutigen Straßen- und Häuserkämpfen die Insurrektion liquidierten, meldete Treitschke seinem Vater nach Altenburg: „Friede! Friede! Fröhlich weh't die weiße Fahne von dem Kreuzthurme herab!"[7]

Keine zehn Jahre später kommentierte auch er die politischen und militärischen Auseinandersetzungen um Deutschlands Einigung. Seine Hoffnungen richteten sich auf Preußen. 1858 gewann Rudolf Haym den jungen Wissenschaftler als Mitarbeiter für die *Preußischen Jahrbücher*, die ein Jahr zuvor unter der tatkräftigen Mithilfe von Mommsen gegründet worden waren. Das Organ vertrat die politischen Positionen, die den jungen Treitschke und den älteren Mommsen einten: Beide propagierten damals rechtsstaatliche und konstitutionelle Prinzipien und wollten ein unter Preußens Führung geeintes Deutschland. Die föderalistische Tradition der süddeutschen Staaten musste der Mission des borussischen Einheitsstaates weichen.[8] Zum kleindeutschen Nationalismus und liberalen Staatsverständnis trat ein ausgeprägter Antikatholizismus. Und die Juden galten als Fremdkörper in der deutschen Nation; ihnen blieb nur Akkulturation und Assimilation.

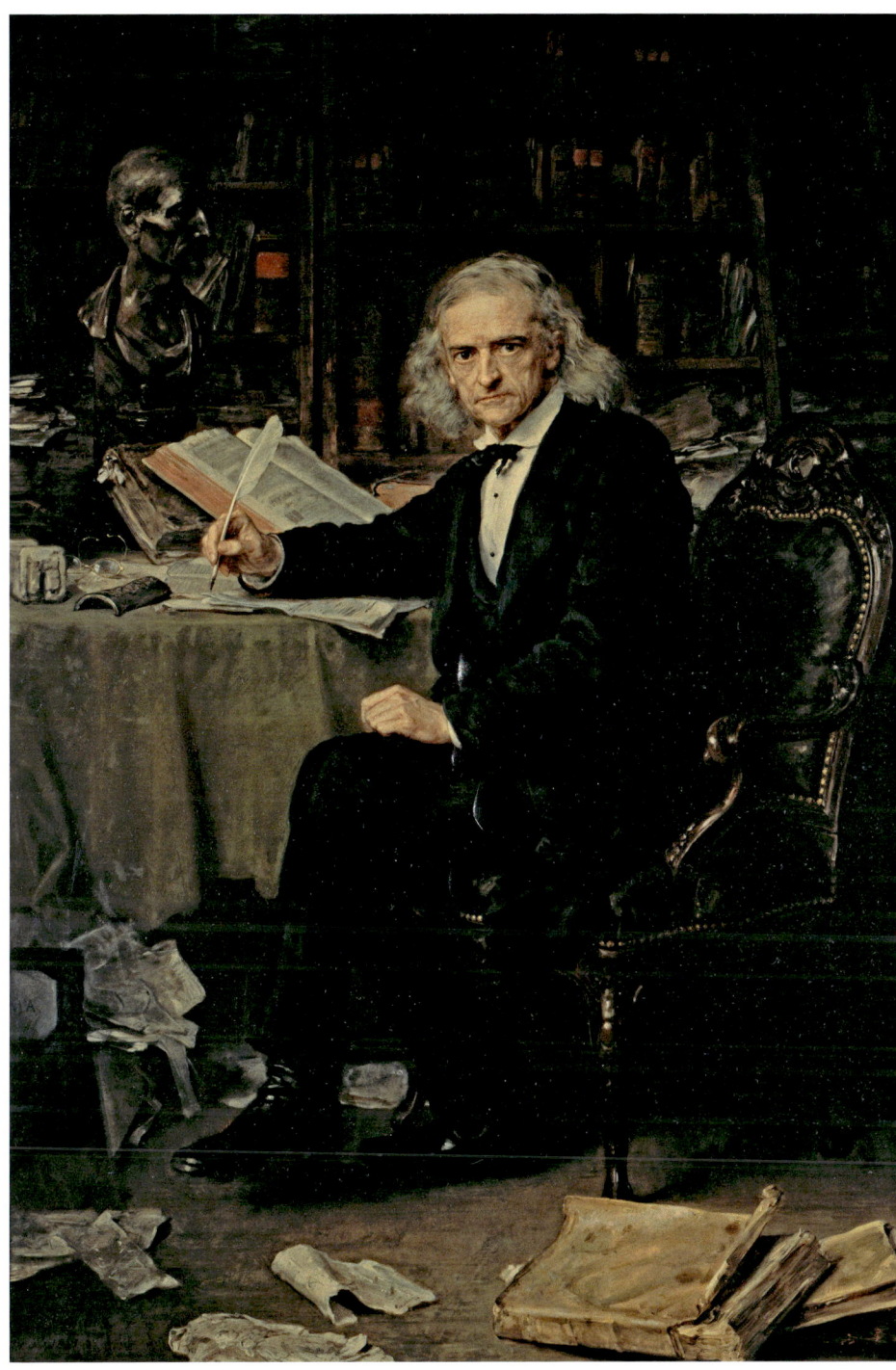

2   Theodor
Mommsen, Gemälde
von Ludwig Knaus,
Öl auf Holz, 1881.

Mommsen und Treitschke zeigten sich damals als Realpolitiker, die in den liberalen Programmdiskussionen für das Machbare stritten und sich sowohl von den Utopien einer demokratischen Linken als auch vom Quietismus altliberaler Strategen distanzierten. Vorrang hatte die nationale Einigung, die in Preußen durch die Schaffung einer konstitutionellen Monarchie vorbereitet werden sollte. In der kontroversen Wahlrechtsfrage bezogen beide gegen das allgemeine und gleiche Wahlrecht Stellung. Im preußischen Verfassungskonflikt, der sich an Bismarcks Entscheidung entzündet hatte, den Militäretat ohne die Zustimmung des Abgeordnetenhauses durchzusetzen, stritten beide seit 1862 gegen den machtbewussten Ministerpräsidenten und traten für die Rechte des Parlaments ein. Treitschke trennte sich deshalb kurzfristig von den *Preußischen Jahrbüchern*, die Bismarck verteidigten, und lehnte einen Ruf nach Berlin ab. Mommsen übernahm 1863 ein politisches Mandat und erhob seine Stimme für die liberale Fortschrittspartei im preußischen Abgeordnetenhaus.

Preußens Expansion war die Voraussetzung für die deutsche Einheit. 1865 verlangten Mommsen und Treitschke die „Lösung der schleswig-holsteinischen Frage" durch preußische Annexion. Vergessen war das Selbstbestimmungsrecht der Bevölkerung. Im nationalen Taumel wurde Bismarcks Politik zur Politik des deutschen Volkes, konstitutionelle Forderungen wurden hintangestellt und der preußische Ministerpräsident, mit dem man sich eben noch wegen des Verfassungskonfliktes überworfen hatte, als deutscher Cavour gepriesen. Mommsen erklärte, „jedes Mittel, auch das der Gewalt" sei „gerechtfertigt [...]: denn die Notwendigkeit und die Nation reden beide im kategorischen Imperativ, und da der nationale Staat jede Wunde heilen kann, darf er jede schlagen".[9] Krieg wurde als Mittel zur Herstellung der Einheit Deutschlands unter preußischer Vorherrschaft ausdrücklich legitimiert. Treitschke applaudierte: „Mit einiger Beschämung erkenne ich, wie viel praktischer, umsichtiger und bescheidener als ich Sie geredet haben."[10] Als 1866 badische Truppen an der Seite Österreichs in den Krieg gegen Preußen zogen, bat Treitschke den Großherzog von Baden um seine Entlassung und ging für kurze Zeit nach Kiel; im gleichen Jahr wurde er Herausgeber der *Preußischen Jahrbücher*.

Mit der Reichsgründung von 1871 wurde das vordringliche Ziel, die nationale Einheit, endlich erreicht. Mommsen und Treitschke identifizierten sich aus patriotischer Begeisterung vorbehaltlos mit dem militärischen Erfolg über Frankreich und legitimierten die Annexion Elsass-Lothringens. „Eine große Zeit liegt hinter uns; wenn die Ernte so mutig eingeheimst wird wie die Saat gesät, so kann man seines Lebens froh werden", schrieb Mommsen einige Jahre später.[11] Treitschke pflichtete bei, warnte aber schon Ende 1871 vor dem Hass „gegen das sieggekrönte Deutschland" und raunte, „es gehe durch ganz Europa das Vorgefühl, daß um der Resultate des letzten Krieges willen noch ein siebenjähriger Krieg werde geführt werden müssen". Jacob Burckhardt im fernen Basel verlieh ihm daraufhin den Namen „Reichs-Treitschke".[12] Von 1873 bis 1879 saß Mommsen, der dem Fortschritt schon 1867 den Rücken gekehrt hatte, als nationalliberaler Abgeordneter im preußischen Abgeordnetenhaus. Freudig begrüßte der Hinterbänkler gemeinsam mit Treitschke, der seit 1871 als nationalliberaler Abgeordneter im Deutschen Reichstag Einsitz genommen hatte, die Sozialistengesetzgebung. Vor der „Bestialität" der akademischen Kathedersozialisten warnte Treitschke und riet Mommsen, gegen sie vorzugehen, da ihr Treiben die deutsche Kultur bedrohe.[13]

Anderes trennte die beiden Männer. Mommsen stammte aus einem schleswigschen Pfarrhaus, Treitschke war der Spross einer sächsischen Offiziersfamilie. Der taube Treitschke begeisterte als Redner, Mommsens hohe Stimme füllte keine Säle. Mommsen beeinflusste Wissenschaftler, Treitschke prägte eine ganze Generation:

> Ein Vierteljahrhundert lang hörten Studenten diesen schwerhörigen, heiseren, aber unwiderstehlichen praeceptor Germaniae gegen die Nachbarn Deutschlands wettern, hörten ihn die Zerschlagung der britischen Seemacht verlangen und den Krieg als Bestimmung Deutschlands glorifizieren, eine Bestimmung, die ein gütiger Gott für diese Nation auserkoren hatte, um sie von den Sünden des Materialismus zu reinigen und ihr die Darstellung und Verwirklichung ihrer kulturellen Überlegenheit zu ermöglichen.[14]

Treitschke blieb sein Leben lang Essayist und Geschichtsschreiber. Um Rankesche Objektivität ging es ihm nicht. Der Parteistandpunkt musste durchgesetzt werden. Gewiss, er schluckte den Staub der Archive und betrieb eifrig das Studium der Quellen, aber es war ihm nur Mittel zum Zweck. Sein Ansehen in der internationalen *scientific community* war nicht mit Mommsens Ruhm vergleichbar, der als die überragende Autorität in den Altertumswissenschaften galt. Treitschkes Wirkung war auf Deutschland beschränkt, Mommsen wirkte in der wissenschaftlichen Ökumene. Der Verfasser der *Römischen Geschichte* erklärte aber in den achtziger Jahren, der Geschichtsschreiber gehöre eher zu den Künstlern als zu den Gelehrten. Historiografie war damit von der wissenschaftlichen Arbeit des Historikers radikal geschieden. Statt einer Geschichte der römischen Kaiserzeit schrieb Mommsen das *Staatsrecht*, und an die Stelle der historiografischen Erzählung setzte er die juristische Systematisierung.[15]

Der Althistoriker, der generalstabsmäßig seine Großvorhaben in der Berliner Akademie plante und durchführte, verstand sich auf die Organisation der Wissenschaft. Doch der Preis, den Mommsen für sein Modell einer industrialisierten Großforschung zu entrichten hatte, war hoch. Die Leistungsfähigkeit der historisch-kritischen Methode war zwar eindrucksvoll, aber Heuristik und Interpretation fielen immer öfter auseinander, und der Gelehrte wurde zum Arbeiter und Kärrner. Die geschichtswissenschaftliche Routine erschöpfte sich in der Behandlung von Detailfragen und Editionsproblemen. Auf die Frage, wie Wissenschaft und Leben verbunden werden könnten, eine Frage, die Jacob Burckhardt ebenso umtrieb wie Friedrich Nietzsche und später Max Weber, wusste Mommsen keine Antwort. Eine Überfülle von Material, so lautete ein häufig zu vernehmender Vorwurf, werde angehäuft, ohne dass man über die Notwendigkeit und Funktion solcher Sammlungen Rechenschaft gebe. Eine solche Geschichtswissenschaft wollte Treitschke nicht. Er klagte, dass er an den „jungen Historikern leider sehr oft sehe, wie man ein correcter Quellengräber und dabei doch ein ganz unhistorisches Geschöpf sein" könne.[16] In einem Brief an seine Frau wurde er mit seiner Kritik noch deutlicher: „Unter den jungen Historikern geht die Erkenntniß, daß die Geschichte Darstellung des Lebens ist, schon fast verloren über der Tiftelei der Quellenforschung."[17]

Doch der tiefste Dissens, der Treitschke und Mommsen schließlich entzweite, war politischer Natur. In der Orientierungskrise, die den deutschen Liberalismus nach der Gründung des Deutschen Kaiserreiches erschütterte, trennten sich ihre Wege. Das Bündnis, das die Liberalen in zentralen Politikfeldern fast ein Jahrzehnt lang mit Bismarck eingegangen waren, endete mit der innenpolitischen Wende von 1878/79: Der Reichskanzler wandte sich aus machtpolitischem Kalkül erneut den konservativen Parteien zu und verfolgte eine antiliberale Politik, die den Interessen von Großindustrie und Landwirtschaft entgegenkam. Die Liberalen führte dieser Umschwung in eine tiefe, ja existentielle Krise. Im Streit um die richtige Reaktion spalteten sich die Nationalliberalen. Mommsen stand mit Ludwig Bamberger und Theodor Barth auf dem linken Flügel. Im Frühjahr 1880 schloss man sich zur Sezession zusammen. Den Kompromisskurs der Restpartei lehnte man scharf ab. Mommsen sah seine politischen Gegner, Großgrundbesitz und Katholizismus, mit Hilfe des Eisernen Kanzlers über den Liberalismus triumphieren und den Staat beherrschen: „Es ist ein elendes Schicksal in diesem sich regenerierenden Junker- und Pfaffenstaat als Ornamentstück figurieren zu müssen", schrieb er an seinen Freund, den Archäologen und Epigraphiker Wilhelm Henzen.[18] Treitschke hingegen hieß den machiavellistischen Umschwung in Bismarcks Politik willkommen, der den Nationalismus nun offen in den Dienst einer antiliberalen Sammlungsbewegung stellte. 1879 verließ er in der Auseinandersetzung um die Schutzzölle die Nationalliberalen und gehörte bis 1884 dem Reichstag als parteiloser Abgeordneter an. Mommsen dagegen vertrat dort von 1881 bis 1884 die linksliberale Sezession.

Während Mommsen zum erklärten Gegner des ‚Eisernen' Kanzlers wurde, der ihn sogar mit einem Beleidigungsprozess überzog, und im hohen Alter, erschreckt über die wilhelminische Flottenpolitik, für die deutsch-englische Freundschaft eintrat und ein Bündnis zwischen den Linksliberalen und der Sozialdemokratie forderte, die als einzige Partei „politische Achtung" verdiene,[19] wandelte sich Treitschke „vom Liberal-Nationalen zum glühenden Nationalisten"; er stellte sich aus „Sorge um die stets gefährdete nationale Identität und den Verfall der Kultur gegen die Gründerkultur und das Massenwahlrecht", war „antiliberal, antienglisch, antidemokratisch, antisozialistisch, ja auch leicht antisemitisch, den Staat, die Autorität, die Macht und die Machträson verherrlichend".[20] Treitschke begrüßte wie Heinrich von Sybel und andere Historiker der kleindeutschen Schule die neue Ordnung, forderte eine aggressive Flottenpolitik auf den Weltmeeren und nahm die Feindschaft mit England in Kauf. Kritik übte er an einzelnen politischen Akteuren; Reichskanzler Caprivi nannte er einen „herostratische[n] Zwerg"[21], und selbst Wilhelm II. fand vor seiner Spottlust keine Gnade. Das Herrschaftssystem des Kaiserreiches wurde jedoch nicht in Frage gestellt, sondern teleologisch gerechtfertigt. Systematisch verfolgte er in seiner Geschichtsschreibung und

Publizistik „eine Strategie der ideologischen Dissoziierung von ‚Bürgertum' und ‚Liberalismus'"[22]. Mommsen dagegen empfand den mit der Reichsgründung von 1871 einsetzenden Prozess, in dessen Verlauf sich die Trennung der nationalen Einheitsidee von den liberalen Freiheitsidealen vollzog, als schmerzliche politische Offenbarung.

(AUCH) EIN WORT ÜBER UNSER JUDENTUM

Dass Mommsen von dem „rohen und ehrlosen Regiment" Bismarcks sprach, unter dem „alles Anstandsgefühl aus dem politischen Treiben" schwinde,[23] hatte seine Ursache nicht nur in der reaktionären Innenpolitik nach der Wende der Jahre 1878/79. Mommsen empörte, dass Bismarck den antisemitischen Parolen, die damals verbreitet wurden, nicht entgegentrat, sondern sie für seine politischen Absichten zu instrumentalisieren suchte. Maßgeblichen Anteil an einer Entwicklung, die einen intellektuell verbrämten Antisemitismus in weiten Teilen des Bürgertums salonfähig machte, hatte Heinrich von Treitschke, der in einer vielbeachteten Abhandlung, die im November 1879 in den *Preußischen Jahrbüchern* erschien, die „israelischen Mitbürger" aufforderte, „sie sollen Deutsche werden, sich schlicht und recht als Deutsche fühlen". „Auf die Jahrtausende germanischer Gesittung" dürfe kein „Zeitalter deutsch-jüdischer Mischkultur" folgen.[24] Treitschke bezeichnete die „laute Agitation des Augenblicks" als eine „natürliche Reaktion des germanischen Volksgefühls gegen ein fremdes Element", das in Deutschland „einen allzu breiten Raum eingenommen" habe. Über die „Ostgrenze" dringe „Jahr für Jahr aus der unerschöpflichen polnischen Wiege eine Schaar strebsamer hosenverkaufender Jünglinge herein, deren Kinder und Kindeskinder dereinst Deutschlands Börsen und Zeitungen beherrschen" wollten.[25] Diese Einwanderung wachse zusehends, sodass es nicht verwunderlich sei, dass es „bis in die Kreise der höchsten Bildung hinauf […] wie aus einem Munde" ertöne: „Die Juden sind unser Unglück!"[26] Die Antisemiten brachen in Jubel aus: Der bekannte Berliner Gelehrte und einflussreiche politische Publizist wollte zwar die Judenemanzipation nicht rückgängig machen, aber er hatte die nicht assimilierten Juden mit dem Fremden und dem Undeutschen gleichgesetzt. Sein Artikel zeitigte eine „Bombenwirkung"[27]. Die polemisch zugespitzte Formulierung „Die Juden sind unser Unglück" erlangte eine traurige Berühmtheit; Jahrzehnte später wurde sie zur Maxime des nationalsozialistischen Hetzblattes *Der Stürmer.*

Mommsen war fassungslos. Unter seinen Freunden, Mitarbeitern und Kollegen waren zahlreiche Juden. Wie gewohnt, reagierte er heftig. Es sei das „Entsetzlichste", das „Scheußlichste", „was je geschrieben ward", brach es aus ihm heraus.[28] „Ich bin an Ihnen irre geworden", ließ er Treitschke wissen.[29] Als die antisemitische Hetze in Berlin im Spätjahr 1880 immer heftiger wurde, setzte er sich an die Spitze des Protestes. Er unterzeichnete eine gegen den Antisemitismus gerichtete Erklärung liberaler Berliner Notabeln[30] und publizierte, nachdem die dritte Auflage von Treitschkes Broschüre *Ein Wort über unser Judentum* erschienen war, im Dezember in der *Nation* seinen Aufsatz

Auch ein Wort über unser Judentum. Philosemitische Sympathien trieben ihn nicht um. Seine antijüdischen Vorurteile wusste er sehr wohl zu pflegen. In seiner *Römischen Geschichte* hatte Mommsen geschrieben, „auch in der alten Welt war das Judentum ein wirksames Ferment des Kosmopolitismus und der nationalen Dekomposition"[31]. Im Kontext der historischen Darstellung war die Aussage durchaus positiv konnotiert, da der Prozess der „Dekomposition" dazu beitrug, in Caesars Imperium die von Mommsen begrüßte „Weltkultur" zu schaffen. Treitschke jedoch hielt ihm in der Auseinandersetzung diesen Satz genüsslich vor[32] und machte ihn, aus dem Zusammenhang gerissen, „zu einem antisemitischen Schlagwort"[33].

Bei aller Toleranz, die Mommsen für die Synagoge forderte, bestimmte ein tiefes agnostisches Misstrauen gegen jedes religiöse Bekenntnis wesentlich seine Beurteilung des Judentums. Anstoß nahm er so an dem Erscheinungsbild des orthodoxen Juden Jacob Bernays, eines brillanten Gelehrten, der die Klassische Philologie mit wegweisenden religions- und philosophiegeschichtlichen Arbeiten voranbrachte. Als strenggläubigem Juden war ihm die Universitätslaufbahn verschlossen. Mit Unverständnis begegnete er Bernays, weil dieser sein tägliches Leben unter ein religiöses Gebot stellte. Eines Gelehrten war dieses Verhalten unwürdig, und also hielt Mommsen seinem Freund vor, er sei „halb Rabbi, halb vielseitigster Mensch", der „Schrullen und Unannehmlichkeiten" habe, „wie sie sonst bei Trödeljuden vorkommen, hier aber mit der Übersilberung des vollendeten Gentleman auftreten".[34]

Auch Mommsen forderte die nationale Integration der Juden und ihre Konversion zu einem nicht religiös, aber zivilisatorisch verstandenen Christentum. Denn

> der Eintritt in eine große Nation kostet seinen Preis; die Hannoveraner und die Hessen und wir Schleswig-Holsteiner sind daran ihn zu bezahlen, und wir fühlen es wohl, daß wir damit von unserem Eigensten ein Stück hingeben. Aber wir geben es dem gemeinsamen Vaterland. Auch die Juden führt kein Moses wieder in das gelobte Land; mögen sie Hosen verkaufen oder Bücher schreiben, es ist ihre Pflicht, so weit sie es können ohne gegen ihr Gewissen zu handeln, auch ihrerseits die Sonderart nach bestem Vermögen von sich zu thun und alle Schranken zwischen sich und den übrigen deutschen Mitbürgern mit entschlossener Hand niederzuwerfen.[35]

Aus der Sicht jüdischer Zeitgenossen war Mommsens Position nicht viel besser als die Treitschkes. Ludwig Philippson fand in seiner Besprechung von Mommsens Schrift *Auch ein Wort über unser Judentum* in der *Allgemeinen Zeitung des Judentums* deutliche Worte: „Es drängt sich auch die Frage auf, welcher Unterschied zwischen der Schlußfolgerung Treitschke's und Mommsen's sei. Treitschke sagt: Die Juden können Juden bleiben, müssen aber Deutsche werden. Mommsen sagt: Die Juden sind Deutsche, aber um des Deutschthums willen müssen sie Christen werden. Es frägt sich, wer in diesen Schlußsätzen der Freisinnigere ist?" Treitschkes Urteile über die Juden seien allerdings gehässig, während Mommsen sich die Mühe gebe, „sie mit größerer Billig-

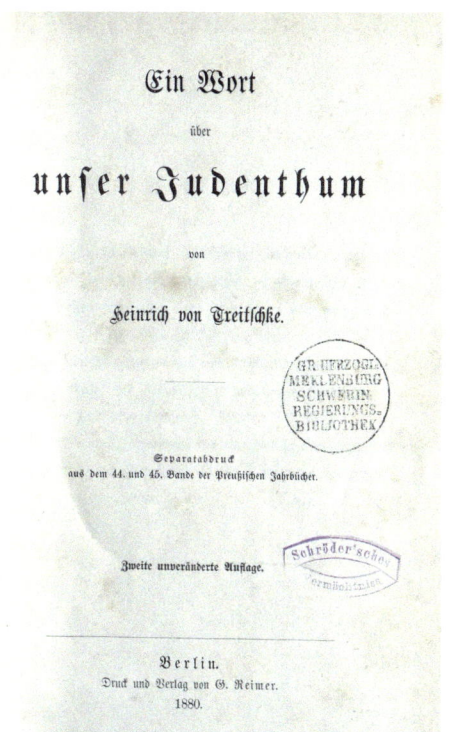

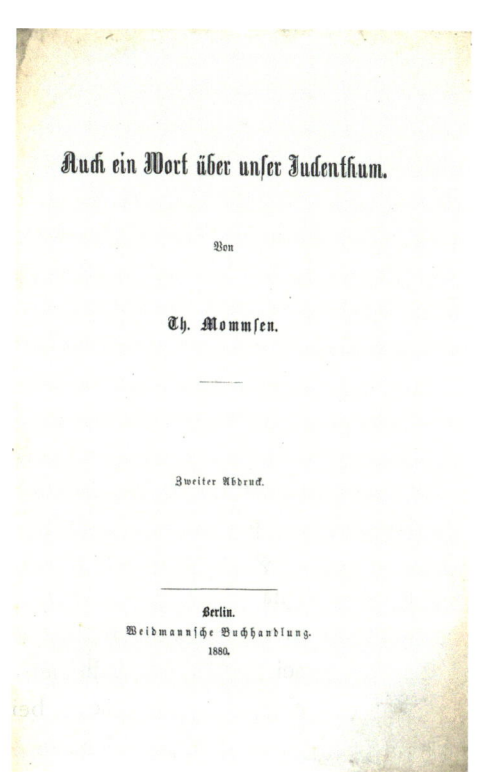

3   Titelblatt zu *Ein Wort über unser Judenthum* von Heinrich von Treitschke, Berlin: Reimer, 1880.

4   Titelblatt zu *Auch ein Wort über unser Judenthum* von Theodor Mommsen, Berlin: Weidmann, 1881.

keit zu beurtheilen". Allein: „Was ist aber das für eine Gemeinsamkeit, die nur dadurch bestehen können soll, daß der einzelne Alles, was ihm eigenthümlich ist, aufopfere und zu einer bloßen Schablone werde!"[36]

Mommsen widersprach dem „Evangelium der Intoleranz", weil er erkannte, dass der politische Antisemitismus, dem Treitschke seine gewichtige Stimme verliehen hatte, ein zentrales Kennzeichen der antiliberalen und nationalistischen Wende Bismarcks war, die letztlich den Zusammenhalt der Nation zu gefährden drohte: „Neben dem längst ausgebrochenen konfessionellen Krieg, dem sogenannten Kulturkampf, und dem neuerdings entfachten Bürgerkrieg des Geldbeutels, tritt nun als drittes ins Leben die Mißgeburt des nationalen Gefühls, der Feldzug der Antisemiten."[37]

Mommsens *Auch ein Wort über unser Judentum* war kein Manifest für die vorbehaltlose Akzeptanz der jüdischen Bürger, sondern ein eindringlicher Appell, dem „sittliche[n] Zersetzungsprozeß", der den „stolzen Errungenschaften" der deutschen Einheit „unmittelbar gefolgt" sei, entgegenzutreten und liberale Grundwerte um der Einheit der Nation willen zu verteidigen. Dies stellte Mommsen in seiner Akademierede vom 19. März 1880 klar, die er zur Vorfeier des Geburtstages des Kaisers hielt. Hier bezog er Stellung gegen Treitschkes antijüdische Agitation, ohne ihn beim Namen zu nennen. Aber die Anwesenden wussten, worum es ging. „Alle alten Vorurteile und Befangenheiten" seien „wiedererwacht". „Ist das Reich Kaiser Wilhelms", so fragte er,

„wirklich noch das Land Friedrichs des Großen, das Land der Aufklärung und der Toleranz, das Land, in dem nach Charakter und Geist, und nicht nach Konfession und Nationalität gefragt wird?" Schließlich: „Regt man nicht in den socialen und den wirtschaftlichen Fragen das Element des Egoismus der Interessen wie des nationalen Egoismus in einer Weise auf, daß die Humanität als ein überwundener Standpunkt erscheint? Der Kampf des Neides und der Mißgunst ist nach allen Seiten hin entbrannt. Wirft man uns doch die Fackel in unsere eigenen Kreise, und der Spalt klafft bereits in dem wissenschaftlichen Adel der Nation."[38]

Treitschkes Begriff der Nation, entwickelt in seiner Stellungnahme zur ‚Judenfrage', hatte mit der freiheitsorientierten Nationalidee der Revolution von 1848 nichts mehr zu tun. Der machtvolle Staat beruhte nunmehr auf einem Höchstmaß kultureller, religiöser und ethnischer Homogenität und konnte deshalb eine eigenständige jüdische Mentalität und Nationalität nicht anerkennen, ja noch nicht einmal mehr

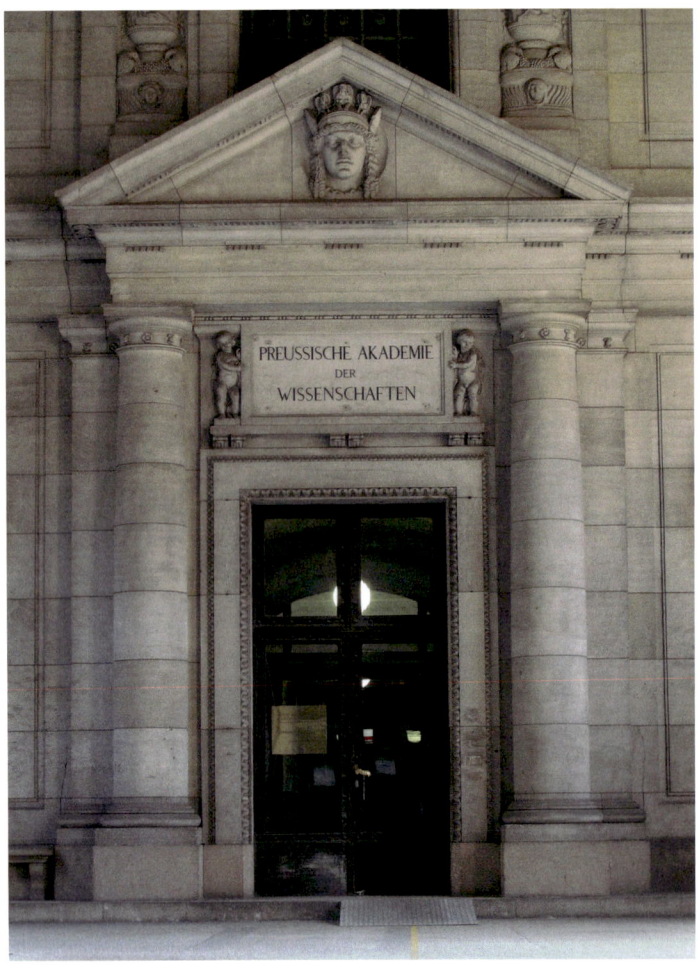

5   Portal der Preußischen Akademie Unter den Linden.

dulden. Mommsens Erklärung ist die Antwort eines Liberalen auf den politischen Antisemitismus als Krisen- und Integrationsideologie eines forcierten Nationalismus.

Mommsen verzieh es Treitschke nie, dass er sich mit dem „Pöbel aller Klassen" gemein gemacht und dem Antisemitismus den „Kappzaum der Scham" genommen hatte.[39] Ihre Freundschaft zerbrach über diesem Streit, über „die vielen und tiefen Meinungsverschiedenheiten"[40]. Während Mommsen zum erklärten Gegner Bismarcks wurde und sich im Kampf gegen den politisch organisierten Antisemitismus engagierte, distanzierte sich Treitschke von dem „Liberalismus", dessen Wege ihm „immer unbegreiflicher" wurden,[41] und blieb seinen judenfeindlichen Überzeugungen treu. Treitschke feierte den autoritären Staat und die bonapartistische Machträson. Der borussische Geschichtsglauben, den der Historiograf Preußens in Wort und Schrift verbreitete, war Mommsen zuwider. „Gegner sind wir lange gewesen und werden es bleiben", schrieb er in seinem letzten Brief an Treitschke.[42] Und unerbittlich kämpfte er gegen dessen Aufnahme in die Berliner Akademie.

DIE KÖNIGLICH PREUSSISCHE AKADEMIE DER WISSENSCHAFTEN

Am 27. April 1858 wurde Theodor Mommsen zum Ordentlichen Mitglied der Berliner Akademie der Wissenschaften gewählt, nachdem er bereits seit 1853 Korrespondierendes Mitglied war. Den Wahlvorschlag vom 10. Dezember 1857 hatte der Klassische Archäologe Eduard Gebhardt in Absprache mit den anderen Mitgliedern der epigrafischen Kommission verfasst.[43] Mit unterzeichnet hatte ihn der Ägyptologe Richard Lepsius, der ebenfalls einen Sitz in dieser Kommission hatte. Der Antrag war kurz gehalten und hob vor allem darauf ab, dass die Aufnahme in die Akademie als Ordentliches Mitglied „unabweislich" sei, „wenn anders die zu Ausführung des akademischen Corpus Inscriptionum Latinarum hiesigen Ortes beginnende Wirksamkeit Herrn Mommsens ihre vollständige Ausdehnung haben soll". Ausdrücklich wurde auch auf die „bekannten und glänzenden litterarischen Leistungen" des Historikers verwiesen, er mithin als Verfasser der *Römischen Geschichte* gerühmt.

In seiner akademischen Antrittsrede legte Mommsen seine wissenschaftstheoretische Konzeption am Beispiel des von ihm initiierten und organisierten *Corpus Inscriptionum Latinarum* offen. Die Grundlegung der historischen Wissenschaft, so ließ er seine Kollegen wissen, bestehe in der Ordnung der „Archive der Vergangenheit". Wie in den naturwissenschaftlichen Disziplinen, so könne auf dem Gebiet der Altertumswissenschaft nur eine straffe wissenschaftliche Organisation neue historische Erkenntnisse zeitigen. Hierzu sei es zum einen notwendig, sich der Unterstützung und Mitarbeit fähiger deutscher und ausländischer Wissenschaftler zu versichern. Zum anderen brauchten die großen Unternehmen bedeutende Geldmittel „von der wohlberatenen Königlichen Munificenz", um entsprechende Erfolge zu erzielen. Schließlich liege es an seiner Generation, die unfruchtbare und traditionelle „Arbeitszersplitterung" in der klassischen Altertumsforschung zu überwinden, indem Geschichte, Philologie und Jurisprudenz zusammenwirkten.[44]

In den folgenden Jahrzehnten seiner Zugehörigkeit zur Königlich Preußischen Akademie der Wissenschaften setzte Mommsen sein wissenschaftliches Bekenntnis konsequent und erfolgreich in die Tat um und prägte die Institution, deren Sekretar er von 1874 bis 1895 war, nachhaltig. Durch seine Initiative und unter seiner Führung entstanden die großen altertumswissenschaftlichen Unternehmungen, die quellenkritische Grundlagenforschung betrieben und die Wissenschaft vom Altertum auf eine neue Grundlage stellten. Nicht mehr allein die Textzeugen, sondern die gesamte Hinterlassenschaft der griechischen und römischen Antike wurden von der als historische Wissenschaft verstandenen Philologie in den Blick genommen. Riesige Gemeinschaftsunternehmen erschlossen das gesamte Erbe der Alten Welt. Mit beispiellosem Aufwand wurden die antiken Quellen gesammelt, geordnet und ediert. Das kleinste Fragment war des Sammelns wert, da es ein potenzielles Objekt künftiger Erkenntnis sein konnte. Literarische Texte, Inschriften, Papyri, Münzen und archäologische Überreste wurden erfasst. Mommsen war nicht nur ein genialer Forscher, sondern auch ein glänzender Organisator, der erfolgreich das Prinzip der fabrikmäßigen Arbeitsteilung umsetzte. Systematisch förderte er die Expansion der akademischen Vorhaben und brachte seine Erfahrungen aus der Arbeit am Inschriftencorpus ein, um die Berliner Akademie zu einem „Großbetrieb der Wissenschaften" umzustrukturieren.[45]

An diesem arbeitsteiligen Großbetrieb der Berliner Akademie hatte Heinrich von Treitschke nie Anteil. Er interessierte ihn nicht. Wissenschaftliche Gründe waren denn auch nicht ausschlaggebend für Treitschkes Wahl in die Königlich Preußische Akademie, sondern vielmehr politische, wie der Vorschlag zeigt, den Heinrich von Sybel 1895 verfasste. Sybel hatte 1859 mit der *Historischen Zeitschrift* das führende geschichtswissenschaftliche Periodikum in Deutschland gegründet und war seit 1875 Direktor der Preußischen Staatsarchive. Wie Treitschke hatte er einen politischen Richtungswechsel vollzogen: Die liberalen Ideale der 1848er Revolution waren in weite Ferne gerückt, statt bürgerlicher Freiheit gab er der nationalen Einheit den Vorrang, und aus dem einstigen Gegner war ein glühender Verehrer Bismarcks geworden. An der Sendung des borussischen Machtstaats zweifelte auch Sybel nicht. In Treitschkes Auseinandersetzung mit seinem alten Weggefährten Hermann Baumgarten, der den zweiten Band der *Deutschen Geschichte* 1882 scharf kritisiert hatte, hatte sich Sybel demonstrativ auf die Seite seines Berliner Kollegen gestellt. In der *Historischen Zeitschrift* wurde der Straßburger Historiker Baumgarten isoliert und denunziert. In einer Erklärung der Redaktion bezichtigte man den liberalen Kritiker, einen „Vernichtungskrieg gegen Treitschke und alle seine Freunde" geführt zu haben.[46]

In seinem Wahlvorschlag, der der Philosophisch-historischen Klasse am 20. Juni 1895 zur Abstimmung vorlag, holte Sybel weit aus. Auf fünf eng beschriebenen Seiten wurde ausführlich begründet, warum der Historiograf des preußischen Staates Aufnahme in die Akademie finden sollte.[47] Treitschkes Jugend sei in eine Zeit gefallen, so hob Sybel an, „in der die Entwicklung der deutschen Geschichtsschreibung durch den

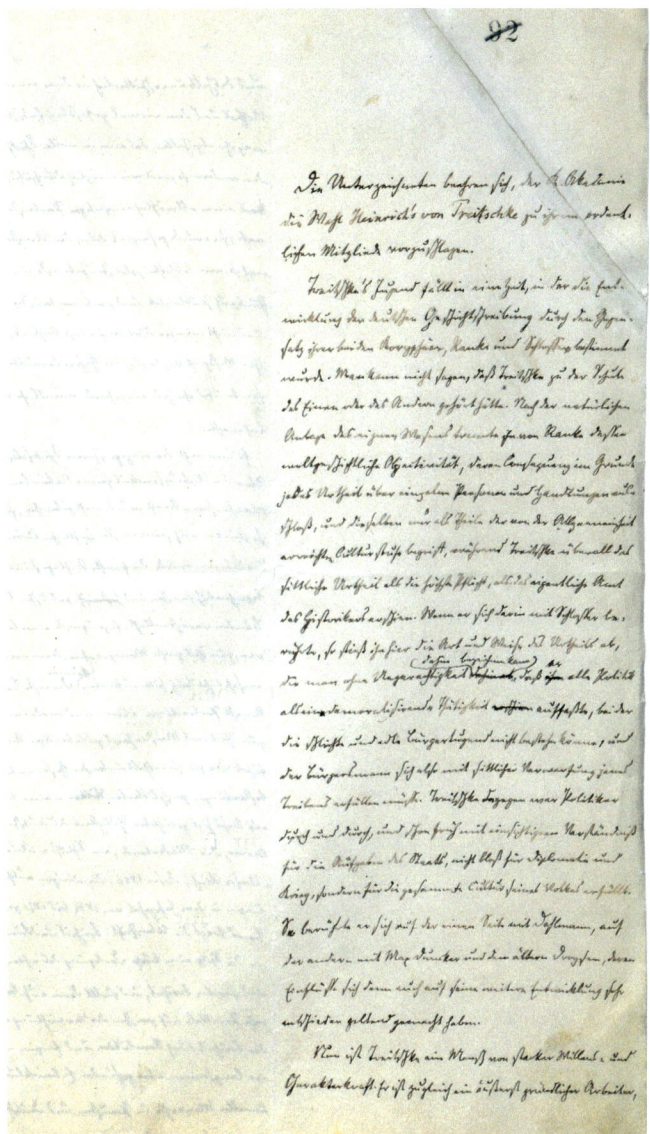

6 Erste Seite des Wahlvorschlags von Heinrich von Sybel.

Gegensatz ihrer beiden Koryphäen, Ranke und Schlosser, bestimmt" worden sei. Treitschke habe keiner dieser Schulen angehört. Sicher habe er von Leopold von Ranke und Friedrich Christoph Schlosser, aber auch von Friedrich Christoph Dahlmann, Max Duncker und Johann Gustav Droysen Anregungen empfangen. Doch Treitschke „war Politiker durch und durch, und schon früh mit einsichtigem Verständnis für die Aufgaben des Staats, nicht bloß für Diplomatie und Krieg, sondern für die gesamte Kultur seines Volkes erfüllt". Er sei „ein Mensch von starker Willens- und Charakterkraft", zugleich „ein äußerst gründlicher Arbeiter", „unerschütterlich in dem einmal gewonnenen Urteil und dem einmal gefaßten Entschlusse". Gewiss, „die Gefahr einer allmählich einseitigen Parteistellung" liege nahe, und sie werde „gesteigert durch den Umstand, daß Treitschke nach seinem lebhaften politischen Interesse einen großen Teil seines Tuns auf Publizistik und parlamentarisches Wirken verwandte, und nicht weniger durch das heillose Unglück, dass ein medizinischer Mißgriff ihn plötzlich des Gehörs beraubte, ihn dadurch vereinsamte und ihm jede eingehende mündliche Diskussion unmöglich machte". Aber, so war weiter zu lesen, „die Unbeugsamkeit seiner Natur" habe sich „in vollem Maße" bewahrt; „seine Kraft wurde nicht gebrochen, sondern nur um so stärker auf seine wissenschaftlichen Arbeiten konzentriert".

Eingehend würdigte Sybel Treitschkes Werke. Zunächst richtete er seine Aufmerksamkeit auf die ersten drei Bände der historischen und politischen Aufsätze, die zwischen 1865 und 1870 erschienen waren und inzwischen in fünfter Auflage vorlagen. Der dritte Band ziehe unter der Überschrift „Freiheit und Königthum" nach einer „kurze[n] Darlegung des echten Begriffes politischer und sozialer Freiheit" auf 600 Seiten „eine historische Parallele auf zwischen der Vernichtung oder Verfälschung der Freiheit durch Revolution und Empire in Frankreich und der langsamen, aber gesunden Entwicklung der konstitutionellen Monarchie in Preußen und Deutschland". Ausdrücklich betonte Sybel, es handle sich „nicht so sehr um historische Darstellung als um politische Erörterung"; „ein politischer Standpunkt" erhalte in diesen Aufsätzen seine „historische Begründung". Offen sei Treitschke für eine konstitutionelle Monarchie eingetreten, „als bester Hort und Schutz der Volksfreiheit"; „in einem demokratischen Staate" setze „eine stets wechselnde Massenherrschaft" hingegen „die innere und äußere Politik unaufhörlichen Schwankungen" aus und mache „auch die Garantien der persönlichen Freiheit unsicher". „Was den deutschen Bundesstaat" betreffe, so sei Treitschke „von jeher überzeugt" gewesen, „daß die Forderung der deutschen Einheit das höchste aller politischen Gebote" sei, „und daß sie nur unter Preußens Vorgang, allerdings eines verfassungsmäßigen Preußens, zu verwirklichen sei". Noch im Jahre 1866 habe er deshalb einen Antrag Bismarcks zurückgewiesen, in Berlin eine Professur zur Unterstützung seiner deutschen Politik zu übernehmen, weil auch er damals der Meinung gewesen sei, dass Bismarck auf Grund eines Verfassungsbruchs regiere.

Seit 1879 erscheine sein „großes Lebenswerk", die *Deutsche Geschichte des 19. Jahrhunderts*, die inzwischen bis zum Jahr 1848 geführt sei. In noch höherem Maße als in den früheren Schriften zeige

> sich eine unermüdliche Forschung, ebenso sehr in die Tiefe dringend wie in die Breite ausgreifend, Großes und Kleines beachtend, eine kolossale Masse archivalischer Dokumente bewältigend, mit gleicher Gründlichkeit die gedruckten Quellen benutzend, neben den politischen Handlungen alle übrigen Seiten des Kulturlebens der Betrachtung unterwerfend. Den so zusammen gebrachten Stoff gilt es dann zur Darstellung zu bringen und künstlerisch zu gestalten, und unbedenklich ist es auszusprechen, daß für diese Aufgabe des Historikers unter allen seinen Zeitgenossen Treitschke von einer freigebigen Natur das reichste und höchste Talent empfangen hat.

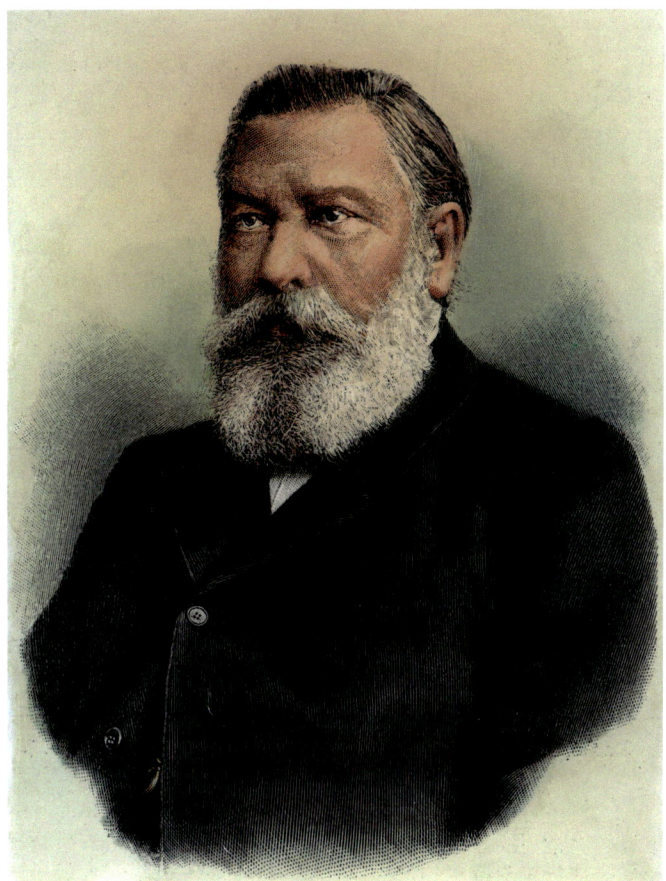

7   Heinrich von
Treitschke, kolorierter
Holzstich nach einer
Fotografie von
W. Höffert, um 1880.

Überschwänglich pries Sybel die historiografische Meisterschaft, den „weiten Sprach-
schatz“, „eine wahre Farbenpracht des Ausdrucks“, „eine oft hinreißende Kraft der
Rede“. Einzelne, besonders gelungene Partien seien „zu den klassischen Meisterwer-
ken aller Zeiten zu rechnen“. „Weniger zu rühmen“ sei „die Sicherheit in der Gesamt-
disposition des Stoffes.“ Der Autor wisse gar zu viel und wolle nichts zurückhalten.
„Sodann ist er stets mit lebhaftem Gefühl bei der Sache, und endet demnach auch stets
mit Affekt und vollem Brustton, ohne die wechselnden Nuancen des Gegenstandes zu
beachten; überall liebt er die superlativen Ausdrücke, und setzt sich damit der Gefahr
einer monotonen Rhetorik aus.“

　　„Die zahlreichsten Angriffe aber“ habe sich Treitschke „durch die schroffe Ein-
deutigkeit seiner politischen Urteile zugezogen.“ „Wie von jeher“ habe er „den Angel-
punkt“ des nationalen Lebens „in der Bewegung zur Einheit unter preußischer Führung“
gesehen. „Je älter er wurde, desto schärfer teilten sich ihm von diesem Standpunkte aus
die Menschen in Freunde und Feinde, und die lang genährte Sympathie für Preußen
erhielt immer größere Wärme, als er endlich nach Berlin übersiedelte, selbst Preuße

wurde, und [sich] mit Stolz dieses Verhältnisses bewußt war." Sein offenes Bekenntnis zur preußischen Monarchie habe zur Folge gehabt, dass „der Zorn des Liberalismus weit und breit in Deutschland aufflammte". Doch erst Treitschke habe, wie Sybel betonte, für die Zeit von 1815 bis 1830 „aus den echten Quellen die mächtigen Leistungen der damaligen preußischen Staatslenker offen gelegt, die Durchführung der neuen Heerwesen, die Schöpfung einer streng geordneten und beaufsichtigten Verwaltung, eine durchgreifende Reform der Finanzen, eine einsichtige Reform des gesamten Unterrichts, endlich die Durchsetzung des Zollvereins". In der älteren Literatur sei „alles leere Öde, polizeilicher Druck und politische Erstarrung" gewesen. Sybel schloss mit den Worten: „Wir glauben, Treitschke's geschichtliche Bedeutung nach Licht und Schatten unparteiisch geschildert zu haben, und empfehlen demnach unsern Antrag."

Der Wahlvorschlag folgte nicht den üblichen Regeln der Gattung: Er enthielt keine Laudatio der wissenschaftlichen Leistungen des Kandidaten, sondern eine offensive Apologie seiner kleindeutschen Geschichtsschreibung und politischen Publizistik. Zugleich erklärte Sybel, weshalb Treitschkes Zuwahl so lange auf sich hatte warten lassen: Die liberalen Gegenstimmen waren zu einflussreich gewesen. Die Botschaft lautete: Die politische Opposition gegen Treitschke war gefährlicher als irgendwelche wissenschaftlichen Vorbehalte. Doch die Zeit der Gegner des Historiografen des preußischen Staates war vorüber.

Der Kopf des Widerstandes in der Philosophisch-historischen Klasse der Akademie war Theodor Mommsen, der über Jahre hinweg verhindert hatte, dass Treitschke in die Akademie gewählt wurde. Im Frühjahr 1895 sah Sybel die Gelegenheit endlich gekommen. Mommsens Macht schwand; politisch war er zusehends isoliert. Der Althistoriker wollte zunächst denn auch einen Eklat vermeiden. Er konnte sich eine Ehrenmitgliedschaft Treitschkes vorstellen. Dann war er bestürzt über eine Rede, die Treitschke Anfang Mai in der Philosophischen Fakultät der Friedrich-Wilhelms-Universität gehalten und in der er gegen den jüdischen Privatdozenten Leo Arons polemisiert hatte. In der Fakultät wurde kontrovers diskutiert, ob der Physiker wegen seiner politischen Agitation für die Sozialdemokratie disziplinarisch verwarnt werden sollte. Mommsen sprach gegen eine Maßregelung, die nicht der Tradition der deutschen Universität entspreche, die ihren Lehrern politische Betätigung gestatte. Treitschke jedoch „nahm die Gelegenheit wahr", um eine „Judenrede" zu halten, in der er von einer „ekelhaften Verbindung von Lausbubokratie und Plutokratie" sprach. Diese Expektoration verletzte „in Verbindung mit anderen antisemitischen Schlagern" Mommsen; hatte er zuvor seine Neutralität versichert, war er jetzt entschlossen, Widerrede zu halten. Sybel unterbreitete er Anfang Mai die Gründe seiner Entscheidung. Und einmal mehr drohte er mit seinem Rücktritt vom Amt des Sekretars der Philosophisch-historischen Klasse.[48]

Seit dem Antisemitismusstreit bekämpfte Mommsen in Treitschke nicht nur den „Vater des modernen Antisemitismus", der diese Bewegung „salonfähig" gemacht habe,[49] sondern vor allem den „Dichter der Geschichte Preußens", den „politischen Historiker"[50], der „für das allerdings recht verschwommene Ideal der Jungfrau Germanien […] die ideale Pickelhaube in Curs gebracht" habe und den er als „rechten Ausdruck der

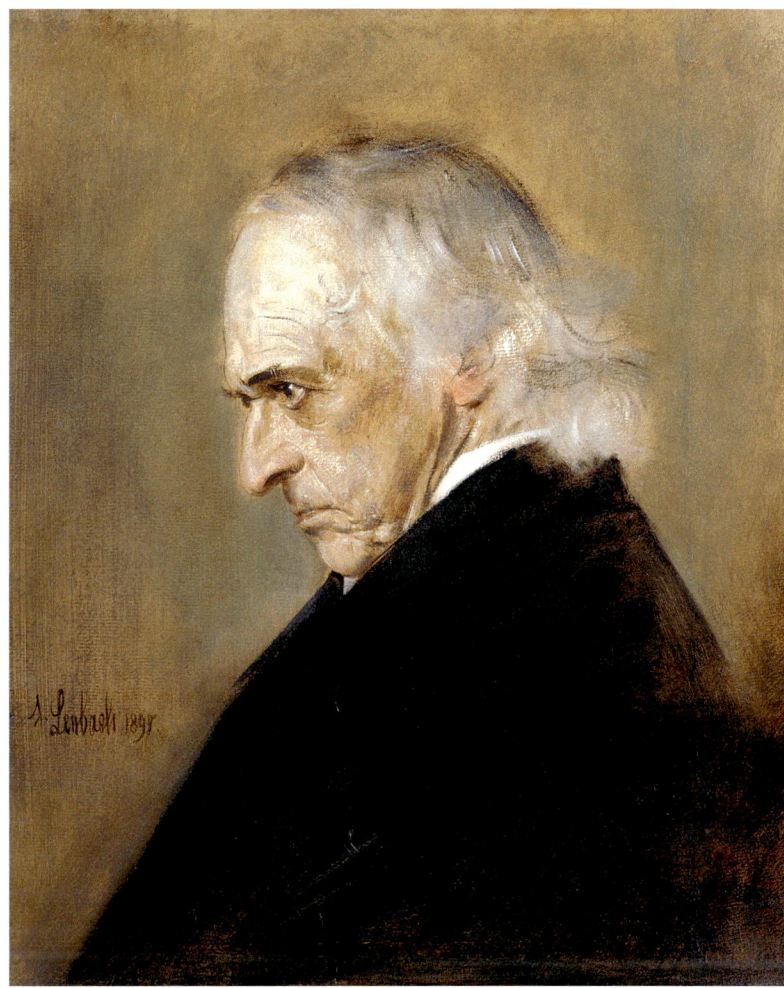

8   Theodor
Mommsen, Porträt
von Franz von
Lenbach, 1897.

sittlichen Verrohung" begriff, „die unsere Civilisation in Frage stellt".[51] Treitschke wurde
zum Inbegriff des politischen und historiografischen Gegners, der umso schwerer zu
ertragen war, da er die breite öffentliche Anerkennung fand, die dem linksliberalen
Mommsen verwehrt blieb. Mit Verve distanzierte er sich in seinem Brief an Heinrich
von Sybel von der *Deutschen Geschichte im 19. Jahrhundert*:

> Es gibt kein glänzenderes, aber auch kein gemeinschädlicheres Buch als seine
> Geschichte. Wer Geschichte, insbesondere Geschichte der Gegenwart schreibt,
> hat die Pflicht politischer Pädagogik; er soll denen, für die er schreibt, ihre künf-
> tige Stellung zum Staat weisen und bestimmen helfen. Treitschkes Werk ist in
> dieser Hinsicht die reine Nullität, das rechte Evangelium alles Abziehens von
> politischer Tätigkeit und damit für den Durchschnittsmenschen des Streber-
> tums.[52]

In seinem Wahlvorschlag antwortete Sybel auf Mommsens Einwände. Um Treitschkes Aufnahme durchzusetzen, versuchte er aber nicht nur, Mommsens Argumente zu entkräften, sondern er distanzierte sich von dessen Konzept einer modernen Wissenschaftsakademie, die ihre Wahlen so zu organisieren hatte, dass sie die Voraussetzungen zur arbeitsteiligen Großforschung gewähren konnte. Sybel rekurrierte stattdessen auf das Ideal einer traditionellen Honoratiorenvereinigung, die berühmte Gelehrte auszeichnete, indem sie sie in ihre Reihen aufnahm.

Hinter Sybel stand die Majorität der Akademiker, darunter auch der Kirchenhistoriker Adolf Harnack, der Mommsens Vertrauter und Freund war. Den Wahlvorschlag unterzeichneten Wilhelm Wattenbach, Ernst Dümmler, Alfred Pernice, Heinrich Brunner, Karl Weinhold, Gustav Schmoller, Wilhelm Dilthey, Eduard Sachau, Alexander Conze, Adolf Harnack und Johannes Schmidt. Am 20. Juni wurde in der Philosophisch-historischen Klasse über den Wahlvorschlag abgestimmt. Von den 26 Mitgliedern waren 20 anwesend. Von diesen stimmten 18 für Treitschke, zwei gegen ihn.

Mommsens politische Haltung war auch in der Akademie nicht mehr mehrheitsfähig, im Gegenteil: Er repräsentierte nur noch eine verschwindend kleine Minderheit. Zwar wollte sein Parteifreund Rudolf Virchow im Plenum alles daransetzen, die Aufnahme des Historikers in die Akademie zu verhindern, aber die Mehrheit der Akademiemitglieder stand zu Treitschkes Wahl und verurteilte seine politischen Widersacher, wie ein Brief des Philosophen Eduard Zeller an den Klassischen Philologen Hermann Diels vom 16. Juli 1895 zeigt: „Das fehlt eben noch, daß die Leute, welche Deutschland im Reichstag durch die Verwerfung der Ehrung Bismarcks unauslöschlich blamiert haben, auch der preussischen Akademie verbieten, dem Historiker, welcher mehr als irgend ein anderer für Preussens Anerkennung in Deutschland gethan hat, in ihre Mitte aufzunehmen, weil er ihnen politisch nicht angenehm ist."[53] Angesichts dieser erdrückenden Mehrheit legte Mommsen am 30. September 1895 das Sekretariat der Philosophisch-historischen Klasse nieder, das er seit 1874 innegehabt hatte.[54] Als nach dem Tode Sybels am 1. August 1895 Treitschke die *Historische Zeitschrift* als verantwortlicher Herausgeber übernahm, ließ Mommsen verbreiten, er schreibe keine Zeile mehr für diese Zeitschrift.[55] Wie hatte er seiner Frau gestanden? „Neben dem kann ich nicht bleiben."[56]

Vier Jahre später, am 2. September 1899, klagte Mommsen in seiner berühmten Testamentsklausel über die „innere Entzweiung" mit dem deutschen Volk, vor dem ihm die Achtung fehlte.[57] Diese bittere Aussage spiegelt die Einsicht in die eigene politische Ohnmacht, die sich auch darin gezeigt hatte, dass er Treitschkes Wahl in die Berliner Akademie nicht hatte verhindern können. Theodor Mommsen litt bis zu seinem Tod am 1. November 1903 an dem fehlenden parlamentarischen und gesellschaftlichen Machtpotenzial eines in sich gespaltenen, krisenhaft erschütterten Liberalismus.

Heinrich von Treitschke wurde in der bürgerlichen Gesellschaft des Kaiserreichs weithin gehört. Er propagierte in Wort und Schrift einen aggressiven Machtstaat, der – national saturiert – nach Weltgeltung strebte. Sein protestantischer Sozialkonservatismus und seine Apotheose des Nationalstaates verbanden sich wirkmächtig mit antisozialistischen, antiparlamentarischen, antikatholischen und antisemitischen Ressentiments. In der Königlich Preußischen Akademie der Wissenschaften konnte er allerdings keinen persönlichen Einfluss mehr ausüben. Nachdem er am 13. August 1895 in die Philosophisch-historische Klasse der Akademie aufgenommen worden war,[58] starb er bereits am 28. April des folgenden Jahres. Seine Antrittsrede, die für die Leibnizsitzung der Akademie am 2. Juli 1896 geplant war, konnte er nicht mehr halten. Gustav Schmoller sprach stattdessen zu seinem Gedächtnis: „Unserer Akademie hat er nur ganz kurz angehört. Seine Taubheit und manche anderen zufälligen Umstände wirkten mit, daß er später als viele andere gewählt wurde; man hat wohl auch gemeint, sein ganzes Wesen passe nicht in den Rahmen der Akademie."[59]

Rudolf Virchow

Robert Koch

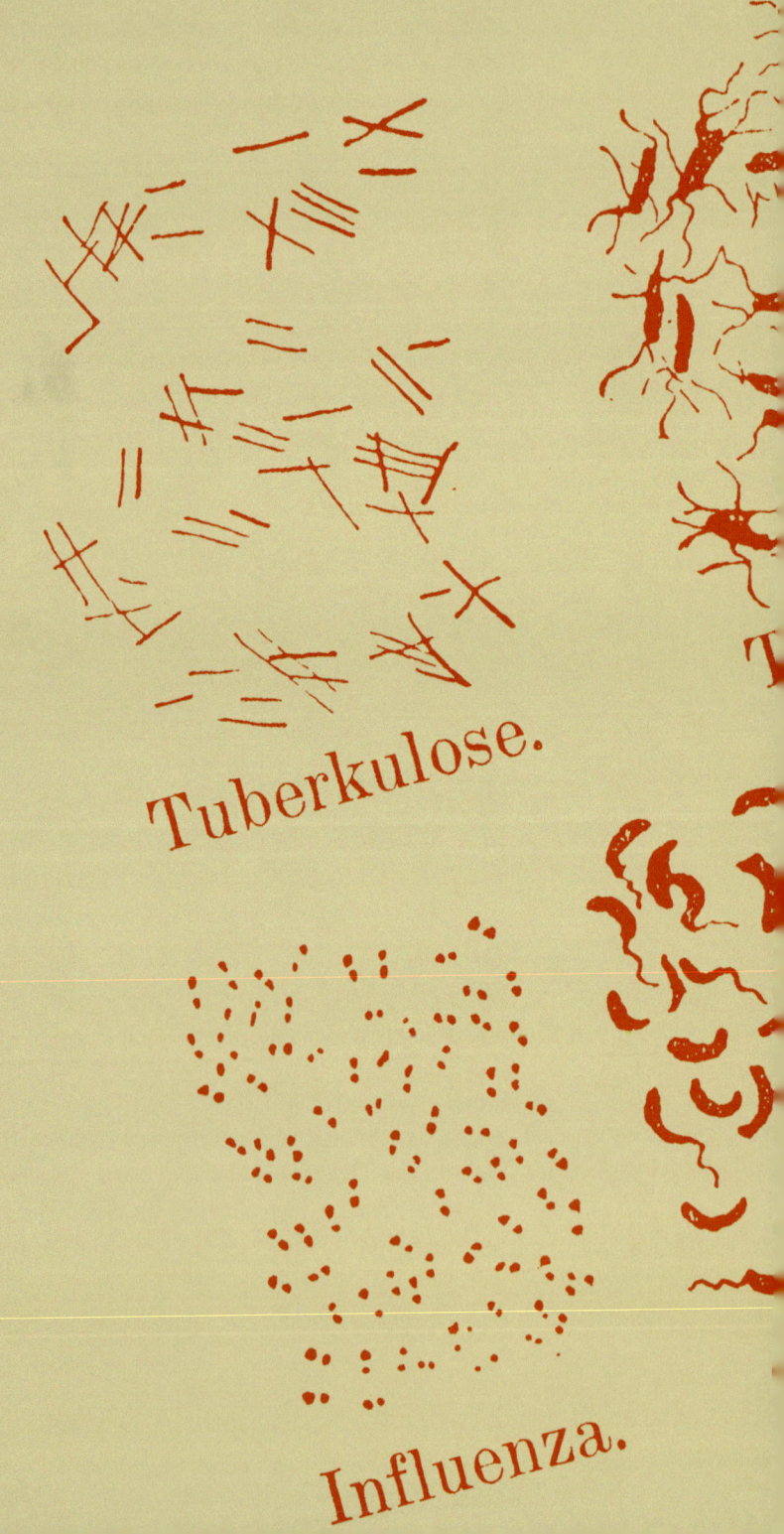

Tuberkulose.

Influenza.

cesse der Pigmentbildung, der Verkalkung, der amyloïden Entartung[13]. Das Wesen einer räthselhaften, nicht ganz seltenen Erkrankung, wobei das Blut eine auffallend bleiche Farbe zeigt, erkannte er in der Vermehrung der weißen Blutkörperchen, und setzte diese Erkrankung, unter dem Namen der Leukämie[14], in Beziehung zu den dabei vorkommenden Zuständen der Milz und der Lymphdrüsen, als der Bildungsstätte jener Gebilde. Eine große Gruppe wichtiger und gefährlicher Lähmungserscheinungen und plötzlicher Todesfälle, wie auch von Erkrankungen des Gehirns, führte Hr. Virchow durch eine meisterhafte Untersuchung, indem er künstlich genau entsprechende Phänomene an lebenden Thieren hervorrief, auf die von ihm sogenannte Thrombose oder Embolie zurück, d. h. auf die Verstopfung von Arterien durch losgespülte und in den Kreislauf gerathene Fibringerinnsel[15]. Die eigenthümliche Schädelbildung der Cretinen erläuterte er aus bestimmten Bildungsgesetzen. Die erloschene Flimmerbewegung lehrte er durch verdünnte Alkalien wiederbeleben, da bis zu ihm alle Versuche darüber nur immer zerstörende, höchstens gleichgültige Agentien kennen gelehrt hatten. Von seinen chemischen Arbeiten genügt es, die über das Haematoidin, das eisenfreie, und doch lebhaft roth gefärbte Derivat des {Haematins} Blutfarbstoffes, zu nennen, welches neuerdings durch seine nahe Beziehung zu, wenn nicht Einerleiheit mit, dem krystallisirten Gallenfarbstoff eine so große Wichtigkeit erlangt hat. Sein Antheil endlich an der Entdeckung der Trichinen[16] ist so in Aller Munde, daß seine Erwähnung nur zum Zweck haben kann daran zu erinnern, wie mühsamer und sorgfältiger Ermittelungen es bedurft hat, um eine heute so populäre Wahrheit an's Licht zu ziehen.

Es wäre leicht, dieß Verzeichniß noch in's Unbestimmte zu verlängern. Denn, wie gesagt, Hr. Virchow hat eine Reihe von Jahren hindurch mit stets bereiter Arbeitskraft und staunenswerther Leichtigkeit auf zahllosen Punkten der organischen Wissenschaften beobachtet, experimentirt, verglichen, zusammengestellt, geschlossen, und so eine Masse empirischer Wahrheiten von seltenem Umfange gehäuft, und dies zwar, ohne dabei je die oben angedeuteten großen Gesichtspunkte aus den Augen zu verlieren.

Noch in diesem Augenblick ist er emsig beschäftigt mit der Herausgabe seiner Vorlesungen über die krankhaften Geschwülste[17], einem Werke, worin er neben vielen neuen Beobachtungen zugleich die ausgedehnte Literatur des Gegenstandes erschöpfend benutzt. Man kann dasselbe als die Fortsetzung und dem heutigen Stand des Wissens entsprechende Vollendung der berühmten Studien Johannes Müller's[18] über denselben Gegenstand ansehen, welche dieser einst der Academie mitgetheilt hat.[19]

Die leitende Stellung, welche Hr. Virchow in der wissenschaftlichen Medicin einnimmt, wird durch zwei literarische Unternehmungen desselben bezeichnet; durch die Production des von einer Gesellschaft klinischer Ärzte herausgegebenen Handbuchs der speciellen Pathologie[20]; und durch die des im Jahre 1847 durch Hrn. Virchow und den früh verstorbenen Reinhardt gegründeten Archivs für pathologische Anatomie und Physiologie, welches unter Hrn. Virchow's Leitung längst zum wichtigsten Organ der wissenschaftlichen Medicin geworden ist.

Hrn. Virchow's Bedeutung als eines der ersten lebenden Universitätslehrer Deutschlands, um den sich Zuhörer aus allen Ländern der Welt sammeln, ist so bekannt, daß dabei nicht zu verweilen wäre, selbst wenn diese Art des Verdienstes hier in's Gewicht fiele. Jedermann weiß, daß er einem Geschichtsabschnitt der Würzburger Hochschule, als einer Periode nicht leicht wiederkehrender Blüthe, seinen Namen aufgeprägt hat.[21] Aber eine Art der Lehrthätigkeit, die an dieser Stelle allerdings in's Gewicht fällt, ist die, wodurch sich Hr. Virchow im Laboratorium und am Secirtisch eine Reihe namhafter Schüler gezogen hat, deren Arbeiten die seinigen ergänzen und fortsetzen, und deren Verdienst somit zum Theil auch ihm zu Gute zu halten ist.

Nach alledem wird es hinreichend gerechtfertigt erscheinen, daß ich Hrn. Virchow der Classe zur Aufnahme als ordentliches Mitglied der Akademie vorschlage. Der Umstand, daß die Arbeiten dieses ausgezeichneten Mannes sich großentheils auf dem Felde des pathologischen Wissens bewegen, kann, glaube ich, kein ernsthaftes Hinderniß für seine Wahl abgeben. Die theoretische Medicin hat in dem letzten Vierteljahrhundert, und zwar zu einem guten Theil eben durch Hrn. Virchow, an Strenge der Methoden und demgemäß an Sicherheit der Ergebnisse so gewonnen, daß sie heute der normalen Anatomie und Physiologie ebenbürtig zur Seite steht. Die in der heute üblichen Art geführte Untersuchung einer Krebsgeschwulst oder der Regeneration eines gebrochenen Knochens vom Kreise unserer Arbeiten fernzuhalten, würde etwa ebensoviel Sinn haben, als die Berechnung einer Störung des Planetensystems durch einen fremden Weltkörper, wenn solche sich ereignete, davon auszuschließen. Es läßt sich mit Gewißheit vorhersagen, daß die bisherige Stellung der Akademie gegenüber der theoretischen Medicin auf die Dauer unhaltbar, und daß dieser Disciplin in unserer Körperschaft eine Vertretung zu gewähren sein wird, wie sie ihr in der Académie des Sciences schon immer durch bestimmte Einrichtungen gesichert war. Ein{en} würdigerer Name aber, um die Reihe dieser Vertreter zu eröffnen, als de{n}r des Hrn. Virchow, und eine nach solcher Fruchtbarkeit noch immer soviel versprechende Frucht in diesem Gebiete, wie die seinige, wird sich nicht leicht finden.

Berlin, 14. November 1864.
Edu Bois-Reymond.

Dieser Vorschlag – so überzeugend er klingt – fruchtete nichts. Wie jeder Neuerer hatte Virchow Gegner oder Neider und womöglich auch politische Feinde – in den Reihen der Akademie. Erst neun Jahre später, am 27. November 1873, ließ sich die Akademie wiederum durch den unermüdlichen Du Bois-Reymond zur Mitgliedschaft des inzwischen weltberühmten Virchow bewegen. 52 Jahre war Virchow da alt.

Noch älter, nämlich 60 Jahre, war Robert Koch, als er endlich Mitglied der Akademie werden konnte. Die Zahl seiner Kritiker und Neider war zunächst womöglich noch größer als die Virchows. Doch am 5. Mai 1904 erfolgte seine Wahl aufgrund des hier abgedruckten Gutachtens von Hermann Munk[22], der durch seine Lokalisationsforschungen von Sinnesleistungen (sensorische Rindenfelder) im Gehirn berühmt geworden war. Unterstützt wurde er dabei durch Unterschriften von drei weiteren bedeutenden Forschern der Zeit: von Wilhelm Waldeyer[23], dem Entdecker des Keimepithels und Schöpfer des Begriffs *Chromosomen*, von Theodor Wilhelm Engelmann[24],

Erforscher der Erregbarkeit und Erregungsleitung in lebender Substanz, und von Oskar Hertwig[25], der sich besondere Verdienste bei der Erforschung der Keimzellen und Keimblätter erworben hatte. Einige von ihnen waren Virchow-Schüler.

Das eigenhändige Gutachten Munks lautet:[26]

Robert Koch, der jüngst am 11. December sein 60. Lebensjahr vollendet hat, gehört zu den Pfadfindern u. fruchtbarsten Forschern der Neuzeit in den biologischen Wissenschaften.

Der alte Glaube an ein Contagium vivum[27] bei den Infectionskrankheiten war neu belebt worden, als Pasteur[28] in den 60er Jahren des vorigen Jahrhunderts Mikroorganismen als die Erreger von Gährungs- u. Fäulnißvorgängen nachgewiesen hatte; u. den Glauben verstärkte der große Erfolg, den Lister[29] mit der antiseptischen Wundbehandlung unter Verwendung der die Mikroorganismen tödtenden Karbolsäure erzielte. Von Davaine[30] waren den[n] auch schon 1863 die farblosen Stäbchen im Blute der an Milzbrand gestorbenen Thiere als die Krankheitsursache angesprochen worden, u. Davaine u. Pasteur hatten durch die Einführung solches Blutes in den Körper von gesunden Thieren den Milzbrand bei diesen hervorzurufen vermocht. Beim Rückfallfieber hatte Obermeier[31] 1873 die Entwickelung einer Spirille im Blute des Kranken in regelmäßiger Beziehung zum Fieberanfall stehend erkan[n]t. Klebs[32], v. Recklinghausen[33], Billroth[34] u. A. m. hatten bei Wundkrankheiten, Pyämie, Diphtherie Mikroorganismen aufgefunden u. in ursächliche Beziehung zu den Krankheiten zu setzen gesucht. Aber im[m]er doch noch gebrach es an der Sicherheit, daß wirklich die Mikroorganismen es waren, was die Krankheiten veranlaßte, an dem Nachweise, daß ein specifischer Mikroorganismus eine specifische Krankheit verursachte, u. an der Erken[n]tniß, auf welche Weise es zu der Erkrankung durch den Mikroorganismus kam. Da setzte Koch um die Mitte der 70er Jahre entscheidend mit seinen Untersuchungen ein.

Koch that das Wachsthum u. die Sporulation[35] der Milzbrandbacillen dar; er zeigte, wie aus den Sporen, wurden sie in Nährflüssigkeit oder in das Thier gebracht, wieder Milzbrandbacillen erwuchsen; u. er wies nach, wie die natürliche Infection der Thiere durch die mit dem Futter eingebrachten Sporen im Darmkanal zustandekom[m]t. Er führte ferner fauliges Blut, das vielerlei Mikroorganismen durch einander enthielt, in Thiere verschiedener Species ein u. erzielte, indem die verschiedenen Thierarten sich für dieselben Bakterien verschieden empfänglich erwiesen, nicht nur die Isolirung der verschiedenartigen Mikroorganismen, sondern zugleich damit auch verschiedene scharf charakterisirte Krankheitsarten, so daß er mittels fortgesetzter Ueberimpfung im[m]er von neuem durch dieselben Bakterien dieselbe Krankheit hervorzurufen vermochte. Es gelang ihm weiter, aus einem Gewirr verschiedenartiger Mikroorganismen durch die Verwendung gelatinirender Nährsubstanzen statt der bis dahin benutzten Nährflüssigkeiten die Mikroorganismen zu isoliren u. isolirt zu kultiviren, so daß durch wiederholtes Abimpfen u. Uebertragen auf neue Nährböden Reinkulturen der Mikroorganismen erhalten wurden u. mit ihnen die specifische Beziehung der Mikroorganismen zu den Krankheiten festgestellt werden kon[n]te. Indem er daneben noch die Bakterien durch ihre künstliche Färbung, durch die Benutzung der Abbeschen Beleuchtung[36] u. durch die Mikrophotographie besser u. sicher erken[n]en u. unterscheiden lehrte, war in wenigen Jahren alles erreicht, was zum Beweise, daß ein bestim[m]ter Mikroorganismus eine bestim[m]te Krankheit erregt, erforderlich war, daß nämlich 1) der Mikroorganismus in allen Fällen der Krankheit sich nachweisen ließ, 2) der Mikroorganismus ganz frei von Bestandtheilen des erkrankten Thieres sich gewin[n]en u. kultiviren ließ, 3) die Krankheit durch den Mikroorganismus aus der Reinkultur sich wieder erzeugen ließ. Der feste Grund war damit gelegt zu dem großen, in zwei Jahrzehnten fast unabsehbar aufgebauten Gebiete der Bakteriologie, dessen Vater Koch mit Recht von den Jüngeren genan[n]t wird.

Koch's nächster Schritt war, daß er 1881 die Tuberculose, von der das jahrzehntelange Mühen der tüchtigsten Forscher nicht mehr als die Uebertragbarkeit hatte erreichen kön[n]en, in einer nach allen Richtungen mustergültigen Untersuchung mit Einem Schlage wunderbar aufklärte. Mittels eines combinirten Färbungsverfahrens entdeckte er die Tuberkelbacillen u. wies ihr constantes Vorkom[m]en in tuberculös veränderten Geweben auf; er schied sie von allen Gewebstheilen u. stellte Reinkulturen von ihnen her, die er lange Zeit fortzüchtete; er zeigte, daß die mit den isolirten Bacillen in der verschiedensten Weise inficirten Thiere tuberculös werden; er legte mittels der Biologie der Bacillen dar, wie die natürliche Infection zustandekom[m]t. Schon im folgenden Jahre führte er dasselbe in Aegypten u. Indien für die Cholera durch, deren Erreger er in den sogenan[n]ten Kom[m]abacillen auffand. Und als nun weiter die Schaar seiner unmittelbaren u. mittelbaren Schüler nach seinem Vorbilde eine große Reihe anderer Infectionskrankheiten in Angriff nahm, betheiligte er sich vielfach bei den Arbeiten u. kam zu werthvollsten Ergebnissen, besonders bezüglich der Biologie der Parasiten, bei der Pest, der Lepra, der Surrakrankheit, der Malaria, der ägyptischen Augenkrankheit, der Dysenterie, dem Abdominaltyphus u. a. m.

Hand in Hand mit den skizzirten Leistungen gingen Koch's Bestrebungen, die Infectionskrankheiten zu bekämpfen. Das Erste war, daß er für die Desinfection die gänzliche Umgestaltung, die von den neu gewon[n]enen Gesichtspunkten aus erforderlich war, experimentell durchführte. Auf grund der Aetiologie der einzelnen Krankheiten entwickelte er alsdan[n] die Maßnahmen, mit denen der Verbreitung der Tuberculose, der Cholera, der Lepra, der Menschenpest, der Malaria zu begegnen ist. Und endlich suchte er einerseits die Mikroorganismen im In[n]eren des inficirten Thierkörpers zu tödten oder in ihrer Entwickelung zu hem[m]en, andererseits den Menschen u. Thieren einen wirksamen Schutz gegen die Invasion der Mikroorganismen zu verschaffen. Gegen die Rinderpest hat er auch durch Einspritzung von Galle aus den Gallenblasen an der Seuche zugrundegegangener Thiere die Rinder zu im[m]unisiren vermocht. Aber dort, wo er gerade vornehmlich den Erfolg erstrebte, bei der Tuberculose, ist er ihm noch nicht voll geworden. Den[n] das Tuberculin, das er zuerst als Filtrat der Kulturen von Tuberkelbacillen auf Glycerinbouillon, später durch Zerreiben der getrockneten lebenden Tuberkelbacillen u. Lösen in verdün[n]ter Kochsalzlösung gewan[n], führt zwar bei Tuberculösen eine starke allgemeine Reaction wie auffällige Veränderungen an den tuberculös erkrankten Geweben herbei, hat aber bisher nur als ausgezeichnetes diagnostisches Mittel sich bewährt, während seine heilende u. im[m]unisirende Kraft noch in Frage steht. Jedenfalls hat Koch hier mit der Herstellung wirksamer Substanzen aus den Mikroorganismen einen Weg gewiesen, auf dem auch Im[m]unisirungserfolge sich erwarten lassen.

Seine ersten Untersuchungen führte Koch als Kreisphysikus in Wollstein aus. 1880 wurde er als ord. Mitglied in das Reichs-Gesundheitsamt berufen. Von 1885 bis 1891 war er ord. Professor der Hygiene an der Universität. Seit 1891 ist er Direktor des Instituts für Infectionskrankheiten. Äußere u. wissenschaftliche Ehren sind ihm in aller Fülle geworden. Die Académie des sciences hat ihn an Virchow's Stelle zum auswärtigen Mitgliede gewählt. Auch den anderen namhaften Akademien gehört er längst als Mitglied an, die Akademie seiner Heimath ausgenom[m]en. Wir beehren uns, seine Wahl zum ordentlichen Mitgliede für eine freie Stelle in der physikalisch-mathematischen Classe vorzuschlagen.

Berlin, den 7. Januar 1904.   Hermann Munk.

                                                                Waldeyer.

                                                                Engelmann.

                                                                Hertwig.

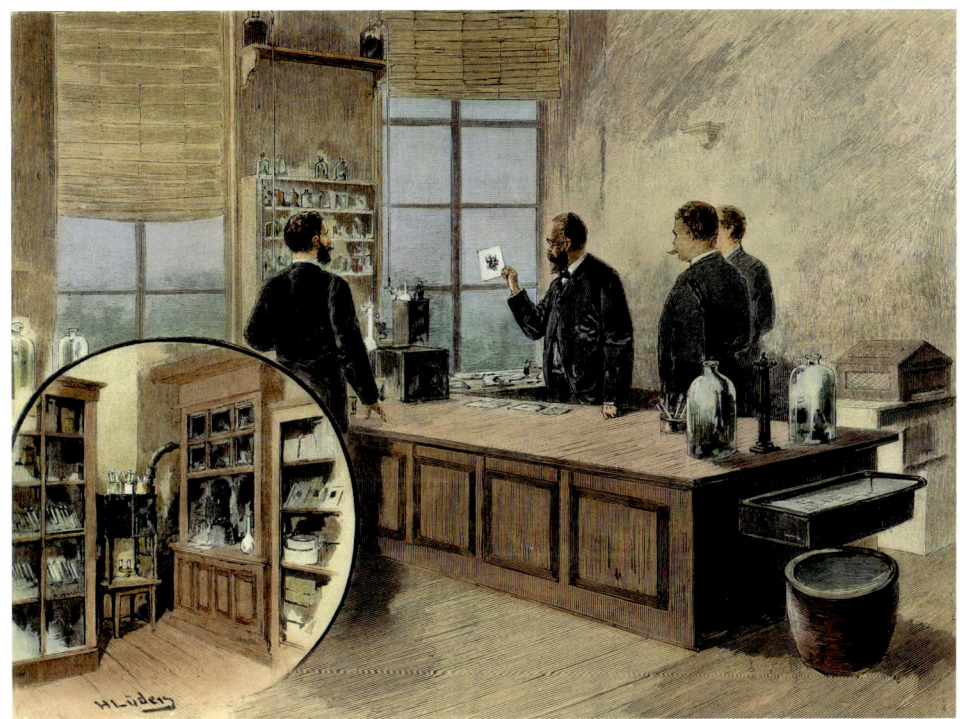

3   Robert Koch mit seinen Mitarbeitern im Laboratorium, kolorierter Holzstich nach einer Zeichnung von Herman Lüders, 1890.

Weder Virchow noch Koch hatten eine gradlinig-steile und unaufhaltsame Aufwärtsentwicklung in ihrer wissenschaftlichen Laufbahn erlebt. Virchow wurde aus politischen Gründen 1849 von der Charité vertrieben. Koch diffamierte man als halbpolnischen Provinzarzt. Ihre Erkenntnisse konnten sie nur mühsam durchsetzen.

Wie war ihr Verhältnis zueinander? Der Legende nach sind sie Feinde. Sah Virchow in Koch nur einen Vernichter seiner theoretischen Grundideen? Hat Virchow als der Ältere dem jüngeren Koch nur geschadet und ihn überhaupt nicht verstehen wollen?

Schauen wir uns die 2010 erschienene, neueste (kilo-schwergewichtige) Koch-Biografie von Johannes W. Grüntzig und Heinz Mehlhorn mit dem Untertitel „Seuchenjäger und Nobelpreisträger" an, so lesen wir für das letzte Dezennium des 19. Jahrhunderts: „Unter Führung des Erzfeindes Virchow formieren sich die Gegner und Neider"[37] Kochs. In keiner wissenschaftlich ernst zu nehmenden früheren Biografie[38] Robert Kochs ist dies jemals so eindeutig behauptet worden. Aber es ist nicht uninteressant zu beobachten, wie sich im Falle „Erzfeindschaft" eine einmal in die Welt gesetzte Legende vom Ende des 19. Jahrhunderts zur behaupteten Tatsache heute entwickelt.

Zunächst: Wie lernten sich die beiden überhaupt kennen?

Das geschah über einen preußischen Gutsherrn von echtem Schrot und Korn, den Landrat des abgelegenen westpreußischen Kreises Bomst, Hans Wilhelm Stanislaus Freiherr von Unruhe-Bomst[39], freikonservatives Mitglied des konstituierenden Reichstages seit 1867 und danach des Reichstages, im Mai 1874 hochgeehrt von Seiner Majestät dem preußischen König und zum Provinzial-Landtags-Marschall für den Wahlkreis Meseritz-Bomst ernannt. Dieser Mann, der offenbar die Leidenschaft Rudolf Virchows für vorgeschichtliche Funde im Osten Deutschlands kannte, schenkte dem politisch liberalen (wie man das damals verstand [auch „Fortschrittler" genannt]) Virchow Ende 1874 einige kleine prähistorische Fundstücke aus einem Erdwall seines Kreises (zwischen den beiden Wollsteiner Seen gelegen). Virchow gab sie weiter an die von ihm 1869 gegründete Berliner Gesellschaft für Anthropologie, Ethnologie und Urgeschichte[40] und überreichte sie in deren Sitzung vom 16. Januar 1875.[41]

Der vielseitige Virchow hat ja mehrere Wissenschaften neu begründet. Nachdem er Mitte der 1860er Jahre erkennen musste, dass er seinem – nun wirklich so zu nennenden – politischen Erzfeind Bismarck, von dem er einmal zum Duell[42] gefordert worden war, politisch unterlegen blieb, wurde er umso aktiver im Bereich neuer Wissenschaften und der Wissenschaftsförderung allgemein. Er begründete unter anderem die neue Wissenschaft Ur- und Frühgeschichte und deren Parallelwissenschaften, die Anthropologie und die Ethnologie, als Wissenschaften vom Menschen in ihrer modernen Form.[43] Alle drei arbeiteten mit naturwissenschaftlichen Methoden.

In jener Zeit beherrschte die Frage nach der Herkunft beziehungsweise Abstammung des Menschen eine breite Öffentlichkeit und in aller Unschuld spielte die ,Rassenfrage' damals eine wichtige Rolle, die ja erst im 20. Jahrhundert so furchtbar missbraucht werden sollte. Selbst die zeitgenössischen Dichter wie Theodor Fontane behandelten das Problem damals relativ objektiv.[44] Darwins Bücher über die Abstammung des Menschen waren eben vorausgegangen,[45] es folgte 1877 Darwins von Virchow betriebene Ernennung zum Korrespondierenden Mitglied der Berliner Gesellschaft für Anthropologie, Ethnologie und Urgeschichte. Prähistorische, anthropologische und ethnologische Probleme wurden ausnahmslos in jeder damaligen Tageszeitung seitenlang abgehandelt.[46] Jede Frau und jeder Mann interessierte sich dafür.

Anatomie ab, übernahm im April 1885 die neu geschaffene ordentliche Professur für Hygiene an der Berliner Universität und die Leitung des neuen Hygieneinstitutes. Nun war er Kollege von Virchow, aber er fühlte sich nicht wohl. (Abb. 7)

Die Herren waren aber auch zu unterschiedlich in ihrer Herkunft: Koch, Sohn eines wohlhabenden Bergamtsleiters aus Clausthal im Harz (der Vater hatte in Göttingen studiert), kam aus gesicherten finanziellen und familiären Verhältnissen. Selbst die Mutter war wohlhabend. Die Ehe war gut, 13 Kinder gingen aus ihr hervor.

Der Vater Virchows, ein jämmerlich entlohnter nebenberuflicher Stadtschreiber und Bauer in dem hinterpommerschen Schivelbein (einem Städtchen mit knapp 2.000 Einwohnern), kam aus kleinen Verhältnissen (Schlachter), hatte natürlich nicht studieren können, führte zudem eine schlechte Ehe und Rudolf blieb das einzige Kind derselben. Die Mutter, älter als der Vater, hatte bei der Hochzeit ein wenig Geld mitgebracht, das rasch verbraucht war.

Während der Vater Kochs das Studium des Sohnes (zunächst der Naturwissenschaften, erst später der Medizin) bezahlen konnte, bedingten die finanziellen Verhältnisse des in immer größere Probleme abrutschenden Virchow-Vaters, dass der Sohn nur über ein Staatsstipendium die Militärarztlaufbahn einschlagen konnte. Virchows Vater war so klamm, dass er sich nicht scheute, seinem Sohn, dem jungen Arzt, zuzumuten, die in Schivelbein gezogenen Linsen in Berlin zu verkaufen. So heißt es in einem Brief an Rudolf vom 12. Januar 1849:

> […] sende ich Dir zwei Proben meiner Linsen mit. Mache doch mal einen Versuch, ob diese Frucht in Berlin sich verlohnend verkaufen läßt. […] Diese Frucht läßt sich hier nicht in genügender Menge absetzen, und zum verfüttern sind sie zu schade. Lassen […] Linsen sich dort anbringen, so habe ich zur Hinsendung etwa 12 Scheffel von beiden Sorten zusammen, nämlich kleine und große. Beim Verkauf mußt Du auch erfahren, welches Maaß für den offerirten Preis verlangt wird, ob gestrichenen Scheffel pp.[55]

Ähnliche Ansinnen kann man auch in den 1850er Jahren, als der Sohn schon Würzburger Ordinarius war, aus dem Vater-Sohn-Briefwechsel herausinterpretieren.[56] Bei seinem Tod 1865 hinterließ der Vater dem Sohn einen riesigen Schuldenberg.

Während Virchows internationaler Ruhm trotz mancher Irrtümer kontinuierlich wuchs, hatte Kochs Ruf nach 1890 gelitten, als es ihm nach dem großartigen Erfolg der Entdeckung des Tbc-Erregers nicht gelang, mit Hilfe eines Extrakts aus Tuberkelbazillen, Tuberkulin genannt, ein Heilmittel gegen die Krankheit zu finden. Dennoch gewährte ihm der Staat 1891 großzügig ein neues, nicht zur Universität gehörendes Institut für Infektionskrankheiten, in dem er unter für die Zeit idealen Bedingungen forschen konnte und der belastenden Lehrverpflichtungen als Professor enthoben war. Die Medizinische Fakultät, darunter Virchow, schrieb Koch dennoch dazu am 7. Januar 1891 einen anerkennenden Brief, obwohl er nun staatlicherseits viel besser als sie alle gestellt war. (Abb. 8)

8   Schreiben der Medizinischen Fakultät an Robert Koch, Berlin, 7. Januar 1891.

1905, drei Jahre nach Virchows Tod und ein Jahr nach seiner Ernennung zum Akademiemitglied, verlieh man Koch den Nobelpreis.

Eine direkte negative Stellungnahme Virchows gegen Koch habe ich nirgends finden können.

Aber wie ist dann folgender Brief des für die Universitäten entscheidenden, schon damals allmächtigen Ministerialdirektors und ‚heimlichen Kultusministers‘ Friedrich Althoff (mit dem erstaunlichen Privileg des unmittelbaren Vortragsrechtes beim Kaiser) aus Berlin vom 23. März 1891 an Koch zu verstehen, der, auf Reisen befindlich, offensichtlich Sorge hatte, dass man ihm die Geldmittel für sein neues Institut nicht ganz so opulent zur Verfügung stellen würde. Dort lesen wir:

[…] Die Nachricht von der Einstellung der Arbeiten für das Institut für Infektionskr. ist ganz unrichtig. Die Arbeiten gehen rüstig fort und in der Budget-

komm[ission]. [dessen führendes Mitglied Virchow war] ist die laufende Staats-
dotation in dem ganzen geforderten Betrage von rund 165000 M. trotz des
Widerspruchs von Virchow, der nur ein Bauschquantum von 80000 od. 90000 M.
zugestehen wollte, bewilligt worden [...].[57]

Da der Gesamtetat des Staates nicht vermehrt wurde, hatte Virchow Sorge, dass die
übrigen wissenschaftlichen Institutionen in Preußen gegenüber der Kochschen Opu-
lenz zu kurz kämen. Am 9. Mai 1891 sagte er im Preußischen Abgeordnetenhaus zu-
sammengefasst:

Er fühle sich zwar nicht berufen, ein Gesamturteil über die Behandlung mit
Tuberkulin zu fällen, doch sei ihm kein einziger Fall bekannt, in dem durch dieses Mittel eine dauernde Heilung der Krankheit gelungen wäre. Dann kritisierte er die Hast
und Überstürzung, mit der der Aufbau des bakteriologischen Instituts in Angriff genommen worden sei. Dies habe zur Bewilligung ungewöhnlich hoher Geldmittel für die
Baumaßnahmen geführt. Außerdem habe man die Zuständigkeitsbereiche des neuen
Instituts mit den Vorständen der Krankenabteilungen in der Charité unzureichend
abgestimmt. Jedenfalls dürfe es keine „Superiorität" des bakteriologischen Instituts
gegenüber den bestehenden Abteilungen geben. Virchow wendete sich vehement gegen
die „schwindelhafte Auffassung", dass „die ganze Pathologie in Bakteriologie aufzulö-
sen sei".[58] Dennoch freue er sich grundsätzlich über die Neugründung.

Virchow hat über andere Infektionskrankheiten viel und erfolgreich gearbeitet,
allerdings eben nicht bakteriologisch, eher über tierische Parasiten wie Trichinen[59]
oder über parasitische Pflanzen und Pilze[60]. Am intensivsten hat er sich politisch in
den drei Parlamenten, denen er meist gleichzeitig angehörte – dem Reichstag (1878–
1893), dem Preußischen Abgeordnetenhaus (1861–1902) und der Berliner Stadtverordnetenversammlung (1859–1902) – für Koch eingesetzt.

So forderte er in der Berliner Stadtverordnetenversammlung vom 1. März 1894,
Spezialärzte einzustellen, die sich hauptsächlich mit einem bestimmten Aufgaben-
gebiet auseinandersetzen sollten, wie eben der Bakteriologie.[61]

Am 11. Juni 1896 ging es ihm in der Stadtverordnetenversammlung um die
Dringlichkeit der Angliederung des Koch'schen Instituts für Infektionskrankheiten an
das 4. städtische Krankenhaus. Das Gelände, auf dem die Baracken jetzt stünden, werde gebraucht, um Neubauten für die Charité zu errichten, die ihren Aufgaben mangels
erforderlichen Raumes nur noch ungenügend nachkommen könne. Andererseits müsse für das Koch'sche Institut ein Platz in Berlin gefunden werden, weil dort eine intensive wissenschaftliche Auseinandersetzung stattfinde. Virchow favorisierte die Lösung,
ein neues Institut für Infektionskrankheiten zu bauen. In Anbetracht der Dringlichkeit
und der klaren Sachlage sollte auch kein (verzögernder) Ausschuss mehr eingesetzt
werden.[62]

Im Preußischen Abgeordnetenhaus hat Virchow sich seit Mitte der 1880er Jahre
bis zum Lebensende regelmäßig – nicht unkritisch, aber fördernd – für Kochs Tätigkeit
verwendet. Unter dem Stichwort „Koch" finden sich in einem einzigen Band (37) meiner

Virchow-Gesamtausgabe allein elfmal Beispiele seiner positiven Stellungnahme für Koch.[63]

Auch im Reichstag förderte er Koch: In der Generaldiskussion über den Gesetzesentwurf, eine wissenschaftliche Kommission zur Erforschung der Cholera nach Ägypten und Ostindien zu entsenden, sagte Virchow am 13. Mai 1884, es habe sich als sehr fruchtbar erwiesen, dem Reichsgesundheitsamt die Funktionen eines bakteriologischen Instituts zu übertragen. Seit 1850 seien international alle Anstrengungen unternommen worden, den Ursachen der Cholera auf die Spur zu kommen. Es sei ein großer Triumph, dass gerade ein Deutscher dies erfolgreich geleistet habe. Dieser Sieg sei erfochten worden unter äußerst schwierigen Verhältnissen, „[...] auf einem Boden, den [...] schon die äußeren klimatischen Verhältnisse zu einem ungemein gefährlichen machen". Es sei der von Koch beharrlich angewandten Methode zu verdanken, seiner ausdauernden, hingebenden und anhaltenden Arbeit, dass dieser Cholerabazillus entdeckt wurde. Auch Kochs Entdeckung des Tuberkelbazillus sei von nicht abschätzbarem Wert.

Virchow gibt allerdings zu bedenken, dass durch die Auffindung des Bazillus noch nicht die Mittel gegeben seien, die Krankheit zu beseitigen. Er warnt davor, in allzu eilige Begeisterung auszubrechen. Auch den Organismus, der zum Ausbruch der Pocken führe, kenne man seit über 30 Jahren. Trotzdem seien die Behandlungsmethoden noch die alten.[64]

Wie man aus all dem eine „Erzfeindschaft" Virchows gegen Koch persönlich, gegen seine Methode und sein Denken zu konstruieren versucht hat, erscheint rätselhaft. Gut, die Koch-Jünger und die Virchow-Adepten haben sich nicht wirklich geliebt und manche Sottise gegeneinander aufgebracht. Aber was bedeutet das schon? Bei Koch und Virchow persönlich finden wir gegenseitige Beschimpfungen nicht.

Zwar verehrten die Anhänger Kochs ihren Meister als Halbgott. Aber das war der Stil der Zeit des fast byzantinisch zu nennenden Wilhelminismus um 1900. Selbst die nach 1945 erschienenen Koch verherrlichenden Biografien von Unger (1. Aufl. 1936, stark verändert, etwas entnazifiziert 1947)[65], Bochalli (1954)[66] und die jüngste von Grüntzig/Mehlhorn (2010)[67] sind in einem Adoranten-Stil verfasst.

In der ernst zu nehmenden bisherigen medizinhistorischen Forschung findet sich keine Bestätigung einer Grundfeindschaft zwischen Virchow und Koch. So hat zum Beispiel Irmingard Hasche-Klünder in ihrer maschinenschriftlichen Göttinger Dissertation von 1942[68] erstmals die „Bakteriologiefeindlichkeit" Virchows ad absurdum zu führen versucht. Dieser Meinung folgte Erwin H. Ackerknecht 1957 (allerdings, wie bei ihm leider üblich, mit falschen bzw. unzureichenden bibliografischen Quellenangaben), wenn er richtig sagt:

> Virchows Haltung gegenüber der Bakteriologie könnte besser eine positive, nachdenkliche und nützliche Kritik als eine „unbeugsame Opposition" genannt werden. [...] Sein Beharren auf sozialen und konstitutionellen Faktoren neben den bakteriellen in der Verursachung der Infektionskrankheiten erwies sich in der Tat als fortschrittlich, nicht als reaktionär. Zugegeben, Virchow war mehr an

dem Krankheitsprozeß als an den Krankheitsursachen interessiert; doch ihm daraus einen Vorwurf zu machen, einen Virchow und einen Claude Bernard[69] zu tadeln, daß sie nicht Pasteurs oder Robert Kochs waren, erscheint als ein ebenso vernünftiges Stück historischer Kritik wie der Vorwurf gegenüber Weinstöcken, daß sie keine Äpfel tragen.[70]

Zwei Seiten zuvor hatte Ackerknecht gesagt:

> Virchows Haltung in den bakteriologischen Diskussionen der siebziger und achtziger Jahre kann nur von denjenigen voll gewürdigt werden, die etwas von dem maßlosen und unkritischen Enthusiasmus wissen, der die bakteriologisch Gesinnten ergriffen hatte. [...] Während Virchows Gesamthaltung wenig mit dem Mythos der „totalen Opposition" gegen die Bakteriologie gemein hatte, kann nicht geleugnet werden, daß sein kritischer Konservatismus in einigen spezifischen Fällen völlig unvernünftig war.[71]

Es war den Nazis und der Ideologie ihrer Vorläufer vorbehalten, aus zwei unterschiedlichen wissenschaftlichen Meinungen, die sich befruchteten und ergänzten, einen Kampf auf Leben und Tod zwischen Koch als der in vollem Saft und Kraft stehenden ‚Führer'-Figur und dem wissenschaftlichen Skeptiker Virchow zu machen. Die ‚Führer'-Figur im Sinne der Nazis vernichtet generell ihre Gegner, ob es Mikroben oder missliebige Menschen sind.

Nachdem schon 1931 Rudolf Thiel, Studienrat an einer Mädchenschule und Nazi-Anhänger, in seiner Schrift *Männer gegen Tod und Teufel*[72] Virchow als Juden denunziert hatte, was dessen noch lebenden Sohn Hans Virchow[73] alsbald zum Nachweis der Arierschaft zwang, holte der österreichische Nationalsozialist und Medizinalrat Josef Lartschneider Ende der 1930er und Anfang der 1940er Jahre zum vermeintlich tödlichen Schlag aus. 1940 und 1941 veröffentlichte er eine zweiteilige Streitschrift: *Hippokrates oder Virchow?* mit dem Untertitel *Deutsches Arzttum am Scheideweg.*[74] Die Zellularpathologie sei eine „Wahnidee", Virchows politische Arbeit „Hochverrat" und sein ganzes Lebenswerk das „Produkt einer minderwertigen Weltanschauung [...]".

Zwar gab es Widerspruch ernst zu nehmender Wissenschaftler gegen diesen Unsinn, aber die Ehrenrettung klappte nicht. Immerhin sei hier erwähnt, dass das Akademiemitglied Robert Rössle[75], der Berliner Medizinhistoriker Paul Diepgen[76] und der österreichische Arzt Edwin Rosner[77] ihre Stimmen erhoben. Diepgen entgegnete:[78]

> Man konnte den Verfasser (Lartschneider) leicht widerlegen. Aber unser Nachweis[79], daß Virchow mit Recht als der Schöpfer einer großen, äußerst fruchtbaren Lehre angesehen wird, hatte einen Vortrag desselben Autors [Lartschneiders] [...] im September 1941 zur Folge, nach dem wir zu den „kläffenden Unbelehrbaren, ewig Gestrigen, in ihrer stillen Sicherheit aufgescheuchten Epigonen der Barrikadenkämpfer vom Jahre 1848 gehören, die im neuen Deutschland kein

Glück mehr haben werden"[80]. Nur, weil wir glauben, daß Virchow ein hervor-
ragender Mann war, daß er nicht gestohlen hat und daß sich seine Lehre bis auf
den heutigen Tag fruchtbar erwies [...].[81]

Höhepunkt der Pro-Koch- und Anti-Virchow-Kampagne war allerdings der glänzend
gemachte Film *Robert Koch – Bekämpfer des Todes*. Der abendfüllende (116 Minuten)
Schwarz-Weiß-Tonfilm unter der Regie von Hans Steinhoff wurde am 26. September
1939 uraufgeführt und von der Verleihfirma Tobis gleich mit 32 Kopien gestartet. Er
bediente zunächst das frauenfeindliche Bild der Nazis. Nachdem er sich über Kochs

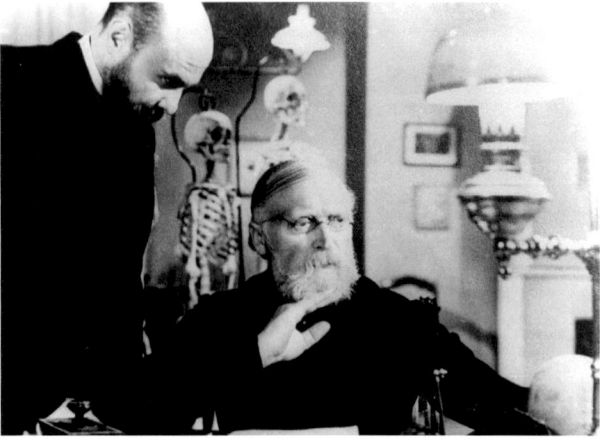
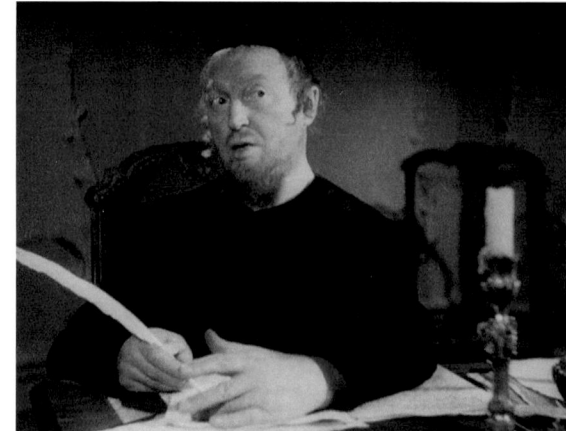

9/10   Werner Krauß
in seinem vorletzten
Tonfilm (1939) als
Geheimrat Professor
Rudolf Virchow und
seinem letzten
Tonfilm als Levy
(„Das jüdische Volk")
in *Jud Süß* (1940).

Ehefrau lustig gemacht hatte, wird es noch ‚lustiger': Koch hat eine nervenkranke
Patientin zu therapieren. Diese (glänzend: Elisabeth Flickenschild) klagt über ihre Ner-
venschmerzen. Zur Therapie fordert Koch sie auf, hinter einen Vorhang zu gehen und
sich dort nackt auszuziehen. Dann holt er einen Eimer eiskalten Wassers – die Frau
ahnt immer noch nicht, was ihr blüht – und übergießt sie hinterrücks damit. Sie schreit,
reißt aus und ist ‚therapiert'.

So ‚lustig' diese Brutalkur den Zeitgenossen auch erschien – die Darstellung
Kochs durch Emil Jannings überzeugte künstlerisch. Er wird als kraftvolle ‚Führer'-Figur
verherrlicht.

Verunglimpft wird allerdings Virchow. Der ein Jahr später mit dem *Jud Süß*-
Film (als Darsteller des „jüdischen Volkes") berüchtigt werdende (Abb. 10), ebenfalls
geniale Schauspieler Werner Krauß spielt ihn als einen in Leichenkellern herumschlei-
chenden, körperlich unterlegenen ‚Führer Koch'-Feind (Abb. 9) und als Verhinderer
jeglichen Fortschritts, in seiner Gegnerschaft zu Bismarck sogar als Inbegriff eines
politischen Schwachkopfes, was besonders perfide darauf anspielt, dass Virchow ja
1861 Mitbegründer der liberalen Fortschrittspartei gewesen war. Krauß kommt in sei-

ner Wandelbarkeit dem tatsächlichen Erscheinungsbild Rudolf Virchows, an dessen feingliedrige Statur sich vor 1900 Geborene damals noch erinnern konnten, in Maske und Gestus, selbst der Sprache so ähnlich, dass ich als 1938 Geborener noch Menschen in den 1970er Jahren erlebt habe, die – für mich überzeugend – sagten: „Krauß, det is' Virchow." Zahlreiche Ärzte berichteten mir damals von diesem ihrem künstlerischen Erlebnis. Sie haben es an ihre Kinder und Kindeskinder weitergegeben.

Die Wirkung des bereits nach 18 Monaten von über vier Millionen Zuschauern[82] gesehenen und die restliche Nazi-Zeit immer wieder gezeigten Propagandafilms war enorm. Er überzeugte. Selbst wer ihn heute sieht, wird sich seiner Wirkung nicht entziehen können. Helmuth Ungers[83] Drehbuch verfälschte die historische Wirklichkeit stark – aber wer weiß das schon? Die überzeugende künstlerische Kraft der beiden Hauptdarsteller jedenfalls ließ die Zuschauer den Film, den man heute noch unbedenklich bekommen kann, für bare Münze nehmen. Wenn Ärzte heute von der „Erzfeindschaft"[84] Virchows gegen Koch schwadronieren, bedienen sie damit ein unhistorisches Naziklischee, das immer wieder fröhliche Auferstehung feiert. Jede neue Koch-Biografie dramatisiert das Vorurteil noch mehr.

MAX PLANCK

ALBERT EINSTEIN

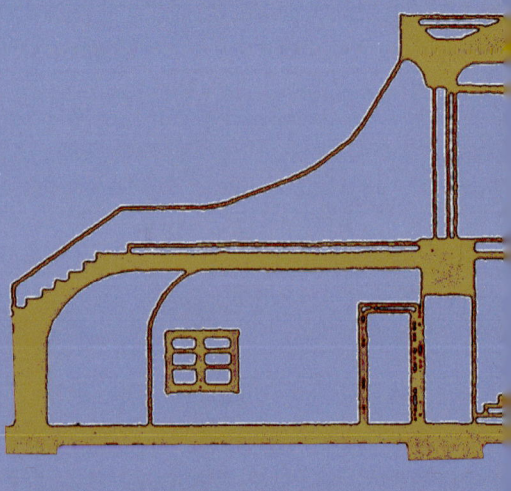

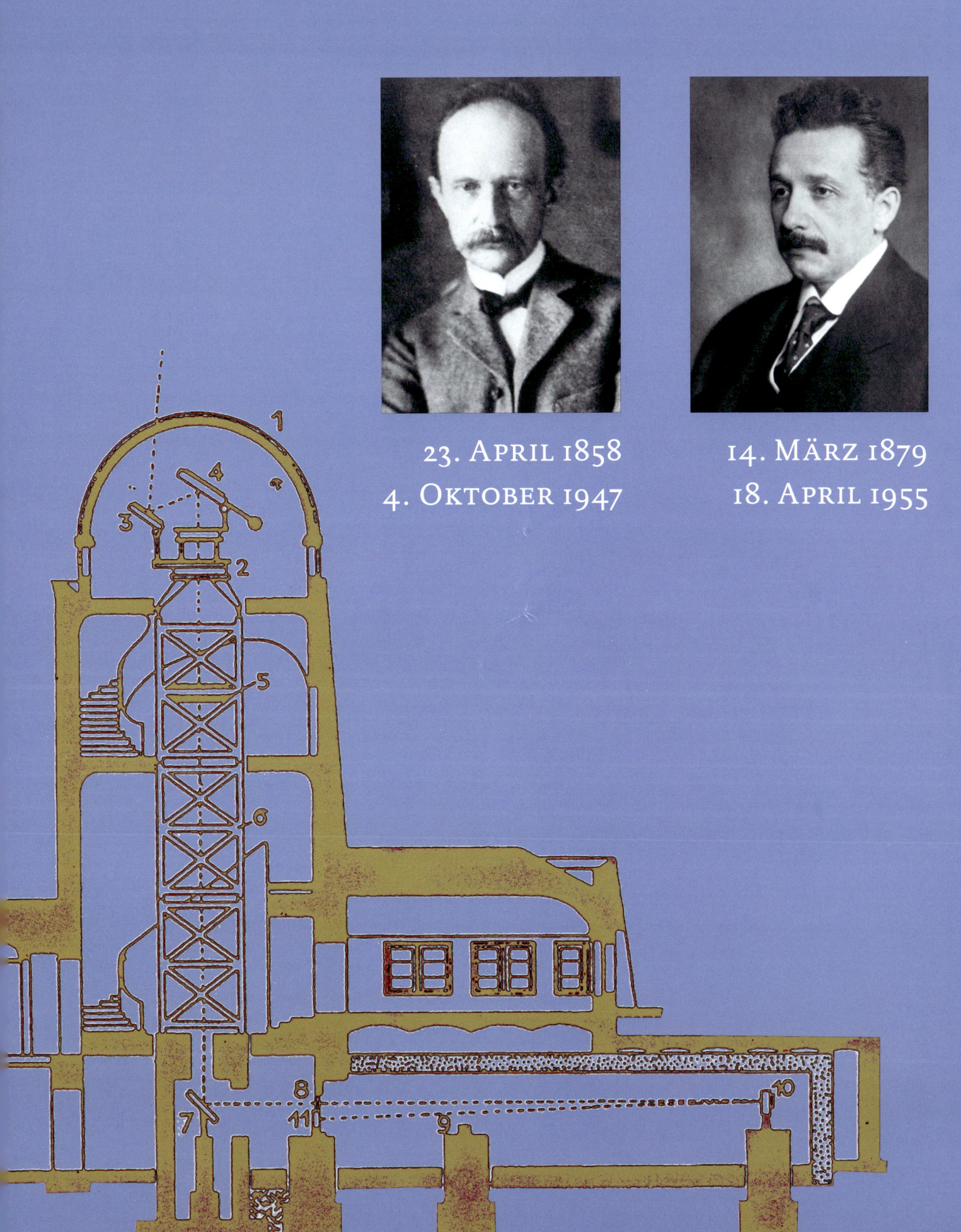

23. APRIL 1858   14. MÄRZ 1879

4. OKTOBER 1947   18. APRIL 1955

S. 310/311

1 Albert Einstein, Fotografie von Suse Byke, um 1910/11.
2 Max Planck.
3 Aufbau des Teleskops mit Spektograf.

Hanoch Gutfreund / Übersetzt von Birgit Kolboske

Zwei der glänzendsten Gestirne

Max Planck und Albert Einstein

Denn wenn mich auch in politischer Beziehung eine abgrundtiefe Kluft von ihm trennt, so bin ich auf der anderen Seite vollkommen sicher, daß in der Geschichte der kommenden Jahrhunderte der Name Einstein als einer der glänzendsten Gestirne gefeiert werden wird, die je in unserer Akademie geleuchtet haben.[1]

[A]uch in diesen Zeiten, in denen politische Leidenschaft und rohe Gewalt so große Sorgen und Leiden über die Menschen verhängen, das Ideal des Erkennens unvermindert hochgehalten wird. Dies Ideal, das von jeher die Forschenden aller Nationen und Zeiten eng verbunden hat, war in Max Planck in seltener Vollkommenheit verkörpert.[2]

Max Planck und Albert Einstein, die beiden unangefochtenen Meister des Übergangs von der klassischen zur modernen Physik zu Beginn des 20. Jahrhunderts, waren in vieler Hinsicht so unterschiedlich, wie es zwei in einem ähnlichen Umfeld geborene und aufgewachsene Menschen nur sein können.

Nicht nur politisch trennte sie eine ‚tiefe Kluft‘, sondern auch in allen Facetten ihres Privatlebens waren sie von Grund auf verschieden. Ihre Beziehung gestaltete sich ausgesprochen schwierig, doch in ihrer gemeinsamen Berliner Zeit zwischen 1914 und dem Beginn des NS-Regimes entwickelten sie eine gegenseitige Achtung, eine Kollegialität und Freundschaft, die sich als stärker erwiesen als ihre unterschiedlichen Persönlichkeiten, ihre diametral entgegengesetzten Weltanschauungen und ihr daraus resultierendes Handeln auf dem sozialen, nationalen und politischen Parkett. Das Vorhaben, ein Doppelporträt von Planck und Einstein zu zeichnen, das in ein und denselben Rahmen passt, ist eine ebenso naheliegende wie anspruchsvolle Herausforderung. Jede der beiden Biografien enthält auch Kapitel, Abschnitte und Passagen, die ihre Zusammenarbeit oder Auseinandersetzungen schildern und die Unterschiede zwischen ihnen hervorheben.[3] Zumindest eine Version eines solchen Doppelporträts existiert bereits,[4] und ein anderes, doch verwandtes Doppelporträt von Max Planck und Adolf von Harnack liegt ebenfalls vor.[5]

Im Hinblick darauf, dass ein Doppelporträt etwas anderes ist als zwei Porträts, konzentriert sich der vorliegende Beitrag auf den Versuch, die jeweilige Haltung von Planck und Einstein zu vergleichen und gegenüberzustellen, vor allem in Bezug auf bedeutende wissenschaftliche und politische Dilemmata während der Jahre ihrer gemeinsamen Arbeit im Dienste der deutschen Wissenschaft. Es ist aufschlussreich, dieses Vorhaben mit ihren eigenen Darstellungen der Anfänge und der Entfaltung ihrer wissenschaftlichen Karrieren einzuleiten, und dann ihr jeweiliges Leben kurz zu skizzieren, bevor sie auf der wissenschaftlichen Bühne in Berlin öffentlich zu interagieren begannen.

RÜCKBLICK AUF EINE LEBENSLANGE WISSENSCHAFTLICHE ODYSSEE

Im August 1944 rief Emil Abderhalden, Präsident der Deutschen Akademie der Naturforscher Leopoldina, prominente Akademiemitglieder dazu auf, Autobiografien zu verfassen und so zur Entwicklungsgeschichte der Naturwissenschaften beizutragen. An Max Planck richtete er diese Bitte in einem persönlichen Anschreiben. Plancks erste Reaktion war ablehnend, aber nach einem weiteren dringenden Ersuchen im Dezember stimmte er zu, dass er gegenüber der Geschichte und seinesgleichen dazu verpflichtet sei. Zu diesem Zeitpunkt – Planck war 86 Jahre alt – verschlechterte sich sein Gesundheitszustand. Sein gesamter persönlicher Besitz, seine Korrespondenz und seine Dokumente, Zeugen eines lebenslangen wissenschaftlichen Arbeitens, gingen verloren, als sein Haus bei einem verheerenden Luftangriff vollständig zerstört wurde. Doch der schwerste Schicksalsschlag wurde ihm in der Zeit zwischen der Einwilligung in das Schreiben seiner Autobiografie und ihrer Fertigstellung auferlegt: Sein Sohn Erwin wurde aufgrund seiner Beteiligung am Attentat auf Hitler hingerichtet. Trotz dieser außergewöhnlich schwierigen persönlichen Umstände fand Planck die Kraft, seine wissenschaftliche Autobiografie fertigzustellen. Er reichte die erste Version im März 1945 ein, die aber erst 1947 posthum veröffentlicht wurde.[6]

Etwa zur gleichen Zeit – 1946 – gelang es dem Philosophieprofessor Paul Arthur Schilpp, Albert Einstein zum Schreiben seiner Autobiografie zu bewegen. Schilpp war Initiator und Herausgeber der Buchreihe *The Library of Living Philosophers* und wollte Einsteins Autobiografie in den Band *Albert Einstein, Philosopher–Scientist* aufnehmen. So kam es, dass Einstein im Alter von 67 Jahren tat, was er in den Jahren zuvor immer abgelehnt hatte – er setzte sich hin, um sein *Autobiographisches* zu schreiben.[7] Er bezeichnete dieses Unternehmen als seinen Nekrolog, doch räumte er ein, er „glaube selber daß es gut ist, den Mitstrebenden zu zeigen, wie einem das eigene Streben und Suchen im Rückblick erscheint". Gleichzeitig warnte er den Leser, jede Erinnerung „sei gefärbt durch das jetzige So-Sein, also durch einen trügerischen Blickpunkt"[8].

Somit ist es den Initiativen von Abderhalden und Schilpp zu verdanken, dass wir heute im Besitz dieser beiden aufschlussreichen Dokumente der Introspektion und

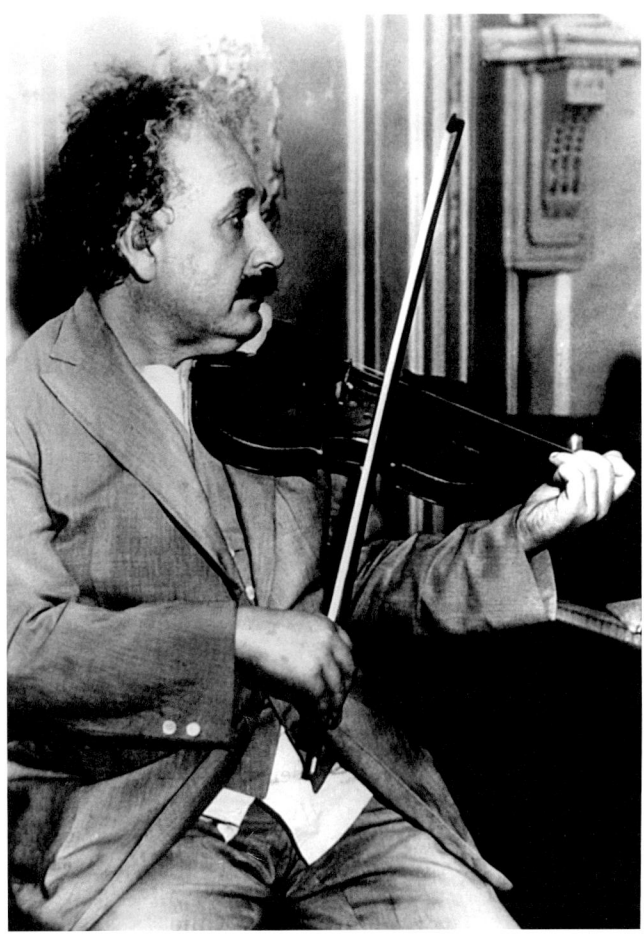

7   Albert Einstein
spielt Geige.

beispielsweise der Fall, als er eine militärische Intervention gegen den deutschen Militarismus und Totalitarismus bei der nationalsozialistischen Machtübernahme unterstützte.[33]

Einsteins Ideen, seine Meinungen und sein Handeln bilden eine schlüssige Weltanschauung, und er war bestrebt, sie darzulegen in verschiedenen Artikelsammlungen, Briefen und Vorträgen, die er selbst auswählte und zusammenstellte beziehungsweise deren Auswahl durch den Herausgeber billigte. Eine prägnante Zusammenfassung seiner Weltanschauung finden wir in dem kurzen Essay *Wie ich die Welt sehe* von 1930. Dieser Aufsatz ist eine Sammlung von Stellungnahmen und Überlegungen zum Wesen der menschlichen Natur, zur Bedeutung und zum Sinn des Lebens, zu seinem eigenen Leben, zur bevorzugten Gesellschaftsordnung und zu Wissenschaft, Kunst und Religion. Sein politisches Ideal ist die Demokratie. Er ist fest davon überzeugt, dass ein autokratisches System der Unterdrückung immer schnell degeneriert, und dass auf Diktatoren, und zwar selbst auf die wohlmeinendsten unter ihnen, immer

Schurken folgen. Deswegen tritt er leidenschaftlich gegen die politischen Systeme ein, die man in Russland und Italien sieht. Andererseits schätzt er am damaligen politischen System der Weimarer Republik die umfassende Vorsorge, die es für den Einzelnen im Fall von Krankheit oder Not trifft. Einstein betrachtet Klassenunterschiede als ungerechtfertigt und letztlich auf Gewalt beruhend. Er verabscheut das militärische System und engagiert sich leidenschaftlich für soziale Gerechtigkeit und soziale Verantwortung. Güte, Schönheit und Wahrheit sind Ideale, die ihm das Leben lebenswert erscheinen lassen. Er ist überzeugt, dass ein schlichtes und anspruchsloses Leben für Körper und Geist von jedem gut ist, und verachtet das menschliche Streben nach Luxus, Besitz und äußerem Erfolg. Ohne die Suche nach dem ewig Unerreichbaren in der Kunst und der Wissenschaft erscheint ihm das Leben leer. Die schönste Erfahrung ist für ihn das Mysterium, das wir im Angesicht von (wahrer) Kunst und Wissenschaft erleben.

Es ist diese Erfahrung, die Einstein auch mit wahrer Religiosität gleichsetzt – im Gegensatz zur Idee einer Religion, die auf dem Konzept eines anthropomorphen Gottes beruht, der seine Kreaturen belohnt und bestraft. Einstein glaubt nicht an die Freiheit des Menschen im philosophischen Sinne, denn Menschen handelten sowohl unter äußerem Zwang als auch gemäß innerer deterministischer Notwendigkeit – den freien Willen hält er für eine Illusion. Er zitiert Schopenhauer: „Der Mensch kann zwar tun, was er will, aber er kann nicht wollen, was er will."[34]

Dies sind die Grundsätze, die Einstein leiteten, in seinem privaten und öffentlichen Leben, in seinen politischen Stellungnahmen und Interventionen.

DER ERSTE WELTKRIEG:
ZUSAMMENARBEIT IN SCHARFEM WIDERSPRUCH

Im Angesicht des Ersten Weltkriegs und seiner Folgen musste Max Planck auf bedeutende gesellschaftliche und politische Umbrüche reagieren. Zu Beginn des Krieges teilte er den Enthusiasmus vieler Intellektueller und unterzeichnete den *Aufruf an die Kulturwelt*,[35] das sogenannte *Manifest der 93*, offenbar ohne den Text zuvor überhaupt gelesen zu haben. Dieser Aufruf beschwor die Loyalität gegenüber den deutschen Truppen und bestritt Vorwürfe brutaler Übergriffe und willkürlicher Zerstörung von Schätzen der Kunst und der Wissenschaft. Darin wurde behauptet: „Ohne den deutschen Militarismus wäre die deutsche Kultur längst vom Erdboden getilgt." In seinem Lagebericht, den er als Rektor der Berliner Universität abgab, verpflichtete Planck die Universität auf diese patriotische Stimmung, die das ganze Land erfasst hatte: „[W]ir Glieder unserer Universität [...] werden wie ein Mann zusammenstehen und so lange durchhalten, bis, allen feindlichen Verleumdungen zum Trotz, die Wahrheit und die deutsche Ehre vor aller Welt zur endgültigen Anerkennung gebracht worden ist."[36] Planck glorifizierte den Krieg als Instrument, das Deutschlands Probleme lösen könnte, indem es politische Einheit erzwingt: „Neben vielem Schrecklichen [gibt es] doch auch viel ungeahnt Großes und Schönes: Die glatte Lösung der schwierigsten innenpolitischen Fragen durch die Einigung aller Parteien […] die Höherbewertung alles Tüchtigen und Echten."[37]

Einstein empfand und handelte ganz anders. Zweieinhalb Wochen nach Ausbruch des Krieges schrieb er seinem Freund Paul Ehrenfest: „Unglaubliches hat nun Europa in seinem Wahn begonnen. In solcher Zeit sieht man, welcher traurigen Viehgattung man angehört. Ich döse ruhig hin in meinen friedlichen Grübeleien und empfinde nur eine Mischung aus Mitleid und Abscheu."[38] Gemeinsam mit dem Arzt und Physiologen Georg Nicolai verfasste er den *Aufruf an die Europäer*, der eine pazifistische Antwort auf das *Manifest der 93* darstellte. Darin wurde die dort zum Ausdruck gebrachte nationale Leidenschaft kritisiert und an Künstler und Wissenschaftler appelliert, die ‚gemeinsame Weltkultur' nicht aufzugeben.[39]

Im Bemühen, eine irreversible Schädigung der internationalen Wissenschaftsbeziehungen zu vermeiden, wurde Plancks Auftreten gegen Ende dieses Jahres moderater. Er weigerte sich, eine von Wilhelm Wien verfasste ‚Aufforderung' zu unterschreiben, die Deutschland dazu aufrief, die Beziehungen zu britischen Zeitschriften einzuschränken. Ihm war bewusst, dass das *Manifest der 93* katastrophale Auswirkungen auf die internationalen Beziehungen der deutschen Wissenschaft hatte. Im Jahr 1915 stand Planck im Dialog mit dem niederländischen Physiker Hendrik Lorentz, einer prominenten Persönlichkeit des europäischen Wissenschaftsbetriebs. Lorentz informierte Planck über die Leiden, die seinem Land durch die deutsche Besatzung zugefügt wurden, worauf Planck vom Leid auf der anderen Seite berichtete. Die beiden Kollegen besuchten sich gegenseitig: Lorentz kam nach Berlin und Planck fuhr nach Leiden. Sie versuchten, widersprüchliche Behauptungen zu untersuchen und gegensätzliche Standpunkte zu verstehen. Planck beeinflusste dieser Dialog so sehr, dass er dem Aufruf von 1914 seine Unterstützung entzog – wenngleich nur in Bezug auf die Form und nicht auf den Inhalt. Seine eher entschuldigende Rechtfertigung für seine Unterschrift unter dieses Dokument begründete er mit der Verbundenheit mit seinem Land, das sich zu diesem Zeitpunkt im Krieg befunden habe, einem Krieg, den er für einen Krieg ums Überleben gehalten habe.[40]

Lorentz und Einstein schlugen eine deutlich explizitere Rücknahme der Unterstützung des *Manifests der 93* vor, die Planck jedoch ablehnte. Einstein zufolge war dies „aber nicht einem schlechten Willen, sondern einer Art Scheu gegenüber Handlungen von irgendwie politischem Beigeschmack" zuzuschreiben. Begründet sah Einstein diese Scheu im Charakter Plancks, der „ein Mensch von außergewöhnlicher Gewissenhaftigkeit und Wahrhaftigkeit" sei.[41] In einem offenen Brief an Lorentz verlieh Planck seiner Überzeugung Ausdruck, dass „es Gebiete der geistigen und sittlichen Welt gibt, welche jenseits der Völkerkämpfe liegen, und daß eine ehrliche Mitwirkung bei der Pflege dieser internationalen Kulturgüter […] wohl vereinbar ist mit glühender Liebe und tatkräftiger Arbeit für das eigene Vaterland"[42].

Trotz ihrer diametral entgegengesetzten Einstellungen zu Krieg und deutschem Nationalismus arbeiteten Einstein und Planck auf internationaler Ebene zusammen, um die Beziehung der deutschen Wissenschaft zu ausländischen Wissenschaftlern und Wissenschaftsinstitutionen aufrechtzuerhalten. Einstein hatte zur Überwindung nationaler Differenzen informelle Treffen zwischen englischen, französischen und deutschen Kollegen auf neutralem Boden vorgeschlagen. Er forderte Lorentz auf, ihm beim Erreichen dieses Ziels zu helfen, und gab an, dass er Plancks Zustimmung und Unterstützung für diese Initiative erhalten habe: „Planck ermutigte mich sehr, alles zu thun um die guten Beziehungen wieder herzustellen. Dies ist umso wichtiger, als Anzeichen dafür vorhanden sind, daß die offiziellen Beziehungen zwischen den Gesellschaften wie Akademien in die Brüche gehen könnten; denn die Wogen nationalistischer Verblendung gehen sehr hoch."[43]

Im Juli 1915 unterzeichneten Planck und Einstein gemeinsam mit 139 deutschen Intellektuellen die *Delbrück-Dernburg-Petition*, die sich gegen die annexionistischen Ziele des Krieges richtete.[44] Im selben Monat lehnte Einstein auf einer Akademiesitzung den Vorschlag des Historikers Eduard Meyer kategorisch ab, die korrespondierenden französischen Akademiemitglieder auszuschließen. In einem Brief an Romain Rolland, den französischen Schriftsteller und Pazifisten, der versuchte, die deutschfranzösischen Beziehungen zu verbessern, pries Einstein die feste Entschlossenheit von Planck (dem Physiker) und Fischer (dem Chemiker), die dazu beigetragen habe, diesen Vorschlag abzulehnen. Im selben Brief berichtete Einstein, dass „die Zuversicht auf den Sieg ziemlich allgemein und nicht minder eine Annexions-Gier" unter der urteilslosen Menge vertreten sei, und stellt fest: „Ein entscheidender Sieg Deutschlands wäre für ganz Europa, insbesondere aber für dies Land selbst ein Unglück."[45]

Gegen Ende des Krieges tauschten sich Einstein und Planck über die neue Situation aus. Wie viele andere Mitglieder der Eliten des deutschen Kaiserreichs war auch Planck nicht auf den militärischen Zusammenbruch vorbereitet und nahm den Sturz des Kaisers und die Ausrufung der Republik als nationale Katastrophe wahr, während Einstein diese Entwicklungen mehr als begrüßte. Trotz ihrer sehr unterschiedlichen Sichtweise der Situation spiegelt ihre Korrespondenz aus dieser Zeit gegenseitigen Respekt und Elemente der Übereinstimmung wider.

Einstein trat dem liberalen, pazifistischen Bund Neues Vaterland bei, der auf ein umgehendes Friedensabkommen drängte und sich für eine föderale Struktur in Europa einsetzte. Im Februar 1916 traf den Bund das Verbot jeder weiteren Betätigung, das erst im September 1918 wieder aufgehoben wurde. Der Bund forderte in einer öffentlichen Erklärung, die deutsche Verfassung vollständig umzustrukturieren, im Sinne der Abschaffung jeder Form von Gewalt- und Klassenherrschaft. Einstein schickte diese Erklärung mit der Anfrage an Planck, ob er diese öffentlich unterstützen würde. Planck stimmte zwar vielen Reformpunkten dieser Erklärung zu, doch wollte er sie nicht öffentlich unterstützen aus Sorge, dies könne eine erregte Reaktion auslösen, die das Vermögen der neuen Regierung, ihre Pläne umzusetzen – denen er wohlwollend gegenüberstand – beeinträchtigen würde. An Einstein schrieb er: „Daß ich mit ihrem Inhalt, wenigstens der Hauptsache nach, völlig einverstanden bin, wissen Sie. Aber darum handelt es sich ja nicht, sondern darum, ob die Veröffentlichung so wirken wird, wie es sich die Unterzeichner wünschen und denken."[46] Zudem konnte er als überzeugter und loyaler Monarchist keine Erklärung unterschreiben, in der die Abdankung des Kaisers gefordert wurde. Andrerseits hätte Planck durchaus einen freiwilligen Verzicht des Monarchen auf seinen kaiserlichen Status begrüßt:

> [...] daß es nämlich für uns ein hohes Glück, eine rettende Tat wäre, wenn der Träger der Krone freiwillig auf seine Rechte verzichten würde. Aber in dem Worte „freiwillig" liegt schon die Unmöglichkeit für mich, in dieser Richtung handelnd aufzutreten; denn erstens denke ich an meinen geleisteten Eid, und zweitens fühle ich etwas, was Sie allerdings garnicht verstehen werden [...], nämlich die Pietät und unverbrüchliche Zusammengehörigkeit gegenüber dem Staat, dem ich angehöre, auf den ich stolz bin gerade auch im Unglück, und der sich in der Person des Monarchen verkörpert.[47]

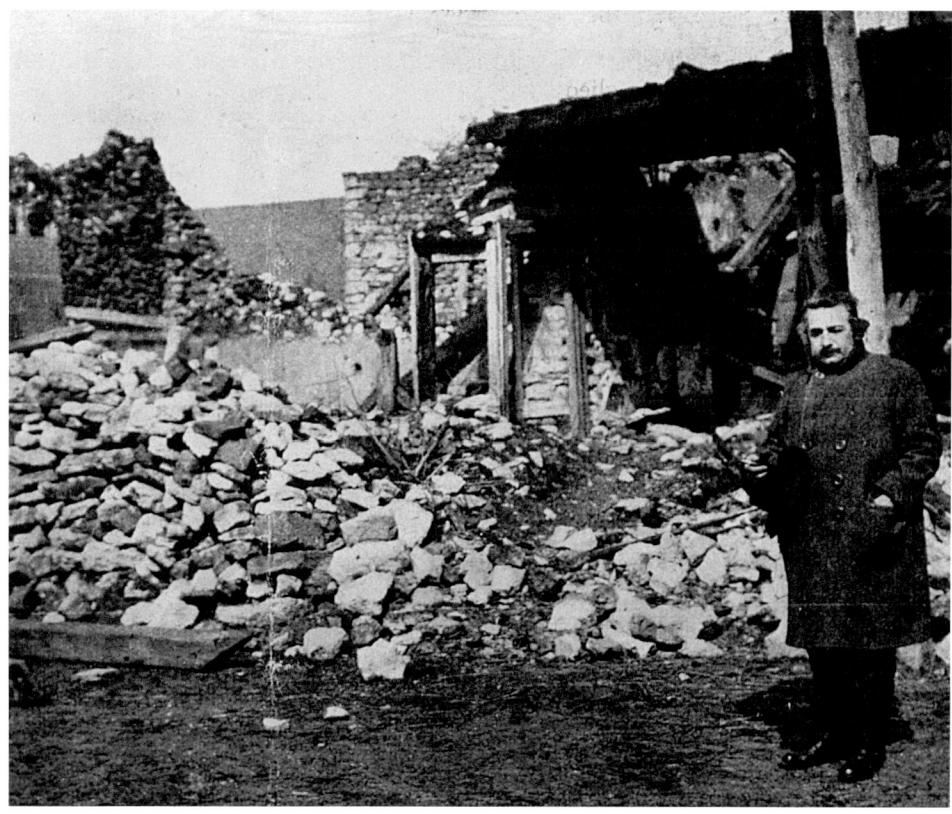

8   Einstein besucht die Ruinen eines französischen Dorfes, das während des Ersten Weltkrieges zerstört wurde, April 1922.

Die Nachwirkungen des Ersten Weltkriegs

Nach dem Krieg befand sich die deutsche Gesellschaft in Aufruhr. Viele deutsche Patrioten der älteren Generation und rechtsextreme Gruppen machten Verrat für die Niederlage verantwortlich. Sie verabscheuten die von Liberalen und Juden getragene Weimarer Republik. Diese Gesinnung löste eine Welle des Antisemitismus aus, die sich auch gegen Einstein richtete. Seine Reaktion fiel jedoch anders aus als die seiner jüdischen Kollegen, unter ihnen etwa Fritz Haber, die alles in ihrer Macht Stehende unternahmen (wie beispielsweise die Konversion zum Christentum), um sich zu assimilieren und ihre nationale Treue unter Beweis zu stellen. Einstein hingegen betonte seine jüdische Identität, verurteilte öffentlich den Antisemitismus, trat der zionistischen Bewegung bei und unterstützte aktiv die Initiative zur Gründung einer jüdischen Universität in Jerusalem.[48]

Planck war ein überzeugter Monarchist, dem die neue politische Ordnung der Weimarer Republik fremd blieb. Viele Intellektuelle seiner Generation, die seine Überzeugungen teilten, wurden Vernunftsrepublikaner und blieben im Herzen doch Monarchisten. Man kann darüber streiten, ob Planck zu ihnen zu zählen ist oder nicht einmal das.[49] Er hoffte, dass die Wissenschaft eine Zuflucht vor der Politik biete. Er versuchte, der Überzeugung treu zu bleiben, dass Wissenschaft über der Politik stehe, und bemühte sich, die wissenschaftlichen Einrichtungen, die unter seinem erheblichen Einfluss standen, von den politischen Konflikten dieser Zeit fernzuhalten.

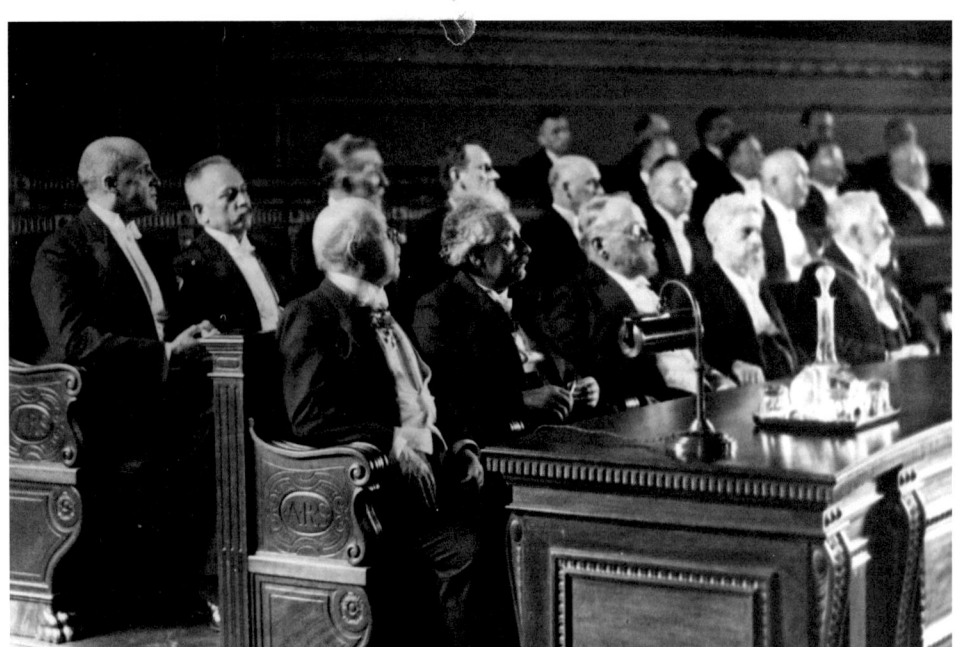

9   Albert Einstein auf der Leibniz-Sitzung der Preußischen Akademie der Wissenschaften, 1930.

Diese Position geriet 1920 in Bedrängnis, als Einsteins Relativitätstheorie und er selbst bei öffentlichen Versammlungen und in der Presse heftig angegriffen wurden. Diese Angriffe trugen unmissverständlich antisemitische Untertöne. Die abstrakten Grundsätze und der mathematische Formalismus der Relativitätstheorie wurden als dekadente jüdische Physik dargestellt – im Gegensatz zur „deutschen Physik", die auf experimenteller Beweiskraft beruhe und zu konkreter Anwendung führe. Einsteins wissenschaftliches Werk wurde als Ergebnis seiner ideologischen Überzeugungen beschrieben. Drei Akademiemitglieder – Laue, Nernst und Rubens – verteidigten Einsteins Arbeit und priesen seinen ehrlichen und bescheidenen Charakter in der Presse. Der preußische Kultusminister drängte die Akademie, eine öffentliche Erklärung zur Verteidigung ihres Mitglieds abzugeben. Diesen Vorschlag lehnte die Leitung der Akademie mit Plancks Unterstützung ab. Für Planck hätte die Ehrenbekundung von Laue, Nernst und Rubens, wenn sie im Namen der Akademie veröffentlicht worden wäre, einen politischen Akt dargestellt. Dies wollte er vermeiden und so schwieg die Akademie.[50]

Nach der Ermordung des jüdischen Reichsaußenministers Walther Rathenau am 24. Juni 1922 verschlimmerte sich die Situation noch weiter. Es gab Hinweise darauf, dass auch Einsteins Name auf der Mordliste der rechtsextremistischen Organisation Consul stand, die das Attentat auf Rathenau verübt hatte. Zu diesem Zeitpunkt hatte der Physiker die Einladung angenommen, einen Vortrag auf dem Jahrestreffen der Gesellschaft Deutscher Naturforscher und Ärzte zu halten. Angesichts der Morddrohungen, die er erhalten hatte, sagte er ab und setzte Planck von seiner Entscheidung in Kenntnis:

> Ich bin nämlich von Seiten durchaus ernst zu nehmender Menschen (von mehreren unabhängig) davor gewarnt worden, mich in der nächsten Zeit in Berlin aufzuhalten und insbesondere davor, irgendwie in Deutschland öffentlich aufzutreten. Denn ich soll zu der Gruppe derjenigen Personen gehören, gegen die von völkischer Seite Attentate geplant sind.[51]

> Darauf antwortete Planck: „Wie Blitz aus heiterem Himmel trifft mich Ihr werter Brief [...]. Also so weit hat es das Gesindel wirklich gebracht, daß Sie um Ihre persönliche Sicherheit besorgt sein müssen."[52]

1922 trat Einstein als Vertreter der deutschen Wissenschaft dem Internationalen Kooperationsausschuss des Völkerbundes bei, der beabsichtigte, eine Agenda zu Frieden und Zusammenarbeit unter den Gelehrten der verschiedenen Länder zu fördern. Nach der Ermordung von Rathenau teilte Einstein Planck mit, dass er Deutschland nicht mehr länger repräsentieren könne, da er unter den herrschenden Bedingungen nicht die geeignete Person für diese Aufgabe sei.[53] Deutlichere Worte fand er in dem Brief an die gemeinsam mit ihm im Ausschuss sitzende Marie Curie-Sklodowska, in dem er ihr seine Beweggründe mitteilte: „Es ist hier unter den Intellektuellen ein unbeschreiblicher Antisemitismus [...]. Deshalb ist vom rein sachlichen Standpunkt ein Jude ungeeignet, als Verbindungsglied zu dienen zwischen der deutschen und der internationalen Intelligenz."[54] Einstein machte für sich selbst geltend, was er in seinem Nachruf auf Rathenau zum Ausdruck gebracht hatte: „Ich bedauerte, daß er Minister wurde. Bei der Haltung, die ein großer Teil der gebildeten Schicht Deutschlands gegen die Juden einnimmt, wäre nach meiner Überzeugung stolze Zurückhaltung der Juden im öffentlichen Leben das Natürliche."[55]

Einstein nahm die Warnung davor, in Berlin zu bleiben, ernst und zog vorübergehend nach Kiel. Danach nahm er eine Einladung nach Japan an und verließ Berlin für mehrere Monate. Den größten Teil dieser Zeit verbrachte er in Japan und besuchte auf der Rückreise auch noch Palästina und Spanien. Dennoch tauschte er Berlin nicht gegen eine andere europäische Stadt ein, obwohl ihm das, hätte er es gewollt, möglich gewesen wäre. Nach dem Krieg hatten ihm Kollegen in Leiden und Zürich Avancen gemacht und versucht, ihn an ihre Institutionen zu locken. Als Planck davon hörte, schrieb er einen Brief an Einstein:

> Wie mir dabei zu Mute ist, können Sie sich denken. […] An wirtschaftlichen Fragen darf diese für unsere Akademie und die für die ganze deutsche Wissenschaft so wichtige Angelegenheit nicht gemessen werden. […] die Akademie oder der Staat muß und wird Ihnen diejenigen Mittel zur Verfügung stellen, welche Sie brauchen, um hier zu leben, falls Sie es wollen.[56]

Einstein schrieb seinem Freund Paul Ehrenfest in Leiden, dass er Planck auf diesen Brief hin versprochen habe, „Berlin nicht den Rücken zu kehren, bevor nicht Verhält-

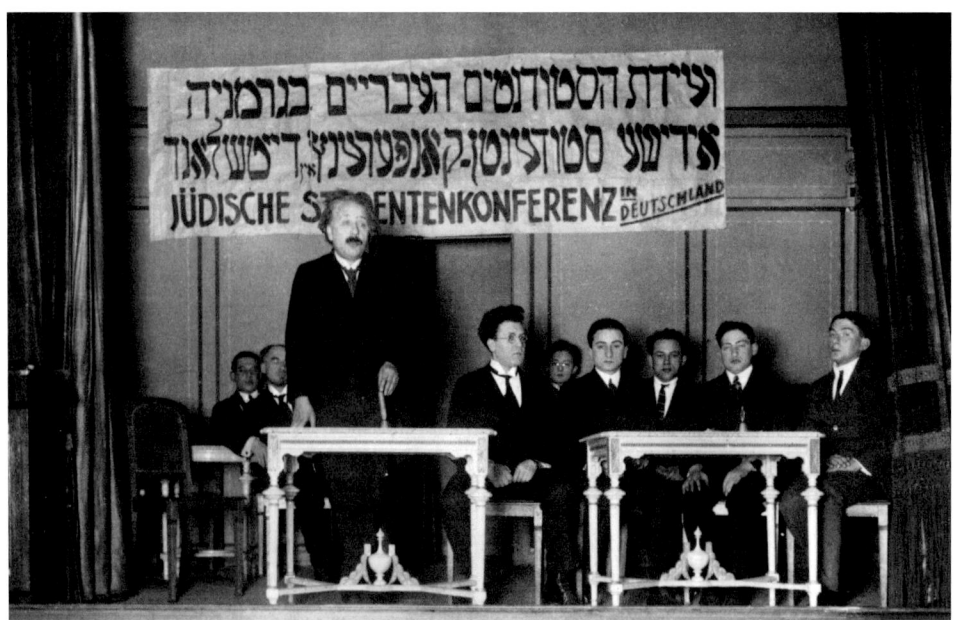

10 Albert Einstein als Redner auf einer Jüdischen Studentenkonferenz in Berlin, 1924.

Darüber hinaus sind ihr gegenseitiger Respekt, ihre Kollegialität und Freundschaft, die all ihre Streitigkeiten und Schicksalsschläge überdauert haben, ein bleibendes Beispiel für eine einzigartige Partnerschaft zweier guter und ehrlicher Männer. Ikonografisch bleibt uns das berühmte Foto von 1929 im Gedächtnis, das Albert Einstein zeigt, wie er aus den Händen von Max Planck die Planck-Medaille erhält.

Dieser Artikel wurde in Teilen während mehrerer Aufenthalte am Berliner Max-Planck-Institut für Wissenschaftsgeschichte geschrieben. Ich danke der Leitung und Belegschaft des Instituts für ihre Gastfreundschaft. Besonderer Dank gebührt dem Gründungsdirektor Jürgen Renn für eine kritische Lektüre des Manuskripts und hilfreiche Hinweise, Dieter Hoffmann für zahlreiche Diskussionen über Themen im Zusammenhang mit dem Gegenstand dieses Artikels sowie Giuseppe Castagnetti für seine Hilfe bei den bibliografischen Quellen. Ich weiß die Hilfe des verstorbenen Lorenz Beck, Direktor des Archivs der Max-Planck-Gesellschaft, und von Vera Enke, Leiterin des Archivs der Berlin-Brandenburgischen Akademie der Wissenschaften, zu würdigen. Ich möchte zudem den Mitarbeiterinnen und Mitarbeitern des Albert-Einstein-Archivs an der Hebräischen Universität Jerusalem danken, insbesondere seinem Kurator Roni Grosz, Frau Barbara Wolf und Frau Chaya Beker.

Fritz Haber

Carl Bosch

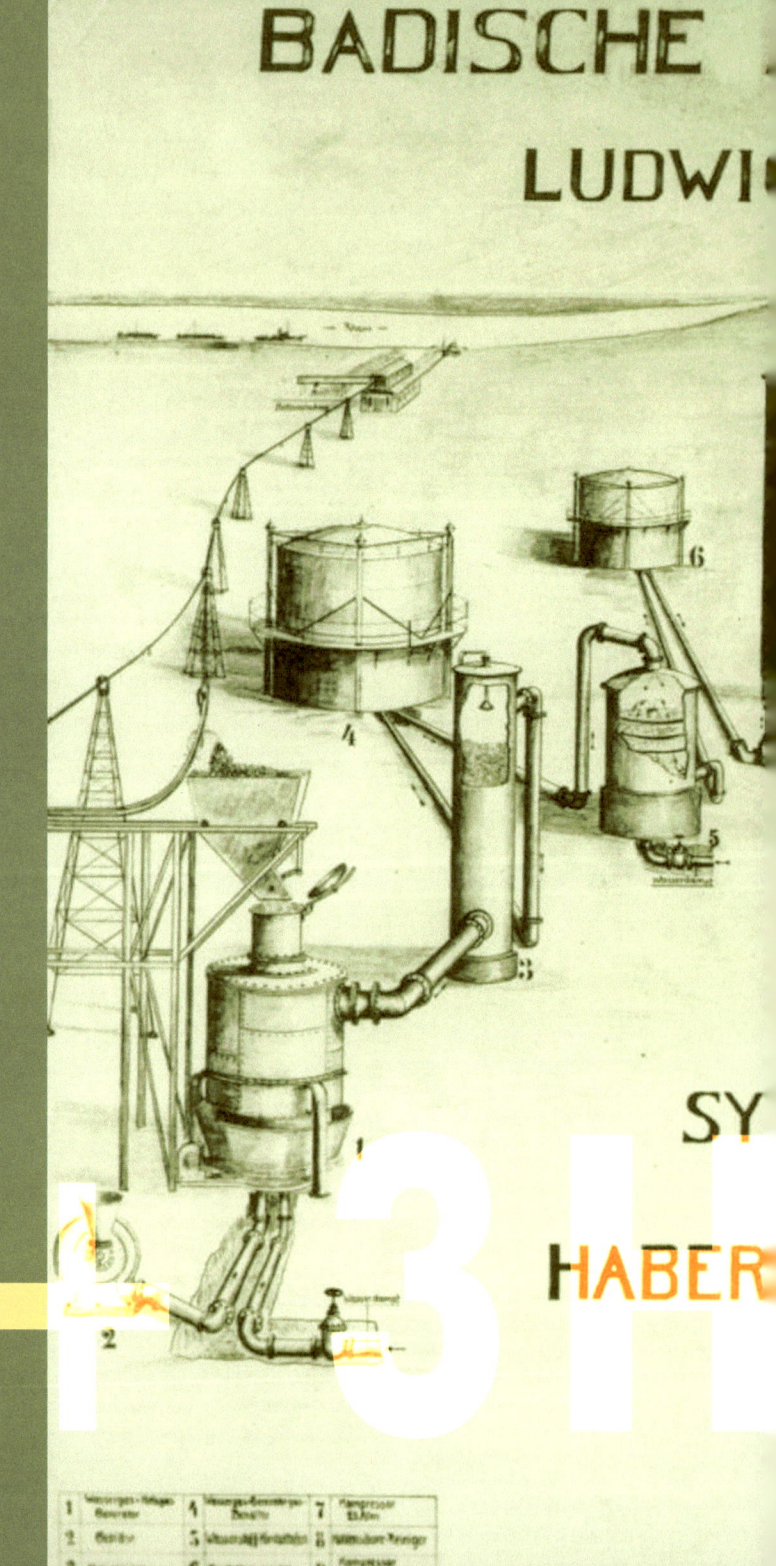

$N_2 + 3H$

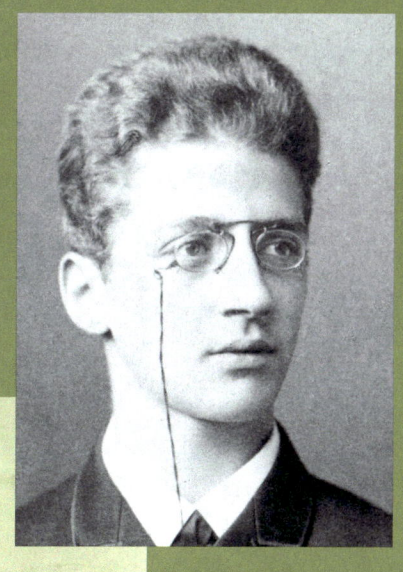

ILIN- & SODA-FABRIK

HAFEN AM RHEIN.

9. Dezember 1868
29. Januar 1934

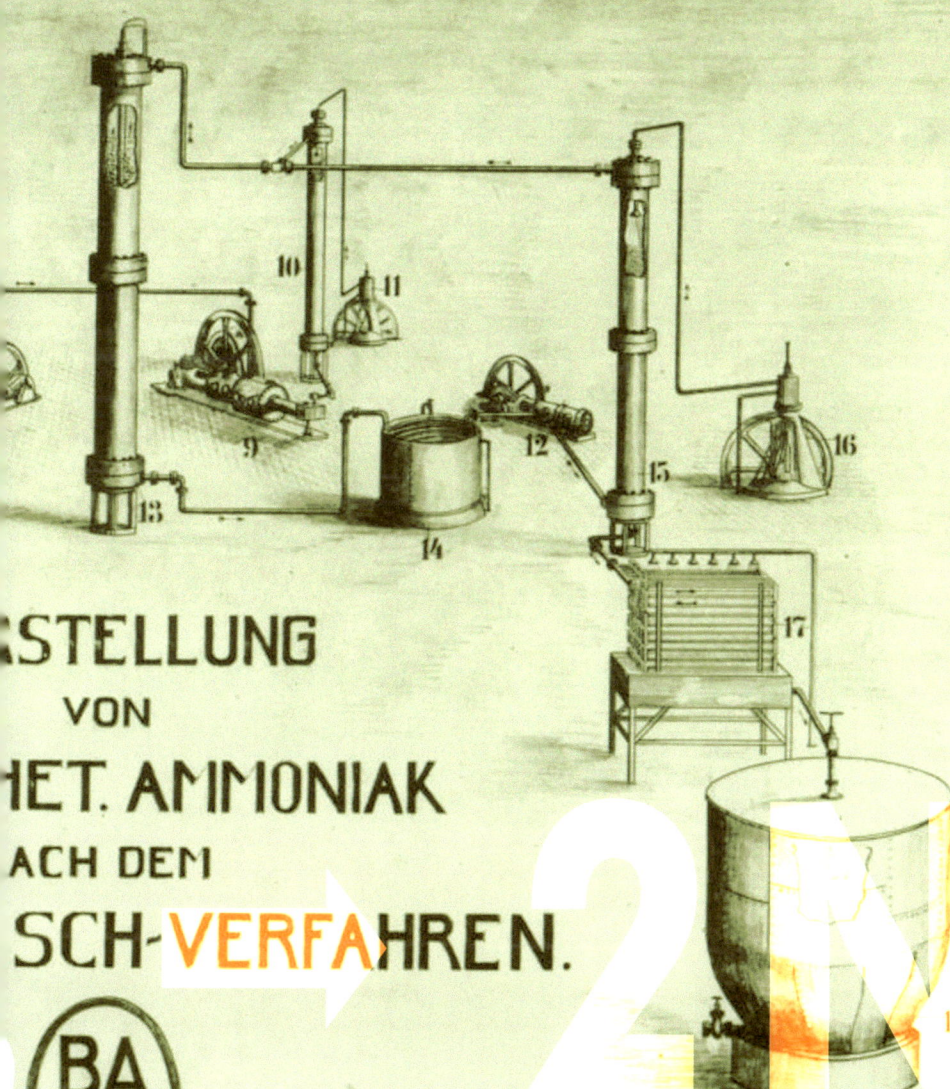

10
11
9
12
16
13
14
15
17

ESTELLUNG
von
HET. AMMONIAK
ACH DEM
SCH-VERFAHREN.

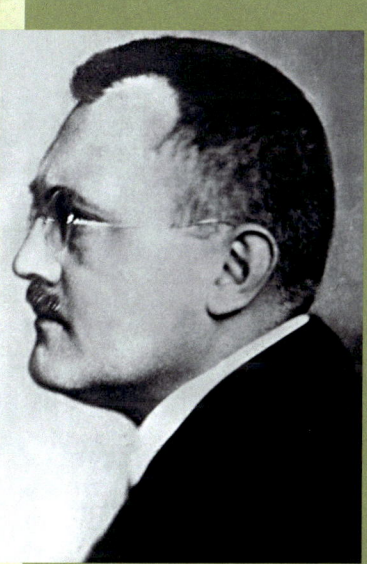

27. August 1874
26. April 1940

→ 2 NH₃

18

BA
SF

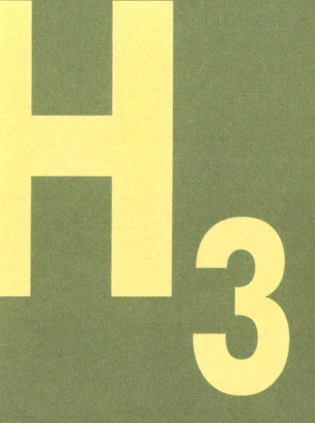

| 10 | Nebenzylreiniger | 13 | Ammoniak Heizkessin | 16 | Druckwasserpumpe |
| 11 | Laugenpumpe | 14 | Gaskühler | 17 | Wasserkühler |

FRITZ HABER IN KARLSRUHE

Wie der Kontakt 1903 zustande kam, ist unklar, vielleicht über Geschäftsbeziehungen des Vaters. Der 35-jährige außerordentliche Professor, dem zwei Jahre zuvor ein Ostwald-Schüler auf dem neuen Lehrstuhl für Physikalische Chemie vor die Nase gesetzt worden war, wandte sich gleichwohl an Ostwald, weil er von dessen Ammoniakversuchen gehört hatte, und wollte die Firma an ihn verweisen. Habers Briefe[5] im Archiv der Berlin-Brandenburgischen Akademie der Wissenschaften mit oft ausgelassenen Wörtern und Kommata erwecken den Eindruck, dass sein Vortrag wohl ähnlich hastig gewesen sein muss. Dies bestätigt Ostwald in seinen Erinnerungen:[6] „Ein jüngerer Forscher [Haber] berichtete [...], wobei er sehr zahlreiche Ergebnisse mit atemberaubender Geschwindigkeit vortrug." Der Kontakt zu der Wiener Firma endete 1906, als Haber nach der Wegberufung des Lehrstuhlinhabers nun selbst zum Ordinarius wurde – Auslandsberatungen badischer Ordinarien waren unerwünscht. Doch Haber hatte einen Mitarbeiter auf die Frage angesetzt und Experimente angestellt. Es ging also um den direkten Weg zum Ammoniakmolekül aus den Gasen Stickstoff und Wasserstoff:

$$N_2 + 3\,H_2 = 2\,NH_3$$

Das Gleichheitszeichen soll ein Gleichgewicht zwischen den Stoffen links und rechts andeuten. Doch tatsächlich ist normalerweise rechts nichts vorhanden, bloß links die bindungsscheuen Komponenten, die nicht im Traum miteinander reagieren. Die Unanschaulichkeit der chemischen Formeln hat schon Nobelpreisträger Max Born (Physik) moniert, der sein Chemiestudium abbrach, weil es ihm fremd blieb:

> Später hat es mich interessiert zu analysieren, wo das Hindernis lag, das mich von der Chemie fernhielt. Es hat etwas mit der weiten Kluft zwischen wahrgenommener Wirklichkeit und Symbol zu tun. Das Wasser, das ich trinke oder in dem ich bade, und das Symbol H_2O schienen mir keine direkte Beziehung zu haben. Sie sind durch einen langen Weg der Analyse verbunden, der ohne Erfahrungen über viele andere Substanzen und Symbole nicht gangbar ist.[7]

Damit meinte er wohl jenes gern als „Kochinstinkt" bezeichnete Erfahrungswissen der Chemiker. Immerhin gibt die Formel aber doch noch mehr her, etwa die Mengenverhältnisse, wenn man die sogenannten Molgewichte in Gramm einsetzt:

$$28\,g\,N_2 + 3\;mal\;2\,g\,H_2 = 2\;mal\;17\,g\,NH_3$$

Tatsächlich passiert ja nichts und rechts steht eigentlich null Gramm, aber wenn die Reaktion auf Wunsch komplett ablaufen würde, hätte man dann 34 Gramm Ammoniak. Da man Gase aber schlecht wiegen kann, nimmt man lieber jeweils das Molvolumen von normalerweise rund 22 Litern:

$$22 \text{ Liter N}_2 + 3 \text{ mal } 22 \text{ Liter H}_2 = 2 \text{ mal } 22 \text{ Liter NH}_3$$

Jetzt ist das Gleichheitszeichen falsch, denn das Gesamtvolumen nähme bei vollständiger Reaktion von 88 auf 44 Liter ab! Und nun gab es seit einiger Zeit das Braun-Le-Chatelier-Prinzip des kleinsten Zwangs: Übt man auf ein Gleichgewicht einen Zwang aus, so weicht es diesem Zwang aus. Will heißen, wenn man Druck ausübt, weicht das System zu einer Volumenverkleinerung aus, indem nun obige Reaktion nach rechts bewirkt wird. Das Erfolgsrezept zur Erzwingung der Ammoniakbildung besteht also in hohem Druck, aber auch hoher Temperatur und Verwendung eines Katalysators, des Steins der Weisen der Chemiker – oder am besten in allen dreien zusammen.

Habers Mitarbeiter erhöhte erst mal nur die Temperatur auf 1020 Grad, nahm allerlei Katalysatorsubstanzen und erhielt tatsächlich Ammoniakgas, allerdings höchstens 0,012 % – zu wenig, um eine Fabrik zu bauen. Mittlerweile war Ordinarius Walter Nernst in Göttingen theoretisch weiter und konnte die Ammoniakausbeute berechnen – Habers Versuchswerte waren demzufolge zu hoch. Dann fing Nernst selbst an zu experimentieren und erhöhte nun auch den Druck auf bis zu 75 Atmosphären. Die Ergebnisse ließen die Sache aussichtsreich erscheinen. Nernst schloss mit der Chemischen Fabrik Griesheim-Elektron einen Beratervertrag ab und teilte Haber seine Fortschritte per Post mit. Haber wiederholte mit einem neuen Mitarbeiter, dem Briten Robert Le Rossignol[8], seine Messungen nochmals, immer noch bei Normaldruck – mit jetzt geringerer Ausbeute an Ammoniak, aber für Nernsts Theorie immer noch zu viel. Auf der Bunsentagung 1907 kam es zur schulmeisterlichen Belehrung Habers durch Nernst:[9] „Da möchte ich doch vorschlagen, dass Herr Prof. Haber statt seiner früher angewandten Methode, die so unsichere Werte gegeben hat, doch nun auch eine Methode [sprich: meine] anwendet, die wegen der großen Ausbeute wirklich präzise Werte geben muss."

Das saß! In der Rückschau müsste man dem barschen Nernst, den auch seine Mitarbeiter wenig mochten, fast dankbar sein, dass er Haber, immerhin Ordinarius, so düpierte. Denn die Demütigung trieb Haber an, jetzt mit der Ammoniaksynthese bei hohem Druck weiterzumachen. Zudem beendete er andere Forschungen zum norwegischen Lichtbogenverfahren als unwirtschaftlich, die bereits das Interesse der BASF geweckt hatten.[10] Und Ironie der Geschichte: Nernsts Beratung der Griesheimer Firma verlief im Sande, da niemand an die großtechnische Realisierbarkeit noch höherer Drücke für höhere Ausbeuten glaubte.

Haber machte mit Le Rossignol und Institutsmechaniker Kirchenbauer Nägel mit Köpfen und wiederholte die Messung nun bei 30 Atmosphären Druck – die Ergebnisse stimmten überein, aber ließen noch nicht hoffen. Dann bauten sie eine Apparatur für Höchstdruck. Ein Kompressor für bis zu 200 Atmosphären Druck wurde gekauft, wie es ihn in der Gasindustrie zum Befüllen der mannshohen Stahlzylinder für den Verkauf schon gab. Doch Dichtigkeitsprobleme waren an der Tagesordnung – ständig pfiff das Gasgemisch aus den Verbindungsstellen – und mussten mit immer neuen Tricks behoben werden. Bei der hohen Temperatur konnten Gummidichtungen ja nicht verwendet werden. Auch die Vakuumtechnik hat diese Probleme, nur andersherum und bei bloß einer Atmosphäre Druck: Hier drängen Gase von außen in das Vakuumgefäß hinein. Naturforscher müssen also zu Technikern werden, um die benötigten Versuchsapparaturen selbst zu entwickeln, und tatsächlich wurden hierzu neue Patente und Gebrauchsmuster angemeldet. Habers Mentor in Karlsruhe, Professor Carl Engler, saß im Aufsichtsrat der BASF und sorgte 1908 für Habers Beratervertrag, der den Gerätebau zu finanzieren half. Haber begann an einen Erfolg zu glauben, nachdem er bei der Flüssiggasindustrie gelernt hatte, dass man das Gasgemisch besser zirkulieren lässt und dabei das Produkt der Reaktion möglichst fortlaufend entfernt, andererseits aber auch entsprechend frisches Gemisch der Ausgangsstoffe einspeist. Dadurch kommt die Reaktion nie zum Gleichgewicht oder Stillstand, sondern muss ständig weiterlaufen. Ideal wäre auch, die freiwerdende Reaktionswärme gleich wieder zum Vorheizen des Frischgemischs zu verwenden. Tatsächlich lief später im Werk Oppau nach anfänglichem Anheizen die Reaktion ohne weitere Wärmezufuhr weiter, weshalb man sie, einmal angeheizt, dann Tag und Nacht weiterlaufen ließ.

Außer Le Rossignol betreute Haber noch ein gutes Dutzend weiterer Doktoranden. Mitarbeiter erinnerten sich:

> Wenn Haber seine Ratschläge im Labor erteilte, rannte er zunächst in angestrengtem Nachdenken ruhelos auf und ab, den Oberkörper vorgebeugt, die Hände auf dem Rücken, eine pechschwarze Zigarre zwischen den Zähnen. Sobald er zu sprechen begann, legte er den Glimmstengel, dessen Mundstück zu einem ulkigen Pinsel zerbissen war, beiseite und ließ ihn regelmäßig liegen, wenn er mit Dozieren fertig war und eilenden Fußes entschwand – er bewegte sich eigentlich stets in einer Art Laufschritt [...]. Ein kleiner Kreis kam bei Habers öfter zu einem geselligen Abend zusammen. Einmal brachte Frau Clara den jüngsten Sproß herein und sagte mir: „Fritz ist so zerstreut, wenn ich ihm nicht ab und zu seinen Sohn brächte, wüsste er gar nicht, daß er Vater wäre.[11]

Seit 1901 war Haber mit der als erste Frau Deutschlands in Chemie promovierten Clara, geborene Immerwahr, verheiratet.

Nach vielen Versuchen fanden Haber und Le Rossignol, von der Auergesellschaft für Gasglühlicht mit seltenen Erden versorgt, schließlich das kostspielige Osmium als optimalen Katalysator. Damit entstanden in relativ kurzer Zeit acht Volumenprozent Ammoniakgas, das dann dank einer Kühlvorrichtung verflüssigt hinter einem Schauglas ausgeschieden werden konnte. Und tatsächlich zeigte sich 1909 die klare Flüssigkeit. Mentor Engler wurde gerufen mit dem überlieferten Freudenschrei: „Herr Geheimrat, es tropft." Haber berichtete der BASF den Erfolg mit der Bitte, sich den Weltvorrat an Osmium (10 kg) zu sichern. Damit wäre man nicht weit gekommen, wenn nicht auch noch Uran als geeigneter Katalysator gefunden worden wäre. Die Patente meldete die BASF an, und der Leiter des Zentrallabors, August Bernthsen, verhängte zunächst wegen der Patentierung Veröffentlichungsverbot, obwohl er noch gar nicht

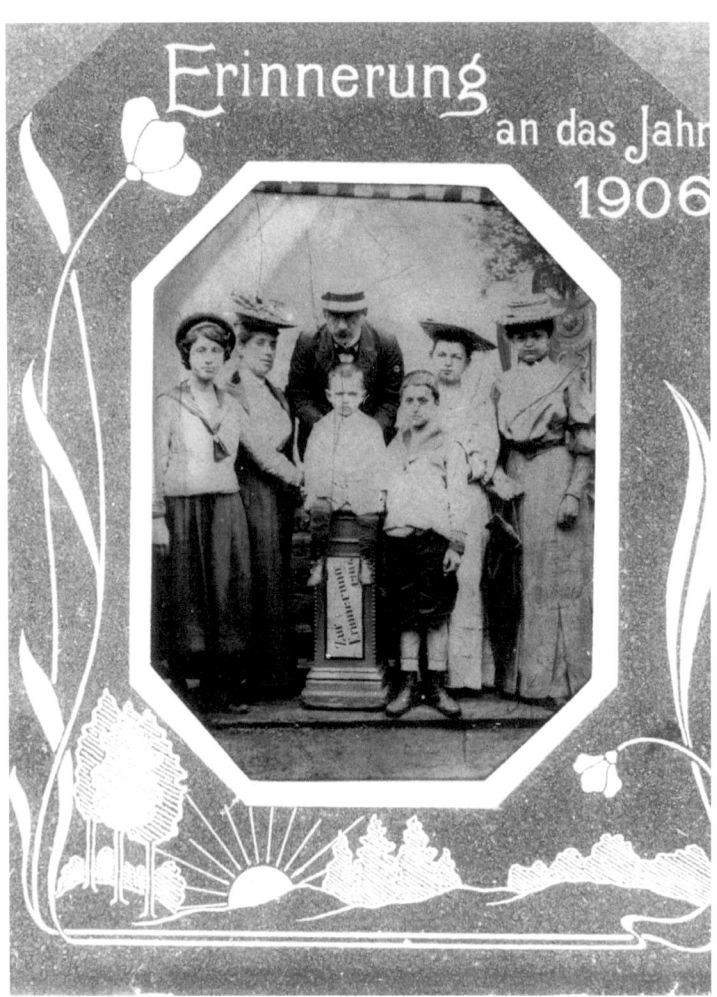

3   Fritz (Mitte) und
Clara (2. v. r.) Haber
mit Sohn Hermann
(sitzend), 1906.

überzeugt war. Mentor Engler informierte jedoch den Aufsichtsratsvorsitzenden Heinrich von Brunck direkt, worauf eine Delegation nach Karlsruhe kam, bestehend aus
Alwin Mittasch, einem früheren Ostwald-Assistenten, und Carl Bosch, der bei der
BASF das Ostwaldsche Ammoniakpatent beim Nachvollzug als Irrtum entlarvt hatte.
Ein typischer Vorführeffekt hemmte die Apparatur und verzögerte die Demonstration. Bosch musste noch zu einem anderen Termin, sodass Mittasch den Versuch allein
abwartete und dann aber restlos überzeugt war. Damit war auch bei der BASF der Bann
gebrochen. Le Rossignol fuhr, an den Patenteinnahmen beteiligt, auf Heimaturlaub
nach London. Und Haber schloss seine erste Publikation[12] über den Erfolg mit der alsbald bestätigten Vorhersage: „Wir hoffen, dass mit dieser Arbeit die Bahn für eine neue
Industrie geöffnet wird."

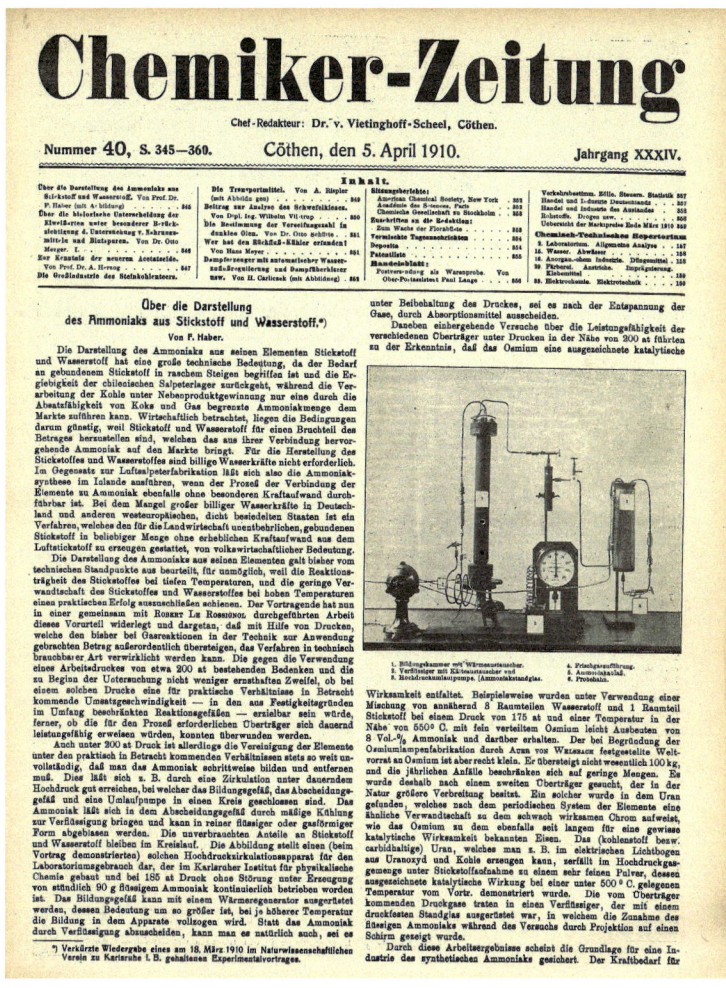

4   Habers erste
Veröffentlichung
der gelungenen
Ammoniaksynthese
erst 1910.

Carl Bosch in Ludwigshafen

Anders als Nernsts Industriepartner Griesheim-Elektron war die BASF trotz des Flops mit dem Bariumcyanidverfahren risikobereiter, und dies hauptsächlich dank des studierten Hüttenfachmanns und promovierten Chemikers Carl Bosch, eines Neffen des Zündungsfabrikanten Robert Bosch. Bei einer Besprechung mit Brunck, Bosch und Bernthsen kam Haber auf den Betriebsdruck von über 100 Atmosphären zu sprechen. Bernthsen erwiderte: „Um Gotteswillen, Herr Professor, gestern erst ist uns ein Autoklav mit nur sieben Atmosphären in die Luft geflogen." Bosch nahm die Herausforderung an:[13] „Ich glaube, es kann gehen. Ich kenne die Leistungsfähigkeit der Stahlindustrie genau. Man sollte es riskieren." Die Doppelkompetenz prädestinierte Bosch für die anstehende Mammutaufgabe: aus dem klapprigen Versuchsaufbau Habers, der nur stundenweise funktionierte, eine großtechnische Ammoniakproduktion zu entwickeln –

und dies ohne bekannte Vorbilder für die Hochdrucköfen, die einem Innendruck wie in 2000 Meter Meerestiefe standhalten mussten. Später, als dies geglückt war, schrieb er einmal:[14]

> Eine unübersehbare Menge von Einzelerfahrungen haben uns erst in Stand gesetzt, die Fabrikation durchzuführen. Das Arbeiten mit gewaltigen Gasmassen will gelernt sein, jede Störung an irgendeiner Stelle des Betriebs pflanzt sich durch die ganze Anlage hindurch fort. Ist schon das Arbeiten mit brennbaren Gasen unter gewöhnlichem Druck nicht einfach, so wachsen die Schwierigkeiten und Gefahren eines Gasbetriebes, der mit Drucken von 200 Atmosphären arbeitet, geradezu ins Ungeheuerliche. Schwere Stunden haben wir zeitweise durchleben müssen, bis die Naturkräfte soweit gebannt waren, dass sie willig sich beugten.

Seit 1902 mit Else, geborene Schilbach verheiratet, bezog Bosch nacheinander Wohnungen in fußläufiger Entfernung, um bei einem Knall sogleich nach dem Rechten sehen zu können.

Dank Brunck mit Sondervollmachten, dem Jungingenieur Franz Lappe und einer eigenen Werkstatt versehen, machte Bosch sich daran, die chemische Hochdruckindustrie zu erfinden. Karl Mittasch wurde Leiter des Ammoniaklabors und suchte mit vielen kleinen Apparaturen, Weiterentwicklungen der Haberschen, einen brauchbaren Katalysator, damals „Kontakt" genannt. Nach 2500 Versuchen fand er ihn in durch Zusätze aktiviertem Eisenoxid. Von den beteiligten Chemikern erinnerte sich Johannes Fahrenhorst an damals:[15]

> Bosch war Leiter aller Arbeiten und ein Mann von imponierendem Wissen auf allen Gebieten der Naturwissenschaften und großem Ideenreichtum, dazu mit ausgezeichnetem Blick und technischer Erfahrung. Innerlich gutmütig verbarg er das gern unter einer rauhen Schale und trug gern eine gewisse Rücksichtslosigkeit zur Schau. Wir verstanden uns von Anfang an nicht sehr gut, und die kolossale Hetze der fortschreitenden Arbeit und nicht ausbleibende Meinungsverschiedenheiten führten öfter zu Zusammenstößen, die mich eine Zeitlang ernsthaft an ein Zurückkehren zu meiner früheren Arbeitsstätte denken ließen. Schließlich lenkte er aber immer wieder ein […]. Solche Zusammenstöße hatten alle Herren mit ihm, und es ist leider zu sagen, daß Bosch sie nicht vergaß, sondern sie allen Beteiligten stark nachtrug, obwohl uns alle doch ein sachliches Interesse am Fortschritt der Arbeit bewegte.

Die Versuche im halbtechnischen Maßstab fanden sicherheitshalber in einer Kasemattenanlage nördlich des Werkes statt:

Und wirkliche Schwierigkeiten gab es übergenug. Die außengeheizten Hoch-
druckrohre platzten stets nach ein bis zwei Tagen, da der Wasserstoff [den Stahl]
entkohlte. Es gab ständig Brände und Aufregungen, alles Mögliche wurde pro-
biert, bis eines Sonnabends Bosch die Idee des Futterrohrs gebar. Überhaupt
waren die Sonnabende sehr ideenreich. Am Freitagabend hatte Bosch Kegelabend,
der meist recht alkoholreich verlief, und am Sonnabend war er dann meist besonders angeregt und voller neuer Ideen, die nicht alle gut waren, unter denen aber
doch manche brauchbaren sich befanden. Da es ihm völlig an der Geduld fehlte,
welche die Ingangsetzung einer neuen Apparatur mit ihren Tücken und Schwierigkeiten erfordert, brachte er gewöhnlich alles durcheinander, bis er wütend
seinen Hut aufsetzte und verschwand. Dann konnten wir die Sache ruhig in
Angriff nehmen und vollenden.

Boschs Lösung gegen die Stahlversprödung der bald zwölf Meter hohen Kontaktöfen auf
Rotglut und unter 200 Atmosphären Druck bestand laut seinem Nobelvortrag darin,[16]

> daß der drucktragende Stahlmantel inwendig mit einem dünnen Futter aus wei-
> chem Eisen versehen wird, und zwar mit der weiteren Vorkehrung, dass der
> durch das dünnere Futter [wenig] diffundierende Wasserstoff Gelegenheit findet,
> drucklos zu entweichen, ehe er den äußeren Stahlmantel bei der hohen Tem-
> peratur angreifen kann. Erreicht wird dies leicht, indem man dem Futterrohr
> außen beim Abdrehen [auf der riesigen Drehbank] Rillen erteilt und den Stahl-
> mantel mit vielen kleinen Durchbohrungen versieht, durch die der Wasserstoff
> frei austritt […]. Die Verluste durch Diffusion sind minimal.

Das dickwandige Stahlrohr außen hält also dem Druck stand, während das eiserne
Futterrohr glühend nur ganz wenig Wasserstoff durchdiffundieren und dann ins Freie
lässt, ohne dass das Stahlrohr attackiert und spröde wird. Dass diese Anlagen ganz und
gar nicht ungefährlich waren, zeigte sich im hektischen Kriegsbetrieb 1915, als ein Kon-
taktofen bei der Dichteprüfung mit Pressluft von 200 Atmosphären zerplatzte, die
Werkhalle zerstörte und sieben Mitarbeiter tötete, deren zerfetzte Leichen auf den umlie-
genden Dächern lagen. Zu Friedenszeiten geschah dann 1922 der größte Chemieunfall
in Deutschland, als ein Kunstdüngerlager beim Lockersprengen explodierte und
561 Menschenleben forderte.

Doch wieder ins Jahr 1912, als bislang noch alles gutgegangen war. Die Versuchs-
anlage lief und produzierte eine Tonne Ammoniak pro Tag und mehr. Am Nordrand
des BASF-Geländes nahe Oppau wurde eine neue Fabrik gebaut, die 1913 nun 30 Tonnen
Ammoniak täglich lieferte. Daraus entstanden in einer weiteren Anlage mit Gips $CaSO_4$
aus Neckarzimmern dann 120 Tonnen Ammonsulfatdünger $(NH_4)_2SO_4$. Der Kunstdünger musste sich bei den Bauern erst gegen Chilesalpeter und Guano durchsetzen,
weshalb Bosch, nun als Prokurist Leiter des Ammoniakwerks, die Landwirtschaftliche
Versuchsanstalt in der Randgemeinde Limburgerhof einrichtete. Fahrenhorst wurde

Betriebsführer der Hochdruckapparatur und bekam 1914 auch noch die Sulfatanlage zu leiten sowie 1915 die neue Salpeterfabrik.

Im Jahr 1911 war Fritz Haber nach Berlin umgezogen. In einem seltenen Fall von Forschungsmäzenatentum hatte der Berliner Bankier Leopold Koppel, dessen Bank als Hausbank der Auergesellschaft für Gasglühlicht fungierte, eine Stiftung gemacht. Nach Koppels Willen sollte ein Forschungsinstitut für Physikalische Chemie den geplanten Instituten der Kaiser-Wilhelm-Gesellschaft (heute Max-Planck-Gesellschaft) angegliedert und Haber dessen Direktor werden – und so kam es auch. Allerdings schrieb Haber in einem Brief an Ostwald:[17] „Ich bin sehr ungern auf die Sache eingegangen und hätte es wohl kaum getan, wenn ich nicht unter einem sehr starken Drucke mich befunden hätte." Der Druck trug die Namen zweier Berliner Physikochemiker: Nernst und van 't Hoff, die zur Stärkung der Physikalischen Chemie unbedingt Haber haben wollten. Das Institut[18] wurde 1912 halb fertig im Beisein des Kaisers eröffnet. Fahrenhorst erinnerte sich:

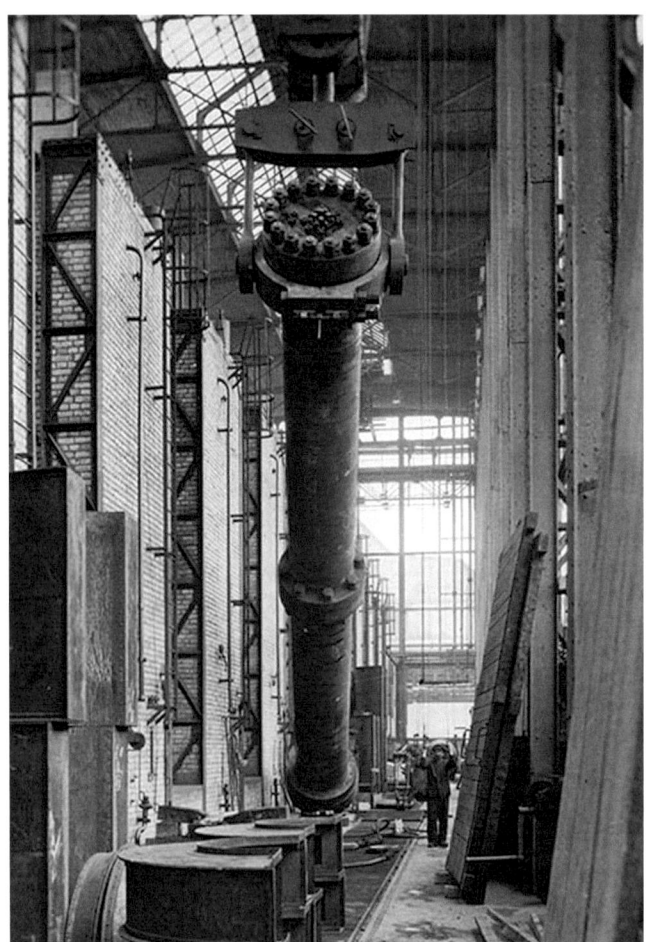

5   Aufstellen eines Ammoniakreaktors in Ludwigshafen, 1921.

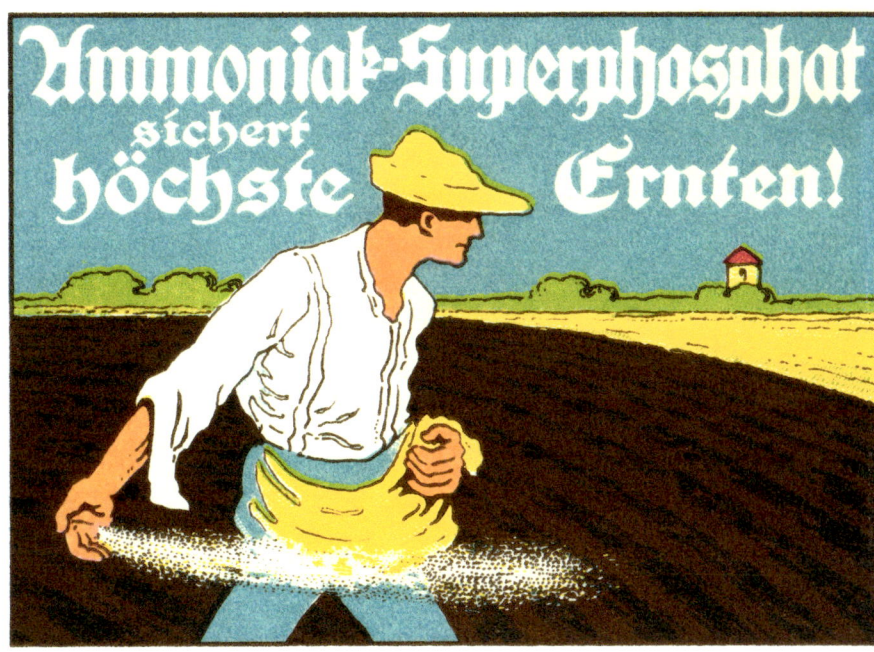

6 Ammoniaksuper-
phosphat, eine
Mischung von zweier-
lei Salzen, bringt
Stickstoff und Phos-
phor in die Böden
(Werbung 1927).

Haber wollte hierbei auch das Ammoniakverfahren vorführen, und ich wurde
hingeschickt, um dort eine unserer Laboratoriums-Hochdruckapparaturen aufzubauen […]. Mit Unterstützung von Le Rossignol […] baute ich die Apparatur
auf, und auf Habers Wunsch bauten wir noch ein Schauglas ein, um die Ver-
flüssigung des Ammoniakgases zu zeigen. Einen Tag vor der Vorführung platzte
dieses Glas und verletzte mir die Augenhornhaut. Am Morgen der Einweihung
stand ich an meiner Apparatur, als Nernst ins Zimmer kam, sich schweigend
alles ansah und still wieder verschwand. Da er eigentlich das Verfahren von
Haber [die Ammoniaksynthese] hätte finden müssen, aber dicht daran vorbei-
gegangen war, schien ihm etwas traurig zumute zu sein. Am Vormittag erschien
dann der Kaiser, dem wir kurz präsentiert wurden; er sah sich die Sache an, schien
nicht übermäßig viel davon zu verstehen und ging nach kurzer Zeit wieder.

Haber entwickelte auf des Kaisers Wunsch eine Schlagwetterpfeife zur Sicherheit der
Bergleute, machte aber auch viel Forschungs- und bald auch Rüstungspolitik. Im Juli
1914, also einen Monat nach der Kriegserklärung, wurde Haber auf Antrag von Nernst
(Ordentliches Mitglied seit 1905) und sechs weiteren Akademiemitgliedern zum
Ordentlichen Mitglied der Preußischen Akademie der Wissenschaften gewählt und im
Herbst mit 34:6 Stimmen bestätigt. Allerdings vergaß man, ihn offiziell zu begrüßen.
Als dies nach 19 Jahren nachgeholt werden sollte, verzichtete Haber in seiner prekären
Lage unter den Nationalsozialisten darauf, um die Akademie nicht in Schwierigkeiten
zu bringen.[19]

Im Ersten Weltkrieg und danach

Die Kriegserklärung der Achsenmächte 1914 brachte zunächst das Landwirtschafts-
ministerium zu Verträgen mit der BASF, die nach dem Guano- und Salpeter-Embargo
der Kriegsgegner die Versorgung mit Kunstdünger sicherstellen sollten. Erst nachdem
die verlorene Marneschlacht die Illusion eines bald gewonnenen Blitzkriegs platzen
ließ, konnten Haber und Emil Rathenau das Kriegsministerium alarmieren. Wären
beim Einmarsch in Belgien nicht 60.000 Tonnen Salpeter im Antwerpener Hafen

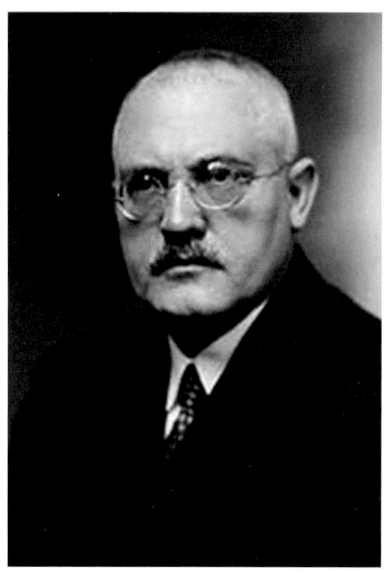

7   Carl Bosch, 1927.

erbeutet worden, hätten die Achsenmächte schon 1915 keine Munition mehr gehabt. So
aber hatte das Kriegsministerium Zeit gewonnen, um die Munitionsversorgung weiterhin sicherzustellen, indem es mit den BASF-Chefs den Bau einer Salpeterfabrik ver-
einbarte und dafür eine Kreditbürgschaft stellte. Nach neueren Erkenntnissen war
Bosch hierbei lediglich einmal als sachkundiger Berater zugegen. Das sogenannte Sal-
peterversprechen gaben die BASF-Oberen, nicht Bosch.[20] In Rekordzeit wurde die
Salpeterfabrik mit dem Tarnnamen *Weißsalzfabrik* hochgezogen und nahm im Februar
1915 die Produktion mittels calcinierter Soda Na_2CO_3 auf. Auf Anraten Habers kam
1916 die für damalige Bomber unerreichbare Anlage in Leuna zustande, damals das
größte Ammoniakwerk neben acht weiteren Produktionsstätten.

Wie die meisten Akademiemitglieder hatten die Chemie-Ordinarien als Beamte
mit ihrem Diensteid dem Kaiserreich die Treue geschworen und hielten sich auch im
Kriegsfall daran. „Alle an Universitäten tätigen Gelehrten haben militärische Dienste
oder Aufträge übernommen", schrieb Albert Einstein im Herbst 1915 an Romain Rolland.[21]

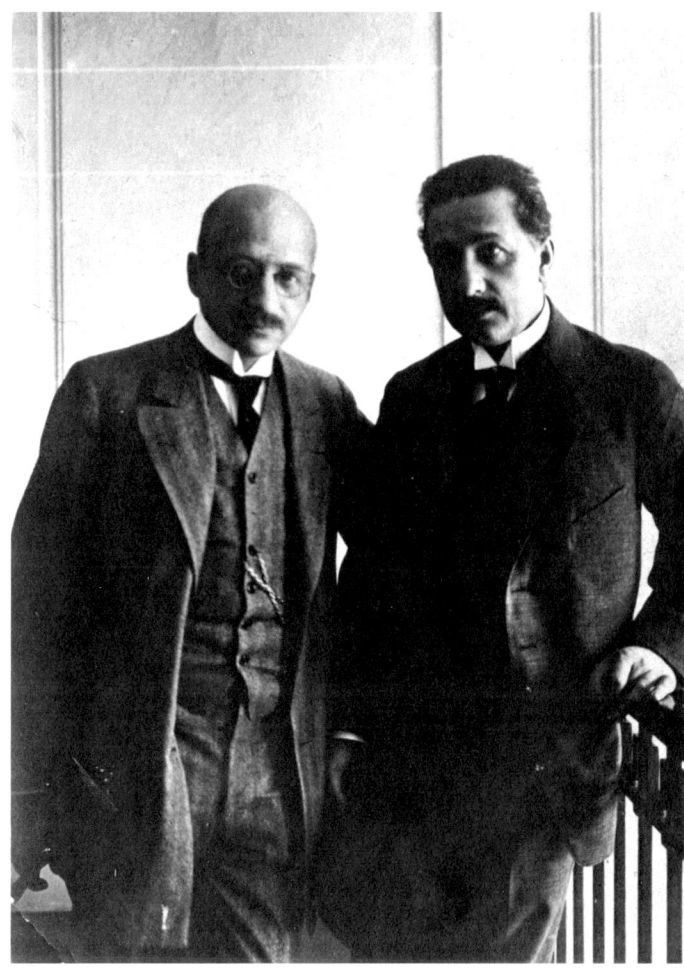

8   Fritz Haber und
Albert Einstein, 1914.

Zwar hatte der Breslauer Chemie-Ordinarius Albert Ladenburg (Korrespondierendes
Mitglied seit 1910) in einer heftig kritisierten Festrede 1903 in Kassel den Anspruch der
Naturwissenschaft auf Welterklärung statt der Bibel erhoben[22] und gefordert, dass sie
„zu einem Geiste der Toleranz, der Brüderlichkeit und Friedensliebe führt, und dass
wir es als eine Pflicht betrachten müssen, den Armen und Elenden dieser Welt beizuste-
hen, ihr Schicksal zu erleichtern und sie nicht auf ein ungewisses Jenseits zu vertrösten“.
Clara Immerwahr hatte seine Vorlesungen gehört und wurde von ihm promoviert.

     Doch ethische Richtlinien für Naturforscher im Kriege waren daraus nicht ent-
standen. Die Rollenbilder des Grundlagenforschers, der die Natur analysiert und Messdaten sowie Erklärungsmodelle publiziert, oder des Ingenieurs, der Geräte und Verfahren synthetisch entwickelt und realisiert, begannen sich in der Chemie eben erst zu
separieren. Wer sich als Chemieingenieur fühlte, war um Vorbilder nicht verlegen.
Denn historisch waren Ingenieure spätestens seit der Renaissance als Planer von Fes-
tungen und Kriegsgerät den Mächtigen zu Diensten, wie etwa Leonardo da Vinci.

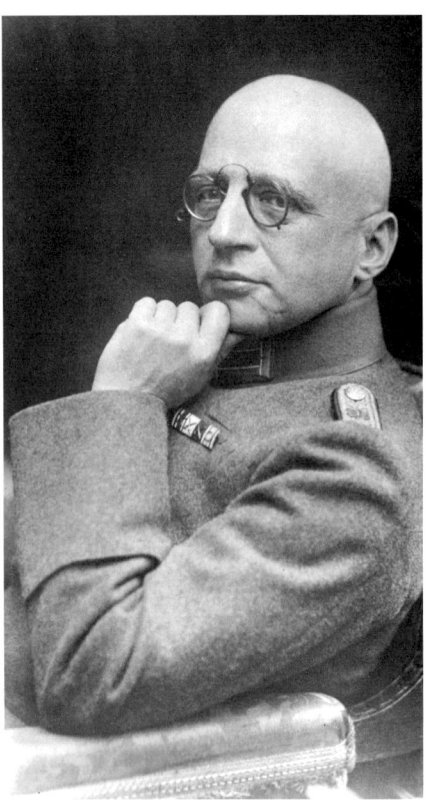

9   Fritz Haber in der
Uniform eines
Hauptmanns, 1916.

Sein kategorischer Patriotismus hatte Haber in Berlin zum Kriegsfreiwilligen und Regierungsberater werden lassen, auch weil sein Institut zur Untätigkeit verurteilt war, da die Institutsmitarbeiter alle eingezogen wurden. Als informelle Plattform diente ihm hierzu die Deutsche Gesellschaft 1914, eine politische Clubgründung in Berlin, um die Spitzen des Reiches zum Wohle der Kriegsnation in Kontakt zu bringen. Der Industrielle Robert Bosch hatte hierzu das Pringsheim-Palais erworben und günstig vermietet, und dort konnte Haber neue Kontakte knüpfen. Außerdem lernte er seine zweite Frau Charlotte Nathan kennen, die als Sekretärin des Clubs mit Prokura die bestbezahlte Angestellte im Reich war. Haber habe, wenn er nicht verreist war, fast jeden Tag im Club gegessen, erinnerte sie sich später. Zunächst bei der Kriegsrohstoff-Abteilung (KRA) des Wilhelm Rathenau engagiert, kam er diesem bald in die Quere. Später fungierte Haber als Leiter einer eigens eingerichteten Zentralstelle für Chemie beim preußischen Kriegsministerium. Hier stieß nun Haber zu den Gaskriegs-Aktivitäten mittels Chlor des Majors Max Bauer, der dafür die Nernst-Duisberg-Kommission initiiert hatte. Chlorgas Cl_2 war bisher zur Desinfizierung von öffentlichen Schwimmbädern eingesetzt worden. Französische Einsätze mit Reizgasen waren seit 1914 ineffektiv gewesen, ebenso britische. Es ging hierbei nicht wie heute mit Tränengas darum, die Gegner nur kampfunfähig gefangen nehmen zu können, sondern sie aus den Schüt-

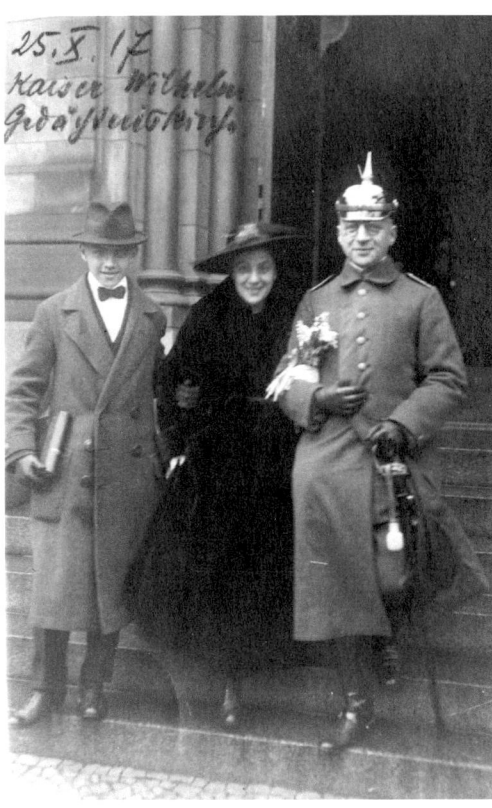

10   Fritz Habers
Heirat mit Charlotte
Nathan, mit Sohn
Hermann Haber, 1917.

zengräben heraus vor die Maschinengewehre in den Tod zu treiben. Haber erprobte den
Einsatz von Chlorgas und der Gegenmaßnahmen wie Gasmasken oder Sauerstoff-Selbst-
retter in seinem Institut und erwarb den traurigen Ruhm, den ersten tödlichen Einsatz
1915 an der Flandernfront bei Ypern betrieben zu haben – mit geschätzt 1200 toten oder
schwerverletzten Algeriern auf der französischen Seite. „Die Wirkungen des geglück-
ten Gasangriffs sind grauenhaft. Menschen vergiften – ich weiß nicht. Freilich: man
wird erst darüber wüten und es uns dann nachmachen. Die Toten liegen alle mit geball-
ten Fäusten auf dem Rücken. Das ganze Feld ist gelb", schrieb der Stabsoffizier und
spätere Schriftsteller Rudolf Binding damals in sein Tagebuch.[23] Den Militärs erschien
die Chemiewaffe in der Tat als unritterlich und am besten gar nicht zu diskutieren. Aber
die Oberste Heeresleitung war nun vom Gaskrieg überzeugt. Obwohl Haber nur als
„Einjähriger" gedient hatte, erhielt er Rang und Uniform eines Hauptmanns der Reser-
ve. Und tatsächlich reagierten die Alliierten auf den deutschen Chlorgasangriff keineswegs mit scharfem Protest gegen das Reich, sondern versuchten hektisch, den taktischen
Vorteil des Gaskriegs ebenfalls zu nutzen, und trieben im Eiltempo die Giftgasherstel-
lung voran. Die Haager Landkriegsordnung von 1899 mit ihrem Verbot von vergifteten
Waffen wurde ignoriert.

Habers Ehefrau Clara war Pazifstin und Anhängerin der Friedensnobelpreisträgerin Bertha von Suttner. Sie scheute sich nicht, ihren Mann vor seinen Mitarbeitern wegen seines Gaskrieg-Aktivismus zu kritisieren. „Wenn du wirklich ein glücklicher Mensch wärst, könntest du das nicht machen", soll sie ihm privat gesagt haben.[24] Schon lange war ihre Ehe auf dem Nullpunkt angelangt. Am 1. Mai sollte Habers Ypern-Erfolg und seine Blitzbeförderung zu Hause gefeiert werden. Nach Aussage des Institutsmechanikers sei auch Habers Geliebte Charlotte Nathan dabei gewesen und im Laufe des Abends von Clara in einer verfänglichen Situation mit Haber überrascht worden sein. In der Nacht erschoss sich Clara Haber mit der Dienstwaffe ihres Mannes im Garten der Villa. Der 13-jährige Sohn Hermann wachte auf und fand die nach zwei Stunden Sterbende. Haber reiste dennoch anderntags zu einem Giftgaseinsatz an der Ostfront ab. Haber-Biografin Margit Szöllösi-Janze weist auf die ungenügende Quellenlage und die komplexe Ursachenkonstellation hin, bei der man sich beim Motiv des Selbstmords vor Vereinfachungen hüten sollte.[25] Von der Ostfront erinnerte sich der spätere Nobellaureat Otto Hahn:[26] „Erst haben wir die russischen Soldaten mit unserem Gas angegriffen, und als wir dann die armen Kerle liegen und langsam sterben sahen, haben wir ihnen mit unseren Selbstrettern das Atmen erleichtert. Da wurde uns die ganze Unsinnigkeit des Krieges bewusst."

Habers Institut wurde 1916 militärischer Kontrolle unterstellt und hatte 1917 das Fünfzigfache an Mitteln wie vor dem Krieg. 150 Wissenschaftler arbeiteten dort, darunter die späteren Nobelpreisträger Otto Hahn, James Franck und Gustav Hertz. Insgesamt

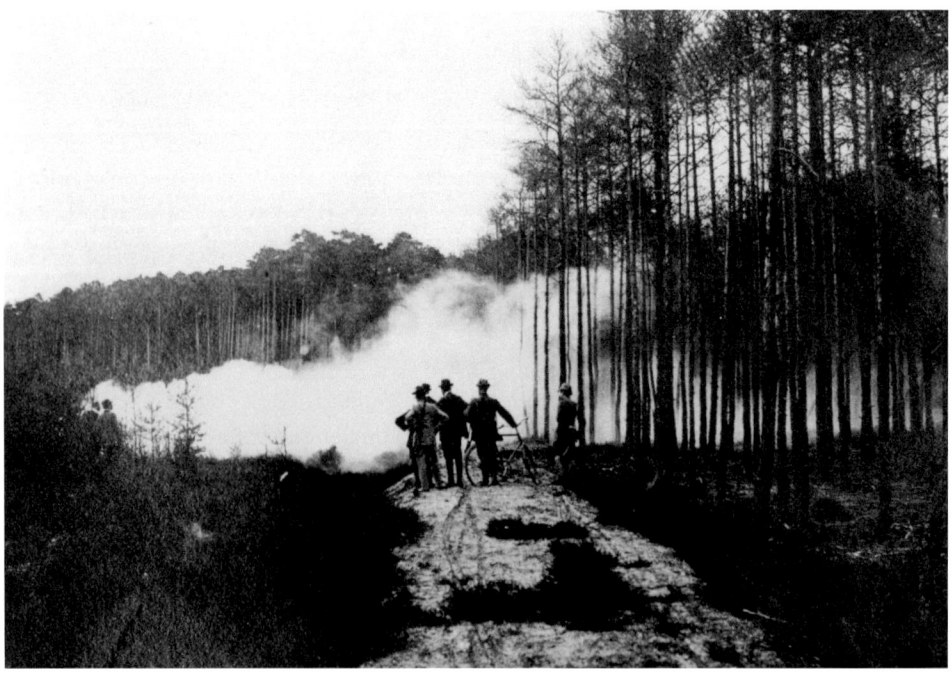

11   KWI-Mitarbeiter bei Gasversuchen im Wald.

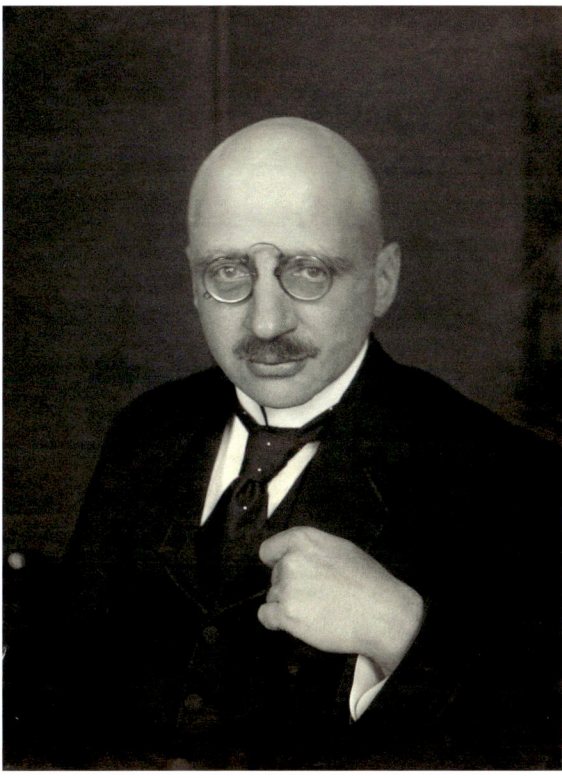

12   Fritz Haber,
um 1918.

zählten zum Personal knapp 2000 Menschen. Rückschauend schrieb Haber: „Ich war
einer der mächtigsten Männer in Deutschland. Alle Türen standen mir offen." An der
Ostfront wurde zu fünf Prozent das noch giftigere Phosgen $COCl_2$ abgeblasen, bald
aber in Granaten abgeschossen, die mit einem grünen Kreuz gekennzeichnet waren –
daher die Kategorie „Grünkreuz". Frankreich setzte zuerst reines Phosgen gegen deutsche Truppen ein. Um die Soldaten durch Reizung der Atemwege zum Abnehmen der
Gasmasken zu zwingen, wurden sogenannte Maskenbrecher-Stoffe verschossen (Blau-
kreuz). Schließlich kam die ölige Flüssigkeit $S(C_2H_4Cl)_2$ namens Senfgas zum Einsatz
(Gelbkreuz), ein tödliches Zellgift, das zu schmerzhaften Blasenbildungen auf der Haut
führte. Erst im Februar 1918 protestierte das Internationale Komitee des Roten Kreuzes
gegen die „barbarische Neuerung" auf den Schlachtfeldern.

Nach Kriegsende sollten Haber und Nernst von der Entente auf die Liste der aus-
zuliefernden Personen für Kriegsgericht-Verfahren gesetzt werden. Die Akademie stellte
sich in einem unsignierten Entwurf eines Appells,[27] offenbar von Haber und Nernst
entworfen, schützend vor ihre Mitglieder:

Die Preussische Academie gibt den Academien der neutralen Staaten von dem
Gegenstand mit der Bitte Kenntnis zu erwägen, wie weit die Sache dieser beiden

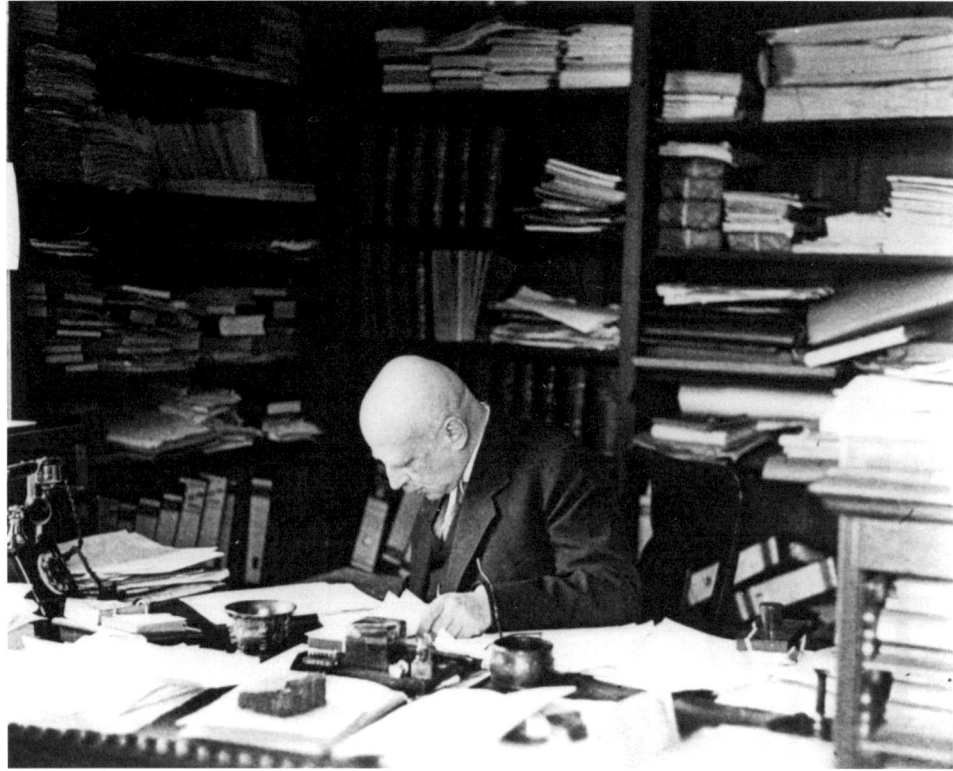

13   Fritz Haber an seinem Schreibtisch am KWI für physikalische Chemie und Elektrochemie anlässlich seines 60. Geburtstages, 1928/29.

deutschen Gelehrten die Sache aller Gelehrten ist, und erhofft die Unterstützung der neutralen Academien im Widerstand gegen den Versuch, im Namen der Kultur die Wissenschaft in ihren Vertretern zu vergewaltigen.

Als Haber aber 1919 den Chemie-Nobelpreis für seine Ammoniaksynthese erhielt, wendete sich das Urteil über ihn. Er hielt sich vorsichtshalber in der Schweiz auf, konnte aber nach Erscheinen der Liste der anzuklagenden Kriegsverbrecher nach Berlin zurückkehren, da er gar nicht draufstand. Habers Versuch, die Reparationslasten Deutschlands durch Gold aus dem Meerwasser abzutragen, musste nach sechs Jahren ergebnislos abgebrochen werden. Dagegen hat er als tatkräftiger Mitbegründer der Notgemeinschaft der Deutschen Wissenschaft für die darbenden Wissenschaften nochmals Großes leisten können. Die Preußische Akademie hatte die Situation dramatisch charakterisiert:[28]

Vor dem Kriege gründete sich das Ansehen Deutschlands auf seine Militärmacht, seine Industrie (und Handel) und seine Wissenschaft; in der letzteren hatte es in einigen Hauptzweigen die Führung und stand nirgendwo an zweiter Stelle; unermesslich ist der geistige und auch materielle Einfluss, den es durch die Wissenschaft ausgeübt hat. Nun aber ist die Militärmacht vernichtet, und

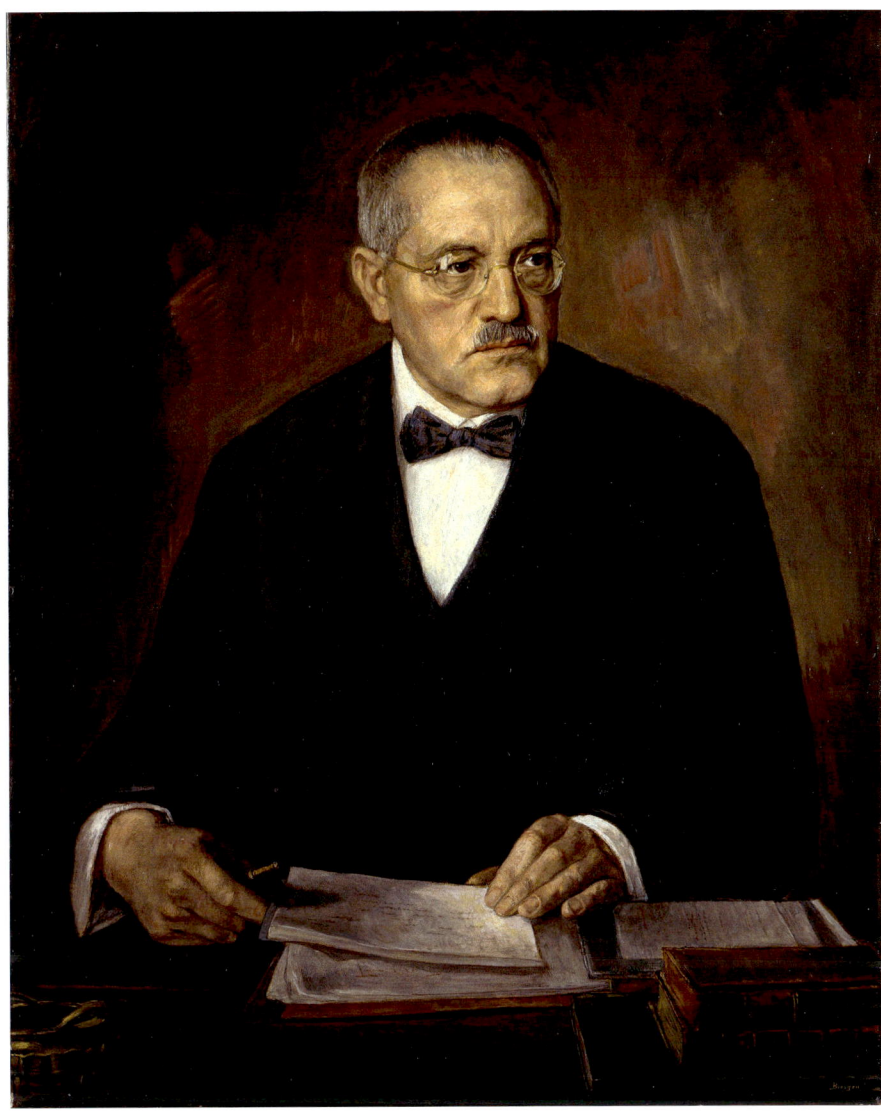

14   Carl Bosch,
Gemälde von
August Bresgen, 1962.

Industrie und Handel sind aufs äusserste geschwächt; die Wissenschaft aber,
trotz des Verlustes von Tausenden ihrer Träger, steht noch immer aufrecht, doch
droht auch ihr der Untergang.

In Deutsche Forschungsgemeinschaft umbenannt, ist die Idee der Selbstverwaltung
staatlicher Fördermittel heute nach 90 Jahren immer noch wirksam. Im Dritten Reich
konnte sich Haber als jüdischer Institutsleiter in Berlin nicht halten, begab sich in den
Ruhestand und emigrierte nach Cambridge. Die Inflation hatte sein privates Vermögen
großenteils vernichtet. Seine zweite Frau, nach zehn Jahren von ihm geschieden, erinnerte sich:[29] „Mit Geld verstand Fritz nicht gut umzugehen, schon von jeher nicht.

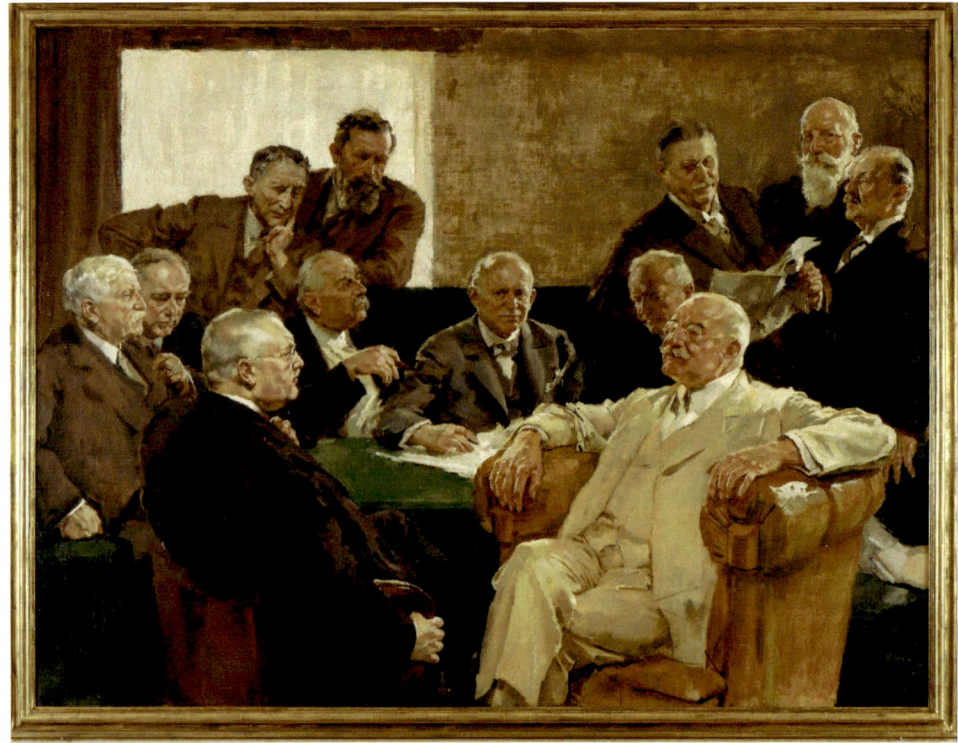

15   Carl Bosch und Carl Duisberg, Gründer der I.G.-Farbenindustrie AG, gemeinsam mit weiteren Mitgliedern des Verwaltungsrats der I.G., Gemälde von Hermann Gröber, 1925.

Durch schlechte Kapitalanlagen hat er viel von seinem Vermögen verloren. Sein Nobelpreis war […] in der Inflation zu nichts zerronnen." In der Schweiz Erholung suchend starb Haber 1934 in Basel.

Carl Bosch, der seinen Nachlass zu Lebzeiten verbrannt hat, wurde 1919 Vorstandsvorsitzender der BASF in Ludwigshafen. Zu den Waffenstillstandsverhandlungen nach Frankreich entsandt, meisterte er den Spagat zwischen Zerstörung der Rüstungsbetriebe und Sozialisierung durch die Arbeiterräte und gelangte zu einer gütlichen Lösung. Bei den Märzkämpfen 1921 konnte die Besetzung des Leunawerks durch die Aufständischen seitens der Regierung erst durch Artilleriebeschuss beendet werden. Auf Boschs Betreiben schlossen sich acht Chemiefirmen zur Interessengemeinschaft Farbenindustrie (I.G. Farben) zusammen, deren Vorstandsvorsitzender er dann 1925 wurde. Im Aufsichtsrat saß Fritz Haber, als Vorsitzender Carl Duisberg (Korrespondierendes Mitglied seit 1921).

Aus dem studierten Techniker war der bedeutendste Wirtschaftsführer der Weimarer Republik geworden. Vehement betrieb Bosch die sogenannte Kohleverflüssigung weiter, die Gewinnung von Benzin aus Kohle, mit der Friedrich Bergius in Mannheim-Rheinau nicht fertiggeworden war, wodurch die Männerfreundschaft mit dem Unternehmer Karl Goldschmidt und dessen investierte sieben Millionen Reichsmark verloren gingen.[30] Immerhin erhielt Bergius zusammen mit Bosch im Jahr 1931 den Chemie-Nobelpreis für die chemischen Hochdruckmethoden. Auf Antrag der Nobellaureaten Hahn, von Laue, Nernst und Planck sowie fünf weiterer Mitglieder ernannte die Akademie 1936 Bosch zum Ehrenmitglied, der damals bereits in den Aufsichtsratsvorsitz der I.G. Farben gewechselt war, aber im gleichen Jahr als Nachfolger Plancks zum Präsidenten der Kaiser-Wilhelm-Gesellschaft werden sollte.

Die Produktion des synthetischen Benzins aus Braunkohle war 1926 in den Leuna-Werken begonnen worden, bald auch die synthetische Kautschukfertigung in Schkopau.

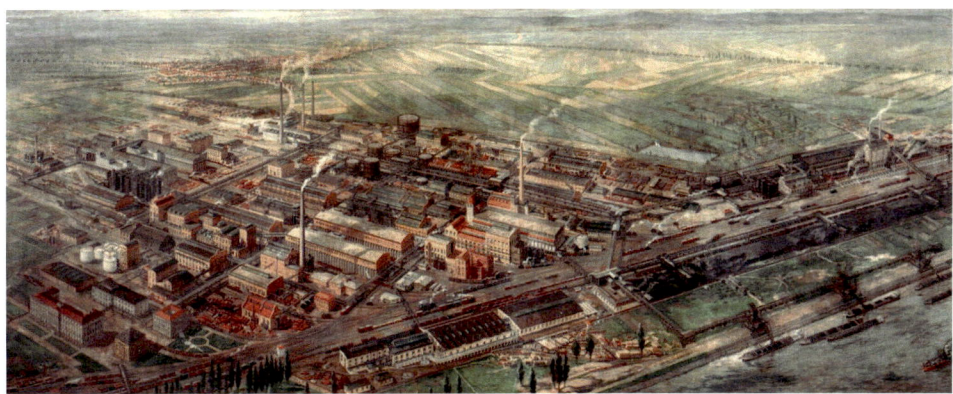

16   Stickstoffwerk der BASF in Ludwigshafen-Oppau, gemalt von Otto Bollhagen, 1920.

Unter anderem Rentabilitätsprobleme dieser Fertigung hatten 1933 zur Wahlkampfspende von 400.000 Reichsmark an die NSDAP geführt, welche ein Vorstandsmitglied gezeichnet hatte. Reichsmarschall Görings Bestrebungen, eventuell auch die I.G. Farben sich zu ‚Göring-Werken' einzuverleiben wie im Falle der enteigneten Junkers-Werke, waren dadurch wohl abgewendet. Die nach dem Ermächtigungsgesetz gebildete NS-Regierung schloss dann einen Vertrag zur kompletten Leuna-Treibstoffversorgung der Wehrmacht und sicherte damit die Rentabilität der Leuna-Produktion. Seit der Weltwirtschaftskrise gesundheitlich angeschlagen, konnte Bosch immerhin seine Unterstützung jüdischer Wissenschaftler wie Lise Meitner und entlassungsbedrohter I.G. Farben-Mitarbeiter noch eine Weile aufrechterhalten. 1938 wurde Carl Bosch noch Wehrwirtschaftsführer wie schon Hans Walz, der Nachfolger seines Onkels Robert Bosch.[31] Beide Firmen beschäftigten auch Zwangsarbeiter. Die Erfolglosigkeit seiner Interventionen bei NS-Regierungsstellen bei gleichzeitigem Pflichtbewusstsein, die Stellung zu halten, führten Bosch in tiefe Resignation und Schuldgefühle, die er mit Alkohol zu betäuben suchte. Nach einem Eklat vor NS-Funktionären im Deutschen Museum wurde er aus allen Ämtern und Stellungen entfernt. Schwer depressiv starb er 1940 in Heidelberg.

Oskar Vogt

Cécile Vogt

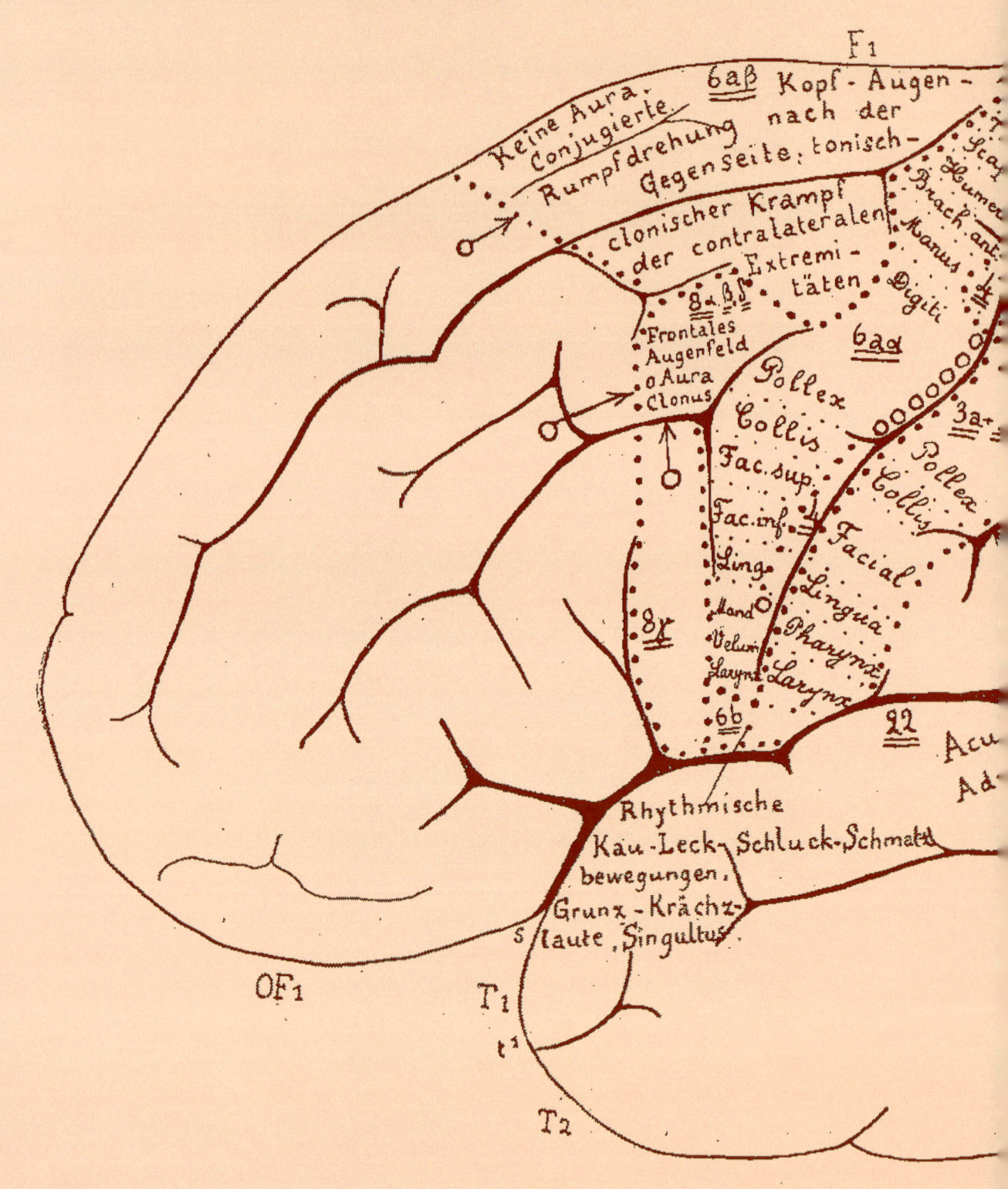

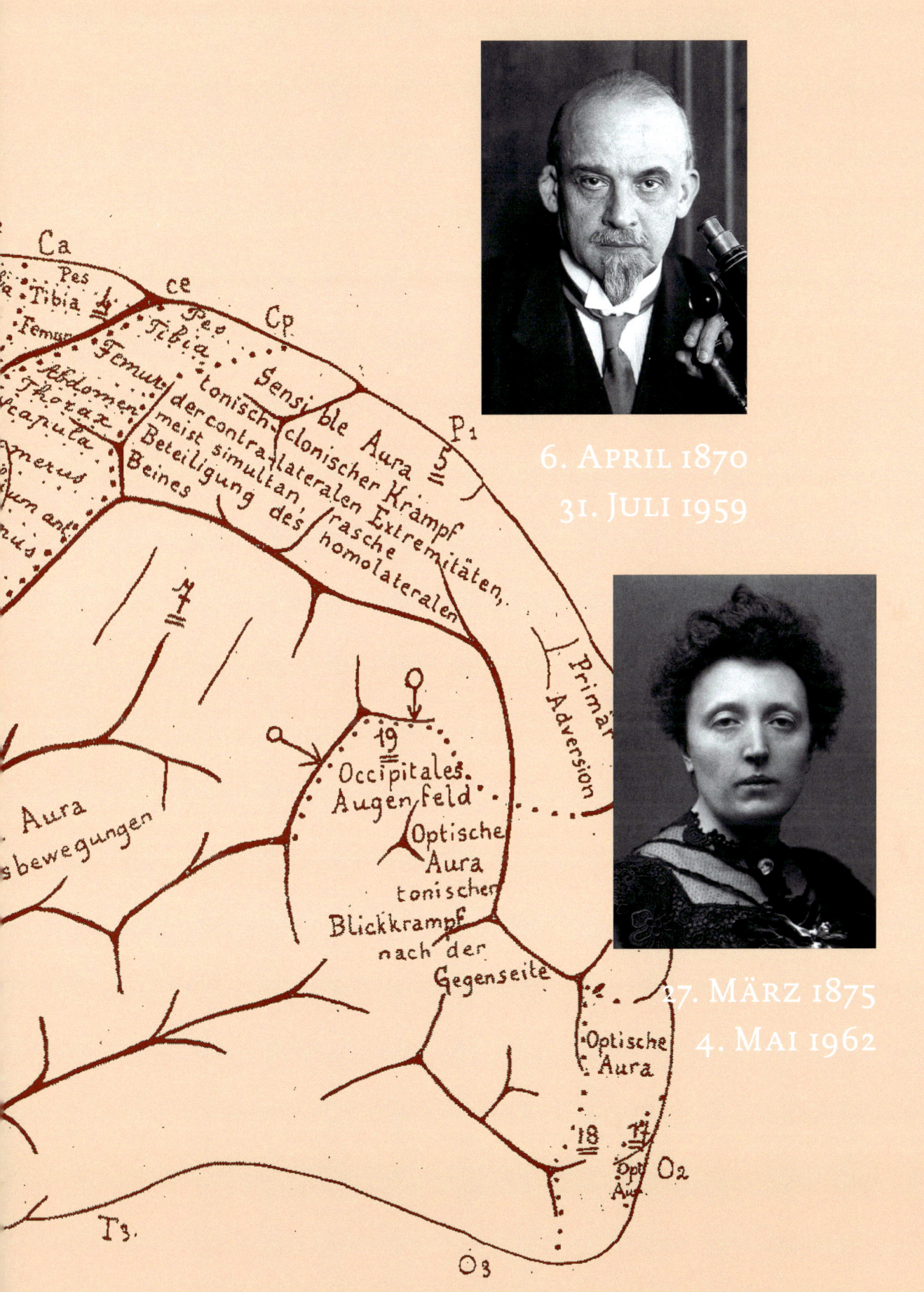

6. April 1870
31. Juli 1959

27. März 1875
4. Mai 1962

S. 370/371
1   Oskar Vogt, Anfang der 1920er Jahre.
2   Cécile Vogt.
3   Von O. Foerster erzielte Reizergebnisse auf der Convexität der
menschlichen Großhirnhemisphäre.

Ernst Peter Fischer

Ein unermüdliches Paar

Oskar und Cécile Vogt

„Die grössten Männer, die Gefängnisse und die Tollhäuser"

Das französisch-deutsche Forscherehepaar Cécile und Oskar Vogt lebte in stürmischen Zeiten, und zwar sowohl in politischer als auch in wissenschaftlich-kultureller Sicht. Geboren in den Jahren 1875 (Cécile) und 1870 (Oskar) durchlebten die seit 1899 verheirateten Hirnforschereheleute das Deutsche Kaiserreich mit der Katastrophe des Ersten Weltkriegs, die Weimarer Republik mit ihrem Niedergang, das Dritte Reich mit Holocaust und Zweitem Weltkrieg und das in Ost und West geteilte Deutschland mit seinen unterschiedlichen Staats- und Regierungsformen. Und während sich die politischen Wechsel vollzogen, gab es einen Umsturz im Weltbild der Physik, die sich den unsichtbaren Atomen zuwandte, formierte sich die Genetik als Wissenschaft von der Vererbung und gelang der Psychologie die Entdeckung des Unbewussten, ohne dass damit eine vollständige Aufzählung der radikalen Umgestaltungen im frühen 20. Jahrhundert gegeben ist.

Die Vogts blieben vor dem Hintergrund dieser umwälzenden und aufregenden Vorgaben bis zum Ende ihres Lebens durchgängig und unermüdlich wissenschaftlich und voller Neugierde tätig – Oskar Vogt starb 1959, drei Jahre vor seiner Frau – und sie wandten sich noch in späten Schriften den ihrer Einschätzung nach damals „wichtigsten Aufgaben der Hirnforschung" zu, wie sie ihre *Untersuchung der Gehirne Asozialer* von 1956 nannten. In deren Rahmen wurde die zuvor besonders von Oskar Vogt vertretene Ansicht verfolgt, dass es anatomisch auszumachende Regionen im zentralen Nervensystem unter der Schädeldecke von Menschen gebe, „die Träger dieser Gehirne zu geborenen Verbrechern" mache, wie er 1951 in einem Aufsatz mit einer unglücklichen Formulierung geschrieben hatte, in dem es um *Die anatomische Vertiefung der menschlichen Hirnlokalisation* ging.[1]

Wer die Vogts und viele ihrer Arbeiten auf einen problematischen Punkt – genauer: auf eine pointierte Trias – bringen will, kann mit einem Eintrag beginnen, den Georg Christoph Lichtenberg 1771 in seinen „Sudelbüchern" vornimmt und in dem er sich aphoristisch zu der Frage äußert, wie man der damals aufkeimenden Wissenschaft

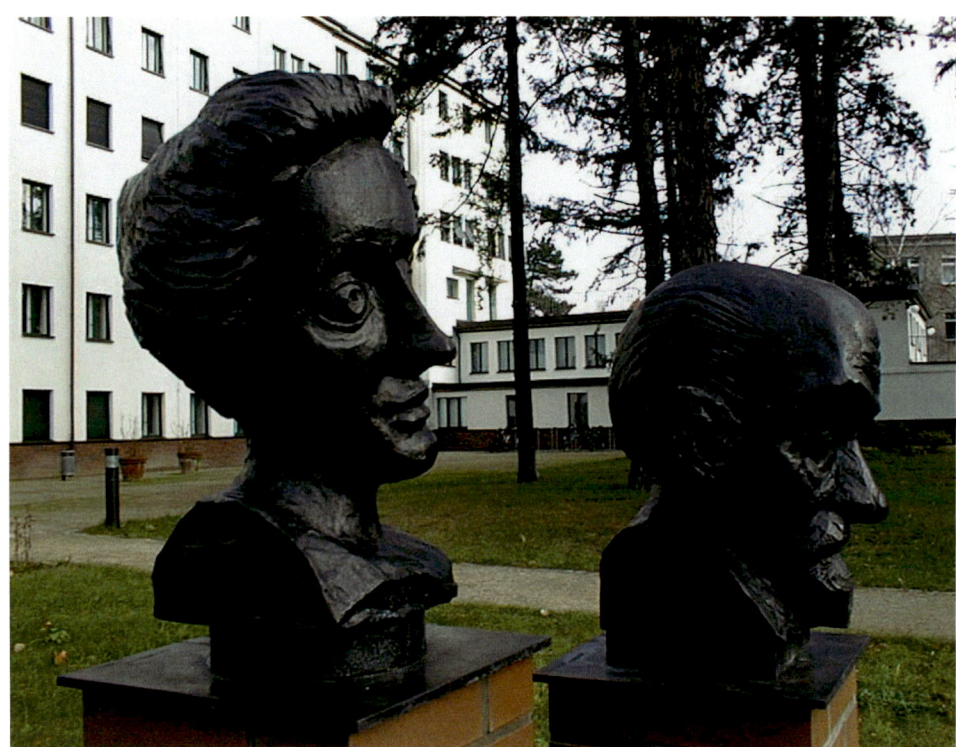

1   Oskar und Cécile
Vogt, Büsten von
Hans Scheib, Bronze,
Berlin, 2002.

vom Menschen, der Anthropologie, eine solide empirische Grundlage geben könne. Man müsste, so Lichtenberg, „bei verschiedenen Nationen die größten Männer, die Gefängnisse und die Tollhäuser durchsehen"[2], um den Menschen zu erforschen und mit den dabei erzielten Ergebnissen so vorgehen, wie die Physik es mit den Farben mache, nämlich durch eine Mischung aus drei beobachtbaren Komponenten die ganze Palette des Spektrums – in dem Fall der menschlichen Eigenheiten – hervorzubringen.

Es fällt zum Ersten sofort auf, dass Lichtenberg als Physiker denkt, und es ist zum Zweiten nicht zu überlesen, dass er seiner Zeit gemäß nicht von Frauen spricht und das weibliche Geschlecht einfach übergeht, wenn er die Menschen meint, um die sich eine Anthropologie zu kümmern habe. Aber die von dem Göttinger Gelehrten angesprochene „Trias von Genie, Wahnsinn und Kriminalität, die am Beginn der modernen Humanwissenschaften stand", hat niemanden „anhaltender und obsessiver beschäftigt als Oskar Vogt", wie der Wissenschaftshistoriker Michael Hagner in seinem Buch über *Geniale Gehirne* schreibt, in dem es um die Geschichte der Elitegehirnforschung geht, zu der Cécile und Oskar Vogt ihren Teil beigetragen haben. Vor allem Oskar Vogt konnte dabei eine Rolle übernehmen, die ihn weit über den engen Rahmen der Neurowissenschaften und Hirnanatomie hinaus bekannt und eventuell zu einer öffentlichen Person gemacht hat, wobei er zuletzt sogar zu einer Romanfigur geworden ist. Diesen eigentümlichen Status verdankt Oskar Vogt seiner anatomischen Untersuchung des

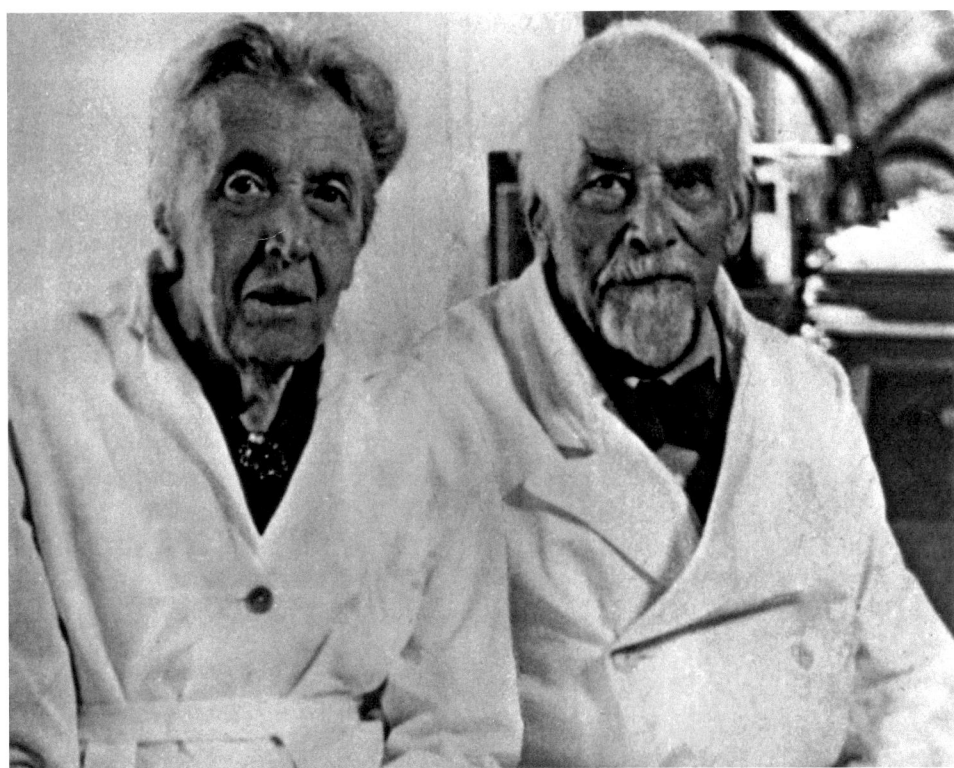

7   Cécile und
Oskar Vogt.

leiht, auch andere Prozesse, die zur Bildung von Gestalten führen; und zu denen zähl-
ten sie alle Umformungen während des gesamten individuellen Lebens, wobei diese
Transformationen normal oder abweichend, gesund oder krank sein konnten. Die
ursprüngliche und nach wie vor unbeantwortete Frage der Vogts, worin die „wirkliche
Funktion" einer architektonisch festzumachenden Region des Gehirns besteht, hatte
der Analyse der Bedingungen Platz gemacht, die zu den Gestalten des Lebens führen.
Auch dies stellt eine große Aufgabe dar, die selbst über die Lebensarbeit von Cécile und
Oskar Vogt hinausragt. In einem seiner letzten Aufsätze hat Oskar Vogt sich 1953 zum
Thema der gesetzlich bestimmten Pensionsgrenze geäußert und dabei eine Verbindung
zwischen *Alter und Untätigkeit* hergestellt.[22] Als er im Juli 1959 starb, wurde sein
Gehirn in eine zuvor von ihm selbst angelegte Sammlung von Elitegehirnen einge-
fügt.[23] Die Nachwelt kann also weiter von Oskar und Cécile Vogt lernen.

Lise Meitner

Otto Hahn

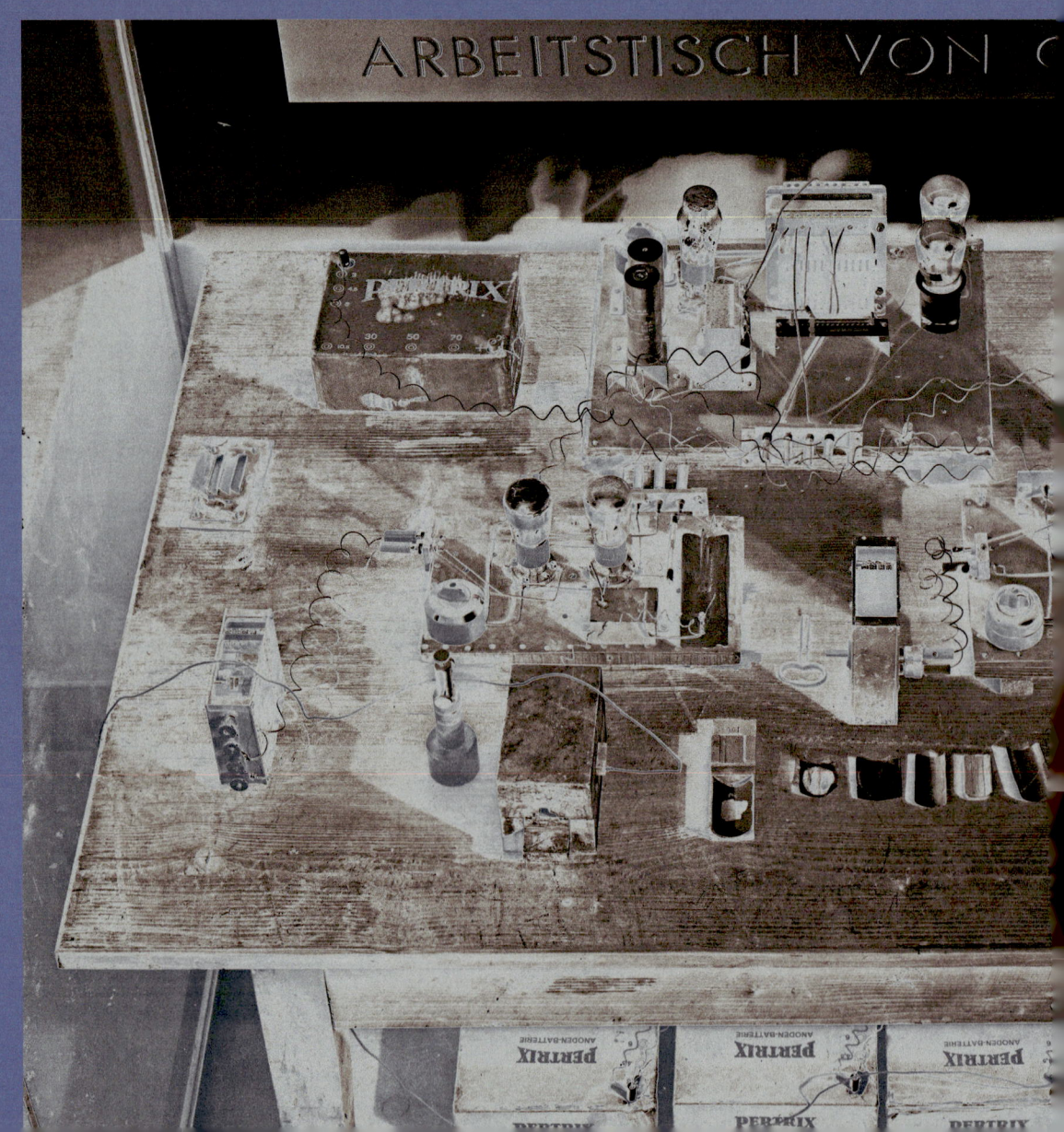

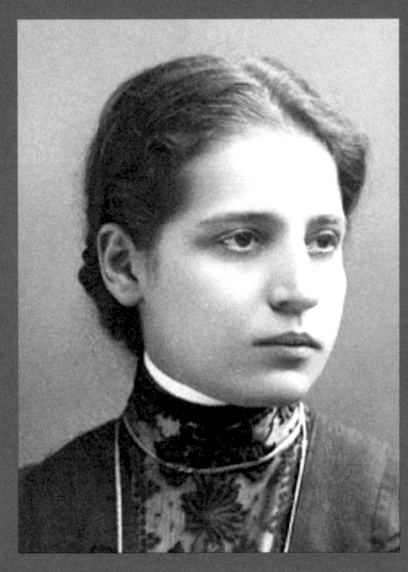

7. NOVEMBER 1878
27. OKTOBER 1968

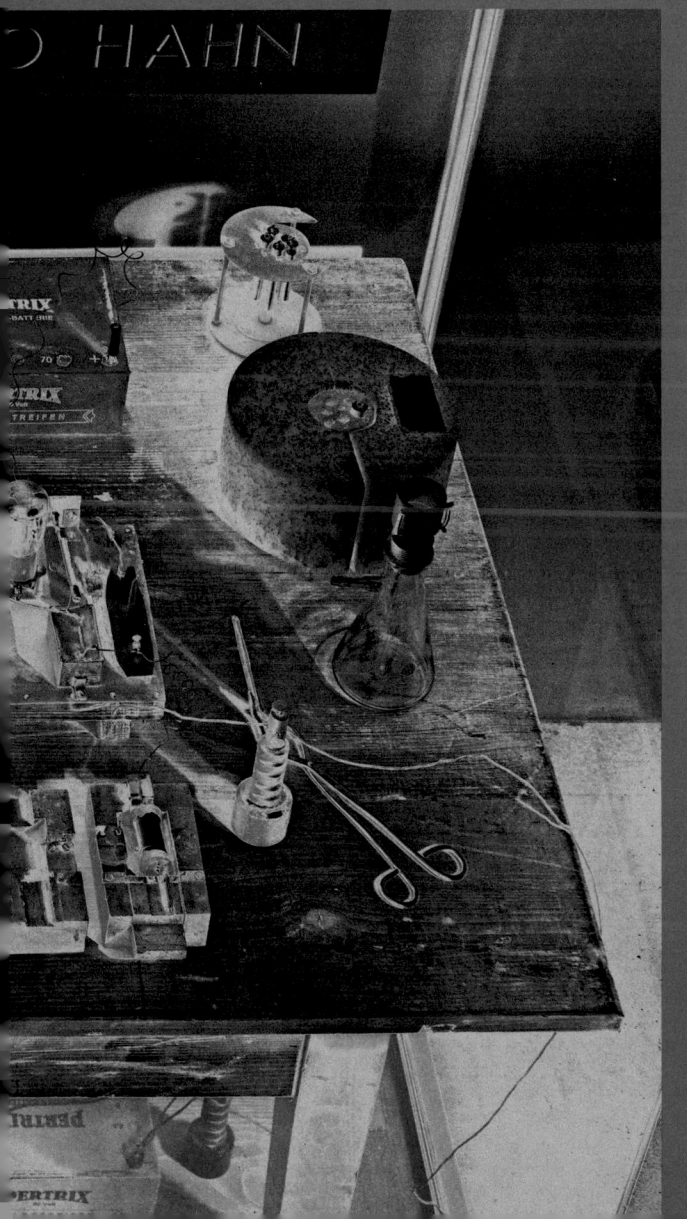

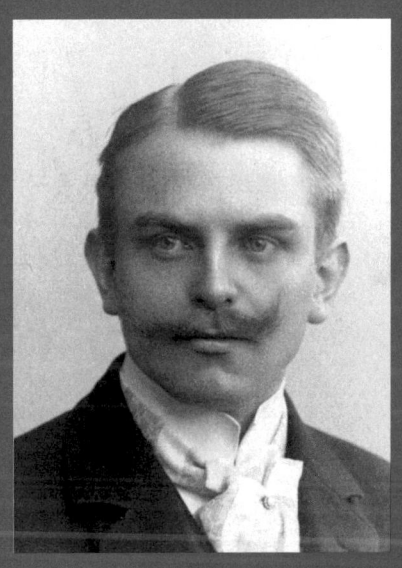

8. MÄRZ 1879
28. JULI 1968

S. 390/391
1 Otto Hahn, 1901.
2 Lise Meitner, Fotografie von François Cornand, Berlin, um 1905.
3 Arbeitstisch zur Entdeckung der Kernspaltung, Deutsches Museum München.

Dieter Hoffmann und Ruth Lewin Sime

Freundschaft, Interdisziplinarität, Ausgrenzung

Lise Meitner und Otto Hahn

Jetzt möchte ich etwas Persönliches schreiben, das mich bedrückt und das ich Dich bitte in Erinnerung an unsere mehr als 40jährige Freundschaft und mit dem Wunsch, mich zu verstehen, zu lesen. In dem Bericht der Max-Planck-Gesellschaft wird der Vortrag, den ich in Berlin gehalten habe (ein rein physikalischer Vortrag) angeführt, und ich werde genannt als „langjährige Mitarbeiterin unseres Präsidenten". Gleichzeitig habe ich in der „Naturwissenschaftlichen Rundschau" einen Artikel von Heisenberg gelesen über die Beziehungen zwischen Physik und Chemie in den letzten 75 Jahren, wo die einzige Erwähnung von mir [...] lautet: „Die langjährige Mitarbeiterin Hahns, Frl. Meitner". Ich bin im Jahre 1917 vom Verwaltungsrat des K.W.I. für Chemie offiziell mit der Einrichtung der Physikalischen Abteilung betraut worden und habe sie 21 Jahre geleitet. Versuche Dich einmal in meine Lage hineinzudenken! Was würdest Du dazu sagen, wenn Du nur charakterisiert würdest als der langjährige Mitarbeiter von mir? Soll mir nach den letzten 15 Jahren, die ich keinem guten Freund durchlebt zu haben wünsche, auch noch meine wissenschaftliche Vergangenheit genommen werden? Ist das fair? Und warum geschieht es? [...].[1]

Lise Meitner schrieb diesen Brief im Sommer 1953 an Otto Hahn, fünfzehn Jahre nach ihrer erzwungenen Emigration aus Nazideutschland. Der Brief macht schlaglichtartig das Unrecht ihres Exils deutlich: den Verlust ihrer beruflichen Position und ihres akademischen Status, das ‚Vergessen‘ ihrer einstigen Kollegen, die Voreingenommenheit gegenüber Frauen, die Verehrung Hahns in der Nachkriegszeit, die Meitners Verdienste schmälerte und in den Schatten stellte. In seiner Direktheit macht der Brief zudem das Spannungsverhältnis dieser Freundschaft und kongenialen Zusammenarbeit deutlich, die ungeachtet aller Missverständnisse und Spannungen, die vornehmlich nach der erzwungenen Emigration Lise Meitners entstanden, lebenslang Bestand hatte. Darüber hinaus spiegelt sich in der Biographie Lise Meitners die Frauenemanzipation in Deutschland und die antisemitische Vertreibungspolitik Nazideutschlands mit ihren Folgen wieder; nicht zuletzt reflektiert die Lebensgeschichte von Otto Hahn und Lise Meitner die Entwicklung von Atom- und Kernphysik in der ersten Hälfte des

20. Jahrhunderts, von der frühen Radioaktivitätsforschung bis zur Entdeckung der Uran-Kernspaltung.

Als Lise Meitner am 7. November 1878 in Wien als drittes Kind von Hedwig und Philipp Meitner, einem Rechtsanwalt, geboren wurde, war ihr keineswegs an der Wiege gesungen, dass sie einmal eine der berühmtesten Naturwissenschaftlerinnen des 20. Jahrhunderts werden und zu den Bahnbrechern des Atomzeitalters gehören würde. Fast keine der Voraussetzungen für eine solche Karriere waren damals gegeben – so gab es ihr späteres Fachgebiet, die Radioaktivitätsforschung und Kernphysik, noch nicht; zudem wurden Frauen in Österreich nicht nur der Universitätsbesuch, sondern auch der Besuch eines Gymnasiums verwehrt. In Österreich und vor allem in Deutschland blieb Frauen der Zugang zur höheren Bildung sehr viel länger verwehrt als beispielsweise in der Schweiz und anderen europäischen Ländern oder den Vereinigten Staaten. Ein reguläres Frauenstudium gab es vor 1900 in keinem deutschen Teilstaat. Als 1897 in Österreich Frauen zum Studium zugelassen wurden, setzte Lise Meitner alles daran, durch intensiven Privatunterricht die Hochschulreife zu erlangen. Dabei unterstützten sie die Eltern, besonders ihr Vater umfassend. Im Frühjahr 1901 legte Lise Meitner die Externistenmatura am traditionsreichen Wiener Akademischen Gymnasium ab – dass dies kein Selbstläufer war, macht die Tatsache deutlich, dass von den vierzehn zur Prüfung zugelassenen Mädchen nur vier die „gar nicht einfache Prüfung"[2] bestanden.

Bereits als Kind faszinierten Lise Meitner Mathematik und Naturwissenschaften, sodass die Wahl ihres Studienfaches Physik kein Zufall war. An der Universität Wien, die ihre Alma Mater wurde, glänzte Ludwig Boltzmann, der nicht nur einer der führenden Physiker seiner Zeit war, sondern ein ebenso beeindruckender Lehrer und Förderer des Frauenstudiums. Auch die Studentin Lise Meitner war von ihm beeindruckt und er vermittelte ihr – so schreibt ihr Neffe Otto Robert Frisch – „die Vision von der Physik als einem Streben nach Wahrheit"[3] – eine Vision, die ihr gesamtes wissenschaftliches Schaffen prägen sollte, denn ihre experimentellen Forschungen zielten stets auf ein umfassendes theoretisches Verständnis der beobachteten Phänomene oder, wie Werner Heisenberg anlässlich ihres Todes feststellte, „Lise Meitner dachte in Zusammenhängen"[4].

Ihre im Jahre 1906 abgeschlossene Promotion beschäftigte sich mit der Wärmeleitung in inhomogenen Körpern, und in den nachfolgenden Jahren ließ sie sich bei Stefan Meyer am II. Physikalischen Institut der Wiener Universität in das noch neue Gebiet der Radioaktivitätsforschung einführen. Dort führte sie insbesondere Experimente über die Streuung von Alpha- und Betastrahlung durch. Beeindruckt von einem Vortrag Max Plancks im Kolloquium des Wiener Physikalischen Instituts, entschloss sich Meitner, nach Berlin zu gehen, um dort Plancks Theorievorlesungen zu besuchen und ihre physikalische Ausbildung zu vervollständigen.

Meitner kam im Sommer 1907 in die deutsche Hauptstadt, die damals eines der Weltzentren physikalischer Forschung war und damit über eine besondere wissenschaftliche Anziehungskraft verfügte. So progressiv man in wissenschaftlicher Hinsicht war, so rückschrittlich war man hinsichtlich des Frauenstudiums. Erst ab 1908 wurden Frauen auch per Gesetz an preußischen Universitäten zum Studium zugelassen, sodass sich Lise Meitner nach ihrer Ankunft noch um einen Gasthörerstatus bemühen und speziell Plancks Erlaubnis einholen musste, seine Vorlesungen besuchen zu dürfen. Über ihren Besuch gab sie später folgenden Bericht:

> Er empfing mich sehr freundlich und [...] sagte zu mir: ,Aber Sie sind doch schon Doktor! Was wollen Sie denn noch?‘ Als ich ihm antwortete, daß ich gerne ein wirkliches Verständnis der Physik gewinnen würde, sagte er nur ein paar freundliche Worte und ging nicht weiter auf die Sache ein. Natürlich schloß ich daraus, daß er keine sehr hohe Meinung von Studentinnen hatte, und das stimmte sicher zu dieser Zeit.[5]

Planck selbst, Ehemann und Vater von vier Kindern, hatte 1897 diesbezüglich erklärt, dass „die Natur selbst der Frau ihren Beruf als Mutter und Hausfrau vorgeschrieben hat" und die Aufnahme eines Studiums „immer nur als Ausnahme betrachtet werden kann".[6] Planck war bekanntlich nicht nur in dieser Beziehung konservativ, doch schloss dies nicht aus, dass er Lise Meitner von Anfang an als eine jener Ausnahmen betrachtete und ihre wissenschaftliche Karriere in jeder Hinsicht förderte. Bald gehörte sie zum Freundeskreis der Familie, sodass Planck nicht nur ihr Mentor, sondern auch ein väterlicher Freund wurde.

Da die Planckschen Vorlesungen ihr Leben in Berlin nicht ausfüllten, begann Lise nach Möglichkeiten zu suchen, auch wissenschaftlich zu arbeiten. Im später so legendären Physikalischen Kolloquium wurde sie durch Vermittlung von Heinrich Rubens im Herbst 1907 mit Otto Hahn bekannt, der mit seinen radiochemischen Arbeiten bereits einiges Ansehen genoss. Sie nahm seine Einladung an, sich an den Hahnschen Forschungen zur Radioaktivität zu beteiligen. Es entwickelte sich eine über dreißigjährige Zusammenarbeit und eine lebenslange Freundschaft.

Meitner und Hahn waren fast gleichaltrig, denn Hahn gehörte zum „guten Jahrgang 1879" – zu seinen Altersgenossen zählten unter anderen Albert Einstein, Max von Laue und Carl Ramsauer. Er wurde am 8. März 1879 in Frankfurt am Main als jüngster Sohn eines Glasermeisters geboren. Otto besuchte die Oberrealschule seiner Heimatstadt und schloss diese Ostern 1897 mit dem Abitur ab. Anschließend studierte er in Marburg Chemie, promovierte dort im Sommer 1901 bei Theodor Zincke mit der Dissertation „Über Bromderivate des Isoeugenols" und wirkte – nach einjährigem Militärdienst – bis 1904 als Vorlesungsassistent seines Doktorvaters. Diese Assistenzzeit und die weitere Beschäftigung mit klassischer organischer Chemie sollten ihn auf eine Industrieanstellung vorbereiten. Dass er dann weder organischer Chemiker wurde noch in die Industrie ging, hing mit einem Forschungsaufenthalt bei William Ramsay am University College in London zusammen. Ramsay machte ihn mit dem noch jungen Forschungsgebiet der Radiochemie bekannt, und bei der Einarbeitung in das für ihn völlig neue Forschungsgebiet gelang Hahn gleich eine Entdeckung – der Nachweis einer bislang unbekannten radioaktiven Substanz, des Radiothors (in moderner Nomenklatur: Th-228). Man wusste damals noch nichts von der Isotopie und glaubte, ein neues chemisches Element entdeckt zu haben. Diese Entdeckung wurde für Hahn zum Eintrittsbillett in die akademische Welt, denn Ramsay empfahl seinem talentierten Gast, zu Emil Fischer nach Berlin zu gehen, und versah seinen Ratschlag mit einem Empfehlungsschreiben an den befreundeten Kollegen. Bevor Hahn jedoch nach Berlin übersiedelte, um durch eine Habilitation eine wissenschaftliche Karriere anzustreben, wollte er seine radiochemischen Kenntnisse weiter verbessern – nach seinen eigenen Worten bedeuteten seine Habilitationspläne eigentlich „eine Unverschämtheit […], denn ich verstand ja noch gar nichts!"[7]

Im Sommer 1905 reiste Hahn nach Montreal, zu Ernest Rutherford, einem der führenden Pioniere der Radioaktivitätsforschung, der ihn in die physikalische Seite der Radioaktivität einführte und insbesondere mit der Methodik der Analyse der Alphastrahlung vertraut machte. Man kann diesen Studienaufenthalt für den wissenschaftlichen Lebensweg Hahns nicht hoch genug schätzen, zumal er „mit emsiger Arbeit in angenehmer Atmosphäre"[8] angefüllt und mit der Entdeckung weiterer Radioelemente, des Thorium C' (Po-212) und des Radioactiniums (Th-227), verbunden war; zudem entwickelte sich eine freundschaftlich-kollegiale Beziehung zu Rutherford, die bis zu dessen Tod im Jahre 1937 hielt. Nicht zufällig sollte Hahn deshalb das Jahr in Montreal rückblickend als „die schönste Zeit meines Lebens" bezeichnen.[9]

Im Sommer 1906 kehrte Hahn nach Deutschland zurück und nahm seine Tätigkeit im Fischerschen Institut an der Berliner Universität auf. Dort war er der Einzige unter den zahlreichen Studenten und Mitarbeitern des damals bedeutendsten und einflussreichsten deutschen Chemikers, der sich mit Problemen der Radioaktivität beschäftigte. Ihm wurde im Souterrain des Instituts eine ungenutzte Holzwerkstatt als Labor zugewiesen. 1907 konnte er die radioaktiven Substanzen Mesothorium I (Ra-228) und Mesothorium II (Ac-228) identifizieren und separieren. Das Hahnsche Mesothorium fand sehr schnell breite Anwendung sowohl in der Forschung als auch in der medizinischen Strahlentherapie, da es viel kostengünstiger war als die bis dahin üblichen Radiumpräparate.

Ebenfalls 1907 erfolgte die Habilitation Hahns an der Berliner Universität. Obwohl Emil Fischer und Walther Nernst als Gutachter die Hahnschen Arbeiten – es war eine kumulative Habilitation – ausgesprochen positiv beurteilten und uneingeschränkt als Habilitationsleistung anerkannten, wurde das Gesuch von anderen Professoren der Fakultät durchaus kritisch gesehen und u.a. mit den Worten kommentiert: „Es ist unglaublich, was sich heutzutage alles habilitiert."[10] Dies macht die damalige Außenseiterstellung Hahns und seines Forschungsgebiets deutlich, dessen Potenzial für die Entwicklung der modernen Chemie von vielen Fachkollegen nicht gesehen wurde: „Von den Chemikern wurde das Radium noch nicht recht ernst genommen."[11]

Als Radiochemiker pflegte Hahn insbesondere Kontakt zu den Physikern, und die 1907 beginnende Zusammenarbeit mit Meitner war direkter Ausdruck dieser Forschungsbeziehung. Diese trug zunehmend zu seinem wissenschaftlichen Renommee bei, was keineswegs zufällig war, denn die Radioaktivitätsforschung ist von ihrem

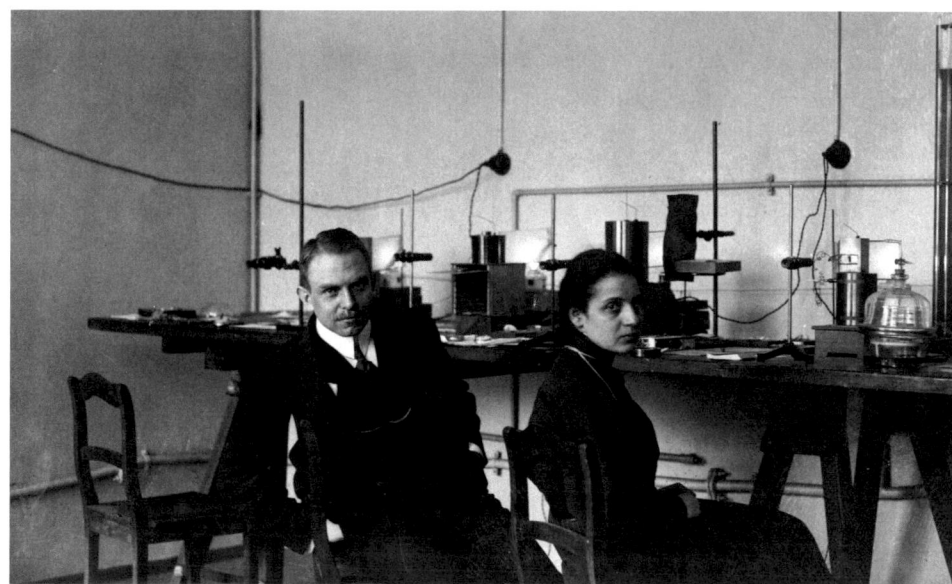

1   Otto Hahn und
Lise Meitner im Labor
(Holzwerkstatt) des
Chemischen Instituts
der Berliner Univer-
sität, um 1908.

Wesen her interdisziplinär und erforderte zur Charakterisierung der teilweise unwäg-
baren neuen Strahler nicht nur chemische Verfahren, sondern vor allem auch physikalische Konzepte und Methoden, insbesondere eine eingehende Analyse der ausgesand-
ten radioaktiven Strahlung. So untersuchten Hahn und Meitner am Beginn ihrer
Zusammenarbeit die Absorption der damals bekannten Betastrahler und fanden dabei
einen neuen Strahler. Auch persönlich „stimmte die Chemie" zwischen beiden: Ottos
Charme und seine soziale Kompetenz halfen Lise, ihre Schüchternheit zu überwinden,
ihre intellektuellen Fähigkeiten und ihre physikalische Kompetenz wurden von Hahn
ohnehin hoch geschätzt. Auch wenn man „doch herzlich miteinander befreundet
war", blieb ihr Privatleben über viele Jahre getrennt: „Abgesehen von physikalischen
Kolloquien begegneten wir einander nur in der Holzwerkstatt. Dort haben wir meistens bis kurz vor 8 Uhr gearbeitet […]. Lise Meitner ging nach Hause. Dabei waren wir
doch herzlich miteinander befreundet", erinnert sich Otto Hahn in seinen Memoiren.[12]
Fast 15 Jahre dauerte es dann auch, bis man 1922, nach der Geburt von Hahns Sohn
Hanno, dessen Patin Lise Meitner wurde, zum vertrauten Du überging.

Neben dem Persönlichen ergänzte sich auch der Arbeitsstil von Hahn und Meitner optimal: Hahn war sorgfältig und präzis bis ins letzte Detail und Meitner strebte
nach einer Zusammenfassung und Verallgemeinerungen der Forschungsergebnisse.
Dies zeigte sich beispielsweise bei der Hahnschen Entdeckung des Rückstoßeffektes
im Jahre 1909. Ausgangspunkt war die Beobachtung einer minimalen Restaktivität bei
einem radioaktiven Umwandlungsprozess. Die von ihm in diesem Zusammenhang
angestellten höchst diffizilen Versuche führten zu dem Schluss, dass die Ursache der
Restaktivität beim Rückstoßeffekt im radioaktiven Zerfallsprozess lag und mittels
Impuls- und Energieerhaltungssatz zu erklären war. Aufbauend auf dieser Erkenntnis

entwickelten Hahn und Meitner dann die sogenannte Rückstoßmethode zur Identifizierung und physikalischen Abtrennung radioaktiver Zerfallsprodukte, die in der
Radioaktivitätsforschung weite Verbreitung fand.

Im eigentlichen Fokus des Forscherpaares standen damals jedoch Forschungen
zur Absorption und Ablenkung der Betastrahlung, die Pionierarbeiten darstellten,
namentlich die Nutzung fotografischer Methoden bei der Aufzeichnung der magnetischen Betaspektren. Die Physik der Beta- und Gammastrahlen wurde später, in den
Zwanzigerjahren, das Hauptarbeitsgebiet von Lise Meitner.

War Hahn zu Beginn ihrer Zusammenarbeit Assistent von Emil Fischer und
verfügte damit über ein bescheidenes, aber festes Einkommen, so hatte Meitner lediglich den Status einer unbezahlten Gastwissenschaftlerin. Dies änderte sich auch nicht,
als Hahn im Oktober 1912 an das neu gegründete Kaiser-Wilhelm-Institut (KWI) für
Chemie in Berlin-Dahlem wechselte. Mit Hahn wechselte auch Meitner ans KWI, und
auch hier genoss sie zunächst nur den Status einer unbezahlten Gastwissenschaftlerin,
obwohl ihre wissenschaftliche Reputation inzwischen kaum der ihres Kollegen nach-
stand, denn sie hatte als Physikerin bereits eigenständige und in der Fachwelt hoch anerkannte Forschungsleistungen erbracht. Ein Wandel in ihrem beruflichen und finanziellen Status trat ein, als Max Planck sie im Jahre 1912 zu seiner Assistentin machte,
womit sie erstmals über ein eigenes Einkommen verfügte; im Übrigen war sie damit
die erste Frau in einer wissenschaftlichen Anstellung an einer preußischen Universität.
Im Jahre 1913 erhielt sie dann auf Initiative von Emil Fischer endlich eine reguläre
Anstellung am KWI, die zwar relativ bescheiden dotiert, doch im Status vergleichbar
mit der Hahns war; im folgenden Jahr wurde schließlich ihr Gehalt erhöht, sodass sich
auch dieses nicht mehr so gravierend vom Hahnschen unterschied.

Die von Hahn und Meitner bezogenen neuen Laborräume der Abteilung Radioaktivität des KWI für Chemie, die bald als Hahn-Meitner-Abteilung firmierte, waren
modern und großzügig ausgestattet – vor allem waren sie nicht wie die Holzwerkstatt
radioaktiv kontaminiert. Dies gestattete Hahn und Meitner, ein neues und schwieriges
Projekt anzugehen: die Suche nach der Muttersubstanz (dem Vorgängerelement) des
radioaktiven Elements Actinium, das ein Alphastrahlung aussendendes Isotop des
Elements 91 sein sollte – ein Strahler, der bisher nicht nachgewiesen werden konnte. Es
brauchte mehr als vier Jahre, bis man die Muttersubstanz isoliert und wichtige chemische und radioaktive Eigenschaften des Elements bestimmt hatte. Im Frühjahr 1918
konnten Hahn und Meitner die Entdeckung des Elements 91, des Protactiniums, be-
kanntgeben.

In diese Zeit fällt der Erste Weltkrieg, der die Untersuchungen nicht nur behin-
derte, sondern mehrfach unterbrach. So war Otto Hahn während des gesamten Krieges
Soldat, ab 1915 im Range eines Leutnants in der Giftgaskompanie von Fritz Haber und
faktisch an allen Fronten in vorderster Stellung bei der Vorbereitung der Giftgasangrif-
fe eingesetzt. Auch wenn Hahn seine diesbezüglichen Kriegserlebnisse in seiner
Selbstbiografie relativ unreflektiert beschreibt,[13] haben sie später zu seiner kritischen
Haltung gegenüber Massenvernichtungswaffen beigetragen. Auch Lise Meitner entzog

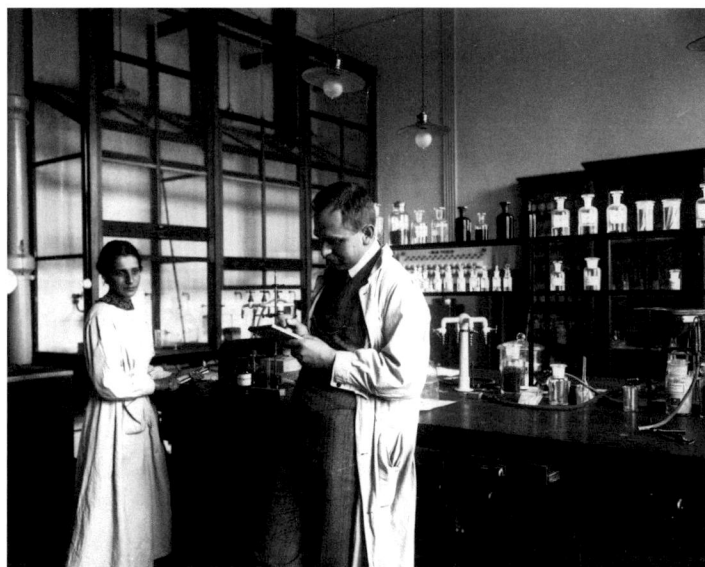

2   Otto Hahn und
Lise Meitner im Labor
der Abteilung Radio-
aktivität des Kaiser-
Wilhelm-Instituts für
Chemie in Berlin-
Dahlem, um 1914.

sich der damals herrschenden allgemeinen Kriegseuphorie nicht und stellte sich im
Sommer 1915 freiwillig der österreichischen Armee als Krankenschwester zur Verfügung. Sie war in mehreren Frontspitälern tätig und baute ein Röntgenlabor zur
Untersuchung der Verwundeten auf. Im Herbst 1916 kehrte sie wieder an das Dahlemer
Institut zurück, das damals vollständig für die Haberschen Giftgasforschungen requi-
riert worden war.[14] Meitner setzte ihre wissenschaftliche Forschungstätigkeit fort, das
heißt, die Isolierung der Muttersubstanz des Actiniums. Wie hoch diese Forschungstätigkeit geschätzt wurde, macht die Tatsache deutlich, dass sie von Emil Fischer im
Januar 1917 zur Leiterin einer eigenen Physikalisch-Radioaktiven-Abteilung berufen
wurde. Damit war die radiochemische Abteilung Hahn-Meitner in zwei unabhängige
Abteilungen aufgeteilt, was für Meitner nicht nur eine kräftige Gehaltssteigerung,
sondern vor allem eine Rangerhöhung und einen deutlichen Reputationsgewinn
bedeutete. Dies eröffnete ihr endlich die Möglichkeit, ihre Forschungen weitgehend
unabhängig zu gestalten, was nicht zuletzt den Actiniumarbeiten zugutekam. Diese
waren natürlich weiterhin ein gemeinsames Forschungsprojekt mit Hahn, doch konnte der sich an ihnen nur durch briefliche Korrespondenz und während der gelegentli-
chen Freistellungen vom Frontdienst beteiligen. Der Großteil der Untersuchungen
musste so von Meitner allein bewältigt werden: Sie beschaffte das Ausgangsmaterial
für die Untersuchungen, korrespondierte mit anderen Wissenschaftlern, führte die
Experimente aus, analysierte die Messdaten und hielt Hahn über den Fortgang der
Arbeiten auf dem Laufenden. Die Tatsache, dass die Publikation der Entdeckung des
Protactiniums unter beider Namen und zudem in alphabetischer Reihenfolge erfolgte,
zeigt ihre Kollegialität und war außerdem Ausdruck der allgemeinen Solidarität mit
den im Felde stehenden Kollegen.[15]

Mit der Entdeckung des Protactiniums war die direkte Zusammenarbeit von Hahn und Meitner zunächst einmal beendet, was jene Veränderungen reflektiert, die sich damals auf dem Gebiet der Erforschung der Radioaktivität vollzogen hatten. Meitner und andere Physiker sahen in der Radioaktivität ein Mittel, die Eigenschaften des Atomkerns zu erforschen. Damit ebneten sie den Weg zur modernen Kernphysik. Dagegen war die Radioaktivität für Chemiker inzwischen weniger interessant, weil es kaum mehr Neuentdeckungen von radioaktiven Elementen gab und fundamental neue Erkenntnisse zudem nicht zu erwarten waren. Dennoch setzte Hahn seine radiochemische Forschung fort und konnte 1921 eine geringe Menge eines bislang unbekannten Protactiniumisotops nachweisen, das schneller als das bekannte Isotop Pa-234 zerfiel, aber sonst mit ihm identisch war. Die Entdeckung war für Hahns Experimentierkunst typisch, die winzige Unterschiede aufzuspüren vermochte und dadurch zu überraschend neuen Erkenntnissen führte – in diesem Fall zum ersten Hinweis auf die Kernisomerie. Obwohl Hahn diese diffizilen Untersuchungen einmal als „meine beste Arbeit überhaupt" und „nobelpreisverdächtig" bezeichnen sollte, nahm die wissenschaftliche Welt davon nur sehr zurückhaltend Kenntnis, weil man sie erst auf der Grundlage eines verbesserten Wissens über den Aufbau und die Struktur des Atomkerns erklären konnte. Im nachfolgenden Jahrzehnt entwickelte Hahn Verfahren zur quantitativen Bestimmung von kleinsten Mengen radioaktiver Elemente, was man heute als angewandte Radiochemie bezeichnet.[16] Dazu gehören die Hahnschen Fällungs- und Adsorptionsregeln für radioaktive Elemente in Kristallgemischen, seine Verbesserung der Indikatormethode, die radioaktive Isotope als Mittel für den Nachweis langlebiger beziehungsweise stabiler Isotope des gleichen Elements nutzte, und die Entwicklung seiner Emaniermethode als Indikator für Oberflächeneffekte und Strukturveränderungen von Festkörpern. Sein Interesse für die Geologie führte schließlich zur Hahnschen Rubidium-Strontium-Methode, die später sowohl für die Altersbestimmung von Erdgestein als auch von Mondproben Anwendung fand.[17]

Mit den wissenschaftlichen Erfolgen ging ein weiterer Aufstieg in Hahns beruflicher Karriere einher. So konnten die Abteilungen Hahn und Meitner innerhalb des KWI für Chemie nicht nur weiter ausgebaut werden und expandieren, sondern Hahn selbst wurde 1924 zunächst zweiter und ab 1928 dann erster Direktor des Instituts. Ebenfalls im Jahre 1924 wählte ihn die Preußische Akademie der Wissenschaften zu ihrem Mitglied, wobei in der von Fritz Haber verfassten Laudatio herausgestellt wird, dass er „seine Stellung in der Wissenschaft den Arbeiten zu verdanken [hat], die er seit 1905 auf dem Gebiet der Radioaktivität veröffentlicht hat", und dass diese Arbeiten „anfangs allein, später in gemeinschaftlicher Arbeit mit L. Meitner ausgeführt wurden".[18]

Sichtbarer Ausdruck für Hahns wissenschaftliche Anerkennung war ebenfalls die Verleihung der renommierten Emil-Fischer-Medaille der Gesellschaft Deutscher Chemiker im Jahre 1919 für die Entdeckung des Protactiniums, wobei allerdings Meitners Beitrag übergangen wurde.[19] Die Auszeichnung markiert den Beginn einer langen Liste von Ehrungen, die im Nobelpreis – wiederum ohne Meitner – ihren Höhepunkt fand; darauf wird später noch ausführlich eingegangen.

Für Lise Meitner wurden die Zwanzigerjahre ebenfalls Jahre des Erfolgs, der beruflichen Anerkennung und akademischer Ehrungen. Befördert wurde dies durch die Fortschritte im Bereich der Frauenemanzipation und die generellen Bemühungen der Weimarer Republik, die gesellschaftliche Gleichstellung der Frau voranzutreiben. So verlieh die KWG im Jahre 1919 Lise Meitner den Professorentitel, womit sie zu den ersten Frauen in Deutschland gehörte, die diesen Titel tragen durften. Ihre Stellung im Institut blieb von dieser Rangerhöhung allerdings praktisch unberührt, sieht man vielleicht von der Tatsache ab, dass ihr Labor für Studenten und andere Mitarbeiter nun um einiges attraktiver geworden war. Im Jahre 1922 konnte sie sich zudem an der Berliner Universität habilitieren – zwei Jahre, nachdem man in Preußen Wissenschaftlerinnen überhaupt das Recht zur Habilitation eingeräumt hatte. Nach der Breslauer Physikerin Hedwig Kohn war sie damit die zweite Privatdozentin für Physik an einer deutschen Universität. Was man Frauen damals in der Physik zutraute, macht die Meldung einer Berliner Tageszeitung deutlich, derzufolge „Frl. Meitner" in ihrer Antrittsvorlesung über „Probleme der kosmetischen Physik" referieren würde – die tatsächlich diskutierten „kosmischen Probleme" muteten die Herren Redakteure wohl als etwas ‚unweiblich' an. Der ‚Freudsche Fehler' amüsierte Meitner und ihre Kollegen noch über Jahre hinweg.

In diese Zeit fallen auch erste wissenschaftliche Ehrungen – so verlieh ihr die Berliner Akademie 1924, nicht zuletzt, weil „ihr als einer Dame manche Art der akademischen Anerkennung verschlossen" ist, die Silberne Leibnizmedaille.[20] Im Jahr darauf folgte die Wiener Akademie mit dem Ignaz-Lieben-Preis und 1928 wurde sie durch die American Association of University Women mit dem Ellen Richards Prize geehrt. Meitner hatte sich so zu einer national wie international hoch anerkannten Physikerin profiliert, was Hahn rückblickend zu der Feststellung veranlasste: „Man kann wohl sagen, daß in den Jahren nach etwa 1920 ein großer Teil des Ansehens des Instituts, vor allem im Ausland, auf den Arbeiten der Abteilung Meitner beruhte."[21]

In diesem Zusammenhang ist insbesondere die Fortsetzung der Untersuchungen zum Betazerfall zu nennen, die zu ihrem eigentlichen Spezialgebiet wurden. So konnte sie durch Präzisionsmessungen eine langjährige Kontroverse mit C. D. Ellis und der Cambridger Rutherford-Gruppe über die Reihenfolge von Betazerfall und Gammastrahlenemission für sich entscheiden. Der Nachweis, dass die Primäremission der Betastrahlung kontinuierlich erfolgt, warf die Frage nach der strengen und nicht nur statistischen Gültigkeit des Energieprinzips bei Kernprozessen auf und regte Wolfgang Pauli dazu an, ein neues Elementarteilchen, das Neutrino, zu postulieren.[22] Weiterhin entwickelte sie in dieser Zeit erste Vorstellungen über Anregungszustände im Atomkern und kam den sogenannten magischen Zahlen und damit dem späteren Schalenmodell des Atomkerns nahe. Auch hatte sie schon zu Beginn der Zwanzigerjahre bei ihren Untersuchungen der magnetischen Betaspektren die strahlungslose Emission eines Elektrons aus einer inneren Elektronenschale beobachtet und auch richtig interpretiert – ein Effekt, der ein paar Jahre später durch Pierre Auger unabhängig entdeckt wurde und heute als Auger-Effekt bezeichnet wird.[23] Zu den weiteren Ver-

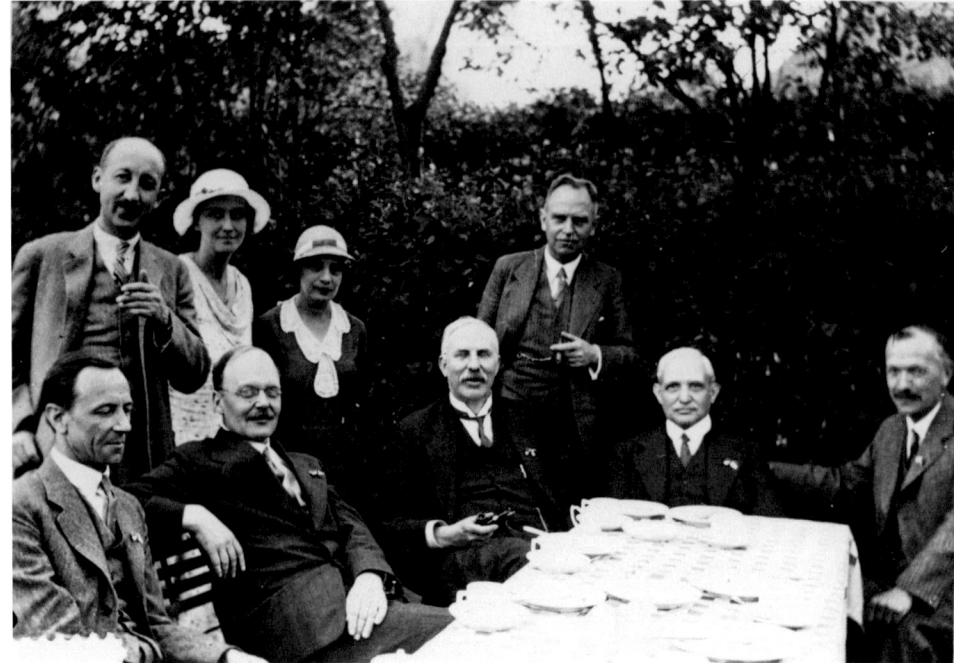

3   Auf der Tagung der Deutschen Bunsengesellschaft in Münster: James Chadwick, Georg von Hevesy, Hans Geiger, Lili Geiger, Lise Meitner, Ernest Rutherford, Otto Hahn, Stefan Meyer und Karl Przibram, 1932.

diensten Meitners gehört, dass sie mit ihren Forschungen entscheidend zur Durchsetzung von Wilsonscher Nebelkammer und Geiger-Zähler in der Kernphysik beitrug. Mittels der Wilson-Kammer konnte sie bei Untersuchungen zur harten Gammastrahlung erstmals nichtkosmische Positronen nachweisen und die Bildung von Positron-Elektronen-Paaren dokumentieren.[24]

Mit der Entdeckung des Neutrons im Jahre 1932, dem ‚Wunderjahr‘ der modernen Kernphysik, erschloss sich für Lise Meitner ein neues Forschungsfeld, denn wegen seiner ungeladenen Natur war das Neutron für die Auslösung von Kernreaktionen besonders geeignet. Enrico Fermi begann mit seiner Gruppe in Rom als Erster, Uran als damals letztes Element im Periodensystem, mit Neutronen zu beschießen. Dabei fand er neue radioaktive Substanzen und man ging davon aus, dass es sich dabei um transuranische Elemente handelte. Für Meitner waren diese Versuche so faszinierend, dass sie sofort nach deren Erscheinen Otto Hahn überredete, „unsere seit mehreren Jahren unterbrochene direkte Zusammenarbeit wieder aufzunehmen, um uns diesen Problemen zu widmen“[25]. Es war für sie klar, „daß man mit Physik allein auf diesem Gebiet nicht weiterkommen konnte. Es müßte ein so ausgezeichneter Chemiker wie Otto mithelfen, wenn es Erfolg haben sollte.“[26] Allerdings bedurfte es einiger Überzeugungsarbeit, bis sich Hahn Ende 1934 dem Meitnerschen Forschungsprogramm anschloss und man die ersten gemeinsamen Experimente durchführte. Zum Team Meitner – Hahn stieß 1935 noch der junge Fritz Straßmann, der in der chemischen Analysetechnik großes Geschick zeigte.

Die Neutronenexperimente führten so nicht nur zu einer Renaissance der Radiochemie, sondern erneuerten die enge Zusammenarbeit von Hahn und Meitner. Verantwortlich hierfür war der stark interdisziplinäre Charakter der Uranforschung: Die Radiochemie diente der Charakterisierung von Zerfallsreihen, die analytische Chemie wurde für die Trennung der bei der Bestrahlung entstehenden radioaktiven Isotope genutzt und die Kernphysik bestimmte die Reaktionsbedingungen sowie die Interpretation der Reaktionsmechanismen.

Allerdings war diese Zeit nicht nur von Interdisziplinarität und freundschaftlicher Zusammenarbeit geprägt, sondern für Lise Meitner auch von Ausgrenzung. Hatte sie bisher die Geschlechterfrage zur Außenseiterin in der Wissenschaftsgemeinde gemacht, wurde sie nach der Übertragung der Macht an die Nationalsozialisten im Januar 1933 wegen ihrer jüdischen Herkunft zum ‚Paria‘. Bereits im Sommer 1933 entzog ihr die Berliner Universität aufgrund des infamen *Gesetzes zur Wiederherstellung des Berufsbeamtentums* die Lehrbefugnis, und die zunehmende rassistische Ausgrenzungspolitik im Dritten Reich machte in der Folgezeit den Besuch von Kolloquien und anderen wissenschaftlichen Aktivitäten immer schwieriger. Deshalb stellte sich auch für Meitner die Frage, ob sie das nationalsozialistische Deutschland verlassen sollte. Sie entschied sich zu bleiben, wobei für ihre Entscheidung maßgebend war, dass sie ihre wissenschaftliche Tätigkeit am KWI für Chemie weitgehend ungestört fortsetzen konnte. Das Institut war wegen seiner überwiegend privaten Finanzierung nicht in vollem Maße von der Entlassungswelle im Rahmen des Gesetzes zur Wiederherstellung des Berufsbeamtentums betroffen und die österreichische Staatsbürgerschaft bot ihr zusätzlichen Schutz.

Das KWI war so für Lise Meitner in den ersten Jahren der Nazidiktatur ein Schutzraum, in dem sie durch ihre eigene Prominenz, durch Hahn als Institutsdirektor und durch Planck, den damaligen Präsidenten der KWG, ihre Tätigkeit als Wissenschaftlerin fortzuführen versuchte, nicht zu vergessen, dass mit Hahn und Straßmann ihre engsten Kollegen erklärte Gegner des Nationalsozialismus waren. So war Straßmann nicht nur kein NSDAP-Mitglied, sondern widersetzte sich auch der Aufnahme in andere NS-Organisationen konsequent, weshalb er selbst in der chemischen Industrie keine Anstellung finden konnte und ihm überhaupt eine berufliche Karriere im Dritten Reich versperrt wurde.[27] Auch Hahn verweigerte sich den nationalsozialistischen Lockungen, und anders als so viele seiner Kollegen trat er 1933 der NSDAP nicht bei, sondern bewies vielmehr im Umgang mit den Verfolgten und Drangsalierten des Naziregimes Anstand und leistete Hilfe. So etwa, als er im Frühjahr 1933 auf Drängen Lise Meitners einen Gastaufenthalt in den USA abbrach und ins nationalsozialistische Deutschland zurückkehrte, um das nach dem Rücktritt Fritz Habers verwaiste Direktorenamt des KWI für physikalische Chemie kommissarisch zu übernehmen. In dieser Position hatte er zwar die Forderungen der Nazis nach Abwicklung des „jüdischen Instituts“ umzusetzen, was man als Teil der Selbstgleichschaltung der deutschen Wissenschaft bewerten muss, doch versuchte er andererseits, dabei auch besondere Härten abzuschwächen; zudem konnte er einigen Mitarbeitern helfen, neue Anstellungen zu finden.[28] Im Januar 1934 legte er seine Professur an der Berliner Universität nieder, wobei er diesen Schritt zwar offiziell mit seinen vielfältigen beruflichen Verpflichtungen begründete, doch wurde das von vielen als stiller Protest gegen die Nazifizierung der Universität und als Akt der Solidarität mit seiner der Universität verwiesenen Kollegin Lise Meitner verstanden.

All dies machte Lise Meitner das Leben in Nazideutschland und insbesondere im KWI bis 1938 erträglich:

> Es war ein starkes Gefühl der Zusammengehörigkeit vorhanden, dessen Grundlage gegenseitiges Vertrauen war. Nur dadurch war es möglich, daß auch nach 1933 die Arbeit im Institut völlig ungestört vor sich ging, obwohl die politische Einstellung der Abteilungsmitglieder nicht unbedingt einhellig war. Aber alle waren darin einig, alles zu tun, damit die wissenschaftliche und menschliche Gemeinschaft unverändert erhalten bleibe.[29]

Im Rückblick aber sah Meitner ihr Bleiben als Unrecht an, denn wie sie 1948 an Hahn schrieb: „[…] heute ist mir klar, daß ich ein großes moralisches Unrecht begangen habe, daß ich nicht 33 weggegangen bin; denn letzten Endes habe ich durch mein Bleiben doch den Hitlerismus unterstützt."[30]

Insbesondere unter den jüngeren Mitarbeitern und Doktoranden des Instituts gab es begeisterte Anhänger der Nazis, die auch vor Denunziationen nicht zurückschreckten. Mit dem Anschluss Österreichs im März 1938 hatte sich Meitners Situation grundlegend geändert, denn über Nacht verlor sie den schwachen Schutz ihrer österreichischen Staatsbürgerschaft. Das Drängen Hahns, das Institut so schnell wie möglich zu verlassen, empfand sie zunächst als eine befremdliche Distanzierung: „Ich war sehr unglücklich über Hahn, er hatte mich ja rausgeschmissen", notierte sie in ihrem Taschenkalender.[31] Sie musste jedoch bald einsehen, dass angesichts der politischen Realität im Dritten Reich und aktueller Auswanderungsbeschränkungen ihr nichts anderes übrig blieb, als fluchtartig zu emigrieren. Am Morgen des 13. Juli 1938 bestieg sie den Zug in Richtung holländische Grenze und schloss damit eine dreißigjährige Lebensperiode ab, die wohl die glücklichste und erfolgreichste ihres Lebens war. Der holländische Physiker Dirk Coster holte sie in Berlin ab und brachte sie über die Grenze. In Berlin war es vor allem Otto Hahn, der ihr bei der Flucht zur Seite stand und damit nicht nur menschlichen Anstand und Solidarität zeigte, sondern auch einiges Risiko auf sich nahm. Für „dringende Notfälle" steckte er ihr beim Abschied einen Brillantring zu, ein Erbstück seiner Mutter, und kümmerte sich später um die Nachsendung des Meitnerschen Hausrates sowie um die Regelung ihrer Rentenansprüche. Jahre später berichtete Lise Meitner über ihre Flucht:

> Um keinen Verdacht zu erregen, war ich am letzten Tag meines Lebens in Deutschland bis acht Uhr abends im Institut und korrigierte noch eine zu veröffentlichende Arbeit eines jungen Mitarbeiters. Dann hatte ich genau 1½ Stunden

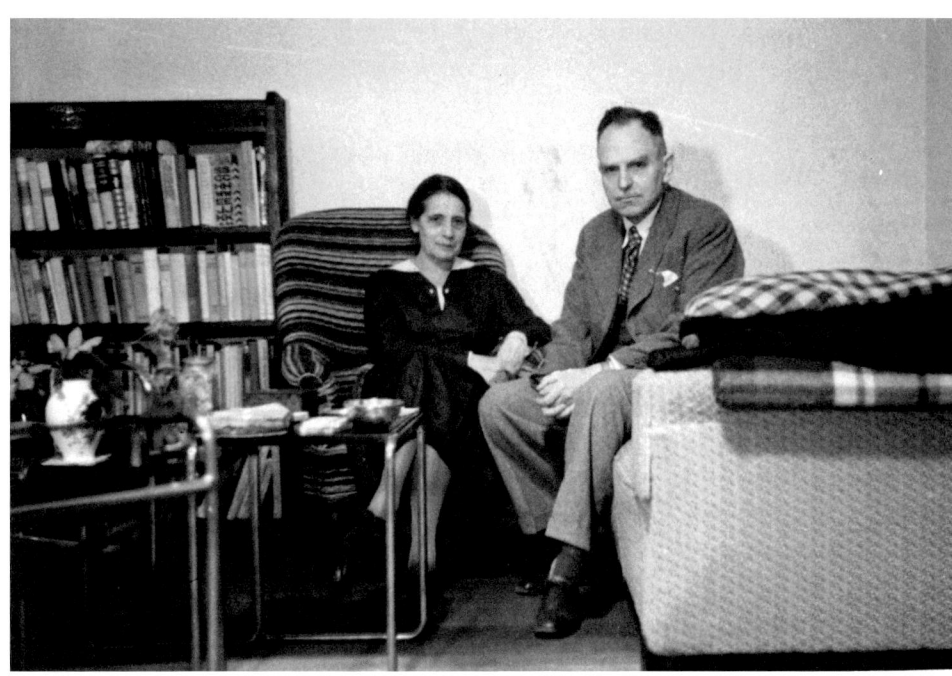

4   Otto Hahn und
Lise Meitner vor ihrer
Emigration, Mitte der
dreißiger Jahre.

Zeit, um ein paar notwendigste Sachen in 2 kleine Koffer zu packen und um für immer von Deutschland wegzugehen – mit 10 Mark in der Tasche.[32]

Allerdings waren die materiellen Sorgen nicht das größte Problem, die fast Sechzigjährige sorgte sich vor allem, keine angemessene Anstellung mehr zu finden. Im Vorfeld der Flucht hatte Niels Bohr bei verschiedenen Kollegen auf Meitners Situation aufmerksam gemacht, und daraufhin waren zwar Einladungen für Vorträge oder kurzfristige Stipendien von amerikanischen und Schweizer Universitäten ergangen, doch wirklich substantiell war nur die Offerte eines Einjahresvertrags der Universität Cambridge sowie ein nicht explizit befristetes Angebot des Stockholmer Nobelinstituts für Physik. Sie entschied sich für Stockholm als die längerfristige Perspektive und übersiedelte Ende August 1938 nach Schweden.[33] Mit ihrer Flucht aus Berlin nahm Lise Meitner nicht nur die beruflichen Ungewissheiten, persönlichen Demütigungen und materiellen Nöte des Exils auf sich, sie wurde auch um den Lohn ihrer wissenschaftlichen Arbeit gebracht.

Seit 1934 waren durch die Berliner Gruppe die Produkte der Neutronenbestrahlung des Urans identifiziert worden, darunter Betastrahler, die man der stetig wachsenden Liste der transuranischen Elemente hinzufügte. Dabei wurden sie – wie auch Fermi und die anderen auf diesem Gebiet arbeitenden Forscher – von zwei grundlegenden Annahmen geleitet, die sich später indes als falsch erwiesen: So war die zeitgenössische Physik überzeugt, dass Kernreaktionen nur zu relativ kleinen Änderungen führen, und die Chemiker meinten, dass Elemente mit einer größeren Ordnungszahl als Uran höhere Homologe des Übergangselements sind. Auf dieser Grundlage interpretierte man den Reaktionsprozess als die Absorption des Neutrons durch das Uran, gefolgt vom Beta-Zerfall und der Entstehung transuranischer Elemente. Dass dies das gängige Wissen war, macht nicht zuletzt die Tatsache deutlich, dass Enrico Fermi 1938 den Nobelpreis für Physik für die Entdeckung der ersten transuranischen Elemente 93 und 94 erhielt. Es ist eine Ironie der Geschichte, dass die Verleihung des Preises am 10. Dezember 1938 nur wenige Tage vor der Entdeckung der Uran-Kernspaltung erfolgte. Nun erst war klar, dass das Uran durch die Neutronenbestrahlung in zwei nahezu gleich große Teile gespalten worden und dass die angenommenen Transurane tatsächlich Spaltprodukte waren.[34]

Die Wende in den Forschungen, die schließlich zur Entdeckung der Uran-Kernspaltung führte, erfolgte im Spätsommer 1938, als Irène Curie und Pavel Savitch über neue Experimente und einen bislang unbekannten Betastrahler berichteten. Diese zeigten, dass bei der Uranbestrahlung wohl nicht nur Transurane, sondern auch ein anderer radioaktiver Strahler entstanden war. Auf der Grundlage eigener Versuche gelangten Hahn und Straßmann zu der Überzeugung, dass dieser neue Strahler ein Isotop des Radiums sein müsste. Damals war Meitner bereits in Schweden, über den Fortgang der Forschungen fand indes ein intensiver brieflicher Austausch statt. Dabei äußerte Meitner ihre Skepsis zum Befund, dass es sich um Radium handeln sollte, da dies mit den damaligen kernphysikalischen Vorstellungen nicht vereinbar wäre. Während eines Treffens mit Hahn im November am Bohrschen Institut in Kopenhagen drang sie darauf, das Radiumergebnis einer nochmaligen intensiven Prüfung zu unterziehen. Zurück in Berlin konnten Hahn und Straßmann, in einer brillanten Serie radiochemischer Experimente, den Nachweis führen, dass es sich bei ihrem „Radium" um das sehr viel leichtere Element Barium handelte. Das war ein völlig unerwartetes Ergebnis und obwohl sich Hahn „seiner Chemie" absolut sicher war, war er sich bezüglich der physikalischen Konsequenzen höchst unsicher. Kurz vor Weihnachten informierte Hahn Meitner in Stockholm über die neuen Versuchsergebnisse:

> Es ist nämlich etwas bei den ‚Radium-Isotopen', was so merkwürdig ist, daß wir es vorerst nur Dir sagen. [...] [I]mmer mehr kommen wir zu dem schrecklichen Schluß: unsere Ra[dium]-Isotope verhalten sich nicht wie Ra, sondern wie Ba[rium]. [...] Vielleicht kannst Du irgendeine phantastische Erklärung vorschlagen. Wir wissen dabei selbst, daß es [das Uran] eigentlich nicht in Ba zerplatzen kann. [...] Falls Du irgend etwas vorschlagen könntest, das Du publizieren könntest, dann wäre es doch noch eine Art Arbeit zu Dreien![35]

Meitner antwortete sofort und meinte, dass ein „weitgehendes Zerplatzen" des Urankerns vielleicht doch denkbar wäre: „[W]ir haben in der Kernphysik so viele Überraschungen erlebt, daß man auf nichts ohne weiteres sagen kann: es ist unmöglich."[36]

Die Korrespondenz gestattet zudem, die Entdeckungsgeschichte im Detail nachzuverfolgen: So die (widerwillige) Akzeptanz von Barium als Reaktionsprodukt

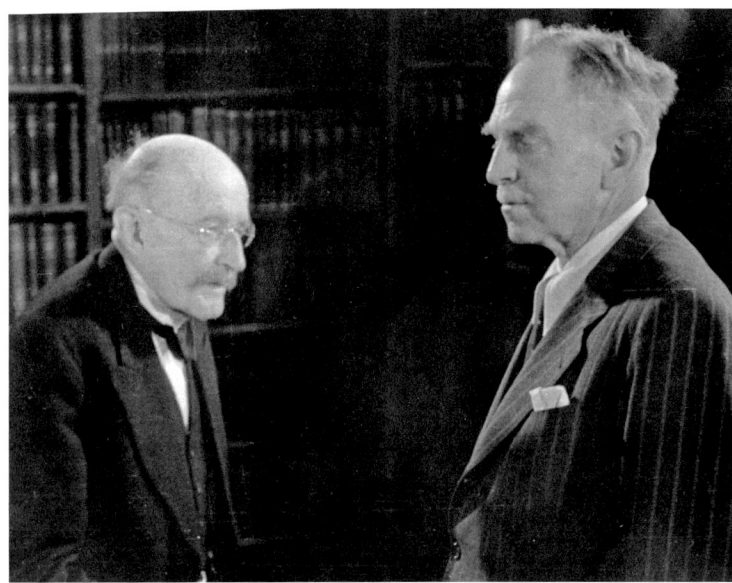

6 Max Planck gratu-
liert Otto Hahn nach
seiner Rückkehr von
der Nobelpreisver-
leihung, Göttingen,
22. Dezember 1946.

Über die Konstruktion und die Arbeitsbedingungen für eine ‚Uranmaschine' wurde
bei uns nichts gemacht", so waren seine eigenen Forschungen – die radiochemische
Identifizierung der Spaltprodukte – wie das von ihm geleitete KWI für Chemie mit
seinen Forschungen zur Neutronenphysik, Isotopentrennung oder seiner Suche nach
alternativen Spaltstoffen ein wichtiger Teil des deutschen Uranprojekts und im konkreten forschungspolitischen Kontext alles andere als reine Grundlagenforschung.[53]

Als Hahn in Farm Hall vom Abwurf der ersten amerikanischen Atombomben
auf japanische Städte erfuhr, war er tief erschüttert und fühlte sich als Mitentdecker persönlich für den Tod hunderttausender Menschen mitverantwortlich. Das Abhörpro-
tokoll vermerkt sogar, „daß er sich, als er die schreckliche Tragweite seiner Entdeckung
erkannt habe, ursprünglich mit Selbstmordgedanken getragen habe und daß jetzt, wo
die Möglichkeit Wirklichkeit geworden ist, ihn die volle Schuld treffe"[54].

Das Bekenntnis von Schuld und Verantwortung war es dann auch, das Hahn
veranlasste, in seinen beiden letzten Lebensjahrzehnten aktiv gegen den Missbrauch
der Atomenergie und gegen den Einsatz von Massenvernichtungswaffen generell auf-
zutreten. Als in den Fünfzigerjahren das nukleare Wettrüsten im Zeichen des sich ver-
schärfenden Kalten Krieges immer bedrohlichere Formen annahm, suchte er verstärkt
die Öffentlichkeit, um über das immense Vernichtungspotenzial von Atomwaffen
aufzuklären. Seine 1955 publizierte Schrift „Kobalt 60 – Gefahr und Hoffnung"[55], die
die Janusköpfigkeit der Atomenergie beschrieb, erfuhr weite Verbreitung und schärfte
das Protestpotenzial gegen Atomwaffen und somit auch gegen die Pläne einer atoma-
ren Bewaffnung der Bundeswehr.[56] Im selben Jahr regte er ebenfalls die Mainauer
Erklärung an, die von über 50 Nobelpreisträgern unterzeichnet wurde und die Regie-

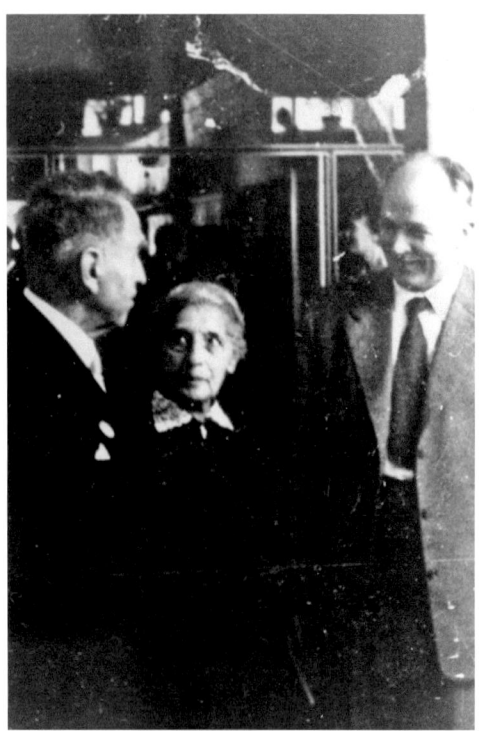

7   Otto Hahn, Lise
Meitner und Fritz
Straßmann bei der
Einweihung des Max-
Planck-Instituts für
Chemie, Mainz,
9. Juli 1956.

rungen der Welt vor den Gefahren eines Nuklearkriegs warnte. Zwei Jahre später
gehörte er zu den Mitunterzeichnern der *Erklärung der Göttinger 18*, die sich speziell
gegen die Atomwaffenpläne der Bundesrepublik wandte und Hahn zum Gegenstand
einer diffamierenden Polemik des damaligen Verteidigungsministers Franz Josef Strauß
machte.[57] Otto Hahn hat mit seinen öffentlichen Erklärungen das Problem der Verantwortung des Naturwissenschaftlers ganz wesentlich befördert und im Bewusstsein
von Wissenschaft und Öffentlichkeit unwiderruflich verankert.

Otto Hahn engagierte sich aber nicht nur als Privatperson, sondern nutzte sein
Prestige und seine herausgehobene gesellschaftliche Position als Präsident der bedeutendsten außeruniversitären Forschungsorganisation der Bundesrepublik. Nach seiner
Rückkehr aus der britischen Internierung hatte er im Frühjahr 1946 aus den Händen
des greisen Max Planck die Präsidentschaft der Kaiser-Wilhelm-Gesellschaft übernommen. Damit beendete er seine wissenschaftliche Forschungstätigkeit und wechselte ganz in die Sphäre von Wissenschaftsmanagement und -politik. Unter seiner
Ägide wurde die von der Auflösung bedrohte traditionsreiche Forschungseinrichtung
in die Max-Planck-Gesellschaft überführt, der er bis 1960 als Präsident vorstand. Er führte die MPG nicht nur über die schwierige Nachkriegszeit und stellte ihre internationale
Reputation wieder her, sondern leistete auch – ähnlich wie im Fall der Entdeckungsgeschichte der Kernspaltung und seines Verhaltens gegenüber Lise Meitner – in Bezug
auf die Geschichte der Gesellschaft einer Verdrängungs- und Beschönigungspolitik

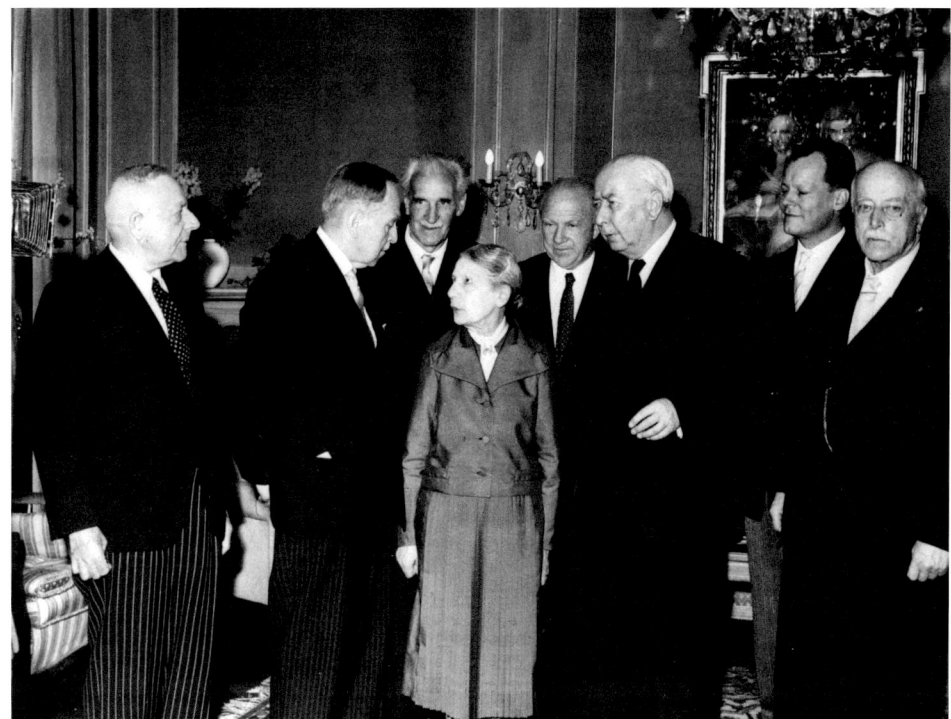

8   Empfang von Bundespräsident Theodor Heuss anlässlich der Gedenkveranstaltung zum 100. Geburtstag von Max Planck im Schloss Bellevue, Berlin: Otto Warburg, Otto Hahn, Nicolai Hartmann, Lise Meitner, Werner Heisenberg, Theodor Heuss, Willy Brandt, Max von Laue, 25. April 1958.

Vorschub, die für lange Zeit ein geschöntes Bild vom Wirken der Gesellschaft und ihrer Wissenschaftler im Dritten Reich etablierte.[58] Otto Hahn erfreute sich bei seinen Kollegen und Zeitgenossen ungewöhnlich großer Beliebtheit und galt in der Nachkriegszeit als Beispiel des in der Nazizeit aufrecht und integer gebliebenen Gelehrten. Daraus resultierten zahlreiche Auszeichnungen und Ehrungen – von der Max-Planck-Medaille über die Paracelsus- und Faraday-Medaille bis zur Aufnahme in den Orden Pour le Mérite. All dies hat sicherlich dazu beigetragen, dass seine Deutung der Entdeckungsgeschichte der Kernspaltung meinungsbildend und lange nicht hinterfragt wurde. Er starb in seinem 90. Lebensjahr am 28. Juli 1968 in Göttingen.

Weit weniger spektakulär verlief Lise Meitners Karriere nach ihrer Emigration im Jahre 1938. Ihre Situation in Stockholm war von Anfang an schwierig. Sie hatte gehofft und wohl auch erwartet, willkommen zu sein, schließlich war sie eine international hoch anerkannte Physikerin. Sie wusste, dass die Kernphysik in Schweden entwicklungsbedürftig war und hätte gerne einen Beitrag zur Profilierung des Gebiets in ihrem Gastland geleistet. Das neu gegründete Nobelinstitut für Physik, wo sie eine Anstellung fand, war das erste schwedische Institut, das sich explizit der kernphysikalischen Forschung widmen sollte und dessen Direktor Manne Siegbahn sie seit vielen Jahren kannte. Dennoch wurde sie nach ihrer Ankunft von ihm recht kühl empfangen; auch war ihr Gehalt relativ karg bemessen und entsprach keineswegs ihrer Qualifikation. Hinzu kam, dass sie zwar im Institut ein Büro erhielt, aber weder über eine experimen-

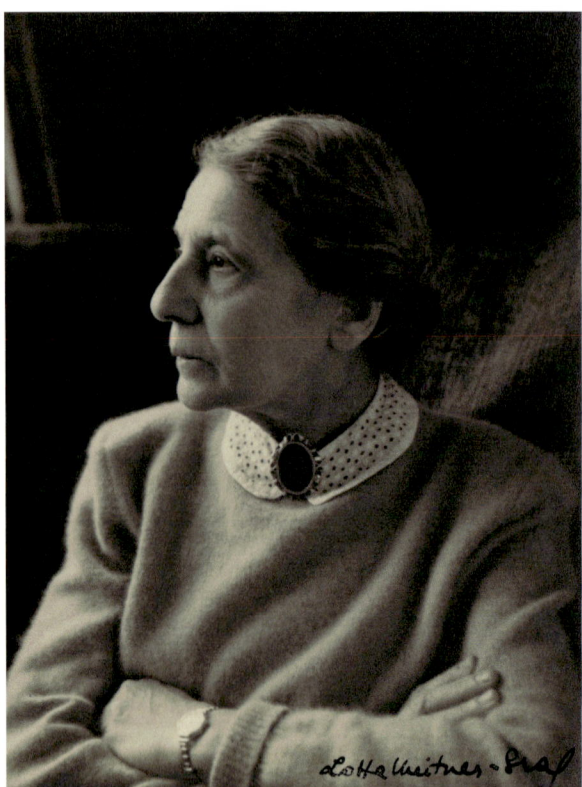

9   Lise Meitner,
Fotografie von Lotte
Meitner-Graf, 1959.

telle Ausstattung noch über einen Anschaffungsetat verfügte; selbst die Schlüssel zu
den Labors und Werkstätten des Instituts wurden ihr verweigert. Die Enttäuschung
über ihre neue Wirkungsstätte war entsprechend groß. Erst Monate später wurde ihr
hintertragen, dass sie gegen den Willen von Siegbahn ans Institut gekommen war, doch
hatten Niels Bohr und andere Kollegen dem Nobelkomitee die Finanzierung ihrer Stelle garantiert und so Siegbahn genötigt, sie im Institut aufzunehmen. Dieser war allein
schon deswegen über Meitners Anstellung wenig erbaut, weil er dadurch seine kern-
physikalische Kompetenz infrage gestellt sah. In den folgenden Jahren ihrer Tätigkeit
am Siegbahnschen Institut wurde Meitner eigentlich nie als Kollegin akzeptiert – sie
blieb stets Außenstehende, ein ‚Fremdkörper‘. Ihre Möglichkeiten, sich dagegen auf-
zulehnen, waren sehr begrenzt, da Siegbahn damals der mächtigste und einflussreichs-
te Physiker des Landes war – omnipotent in Hinblick auf das akademische Leben und
die wissenschaftlichen Organisationen Schwedens, einschließlich des einflussreichen
Nobelestablishments und sogar der schwedischen Industrie.

   Als Ausländerin konnte sich Meitner auch nicht für andere Positionen in Schweden bewerben. Einen Ausweg schien im Sommer 1939 eine Position im englischen
Cambridge zu bieten, doch verhinderte der Ausbruch des Zweiten Weltkriegs die Übersiedlung nach England. 1943 wurde sie schließlich eingeladen, die britische Gruppe im

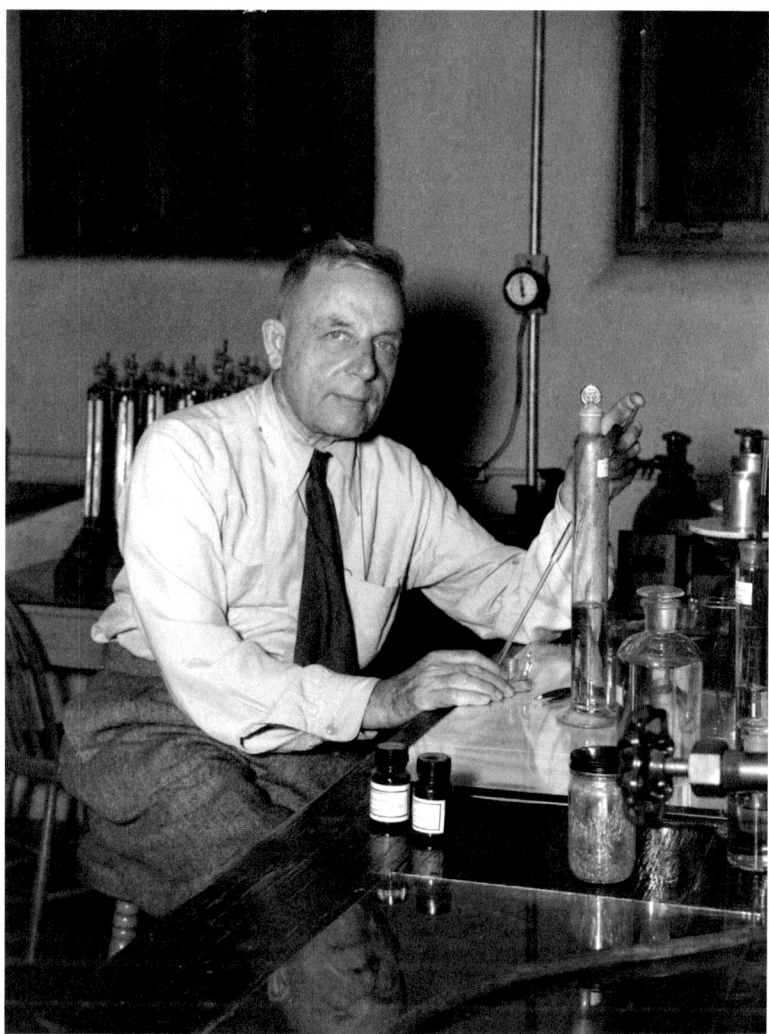

5 Otto Heinrich
Warburg in seinem
Labor im Kaiser-
Wilhelm-Institut für
Zellphysiologie,
um 1935.

in der Gegenwart von Sauerstoff gebildet wird, die Aktivität des Enzymes Phospho-
fructokinase und damit die Geschwindigkeit der Glykolyse. Basierend auf zahlreichen
Befunden von genomischer Instabilität in Tumoren,[36] werden die Aktivierung von
Onkogenen und inaktivierende Mutationen von Tumorsuppressorgenen als Haupt-
ursache der Krebsentstehung angesehen, die die Immortalisierung der Zellteilung und
Evasion von der Immunüberwachung des Organismus zur Folge haben.[37] Neuere
Untersuchungen haben gezeigt, dass viele der Mutationen im Genom und in der mitochondrialen DNA von Tumorzellen auch zu Aktivitätssteigerungen von Enzymen der
Glykolyse, verbunden mit Hemmung der mitochondrialen oxidativen Phosphorylie-
rung, führen und damit zu einer Reprogrammierung des Energiestoffwechsels.[38] Da
viele der neu beschriebenen Energiegewinnungskaskaden von Krebszellen spezifisch

hemmbar und damit Therapien grundsätzlich zugänglich sind,[39] haben Warburgs ursprüngliche Entdeckungen erneut großes Interesse gefunden. Basierend auf der Überlegung, dass schnell wachsende Tumorzellen einen erhöhten Bedarf nicht nur an Energie, sondern auch an Bausteinen (Aminosäuren, Nukleinsäuren, Fettsäuren, Kohlenhydraten) für neue Zellen haben, wurde gefunden, dass Kohlenstoff aus dem erhöhten Glukoseabbau in Krebszellen auch in diese Aufbaukanäle eingeführt wird.[40] Koppenol und andere[41] sowie Hanahan und Weinberg[42] haben brillante Übersichten des sehr komplexen gegenwärtigen Wissens- und Forschungsstandes erstellt.

b) *Enzyme der Glykolyse und Atmungskette – Die überragende Leistung Otto Warburgs in der Grundlagenforschung und deren Konsequenzen für klinische Anwendungen*
Es ist generell unbestritten, dass Otto Warburg mit der Isolierung, Kristallisierung und Charakterisierung vieler Enzyme der Glykolyse und der Atmungskette ganz außerordentliche Leistungen vollbracht hat. Der enorme Anteil Otto Warburgs an der Erforschung der Glykolyse, alkoholischen Gärung und Initialphase des Pentosephosphatzyklus wurde von Hoextermann und Sucker[43] eindrucksvoll beschrieben. Viele moderne Entwicklungen der Grundlagenbiochemie und der klinischen Biochemie basieren auf diesen Errungenschaften (optische Tests für Kupfer und Eisengehalt und für Enzymaktivitäten im Serum als Basis der klinischen Diagnostik von avitaminotischen, metabolischen und organgebundenen Erkrankungen; industrielle Herstellung reiner Enzyme, Koenzyme und Substrate; Entwicklung antituberkulöser Substanzen und viele mehr). Seit Warburgs Arbeiten sind über 150 Dehydrogenasen identifiziert worden, die NAD als Wirkungsgruppe des Koenzyms besitzen.[44]

In neueren Publikationen über die Energetik der Photosynthese wurde Übereinstimmung erzielt darüber, dass für die Photosynthese eine Minimalenergie von 9–12 Lichtquanten pro produziertem O_2-Molekül benötigt wird.[45] Dieses Ergebnis war erklärbar durch die Entdeckung, dass bei der Photoassimilation von CO_2 zwei verschiedene Systeme (Photosystem I und II) aktiv sind, die die Reduktion von CO_2 zu CO_2H katalysieren. Dabei wird die Energie von mindestens acht Photonen pro gebildetes O_2-Molekül oder fixiertes CO_2-Molekül benötigt. Die optimale Effizienz der Lichtenergieumwandlung liegt bei ungefähr 30 %, in der Realität aber nur bei 4–5 %.[46] Die dramatische Geschichte der *Maximum quantum yield controversy* ist in einer faszinierenden Monografie nachgezeichnet.[47] Trotz spektakulärer, von ihm initiierter und mit großem experimentellem Geschick ausgeführter Experimente hatte Warburg hier letztlich nicht die Erfolge, die mit denen der Entdeckung und Isolierung der Atmungsketten- und Glykolyseenzyme und des aberranten Stoffwechsels von Krebszellen auf gleicher Höhe stehen.

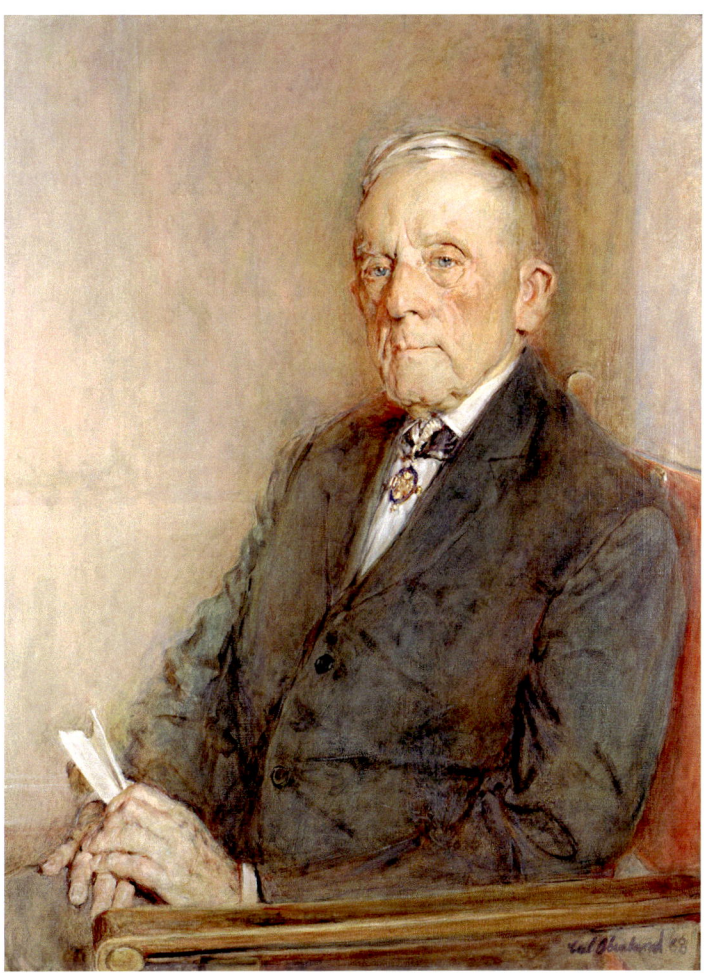

6   Otto Heinrich Warburg mit dem Orden Pour le Mérite, Gemälde von Carl Obenland, Öl auf Leinwand, 1968.

DER NOBELPREIS UND WEITERE EHRUNGEN

Otto Warburg wurden für seine Arbeiten zahlreiche Ehrungen zuteil. Während er als Empfänger des Nobelpreises für Physiologie oder Medizin 1931 (für die Entdeckung und Beschreibung des sauerstoffübertragenden Atmungsferments) weltbekannt ist, ist weniger geläufig, dass er zuvor (1927) schon einmal für den Nobelpreis (für seine Arbeiten über den Stoffwechsel von Krebszellen) vorgeschlagen war. 1944 war Warburg abermals für die Arbeiten über das Nicotinsäureamid als wasserstoffübertragendes Koenzym bei biologischen Oxydationen für den Nobelpreis im Gespräch. Warburg gehört somit zu der sehr kleinen Gruppe von Wissenschaftlern, die mehr als einmal für diesen höchsten Wissenschaftspreis diskutiert wurden.[48]

     Unter den vielen anderen Ehrungen waren es die Ernennung zum Mitglied der Royal Society London 1924, die Verleihung des Ordens Pour le Mérite 1951 und die Ehrendoktorwürde der Universität Oxford 1965, die Warburg besonders erfreuten.

In Deutschland erhielt Otto Warburg die Ehrendoktorwürden der Technischen Universität Berlin (1953) und der Universität Heidelberg (1957). Auffällig spät wurde er Mitglied der Deutschen Akademie der Wissenschaften zu Berlin (1946),[49] der Deutschen Akademie der Naturforscher Leopoldina in Halle (1956) und der Gesellschaft Deutscher Chemiker (1957). Er erhielt das Große Verdienstkreuz mit Stern und Schulterband der Bundesrepublik Deutschland (1953, 1957), den Paul-Ehrlich-und-Ludwig-Darmstaedter-Preis der Stadt Frankfurt (1962) und die Harnack-Medaille der Max-Planck-Gesellschaft (1963).

Otto Warburg und der Nationalsozialismus

Warburgs Verhältnis zum Nationalsozialismus war merkwürdig. Als Halbjude war Warburg von Lehre und größeren Verwaltungstätigkeiten ausgeschlossen, wozu er jedoch schon als Mitglied der Kaiser-Wilhelm-Gesellschaft nicht verpflichtet gewesen war und was ihm sehr zupasskam. Da Warburgs Institut durch die Rockefeller Foundation und nicht vom deutschen Staat finanziert war, konnte Warburg auch nach Inkrafttreten des Gesetzes zur Wiederherstellung des Berufsbeamtentums im April 1933 in seiner Position bleiben. Als Inhaber eines Nobelpreises und wegen der international hohen Reputation, die Warburg genoss, tolerierte Hitler, dass Warburg in seinem Institut weiterarbeitete, möglicherweise auch deshalb, weil Hitler große Furcht vor Krebs hatte und hoffte, dass Warburg ein Heilmittel gegen den Krebs finden würde.[50] Außerdem hatte Warburg im Dritten Reich Protektion an hoher Stelle, die ihn vor Verfolgung bewahrte, wenn er (in kleinem Kreise) den Nationalsozialismus kritisierte und deshalb angezeigt wurde.[51] Er lehnte es ab zu emigrieren, da ein solcher Schritt ihm die Arbeitsmöglichkeiten, wie er sie in dem nach seinen Wünschen erbauten Institut hatte, erheblich beschnitten und ihn der experimentellen Erfahrung der von ihm trainierten Mitarbeiter beraubt hätte, und auch, da es seinem Empfinden entgegenlief.[52] Für eine geheime Kollaboration mit dem Nationalsozialismus, die ihm vorgeworfen wurde, haben sich keine Anhaltspunkte ergeben.[53]

Hervorstechende Eigenschaften von Otto Warburg waren eine exzeptionelle und energische Intelligenz, ein außergewöhnlicher Ideenreichtum bei der Entwicklung von neuen Methoden, scharfe Beobachtungsgabe, vollständige Unabhängigkeit des Urteils und eine unbeirrbare Konsequenz in der Verfolgung seiner wissenschaftlichen Arbeit.

Warburgs Tagesablauf war sehr regelmäßig. Sein Arbeitspensum belief sich auf 60–70 Stunden pro Woche. Seine Mitarbeiter waren Gastwissenschaftler (für kürzere Zeitperioden) und technische Assistenten, die Warburgs Anweisungen bedingungslos folgten. Damit war sein Arbeitsstil sehr verschieden von dem seiner Kollegen und dem an vielen heutigen Spitzenforschungsinstituten üblichen. Warburg verabscheute Zeitvergeudung, als die er alles betrachtete, was ihn von seinen Forschungen abhielt. Ehrungen ging er so weit wie möglich aus dem Wege, obwohl er solche auf hohem Niveau gerne entgegennahm.

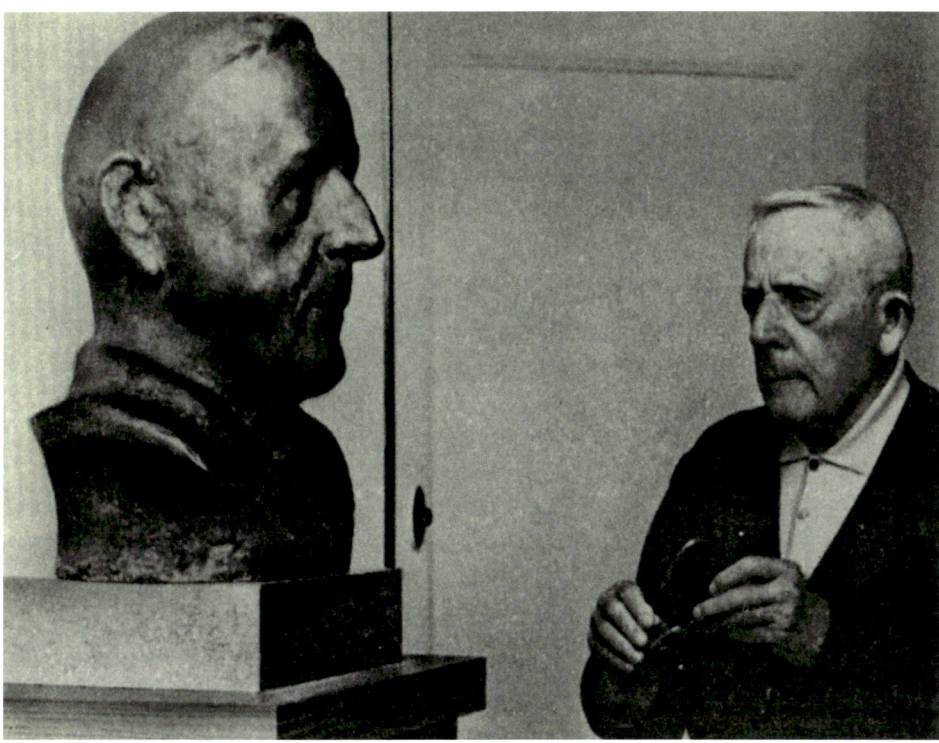

7   Otto Warburg in seinem Haus in der Garystraße 18, Berlin, mit der von Richard Scheibe geschaffenen Büste.

Otto Warburg blieb zeit seines Lebens unverheiratet. Jacob Heiss, der seit 1919 bei Warburg zunächst als Hausdiener („Bursche") angestellt war, stieg später bis zum Verwaltungsdirektor des Kaiser-Wilhelm-Instituts für Zellphysiologie auf und wurde schließlich Warburgs persönlicher Sekretär und enger Vertrauter; er lebte bis zu Warburgs Tod 1970 mit ihm zusammen.

Warburg war von Jugend an ein begeisterter Reiter und musste den Sport erst aufgeben, als er 85 Jahre alt war. Über viele Jahre besaß er zwei bis drei Pferde, und der allmorgendliche Ausritt gehörte zu seinem Leben wie die berufliche Arbeit. Seit 1952 liebte er es, auf dem Wannsee und anderen Seen in der Umgebung von Berlin zu segeln.

In vielen Gewohnheiten war Warburg ein Sonderling und Einzelgänger. Allein zu sein war kein Problem für ihn. Seine Zeit war mit Laborexperimenten, dem Verfassen von Publikationen (Warburg schrieb alle seine Arbeiten selbst), dem Pferdesport und Musikhören vollständig ausgefüllt. In Diskussionen mit anderen Wissenschaftlern konnte Warburg sehr polemisch sein, wenn deren Ansichten nicht mit den seinen übereinstimmten, auch dann, wenn seine eigenen Ansichten längerfristig nicht aufrechtzuerhalten waren. Otto Warburgs Persönlichkeit war nicht gerade von Bescheidenheit gekennzeichnet. Kritik an Warburg betraf nie seine Messergebnisse: Diese waren reproduzierbar und über alle Zweifel erhaben, da Warburg, dem Rat seines früheren Lehrers Emil Fischer folgend, Versuche immer extensiv wiederholen ließ, ehe er die Ergebnisse publizierte. Befremdend wirkte, dass Warburg Polemiken in einer Länge und Schärfe auslöste und pflegte, die Kollegen und Freunden unnötig und unverständlich erschienen. Dispute über die Energiebilanz der Photosynthese oder den Mechanismus der Atmung mit Heinrich Wieland[54] sind einige aus vielen Beispielen. Hans Krebs war einer der wenigen, die dieses Problem sehr offen mit Warburg erörterten.[55]

Die geschilderten Charakterzüge und gewisse Schwächen und Absonderlichkeiten der Persönlichkeit Otto Warburgs können der außergewöhnlichen wissenschaftlichen Bedeutung seiner Arbeiten keinen Abbruch tun. Eminente Personen haben starke Charaktere. Warburgs Forschungsergebnisse auf den Gebieten der Isolierung und Charakterisierung von Enzymen der Atmungskette und des glykolytischen Kohlenhydratabbaus, der Zellenergetik (Krebszellstoffwechsel) und seine Grundgedanken und oft wiederholten Experimente zur Photosynthese waren bahnbrechend und haben die Entwicklung der biochemischen Grundlagenforschung und zahlreicher Anwendungen maßgeblich beeinflusst. Warburgs überragende Stellung als Wissenschaftler wurde von vielen seiner ebenbürtigen Zeitgenossen voll anerkannt.[56]

Otto Warburg und die Hamburger Warburg-Familie

Mitglieder des nach Hamburg übergesiedelten Teils der Familie Warburg gründeten dort 1798 das Bankhaus M. M. Warburg, mit dem sie 1868 in die Ferdinandstraße zogen, wo es noch heute in einem 1888 errichteten Gebäude untergebracht ist. Damals blühte die Bank unter fünf Brüdern auf. Der älteste der Brüder, Aby Warburg, verzichtete auf sein Erbrecht an der Bank zugunsten seines jüngeren Bruders Max gegen das Versprechen, dass die Bank ihm jedes für seine universalen Forschungsinteressen wünschbare Buch erwerbe. Die wachsende Büchersammlung wurde ab 1924 in Hamburg als die Kulturwissenschaftliche Bibliothek Warburg der Öffentlichkeit zugänglich gemacht.[57] Um nicht durch die Nationalsozialisten vereinnahmt zu werden, wurde die Bibliothek 1933 auf Vorschlag eines Beamten zunächst für drei Jahre nach London „ausgeliehen", wo sie – nach Verlängerung der Leihfrist – von der Londoner Universität übernommen und zu dem heute international renommierten Warburg Institute weiterentwickelt wurde.

Die Beziehungen zwischen der Familie von Emil Warburg, der Jahre vor Ottos Geburt zum Protestantismus übergetreten war, und der großen jüdischen Familie der Hamburger Warburgs waren gespannt. Eric Warburg, der älteste Sohn von Max M. Warburg, dem Leiter des Hamburger Bankhauses, hatte erste Kontakte mit Otto Warburg im Jahre 1933 und fand ihn „selbstgefällig und pompös, aber auch witzig, charmant und berstend von originellen Ideen"[58]. Obwohl die weiteren Kontakte nur lose waren, da die meisten der Hamburger Warburgs emigriert waren, unterstützte Eric Warburg den Biochemiker Otto Warburg von England aus während der Zeit des Dritten Reiches. Nach 1945 war es dem Organisationsgeschick und Engagement von Eric Warburg, der damals US-Offizier war, zu verdanken, dass Otto Warburg von seinem

Aufenthaltsort in der Mark Brandenburg, die von russischen Truppen besetzt war, nach Berlin-Dahlem zurückgelangte. Bis zu Ottos Tod 1970 unterstützte Eric ihn so weit wie möglich.[59]

Otto Warburg ist nicht nur gelegentlich mit dem Kunsthistoriker Aby Warburg, der ein Mitglied der Hamburger Bankfamilie war, verglichen worden.[60] Beide zogen wissenschaftliche Forschung alltäglichen Interessen vor, beide waren von wissenschaftlichem Ehrgeiz und Erfolgsstreben beherrscht, von engagierter Durchsetzungskraft für ihre Forschungsvorhaben, unerbittlich gegen Kompromisse und Halbheiten und von begrenztem Verständnis für tägliche Bedürfnisse ihrer Mitarbeiter. Aby Warburg bekundete 1928 ein Interesse, mit Otto Warburg zusammenzukommen,[61] aber zu einer solchen Begegnung kam es nicht mehr, da Aby Warburg im selben Jahre verstarb.

Danksagung

Die Autoren danken den folgenden Kollegen für ihre Unterstützung bei der Identifizierung von Quellen für diesen Aufsatz: Dr. Claudia Wedepohl, Leiterin des Archivs des Warburg Institute, London, Dr. Vera Enke, Leiterin des Archivs, und Dr. Stephan Wiederkehr, Leiter der Bibliothek der Berlin-Brandenburgischen Akademie der Wissenschaften, Berlin. Professor Joachim Drescher, Medizinische Hochschule Hannover, hat auf die Parallelität der Lebensläufe von Otto Warburg und Gustav Ludwig Hertz aufmerksam gemacht. Professor Willem Koppenol, Eidgenössische Technische Hochschule, Zürich/Schweiz, und Professor Ute Deichmann, Ben Gurion University, Beer Sheva/Israel und Universität Köln/Deutschland, haben uns mit fachkundigen und konstruktiven Kommentaren sehr geholfen. Ein besonderer Dank gilt der Gerda Henkel Stiftung, Düsseldorf, die das Projekt sehr großzügig unterstützt hat.

Erwin Schrödinger

Werner Heisenberg

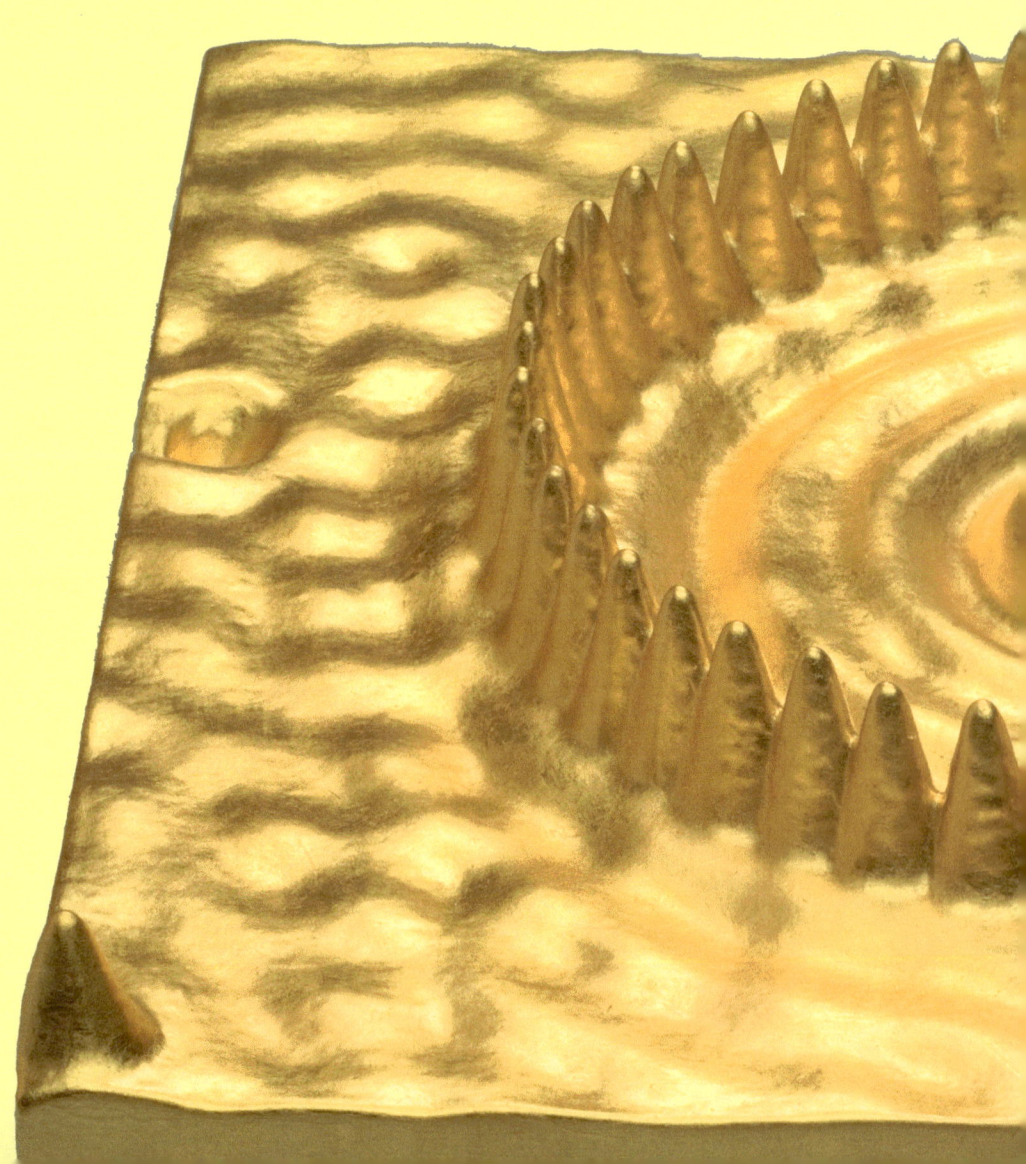

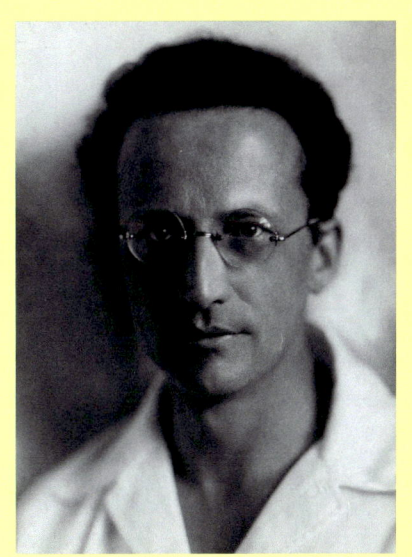

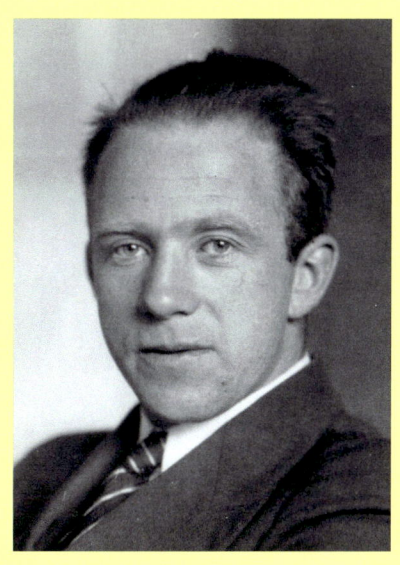

12. AUGUST 1887   5. DEZEMBER 1901

4. JANUAR 1961   1. FEBRUAR 1976

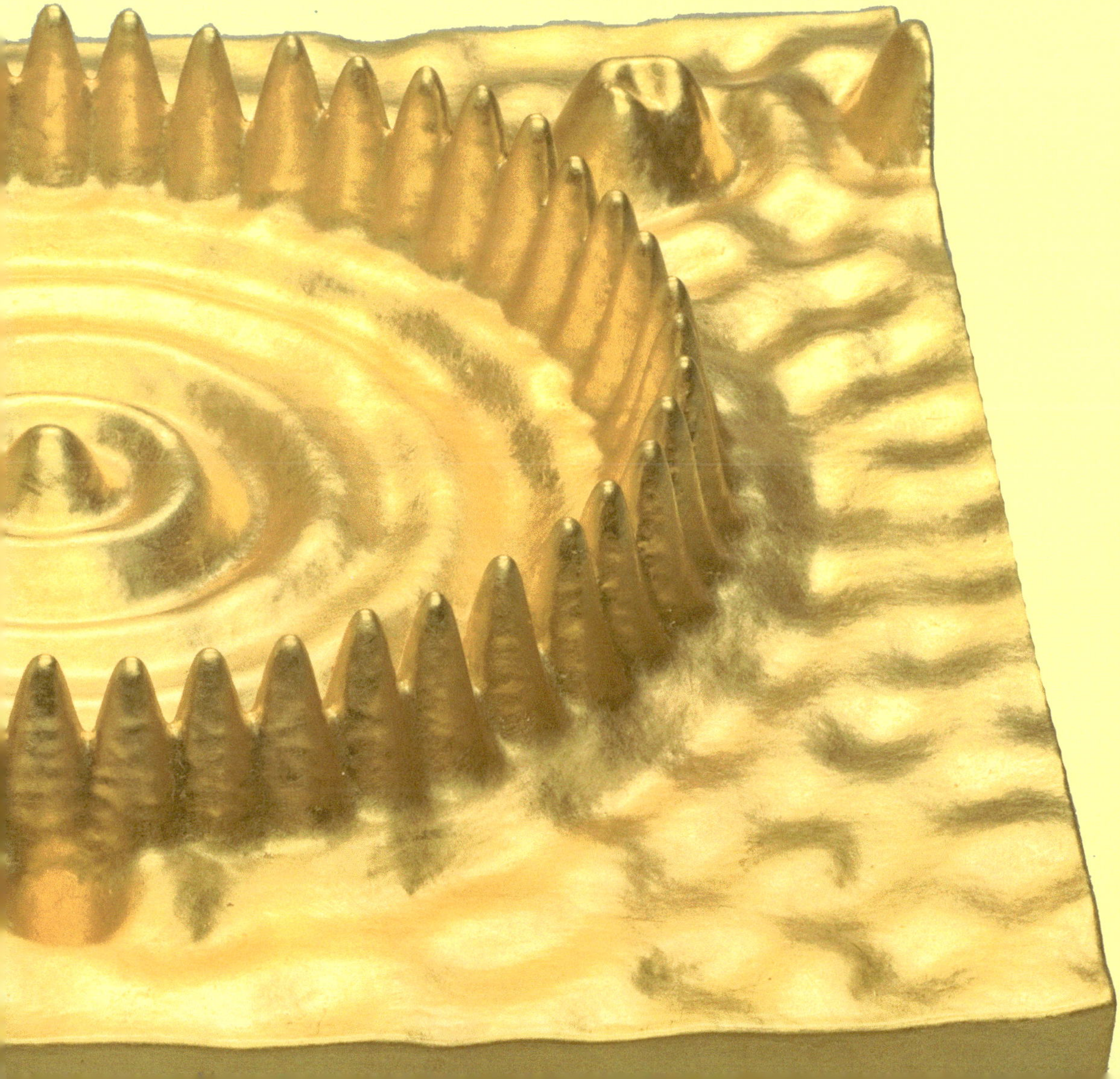

S. 436/437
1   Erwin Schrödinger, 1929.
2   Werner Heisenberg, vermutlich um 1930.
3   The Well (Quantum Corral), Skulptur von Julian Voss-Andreae,
vergoldetes Holz, 2009.

die Gesamtheit und damit die Einheit der Wissenschaften verkörpern wollte, vor erhebliche Herausforderungen. Immer stärker waren ihre Mitglieder vom jeweiligen Fach, von ihrer Arbeit in fachspezifischen Forschungsseminaren oder Laboren geprägt und in ihrer Karriere von Erfolgsbedingungen abhängig, die von Fachkollegen in fachspezifischer Kommunikation – entsprechenden Zeitschriften, Fachgesellschaften und Netzwerken – definiert und angewandt wurden. Lorraine Daston hat argumentiert, dass das akademietypische Insistieren auf der Einheit der Wissenschaft in Deutschland expliziter und ausgeprägter war als in anderen Ländern. Und sie hat die wachsende Spannung gezeigt, die zwischen dem fachwissenschaftlich geprägten Alltag der Wissenschaftler und ihrer fächerübergreifenden Zielsetzung in der Akademie bestand.[6]

Die Akademie reagierte darauf *einerseits* mit produktiver Anpassung an die neue Realität. Es ist bezeichnend, dass die meisten der Stellen für Ordentliche Mitglieder in den beiden Klassen spätestens seit den 1830er Jahren einzelnen Fächern zugeordnet waren, deren Definition und Gewichtung sich mit den Jahrzehnten allerdings verschoben, wenngleich dieser Wandel begrenzt blieb und dem Aufstieg der Naturwissenschaften nur unzureichend sowie dem Aufstieg der Technikwissenschaften gar nicht Rechnung trug. Es gelang der Akademie überdies, fachspezifische (oder doch fächergruppenspezifische) und zugleich akademietypische Arbeitsformen, nämlich „Kommissionen" bzw. Langzeitvorhaben zu entwickeln. Unter der Leitung eines Akademiemitglieds (manchmal auch anderer hinzugezogener Wissenschaftler) beschäftigten diese „Kommissionen" wissenschaftliche Angestellte („Hülfsarbeiter"), die arbeitsteilig zusammenarbeiteten. Diese Kommissionen wurden auf Zeit gegründet, verstetigten sich aber bisweilen auf sehr lange Zeit. Das begann mit der Kommission zur Sammlung und Edition der „Inscriptiones Graecae" 1815 (Initiator August Böckh) und der 1817 gestarteten „Aristoteles-Ausgabe". Die Kommissionsbildung gewann zusätzlich Schwung in den 1840er Jahren, als beispielsweise der Althistoriker Theodor Mommsen mit der Perspektive in die Akademie geholt wurde, das neue Großunternehmen „Corpus Inscriptionum Latinarum" zu gründen und zu leiten. Seit den 1870er Jahren entstanden Kommissionen in immer rascherer Folge. Bernhard vom Brocke hat für das Jahrhundert zwischen 1815 und 1914 39 solcher Akademie-Unternehmen zusammengestellt – ein deutlicher Beleg dafür, dass die Berliner Akademie sich niemals zur bloßen „Gelehrtengesellschaft" verengte, sondern immer auch Forschung betrieb, vor allem im geistes- und sozialwissenschaftlichen Bereich, und zwar in einer Weise, die in den Universitäten mit ihrem Lehrstuhlprinzip schwer möglich war und gleichwohl den immer klarer sich durchsetzenden fachspezifischen Anforderungen entsprach.

In den Natur- und Lebenswissenschaften spielten dagegen Kommissionen dieser Art kaum eine Rolle, die Forschung dort geschah zum allergrößten Teil in den Labors der Universitäten und bald auch der außeruniversitären Institute. Aber die Akademie bot naturwissenschaftlichen Gründergestalten wie Hermann von Helmholtz und Emil du Bois-Reymond zusätzlich zu ihren Arbeitsmöglichkeiten an der Universität wichtige, auch öffentlichkeitswirksame Entfaltungschancen, die sie zur Förderung und Etablierung ihrer Fächer nutzten, in diesem Fall der Physiologie, zunehmend auf experimenteller Grundlage. Die Akademie war ein gut sichtbares, Wirkung verbürgendes Forum zur Reflexion auf die sich verändernde Wissenschaftslandschaft und auf die Erkenntnisbedingungen auch der Naturwissenschaften. „Die Leitgedanken dieser Reflexionen wurden in der Berliner Akademie vorgetragen."[7]

Andererseits hörte die Akademie nicht auf, den fortschreitenden Spezialisierungsprozessen den Gedanken der Einheit der Wissenschaften entgegenzuhalten. Dies geschah nicht nur in der Form von Festreden und programmatisch-theoretischen Ausführungen, sondern auch in der Praxis. Man muss bedenken, dass sich auch fachspezifische Forschungsergebnisse und fachwissenschaftliche Forschungsunternehmen, soweit sie in der Akademie vorgetragen wurden bzw. gefördert werden sollten, vor dem Urteil von Wissenschaftlern bewähren mussten, die nicht dem jeweiligen Fach angehörten und in den innerakademischen Entscheidungsorganen die Mehrheit darstellten. In diesem Sinn blieb es in der Akademie dabei, dass, in Wilhelm von Humboldts Worten, „die Arbeit eines jeden der Beurtheilung aller zu unterwerfen sei". Das Innenleben der Akademie wirkte der fachspezifischen Isolierung entgegen. Die Berichte darüber rangieren von ironischen Rückblicken auf den „Klubcharakter" und die „Kaffeekränzchen in exklusiver männlicher Geselligkeit" bis zum emphatischen Lob der intellektuell anregenden, auch risikobereiten Diskussion und lockeren Kooperation in der Akademie, diesem „Gipfel aller wissenschaftlichen Einrichtungen", so Jacob und Wilhelm Grimm um die Mitte des 19. Jahrhunderts (S. 169, 170, 173 f.).

Richard Willstätter, der 1912 aus Zürich kam, um die Direktion des neu gegründeten Kaiser-Wilhelm-Instituts für Chemie in Berlin-Dahlem (damals noch nicht Teil von Berlin) zu übernehmen, wurde 1914 in die Akademie gewählt und beschrieb rückblickend seine damaligen Erfahrungen so:

> Gegen Ende des Jahres wurden durch königliche Bestätigung der Wahlen Haber und ich in die Preußische Akademie der Wissenschaften aufgenommen. [...] Haber hielt sich während des Krieges von der Akademie fern, mir war die Zugehörigkeit nach der Verödung des wissenschaftlichen Lebens in Dahlem eine große Förderung, so dass mir sogar das Opfer leicht fiel, in die Stadt zu fahren. Es gab zum ersten mal Teilnahme am wissenschaftlichen Leben von Berlin, Kennenlernen großer Persönlichkeiten, die in ihrer Eigenart und in ihrem Auftreten kraftvoll und selbstbewusst waren, wie ich es noch nicht kannte. Die Preußische Akademie hielt ihre Sitzungen in ihren schönen und zweckmäßigen neuen Räumen in ihrem Flügel des Bibliotheksgebäudes ab, und zwar jeden Donnerstagnachmittag, abwechselnd Klassensitzung und Sitzung der vereinigten beiden Klassen. Im Dezember erschien der Kalender, der für jede Sitzung des Jahres die Mitglieder für ihre Pflichtvorträge vorausbestimmte. [...] Daneben war selbstverständlich immer Raum für kürzere Vorträge und Mitteilungen. Meinen Platz fand ich neben Einstein, der kurz vor mir in die Akademie eingetreten war; er pflegte seinen Geigenkasten bei sich zu haben.

Mein erster Planvortrag fiel in den April 1915, er behandelte ‚Die chemischen Einrichtungen des Assimilationsapparates'. Das Publikationswesen der Akademie war noch während des Krieges vorbildlich. Hatte man sein Manuskript, auch ein umfangreiches, in der Sitzung vorgelegt, so kam nach ein paar Tagen in die Wohnung ein Bote der Reichsdruckerei mit den Korrekturbogen. Er wartete oder holte nach ein paar Stunden die Korrektur ab. Am nächsten Donnerstag um 4 Uhr lag der Sitzungsbericht mit der gedruckten Arbeit vor; am folgenden Tag kamen die Sonderdrucke ins Haus.

Am Portal versah man sich mit der eben ausgegebenen Abendzeitung; die Tische boten jede Bequemlichkeit für Korrespondenz, in den Nischen luden Sofas zu Zwiegesprächen ein. Die Akademie war Treffpunkt für jede Beratung und Besprechung. […] Es war im allgemeinen nicht üblich, den Vorträgen Aufmerksamkeit zu schenken. […] Die Geschäfte der Akademie, die große Werke herausgab und große Summen verausgabte, waren wichtig und fanden volle Aufmerksamkeit. […] Nach der Sitzung begaben sich die Akademiker in langem Zug Unter den Linden in das Sonderzimmer eines nahen Cafés; in diesem Kreis neigten nicht wenige schon in den ersten Monaten von 1915 zu ungünstiger Beurteilung der deutschen Kriegsaussichten.[8]

Es ist schwer, die Wirkung dieser kontinuierlichen fächerübergreifenden Kommunikation erstklassiger Wissenschaftler in einem überschaubaren Kreis, der für die über Berlin und Deutschland hinaus verstreuten Korrespondierenden Mitglieder bei ihren Berlin-Aufenthalten offen war, auf die Entwicklung der Wissenschaft abzuschätzen. Doch zweifellos wirkte er der Fachidiotie entgegen, öffnete den Blick und war für viele Anregungen gut. Wenn von wissenschaftshistorischer Seite vermutet worden ist, dass Einstein seine spezielle Relativitätstheorie nirgendwo anders als in Berlin hätte vorlegen können (S. 323), dann wurde das dafür verantwortlich gemachte intellektuell-wissenschaftliche Reizklima von der Akademie kräftig mitgeprägt, die über Doppel- und Mehrfachmitgliedschaften mit der Universität und den seit 1912 entstehenden Kaiser-Wilhelm-Instituten eng verflochten war.

Die Preußische Akademie der Wissenschaften war eine fürstliche Gründung und sie blieb eine staatliche Institution. Sie finanzierte ihre Tätigkeit und besoldete ihre Mitglieder im 19. und 20. Jahrhundert ganz vorwiegend aus regelmäßigen Zuwendungen des preußischen Staats und – immer wieder – aus speziellen Zuwendungen des preußischen Königs für besondere wissenschaftliche Unternehmungen. Eine bedeutende Hilfe für die wissenschaftliche Arbeit stellte das von Elise Wentzel-Heckmann aus Berlin im Jahr 1893 gestiftete Kapital von 1,5 Millionen Mark dar, dessen Zinserlös ab 1894 zu einem Drittel der Akademie zur Förderung „umfassender, größere Aufwendung erfordernder wissenschaftliche Unternehmungen" zur Verfügung stand. Jedes Ordentliche Mitglied erhielt ein Gehalt, das um die Wende vom 19. zum 20. Jahrhundert zumeist 900 Mark pro Jahr betrug und zusätzlich zu den sonstigen Einkünften der damit bedachten Personen gezahlt wurde, also etwa zusätzlich zum Hochschullehrergehalt, das damals bei Ordinarien in der Regel zwischen 5000 und 6000 Mark lag. Nicht nur die vier Sekretare, die bis zur Einführung der Präsidialverfassung in den späten 1930er Jahren die Akademie im ungleichen Wechsel leiteten, sondern auch einzelne Mitglieder erhielten deutlich höhere Gehälter. Die Akademie besaß da erhebliche Spielräume, die sie in enger Zusammenarbeit mit Universität und Ministerium auch einsetzte, um besonders gesuchte und umworbene Wissenschaftler nach Berlin zu holen. Dazu dienten auch – beispielsweise im Falle Einsteins 1913/14 – die wenigen voll dotierten hauptamtlichen Fachstellen der Akademie. Sie finanzierte die genannten Langzeitvorhaben und darüber hinaus, meist auf Antrag eines Mitglieds, wissenschaftliche Unternehmungen wie Expeditionen mit archäologischer oder naturkundlicher Zielsetzung. Es gelang ihr, nach wiederholten Anträgen an das Ministerium, ihre Unterbringungssituation erheblich zu verbessern. 1914 bezog sie zusammen mit der Königlichen Bibliothek ihr vom Hofarchitekten Ernst von Ihne geplantes neues Gebäude Unter den Linden 38 (später: 8). Zum Eröffnungsfestakt kamen die Spitzen der Gesellschaft und gehörte eine Ansprache von Wilhelm II. Die Akademie besaß die Mittel, um die Wissenschaft in der Öffentlichkeit staatsnah zu repräsentieren, so vor allem auf ihren regelmäßigen Festsitzungen, dem Leibniz-Tag im Juli zur Erinnerung an ihren Gründer, dem Friedrichstag im Januar zu Ehren ihres königlichen Reorganisators und zum Geburtstag des jeweils amtierenden preußischen Königs. In ihrer finanziellen Ausstattung und Flexibilität lag ein Gutteil der Attraktivität der Akademie begründet.

Umgekehrt schmückte sich der preußische Staat, der Kulturstaat zu sein beanspruchte und seit dem 18. Jahrhundert die Wissenschaften nicht nur als Triebkraft seiner inneren Modernisierung, sondern auch als Ausweis seiner internationalen Geltung nutzte, mit „seiner" Akademie. Die Regierung griff zwar seit den 1820er Jahren nicht mehr grob und unmittelbar in deren Personalpolitik ein, aber das staatliche Bestätigungs- und Ernennungsrecht wurde weiterhin praktiziert, und zwar nicht nur als Formsache. Anregungen und Vorgaben des zuständigen Ministeriums für geistliche und Unterrichtsangelegenheiten wurden weiterhin eingebracht und meistens glatt umgesetzt, beispielsweise wenn es um Satzungsreformen, die Zusammenarbeit mit Universitäten und um Akzentsetzungen in der Forschungspolitik ging. Der Staat erwartete und empfing die Loyalität seiner Akademie.

Ihr konnten – man denke an die Brüder Grimm, die 1837 aufgrund ihres Protests gegen die spätabsolutistische Willkürpolitik ihres Landesherrn ihre Stellung in Göttingen verloren hatten, an den entschiedenen und öffentlichkeitswirksamen Liberalen Theodor Mommsen oder an den ketzerisch-oppositionellen, intellektuell unabhängigen Albert Einstein, der aus seinem dezidiert linksliberalen Engagement auch öffentlich keinen Hehl machte – oppositionell engagierte Intellektuelle angehören. Aber insgesamt und wohl im Sinne der großen Mehrheit der Mitglieder besaß die Akademie ein teils unpolitisches, teils liberal-konservatives, durchweg staatstragendes Profil ohne oppositionelle Neigung oder viel Lust an öffentlicher Kritik. Das zeigte sich schon in der Revolution von 1848/49, dann in der öffentlichen Unterstützung für die Kriegspolitik des Reichs im Ersten Weltkrieg und später auch in der Anpassungsbereitschaft, mit der sie sich in der nationalsozialistischen Zeit der Politik einordnete, auch bei der Verdrängung ihrer jüdischen oder als Juden geltenden Mitglieder und Mitarbeiter.

Dadurch, dass Preußen zur Führungsmacht des Deutschen Reichs und Berlin zur Reichshauptstadt wurde, vergrößerte sich der öffentliche Wirkungsraum der Akademie. Gleichzeitig wurde ihre Rhetorik nationaler. Der öffentlich präsentierte Stolz auf große wissenschaftliche Leistungen verband sich immer häufiger mit der Hochschätzung der gewonnenen nationalen Einheit und mit selbstbewussten Hinweisen auf deutsche Weltgeltung, zu der auch deutsche Wissenschaft beitrage. Die Akademie gehörte durch und durch zum Establishment. Als Ort, an dem sich Bürgerstolz vor Königsthronen oder Regierungsmacht bewährte, hat sie sich nie profiliert.[9]

In den ersten zwei Jahrzehnten des 20. Jahrhunderts kam es zu zwei Weichenstellungen, die die Akademie einschneidend betrafen und mittelfristig zu ihrer Bedeutungsabnahme beitrugen: die Gründung der Kaiser-Wilhelm-Gesellschaft zur Förderung der Wissenschaften (KWG) 1911 und die Revolution von 1918/19.

Forschungsinstitute waren außerhalb der Universitäten und der Akademie schon im späten 19. Jahrhundert vereinzelt gegründet worden. Man denke nur an die Physikalisch-Technische Reichsanstalt von 1887 oder an Robert Kochs staatliches Institut für Infektionskrankheiten von 1890, das spätere Robert Koch-Institut. Im ersten Jahrzehnt des 20. Jahrhunderts machte sich der Bedarf an arbeitsteilig und langfristig betriebener, institutionalisierter Forschung vor allem im Bereich der Natur-, Lebens- und Technikwissenschaften verstärkt bemerkbar, auch aufgrund ausländischer Vorbilder und Konkurrenz. Die unterschiedlichen Optionen wurden unter kräftiger Teilnahme führender Akademiemitglieder, vor allem Adolf von Harnacks, intensiv diskutiert. Dieser vertrat lange die Meinung, solche Institute seien unter dem Dach der Akademie einzurichten. Die viel diskutierte Entscheidung, dies nicht zu tun, sondern für die neu zu gründenden Institute eine neue Organisationsform außerhalb von Universität und Akademie zu finden und dafür die Kaiser-Wilhelm-Gesellschaft zur Förderung der Wissenschaften zu gründen, hatte unterschiedliche Gründe. Zweifellos war dabei die unter zahlreichen Akademiemitgliedern verbreitete Distanz zur anwendungsnahen Großforschung und zu ihrer Teilfinanzierung aus privatwirtschaftlichen Quellen wichtig. Diese war jedoch für einige der neuen, aufwändigen Institute, besonders in den Bereichen Chemie, Physik und Biologie, dringend erwünscht. Das mittlerweile verfestigte Konzept der Akademie primär als Gelehrtengesellschaft mit Langzeitvorhaben in Form von Kommissionen und die Orientierung an „reiner Forschung" in Distanz insbesondere zur industriellen Anwendung ihrer Ergebnisse standen der flexiblen Ausweitung auf neue Formen der Forschung im Wege. Akademiemitglied Harnack kommentierte: „Meine Sorge gilt in erster Linie der Akademie der Wissenschaften. Ich sehe da eine gewisse Stagnation gegenüber dem, was die Zeit verlangt." Man sperre sich gegen die nötige Einbeziehung und Mitsprache der Wirtschafts- und Kapitalvertreter, man halte zu stark an einer Organisationsform aus einer Zeit fest, „in der Wissenschaft lediglich Sache der Gelehrten war und in gewisser Weise ein Arcanum". Vergeblich wünschte er sich 1912: „Die Akademie muss ins Leben hinein, weil die Wissenschaft heutzutage mitten im Leben steht – ganz anders als noch vor 20 Jahren." Zwar gelang es, in den Folgejahren ein enges Verhältnis zwischen Akademie und Kaiser-Wilhelm-Gesellschaft zu etablieren. Die Direktoren der neu gegründeten Kaiser-Wilhelm-Institute wie Einstein und Willstätter wurden Mitglieder der Physikalisch-mathematischen Klasse der Akademie. Aber die Weichenstellung hatte stattgefunden: Mittel- und langfristig fand grundlegende außeruniversitäre Forschung in einem sich erfolgreich ausbreitenden und etablierenden institutionellen Feld außerhalb der Akademie statt. Für die Biografien von Wissenschaftlern wie Haber, Bosch, Hahn und Heisenberg wurde die Zugehörigkeit zu einem Kaiser-Wilhelm-Institut, oft in enger Verbindung zur Industrie, ungleich wichtiger als die Mitgliedschaft in der Akademie.[10]

Die Revolution von 1918/19 und der Übergang in die neue politische Ordnung der Republik hatten zwar keine unmittelbaren Auswirkungen auf die Arbeit in der Akademie. Die in ihren Klassensitzungen weiter zusammenkommenden Mitglieder betrieben zunächst eine Strategie des „business as usual". Sie betonten die scheinbar apolitischen Grundsätze der Akademie und verstärkten ihre Forderungen nach Autonomie, nun gegenüber einer Regierung, zu der sie den kurzen Draht verloren hatten und für die sie in ihrer großen Mehrheit sehr viel weniger Sympathie hegten als für die Regierungen in den „alten gesegneten Zeiten vor 1918" (so Hermann Diehls, der Altphilologe und Philosoph, in seiner Abschiedsrede nach 25-jähriger Tätigkeit als Sekretar 1920). Die Akademiemitglieder vertraten unterschiedliche politische Positionen, doch konservative, republikskeptische, deutschnationale und traditionsgeprägte Anschauungen herrschten vor. Auch wissenschaftspolitisch hielt man, beispielsweise mit der dezidierten Ablehnung der Gründung einer Technikwissenschaftlichen Klasse (1922) und überhaupt der anwendungsorientierten Forschung, an Althergebrachtem fest. An organisatorischen Neuansätzen in der Wissenschaftslandschaft des Reichs beteiligten sich die deutschen Regionalakademien im Unterschied zur KWG kaum. Die Gründung der „Notgemeinschaft der deutschen Wissenschaft" und der Deutschen Forschungsgemeinschaft geschah an ihnen vorbei. Einen handlungsfähigen Zusammenschluss brachten die locker in einem „Kartell" kooperierenden Akademien nicht zustande, doch der wäre für den Erhalt ihrer Stellung wichtig gewesen, denn die staatliche Forschungsförderung verschob sich in der Weimarer Republik deutlich von den Ländern aufs Reich. Insgesamt lässt sich für die Akademien ein „Abdriften an die Peripherie des deutschen Wissenschaftssystems" (Peter Nötzoldt) beobachten, anders als beispielsweise in Österreich, wo die Wiener Akademie auch Forschungsinstitute betreute und sich auch den angewandten Fächern öffnete. Die Preußische Akademie der Wissenschaften – so der Name nach dem Ende der Monarchie – blieb im Wesentlichen eine Gelehrtengesellschaft mit Langzeit-Unternehmungen vor allem im geisteswissenschaftlichen Bereich. Noch stärker als früher bezog sie ihr weiterhin großes Renommee aus Forschungsleistungen, die außerhalb ihrer selbst erbracht wurden, wenngleich oft durch Personen, die sie zu ihren Mitgliedern zählte. Doch nahm sie die Funktionen der wissenschaftlichen Kommunikation und Netzwerkbildung, der Repräsentation und der Reputationsvergabe weiterhin wahr.[11]

Die relative Bedeutungsabnahme der Preußischen Akademie der Wissenschaften und der anderen deutschen Regionalakademien im ersten Drittel des 20. Jahrhunderts hatte zur Folge, dass sich nach 1933 die nationalsozialistische, auf Gleichschaltung zielende Wissenschaftspolitik zunächst nicht den Akademien, sondern praktisch und politisch relevanteren Teilen des Wissenschaftssystems, den Universitäten, der KWG und der DFG zuwandte. Bis 1938 verfolgte die Berliner Akademieleitung um Max Planck nicht ohne Erfolg das Ziel, um den Preis der grundsätzlichen Anpassung ans neue System der Akademie so viele Spielräume wie möglich zu bewahren und die wissenschaftliche Alltagsarbeit fortzusetzen. Dies ging mit problematischem Nachgeben in wissenschaftspolitischen und wissenschaftsethischen Fragen Hand in Hand. Insgesamt nahm die Akademie Schaden. Dies galt erst recht, als ab 1938 ihre Nazifizierung beschleunigt vorangetrieben wurde, unter Mithilfe neuer, meist jüngerer Mitglieder. Zu tragfähigen organisatorischen oder wissenschaftspolitischen Ansätzen kam es nicht. Diese wurden erst in der zweiten Hälfte des 20. Jahrhunderts mit unterschiedlichem Erfolg ausprobiert und praktiziert, in der DDR, in der Westberliner Wissenschaftsakademie der 1980er Jahre und dann in der BBAW.[12]

Die 35 Wissenschaftler und Wissenschaftlerinnen, deren Biografien dieser Band versammelt, waren der Berliner Akademie als Korrespondierende, Ordentliche und Ehrenmitglieder verbunden, jedoch von Fall zu Fall auf ganz unterschiedliche Weise. Für viele stellte die Aufnahme in die Akademie eine ehrenvolle Anerkennung dar, einen die Reputation fördernden Ritterschlag, aber nicht sehr viel mehr, besonders, wenn sie wie so häufig jemandem zuteil wurde, der seinen beruflichen Erfolg und seinen wissenschaftlichen Ruf schon vorher in anderen Arenen gesichert hatte und mit Ehrungen verwöhnt wurde. Beispielsweise galt dies für manche französischen Mitglieder der Berliner Akademie Mitte des 18. Jahrhunderts, die wie der berühmte Montesquieu als Auswärtige niemals an einer Sitzung teilnahmen. Seine Zugehörigkeit zur noch reputationsbedürftigen Berliner Akademie dürfte für diese wichtiger gewesen sein als für ihn. Wenn die neu ernannten Direktoren der neu gegründeten Kaiser-Wilhelm-Institute seit 1914 qua Amt in die Akademie aufgenommen wurden, dürfte dies für die meisten von ihnen eine zusätzliche Bestätigung bereits errungener Erfolge und die Chance zur Knüpfung wichtiger Kontakte, weniger aber ein karriererelevanter Sprung nach vorn gewesen sein. Erst recht galt dies für große Wissenschaftlerpersönlichkeiten wie Otto Warburg und Lise Meitner, die wohl auch wegen ihrer jüdischen Herkunft erst nach 1945, in fortgeschrittenem Alter, hinzugewählt wurden.

Anderen dagegen bot die Akademie einzigartige Möglichkeiten zu wissenschaftlicher Forschung und Gestaltung. Für diese wurde sie zwar niemals zum einzigen, aber doch zum wichtigen Arbeitsort. Das galt für Akademiemitglieder mit Leitungsaufgaben wie Pierre-Louis Moreau de Maupertuis oder später Max Planck. Es dürfte aber auch für den einflussreichen Mediziner und Physiologen Emil du Bois-Reymond gegolten haben, der 1885 im relativ jungen Alter von 32 Jahren in die Mathematisch-naturwissenschaftliche Klasse aufgenommen wurde und die Akademie, neben seiner Professur an der Universität, zur einflussreichen Ausformulierung seines disziplin- und wissenschaftspolitischen Programms benutzte. Erst recht dürften sich jene wenig zahlreichen Akademiemitglieder mit ihrer Institution verbunden gefühlt haben, die wie Albert Einstein 1913 und die Brüder Grimm 1841 entweder auf eine der wenigen voll besoldeten Forschungsstellen der Akademie rückten oder aufgrund der Initiative des Königs direkt in die Akademie geholt wurden, was ihnen das hochgeschätzte Recht zur Abhaltung von Vorlesungen an der Universität einbrachte, ohne an sie berufen worden zu sein. Erst recht dürfte die Akademie jenen Geistes- und Sozialwissenschaftlern intellektuelle und wissenschaftliche Heimat gewesen sein, die wie der Archäologe Richard Lepsius, der Althistoriker Theodor Mommsen und der Sozialwissenschaftler Gustav Schmoller neben ihren Professuren an der Universität arbeitsteilige Akademieforschung mit angestellten Mitarbeitern im Rahmen der erwähnten „Kommissionen" leiten und durchführen konnten. Ihnen bot die Akademie eminente Chancen zur Ausformung und Durchsetzung ihres wissenschaftlichen Programms, die ihnen nirgendwo sonst zur Verfügung standen. Und wer für seine wissenschafts- oder allgemeinpolitischen Ansichten ein Forum mit erheblicher Öffentlichkeitswirkung suchte, fand es im 19. Jahrhundert in der Akademie, die ihrer Nähe zum Staat und seiner bis 1918 monarchischen Spitze große Sichtbarkeit und viel Einfluss in den staatstragenden, gebildeten Kreisen verdankte. Mustert man die hier vorgelegten Biografien in chronologischer Reihenfolge, ergibt sich allerdings der Eindruck, dass die Akademiemitgliedschaft für die deutlich ins 20. Jahrhundert hineinlebenden Persönlichkeiten weniger ins Gewicht fiel als für die Zeitgenossen des 19. und 18. Jahrhunderts.

Die Mitglieder der Akademie sind durchweg nie nur Mitglieder der Akademie gewesen. Sie gehörten auch immer anderen wissenschaftlichen Institutionen und Praxisfeldern an. Die Akademiemitgliedschaft war immer nur eine von mehreren wissenschaftlichen Rollen erfolgreicher Wissenschaftler, und meistens nicht die wichtigste. Die enge Verknüpfung von Universitätsstellung und Akademiemitgliedschaft zeichnete die Erfahrungen in der Berliner Akademie des 19. Jahrhunderts vor dem 18. Jahrhundert aus, als die Akademie in Berlin ohne Universität existierte und überdies von den sprunghaften Vorlieben der Obrigkeit ungemein abhängig war; aber auch vor dem 20. Jahrhundert, als mit den Kaiser-Wilhelm-Instituten und anderen außeruniversitären Wissenschaftseinrichtungen ein weiteres, bald erfolgreicheres institutionelles Feld entstand und die Bedeutung der Akademie abnahm. Viel hing davon ab, in welchem Alter und auf welcher Karrierestufe man zur Akademie stieß. Aber insgesamt galt die Wahl in den „ausgewählten Kreis" der Preußischen Akademie der Wissenschaften als herausragende und viel begehrte Auszeichnung, auch wenn die wissenschaftliche Bedeutung der Institution abnahm. Kaum jemand scheint die Berufung abgelehnt zu haben. Ohne die Zuwahl in diese oder eine andere Akademie hätte dem Berufsweg der hier vorgestellten Spitzenwissenschaftler etwas Wichtiges gefehlt.

Anmerkungen

Vorwort

1 Ode IV: Le rétablissement de l'Académie, zitiert nach: Friedrich der Große/Frédéric le Grand, Potsdamer Ausgabe/Édition de Potsdam, Bd. 7, Werke des Philosophen von Sanssouci/Œuvres du Philosophe de Sans-Souci. Hrsg. v. Vanessa de Senarclens, Jürgen Overhoff und Hans W. Schumacher, Berlin/New York 2012, S. 52, 23–32 (französischer Text) bzw. S. 53, 23–32 (deutsche Übersetzung).

2 Kohl, Katrin: Die Berliner Akademie als Medium des Kulturtransfers im Kontext der europäischen Aufklärung, in: hrsg. v. Michael Kaiser und Jürgen Luth, Friedrich der Große: Politik und Kulturtransfer im europäischen Kontext. Beiträge des vierten Colloquiums der Reihe „Friedrich 300" vom 24./25. September 2010, Potsdam: perspectivia.net 2011; s. http://www.perspectivia.net/publikationen/friedrich300-colloquien/friedrich-kulturtransfer/kohl_akademie, dort <38>, letzter Zugriff 20.8.2015.

3 Harnack, Adolf von: Geschichte der Königlich Preußischen Akademie der Wissenschaften zu Berlin, Bd. 1/1, Von der Gründung bis zum Tode Friedrich's des Großen. Berlin 1900, Hildesheim/New York 1970, S. 329f.

4 Vademekum der Inspirationsmittel. Hrsg. v. Christoph Markschies und Ernst Osterkamp im Auftrag der Berlin-Brandenburgischen Akademie der Wissenschaften, Göttingen ²2013.

5 Die Königlich Preußische Akademie der Wissenschaften zu Berlin im Kaiserreich. Hrsg. v. Jürgen Kocka unter Mitarbeit von Rainer Hohlfeld und Peter Th. Walther, Interdisziplinäre Arbeitsgruppen. Forschungsberichte 7, Berlin 1999; Die Preußische Akademie der Wissenschaften zu Berlin 1914–1945. Hrsg. v. Wolfram Fischer unter Mitarbeit von Rainer Hohlfeld und Peter Nötzoldt, Interdisziplinäre Arbeitsgruppen. Forschungsberichte 8, Berlin 2000; Die Berliner Akademie der Wissenschaften im geteilten Deutschland 1945–1990. Hrsg. v. Jürgen Kocka unter Mitarbeit von Peter Nötzoldt und Peter Th. Walther, Interdisziplinäre Arbeitsgruppen. Forschungsberichte 9, Berlin 2002.

6 Leibniz und die Ökumene. Hrsg. v. Wenchao Li, Hans Poser u. Hartmut Rudolph, Studia Leibnitiana 41, Stuttgart 2013.

7 Nachweise bei Christoph Markschies, Was von Humboldt noch zu lernen ist. Aus Anlass des zweihundertjährigen Geburtstags der preußischen Reformuniversität, Berlin 2010.

8 Harnack, Adolf von: Geschichte der Königlich Preußischen Akademie der Wissenschaften zu Berlin, Bd. 1/2, Vom Tode Friedrich's des Großen, bis zur Gegenwart, Berlin 1900, Hildesheim/New York 1970, S. 752–766.

9 Moeller, Bernd: Adolf von Harnack: der Außenseiter als Zentralfigur, in: Adolf von Harnack: Theologe, Historiker, Wissenschaftspolitiker. Hrsg. v. Kurt Nowak u. Otto Gerhard Oexle, Veröffentlichungen des Max-Planck-Instituts für Geschichte 161, Göttingen 2001, S. 9–22.

10 Hartkopf, Werner: Die Berliner Akademie der Wissenschaften. Ihre Mitglieder und Preisträger 1700–1990, Berlin 1992, S. 141f., 326f.

11 Die Akademie hat jüngst auch die Geschichte ihrer Mitarbeiter in diesen Jahren aufgearbeitet, ausgestellt und publiziert: Vertrieben aus rassistischen Gründen. Die Akademie der Wissenschaften 1933–1945. Hrsg. v. Günter Stock, Berlin 2014; zugänglich auch im Internet: http://www.bbaw.de/publikationen/dokumentationen-tagungsbaende/ausstellung-vertrieben-aus.

Die Welt als Ahnung und *coup d'œil*
Gottfried Wilhelm Leibniz

1 Haak, Christina: Das barocke Bildnis in Norddeutsch-
land. Erscheinungsform und Typologie im Spannungs-
feld internationaler Strömungen. Frankfurt am Main
2001, S. 221. Zu den Bildnissen von Leibniz: Graeven,
Hans/Schuchhardt, Carl: Leibnizens Bildnisse.
Berlin 1916.
2 Graeven/Schuchhardt 1916 (wie Anm. 1), S. 36.
3 Ebda., S. 66f.
4 Kant, Immanuel: Kritik der reinen Vernunft, 1, in: ders:
Werkausgabe III. Hrsg. von Wilhelm Weischedel.
3. Aufl. Frankfurt am Main 1977, B 326, S. 292.
5 Graeven/Schuchhardt 1916 (wie Anm. 1), S. 56, 78f.
6 Zu diesem Komplex: Weibezahn, Ingrid: Das Leibniz-
denkmal in Hannover. Geschichte, Herkunft und Wirkung, in: Niederdeutsche Beiträge zur Kunstgeschichte,
Bd. 11 (1972), S. 191–248.
7 Russel, Bertrand: A critical Exposition of the Philosophy of Leibniz, London 1900; Couturat, Louis: La
Logique de Leibniz. Paris 1901.
8 Mercer, Christia: Leibniz's Metaphysics. Its Origin and
Development. Cambridge 2001.
9 Garber, Daniel: Body, Substance, Monad. Oxford 2009.
10 Die Grundlage für seine Vita bieten Müller, Kurt/
Krönert, Gisela: Leben und Werk von Gottfried
Wilhelm Leibniz. Eine Chronik. Frankfurt am
Main 1969. Unter den zahlreichen Biografien zuletzt:
Antognazza, Maria Rosa: Leibniz. An Intellectual
Biography. Cambridge 2009.
11 Leibniz, Gottfried Wilhelm: Hauptschriften zur Ver-
sicherungs- und Finanzmathematik. Hrsg. von
Eberhard Knobloch und Johann Matthias Graf von
Schulenburg. Berlin 2000.
12 Bredekamp, Horst: Die Fenster der Monade. Gottfried
Wilhelm Leibniz' Theater der Natur und Kunst. Berlin
2004, S. 144–149; ders.: Leibniz und die Revolution der
Gartenkunst. Herrenhausen, Versailles und die Phi-
losophie der Blätter. Berlin 2012, S. 15f., 65f.; vgl.
Waldhoff, Stephan: Medaillen, Sigilla und andere
monumenta. Leibniz als Sammler und Interpret von
Sach- und Bildquellen, in: Leibniz als Sammler und
Herausgeber historischer Quellen. Hrsg. von Nora
Gädeke. Wiesbaden 2012, S. 49–117.
13 Shawe-Taylor, Desmond (Hrsg.): The first Georgians.
Art & Monarchy 1714–1760. London 2014, S. 59, 63f.,
269–271.
14 Zu Leibniz' mathematischen Entdeckungen: Hecht,
Hartmut: Gottfried Wilhelm Leibniz. Mathematik und
Naturwissenschaften im Paradigma der Metaphysik.
Leipzig 1992.
15 Leibniz, Gottfried Wilhelm: Tagebuch, in: ders.:
Gesammelte Werke. Hrsg. von Georg Heinrich Pertz. 1.
Folge, Geschichte, Bd. 4. Hannover 1847, S. 181–224,
186.
16 Zu dieser Kontroverse: Meli, Domenico Bertoloni: Equi-
valence and Priority: Newton versus Leibniz. Oxford
1993.
17 Aiton, Eric J.: Leibniz. Eine Biographie. Frankfurt am
Main 1991, S. 301.
18 Leibniz, Gottfried Wilhelm: Protogaea. Hrsg. von Will
Erich Peuckert, übers. von W. von Engelhardt. Stuttgart
1949, S. 25; vgl. Bredekamp 2004 (wie Anm. 12),
S. 118–125.
19 Leibniz, Gottfried Wilhelm: Protogaea sive de prima
facie telluris et antiquissimae historiae vestigiis in ipsis
naturae monumentis dissertatio ex. Schedis manu-
scriptis. Hrsg. von Christian Ludwig Scheid. Göttingen
1749, Taf. II.
20 Krämer, Sybille: Berechenbare Vernunft. Kalkül und
Rationalismus im 17. Jahrhundert. Berlin/New York
1991, S. 291f. Zur Funktionsweise: Lehmann,
N. Joachim: Neue Erfahrungen zur Funktionsfähigkeit
von Leibniz' Rechenmaschine, in: Studia Leibnitiana,
Bd. XXV (1993), S. 174–188.
21 Leibniz, Gottfried Wilhelm: Discours sur la Théologie
naturelle des Chinois. Hrsg. von Wenchao Li u. Hans
Poser. Frankfurt am Main 2002, S. 105, Z. 4–8.
22 Ebda., S. 108, Abb. 31.
23 Leibniz, Gottfried Wilhelm: Essais de Théodicée sur la
Bonté de Dieu, la Liberté de l'Homme et l'Origine du
Mal. Die Theodizee von der Güte Gottes, der Freiheit
des Menschen und dem Ursprung des Übels, 2 Bde.
Hrsg. u. übers. von Herbert Herring. Darmstadt 1985a
(Philosophische Schriften, Bd. II); hier: Bd. 1, S. 38,
39–40, 41; vgl. MacDonald Ross, George: Leibniz und
Sophie Charlotte, in: Sophie Charlotte und ihr Schloß.
Ein Musenhof des Barock in Brandenburg-Preußen.
Ausstellungskatalog. München/London/New
York 1999, S. 95–105.
24 Li, Wenchao/Schmidt-Briggemann, Wilhelm (Hrsg.):
300 Jahre Essais de Théodicée: Rezeption und Trans-
formation. Stuttgart 2013 (Studia Leibnitiana –
Supplementa, Bd. 36).
25 Valla, Laurentius: De libero arbitrio, in: Opera Omnia,
Bd. 1. Turin 1962, S. 1005. (Faks. Repr. der Laurentii
Valla Operae. Basel 1540.)

26 Leibniz 1985a (wie Anm. 23), Bd. 2, Nr. 414, S. 260/261.

27 Ebda., Bd. 2, Nr. 416, S. 266, 267–268, 269.

28 Ebda., Bd. 2, Nr. 415, S. 262, 263. Leibniz würzt diesen Moment mit einem Vers aus dem Elysium von Vergils Aeneis (VI, 641): „Solemque suum, sua sidera norat" „Und er erkennt ihre Sonne und ihre Gestirne".

29 Ebda., Bd. 2, Nr. 415, S. 264, 265.

30 Ebda., Bd. 2, Nr. 414, S. 262, 263.

31 Ebda., Bd. 2, Nr. 415, S. 262, 263.

32 Platon: Politeia (Der Staat), in: Werke in acht Bänden. Griechisch/Deutsch. Hrsg. von Gunther Eigler, übers. von Friedrich Schleiermacher. Darmstadt 2005, S. 554, 555–566, 567, Z. 514a–518b.

33 „Si corpora sunt phaenomena et ex nostris apparentiis aestimantur, non erunt reali, quia aliter aliis appareant." Leibniz, Gottfried Wilhelm: Œuvres. Hrsg. von Louis A. Foucher de Careil, Bd. I–VII. Paris 1875–1890 (= Hildesheim 1969); hier: Bde. II, S. 438; übers. nach: Widmaier, Rita: Optische Holographie – ein Modell für Leibniz' Monadenlehre, in: Leibniz – Werk und Wirkung. IV. Leibniz-Kongreß. Vortragsband. Hannover 1983, S. 828–835, 828.

34 „Itaque realitas corporum, spatii, motus, temporis videtur consistere in eo ut sint phaenomena Dei, seu objectum scientiae visionis." Leibniz 1875–1890 (wie Anm. 33), Bd. II, S. 438; Übers. vgl.: Widmaier 1983 (wie Anm. 33), S. 828.

35 Bredekamp 2004 (wie Anm. 12), passim.

36 Zu den einzelnen Elementen von Kants Missverständnissen, aber auch zu seinen Übereinstimmungen mit Leibniz: Mittelstraß, Jürgen: Leibniz und Kant. Erkenntnistheoretische Studien. Berlin 2011, S. 1–12.

37 Leibniz, Gottfried Wilhelm: Monadologie. Französisch/Deutsch. Hrsg. u. übers. von Hartmut Hecht. Stuttgart 1998, Par. 7, S. 12f.

38 Busche, Hubertus: Leibniz' Weg ins perspektivische Universum. Eine Harmonie im Zeitalter der Berechnung. Hamburg 1997, S. 525–529. Eine frühe, seither vergessene Begründung entwickelt Feilchenfeld, Walter: Leibniz und Henry More. Ein Beitrag zur Entwicklungsgeschichte der Monadologie, in: Kant-Studien, Bd. 28 (1923), S. 323–334.

39 Zum Konflikt: Parmentier, Marc: Leibniz – Locke: Une intrigue philosophique. Les Nouveaux Essais sur l'entendement humain. Paris 2008.

40 Hogrebe, Wolfram: Der implizite Mensch. Berlin 2013, S. 10.

41 Grundlegend: Busche 1997 (wie Anm. 38) und Pape, Helmut: Die Unsichtbarkeit der Welt. Eine visuelle Kritik neuzeitlicher Ontologie. Frankfurt am Main 1997.

42 Leibniz, Gottfried Wilhelm: Nouveaux Essais sur l'entendement humain. Neue Abhandlungen über den menschlichen Verstand, 2 Bde. Hrsg. u. übers. von Wolf von Engelhardt u. Hans Heinz Holz. Darmstadt 1985b (Philosophische Schriften, Bd. III); hier: Bd. 1, II, XII, S. 180, 181.

43 „[…] comme d' un coup d'œil" Leibniz 1985a (wie Anm. 23), Bd. 2, Nr. 415, S. 264, 265.

44 Leibniz hat sich mehrfach mit der Camera obscura auseinandergesetzt, so in einer Überlegung des Jahres 1673: Leibniz, Gottfried Wilhelm: Sämtliche Schriften und Briefe. Hrsg. von der Preußischen, später Deutschen Akademie der Wissenschaften zu Berlin. Reihe VIII, Bd. 1, Berlin 2009, Nr. 11, S. 103, Z. 3–7.

45 Bredekamp, Horst: Die Erkenntniskraft der Plötzlichkeit. Hogrebes Szenenblick und die Tradition des Coup d'œil, in: Was sich nicht sagen läßt. Das Nicht-Begriffliche in Wissenschaft, Kunst und Religion. Hrsg. von Joachim Bromand und Guido Kreis. Berlin 2010, S. 455–468.

46 Papenberg, Jens Gerrit: Hörgeräte. Zur Psychomathematik des akroamatischen Leibniz, in: Zeitkritische Medien. Hrsg. von Axel Volmar. Berlin 2009, S. 367–381, 369–373.

47 Leibniz 1985b (wie Anm. 42), Bd. 1, S. XXIV, XXV.

48 Leibniz 1998 (wie Anm. 37), Par. 14, S. 16, 17.

49 Bredekamp 2012 (wie Anm. 12), S. 46f.

50 Leibniz, Gottfried Wilhelm: Meditationes de Cognitione, Veritate et Ideis (Betrachtungen über die Erkenntnis, die Wahrheit und die Ideen), in: ders.: Opuscules Metaphysices (Kleine Schriften zur Metaphysik). Philosophische Schriften, Bd. I. Latein/Deutsch. Hrsg. von Hans Heinz Holz. Darmstadt 1985, S. 32–47.

51 Hierzu: Bredekamp 2004 (wie Anm. 12), S. 109 und Peres, Constanze: Leibniz' Konzeption von Kontinuität und Ganzheit und ihre Konsequenzen für die philosophische Ästhetik Baumgartens und der Gegenwart, in: Leibniz, die Künste und die Musik: ihre Geschichte, Theorie und Wissenschaft. Hrsg. von Sander Wilkens. München, Salzburg 2007, S. 166–188.

52 „[…] comme dans une représentation de théâtre", Leibniz 1985a (wie Anm. 23), Bd. 2, Nr. 415, S. 264, 265.

53 Rößler, Hole: Weltbeschauung. Epistemologische Implikationen der Theatrum-Metapher in der Frühen Neuzeit, in: Theatralität von Wissen in der Frühen Neuzeit. Hrsg. von Nikola Roßbach und Constanze Baum. Wolfenbüttel 2013. http://diglib.hab.de/ebooks/ed000156/id/ebooks_ed000156_article02/start.htm (23.10.2014).

54 Leibniz 2009 (wie Anm. 44), Reihe IV, Bd. 1, Nr. 43, S. 537, Z. 11f.

55 Ebda., Bd. 3, Nr. 136, S. 898, Z. 6–8.

56 Benz, Ernst: Leibniz und Peter der Große. Der Beitrag Leibnizens zur russischen Kultur-, Religions- und Wirtschaftspolitik seiner Zeit. Berlin 1947, S. 27.

57 Benz 1947 (wie Anm. 56), Nr. 240, S. 349.

58 Zur Baugeschichte: Kaljazina, Ninel Vasiljevna: Korte Geschiedenis van het Gebouw van de Kunstkamera, in: Peter de Grote en Holland. Ausstellungskatalog. Amsterdam 1996, S. 37–40.

59 Saunders, Richard: Physiognomie, and Chiromancie, Metoposcopie, The Symmetrical Proportions and Signal *Moles* of the *Body*, Fully and Accurately Explained. London 1671, S. 310.

60 Leibniz an Herzog Rudolf August, 8. Mai 1696, in: Zacher, Hans J.: Die Hauptschriften zur Dyadik von G. W. Leibniz. Frankfurt am Main 1973, S. 235.

61 Ebda., S. 229.

62 Zit. nach: ebda., S. 4.

63 Leibniz 2009 (wie Anm. 44), Reihe I, Bd. 13, Nr. 75, S. 117, Z. 16–19.

64 Nolte, Rudolf August: Leibniz' Mathematischer Beweis der Erschaffung und Ordnung der Welt. Leipzig 1734, Titelblatt.

65 Vgl. ausführlicher: Bredekamp 2004 (wie Anm. 12), S. 96–100.

66 Leibniz 2009 (wie Anm. 44), Reihe I, Bd. 13, Nr. 75, S. 117, Z. 19–22.

67 Leibniz, Gottfried Wilhelm: De libertate, contingentia et serie causarum, providentia, in: Leibniz 2009 (wie Anm. 44), Reihe VI, Bd. 4, B, Nr. 326, S. 1653–1658, 1655, Z. 15f.

68 „[…] ita multo magis veritates contingentes seu infinitae subeunt scientiam Dei, et ab eo non quidem demonstratione (quod implicat contradictionem), sed tamen infallibili visione cognoscuntur." Ebda., S. 1658, Z. 9–11. Übers. nach: Leibniz, Gottfried Wilhelm: Hauptschriften zur Grundlegung der Philosophie, 2 Bde. Übers. von Artur Buchenau, hrsg. von Ernst Cassirer. Hamburg 1996, Bd. II, S. 659.

69 Leibniz 1996 (wie Anm. 68); vgl. Leibniz 2009 (wie Anm. 44), Reihe VI, Bd. 4, B, Nr. 326, S. 1658, Z. 22–24, S. 1659, Z. 1.

70 Leibniz, Gottfried Wilhelm: Drôle de Pensée, touchant une nouvelle sorte de REPRÉSENTATIONS, in: Leibniz 2009 (wie Anm. 44), Reihe IV, Bd. 1, Nr. 49, S. 562–568. Übers. von Bredekamp 2004 (wie Anm. 12), S. 237–246.

71 van Hoogstraten, Samuel: Inleyding tot de Hooge Schoole der Schilderkonst, anders de Zichtbare Werelt. Rotterdam 1678, S. 260; vgl. Bredekamp 2004 (wie Anm. 12), S. 71–73.

72 Wenzel, Horst: Deixis und Initialisierung. Zeighände in alten und neuen Medien, in: Deixis: Vom Denken mit dem Zeigefinger. Hrsg. von Heike Gfrereis und Marcel Lepper. Göttingen 2007, S. 110–143, die Abb.: S. 121.

73 Bulwer, John: Chirologia: or the naturall language of the hand. London 1644, Tafel C, Gestus F.; vgl. Groschner, Gabriel (Hrsg.): Beredte Hände. Die Bedeutung von Gesten in der Kunst des 16. Jahrhunderts bis zur Gegenwart. Salzburg 2004, S. 65, 76; vgl. Evers, Bernd: Sprechende Hände. Ausstellungskatalog. Berlin 2006, S. 21.

74 Schaub, Mirjam: Transparenz, opak. Eine Begehung von Leibnizens Kristallpalast am Ende der Theodizee (1710), in: Hide and Seek. Das Spiel von Transparenz und Opazität. Hrsg. von Markus Rautzenberg u. Andreas Wollsteiner. München 2010, S. 143–160, 151. Zum E-Book: Bredekamp, Horst: Über die Unabschließbarkeit der künstlerischen Medien, in: Wissenschaft und Kunst. HRK-Jahresversammlung 2011, Heidelberg, 2. Mai 2011. Hrsg. von der Hochschulrektorenkonferenz. Bonn 2012 (Beiträge zur Hochschulpolitik 1/2012), S. 19–59, 35f.

75 Vgl. Siegert, Bernhard: Passage des Digitalen. Zeichenpraktiken der neuzeitlichen Wissenschaften 1500–1900. Berlin 2003, S. 156–166; Bredekamp 2004 (wie Anm. 12), S. 113f.; Schaub 2010 (wie Anm. 74).

76 Meijers, Debora und van de Roemer, Bert: Ein „gezeichnetes Museum" und seine Funktion – damals und heute, in: Palast des Wissens. Die Kunst- und Wunderkammer Zar Peters des Großen, Bd. 2, Beiträge. Hrsg. von Brigitte Buberl und Michael Dückershoff. München 2003, S. 168–182.

77 Brather, Hans-Stephan (Hrsg.): Leibniz und seine Akademie. Ausgewählte Quellen zur Geschichte der Berliner Sozietät der Wissenschaften 1697–1716. Berlin 1993.

78 Ebda., S. 44.

79 Ebda., S. 77.

80 Ebda., S. 97.

81 Ebda., S. 152, 206, 215; vgl. Bredekamp 2004 (wie Anm. 12), S. 172–174.

82 Dolezel, Eva: „Lehrreiche Unterhaltung" oder „Wissenschaftliche Hülfsmittel"? Die Berliner Kunstkammer um 1800. Eine Sammlung am Schnittpunkt zweier musealer Konzepte, in: Jahrbuch der Berliner Museen 2004, N. F., Bd. 46, S. 147–160, 148.

83 Historische Mitte Berlin, Abschlussbericht. Hrsg. von der Internationalen Expertenkommission „Historische Mitte Berlin". Berlin 2002, S. 24f.

THE FRENCH CONNECTION
MONTESQUIEU, VOLTAIRE UND MAUPERTUIS

1 Harnack, Adolf von: Geschichte der Königlich preußischen Akademie der Wissenschaften zu Berlin. Bd. 1, Teil 1: Von der Gründung bis zum Tode Friedrichs des Großen. Im Auftrag der Akademie bearbeitet. Berlin 1900, S. 281.

2 Harnack, Adolf von: Geschichte der Königlich preußischen Akademie der Wissenschaften zu Berlin. Bd. 2: Urkunden und Actenstücke zur Geschichte der Königlich Preußischen Akademie der Wissenschaften. Berlin 1900, Nr. 158.

3 von Harnack 1900 (wie Anm. 1), S. 287.

4 Beeson, David: Maupertuis: An Intellectual Biography, Oxford 1992; Hecht, Hartmut (Hrsg.): Pierre Louis Moreau de Maupertuis: Eine Bilanz nach 300 Jahren. Baden-Baden 1999; Bousquet, Catherine: Maupertuis: Corsaire de la pensée (1698–1759). Paris 2013.

5 In der Liste der neuen Mitglieder der Akademie konnte ich insgesamt 18 ‚Franzosen' für die Jahre 1744–1756 identifizieren. Vgl. dazu die chronologisch sortierte Liste aller Akademie-Mitglieder im elektronischen Archiv der BBAW (archiv.bbaw/archiv/mitgliederverzeichnisse).

6 Angaben aus den elektronisch erfassten Registres de l'Académie zwischen Juni 1746 und August 1786. Im Jahre 1746 wurden insgesamt 33 auswärtige und Ehrenmitglieder aufgenommen, darunter insbesondere Voltaire und Montesquieu (Akademieregistres.bbaw.de/exist/rest/db/registres/scripts/protokolle.xql).

7 von Harnack 1900 (wie Anm. 1), S. 295, aus der Bestallung von Formey.

8 Vgl. dazu insbesondere die digitalisierten Akademieschriften für die Jahre 1746–1786: akademieregistres/bbaw.de/akademieschriften.html.

9 Zu den mindestens 17.000 Briefe von ihm, die erhalten sind, vgl. Häseler, Jens (Hrsg.): La correspondance de Jean Henri-Samuel Formey (1711–1797): inventaire alphabétique, avec la bibliographie des écrits de Formey établie par Rolph Geissler. Paris 2003. Angesichts der totalen Hingabe von Formey an die Akademie, seiner erstaunlichen literarischen Produktivität wie auch seiner ausgedehnten Korrespondenz gebe ich gerne zu, dass mir seine scharfe Verurteilung durch Adolf von Harnack (er wäre ein „unsäglich eitel, kleinlich und boshafter Mann", der der Akademie mehr geschadet als genützt hätte) völlig unverständlich bleibt. Von Harnack 1900 (wie Anm. 1), Anm. 3, S. 258.

10 Zitiert nach Bronisch, Johannes: Der Kampf um Kronprinz Friedrich. Wolff gegen Voltaire. Berlin 2011, S. 8.

11 Bronisch 2011 (wie Anm. 10), S. 59.

12 Bronisch 2011 (wie Anm. 10), S. 39.

13 Voltaire/Friedrich II. von Preußen: Aus dem Briefwechsel Voltaire – Friedrich der Große. Hrsg., vorgestellt und übersetzt von Hans Pleschinski. Zürich 1992, S. 7–11.

14 Voltaire/Friedrich II. 1992 (wie Anm. 13), S. 67.

15 Voltaire/Friedrich II. 1992 (wie Anm. 13), S. 184.

16 Bronisch 2011 (wie Anm. 10), S. 113–114.

17 Zitiert nach Réau, Louis: L'Europe française au siècle des Lumières. Paris 1971, S. 28.

18 Häseler, Jens: Ein Wanderer zwischen den Welten: Charles Etienne Jordan (1700–1745). Sigmaringen 1993.

19 François, Etienne: Augsburger Freiheit und preußische Tyrannei. Montesquieus Reisetagebuch durch Deutschland 1729, in: Geschichte in Räumen. Festschrift für Rolf Kießling zum 65. Geburtstag. Hrsg. von Johannes Burkhardt, Thomas Max Safley und Sabine Ullmann. Konstanz 2006, S. 73–83.

20 Maupertuis, Pierre-Louis Moreau de: Eloge de Monsieur de Montesquieu, in: Histoire de l'Académie Royale des Sciences et des Belles-Lettres de Berlin. Jahrgang 1754 (erschienen 1756), S. 445–468.

21 Zu diesem Brief vgl. Böhlke, Effi/François, Etienne (Hrsg.): Montesquieu: Franzose, Europäer, Weltbürger. Berlin 2005.

22 Der Abbé Raynal, La Condamine, César-François Cassini oder auch der Marquis d'Argenson schickten gleichermaßen Schriften an die Akademie.

23 Baillot, Anne: Pyrrhonismus und Politik an der Akademie der Wissenschaften um 1750, in: Berliner Intellektuelle um 1800. Hrsg. von Anne Busch, Nana Hengelhaupt u. Alix Winter. Berlin 2012, S. 25–42 (Zitat S. 36).

24 Kunisch, Johannes: Friedrich der Große. Der König und seine Zeit. München 2004, S. 288.

25 von Harnack 1900 (wie Anm. 1), S. 304.

26 Friedrich II. von Preußen: Ode sur le renouvellement de l'Académie des Sciences, in: Histoire de l'Académie Royale des Sciences et des Belles-Lettres de Berlin. Jahrgang 1747 (erschienen 1749), S. 5. Digitalquelle: http://bibliothek.bbaw.de/bbaw/bibliothek-digital/digitalequellen/schriften/anzeige/index_html?band=02-hist/1747&seiten:int=6&seite:int=6.

27 Der vollständige Titel lautet: Diatribe du docteur Akakia, médecin du pape; décret de l'Inquisition et rapport des professeurs de Rome au sujet d'un prétendu président.

28 Friedrich II. von Preußen: Eloge auf Voltaire, in: Voltaire/Friedrich II. von Preußen 1992 (wie Anm. 13), S. 562.

29 Johannes Kunisch, Friedrich der Große (wie Anm. 24), S. 289.

30 François, Etienne: Berlin im 18. Jahrhundert: Die Geburt einer Hauptstadt, in: Tableau de Berlin, Beiträge zur „Berliner Klassik" (1786–1815). Hrsg. von Iwan d'Aprile, Martin Desselkamp u. Claudia Sedlarz. Hannover 2005, S. 7–17.

31 Böhm, Manuela/Häseler, Jens/Violet, Robert (Hrsg.): Hugenotten zwischen Migration und Integration: Neue Forschungen zum Refuge in Berlin und Brandenburg. Berlin 2005.

32 Marwitz, Friedrich August Ludwig von der: Nachrichten aus meinem Leben, 1777–1808. Hrsg. von Günter de Bruyn. Berlin 1989, S. 17–18.

33 Hartweg, Frédéric: Die Hugenotten in der Berliner Akademie, in: Humanismus und Naturrecht in Berlin-Brandenburg-Preußen: Ein Tagungsbericht. Hrsg. von Hans Thieme. Berlin 1979, S. 182–205.

34 Über die schwer zu fassende, wenn auch oft entscheidende Rolle der Frauen in den europäischen Akademien vgl. die vorzügliche Untersuchung von Kühn, Sebastian: Wissen, Arbeit, Freundschaft. Ökonomische und soziale Beziehungen in den Akademien von London, Paris und Berlin um 1700. Göttingen 2011.

35 Baillot, Anne: Louis de Beausobre entre Cour et Académie: la correspondance d'un intellectuel francophone en Prusse au XVIIIe siècle, in: Entrer en communication de l'âge classique aux Lumières. Hrsg. von Pierre-Yves

Beaurepaire und Heloïse Hermant. Paris 2012, S. 123–140.

36 Voltaire/Friedrich II. 1992 (wie Anm. 13), S. 556.

37 Voltaire/Friedrich II. 1992 (wie Anm. 13.), S. 557.

38 Voltaire/Friedrich II. 1992 (wie Anm. 13), S. 562. Diese Eloge wurde unmittelbar danach als Broschüre veröffentlicht und ins Deutsche, Englische, Schwedische und Russische übersetzt.

39 Storost, Jürgen: 300 Jahre romanische Sprachen und Literaturen an der Berliner Akademie der Wissenschaften. Teil 1. Frankfurt am Main 2008, S. 138–146.

40 „Elle est de toutes les langues la seule qui ait une probité attachée à son génie. Sûre, sociale, raisonnable, ce n'est plus la langue française, c'est la langue de l'humanité."

41 Dieses Buch, die letzte Veröffentlichung des alten Königs, wurde sofort ins Deutsche durch Christian Conrad Wilhelm von Dohm übersetzt und erschien unter dem Titel *Über die deutsche Literatur. Die Mängel, die man ihr vorwerfen kann, ihre Ursachen und die Mittel zu ihrer Verbesserung* bei Decker, Berlin 1780.

42 „Dans cet intervalle nous avons eu la douleur de perdre notre grand Roi, notre auguste Protecteur, décédé le 17 août à 3 heures du matin à Sans Souci."

43 Hinrichs, Ernst: Staat ohne Grenzen. Brandenburg und Preußen unter den Hohenzollern (1415–1871). Bielefeld 2014, S. 234.

44 Kunisch 2004 (wie Anm. 24), S. 289.

45 Staël, Germaine de: De l'Allemagne. Paris 1810; zitiert nach der deutschen Übersetzung: Über Deutschland. Übers. von Friedrich Buchholz. Hrsg. von Monika Bosse. Frankfurt am Main 1985, S. 109.

Brüder im Geiste

Leonhard Euler und Jean-Baptiste Le Rond d'Alembert

1 Stieda, Wilhelm: Die Übersiedlung Leonhard Eulers von Berlin nach St. Petersburg, in: Berichte über die Verhandlungen der Sächsischen Akademie der Wissenschaften zu Leipzig, Philologisch-historische Klasse. Bd. 83, Heft 3 (1931), S. 7. Dem Artikel liegen neben den explizit ausgewiesenen auch Informationen aus folgenden Publikationen zugrunde: Briggs, J. Morton: D'Alembert, Jean Le Rond D', in: Dictionary of Scientific Biography 1, New York 1970, S. 110–117; Lübbert, Christian: Friedrich der Grosse und d'Alembert (Der philosophisch religiöse Gehalt des Briefwechsels). Teil II, Wohlau 1914: Schlesische Dorfzeitung (Königliches Gymnasium zu Wohlau).

2 Stieda 1931 (wie Anm. 1), S. 11.

3 Euler, Leonhard: Leonhardi Euleri Opera omnia. Reihe 4 A, Bd. 6. Hrsg. von Pierre Costabel, Eduard Winter, Ašot Grigorijan u. Adolf P. Juškevič unter Mitwirkung von Emil A. Fellmann. Basel 1986, S. 297.

4 Euler 1986 (wie Anm. 3), S. 302f.

5 Fellmann, Emil A.: Leonhard Euler. Reinbek 1995, S. 84.

6 Friedrich II. von Preußen, König/August Wilhelm von Preußen, Prinz: Briefwechsel Friedrichs des Grossen mit seinem Bruder Prinz August Wilhelm. Hrsg. von Gustav Berthold Volz, Deutsch von Friedrich von Oppeln-Bronikowski. Leipzig 1927, S. 95f.

7 Spiess, Otto: Leonhard Euler. Ein Beitrag zur Geistesgeschichte des XVIII. Jahrhunderts. Frauenfeld/Leipzig 1929, S. 171.

8   Euler, Leonhard: Rettung der Göttlichen Offenbarung gegen die Einwürfe der Freygeister [1747], in: Leonhardi Euleri Opera omnia. Reihe 3, Bd. 12. Hrsg. von Andreas Speiser. Berlin/Leipzig 1960, S. 267–286.

9   Euler, Leonhard: Introductio in analysin infinitorum [2 Bde., Lausanne 1748], in: Leonhardi Euleri Opera omnia. Reihe 1, Bde. 8 u. 9. Hrsg. von Adolf Krazer, Ferdinand Rudio u. Andreas Speiser. Berlin/Leipzig/Genf 1922/1945, S. 115f.

10 Euler, Leonhard: Commentatio de matheseos sublimioris utilitate [1847], in: Leonhardi Euleri Opera omnia. Reihe 3, Bd. 2. Hrsg. von Edmund Hoppe, Karl Matter u. Johann Jakob Burckhardt. Berlin/Leipzig 1942, S. 392–399.

11 Spiess 1929 (wie Anm. 7), S. 175; Eckart, Michael: Water-art problems at Sanssouci – Euler's involvement in practical hydrodynamics on the eve of ideal flow theory, in: Physica D 237 (2008), S. 1870–1877.

12 Thiébault, Dieudonné: Friedrich der Große, seine Familie, seine Freunde und sein Hof; oder zwanzig Jahre meines Aufenthaltes in Berlin. 2 Teile. Leipzig 1828,
    S. 164f.; Euler 1986 (wie Anm. 3), S. 390.

13 Frédéric le Grand: Œuvres de Frédéric le Grand. Hrsg. von Johann David Erdmann Preuss. Bd. 24. Berlin 1854, Bf. 31.

14 Euler 1986 (wie Anm. 3), S. 396.

15 Winter, Eduard (Hrsg.): Die Registres der Berliner Akademie der Wissenschaften 1746–1766. Dokumente für das Wirken Leonhard Eulers in Berlin. Zum 250. Geburtstag. Berlin 1957, S. 71; Hankins, Thomas: Jean d'Alembert. Science and the enlightenment. Oxford 1970, S. 46.

16 Frédéric le Grand 1854 (wie Anm. 13), S. 403.

17 Frédéric le Grand 1854 (wie Anm. 13), S. 185.

18 Arago, François: Œuvres complètes. Hrsg. von J.-A. Barral in 17 Bänden, Bd. 2. Paris/Leipzig 1859, S. 179.

19 Juškevič, Adolf P./Winter, Eduard (Hrsg.): Die Berliner und die Petersburger Akademie der Wissenschaften im Briefwechsel Leonhard Eulers. Teil 1. Berlin 1959, S. 219.

20 Frédéric le Grand 1854 (wie Anm. 13), S. 404, 415f.

21 Frédéric le Grand 1854 (wie Anm. 13), S. 458, 541, 630.

22 Frédéric le Grand: Œuvres de Frédéric le Grand. Hrsg. von Johann David Erdmann Preuss. Bd. 25. Berlin 1854, S. 5, 55.

23 Frédéric le Grand 1854 (wie Anm. 22), S. 35, 53.

24 Winter 1957 (wie Anm. 15), S. 70.

25 Frédéric le Grand 1854 (wie Anm. 13), Bf. 4.

26 Lübbert, Christian: Friedrich der Grosse und d'Alembert (d'Alemberts Briefwechsel mit Friedrich dem Grossen und der Zarin Katharina II.). Teil 1. Wohlau 1913, S. 17–20.

27 Thiébault 1828 (wie Anm. 12), S. 129.

28 Frédéric le Grand 1854 (wie Anm. 13), Bf. 16.

29 Frédéric le Grand 1854 (wie Anm. 13), Bf. 31.

30 Frédéric le Grand 1854 (wie Anm. 22), Bf. 189.

31 Knobloch, Eberhard: Die Akademie der Wissenschaften zu Berlin, in: Philosophie und Wissenschaft in Preußen. Hrsg. von Friedrich Rapp u. Hans-Werner Schütt. Berlin 1982, S. 128.

32 Frédéric le Grand 1854 (wie Anm. 13), Bf. 65, 71.

33 Frédéric le Grand 1854 (wie Anm. 22), Bf. 164.

34 Frédéric le Grand 1854 (wie Anm. 13), Bf. 21.

35 Frédéric le Grand 1854 (wie Anm. 13), Bf. 45.

36 Frédéric le Grand 1854 (wie Anm. 13), Bf. 97.

37 D'Alembert, Jean Le Rond: Œuvres et correspondances inédites. Hrsg. von Charles Henry. Paris 1887, Bf. 2.

38 D'Alembert 1887 (wie Anm. 37), Bf. 7.

39 D'Alembert 1887 (wie Anm. 37), S. 212; Lübbert 1913 (wie Anm. 26), S. 6.

40 Juškevič/Winter 1959 (wie Anm. 19), S. 71.

41 Juškevič/Winter 1959 (wie Anm. 19), S. 221.

42 D'Alembert 1887 (wie Anm. 37), S. 246.

43 D'Alembert 1887 (wie Anm. 37), S. 261.

44 Aretz, Gertrude: Eine Frau regiert. Das Leben der Kaiserin Katharina II. Berlin 1931, S. 233f.

45 Lübbert 1913 (wie Anm. 26), S. 17.

46 Juškevič/Winter 1959 (wie Anm. 19), S. 218.

47 Euler, Leonhard: Leonhardi Euleri Opera omnia. Reihe 4 A, Bd. 1. Hrsg. von Adolf P. Juškevič, Vladimir I. Smirnov u. Walter Habicht. Basel 1975, S. 200.

48 Juškevič, Adolf P./Winter, Eduard (Hrsg.): Die Berliner und die Petersburger Akademie der Wissenschaften im Briefwechsel Leonhard Eulers. Teil 2. Berlin 1961, S. 433f.

49 Juškevič/Winter 1961 (wie Anm. 48), S. 434.

50 Spiess 1929 (wie Anm. 7), S. 198.

51 Truesdell, Clifford: The rational mechanics of flexible or elastic bodies 1638–1788. Introduction to Leonhardi Euleri Opera omnia vol. X et XI seriei secundae = Leonhardi Euleri Opera omnia. Reihe 2, Bd. 11, Teil 2. Berlin/Leipzig 1960, S. 188.

52 Euler, Leonhard: Leonhardi Euleri Opera omnia. Reihe 4 A, Bd. 5. Hrsg. von Adolf P. Juškevič u. René Taton. Basel 1980, S. 266.

53 Euler 1980 (wie Anm. 52), S. 293.

54 Euler 1980 (wie Anm. 52), S. 288.

55 Thiele, Rüdiger: Leonhard Euler, 15. April 1707–18. September 1783. Zur Erinnerung an seinen 300. Geburtstag, in: Mitteilungen der Deutschen Mathematiker-Vereinigung 15 (2007), S. 93–103, hier: S. 98.

56 Arago 1859 (wie Anm. 18), S. 133f.

57 Hankins 1970 (wie Anm. 15), S. 42, 50.

58 Truesdell 1960 (wie Anm. 51), S. 191.

59 Thiele 2007 (wie Anm. 55), S. 93.

Söhne und Väter
Georg Forster und Friedrich Schleiermacher

1   Zur Biografie vgl. Harpprecht, Klaus: Georg Forster oder die Liebe zur Welt. Eine Biographie. Reinbek bei Hamburg 1987; Uhlig, Ludwig: Georg Forster. Lebensabenteuer eines gelehrten Weltbürgers (1754–1794). Göttingen 2004.

2   Forster, Georg: Werke. Sämtliche Schriften, Tagebücher, Briefe. Akademie-Ausgabe, Bde. 1–18 in 19. Berlin 1958–2003. Es fehlt noch Bd. 10,2; geplant waren Bd. 19 Gesamtregister und Bd. 20 Bibliografie.

3   Strehlke, Friedrich: Georg Forster's Geburtsort, in: Programmschrift der Petri-Schule zum 7. April 1862. Danzig 1862, S. 3–16.

4   Forster, Johann Reinhold: Ueber Georg Forster, in: Annalen der Philosophie und des philosophischen Geistes, Jg. 1. Halle/Leipzig 1795, Philosophischer Anzeiger für das Jahr 1795, St. 2, Sp. 9–16, St. 16, Sp. 121–126, hier Sp. 12–13.

5   Lomonosov, Michail Vasil'evič: A chronical abridgment of the Russian history. Translated from the original Russian, written by Michael Lomonossof, and continued to the present time by the translator [Vorwort unterzeichnet von J. G. A. Forster]. London 1767.

6   Forster, Georg: A Voyage round the World in His Britannic Majesty's sloop Resolution, commanded by Captain J. Cook, during the years 1772, 3, 4 and 5, vol. 1–2. London 1777.

7   Forster, Georg: Johann Reinhold Forster's Reise um die Welt, während den Jahren 1772 bis 1775 in dem durch den Capitain Cook geführten Schiffe the Resolution unternommen. Beschrieben und herausgegeben von dessen Sohn und Reisegefährten George Forster. Vom Verfasser selbst aus dem Englischen übersetzt, mit dem Wesentlichsten aus des Capitain Cooks Tagebüchern und anderen Zusätzen für den deutschen Leser vermehrt und durch Kupfer erläutert, Bde. 1–2. Berlin 1778–1780.

8   Forster, Georg: Kleine Schriften. Ein Beytrag zur Völker- und Länderkunde, Naturgeschichte und Philosophie des Lebens. Leipzig 1789.

9   Forster: Werke, Akademie-Ausgabe, Bd. 13, S. 937–945; Bd. 14, S. 863 (wie Anm. 2).

10   Zur Biografie vgl. Nowak, Kurt: Schleiermacher. Leben, Werk und Wirkung. Göttingen 2001.

11   Vgl. Schleiermacher, Friedrich Daniel Ernst: Kritische Gesamtausgabe. Bisher 4 Abteilungen mit 38 Bänden in 42. Berlin u. a. 1980ff.

12   Vgl. Goebel, Max: Geschichte des christlichen Lebens in der rheinisch-westphälischen evangelischen Kirche, Bd. 3. Die niederrheinische reformirte Kirche und der Separatismus in Wittgenstein und am Niederrhein im 18. Jahrhundert, hrg. v. Theodor Link, Koblenz 1860 (Nachdruck Gießen 1992), S. 456–598.

13   Schleiermacher: Kritische Gesamtausgabe V/5, Brief 1220, Z. 21 (wie Anm.11).

14   Schleiermacher: Kritische Gesamtausgabe I/11, S. 5, Z. 9–10 (wie Anm. 11).

Ansichten des Menschen und der Natur
Wilhelm und Alexander von Humboldt

1   Kehlmann, Daniel: Die Vermessung der Welt. Reinbek bei Hamburg 2005.

2   Kritisch zu Kehlmann: Holl, Frank: „Die zweitgrößte Beleidigung des Menschen sei die Sklaverei …“. Daniel Kehlmanns neu erfundener Alexander von Humboldt, in: HiN. Alexander von Humboldt im Netz. Internationale Zeitschrift für Humboldt-Studien XIII, 25 (2012).

3   Humboldt, Wilhelm von: Gesammelte Schriften (GS). 17 Bde. Hrsg. von Albert Leitzmann u. a. Berlin 1903–1936; hier: GS VII, S. 201.

4   Humboldt, Alexander von: Kosmos. Entwurf einer physischen Weltbeschreibung [1845–62] (Kosmos), Hrsg. von Ottmar Ette u. Oliver Lubrich. Frankfurt am Main 2004; hier: Kosmos, S. 187.

5   Humboldt, Wilhelm von: Über die Kawi-Sprache auf der Insel Java (Kawi), 3 Bde. Berlin 1836–39; hier: Kawi III, S. 426; ähnlich: GS VI (wie Anm. 3), S. 114.

6   Brief Wilhelm von Humboldts an Brinkmann, 18.3.1793, in: Leitzmann, Albert (Hrsg.): Wilhelm von Humboldts Briefe an Karl Gustav von Brinkmann. Leipzig 1939, S. 60.

7   Bruhns, Karl (Hrsg.): Alexander von Humboldt. Eine wissenschaftliche Biographie. 3 Bde. Leipzig 1872; hier: Bd. II, S. 214.

8   Vgl. Geier, Manfred: Die Brüder Humboldt. Eine Biographie. Reinbek 2009; Rosenstrauch, Hazel: Wahlverwandt und ebenbürtig. Caroline und Wilhelm von Humboldt. Frankfurt am Main 2009; Beck, Hanno:

Wilhelm, Caroline und Alexander von Humboldt. Zur Erhellung einer Polarität. In: Humboldt-Gesellschaft (Hrsg.): Die Dioskuren. Probleme in Leben und Werk der Brüder Humboldt. Mannheim 1986, S. 104–125.

9 Geier 2009 (wie Anm. 8).

10 Kosmos (wie Anm. 4), S. 188.

11 Kosmos (wie Anm. 4), S. 187.

12 Humboldt, Alexander von: Vues des Cordillères et monumens des peuples indigènes de l'Amérique. Paris 1810–1813.

13 GS XIII (wie Anm. 3), S. 25.

14 Humboldt, Alexander von: Relation historique du voyage aux régions équinoxiales du Nouveau Continent [1814–25]. 3 Bde. Nachdruck hrsg. von Hanno Beck. Stuttgart 1970.

15 Ette, Ottmar: Wissen aus der Bewegung. Alexander von Humboldts Amerikanische Reisetagebücher kommen in die Staatsbibliothek zu Berlin, in: Arsprototo – Das Magazin der Kulturstiftung der Länder (Berlin) 1 (2014), S. 20–27.

16 Humboldt, Wilhelm von: Mexicanische Grammatik. Hrsg. von Manfred Ringmacher. Paderborn 1994.

17 Humboldt, Alexander von: Ansichten der Natur [1808/1849] (Ansichten). Frankfurt am Main 2004, S. 7.

18 Ansichten (wie Anm. 17), S. 7.

19 Ansichten (wie Anm. 17), S. 37.

20 Ansichten (wie Anm. 17), S. 16.

21 GS I (wie Anm. 3), S. 256.

22 Zu Wilhelm vgl. Borsche, Tilman: Wilhelm von Humboldt. München 1990; Gall, Lothar: Wilhelm von Humboldt. Ein Preuße von Welt. Berlin 2011. Zu Alexander vgl. Humboldt, Alexander von: Mein viel-bewegtes Leben. Der Forscher über sich und seine Werke (Hrsg.: Frank Holl). Berlin 2009; Krätz, Otto: Alexander von Humboldt. Wissenschaftler – Welt-bürger – Revolutionär. München 1997; Meyer-Abich, Adolf: Alexander von Humboldt. Reinbek bei Hamburg 1967.

23 Geier 2009 (wie Anm. 8); vgl. auch Vierhaus, Rudolf: Die Brüder Humboldt, in: Étienne François/Hagen Schulze (Hrsg.): Deutsche Erinnerungsorte. Bd. 3. München 2001, S. 9–25.

24 Watson, Peter: The German Genius. London 2010, S. 225.

25 Humboldt, Alexander von: Voyage aux régions equinoxiales du Nouveau Continent. 29 Bde. Paris 1807–1839.

26 Fiedler, Horst/Leitner, Ulrike: Alexander von Humboldts Schriften. Bibliographie der selbständig erschienenen Werke. Berlin 2000.

27 Humboldt, Wilhelm von: Ästhetische Versuche. Erster Theil. Über Göthes Herrmann und Dorothea. Braunschweig 1799.

28 Humboldt, Wilhelm von: Aeschylos Agamemnon metrisch übersetzt von Wilhelm von Humboldt. Leipzig 1816.

29 Humboldt, Wilhelm von: Prüfung der Untersuchungen über die Urbewohner Hispaniens vermittelst der Vaskischen Sprache. Berlin 1821.

30 Humboldt, Wilhelm von: Gesammelte Werke. 7 Bde. Hrsg. von Carl Brandes. Berlin 1841–1852.

31 Humboldt, Alexander von: Die Entdeckung der Neuen Welt – Kritische Untersuchung zur historischen Ent-wicklung der geographischen Kenntnisse von der Neuen Welt und den Fortschritten der nautischen Astronomie im 15. und 16. Jahrhundert. 2 Bde. Hrsg. von Ottmar Ette. Frankfurt am Main 2009.

32 Humboldt, Alexander von: Ansichten der Kordilleren und Monumente der eingeborenen Völker Amerikas. Übers. von Claudia Kalscheuer. Hrsg. von Ottmar Ette und Oliver Lubrich. Frankfurt am Main 2004.

33 Humboldt, Wilhelm von: Schriften zur Sprachwissen-schaft. Paderborn 1994ff.

34 GS I (wie Anm. 3), S. 107.

35 Humboldt, Wilhelm von 1799 (wie Anm. 27).

36 Humboldt, Wilhelm von: Über die Sprache. Reden vor der Akademie. Hrsg. von Jürgen Trabant. Tübingen/Basel 1994.

37 Fiedler/Leitner 2000 (wie Anm. 26).

38 Kosmos (wie Anm. 4), S. 12.

39 Ansichten (wie Anm. 17), S. 7.

40 Kosmos (wie Anm. 4), S. 386.

41 Ansichten (wie Anm. 17), S. 16ff.

42 Trabant, Jürgen: Weltansichten. Wilhelm von Humboldts Sprachprojekt. München 2012, Kap. 4.

43 Ette, Ottmar: Weltbewusstsein. Alexander von Humboldt und das unvollendete Projekt einer anderen Moderne. Weilerswist 2002.

44 Humboldt, Alexander von 2004 (wie Anm. 32).

45 Humboldt, Alexander von 2009 (wie Anm. 31).

46 Kosmos (wie Anm. 4), S. 40.

47 Humboldt, Alexander von: Essai politique sur l'île de Cuba. (Cuba) 2 Bde. Paris 1826; hier: S. 315.

48 Cuba (wie Anm. 47), S. 178.

49 Cuba (wie Anm. 47), S. 168.

50 Cuba (wie Anm. 47), S. 309.

51 Wie Anm. 5.

52 Humboldt, Alexander von: Reise durch Venezuela. Aus-wahl aus den amerikanischen Reisetagebüchern. Hrsg. von Margot Faak. Berlin 2000, S. 324f.

53 Ansichten (wie Anm. 17), S. 192.

54 Lepenies, Wolf: Alexander von Humboldt – Vergange-nes und Gegenwärtiges, in Alexander von Humboldt – Aufbruch in die Moderne. Hrsg. von Ottmar Ette, Ute Hermanns, Bernd M. Scherer u.a. Berlin 2001, S. 3–15; hier: S. 13.

Zwei Inseln

Adelbert von Chamisso und Karl Ernst von Baer

1   Chamisso, Adelbert von: Leben und Briefe von Adelbert von Chamisso. Neue vermehrte Ausgabe, in: Adelbert von Chamisso's Werke (W 5/W 6). Hrsg. von Julius Eduard Hitzig, Bde. 5 und 6. 2. Aufl. Leipzig 1842; hier: W 6, S. 73.

2   Ebd. Mit „Heu" meint Chamisso, seinem üblichen Sprachgebrauch folgend, seine botanischen Präparate.

3   Hoffmann, Volker/Perfahl, Jost (Hrsg.): Adelbert von Chamisso. Sämtliche Werke (SW). München 1975; hier: SW 1, S. 694.

4   Zu Chamissos Lebensgeschichte vgl. Feudel, Werner: Adelbert von Chamisso. Leben und Werk. 2. Aufl. Leipzig 1980; Langner, Beatrix: Der wilde Europäer. Adelbert von Chamisso. 2. Aufl. Berlin 2009.

5   SW 1 (wie Anm. 3), S. 193.

6   SW 2 (wie Anm. 3), S. 10. Das kleine Versdrama Faust ist abgedruckt in SW 1 (wie Anm. 3), S. 500–509.

7   Geiger, Ludwig: Aus Chamissos Frühzeit. Ungedruckte Briefe nebst Studien. Berlin 1905, S. 4.

8   W 5 (wie Anm. 1), S. 375f.

9   W 5 (wie Anm. 1), S. 376.

10 W 5 (wie Anm. 1), S. 391.

11 SW 1 (wie Anm. 3), S. 63.

12 Zu Chamissos Weltreise vgl. Langner (2009) (wie Anm. 4), S. 157–238.

13 SW 2 (wie Anm. 3), S. 13.

14 Eine deutsche Übersetzung des Textes findet sich in Chamisso, Adelbert von: … und lassen gelten, was ich beobachtet habe. Naturwissenschaftliche Schriften mit Zeichnungen des Autors (NWS). Hrsg. von Ruth Schneebeli-Graf. Berlin 1983, S. 47–62.

15 Vgl. hierzu den Kommentar in NWS (wie Anm. 14), S. 61f.

16 Baer, Karl Ernst von: Nachrichten über Leben und Schriften des Herrn Geheimraths Dr. Karl Ernst von Baer, mitgetheilt von ihm selbst. Veröffentlicht bei Gelegenheit seines fünfzigjährigen Doctor-Jubiläums am 29. August 1864 von der Ritterschaft Ehstlands. St. Petersburg 1866, S. 391.

17 Zit. nach Langner 2009 (wie Anm. 4), S. 247.

18 Baer, Karl Ernst von: Über Entwickelungsgeschichte der Thiere. Beobachtung und Reflexion. Erster Theil. Königsberg 1828, S. 1.

19 W 6 (wie Anm. 1), S. 157f.

20 NWS (wie Anm. 14), S. 172.

21 W 6 (wie Anm. 1), S. 174.

22 W 6 (wie Anm. 1), S. 158.

23 W 6 (wie Anm. 1), S. 190.

24 SW 2 (wie Anm. 3), S. 519.

25 Vgl. hierzu das Verzeichnis der Chamisso gewidmeten Namen von Pflanzen, Tieren und geografischen Orten in NWS (wie Anm. 14), S. 280–282.

26 SW 1 (wie Anm. 3), S. 318.

27 von Baer 1866 (wie Anm. 16), S. 442. Baer zitiert das Terzinengedicht Das Vermächtnis nicht ganz korrekt; es müsste heißen: „horcht auch niemand auf"; SW 1 (wie Anm. 3), S. 441. Es lohnt eine Spekulation, weshalb Baer gerade auf dieses Gedicht aufmerksam geworden ist. Chamisso versah im Inhaltsverzeichnis der zeitgenössischen Ausgaben seiner Gedichte jeden Gedichttitel mit der Angabe des Entstehungsjahrs; nur im Falle von Das Vermächtnis gab er eine ergänzende Information: „1831. Zur Zeit der Cholera"; Chamisso, Adelbert von: Gedichte. 4. Aufl. Leipzig 1837, S. VII. Die Cholera des Jahres 1831 bildet eine markante Episode in Baers Leben; da er sich in Königsberg gegen die Auffassung ausgesprochen hatte, die Krankheit werde durch Einschleppung und Ansteckung übertragen, und deshalb gegen die von Berlin aus verfügten Absperrungsmaßnahmen, die Königsberg ökonomisch hart trafen, opponierte, zog er sich den Unmut des für Medizinalangelegenheiten zuständigen Ministers von Altenstein zu; von Baer 1866 (wie Anm. 16), S. 365–371.

28 von Baer 1866 (wie Anm. 16), S. 17; SW 1 (wie Anm. 3), S. 199.

29 von Baer 1866 (wie Anm. 16), S. 392.

30 von Baer 1866 (wie Anm. 16), S. 441.

31 von Baer 1866 (wie Anm. 16), S. 440.

32 Vgl. hierzu Jahn, Ilse: Die Beziehung Karl Ernst von Baers zu Berliner Zoologen während seines Wirkens in Königsberg (1818–1834), in: HiN. Internationale Zeitschrift für Humboldt Studien XIII, 24 (2012), S. 102–107.

33 Baer, Karl Ernst von: Materialien zur Kenntniss des unvergänglichen Boden-Eises in Sibirien. Unveröffentlichtes Typoskript von 1843 und erste Dauerfrostbodenkunde. Eingeleitet von Erki Tammiksaar. Hrsg. von Lorenz King. Giessen 2001, S. 42.

34 Schmuck, Thomas: Der Briefwechsel zwischen Alexander von Humboldt und Karl Ernst von Baer, in: HiN. Internationale Zeitschrift für Humboldt Studien XIII, 24 (2012), S. 5–20, hier S. 7.

35 von Baer 1866 (wie Anm. 16), S. 441.

36 Weil Baer kein großer Briefeschreiber war und auch nur wenige seiner Briefe ediert worden sind, bildet nach wie vor seine Autobiografie (von Baer 1866, wie Anm. 16) die wichtigste Quelle für jede biografische Darstellung. Da Baer dort alles Persönliche weitgehend ausgeklammert und die drei Jahrzehnte seines Wirkens in

wiederabgedruckt in Helmholtz, Hermann von: Gesammelte Schriften. Bd. V.1/2. Hildesheim/Zürich/New York 2002. Hinweise zum Nachlass sowie eine Bibliographie zur Sekundärliteratur bis 1993 finden sich in Cahan 1993 (wie Anm. 32). Eine Edition aller wissenschaftsphilosophischen, erkenntnistheoretischen und populärwissenschaftlichen Schriften ist in Vorbereitung: Heidelberger, Michael/Pulte, Helmut/Schiemann, Gregor (Hrsg.): Hermann von Helmholtz. Gesammelte Schriften. Darin wird auch eine weitergeführte Bibliografie enthalten sein.

34 Brain, Robert M./Wise, M. Norton: Muscles and engines: Indicator diagrams and Helmholtz's graphical methods, in: Krüger 1994 (wie Anm. 33), S. 124–145.

35 Helmholtz, Hermann von: Über die Erhaltung der Kraft, eine physikalische Abhandlung. Berlin 1847, S. 1.

36 Schmidgen, Henning: Die Helmholtz-Kurven. Auf der Spur der verlorenen Zeit. Berlin 2010; ders.: Hirn und Zeit. Berlin 2014.

37 von Helmholtz 2002 (wie Anm. 33), Bd. V.1, S. 12.

38 von Helmholtz 2002 (wie Anm. 33), Bd. V.1, S. 13.

39 Lenoir, Timothy: The eye as mathematician: Clinical practice, instrumentation, and Helmholtz's construction of an empiricist theory of vision, in: Cahan 1993 (wie Anm. 32), S. 109–153.

40 Kursell, Julia: Ohr und Instrument. Zu Hermann von Helmholtz' physiologischer Grundlegung der Musiktheorie. Habilitationsschrift. Berlin 2013.

41 Kirsten, Christa (Hrsg.): Dokumente einer Freundschaft. Briefwechsel zwischen Hermann von Helmholtz und Emil Du Bois-Reymond 1846–1894. Berlin 1986, S. 89 passim.

42 Bernard, Claude: Cahier de notes 1850–1860. Hrsg. von Mirko Drazen Grmek. Paris 1965, S. 145.

43 Heidelberger, Michael: Force, law, and experiment: The evolution of Helmholtz's philosophy of science, in: Cahan 1993 (wie Anm. 32), S. 461–497.

44 von Helmholtz 2002 (wie Anm. 33), Bd. V.2, S. 237.

45 von Helmholtz 2002 (wie Anm. 33), Bd. V.2, S. 222.

46 Buchwald, Jed Z.: Electrodynamics in context: Object states, laboratory practice, and anti-romanticism, in: Cahan 1993 (wie Anm. 32), S. 334–373.

47 Buchwald 1993 (wie Anm. 46), S. 341.

48 Boltzmann, Ludwig: Über die Methoden der theoretischen Physik (1893), in: ders.: Populäre Schriften. Leipzig 1905.

49 Du Bois-Reymond, Emil: Aus der Vorrede zu den Untersuchungen über tierische Elektrizität (1848), in: Reden von Emil Du Bois-Reymond. Hrsg. von Estelle Du Bois-Reymond. Bd. 1. Leipzig 1912, S. 1–26; hier: S. 16.

50 Hoffmann, Dieter/Ebeling, Werner: „Reichskanzler der Wissenschaften". Zum 100. Todestag des Physikers, Physiologen und Philosophen Hermann von Helmholtz, in: Physikalische Blätter, 50 (1994), S. 827–832.

51 Cahan, David: Helmholtz and the civilizing power of science, in: Cahan 1993 (wie Anm. 32), S. 559–601; hier: S. 560.

52 Hatfield, Gary: Helmholtz and Classicism: The Science of Aesthetics and the Aesthetics of Science, in: Cahan 1993 (wie Anm. 32), S. 522–558.

53 von Helmholtz 2002 (wie Anm. 33), Bd. V.2, S. 348.

54 von Helmholtz 2002 (wie Anm. 33), Bd. V.1, S. 171.

55 Vgl. z. B. Hiebert, Erwin: The Helmholtz Legacy in Physiological Acoustics. Cham/Heidelberg/New York u. a. 2014.

56 von Helmholtz 2002 (wie Anm. 33), Bd. V.1, S. 160.

57 Scharlau, Winfried (Hrsg.): Rudolf Lipschitz. Briefwechsel mit Cantor, Dedekind, Helmholtz, Kronecker, Weierstrass und anderen. Bd. 2. Braunschweig/Wiesbaden 1986, S. 130.

58 Heidelberger, Michael/Pulte, Helmut/Schiemann, Gregor (Hrsg.): Hermann von Helmholtz – Leben und Werk. (im Druck)

59 Vierhaus, Rudolf: Ranke und die Anfänge der deutschen Geschichtswissenschaft, in: Geschichtswissenschaft in Deutschland. Hrsg. von Bernd Faulenbach. München 1974, S. 21.

60 Cahan 1993 (wie Anm. 32), S. 12.

61 Nipperdey, Thomas: Zum Problem der Objektivität bei Ranke, in: Leopold von Ranke und die moderne Geschichtswissenschaft. Hrsg. von Wolfgang J. Mommsen. Stuttgart 1988, S. 218.

62 Ranke, Leopold von: Die Kammer von 1815, in: Historisch-Politische Zeitschrift, I, 1832, S. 499; vgl. auch ders.: Tagebücher. Hrsg. von Walther Peter Fuchs. München/Wien 1964 (Aus Werk und Nachlass, Bd. I), S. 234, 487.

63 von Ranke 1975 (wie Anm. 7), S. 218 u. 459.

64 Küttler, Wolfgang: Bemerkungen zu Helmholtz' Geschichtsverständnis, in: Krüger 1994 (wie Anm. 33), S. 360–375; hier: S. 371.

65 Ranke, Leopold von: Politisches Gespräch, in: ders.: Die großen Mächte. Politisches Gespräch. Hrsg. von Ulrich Muhlack. Frankfurt am Main 1995, S. 92. Dazu auch: Reill, Peter Hanns: History and the life sciences in the early nineteenth century. Wilhelm von Humboldt and Leopold von Ranke, in: Leopold von Ranke and the Shaping of the Historical Discipline. Hrsg. von Georg G. Iggers u. James M. Powell. Syracuse NY 1990, S. 21–35.

66 Küttler (wie Anm. 64).

67 Vgl. Ranke, Leopold von: Frühe Schriften. Hrsg. von Walther Peter Fuchs. München/Wien 1973, S. 66ff. In Rankes Valediktionsarbeit von 1814 ist von Goethe als „artifex" die Rede, der „summas quas concepit ideas in artificio aliquo deponit" (S. 118).

68 Schieder, Theodor: Ranke und Goethe, in: ders.: Begegnungen mit der Geschichte. Göttingen 1962, S. 80–104; hier: S. 96. (Leider hat der Autor in diesem Aufsatz von 1942 der Versuchung nicht widerstanden, Rankes und auch Goethes Werk auf die „nationale Erweckung" der Deutschen im 19. Jahrhundert zu beziehen [S. 102]. Auch nach 1945 waren solche völkischen Ranke-Lektüren noch sehr verbreitet.)

69 Vgl. Fulda, Daniel: Wissenschaft als Kunst. Die Entstehung der modernen deutschen Geschichtsschreibung 1760–1860. Berlin 1996, S. 296ff.

70 Vgl. Müller, Conrad (Hrsg.): Alexander von Humboldt und das preußische Königshaus. Briefe aus den Jahren 1835–1857. Leipzig 1928, S. 272; Biermann, Kurt-Reinhard (Hrsg.): Beglückende Ermunterung durch akademische Gemeinschaft. Alexander von Humboldt als Mitglied der Berliner Akademie der Wissenschaften. Berlin 1991, S. 61.

71 von Ranke 1964 (wie Anm. 62), S. 377.

72 Cahan 1993 (wie Anm. 51), S. 599.

73 Königsberger 1902/1903 (wie Anm. 33), Band I, S. 93–110.

74 Schmidgen 2014 (wie Anm. 36), S. 348–352.

75 Wilhelmy, Petra: Der Berliner Salon im 19. Jahrhundert (1789–1914), Berlin 1989, S. 666.

GESPRÄCH IM ELYSIUM

JOHANNES MÜLLER UND EMIL DU BOIS-REYMOND

[1] Literatur

Dierig, Sven: Wissenschaft in der Maschinenstadt. Emil Du Bois-Reymond und seine Laboratorien in Berlin. Göttingen 2006.

Du Bois-Reymond, Emil: Untersuchungen über thierische Electricität. 2 Bde. (Bd. 2 in 3 Teilbänden). Berlin 1848–1884.

Du Bois-Reymond, Emil: Aus den Tagen des Norddeutschen Bundes [1869]. In: Reden. Erste Folge. Hrsg. von dems. Leipzig 1886, S. 58–64.

Du Bois-Reymond, Emil: Culturgeschichte und Naturwissenschaft [1877]. In: ebd., S. 240–306.

Du Bois-Reymond, Emil: Der deutsche Krieg [1870]. In: ebd., S. 65–94.

Du Bois-Reymond, Emil: Die Grenzen des Naturerkennens [1872]. In: ebd., S. 105–140.

Du Bois-Reymond, Emil: Leibnizsche Gedanken in der neueren Naturwissenschaft [1870]. In: ebd. Leipzig 1886, S. 33–57.

Du Bois-Reymond, Emil: Ueber das Nationalgefühl [1878]. In: ebd., S. 307–329.

Du Bois-Reymond, Emil: Gedächtnissrede auf Johannes Müller [1858]. In: Reden. Zweite Folge. Hrsg. von dems. Leipzig 1887, S. 143–334.

Du Bois-Reymond, Emil: Ueber die Lebenskraft [1848]. In: ebd. Leipzig 1887, S. 1–28.

Du Bois-Reymond, Emil: Jugendbriefe an Eduard Hallmann. Hrsg. von Estelle Du Bois-Reymond. Berlin 1918.

Echterhölter, Anna: Schattengefechte. Genealogische Praktiken in Nachrufen auf Naturwissenschaftler (1710–1860). Göttingen 2012.

Kant, Immanuel: Träume eines Geistersehers, erläutert durch Träume der Metaphysik [1766]. In: Werke in zehn Bänden. Hrsg. von Wilhelm Weischedel. B2. 2. Darmstadt 1975, S. 921–989.

Müller, Johannes: Handbuch der Physiologie des Menschen für Vorlesungen. Coblenz 1834–1840.

Müller, Johannes: Über die phantastischen Gesichtserscheinungen. Eine physiologische Untersuchung mit einer physiologischen Urkunde des Aristoteles über den Traum. Coblenz 1826a.

Müller, Johannes: Ueber die fossilen Reste der Zeuglodonten von Nordamerica mit Rücksicht auf die europäischen Reste aus dieser Familie. Berlin 1849.

Müller, Johannes: Zur vergleichenden Physiologie des Gesichtssinnes des Menschen und der Thiere nebst einem Versuch über die Bewegung der Augen und über den menschlichen Blick. Leipzig 1826b.

Otis, Laura: Müller's Lab. Oxford/New York 2007.

Kulturstolz und Humanisierung

Karl Richard Lepsius und Adolf von Harnack

1 Lepsius, M. Rainer: Bildungsbürgertum und Wissenschaft: Richard Lepsius und seine Familie, in: Demokratie in Deutschland. Soziologisch-historische Konstellationsanalysen. Ausgewählte Aufsätze. Hrsg. von R. M. Lepsius. Göttingen 1993, S. 315–334, hier: S. 316.

2 Sieg, Ulrich: Deutsche Intellektuelle und ihre Haltung zu Armenien im Ersten Weltkrieg, in: Johannes Lepsius – Eine deutsche Ausnahme. Der Völkermord an den Armeniern, Humanitarismus und die Menschenrechte. Hrsg. von Rolf Hosfeld. Göttingen 2013, S. 110–125, hier: S. 114.

3 Lepsius, M. Rainer: Karl Richard Lepsius und die Preußische Akademie der Wissenschaften, in: Karl Richard Lepsius. Der Begründer der deutschen Ägyptologie. Hrsg. von Verena M. Lepper/Ingelore Hafemann. Berlin 2012, S. 31–36, hier: S. 31.

4 Harnack, Adolf von: Geschichte der Königlich Preussischen Akademie der Wissenschaften zu Berlin. Im Auftrage der Akademie bearbeitet. Bände I.1, I.2, II und III. Berlin 1900, hier: I.2, S. 775.

5 von Harnack 1900 (wie Anm.4), S. 836.

6 von Harnack 1900 (wie Anm.4), S. 844.

7 von Harnack 1900 (wie Anm.4), S. 895.

8 von Harnack, Adolf: Geschichte der Königlich Preussischen Akademie der Wissenschaften zu Berlin. Im Auftrage der Akademie bearbeitet. Bände I.1, I.2, II und III. Berlin 1900, hier: III, S. 170.

9 von Harnack 1900 (wie Anm.4), S. 911.

10 von Harnack 1900 (wie Anm.4), S. 912.

11 von Harnack 1900 (wie Anm.4), S. 913.

12 von Harnack 1900 (wie Anm.4), S. 915.

13 von Harnack 1900 (wie Anm.4), ebd.

14 von Harnack 1900 (wie Anm.4), S. 950.

15 von Harnack 1900 (wie Anm.4), S. 951.

16 von Harnack 1900 (wie Anm.4), ebd.

17 von Harnack 1900 (wie Anm.4), S. 952.

18 von Harnack 1900 (wie Anm.4), ebd.

19 von Harnack 1900 (wie Anm.4), ebd.

20 Dillmann, August: Gedächtnisrede auf Karl Richard Lepsius, vorgetragen am Leibniztag, 2. Juli 1885. Sonderdruck aus den Abhandlungen. Berlin 1995; hier: Dillmann zit. bei Harnack 1900 (wie Anm.4), S. 952f.

21 Kastan, Isidor: Berlin wie es war. 2. Aufl. Berlin 1919; hier: Kastan zit. nach Mehlitz, Hartmut: Richard Lepsius. Ägypten und die Ordnung der Wissenschaft, Berlin 2011, S. 287.

22 Mehlitz 2011 (wie Anm. 21), S. 288.

23 Brief von Richard Lepsius an Theodor Mommsen vom 22. April 1873, zit. nach Mehlitz 2011 (wie Anm. 21), S. 289.

24 Lepsius, Bernhard (Hrsg.): Das Haus Lepsius. Vom geistigen Aufstieg Berlins zur Reichshauptstadt. Nach Tagebüchern und Briefen (von Elisabeth Lepsius). Berlin 1933, S. 349.

25 K. R. Lepsius zit. nach Mehlitz 2011 (wie Anm. 21), S. 297.

26 Zit. bei Mehlitz 2011 (wie Anm. 21), S. 295.

27 Mehlitz 2011 (wie Anm. 21), S. 294.

28 Mehlitz 2011 (wie Anm. 21), S. 293.

29 Zahn-Harnack, Agnes von: Adolf von Harnack. Berlin-Tempelhof 1936, S. 337.

30 Lepsius 1993 (wie Anm. 1), S. 334.

31 Nottmeier, Christian: Adolf von Harnack und die deutsche Politik. Eine biographische Studie zum Verhältnis von Protestantismus, Wissenschaft und Politik. Tübingen 2004, S. 264. Zur Bibliothekspolitik Althoffs siehe auch: Fabian, Bernhard: Die Reform des preußisch-deutschen Bibliothekswesens in der Ära Althoff: Fortschritt oder Weichenstellung in eine Sackgasse?, in: Wissenschaftsgeschichte und Wissenschaftspolitik im Industriezeitalter. Das „System Althoff" in historischer Perspektive. Hrsg. von Bernhard vom Brocke. Hildesheim 1991, S. 425–451.

32 Nowak, Kurt: Historische Einführung. Adolf Harnack. Wissenschaft und Weltgestaltung auf dem Boden des modernen Protestantismus, in: Adolf von Harnack als Zeitgenosse. Reden und Schriften aus den Jahren des Kaiserreichs und der Weimarer Republik, Teil 1: Der Theologe und Historiker. Hrsg. von Kurt Nowak. Berlin/New York 1996, S. 1–99, hier: S. 53.

33 Nottmeier 2004 (wie Anm. 31), S. 264. Das Zitat im Zitat stammt aus einem Brief Althoffs an den Direktor der Bonner Universitätsbibliothek Wilhelm Erman, der selbst gehofft hatte, als Fachmann die Nachfolge Wilmanns antreten zu können.

34 Brief Adolf von Harnacks an Friedrich Althoff vom 11. Juni 1905, zit. nach Nottmeier 2004 (wie Anm. 31), S. 265.

35 Brief Adolf von Harnacks an Friedrich Althoff vom 6. September 1905, zit. nach Nottmeier 2004 (wie Anm. 31), S. 265.

36 von Harnack zit. nach Nottmeier 2004 (wie Anm. 35).

37 Brief Adolf von Harnacks an Martin Rade vom 29. August 1905, in: Jantsch, Johanna: Der Briefwechsel zwischen Adolf von Harnack und Martin Rade.

Theologie auf dem öffentlichen Markt. Berlin/New York 1996, S. 577.

38 Brief Adolf von Harnacks an Gustav Schmoller vom 11. Oktober 1905, zit. nach Nottmeier 2004 (wie Anm. 31), S. 266.

39 Erman, Adolf: Gedächtnisrede auf Richard Lepsius, gehalten in der Sitzung v. 29. Juni 1911, in: Sitzungsberichte der Königlich Preußischen Akademie der Wissenschaften XXXII (1911), S. 249–253.

40 Zahn-Harnack, von 1936 (wie Anm. 29), S. 328.

41 Krause, Friedhilde: Adolf von Harnack als Generaldirektor der Königlichen Bibliothek beziehungsweise der Preußischen Staatsbibliothek zu Berlin. Vortrag vor dem Plenum der Leibniz-Sozietät am 17. Mai 2001. http://leibnizsozietaet.de/wp-content/uploads/ 2012/11/03_krause_f1.pdf (28.08.2014).

42 Jacobs, Emil zit. nach Krause 2012 (wie Anm. 41), S. 147.

43 Zit. nach Krause 2012 (wie Anm. 41).

44 Zit. nach Nottmeier 2004 (wie Anm. 31).

45 Harnack, Adolf von: Aus der Friedens- und Kriegsarbeit. Reden und Aufsätze. Neue Folge, Band 3. Gießen 1916, S. 248.

46 Zahn-Harnack, von 1936 (wie Anm. 29), S. 328.

47 Krause 2012 (wie Anm. 41), S. 147.

48 Krause 2012 (wie Anm. 41), ebd.

49 Harnack zit. nach Nottmeier 2004 (wie Anm. 31), S. 266f.

50 Zahn-Harnack, von 1936 (wie Anm. 29), S. 333.

51 Nottmeier 2004 (wie Anm. 31), S. 519.

52 Neben den genannten liegen dem Beitrag folgende Titel zugrunde: Dümichen, Johannes: Zur Erinnerung an Richard Lepsius. Straßburg 1884; Ebers, Georg: Richard Lepsius. Ein Lebensbild. Leipzig 1885; Erman, Adolf: Gedächtnisrede auf Richard Lepsius, gehalten in der Sitzung v. 29. Juni 1911, in: Sitzungsberichte der KöniglichPreußischen Akademie der Wissenschaften XXXII (1911); Erman, Wilhelm: Erinnerungen. Bearbeitet und hrsg. von Hartwig Lohse. Köln/Weimar 1994, S. 249–253; Graf, Friedrich Wilhelm: Rettung der Persönlichkeit. Protestantische Theologie als Kulturwissenschaft des Christentums, in: Kultur und Kulturwissenschaften um 1900. Krise der Moderne und Glaube an die Wissenschaft. Hrsg. von Rüdiger vom Bruch, Friedrich Wilhelm Graf und Gangolf Hübinger. Stuttgart 1989, S. 103–131; Graf, Friedrich Wilhelm: Protestantische Theologie in der Gesellschaft des Kaiserreichs, in: Profile des neuzeitlichen Protestantismus, Band 2: Kaiserreich, Teil 1. Hrsg. von Friedrich Wilhelm Graf. Gütersloh 1992, S. 12–117; Graf, Friedrich Wilhelm: Der „Kant der Kirchengeschichte" und der „Philosoph des Protestantismus". Adolf von Harnacks Kant-Rezeption und seine Beziehungen zu den philosophischen Neukantianern, in: Adolf von Harnack. Christentum, Wissenschaft und Gesellschaft. Wissenschaftliches Symposion aus Anlaß des 150. Geburtstages. Hrsg. von Kurt Nowak, Otto Gerhard Oexle, Trutz Rendtorff, Kurt-Victor Selge. Göttingen 2003, S. 113–142; Harnack, Adolf von: Reden und Aufsätze. 2 Bände. Gießen 1904; Harnack, Adolf von: Aus Wissenschaft und Leben. Reden und Aufsätze. Neue Folge, 2 Bände. Gießen 1911; Harnack, Adolf von: Aus der Friedens- und Kriegsarbeit. Reden und Aufsätze. Neue Folge, Band 3. Gießen 1916; Harnack, Adolf von: Erforschtes und Erlebtes. Reden und Aufsätze. Neue Folge, Band 4. Gießen 1923; Harnack, Adolf von: Vom inwendigen Leben. Betrachtungen über Bibelworte und freie Texte. Heilbronn 1931; Harnack, Axel von (Hrsg.): Adolf von Harnack. Aus der Werkstatt des Vollendeten. Als Abschluß seiner Reden und Aufsätze. Gießen 1930; Ippel, Eduard: Erinnerungen an die Königliche Bibliothek 1874–1885. Vortrag gehalten in der Vereinigung Berliner Bibliothekare, 5.12.1908, Privatdruck. Freiburg im Breisgau 1916; Krause, Friedhilde (Bearb.): „Auswählen, Verwalten, Dienen …". Dienstprotokolle aus der Amtszeit Adolf von Harnacks an der Königlichen Bibliothek/Preußischen Staatsbibliothek 1905 bis 1921. Berlin 2001; Lepper, Verena M./Hafemann, Ingelore (Hrsg.): Karl Richard Lepsius. Der Begründer der deutschen Ägyptologie. Berlin 2012; Rebenich, Stefan: Theodor Mommsen und Adolf von Harnack. Wissenschaft und Politik im Berlin des ausgehenden 19. Jahrhunderts. Mit einem Anhang: Edition und Kommentierung des Briefwechsels. Berlin/New York 1997.

20. Jahrhundert. Theoretische Fachgebiete. Hrsg. von P. Schneck. Abhandlungen zur Geschichte der Medizin und der Naturwissenschaften, Heft 90. Husum 1999, S. 45–47.

50 Verhandlungen der Berliner Gesellschaft für Anthropologie, Ethnologie und Urgeschichte 1875 (wie Anm. 41), S. 278–279.

51 Verhandlungen der Berliner Gesellschaft für Anthropologie, Ethnologie und Urgeschichte 1875 (wie Anm. 41), S. 278–279.

52 Verhandlungen der Berliner Gesellschaft für Anthropologie, Ethnologie und Urgeschichte 8 (1876), S. 78.

53 Verhandlungen der Berliner Gesellschaft für Anthropologie, Ethnologie und Urgeschichte 16 (1884), S. 273.

54 Möllers, Bernhard: Robert Koch. Persönlichkeit und Lebenswerk. 1843–1910. Hannover 1950, S. 100.

55 Andree, Christian (Hrsg. u. Bearb.): Rudolf Virchow. Sämtliche Werke. Bd. 59, Abt. IV, Briefe. Der Briefwechsel mit den Eltern 1839–1864. Berlin/Wien/Boston u. a. 2001, S. 372–373.

56 Andree 2001 (wie Anm. 55), S. 656 und öfter.

57 Universitätsarchiv der Humboldt-Universität zu Berlin, Signatur: NL Koch, as/b1/682.

58 Andree, Christian (Hrsg. u. Bearb.): Rudolf Virchow. Sämtliche Werke. Bd. 37, Abt. II, Politik. Politische Tätigkeit im Preußischen Abgeordnetenhaus. 14. Mai 1888 bis 16. März 1901 (letzte gehaltene Rede). Politische Tätigkeit im Deutschen Reichstag. Sämtliche Reden. 28. Juni 1878 bis 21. April 1893 sowie dazugehörige Dokumente. Berlin/Wien 2003, S. 89.

59 Virchow, Rudolf: Darstellung der Lehre von den Trichinen. Mit Rücksicht auf die dadurch gebotenen Vorsichtsmaßregeln, für Laien und Aerzte. Berlin 1864.

60 Virchow, Rudolf: Der Kampf der Zellen und der Bakterien, in: Virchows Archiv. Bd. 101, 1. Heft. Berlin 1885, S. 4ff.

61 Andree, Christian (Hrsg. u. Bearb.): Rudolf Virchow. Sämtliche Werke. Band V,2, Abt. V, Virchowiana – Materialien und Dokumente. Rudolf Virchow als Berliner Stadtverordneter 1859 bis 1902. Hildesheim/Zürich/New York 2013, S. 492.

62 Andree 2013 (wie Anm. 61), S. 501.

63 Andree 2003 (wie Anm. 58), S. 41, 42, 89, 90, 92, 93, 134, 144, 149, 262, 268.

64 Andree 2003 (wie Anm. 58), S. 637–642.

65 Unger, Helmuth: Robert Koch. Roman eines großen Lebens. Hamburg 1947.

66 Bochalli, Richard: Robert Koch. Der Schöpfer der modernen Bakteriologie. Große Naturforscher 15. Stuttgart 1954.

67 Grüntzig, Johannes W./Mehlhorn, Heinz: Robert Koch. Seuchenjäger und Nobelpreisträger. Heidelberg 2010.

68 Hasche-Klünder, Irmingard: Rudolf Virchow, Infektion und Infektionskrankheit, Bakteriologie und Pathologie. Göttingen 1942.

69 Bernard, Claude (12.7.1813, St. Julien – 10.2.1878, Paris), Begründer der experimentellen Physiologie, der nie als Arzt tätig war, untersuchte, was bei der Verdauung mit der Nahrung im Körper passiert, der sie nicht nur ab-, sondern auch umbaut, welche Rolle der Zucker, die Galle und der Pankreassaft dabei spielen. Bernard fand für Zucker eine Speichersubstanz in der Leber, das Glykogen, entdeckte die Bedeutung der Nerven für den Auf- bzw. Abbau des Zuckers im Körper. All das führte ihn zu einem antivitalistischen Standpunkt, wonach alle Lebensvorgänge entweder physikalisch oder chemisch zu erklären sind.

70 Ackerknecht, Erwin H.: Rudolf Virchow. Arzt, Politiker, Anthropologe. Stuttgart 1957, S. 100.

71 Ackerknecht 1957 (wie Anm. 70), S. 98.

72 Thiel, Rudolf: Männer gegen Tod und Teufel. Berlin 1931 (erste Ausgabe); letzte von mir nachgewiesene Ausgabe: Wien 1970.

73 Virchow, Hans (10.9.1852, Würzburg – 7.4.1940, Berlin), Anatom, Anthropologe. Der Sohn Rudolf Virchows hatte es im Leben schwer, wurde aber ebenfalls Geheimer Medizinalrat und als Honorarprofessur Lehrer der Anatomie an der Königlichen Akademie der bildenden Künste in Berlin; vgl. die soeben erschienene verdienstvolle Dissertation von Muschong, Nikolaus: Hans Virchow (1852–1940). Leben und Werk eines Anatomen und Anthropologen. Göttingen 2013 (Diss. med. Bonn 2011).

74 Lartschneider, Josef (geb. 3.4.1868 und nach 1948 gestorben), „gewesener Assistent am k. k. anatomischen Institut in Wien und gewesener Operateur" (so in: Vierteljahrsschrift für Zahnheilkunde, Bd. 24, [1908], S. 290), forderte im ersten Teil der 1940 in Wien bei Franz Deuticke erschienenen Schrift, nur dem Vorbild „Hippokrates und nur Hippokrates" zu folgen. Der zweite Teil erschien 1941 ebenfalls bei Deuticke.

75 Rössle, Robert (19.8.1876, Augsburg – 21.11.1956, Berlin), Pathologe, Prof. in München, Jena, Basel und Berlin, 1946–1947 Sekretar der Mathematisch-naturwissenschaftlichen Klasse, 1949 Sekretar der Klasse für medizinische Wissenschaften der Akademie, Ordentliches Mitglied der Akademie seit 8.2.1934.

76 Diepgen, Paul (24.11.1878, Aachen – 2.1.1966, Mainz), Medizinhistoriker und Gynäkologe.

77 Rosner, Edwin (21.9.1910, Wien – 26.6.2011, St. Gilgen), praktischer Arzt in Österreich.

78 Diepgen, Paul: Der Arzt Rudolf Virchow und die Medizin seiner Zeit, in: Zeitschrift des Vereins für die Geschichte Berlins, Heft 2 (1943).

79   Diepgen, Paul/Rosner, Edwin: Zur Ehrenrettung Vir-
     chows und der deutschen Zellforscher. Virchows
     Archiv, Bd. 307. Berlin 1941, S. 457–489.

80   Lartschneider, Josef: Zurück zu Hippokrates. 14. Alpen-
     ländische Ärztetagung in Salzburg. Linz 1941, S. 9f.

81   Andree, Christian: Rudolf Virchow – Theodor Billroth.
     Leben und Werk. Kiel 1979, S. 97–98.

82   So: Reim, Ulrike: Der „Robert-Koch"-Film (1939) von
     Hans Steinhoff. Kunst oder Propaganda?, in: Medizin
     im Spielfilm des Nationalsozialismus. Hannoversche
     Abhandlungen zur Geschichte der Medizin und der
     Naturwissenschaften, Heft 1. Hrsg. von Udo Benzenhöfer
     u. Wolfgang U. Eckart. Tecklenburg 1990, S. 22–33.

83   Zu Ungers Biografie und seiner Euthanasietätigkeit vgl.
     Kiessling, Claudia Sybille: Dr. med. Hellmuth Unger
     (1891–1953). Dichterarzt und ärztlicher Pressepolitiker
     in der Weimarer Republik und im Nationalsozialismus.
     Abhandlungen zur Geschichte der Medizin und der
     Naturwissenschaften, Heft 89. Husum 1999; zu seiner
     Euthanasietätigkeit im Zusammenhang mit dem „Ober-
     gutachter" Werner Catel vgl. Andree, Christian: Die
     Universitäts-Kinderklinik der Christian-Albrechts-
     Universität zu Kiel 1906–2006. Hildesheim/Zürich/
     New York 2006, S. 179.

84   Vgl. Grüntzig/Mehlhorn 2010 (wie Anm. 67), S. 225.

Zwei der glänzendsten Gestirne
Max Planck und Albert Einstein

1   Max Planck an Heinrich von Ficker, den ständigen
     Sekretär der Preußischen Akademie der Wissenschaften,
     31. März 1933. In: Kirsten, Christa/Hans-Jürgen Treder
     (Hrsg.): Albert Einstein in Berlin 1913–1933. 2 Bde. Ber-
     lin 1979, S. 245.

2   Albert Einstein über Max Planck, in memoriam, vorge-
     tragen während des Gedenkgottesdienstes in der Ame-
     rican Academy of Science in Washington 1948.

3   Erwähnt seien hier eine Biografie über Max Planck von
     Heilbron, John Lewis: Max Planck. Ein Leben für die
     Wissenschaft. Stuttgart 2006 (2. korrigierte und ergänz-
     te Auflage) sowie eine über Albert Einstein von Isaacson,
     Walter: Einstein, his Life und Universe. New York 2007.

4   Hoffmann, Dieter: Kollegen im Widerstreit. Max Planck
     und Albert Einstein, in: Spektrum der Wissenschaft,
     Nr. 5 (2008), S. 32–39.

5   Renn, Jürgen/Castagnetti, Giuseppe/Rieger, Simone:
     Adolf von Harnack und Max Planck (1851–1930).
     In: Adolf von Harnack. Theologe, Historiker, Wissen-
     schaftspolitiker. Hrsg. von Kurt Nowak u. Otto Gerhard
     Oexle. Göttingen 2001.

6   Planck, Max: Wissenschaftliche Selbstbiographie: mit
     einem Bildnis und der von Max von Laue gehaltenen
     Traueransprache. Lebensdarstellungen Deutscher
     Naturforscher Nr. 5. 5. Aufl. Leipzig 1970 [1947] [1948];
     Details zur Publikationsgeschichte dieses Dokuments
     stehen in Planck, Max: Max Planck – Scientific Autobio-
     graphy, with an introduction by Georg von Uschmann
     und documents related to its history of publication, com-
     piled und explained by Wieland Berg. In: Acta Historica
     Leopoldina, 19 (1990).

7   Einstein, Albert: Autobiographical Notes. Hrsg. von
     Paul Arthur Schilpp. 2. Aufl. La Salle, Illinois 1992 [1949].

8   Einstein 1992 (wie Anm. 7), S. 2.

9   Einstein 1992 (wie Anm. 7), S. 30.

10   Planck 1970 (wie Anm. 6), S. 8.

11   Einstein 1992 (wie Anm. 7), S. 30.

12   Heilbron 2006 (wie Anm. 3), S. 68–73.

13   Planck 1970 (wie Anm. 6), S. 24.

14   Planck 1970 (wie Anm. 6), S. 5–7.

15   Renn, Jürgen: Einstein as a Missionary of Science. Max
     Planck Institute for the History of Science Preprint
     N°448. Berlin 2013.

16   Einstein 1992 (wie Anm. 7), S. 4.

17   Einstein 1992 (wie Anm. 7), S. 2f.

18   Planck 1970 (wie Anm. 6), S. 8.

19   Die Arbeiten von 1905 wurden neu herausgegeben und
     mit detaillierten Einführungen versehen von Stachel,
     John: Einstein's Miraculous Year. Princeton und
     Oxford 2005 [1998].

20   Einstein, Albert an Ehrenfest, Paul, November 1913, in:
     CPAE v. 5, doc. 484. Zitate aus vielen Briefen und ein-
     zelnen Dokumenten stammen aus den Collected Papers
     of Albert Einstein (CPAE). Princeton: Princeton Univer-
     sity Press. Dokumente des Albert Einstein Archivs, die
     noch nicht in den CPAE veröffentlicht worden sind,
     sind als AEA aufgeführt.

21   Einstein, Albert an Lorentz, Hendrik, 14. August 1913,
     in: CPAE v. 5, doc. 467.

22   Einstein, Albert an Zangger, Heinrich, 27. Juni 1914,
     in: CPAE v. 8 doc 16a, printed in v. 10.

23   Einstein, Albert an Einstein, Elsa, 14. [?] Juli 1913,
     in: CPAE v. 5 doc. 451.

24   Planck, Max: Wahlvorschlag von Max Planck für Albert
     Einstein zum ordentlichen Mitglied der physikalisch-
     mathematischen Klasse der Preußischen Akademie der
     Wissenschaften, 12. Juni 1913, in: CPAE v. 5, doc. 445

55 Hahn, Otto: Cobalt-60 – Gefahr oder Segen für die Menschheit? Göttingen 1955.

56 Vgl. Hoffmann, Klaus: Otto Hahn. Stationen aus dem Leben eines Atomforschers. Berlin 1978, S. 286ff.

57 Kraus, Elisabeth: Von der Uranspaltung zur Göttinger Erklärung. Würzburg 2001, S. 182.

58 Sime, Ruth L.: Otto Hahn und die Max-Planck-Gesellschaft. Zwischen Vergangenheit und Erinnerung. Schriften der Präsidentenkommission „Geschichte der Kaiser-Wilhelm-Gesellschaft im Nationalsozialismus". Ergebnisse 14. Berlin 2004; Sime 2007 (wie Anm. 41).

59 Sime 2014 (wie Anm. 43).

60 Meitner an Hahn, 6. Juni 1948, in: Krafft 1981 (wie Anm. 27), S. 185; Sime 2001 (wie Anm. 1), S. 460–461.

61 Weiss, Burghard: Hahn und Meitner, Merton und Matthäus. Berichte zur Wissenschaftsgeschichte 13 (1990), S. 219–231; hier S. 223–225. Mit der Bildung des Helmholtz-Zentrums Berlin für Materialien und Energie im Jahre 2009 wurde der Name Hahn-Meitner aufgegeben.

62 Meitner an Hahn, 8. August 1966; Frisch an Hahn, 23. August 1966, in: Sime 2001 (wie Anm.1), S. 492.

63 Sime 2001 (wie Anm. 1), S. 492.

64 Krafft 1981 (wie Anm. 27), S. 471, 474, 478.

Pionier der Erforschung des zellulären Energiestoffwechsels

Otto Heinrich Warburg

1 Vielen der Grunddaten dieses Aufsatzes liegen Informationen aus folgenden Publikationen zugrunde: Chernow, Ron: The Warburgs: A Family Saga. London 1993, hier: S. 539–541; Drössmar, Fred: Otto Heinrich Warburg. In Berlin mit Teamgeist zum Nobelpreis, in: Warburg und die Warburgs. Hrsg. vom Kulturforum. Warburg 1988, S. 99–106; Farrer, David O.: The Nobel Prize winner, in: The Warburgs. London 1974, S. 148–153; Höxtermann, Ekkehard/Sucker, Ulrich: Otto Warburg. Leipzig 1989, hier: Übersicht 1, S. 77; Koppenol, Willem H./Bounds, Patricia L./Dang, Chi V.: Otto Warburg's contributions to current concepts of cancer metabolism, in: Nature Reviews Cancer (Nature Rev) 11 (2011), S. 325–337; Krebs, Hans A.: Otto Heinrich Warburg, 1883–1970, in: Biographical Memoirs of Fellows of the Royal Society 18 (1972a), S. 629–699; ders. in Zusammenarbeit mit Schmid, Roswitha: Otto Warburg: Zellphysiologe, Biochemiker, Mediziner; 1883–1970. Stuttgart 1979; Werner, Petra: Ein Genie irrt seltener. Otto Heinrich Warburg, ein Lebensbild in Dokumenten. Berlin 1991. Außerdem waren große Teile des wissenschaftlichen Nachlasses und der Korrespondenz von Otto Warburg (NL OW) zugänglich, die im Archiv der Berlin-Brandenburgischen Akademie der Wissenschaften (ABBAW) aufbewahrt werden.

2 Krebs 1972a; Krebs 1979 (wie Anm. 1); Werner, Petra: Otto Warburg. Von der Zellphysiologie zur Krebsforschung. Berlin 1988.

3 Warburg, Otto: Beobachtungen über die Oxydationsprozesse im Seeigelei, in: Hoppe-Seyler's Zeitschrift für physiologische Chemie (Hoppe-Seyler's Z physiol Chem) 57 (1908), S. 1–16.

4 Kleinzeller, Arnošt (Hrsg.): Manometrische Methoden und ihre Anwendung in der Biologie und Biochemie. Jena 1965, sowie Warburg, O.: Weiterentwicklung der zellphysiologischen Methoden, angewandt auf Krebs, Photosynthese und Wirkungsweise der Röntgenstrahlen. Stuttgart 1962.

5 Warburg, O.: Über sauerstoffatmende Körnchen aus Leberzellen und über Sauerstoffatmung in Berkefeld-Filtraten wässriger Leberextrakte, in: Pflüger's Archiv für die gesamte Physiologie 154 (1913), S. 599–617.

6 Ernster, Lars/Schatz, Gottfried: Mitochondria: A Historical Review, in: Journal of Cell Biology 91 (1981), S. 227s–255s.

7 Warburg, O.: Über Hemmungen der Blausäurewirkung in lebenden Zellen, in: Hoppe-Seyler's Z physiol Chem 76 (1912), S. 331–346, sowie ders.: Über die Wirkung von Blausäureäthylester (Äthylcarbylamin) auf die Pasteursche Reaktion, in: Biochemische Zeitschrift (Biochem Z) 174 (1926a), S. 497–499, und ders./Toda, Shigeru: Über die Wirkung von Blausäureäthylester (Äthylcarbylamin) auf Schwermetallkatalysen, in: Biochem Z 172 (1926), S. 17–30.

8 Warburg, O./Posener, Karl/Negelein, Erwin: Über den Stoffwechsel der Carcinomzelle, in: Biochem Z 152 (1924), S. 309–344.

9 Minami, Seigo: Versuche an überlebendem Carcinomgewebe (Atmung und Glykolyse), in: Biochem Z 142 (1923), 334–350; Warburg, O.: Über den Stoffwechsel der Tumoren. Berlin 1926b; Warburg, O., u.a. 1924 (wie Anm. 8).

10 Warburg, O. 1926a (wie Anm. 7).

11 Warburg, O.: Über die letzte Ursache und die entfernten Ursachen des Krebses. Vortrag, Tagung der Nobelpreisträger, Lindau/Bodensee, 30.6.1966. Würzburg 1967.

12 Warburg, O. 1967 (wie Anm. 11).

13   Zum Einfluss von Warburg's Theorien auf die Entwicklung der Krebs-Mehrschritt-Therapie durch Manfred von Ardenne: Ardenne: Die Erinnerungen. München 1990, S. 355–393, sowie Ardenne M. v.: Brief an O. Warburg vom 8.1.1970 (ABBAW, NL OW, NL83).

14   Warburg, O.: Über die Rolle des Eisens in der Atmung des Seeigeleis nebst Bemerkungen über einige durch Eisen beschleunigte Reaktionen, in: Hoppe-Seyler's Z physiol Chem 92 (1914), S. 231–256.

15   Warburg, O.: Physikalische Chemie der Zellatmung, in: Biochem Z 119 (1921), S. 134–166.

16   Warburg, O.: Über die Wirkung von Kohlenoxyd und Licht auf den Stoffwechsel der Hefe, in: Naturwissenschaften 14 (1926c), S. 471–486.

17   Warburg, O.: Über die Wirkung von Kohlenoxyd und Stickoxyd auf Atmung und Gärung, in: Biochem Z 189 (1927), S. 354–380; Warburg, O./Negelein, E.: Über die Verteilung des Atmungsferments zwischen Kohlenoxyd und Sauerstoff, in: Biochem Z 193 (1928a), S. 334–338.

18   Warburg, O./Negelein, E.: Über die photochemische Dissoziation bei intermittierender Belichtung und das absolute Absorptionsspektrum des Atmungsferments, in: Biochem Z 202 (1928b), S. 202–228; dies.: Absolutes Absorptionsspektrum des Atmungsferments, in: Biochem Z 204 (1929), S. 495–499.

19   Keilin, David: The history of cell respiration and cytochrome. Cambridge 1966.

20   Zur wissenschaftlichen Kontroverse zwischen Warburg und Keilin: Keilin 1966 (wie Anm. 19); Warburg, O.: Schwermetalle als Wirkungsgruppen von Fermenten, Berlin, 1946.

21   Warburg, O./Negelein, E./Haas, Erwin: Spektroskopischer Nachweis des sauerstoffübertragenden Ferments neben Cytochrom, in: Biochem Z 266 (1933), S. 1–8.

22   Theorell, Hugo: Reindarstellung (Kristallisation) des gelben Atmungsfermentes und die reversible Spaltung desselben. Vorläufige Mitteilung, in: Biochem Z 272 (1934), S. 155–156; sowie Warburg, O./Christian, Walter: Co-Fermentproblem, in: Biochem Z 274 (1934), S. 112–116.

23   Warburg, O.: Wasserstoffübertragende Fermente. Berlin 1948; Warburg, O./Christian, W.: Pyridin, der wasserstoffübertragende Bestandteil von Gärungsfermenten (Pyridin-Nucleotide), in: Biochem Z 287 (1936a), S. 291–328; Warburg, O./Christian, W./Griese, Alfred: Wasserstoffübertragendes Co-Ferment, seine Zusammensetzung und Wirkungsweise, in: Biochem Z 282 (1935), S. 157–205.

24   Warburg, O./Christian, W.: Co-Fermentproblem, in: Biochem Z 275 (1935), S. 464; Warburg, O./Christian, W.: Optischer Nachweis der Hydrierung und Dehydrierung des Pyridins im Gärungs-Co-Ferment, in: Biochem Z 286 (1936b), S. 81–82.

25   Liste der Gärungsenzyme, die von Warburg und seinen Mitarbeitern kristallisiert wurden: Krebs 1979 (wie Anm. 1).

26   Warburg, O. 1948 (wie Anm. 23).

27   Einstein, Albert: Thermodynamische Begründung des photochemischen Äquivalentgesetzes, in: Annalen der Physik 38 (1912), S. 881–884.

28   Burk, Dean/Hendricks, Sterling/Korzenovsky, Mitchell/Schocken, Victor/Warburg, O.: The maximum efficiency of photosynthesis: A rediscovery, in: Science; 110 (1949), S. 225–229; Warburg, O./Burk, D.: The maximum efficiency of photosynthesis, in: Archives of Biochemistry 25 (1950), S. 410–443; Warburg, O./Negelein, E.: Über den Energieumsatz bei der Kohlensäureassimilation, in: Zeitschrift für Physikalische Chemie (Z Phys Chem) 102 (1922), S. 235–266; dies.: Über den Einfluss der Wellenlänge auf den Energieumsatz bei der Kohlensäureassimilation, in: Z Phys Chem 106 (1923), S. 191–218.

29   Delbrück, Max: Brief an O. Warburg vom 23.12.1957 (ABBAW, NL OW, NL230).

30   Emerson, Robert u. Warburg, O.: Gemeinsames Protokoll vom 7.1.1949 (ABBAW, NL OW, NL262).

31   Burk, D. u.a. 1949 sowie Warburg, O./Burk, D. 1950 (wie Anm. 28).

32   Emerson, R./Chalmers, Ruth: Transient changes in cellular gas exchange and the problem of maximum efficiency of photosynthesis, in: Plant Physiology 30 (1955), S. 504–529; Emerson, R./Chalmers, R./Cederstrand, Carl: Some factors influencing the long-wave limit of photosynthesis, in: Proceedings of the National Academy of Sciences of the USA 43 (1957), S. 133–143.

33   Pedersen, Peter L.: Warburg, me and Hexokinase 2: Multiple discoveries of key molecular events underlying one of cancers' most common phenotypes, the „Warburg Effect", i. e., elevated glycolysis in the presence of oxygen, in: Journal of Bioenergetics & Biomembranes 39 (2007), S. 211–222; Racker, Efraim: Bioenergetics and the problem of tumor growth, in: American Scientist 60 (1972), S. 56–63.

34   Hanahan, Douglas/Weinberg, Robert A.: Hallmarks of cancer: The next generation, in: Cell 144 (2011), S. 646–674; Krebs, H. A.: The Pasteur effect and the relations between respiration and fermentation, in: Essays in Biochemistry 8 (1972b), S. 1–34.

35   Krebs 1972b (wie Amn. 34).

36   Zum Beispiel: Jackson, Aimee L./Loeb, Lawrence A.: The mutation rate and cancer, in: Genetics 148 (1998), S. 1483–1490; Temin, Howard M.: Evolution of cancer genes as a mutation-driven process, in: Cancer Research (C Res) 48 (1988), S. 1697–1701.

37   Hanahan u. a. 2011 (wie Anm. 34).

38 Unter anderem: Dang, Chi V.: Rethinking the Warburg effect with Myc micromanaging glutamine metabolism, in: C Res 70 (2010), S. 859–862; ders.: Links between metabolism and cancer, in: Genes & Development 26 (2012), S. 877–890; Hanahan u. a. 2011 (wie Anm. 34); Ward, Patrick S./Thompson, Craig B.: Metabolic reprogramming: A cancer hallmark even Warburg did not anticipate, in: Cancer Cell 21 (2012), S. 297–308. Das von O. Warburg erforschte Phänomen der aeroben Glykolyse im Lichte neuerer Forschungserkenntnisse: Altenberg, Brigitte/Greulich, Karl O.: Genes of glycolysis are ubiquitously overexpressed in 24 cancer classes, in: Genomics 84(6) (2004), S. 1014–1020; Cai, Qingsong/Lin, Tong/Kamarajugadda, Sushama/Lu, Jianrong: Regulation of glycolysis and the Warburg effect by estrogen related receptors, in: Oncogene 32 (2013), S. 2079–2086; Christofk, Heather R./Vander Heiden, Matthew G./Harris, Marian H./Ramanathan, Arvind/Gerszten, Robert E./Wei, Ru/Fleming, Mark D./Schreiber, Stuart L./Cantley, Lewis C.: The M2 splice isoform of pyruvate kinase is important for cancer metabolism and tumour growth, in: Nature 452 (2008), S. 230–233; Hanahan u. a. 2011 (wie Anm. 34); Hsu, Peggy P./Sabbatini, David M.: Cancer cell metabolism: Warburg and beyond, in: Cell 134 (2008), S. 703–707; Koppenol 2011 (wie Anm. 1); Maldonado, Eduardo N./Lemasters, John J.: Warburg revisited: Regulation of mitochondrial metabolism by voltage-dependent anion channels in cancer cells, in: Journal of Pharmacology and Experimental Therapeutics 342 (2012), S. 637–641; Pedersen 2007 (wie Anm. 33); Yeung, S. J./Pan, J./Lee, M.-H.: Roles of p53, Myc and HIF-1 in regulating glycolysis – the seventh hallmark of cancer, in: Cellular and Molecular Life Sciences 65 (2008), S. 3981–3999.

39 Seo, Minsuh/Kim, Jeong-Do/Neau, David/Sehgal, Inder/Lee, Yong-Hwan: Structure-based development of small molecule PFKFB3 inhibitors: A framework for potential cancer therapeutic agents targeting the Warburg effect, in: Public Library of Science One 6 (2011), S. e24179; Tennant, Daniel A. Durán, Raúl V. Gottlieb, Eyal: Targeting metabolic transformation for cancer therapy, in: Nature Rev 10 (2010), S. 267–277; Zawacka-Pankau, Joanna/Grinkevich, Vera V./Hünten, Sabine/Nikulenkov, Fedor/Gluch, Angela/Li, Hai/Enge, Martin/Kel, Alexander/Selivanova, Galina: Inhibition of glycolytic enzymes mediated by pharmacologically activated p53: targeting Warburg effect to fight cancer, in: Journal of Biological Chemistry 286 (2011), S. 41600–41615.

40 Carracedo, Arkaitz/Cantley, Lewis C./Pandolfi, Pier P.: Cancer metabolism: fatty acid oxidation in the limelight, in: Nature Rev 13 (2013), S. 227–232; Locasale, Jason W./Grassian, Alexandra R./Melman, Tamar/

Lyssiotis, Costas A./Mattaini, Katherine R./Bass, Adam J./Heffron, Gregory et al. (19 additional authors): Phosphoglycerate dehydrogenase diverts glycolytic flux and contributes to oncogenesis, in: Nature Genetics 43 (2011), S. 869–874; Vander Heiden, M. G./Cantley, Lewis C./Thompson, C. B.: Understanding the Warburg effect: the metabolic requirements of cell proliferation, in: Science 324 (2009), S. 1029–1033.

41 Koppenol u.a. 2011 (wie Anm. 1).

42 Hanahan u. a. 2011 (wie Anm. 34).

43 Höxtermann u.a. 1989 (wie Anm. 1).

44 Hofmann, Eberhard: Enzyme – die Katalysatoren der lebenden Substanz, in: Rapoport, Samuel Mitja/Langen, Peter/Hofmann, E. (Hrsg.): Die Bedeutung Otto Warburgs für die Entwicklung der Biochemie, Zellbiologie und Medizin. Berlin 1985, S. 25–40.

45 Unter anderem: Govindjee, Rajni/Rabinowitch, Eugene/Govindjee: Maximum quantum yield and action spectrum of photosynthesis and fluorescence in Chlorella, in: Biochimica et Biophysica Acta (Biochim Biophys Acta) 162 (1968), S. 530–544; Ley, Athur C./Mauzerall, David C.: Absolute absorption cross-sections for Photosystem II and the minimum quantum requirement for photosynthesis in Chlorella vulgaris, in: Biochim Biophys Acta 680 (1982), S. 95–106; Ng, Kam-Sig/Bassham, James A.: The quantum requirement of photosynthesis in Chlorella, in: Biochim Biophys Acta 162 (1968), S. 254–264; Skillman, John B.: Quantum yield variation across the three pathways of photosynthesis: not yet out of the dark, in: Journal of Experimental Botany 59 (2008), S. 1647–1661.

46 Barber, James/Tran, Phong D.: From natural to artificial photosynthesis, in: Journal of the Royal Society Interface 10 (2013), S. 20120984.

47 Nickelsen, Kärin/Govindjee: The maximum quantum yield controversy. Otto Warburg and the „midwest gang". Bern 2011.

48 Erwägungen über einen zweiten Nobelpreis für O. Warburg: Details auf Anfrage (ud207@medschl.cam.ac.uk).

49 Dazu: Kocka, Jürgen/Nötzoldt, Peter/Walther, Peter Th. (Hrsg.). Die Berliner Akademien der Wissenschaften im geteilten Deutschland 1945–1990. Berlin 2002. Insbesondere die Beiträge von Natalja P. Timofeeva: Die Vertretung der Akademie der Wissenschaften der UdSSR in Deutschland 1945–1949, S. 25–38; Peter Nötzoldt: Die Deutsche Akademie der Wissenschaften zu Berlin in Gesellschaft und Politik – Gelehrtengesellschaft und Großorganisation außeruniversitärer Forschung 1946–1972, S. 39–80, und Peter Th. Walther: Zur Zuwahlpraxis neuer Akademiemitglieder, S. 117–132.

50 Krebs 1979 (wie Anm. 1).

51 Werner 1988 (wie Anm. 2).

52 Kritik O. Warburgs am Nationalsozialismus: Koepcke, Cordula: Lotte Warburg. „Unglaublich! Daß ich gelebt habe!" Eine Biographie. München 2000, hier: S. 157.

53 Zu O. Warburgs Stellung während des Dritten Reichs: Butenandt, Adolf: Anlage zu Korrespondenz mit O. Warburg (ABBAW, NL OW, NL177); Deichmann, Ute: Flüchten, Mitmachen, Vergessen. Chemiker und Biochemiker in der NS-Zeit. Weinheim 2001, hier: S. 111; Hachtmann, Rüdiger: Wissenschaftsmanagement im „Dritten Reich". Geschichte der Generalverwaltung der Kaiser Wilhelm Gesellschaft. 2 Bde., Göttingen 2007, hier: S. 441; O. Warburgs Situation im Dritten Reich war mit der des Physikers Gustav Ludwig Hertz (Nobelpreis mit James Frank, 1925) in vielem vergleichbar. Details auf Anfrage (ud207@medschl.cam.ac.uk).

54 Werner, Petra: Learning from an adversary? Warburg against Wieland, in: Historical Studies in the Physical and Biological Sciences 28 (1997), S. 173–196.

55 Krebs, H. A.: Brief an O. Warburg vom 14.6.1947 (ABBAW, NL OW, NL542).

56 Würdigungen O. Warburgs zu seinem 70. und 85. Geburtstag von: H. Krebs: Brief an O. Warburg vom 20.10.1953 (ABBAW, NL OW, NL542); Feodor Lynen: Brief an O. Warburg vom 8.10.1953 (ABBAW, NL OW, NL611); Hugo Theorell: Brief an O. Warburg vom 6.10.1953 (ABBAW, NL OW, NL933); und Adolf Butenandt: Brief an O. Warburg vom 4.10.1968 (ABBAW, NL OW, NL177).

57 In der Bibliothek waren alle Aspekte einer Nachwirkung der Antike in der abendländischen Geschichte abgedeckt unter besonderer Berücksichtigung der Renaissance. Aby Warburg hat die Symbolik von Formen und Bildern (Ikonografie) wiederbelebt und damit der modernen Kunstgeschichte wichtige neue methodische Ansätze geliefert. In der großen Familie Warburg war Aby somit ein weiteres Mitglied, das auf einem speziellen Forschungsgebiet Außerordentliches geleistet hat.

58 Chernow 1993 (wie Anm. 1).

59 Warburg, Eric M.: Zeiten und Gezeiten: Erinnerungen von Eric M. Warburg. Hamburg 1982, hier: S. 143–149.

60 Farrer 1974 (wie Anm. 1).

61 Aby Warburg über O. Warburg: Warburg, Aby: Brief an Dr. W. Tritsch vom 28. Februar 1928 (Warburg Institute London Archive (WIA) GC/21885). [In seiner Antwort an Aby Warburg vom 29. Februar 1928 geht W. Tritsch auf Einzelheiten des Vortrages von O. Warburg ein; WIA GC/21886].

Schöpfer der Quantenphysik

Werner Heisenberg und Erwin Schrödinger

1 Kleint, Christian/Rechenberg, Helmut/Wiemers, Gerald (Hrsg.): Werner Heisenberg 1901–1976, Beiträge, Berichte, Briefe. Festschrift zu seinem 100. Geburtstag. Abhandlungen der Sächsischen Akademie der Wissenschaften zu Leipzig, Mathematisch-naturwissenschaftliche Klasse. Bd. 62. Stuttgart/Leipzig 2005.

2 Kleint 2005 (wie Anm. 1).

3 Kleint 2005 (wie Anm. 1).

4 Heisenberg, Werner: Der Teil und das Ganze. München 1996; Kleint 2005 (wie Anm.1).

5 Kleint 2005 (wie Anm. 1).

6 Kleint 2005 (wie Anm. 1).

7 Kleint 2005 (wie Anm. 1).

8 Mehra, Jagdish/Rechenberg, Helmut: The Historical Development of Quantum Theory. Vol. 5. Erwin Schrödinger and the Rise of Wave Mechanics. Part 1: Schrödinger in Vienna and Zürich 1897–1925; Part 2: The Creation of Wave Mechanics: Early Response and Applications 1925–1926. Berlin/Heidelberg 2001.

9 Mehra/Rechenberg 2001 (wie Anm. 8).

10 Mehra/Rechenberg 2001 (wie Anm. 8).

11 Schrödinger, Erwin: Quantisierung als Eigenwertproblem, in: Annalen der Physik 79 (1926), S. 361–376.

12 Schrödinger 1926 (wie Anm. 11).

13 Mehra/Rechenberg 2001 (wie Anm. 8).

14 Mehra/Rechenberg 2001 (wie Anm. 8).

15 Mehra/Rechenberg 2001 (wie Anm. 8).

16 Mehra/Rechenberg 2001 (wie Anm. 8).

17 Mehra/Rechenberg 2001 (wie Anm. 8).

18 Schrödinger, Erwin: Was ist Leben? 3. Auflage. München/Zürich 1989.

19 Schrödinger, Erwin: Mind and Matter. Cambridge 1974.

GÜNTER MECKENSTOCK
Jahrgang 1948, ist emeritierter Professor für Systematische Theologie an der Theologischen Fakultät der Christian-Albrechts-Universität zu Kiel und Leiter der von der Akademie der Wissenschaften zu Göttingen betreuten Kieler Schleiermacher-Arbeitsstelle.

ERNST OSTERKAMP
Jahrgang 1950, ist Professor für Neuere Deutsche Literatur an der Humboldt-Universität zu Berlin und Mitglied der Berlin-Brandenburgischen Akademie der Wissenschaften.

STEFAN REBENICH
Jahrgang 1961, ist Professor für Alte Geschichte und Rezeptionsgeschichte der Antike bis in das 20. Jahrhundert an der Universität Bern.

HANS-JÖRG RHEINBERGER
Jahrgang 1946, ist wissenschaftliches Mitglied der Max-Planck-Gesellschaft, war u.a. bis 2014 Direktor am Max-Planck-Institut für Wissenschaftsgeschichte in Berlin und ist Mitglied der Berlin-Brandenburgischen Akademie der Wissenschaften.

PETER SCHÖTTLER
Jahrgang 1950, ist seit 2000 Directeur de Recherche am Centre National de la Recherche Scientifique in Paris und seit 2001 Honorarprofessor für Neuere Geschichte an der Freien Universität Berlin.

RUTH LEWIN SIME
Jahrgang 1939, lebt in Sacramento, Kalifornien, und war bis zur Emeritierung im Jahre 2000 Professorin für Chemie am Sacramento City College.

GÜNTER STOCK
Jahrgang 1944, Physiologe, ist seit 2006 Präsident der Berlin-Brandenburgischen Akademie der Wissenschaften.

JÜRGEN TRABANT
Jahrgang 1942, ist Professor emeritus für Romanische Philologie der Freien Universität Berlin. Er ist Mitglied der Berlin-Brandenburgischen Akademie der Wissenschaften.

MARTIN WARNKE
Jahrgang 1937, war bis zu seiner Emeritierung Professor für Kunstgeschichte in Hamburg.

Abbildungsverzeichnis

Die Welt als Ahnung und *coup d'œil*
Gottfried Wilhelm Leibniz

Auftakt: **1** Johann Gottfried Schmidt, Büste von Leibniz, Gips, um 1788; **2** G. W. Leibniz, Leib-Seele-Pentagramm, Zeichnung, ca. 1663, in: Thomasius, 1661, Gottfried Wilhelm Leibniz Bibliothek, Hannover, Leibn. Marg. 32

1 Herzog Anton Ulrich-Museum, Braunschweig, GG 558, Foto: B. P. Keiser
2, 6 Archiv der Berlin-Brandenburgischen Akademie der Wissenschaften
3 Leibniz-Universität, Hannover, Leibnizhaus
4 Historisches Museum, Hannover, Foto: Egon Heuer
7 Gottfried Wilhelm Leibniz Bibliothek, Hannover, MS XXXVII, 1810, Nr. 1, S. 16v
8 Stiftung Preußische Schlösser und Gärten Berlin-Brandenburg, GK I 3030, Foto: Roland Handrick
9 Gottfried Wilhelm Leibniz Bibliothek, Hannover, LH, XXIII, 735, Bl. 29r–31r, Ausschnitt des Beginns, Bl. 29r
10 Foto: Barbara Herrenkind, 2000
15 Österreichische Nationalbibliothek, Wien, Cod. 650, f. 95v
17 http://dvice.com/archives/2010/01/skifftakes-e-r.php
18 Archiv der Akademie der Wissenschaften, St. Petersburg, Inv. Nr. P.IX,4,Bl.403

The French Connection
Montesquieu, Voltaire und Maupertuis

Auftakt: **1** akg-images; **2** ullstein bild – Heritage Images, Fine Art Images; **3** ullstein bild – Granger, NYC; **4** Archiv der Berlin-Brandenburgischen Akademie der Wissenschaften, Abt. Sammlungen, Grafiksammlung

1 Archiv der Berlin-Brandenburgischen Akademie der Wissenschaften, PAW

2 Archiv der Berlin-Brandenburgischen Akademie der Wissenschaften, Abt. Sammlungen, Gemäldesammlung, Foto: Judith Affolter
3 bpk – Bildagentur für Kunst, Kultur und Geschichte, Gemäldegalerie, SMB, Foto: Jörg P. Anders
4 bpk – Bildagentur für Kunst, Kultur und Geschichte, Nationalgalerie, SMB, Foto: Klaus Göken
5 Eigentum des Hauses Hohenzollern, SKH Georg Friedrich Prinz von Preußen, Stiftung Preußische Schlösser und Gärten Berlin-Brandenburg, Foto: Jörg P. Anders
6 Archiv der Berlin-Brandenburgischen Akademie der Wissenschaften, Abt. Sammlungen, Grafikporträtsammlung
7 Private Collection, Bridgeman
8 Archiv der Berlin-Brandenburgischen Akademie der Wissenschaften, Abt. Sammlungen, Büstensammlung, Foto: Stephan Fölske

Brüder im Geiste
Leonhard Euler und
Jean-Baptiste Le Rond d'Alembert

Auftakt: **1** Universitätsbibliothek Basel, Sign. Portr BS Euler L 1707, 20a; **2** Archiv der Berlin-Brandenburgischen Akademie der Wissenschaften, Abt. Sammlungen, Grafikporträtsammlung; **3** Privatbesitz

1 bpk – Bildagentur für Kunst, Kultur und Geschichte, Staatliches Museum Schwerin, Inventar-Nr.: Pl 275, Hugo Maertens
2 Archiv der Berlin-Brandenburgischen Akademie der Wissenschaften, Abt. Sammlungen, Büstensammlung, Foto: Judith Affolter
3 Deutsches Historisches Museum, Berlin
4 bpk – Bildagentur für Kunst, Kultur und Geschichte
5 Archiv der Berlin-Brandenburgischen Akademie der Wissenschaften, Abt. Sammlungen, Gemäldesammlung, Foto: Stephan Fölske

6 bpk – Bildagentur für Kunst, Kultur und Geschichte, Musée du Louvre, Paris, RMN – Grand Palais, Jean-Gilles Berizzi
7 bpk – Bildagentur für Kunst, Kultur und Geschichte, Alfredo Dagli Orti, Staatliches Historisches Museum, Moskau
8 akg-images , Carl Bertuch, Bilderbuch für Kinder, 8. Bd.
9 ullstein bild – Lebrecht Music & Art
10 Musée d'art et d'histoire, Ville de Genève, inv. n° 1829-0008, Foto: MAH

Söhne und Väter
Georg Forster und
Friedrich Schleiermacher

Auftakt: 1, 2 bpk – Bildagentur für Kunst, Kultur und Geschichte; 3 bpk – Bildagentur für Kunst, Kultur und Geschichte, Kupferstichkabinett, SMB, Foto: Jörg P. Anders; 4 Archiv der Berlin-Brandenburgischen Akademie der Wissenschaften /PAW

1 National Portrait Gallery, Canberra, Purchased with funds provided by the Liangis family, the Ian Potter Foundation and John Schaeffer AO 2009
2, 3 The Trustees of the Natural History Museum, London
4 Niedersächsische Staats- und Universitätsbibliothek Göttingen
5 Weltkulturen Museum Frankfurt am Main, Foto: Wolfgang Künzel
6 Evangelische Kirchengemeinde in der Friedrichstadt, Berlin, Foto: Judith Affolter
7 Archiv der Berlin-Brandenburgischen Akademie der Wissenschaften, Nachlass F. D. E. Schleiermacher 56, S. 8.
8 ullstein bild – Ihlow
9 Universitätsarchiv Halle, Rep. 40/ I, S. 51, Friedrich Schleiermacher

Ansichten des Menschen und der Natur
Wilhelm und Alexander von Humboldt

Auftakt: 1 Deutsches Historisches Museum, Berlin, Arne Psille; 2 München, Privatbesitz; 3 Bibliothèque nationale de France

1 Missouri Botanical Garden, Peter H. Raven Library
2 Akademie der Künste, Berlin, Kunstsammlung
3 Privatbesitz
4 bpk – Bildagentur für Kunst, Kultur und Geschichte
5 Landesarchiv Berlin, F Rep. 250-01, Nr. C 32.
6 Paris, Bibliothèque nationale de France, département des Manuscrits, NAF 203573, fol. 253.
7 Muséum national d'histoire naturelle, Paris - Direction des bibliothèques et de la documentation

8 Royal Collection Trust, Her Majesty Queen Elizabeth II 2014
9 bpk – Bildagentur für Kunst, Kultur und Geschichte, The Metropolitan Museum of Art

Zwei Inseln
Adelbert von Chamisso und
Karl Ernst von Baer

Auftakt: 1 ARTOTHEK, Frankfurter Goethe-Haus; 2 History of the Medicine picture file, David M. Rubenstein Rare Book & Manuscript Libary, Duke University; 3 bpk – Bildagentur für Kunst, Kultur und Geschichte, Staatsbibliothek zu Berlin

1 bpk – Bildagentur für Kunst, Kultur und Geschichte, Staatsbibliothek zu Berlin
2 World Ocean Museum Kaliningrad
3 Niedersächsische Staats- und Universitätsbibliothek Göttingen, 2 H NAT II, 1170 RARA
4–6 Niedersächsische Staats- und Universitätsbibliothek Göttingen, 2 H NAT II, 1165 RARA
7 Archiv der Berlin-Brandenburgischen Akademie der Wissenschaften, Abt. Sammlungen, Grafikporträtsammlung
8 Tartu University Library
9 Gießen, Universitätsbibliothek, Nachlass Karl Ernst von Baer, Schriften 22, fol. 30r
10 Foto: Thomas Schmuck

Brüderlichkeit als Lebensform
Jacob und Wilhelm Grimm

Auftakt: 1 ullstein bild – imagno; 2 bpk – Bildagentur für Kunst, Kultur und Geschichte; 3 Humboldt-Universität zu Berlin, Institut für deutsche Literatur, Arbeitsstelle Grimm-Briefwechsel, Foto: Berthold Friemel; 4 Germanisches Nationalmuseum Nürnberg; 5 Germanisches Nationalmuseum Nürnberg

1 bpk – Bildagentur für Kunst, Kultur und Geschichte, Nationalgalerie, SMB, Andres Kilger
2, 3 bildindex, Germanisches Nationalmuseum, Nürnberg
4 Staats- und Universitätsbibliothek Göttingen, Cod. Ms. Philol. 240f.
5 bpk – Bildagentur für Kunst, Kultur und Geschichte, Deutsches Historisches Museum, Arne Psille
6 Jagiellonen-Bibliothek Krakau, Berliner Depot, Libri impr. c. n. mss. 2° 39
7 akg-images
8 bpk – Bildagentur für Kunst, Kultur und Geschichte, Hermann Biow

EMPIRIE VOR THEORIE
LEOPOLD VON RANKE UND
HERMANN VON HELMHOLTZ

Auftakt: 1, 2 bpk – Bildagentur für Kunst, Kultur und Geschichte; 3 http://poseidon.sunyopt.edu/BackusLab/Helmholtz

1 akg-images
2, 8 bpk – Bildagentur für Kunst, Kultur und Geschichte
3 bpk – Bildagentur für Kunst, Kultur und Geschichte, Nationalgalerie, SMB, Andres Kilger
4 Humboldt-Universität zu Berlin, Charité: Johannes-Müller-Zentrum für Physiologie, Foto: Christoph Knoch
5 Archiv der Berlin-Brandenburgischen Akademie der Wissenschaften, Abt. Sammlungen, Gemäldesammlung
6 bpk – Bildagentur für Kunst, Kultur und Geschichte, Nationalgalerie, SMB, Klaus Göken
7 ullstein bild – NMSI, Science Museum, Science Museum

GESPRÄCH IM ELYSIUM
JOHANNES MÜLLER UND
EMIL DU BOIS-REYMOND

Auftakt: 1 Landeshauptarchiv Koblenz; 2 Archiv der Berlin-Brandenburgischen Akademie der Wissenschaften, Abt. Sammlungen, Grafikporträtsammlung; 3 Universitätsarchiv, Humboldt-Universität zu Berlin, Nachlass Johannes Müller; 4 Archiv der Berlin-Brandenburgischen Akademie der Wissenschaften, Gesammelte Abhandlungen zur allgemeinen Muskel-und Nervenphysik, Bd. 2, S. 601–647, Leipzig: Veit & Co, 1877

1 gemeinfrei
2 Museum für Naturkunde der Humboldt-Universität zu Berlin, Foto: Antje Dittmann
3 GK I 2948, Stiftung Preußische Schlösser und Gärten Berlin-Brandenburg, Foto: Roland Handrick
4 Archiv der Berlin-Brandenburgischen Akademie der Wissenschaften, Gesammelte Abhandlungen zur allgemeinen Muskel-und Nervenphysik, Bd. 2, S. 601-647, Leipzig: Veit & Co, 1877
5 Deutsche Physikalische Gesellschaft
6 bpk – Bildagentur für Kunst, Kultur und Geschichte, Staatsbibliothek zu Berlin
7, 8 Universitätsarchiv, Humboldt-Universität zu Berlin, Nachlass Johannes

KULTURSTOLZ UND HUMANISIERUNG
KARL RICHARD LEPSIUS UND
ADOLF VON HARNACK

Auftakt: 1 bpk – Bildagentur für Kunst, Kultur und Geschichte, Kupferstichkabinett, SMB, Volker-H. Schneider; 2 Universitätsbibliothek der Humboldt-Universität zu Berlin, Porträtsammlung; 3 IKMZ – Universitätsbibliothek, Brandenburgische Technische Universität

1 Berlin-Brandenburgische Akademie der Wissenschaften, Archiv Altägyptisches Wörterbuch, Inv.Nr. 14
2 Berlin-Brandenburgische Akademie der Wissenschaften, Archiv Altägyptisches Wörterbuch, Inv.Nr. 21v
3 Museum der Stadt Naumburg, Inv.-Nr. V 2524 K1
4 Archiv des Ägyptischen Museums und Papyrussammlung – SMB, Inv.-Nr. 76
5 bpk – Bildagentur für Kunst, Kultur und Geschichte/Nationalgalerie, SMB, Andres Kilger.
6, 8–11 bpk – Bildagentur für Kunst, Kultur und Geschichte
7 Archiv der Berlin-Brandenburgischen Akademie der Wissenschaften, Abt. Sammlungen, Grafikporträtsammlung

EINE ENTZWEIUNG
THEODOR MOMMSEN UND
HEINRICH VON TREITSCHKE

Auftakt: 1 SLUB, Deutsche Fotothek, Nr. df_0078580; 2 bpk – Bildagentur für Kunst, Kultur und Geschichte; 3 ullstein bild – Zander & Labisch

1 Archiv der Berlin-Brandenburgischen Akademie der Wissenschaften, Abt. Sammlungen, Fotosammlung
2 bpk – Bildagentur für Kunst, Kultur und Geschichte, Nationalgalerie, SMB, Jörg P. Anders
3 Landesbibliothek Mecklenburg-Vorpommern
4 Kooperativer Bibliotheksverbund Berlin-Brandenburg
5 Archiv der Berlin-Brandenburgischen Akademie der Wissenschaften, Abt. Sammlungen
6 Archiv der Berlin-Brandenburgischen Akademie der Wissenschaften, PAW
7 Deutsches Literaturarchiv Marbach
8 bpk – Bildagentur für Kunst, Kultur und Geschichte, Dietmar Katz

EINE „ERZFEINDSCHAFT"?
RUDOLF VIRCHOW UND ROBERT KOCH

Auftakt: 1 akg-images; 2 bpk – Bildagentur für Kunst, Kultur und Geschichte; 3 quagga illustrations

1 Archiv der Berlin-Brandenburgischen Akademie der Wissenschaften, Abt. Sammlungen, Gemäldesammlung

2, 3 bpk – Bildagentur für Kunst, Kultur und Geschichte
4 ullstein bild – Roger Viollet
5 Verhandlungen der Berliner Anthropologischen Gesellschaft 1884, Band 16, S. 273
6 quagga illustrations
7 Private Collection, Prismatic Pictures, Bridgeman Images
9, 10 Friedrich-Wilhelm-Murnau-Stiftung Wiesbaden

Zwei der glänzendsten Gestirne
Max Planck und Albert Einstein

Auftakt: **1** Archiv der Max-Planck-Gesellschaft, Berlin-Dahlem; **2** bpk – Bildagentur für Kunst, Kultur und Geschichte, Rudolf Dührkoop; **3** Magazin für alle Freunde von Natur und Technik, Berlin: Ullstein, 1926

1 bpk – Bildagentur für Kunst, Kultur und Geschichte, Rudolf Dührkoop
2 Bundesarchiv, Bild 183-L40069, Fotograf: unbekannt
3 Bundesarchiv, Bild 183-S0208-500, Fotograf: unbekannt
4 bpk – Bildagentur für Kunst, Kultur und Geschicht
5 bpk – Bildagentur für Kunst, Kultur und Geschichte, Hanns Hubmann
6 Archiv der Max-Planck-Gesellschaft, Berlin-Dahlem
7 dpa picture alliance
8 Archiv der Berlin-Brandenburgischen Akademie der Wissenschaften, Abt. Sammlungen, Fotosammlung
9 Archiv der Max-Planck-Gesellschaft, Berlin-Dahlem
10 bpk – Bildagentur für Kunst, Kultur und Geschichte
11 bpk – Bildagentur für Kunst, Kultur und Geschichte
12 Archiv der Berlin-Brandenburgischen Akademie der Wissenschaften, PAW
13 Archiv der Berlin-Brandenburgischen Akademie der Wissenschaften, Abt. Sammlungen, Gemäldesammlung
14 Archiv der Berlin-Brandenburgischen Akademie der Wissenschaften, Abt. Sammlungen
15 ullstein bild

Brot für die Welt, Tod dem Feind
Fritz Haber und Carl Bosch

Auftakt: **1** Archiv der Max-Planck-Gesellschaft, Berlin-Dahlem; **2** ullstein bild; **3** BASF-Unternehmensarchiv

1 Foto: Volker Mehnert
2, 3, 8–11, 13 Archiv der Max-Planck-Gesellschaft, Berlin-Dahlem
4 Landesbibliothek Speyer
5 BASF-Unternehmensarchiv; 6 TV-yesterday, Wolfgang-Maria Weber
7, 16, 17 BASF-Unternehmensarchiv

12 akg-Images
14 bpk – Bildagentur für Kunst, Kultur und Geschichte, Archiv der Max-Planck-Gesellschaft, Berlin-Dahlem
15 Bayer-Unternehmensarchiv

Ein unermüdliches Paar
Oskar und Cécile Vogt

Auftakt: **1** Vogt-Archiv, C. und O. Vogt Institut für Hirnforschung, Heinrich Heine Universität Düsseldorf; **2** Vogt-Archiv, C. und O. Vogt Institut für Hirnforschung, Heinrich Heine Universität Düsseldorf; **3** Springer, Die Naturwissenschaften, Bd. 14 (1926), S. 1190–1194: Cecile und Oskar Vogt, Die vergleichend-architektonische und die vergleichend-reizphysiologische Felderung der Großhirnrinde unter besonderer Berücksichtigung der menschlichen. With kind permission from Springer Science and Business Media.

1 BBB Management GmbH Campus Berlin-Buch, Foto: Hans Scheib
2 M. DuMont Schauberg Expedition der Kölnischen Zeitung GmbH & Co. KG , Universitäts- und Stadtbibliothek Köln
3 Archiv der Berlin-Brandenburgischen Akademie der Wissenschaften, Abt. Sammlungen, Fotosammlung
4, 6, 7 Vogt-Archiv, C. und O. Vogt Institut für Hirnforschung, Heinrich Heine Universität Düsseldorf
5 BBB Management GmbH Campus Berlin-Buch, Foto: Annett Krause

Freundschaft, Interdisziplinarität, Ausgrenzung
Lise Meitner und Otto Hahn

Auftakt: **1** Churchill Archives Centre, Churchill College, The Papers of Lise Meitner, MTNR 8/5/1; **2** Archiv der Max-Planck-Gesellschaft, Berlin-Dahlem; **3** Archiv Deutsches Museum München, Bildstelle, BN 30450

1–4 Archiv der Max-Planck-Gesellschaft, Berlin-Dahlem
5 ullstein bild – ullstein bild
6–8, 10, 11 Archiv der Max-Planck-Gesellschaft, Berlin-Dahlem
9 Anne Meitner, Churchill Archives Centre, Churchill College, The Papers of Lise Meitner, MTNR 8/5/5

PIONIER DER ERFORSCHUNG DES ZELLULÄREN ENERGIESTOFFWECHSELS OTTO HEINRICH WARBURG

Auftakt: **1** ullstein bild – Imagno; **2** Privatbesitz

1 Bundesarchiv, Koblenz
2, 3, 4 John Wiley & Sons, Inc.
5 Archiv der Max-Planck-Gesellschaft, Berlin-Dahlem
6 Abgeordnetenhaus Berlin, Foto: Stefan Geiser

SCHÖPFER DER QUANTENPHYSIK WERNER HEISENBERG UND ERWIN SCHRÖDINGER

Auftakt: **1** ullstein bild – ullstein bild, Foto: Carl Wolf;
2 ullstein bild – ullstein bild; **3** Julian Voss Andreae

1 bpk – Bildagentur für Kunst, Kultur und Geschichte
2 Universitätsarchiv Leipzig

3 ullstein bild – ullstein bild
4 Alexander von Humboldt-Stiftung, Bonn
5 ullstein bild – Granger, NYC
6 Österreichische Zentralbibliothek für Physik, Foto: Hansi Bauer-Böhm
7 Spanische Gesellschaft für den wissenschaftlichen Fortschritt (AEPC)
8 akg-images, Imagno
9 Österreichische Zentralbibliothek für Physik, Ruth Braunizer
10 ullstein bild – Imagno

Trotz umfangreicher Bemühungen von Seiten der Akademie ist es uns nicht in allen Fällen gelungen, die Rechteinhaber des Bildmaterials ausfindig zu machen. Rechtlich nachweisbare Ansprüche sind bei der Akademie geltend zu machen.